이제 **오르비**가
학원을 재발명합니다

대치 오르비학원 내신관/학습관/입시센터 | 주소 : 서울 강남구 삼성로 61길 15 (은마사거리 도보 3분)
대치 오르비학원 수능입시관 | 주소 : 서울 강남구 도곡로 501 SM TOWER 1층 (은마사거리 위치)
| 대표전화 : 0507-1481-0368

smart is sexy
Orbi.kr

오르비학원은

모든 시스템이 수험생 중심으로 더 강화됩니다.

모든 시설이 최고의 결과가 나올 수 있도록 설계됩니다.

집중을 위해 오르비학원이 수험생 옆으로 다가갑니다.

오르비학원과 시작하면

원하는 대학문이 가장 빠르게 열립니다.

출발의 습관은 수능날까지 계속됩니다.
형식적인 상담이나
관리하고 있다는 모습만 보이거나
학습에 전혀 도움이 되지 않는
보여주기식의 모든 것을 배척합니다.

쓸모없는 강좌와 할 수 없는 계획을 강요하거나
무모한 혹은 무리한 스케줄로
1년의 출발을 무의미하게 하지 않습니다.
형식은 모방해도 내용은 모방할 수 없습니다.

smart is sexy
Orbi.kr

출발의 습관은 수능날까지 계속됩니다.

개인의 능력을 극대화 시킬 모든 계획이 오르비학원에 있습니다.

PiRAM

PROLOGUE

"공부란 '머릿속에 지식을 쑤셔넣는 행위'가 아니라

'세상의 해상도를 올리는 행위'라고 생각한다.

뉴스의 배경음악에 불과했던 코스피 평균 주가가 의미를 지닌 숫자가 되거나

외국인 관광객의 대화를 알아들을 수 있게 되거나

단순한 가로수가 '개화 시기를 맞이한 배롱나무'가 되기도 한다.

이 '해상도 업그레이드감'을 즐기는 사람은 강하다."

인터넷에서 우연히 보고 큰 감명을 받았던 글입니다.

왜 공부를 해야 하는가에 대한 막연한 의문을 꽤 구체적으로 풀어준 것만 같은 느낌이 들었습니다. 흐릿하던 세상의 여러 요소들이 점점 뚜렷하게 보이는 과정, 이것이 바로 '공부'의 진짜 목적이었습니다.

수능 국어 공부도 마찬가지라고 생각합니다. 단순한 활자의 조합으로 보였던 지문이 하나의 유기성을 가진 '글'로 보이고, 다 다른 이야기를 하는 것 같던 여러 지문들이 사실은 다 같은 원리로 이루어졌다는 것을 깨닫는 과정, 이렇게 '수능 국어의 해상도'가 업그레이드되는 과정을 즐기는 것이 진정한 국어 공부의 의의가 아닐까 하는 생각이 듭니다.

"상상력의 한계가 그 사람의 한계가 된다."라는 말이 있습니다. 어쩌면 우리는 우리가 바라볼 수 있는 세상의 해상도를 지나치게 낮은 한계 속에 가둬두고 있는지도 모르겠습니다. 이 교재는 학생들이 만나게 될 세상의 해상도를 높이는, 나아가 그렇게 높아진 해상도를 바탕으로 학생 스스로의 상상력 한계치를 높여 주기 위한 하나의 프로젝트입니다. 수능 국어에 대해 아무것도 모른 채 지방에서 공부하는 학생도, 주요 학군지에서 훌륭한 교육을 받으며 공부하는 학생도 제대로 된 공부를 할 수 있도록. 열심히 하지 않아서가 아닌, 잘 몰라서 성적이 나오지 않는 일이 일어나지 않도록. 그래서 그 학생의 상상력에 한계가 생기지 않도록. 그런 세상을 위한 작은 노력의 일부입니다.

이 교재는 하위권부터 상위권, 나아가 대치동 학원 강사까지 모두 경험한 저의 경험이 녹아 있습니다. 특정 지문, 특정 제재에서만 통하는 잡기술이 아닌, 근본적인 '생각의 힘'을 키울 수 있는 당연한 이야기들만 적혀 있습니다. 여러분은 이 교재에서 이야기하는 내용을 바탕으로, '생각'하고 '고민'하는 습관을 들여 주시면 됩니다.

'생각'하고 '고민'하는 과정은 역설적이게도 즐겁습니다. 내 사고력의 한계가 뚫리는 느낌을 받고, 처음에 어려웠던 내용이 사실 별 것 아니라는 것을 깨닫고, 내가 더 큰 상상을 할 자격이 있는 사람임을 인지하는 것은 정말로 즐거운 과정입니다. 힘들고 외로운 수험생활에서 이 '즐거움'이 작은 위로가 되었으면 좋겠습니다. 그리고 이 교재가 그 과정에 큰 도움이 되었으면 좋겠습니다. 너무나 냉정한 수능 결과에 상관없이, '올 한해 국어 공부 즐겁게 했다.'라는 생각이 앞으로의 인생을 상상할 수 있는 원동력이 되었으면 좋겠습니다.

아직 저는 많이 부족한 사람입니다. 다른 사람들의 인생에 영향을 줄 만큼 대단한 업적을 이루거나, 엄청난 깨달음을 얻은 사람도 아닙니다. 그저 미래를 '상상'하고, 그 상상을 '현실'로 만들기 위해 노력하는 과정은 너무나 즐겁다는 걸 굳게 믿는 한 범인입니다. 여러분도 제가 믿고 있는 이 즐거움을 함께 느꼈으면 좋겠습니다. 이 교재와 함께, 저도 열심히 돕겠습니다.

범람하는 컨텐츠의 홍수 속에서 기꺼이 이 교재를 선택해주신 수험생 여러분께 진심으로 감사합니다. 이제부터 여러분의 선택이 헛되지 않았음을 증명하겠습니다. 이 교재와 함께, 즐거운 국어 공부를 시작해봅시다.

P.I.R.A.M 국어 저자 김민재

CONTENTS

지문 목차 _ Part 1

지문 목차 _ Part 2

연도별 기준 목차

이 교재의 구성대로 푸는 것이 아니라 연도별로 풀어보고 싶으신 분들을 위해 '연도별 기준 목차'를 제공합니다. 이 페이지에 제시된 순서대로 푸시면 2017학년도 6월 모의평가부터 순차적으로 공부하실 수 있으니, 많은 참고 바랍니다.

<교재의 사용법> : For 2026 P.I.R.A.M 국어 9개년 기출문제집 문학편

완벽한 국어영역 독학서, 'P.I.R.A.M 국어'를 선택해주신 여러분 반갑습니다. 혜성같이 나타나 수능 국어 공부를 위한 보편적 커리큘럼의 일부가 된 이 교재. 도대체 어떻게 이용해야 최대한으로 뽑아낼 수 있을지 자세하게 알아보도록 합시다.

〈"P.I.R.A.M 국어"는 하나의 시리즈로 여러분의 국어 공부를 완성하는 것을 목표로 합니다.〉

학생들이 수능 국어에 대한 깨달음을 얻을 수 있도록, 나아가 글을 읽고 '생각'하는 즐거움을 만끽할 수 있도록, 가장 정석적이고 효과가 확실한 학습 방향을 제시하려고 노력했습니다. 교재는 'Daily' 방식으로 구성되어 있으며. 자신의 학습 수준에 맞추어 유동적으로 따라가면 됩니다.

0. For 2026 "P.I.R.A.M 국어" 시리즈 표준 커리큘럼

단계	기반 닦기	A to Z	기출문제 분석
독서	생각의 발단 독서편	생각의 전개 독서편(1권/2권) 생각 워크북 독서편	9개년 기출문제집 독서편 옛기출 선별집 독서편
문학	필수 고전시가	생각의 전개 문학편(1권/2권) 생각 워크북 문학편	9개년 기출문제집 문학편 옛기출 선별집 문학편

시기	~1월 말	~3월 말	~5월 초	~6월 모의평가	~수능
커리큘럼	생각의 발단 + 필수 고전시가	생각의 전개	생각의 전개 (2회독) + 생각 워크북	생각의 전개 (3회독) + 생각 워크북(2회독)	9개년 기출문제집 + 옛기출 선별집

2026학년도 수능 대비 'P.I.R.A.M 국어' 시리즈는 다음과 같은 표준 커리큘럼으로 제공됩니다. 본인의 실력, 남은 시간 등을 고려하여 나만의 효율적인 커리큘럼을 구성해보세요. 각 단계의 대략적인 소개는 다음과 같습니다.

기반 닦기

먼저 '생각의 발단 독서편'의 경우, '생각의 전개 독서편' 초반부 내용의 확장판이라고 보시면 됩니다. 독서 지문을 제대로 읽어내기 위한 기본적인 공부 태도를 설정하고, '문장·문단·지문'의 순서로 사고력을 확장시켜나가는 단계입니다. 아무 생각없이 국어를 공부하던 학생들에게 '생각'하며 글을 읽고 이해하는 것의 즐거움을 알려주는 교재입니다. 공부를 거의 처음 시작하는 노베이스라면 꼼꼼하게, 어느 정도 실력이 있다면 속도를 내면서 가볍게 정리해주시면 됩니다. 본인이 이 교재를 봐야하는 수준인지 궁금하다면, '생각의 전개 독서편' 교재의 초반 4일차를 먼저 진행해보세요. 아무런 무리없이 이해가 되고 글이 읽힌다면 계속 '생각의 전개'를 보시면 되고, 조금 어렵고 더 많은 공부가 필요할 것 같다고 판단되시면 '생각의 발단'을 보시면 됩니다.

또한 고전시가에 대한 두려움을 가지고 있는 학생들을 위한 '필수 고전시가' 교재가 있습니다. 만약 고등학교 2학년까지 내신 대비를 열심히 했고, 따라서 대부분의 필수적인 고전시가들이 공부가 된 학생들이라면 굳이 공부하지 않아도 되는 교재입니다. 하지만 고전시가에 대해 막연한 두려움을 가지고 있거나, 제대로 고전시가를 정리해 본 경험이 없다면 꼭 먼저 공부해주세요. 가장 효율적이고 확실하게 필수적인 고전시가의 정리를 도와드릴 것입니다.

A to Z

말 그대로 수능 국어의 A부터 Z까지 모두 다루는, 'P.I.R.A.M 국어' 시리즈의 메인 커리큘럼입니다. '생각의 전개' 시리즈의 경우, 교재의 이름처럼 국어 영역을 정복하기 위해 어떤 '생각'을 '전개'해야 하는지 자세히 알려드립니다. 테마를 정해 각 테마별로 어떤 '생각'을 해야 하는지 정립하고, 평가원 기출문제 위주로 그 태도를 연습하는 교재입니다. 이 과정에서 국어 영역에 필요한 '생각의 힘'을 키우는 것은 물론이고, 주요 평가원 기출문제를 누구보다 완벽하게 정리하는 경험을 하실 수 있습니다. 'A to Z'라는 이름답게 꽤 많은 분량을 자랑하며, **이에 따라 1권/2권 두 권으로 나눠 출판됩니다. 두 교재는 내용이 연결되는 하나의 교재이니, '생각의 전개'로 공부하고자 하시는 분들은 조금 부담스럽더라도 두 권 모두 구입해 주세요.** 돈이 아깝다는 생각은 절대 하지 않으실 것이니까요.

'생각 워크북'의 경우, '생각의 전개'에서 다루지 않았던 주요 평가원 기출문제를 바탕으로 더 많은 연습을 해보는 교재입니다. 교재 이름처럼 '생각의 전개'의 워크북 역할을 하며, 교재에서 배운 내용을 더 탄탄하게 하는 데 의의가 있습니다. '생각의 전개'와 '생각 워크북'을 모두 공부하시면, 8개년 기출문제 전문항을 포함해 17개년 기출문제 주요 문항을 공부하시는 것이 됩니다. 이 정도는 해야 기출 공부를 했다고 할 수 있겠죠?

기출문제 분석

기출문제 분석은 한 번으로 끝나면 안 됩니다. 수능의 그날까지, 지겹도록 반복해야만 하죠. 그리고 이 과정을 돕기 위해 'P.I.R.A.M 국어' 시리즈는 '9개년 기출문제집'과 '옛기출 선별집'을 준비했습니다. 교재에서 제시하는 방법대로 우직하게 기출문제 분석을 하다 보면, 수능 국어 만점도 더 이상 꿈이 아닐 것입니다.

1. 누구를 위한 교재인가요?

'P.I.R.A.M 국어 9개년 기출문제집 문학편'은 기본적으로 수능 국어를 준비하는 모든 학생들 중 최소한의 문장 독해력과 어휘력이 갖춰진 '4~5등급 이상의 학생들'을 위한 교재입니다. 기출분석이라는 가장 중요한 공부를 하는 학생들에게 도움이 되기 위한 교재로, 사실상 수능을 준비하는 모든 학생들의 필독서라고 할 수 있습니다.

2. 이 교재는 어떻게 구성되어 있나요?

이 교재는 하루에 세 지문씩 풀 수 있게끔 Daily 형식으로 구성되어 있습니다. 각 Day별로 난이도, 지문 길이, 장르 및 배울 점 등을 조화롭게 고려하여 풀어나갈 수 있도록 구성했습니다. 단순하게 난이도순이나 연도별로 나열한 방식이 아닙니다. 정말 많이 고민하여 매일매일 일정한 수준으로 최적의 학습이 가능하도록 짜 놨으니, 매일매일 즐겁게 국어 공부를 해 주시기 바랍니다. 다시 강조하지만, 본인의 상황에 맞게 '매일매일 꾸준히' 풀어주셔야 합니다. 매일같이 기출을 공부하는 걸 '습관화'하는 게 이 교재의 목표니까요.

이 교재에는 국어 영역이 본격적으로 어려워진 2017학년도부터의 기출이 실려 있습니다. 2022학년도 수능 예시문항을 포함한 9개년 전 지문을 실어 두었기 때문에, 최근의 기출문제를 부족함 없이 공부하실 수 있습니다. 그만큼 양이 상당한 교재이기 때문에, 지치지 않고 다 풀어낸다는 것을 목표로 열심히 공부해주시기 바랍니다.

나아가 이 교재의 본교재는 한 권이지만, 해설지는 두 권으로 나누어져 있습니다. 이는 해설지의 두께를 고려한 것이므로, 공부할 때 Part 1의 해설지인지 Part 2의 해설지인지 잘 확인하시기 바랍니다.

또한, 교재 외 추가적인 학습을 위한 유튜브 채널 및 교재 수강생 전용 카페가 준비되어 있습니다. 여기서 제공하는 컨텐츠들을 적극적으로 활용하여 국어실력을 끌어올리세요.

피램의 국어공작소 유튜브 채널 : 유튜브 '피램의 국어공작소'
피램의 국어공작소 카페 제공 자료
1. 생각의 발단 문학편 / 생각의 전개 언어(문법)편, 생각의 전개 화법과 작문편(파일 비밀번호 : todrkrrhdwkrth)
2. 평가원 / 교육청/사관학교 선별 핵심 단어장
3. EBS 연계교재 현대시 독해 연습 자료 (2024~2026)
4. 사관학교 전개년(2003~2026) 해설집
5. 수능 직전 예열 자료
6. 그 외 피램이 만드는 모든 칼럼+자료

3. 이 교재는 어떻게 공부해야 하나요?

이 교재를 활용한 기본적인 공부 방법은 아래와 같습니다.

채점 전

1. 교재에 제시된 각 파트별 설명을 한 글자 한 글자 천천히 읽고 정리한다.
2. 그 내용을 상기하며 뒤에 있는 문제들을 '시간을 재고' 푼다. (추천 : 문제 수 × 1.4분, 생략 가능)
3. 채점을 하기 전에 '시간 제한 없이' 모든 문장을 분석하고 이해한다. 가상의 학생에게 과외를 한다는 생각으로 분석한다.
4. 문제를 다시 분석적으로 푼다. 이때 모든 선지에 대해 이 선지가 왜 맞는지, 틀린지를 남에게 설명할 수 있을 정도여야 한다.

채점 후

5. 해설지를 통해 자신의 사고과정과 해설지의 설명을 비교한다.
6. 해설지를 덮은 뒤, 해설지의 내용과 본인의 생각을 섞어 본인 스스로 모든 풀이 과정을 설명해본다.
7. 이번 공부에서 배운 점을 정리한다.
8. 다음 지문을 학습할 때 그 내용들을 의식하며 공부한다.

굉장히 귀찮아 보이지만, 이런 식으로 공부하셔야 교재의 내용을 100% 흡수할 수 있습니다. 천천히 시간 들여 '생각'하는 공부가 수반되지 않으면 절대로 성장할 수 없습니다. 힘들고 조급하더라도 한 문장, 한 문장 천천히 공부하시길 바랍니다. 만약 'P.I.R.A.M국어 생각의 전개'로 공부하지 않으셨다면 해설지에서 이야기하는 내용들과 전혀 비슷하지 않은 생각을 하고 있을 수도 있습니다. 하지만 해설지에서 정말 같은 말만, 그리고 직관적인 용어를 바탕으로 반복할 것이니, 꾸준히 공부하다 보면 어느 순간 피램의 독해 태도에 익숙해진 본인의 모습을 확인할 수 있을 것입니다.

나아가 이 교재를 공부하는 동안 '복습'하는 것은 그리 권하지 않습니다. 물론 복습하는 것 자체가 나쁘지는 않지만, 어떤 지문을 복습하면서 그 지문의 내용 및 배울 점 등을 '암기'해버리는 경우가 많거든요. '질 좋은 문제'의 수가 부족한 국어 영역의 특성상 이렇게 '암기'해버린 지문이 너무 많아지면 파이널 기간 공부가 너무 지루할 수 있습니다. 어차피 다른 지문을 공부하는 과정에서 앞에서 배운 내용을 자연스럽게 복습할 수 있기 때문에, 굳이 복습하기보다는 꾸준히 진도를 나가는 것에 초점을 두세요. 이렇게 하면 2회독, 3회독을 할 때 더 효과적인 '복습'을 할 수 있을 것입니다. 기억이 가물가물하기 때문에, 마치 처음 그 지문을 볼 때처럼 공부할 수 있으니까요.

이 교재를 끝내고 난 뒤에는 기출문제를 해설 없이 공부할 수 있는 경지가 되어야 합니다. 처음에는 이 교재의 해설지가 너무 과한 생각을 요구하는 것처럼 보이다가도, 이 교재를 끝낸 뒤에는 해설지의 생각보다 훨씬 깊은 수준으로 독해할 수 있게 되었으면 좋겠습니다. 그 정도로 많은 '생각'을 해 주시는 걸 학습의 목표로 삼아 주시기 바랍니다.

다시 강조하지만, 가장 좋은 공부법은 '습관화'입니다. 매일 기출문제를 공부하고, 해설지와 사고를 비교하는 걸 습관처럼 만들어 주시는 것. 국어영역 고득점을 위한 가장 기본적인 태도입니다.

4. 꼭 제시된 Day에 맞춰 공부해야 하나요?

이 교재는 총 37일 간 공부할 수 있도록 만들어져 있습니다. 각 파트별, 지문별로 할당된 Day의 양은 '평범한 고3 학생이 2시간 정도 공부한다고 가정했을 때 교재의 내용을 완벽하게 받아들이면서 공부하는 것'을 기준으로 정했습니다. 따라서 여러분이 각 Day를 공부했을 때 지나치게 적은 시간이 걸렸다면 대충 공부했을 가능성이 높습니다. 앞에서 제시한 공부법대로 제대로 공부했는지 계속해서 성찰해야 합니다.

그런데 어떤 경우에는 한 지문을 공부하는 데 지나치게 오랜 시간이 걸릴 수도 있습니다. 도저히 하루치 공부를 끝낼 수 없을 것 같다는 생각이 드는 날이 있을 수도 있습니다. 하지만 그렇다고 조바심을 느끼거나 할 필요는 없습니다. 위 경우와 달리, 시간이 오래 걸리는 것은 괜찮아요. 그만큼 여러분이 한 지문에 대해 깊이 '생각'하고 '고민'했다는 것이니까요!

나아가 본인의 실력이 좋고, 교재에 있는 지문들이 대부분 몇 번 공부했던 경험이 있는 지문들이라면 조금 빠르게 끝낼 수도 있겠죠? 본인이 대충 공부한 게 아니라면, 이 경우도 괜찮습니다. 37일은 임의의 '표준적인 학생'을 상정했을 때의 기준일 뿐, 본인의 상황에 따라 더 빠르게 끝낼 수도, 더 느리게 끝낼 수도 있는 거예요. 교재가 시키는 대로만 수동적으로 공부하는 학생이 아닌, 본인의 상황에 맞게 이 교재를 능동적으로 이용할 수 있는 똑똑한 학생이 되길 바라겠습니다!

다만 한 가지 확실한 것은, 해설을 읽기 전에 스스로 생각하고 고민하는 시간이 길수록 빠르게 성장할 확률이 높습니다. 조금 늦는다고 조바심 낼 필요는 없어요. 계속 강조하지만, 설정된 Day는 어디까지나 '가이드라인'일 뿐입니다. 여러분이 생각하셨을 때 위 방법대로 정직하게 공부하고 계신다면 전혀 걱정하실 필요 없어요. 가장 확실한 공부를 하는 데 초점을 맞추고 나아가시길 바랍니다!

5. 이 교재로 공부할 때 추가적으로 주의할 점은 없을까요?

① 수강생 카페에 대해
➡ 제 교재를 선택해주신 분들의 국어 공부를 끝까지 책임지기 위한 카페가 있습니다. 해당 카페에서는 교재 관련 자료 제공과 질문답변 등이 이루어집니다. 카페에 가입하신 후, 교재를 구매하셨다는 것을 인증해 주시면 해당 자료 및 질문답변 서비스를 받으실 수 있습니다. 여러분의 성적 향상에 해당 카페를 적극적으로 활용하시기 바랍니다!
카페 주소 : https://cafe.naver.com/piramgukeo

② 시간 제한에 대해
➡ 이 교재로 공부하실 때는 굳이 문제풀이 시간을 설정하실 필요가 없습니다. 물론 앞에서도 말씀드렸듯이, 해당 지문을 처음 공부하는 경우에는 실력 확인 및 실전력 강화를 위해 약간의 시간을 재는 것도 좋습니다. 하지만 시간을 재고 풀어본 뒤에는, 1시간이 걸려도 괜찮으니 꼭 충분한 시간을 써서 고민하겠다고 약속해 주세요. 지문을 읽을 때의, 그리고 문제를 풀 때의 사고 과정을 확실하게 정리하신 뒤에 해설지를 보며 비교해 주셔야 합니다. 문제만 빠르게 쓱 풀고 해설지를 보시면 큰 효과를 보기 힘듭니다.

③ 해설과 실전의 괴리에 대해
➡ 이 교재로 열심히 공부하시다 보면, 해설이 무슨 말인지는 알겠는데, '실전에서 이렇게 할 수 있을까?'에 대한 의문이 드는 경우도 있을 겁니다. 제 해설은 기본적으로 '시험장에서' 할 수 있는 가장 '이상적'인 상태가 가정되어 있습니다. 이는 다시 말해 제 해설만큼 읽어내고 생각하지 못하더라도, 어떻게든 답을 고르는 과정까지는 도달할 수 있다는 것입니다. 저와 완전 똑같이 사고하지 못했다고 자책하지는 마세요. 이상적인 상태로 도달하려고 노력하다 보면, 수능날에도 그 '이상'에 그나마 가까운, 즉 답을 모두 골라내는 정도의 독해는 할 수 있게 될 겁니다. 저와 생각이 조금 다르거나 놓친 부분이 있다면 왜 그렇게 되었는지, 그리고 교정하기 위해서는 어떻게 해야 하는지 등을 고민하면서 '이상적인 독해'에 다가가려고 최대한 노력하신다면, 그것만으로도 족합니다.

④ 생각합시다!
➡ 이 교재의 핵심은, 여러분의 '생각의 힘'을 키워드리는 겁니다. 끊임없이, 머리가 터질 듯이 '능동적으로' 생각하셔야 합니다. 교재의 내용을 그냥 받아들이지 마시고, 자신이 무엇을 공부하고 있고 이게 왜 중요한지를 계속 생각하세요. 처음엔 '이걸 왜 강조하는 거지?' 싶다가도, 생각하며 따라오면 결국 교재에서 말하고자 하는 바가 온전히 이해될 겁니다. 주체성을 가지고 공부하셔야 합니다! 그래야 재밌게 공부할 수 있어요.

⑤ 읽기를 두려워하지 마세요.
➡ 최근 한국의 실질문맹(글을 읽을 줄은 아는데, 그 맥락적 의미를 파악하지 못하는 경우) 문제가 심각하다고 합니다. 동영상, 토막글 같은 자극적 매체의 발달이 그 원인이라고 하네요. 인터넷 커뮤니티에서도 '3줄 요약'이라는 것이 유행할 정도이니, 조금 신경을 써야 할 문제이기는 합니다. 만약 여러분이 읽기를 귀찮아하고, 이해하기를 게을러 한다면 국어 영역 점수뿐 아니라 인생 전체에서도 큰 불편을 안고 살아야 할 거예요. 이 교재에는 텍스트가 정말 많습니다. 그 텍스트들을 두려워하지 말고, '모든' 글자를 읽고 이해한다는 마음으로 공부하시기 바랍니다.

6. 피램 국어 시리즈가 처음인데, 해설지를 이해하지 못할까봐 걱정됩니다.

앞서 언급드렸듯이, 직관적이고 일반적인 용어 및 내용을 통해 계속 같은 방식으로 해설해드릴 것이기 때문에 며칠만 적응하면 큰 문제가 없을 것입니다. 그래도 아예 국어 공부를 처음 하는 학생들도 있을 것이니, "P.I.R.A.M 국어 생각의 전개"에서 다루는 내용들을 아주 간략하게 설명해드리겠습니다. 참고하시고, 이 내용들에 대해 자세히 배우고 싶다면 "P.I.R.A.M 국어 생각의 전개"를 이용해주세요.

- 문학 문제 풀이의 전제

수능 문학에서는 '독해력'과 '공감력'을 측정합니다. 문학 작품 역시 하나의 글이라는 점에서, 읽고 이해하는 '독해'의 과정을 거쳐야 답이 나온다는 것을 잊으시면 안 됩니다. 나아가 문학이라는 장르의 특성상, 결국 지문에 제시된 화자나 인물의 내면에 얼마나 잘 공감하느냐도 중요합니다. '이런 상황이라면 충분히 이렇게 느낄 수 있겠다~'라는 생각이 계속 들어야 합니다.

또한, 문학 문제를 풀 때는 <보기>를 먼저 보는 것을 원칙으로 합니다. <보기>를 통해 작품의 주제, 줄거리 등을 미리 체크하고 지문을 읽어주시면 훨씬 효율적입니다. 물론 <보기>가 지문 내용과 무관하게 일반적인 지식을 전달하는 경우도 있는데, 그럴 때는 굳이 먼저 읽지 않아도 좋습니다.

- 허용 가능성 평가

수능 문학의 선지 판단 과정에서는, '이거 틀린 거 아니야?'와 같은 생각보다는 '그래 맞다고 쳐 보고, 지문에 근거가 있는지 확인해 보자.'라는 생각으로 접근하셔야 합니다. 본인의 생각과 다르다고 일단 틀렸다고 하기보다는, '허용'한다고 했을 때 그것을 '허용'할 만한 '근거'가 있는지 확인한다는 생각으로 접근하시는 거예요. 중요한 것은, 이때의 '근거'는 여러분의 머릿속이 아니라 지문에 제시되어 있어야 한다는 것입니다.

- 운문문학 문제풀이

운문문학의 화자의 내면세계(정서)가 곧 주제입니다. 그리고 평가원에서는 이러한 '주제'와 직결되는 내용 위주로 선지를 구성합니다. '주제'를 바탕으로, '독해력'을 발휘하며 지문의 내용을 대강 파악하고, '허용 가능성 평가'라는 선지 판단의 원칙에 따라 정확하게 판단하는 연습을 하셔야 합니다. 단, 최근 어려워지고 있는 수필의 경우에는 독서 지문을 읽듯이 정독하는 것을 원칙으로 합시다. 수필의 경우에도 핵심은 글쓴이의 내면세계, 즉 '주제'입니다.

- 산문문학 문제풀이

산문문학에서는 여러분의 '공감력'을 적극적으로 묻습니다. 특정한 '시·공간적 배경'에서 다양한 '인물'들이 부대끼는 모습을 보면서, 각 인물들이 어떤 상황에서 어떤 '내면세계(심리·생각)'를 가지고 있는지 파악하고, '왜 그런 내면세계를 가지게 되었는지' 생각하면서 그들의 마음에 '공감'할 수 있어야 합니다. 나아가 배경 묘사는 작품의 전반적인 분위기 혹은 인물의 심리와 관련되어 있고, 외양 묘사는 인물의 성격과 관련되어 있다는 것도 잊지 말아야 합니다.

- 고전시가의 세계관

고전시가는 매우 단순한 세계관 아래에서 만들어진 문학 작품입니다. 이에 '도덕적 삶에 대한 지향', '임금에 대한 충정 표현', '자연에 대한 지향'과 같은 주제 의식에서 크게 벗어나지 않는 모습을 보입니다. 이러한 주제 중심으로 독해하고 허용 가능성을 평가한다는 원칙만 잊지 않으시면 됩니다. 또한 평가원에서 여러분이 당연히 알고 있을 것이라 생각하며 디테일하게 출제하는 '필수 고전시가'들이 있습니다. 이에 대한 대비가 필요합니다. "P.I.R.A.M 국어 필수 고전시가" 교재를 참고하세요.

– 고전소설 클리셰

고전소설 역시 단순한 클리셰 아래에서 진행됩니다. 특히 '영웅 소설'이나 '애정 소설'이 자주 등장하는데, 모두 '비정상적인 출생', '주인공의 위기 극복', '조력자의 도움', '해피엔딩'과 같은 특징을 보입니다. 이런 클리셰를 적극적으로 활용하면서 지문을 읽으면 인물에게 공감하는 것이 더욱 쉬워질 것입니다. 즉, 고전소설에서도 결국 핵심은 '인물에 대한 공감'입니다.

– 현대소설 클리셰

현대소설은 암울했던 우리의 현대사를 살아갔던 인물들의 내면세계를 다루고 있습니다. 이러한 이유로, 대개 현대소설의 주인공들은 우울하고 비참한 처지에 처해 있는 경우가 많아요. 나아가 근대적인 관념인 '개인'이라는 개념이 들어오면서, 현대소설의 주인공들은 자신에 대한 성찰을 하는 경우도 많아요. 이런 내용들을 바탕으로, 인물에게 '공감'한다는 기본적인 원칙을 살려 읽어주시면 됩니다.

– 현대시 창작 원리

현대시의 화자는 외부세계나 내면세계 중 하나를 반드시 인식합니다. 이때 화자가 인식하는 외부세계는 화자 자신의 내면세계와 관련되어 있습니다. 외부세계의 대상에 주목하는 형태의 작품을 읽을 때는 그 외부세계의 대상이 화자의 어떤 내면세계와 연관되는지 생각하면서 읽어야 합니다.

아직 무슨 말인지 잘 모르겠다고요? 3일만 기다리세요. 해설지가 완벽하게 이해될 것입니다. 그럼, 완벽한 해설과 함께 수능 국어 영역 문학 기출문제를 정복하러 떠나 봅시다.

P . I . R . A . M

1 PART

[1~6] 다음 글을 읽고 물음에 답하시오.   2022.11 [18~23]

(해설편 Part 1 p.012)

(가)

구겨진 하늘은 묵은 얘기책을 편 듯   ┐
돌담 울이 고성같이 둘러싼 산기슭   [A]
박쥐 나래 밑에 황혼이 묻혀 오면
초가 집집마다 **호롱불**이 켜지고
고향을 그린 묵화(墨畵) 한 폭 좀이 쳐.   ┘

띄엄 띄엄 보이는 그림 조각은   ┐
앞밭에 보리밭에 말매나물 캐러 간   [B]
가시내는 가시내와 종달새 소리에 반해   ┘

빈 바구니 차고 오긴 너무도 부끄러워
술레짠 두 뺨 위에 모매꽃이 피었고.

그넷줄에 비가 오면 풍년이 든다더니   ┐
앞내강에 씨레나무 밀려 나리면
젊은이는 젊은이와 **뗏목**을 타고   [C]
돈 벌러 항구로 흘러간 몇 달에
서릿발 잎 져도 못 오면 바람이 분다.   ┘

피로 가꾼 이삭이 참새로 날아가고   ┐
곰처럼 어린 놈이 북극을 꿈꾸는데   [D]
늙은이는 늙은이와 싸우는 입김도   ┘

벽에 서려 성에 끼는 한겨울 밤은   ┐
동리(洞里)의 밀고자인 강물조차 얼붙는다.   [E] ┘

-이육사, 「초가」-

(나)

오늘, 북창 을 열어,
장거릴 등지고 산을 향하여 앉은 뜻은
사람은 맨날 변해 쌓지만
태고로부터 푸르러 온 산이 아니냐.
고요하고 너그러워 수(壽)하는 데다가
보옥을 갖고도 자랑 않는 겸허한 산.
마음이 본시 산을 사랑해
평생 산을 보고 산을 배우네.
그 품 안에서 자라나 거기에 가 또 묻히리니

내 이승의 낮과 저승의 밤에
아아라히 뻗쳐 있어 다리 놓는 산.
네 품이 내 고향인 그리운 산아
미역취 한 이파리 상긋한 산 내음새
산에서도 오히려 산을 그리며
꿈같은 산 정기(精氣)를 그리며 산다.

-김관식, 「거산호 2」-

(다)

온갖 꽃들이 요란스럽게 일제히 터트려져 광채가 찬란하다. 이때에 바람이 살짝 불어오면 향기가 코를 스친다. 때마침 꼴베는 자가 낫을 가지고 와서 손 가는 대로 베어 내는데, 아쉬워 돌아보거나 거리끼는 마음도 없다. 나는 이에 한숨을 쉬며 탄식하여 말하였다.

"땅이 낳고 하늘이 기르는바, 만물이 무성히 자라며 모두가 광대한 은택을 입는구나. 이에 따스한 바람이 불어 갖가지 형상을 아로새기고 단비를 내려 온 둘레를 물들이니, 천기(天機)를 함께 타고나 형체를 부여받음에 각기 그 자질에 따라 고운 자태를 드러낸다. 모란의 진귀하고 귀중함을 해당화의 곱고 아름다움에 견주어 보면, 비록 크고 작은 차이는 있겠으나, 어찌 **공교함과 졸렬함**에 다른 헤아림이 있었겠는가?

(중략)

그런데도 **귀함**이 저와 같고 **천함**이 이와 같아, 어떤 것은 **부호가의 깊은 장막** 안에서 눈앞의 봄바람을 지키고, 어떤 것은 짧은 낫을 든 어리석은 종의 손아귀에서 가을 서리처럼 변한다. 이 어찌 된 일인가? 뜨락은 사람 가까이에 있고 교외의 땅은 멀리 막혀 있어 가까운 것은 친하기 쉽고 멀리 있는 것은 저어하기 때문이 아니겠는가? 아니면 요황과 위자*는 성씨가 존엄한데 범상한 화초는 이름이 없으며, 성씨가 존엄한 것은 곱게 빛나는데 이름 없는 것들은 먼 데서 이주해 온 백성 같은 존재이기 때문인가? 그도 아니면 뿌리가 깊은 것은 종족이 번성한데 빽빽이 늘어선 것들은 가늘고 작으며, 높고 큰 것은 높은 자리에 있고 가늘고 작은 것들은 들판에 있기 때문인가?

아! 낳는 것은 하늘에 달려 있으나 **영화롭게** 하는 것은 인간에 달려 있다. 하늘은 사사로움이 없기에 그 **조화(造化)**가 균일하지만, 인간은 널리 베풀지 못하므로 **소원함**도 있고 **친함**도 있는 것이다. 하늘이 이미 낳아주었는데 또 어찌 사람이 영화롭게 하고 영화롭지 못하게 한다고 원망하겠는가? 나에게는 비록 감정이 있지만 풀에는 감정이 없으니, 그것이 소의 목구멍을 채우는 것과 **나비**로 하여금 다투어 찾도록 하는 것을 어찌 달리 보겠는가?”

-이옥, 「담초(談艸)」-

* 요황과 위자 : 모란의 진귀한 품종을 일컫는 말.

01 (가)~(다)에 대한 설명으로 가장 적절한 것은?

① (가)에서는 현실적인 문제 해결의 실마리로 조화로운 공동체의 모습을 제시하고 있다.

② (나)에서는 현실에 대한 부정적 인식을 바탕으로 앞날에 대한 회의를 드러내고 있다.

③ (다)에서는 자연과 인간의 관계를 살펴 자연을 바라보는 인간의 태도에 대한 성찰을 드러내고 있다.

④ (가), (다)에서는 모두 자연물이 쇠락하는 과정을 제시하여 인생에 대한 무상감을 드러내고 있다.

⑤ (가), (나), (다)에서는 모두 자연과의 교감을 통해 장소에 대한 낙관적 전망을 이끌어 내고 있다.

02 〈보기〉를 참고할 때, [A]~[E]에 대한 이해로 적절하지 않은 것은?

―――――[보기]―――――

이육사는 「초가」를 발표하면서 ‘유폐된 지역에서’라고 창작 장소를 밝혔다. 이곳에서 그는 오래전 떠나온 고향을 떠올려 시로 형상화했다. 계절의 흐름에 따라 낭만적인 봄에서 비극적인 겨울로 시상을 전개하여 악화되어 가는 일제 강점기의 현실을 묘사했다.

① [A] : 돌담 울에 둘러싸인 산기슭을 묘사하여 화자가 고향을 회상하는 장소의 분위기를 나타내고 있다.

② [B] : 봄날의 보리밭 풍경을 제시하여 화자가 떠올리는 고향의 모습을 형상화하고 있다.

③ [C] : 고향 사람들이 기대하던 앞내강 정경을 묘사하여 화자의 소망이 이루어진 상황을 나타내고 있다.

④ [D] : 풍족한 결실을 거두지 못한 상황에서 자신이 처한 현실 너머의 세계를 꿈꾸는 소년의 모습을 보여 주고 있다.

⑤ [E] : 강물이 얼어붙는 삭막한 겨울의 이미지로 일제 강점기의 가혹한 현실 상황을 드러내고 있다.

03 ‘산’에 대한 화자의 태도를 중심으로 (나)를 감상한 내용으로 적절하지 않은 것은?

① ‘산’을 수시로 변하는 인간과 달리 태고로부터 본질을 잃지 않는 불변성을 지닌 것으로 인식하는군.

② ‘산’을 인간의 덕성을 표면화하는 데 집중하는 적극적 의지를 지닌 존재로 여기는군.

③ ‘산’을 삶과 죽음을 이어 줌으로써 죽음 이후에도 함께 할 대상으로 여기는군.

④ ‘산’을 근원적 고향으로 인식함으로써 그리움의 대상으로 바라보는군.

⑤ ‘산’을 현재 함께하는 존재로 여기면서도 지속적으로 지향해야 할 궁극적인 존재로 인식하는군.

04 (다)의 ‘나’에 대한 이해로 가장 적절한 것은?

① 꽃의 ‘공교함과 졸렬함’을 판단할 때는 꽃의 형체보다는 쓰임새에 기준을 두어야 함을 강조한다.

② 화초의 ‘귀함’과 ‘천함’에 대한 평가는 그 본성에 맞게 이름이 부여되었느냐에 달려 있다고 믿는다.

③ 풀을 ‘영화롭게’ 만드는 주체는 인간이 아니라 하늘이어야 한다는 깨달음을 드러낸다.

④ 하늘의 입장에서 보면 모든 풀은 ‘조화가 균일’한 존재로서 가치의 우열을 가지지 않는다고 생각한다.

⑤ 인간의 감정에는 ‘소원함’과 ‘친함’이 모두 있으므로 사사로움을 넘어 균형을 도모할 수 있다고 본다.

05 묵화와 북창을 중심으로 (가)와 (나)를 비교한 내용으로 가장 적절한 것은?

① (가)에서는 '묵화'와 '박쥐 나래'의 이미지를 연결하여 고향의 어두운 분위기를, (나)에서는 '북창'에서 바라본 산의 '품'에 주목하여 산이 주는 아늑한 분위기를 드러낸다.

② (가)에서 '묵화'는 '황혼'이 상징하는 현실적 상황에, (나)에서 '북창'은 '저승의 밤'이 의미하는 절망적 상황에 대응된다.

③ (가)에서 '묵화'에 '좀이 쳐'라고 한 것은 화자가 고향에 대해 느끼는 세월의 깊이를, (나)에서 '북창'을 '오늘' 열었다고 한 것은 산을 대하는 화자의 인식이 변화된 시점을 드러낸다.

④ (가)에서 '묵화'를 '그림 조각'이라고 한 것은 고향의 분절된 이미지를, (나)에서 '북창'을 '열어' 산을 보고 있다는 것은 선망하는 세계와 분리된 이미지를 나타낸다.

⑤ (가)에서는 '묵화'에 그려진 '모매꽃'에 부끄러움의 정서를, (나)에서는 '북창'을 통해 본 '보옥'에 안타까움의 정서를 담아낸다.

06 〈보기〉를 참고하여 (가)~(다)를 감상한 내용으로 적절하지 않은 것은? [3점]

[보기]

문학적 표현에는 표현 대상을 그와 연관된 다른 관념이나 사물로 대신하여 나타내는 방법이 있다. 여기에는 사물의 속성으로 실체를 대신하거나 대상의 한 부분으로 전체를 대신하는 것 등이 포함된다. 이러한 방법들은 서로 혼재되기도 하면서 구체적이고 생생한 이미지와 분위기를 환기한다.

① (가)에서 저녁이 오는 시간을 그와 연관된 사물인 '호롱불'이 켜진다는 것으로 나타냄으로써, 산골 마을의 저녁 풍경을 시각적 이미지로 보여 주는군.

② (가)에서 고향에 머무르지 못하고 객지로 떠나는 현실을 '뗏목'을 타고 흘러가는 것과 연관 지어 나타냄으로써, 삶의 불안정함을 구체적 이미지로 보여 주는군.

③ (나)에서 세속적인 삶의 공간 전체를 이해관계가 얽혀 있는 '장거리'의 속성을 활용하여 나타냄으로써, 인심이 쉽게 변하는 세속 공간의 분위기를 환기하는군.

④ (다)에서 귀한 대우를 받는 삶을 그러한 속성을 가진 '부호가의 깊은 장막 안'으로 나타냄으로써, 인간과 가까운 공간의 적막한 분위기를 환기하는군.

⑤ (다)에서 풀의 가치를 '소'와 '나비'의 행위와 연관 지어 나타냄으로써, 하찮게 취급되는 풀과 귀하게 여겨지는 풀의 차이를 구체적 이미지로 보여 주는군.

지욱은 차츰 선생의 그런 신념이 두려워지기 시작했다. 지욱의 이해와 능력으로는 감당할 수 없는 어떤 무거운 **압박감**이 그를 못 견디게 짓눌러 왔다. 믿음이 논리를 초월할 수도 있다고는 했지만 그러나 논리적인 이해가 불가능한 **신념**은 맹목적인 아집에 그칠 위험성이 있었다. 뿐만 아니라 그 자신감이 넘치고 있는 선생의 신념은 털끝만큼 한 자기 회의마저 용납을 하지 않고 있었다. 회의가 없는 신념은 맹목적인 **자기 독단**에 흐를 위험 또한 큰 것이었다. 그리고 무엇보다도 그것은 지욱이 그에게 소망해 온 어떤 감동적인 자서전적 인물상으로는 치명적인 결함일 수 있었다. **회의**가 없는 자서전이야말로 영락없이 한 거인의 동상에 불과할 뿐이었다. 지욱이 최상윤의 신념을 두려워한 것은 그 자신 최상윤 선생에게서와 같은 어떤 **의식의 경화** 현상을 싫어해 온 성격 이외에도, 그와 같은 위험성을 어슴푸레 느끼고 있었기 때문이다. 하나 그보다도 지욱이 더더욱 그 선생의 신념을 두려워한 것은 그의 너무나도 일사불란한 언동이나 생활 방식에서 오히려 어떤 씻을 수 없는 가식의 냄새를 맡고 있었기 때문이다. 사람이 도대체 이럴 수가 있을까. 한 인간의 생애에서 이처럼이나 말끔하게 후회나 의구가 없을 수 있단 말인가. 이 깐깐하고 **결백**스런 노인에게서라도 어찌 따뜻한 아랫목과 좋은 음식에 대한 바람이 전혀 없을 수 있단 말인가. 아무리 **엄격한 극기**의 세월이었던들 그것이 어찌 감히 사람의 가장 사람다운 욕망까지를 송두리째 근멸시켜 버릴 수가 있단 말인가. 이 노인은 어찌하여 그것을 끝끝내 시인하려 들지 않고 있는 것인가. 그것이 진실로 그의 **부끄러움**이 될 수는 없단 말인가—

(중략)

"이거 아무리 맘에 없는 웃음을 팔아먹고 사는 무식쟁이라고 누구한테 지금 설교를 하려는 거야 뭐야, 건방지게. 그래 내가 지금 당신 같은 위인의 신세 하소연이나 듣자고 이런 델 찾아온 줄 알아? 그렇게 내가 한가한 사람으로 보이느냐 말야. 왜 내 일을 안 하겠다는 건지 그걸 말해 보라는 거야. 이유를……"

"아니, 그런 게 아니라 ……"

갑자기 **반말 투로** 윽박질러 오는 피문오 씨의 어조에 지욱은 새삼 가슴이 내려앉는 표정이었으나, 이미 본색을 드러내기 시작한 피문오 씨의 행패는 걷잡을 수가 없을 지경이었다.

"그게 아니라니? 아니 이거 당신 정말 이런 식으로 날 바보 취급하고 나설 테야? 당신 눈엔 정말로 내가 그렇게 얼렁뚱땅 되잖은 소리로도 그냥 넘어갈 것 같아 보인 모양이지? 그래, 뭐가 어째? 내 일을 하지 않게 된 게 내 탓이 아니구 당신의 그 **알량한 양심** 때문이라구? 내가 그래 그 알량한 당신의 양심에 **들러리**라도 서야 한다는 거야 뭐야. 업어치나 메치나 그게 그놈 아들놈 같은 소릴 가지고, 정 내게 ㉠ 말재간을 한번 부려 보고 싶어서 이래? 당신 눈엔 이 피문오가 그래 그만 ㉡ 말귀도 못 알아들을 바보 멍청이로만 보이느냐 말야? 내 아까부터 참자 참자 하다 보니 이 친구 아주 형편없이 맹랑한 데가 있는 작자로구만 그래."

피문오 씨는 이제 스스로도 분을 참을 수 없게 된 것 같았다. 벌건 얼굴에 튀어나올 듯 두 눈알을 부라려 대면서 장갑을 몰아 쥔 한쪽 손을 피스톤처럼 마구 지욱의 턱 앞으로 내질러 대고 있었다.

지욱은 그만 기가 콱 질리고 말았다. ㉢ 무슨 말을 할래도 목이 말라 소리가 되어 나오질 않았다. 그는 부들부들 떨려 오는 두 다리를 간신히 버티고 선 채 절망적인 눈초리로 피문오 씨의 폭풍우 같은 수모를 고스란히 견디고 있었다.

불현듯 최상윤 선생의 일이 이 처참스런 곤욕을 견뎌낼 수 있는 어떤 서광처럼 머릿속으로 떠올라 왔다. 최상윤 선생과의 약속이 그의 참을성에는 상당한 힘을 보태기 시작했다. 이런 자의 자서전 따윌 대필하려 했다니! 최상윤 선생과 같은 분에게조차 내 주관을 굽힐 수 없던 이 지욱이 아닌가. 이런 자의 책을 쓰면서 그의 밑구멍을 핥느니 차라리 선생의 발밑에라도 나가 엎드려 선생의 신념을 찬미함이 낫지 않으냐. 참자! 작자의 일을 피하자면 이쯤 굴욕은 즐거이 참아 넘기자. 참아서 넘겨야 한다—

하지만 피문오 씨는 그 정도로는 물론 분통이 풀릴 수가 없는 모양이었다.

"어디 선생! ㉣ 말씀을 좀 해 보시라구. 아니 글에서는 그처럼 잘난 체 말이 많더니, 제 잘난 소리나 시부렁거릴 줄 알았지 선생도 남의 말을 알아듣는 덴 귀가 꽉 멀어 버리셨나. 왜 통 대답이 없으셔? 그렇담 내가 좀 더 수고를 해 주실까? 어째서 내 일을 하지 않게 되었느냐, 내 일을 하기가 싫어졌느냐…… 그 이율 좀 더 솔직하게 말해 달라 이거야. 이 무식한 놈도 좀 분명하게 알아듣고 납득이 가게끔 말이야. 알아들어? 그래도 못 알아들으시겠다면 ㉤ 내 좀 더 똑똑히 말을 해 줄까?"

묵묵히 입을 다물고 있는 지욱을 마음 내키는 대로 매도해 대다 말고 피문오 씨는 무슨 생각을 해 냈는지 갑자기 목을 잔뜩 가다듬었다. 그리고는 청승맞도록 능청스런 목소리로 허공을 향해 외쳐 대기 시작했다.

ⓐ"고장 난 시계나 라디오들 고칩시다아― 채권 삽니다아― 부서진 우산이나 빈 병 삽니다아― 자서전이나 회고록들 쓰십시다아―"

고저단속(高低斷續)을 적당히 조화시켜 가며 길게 외쳐 대고 난 피문오 씨가 이젠 좀 알아듣겠느냐는 듯 여유만만한 표정으로 지욱을 이윽히 건너다보았다.

-이청준, 「자서전들 쓰십시다」-

07 윗글의 서술상 특징으로 가장 적절한 것은?

① 장면의 빈번한 교차를 통해 인물 간의 갈등을 입체적으로 드러내고 있다.
② 서술자가 중심인물의 내면을 묘사하며 인물이 처한 갈등 상황을 제시하고 있다.
③ 이야기 내부의 서술자가 인물의 행위를 묘사하며 사건의 원인을 추리하고 있다.
④ 인물 간의 대화를 통해 인물이 겪은 사건의 비현실적인 면모를 드러내고 있다.
⑤ 공간의 이동에 따라 서술자를 달리하여 사건에 대한 다양한 관점을 서술하고 있다.

08 문맥상 의미를 고려할 때, ㉠~㉤에 대한 설명으로 적절하지 않은 것은?

① ㉠: 피문오가 지욱의 말을 무시하고자 하는 경멸의 감정을 담고 있다.
② ㉡: 지욱에게서 무시당하고 있다고 여기는 피문오의 성난 감정을 담고 있다.
③ ㉢: 피문오에게서 수모를 당하는 지욱이 항변도 못하고 주눅이 든 상태를 나타낸다.
④ ㉣: 피문오가 지욱의 해명을 요구하면서 닦달하고 있음을 나타낸다.
⑤ ㉤: 침묵하는 지욱에게 피문오가 자신에 대한 의구심을 풀 것을 독촉하고 있음을 나타낸다.

09 〈보기〉를 참고할 때, 감동적인 자서전적 인물상에 대한 이해로 적절하지 않은 것은? [3점]

[보기]

「자서전들 쓰십시다」의 주인공은 자서전 대필 작가로서의 글쓰기에 환멸을 느끼고 있다. 이러한 글쓰기는 의뢰인의 삶을 미화하여 결국 의뢰인에게 아첨하는 것일 뿐이기 때문이다. 어떤 의뢰인들은 자신의 요구를 강요하는 일까지 서슴지 않아 주인공을 괴롭히기도 한다. 주인공이 바라는 의뢰인은 작가의 의사를 존중하면서 삶을 거짓 없이 성찰하는 사람이다. 또한 주인공은, 후회나 의문이 없는 확신에 찬 태도로 독자를 사로잡는 주장을 하는 사람보다는 타인의 삶에 기여할 수 있는 정직한 고백을 하는 사람을 원한다.

① 작가에게 '압박감'이 느껴질 정도로 '자기 독단'이 강할 뿐만 아니라 확신에 찬 태도로 '신념'을 내세우는 것은 독자를 사로잡는 자기주장을 하는 것이라는 점에서 감동적인 자서전적 인물상에 부합한다고 할 수 없겠군.
② 스스로 '회의'하며 '의식의 경화'를 경계할 줄 아는 것은 삶을 거짓 없이 성찰할 수 있다는 점에서 감동적인 자서전적 인물상에 부합한다고 할 수 있겠군.
③ '엄격한 극기'로 '부끄러움' 없이 '결백'하게 사는 것은 독자에게 후회나 의문이 없는 삶을 주장할 수 있다는 점에서 감동적인 자서전적 인물상에 부합한다고 할 수 있겠군.
④ 자서전을 쓰라고 '반말 투로' 작가를 '윽박'지르는 것은 자서전을 통해 자신에게 아첨하기를 요구하는 것으로 보인다는 점에서 감동적인 자서전적 인물상에 부합한다고 할 수 없겠군.
⑤ 작가의 '양심'을 '알량'하다고 여기고 자신은 '들러리'가 아님을 주장하는 것은 작가를 존중하지 않고 삶을 미화하도록 요구한다는 점에서 감동적인 자서전적 인물상에 부합한다고 할 수 없겠군.

10 ⓐ에 대해 이해한 내용으로 가장 적절한 것은?

① 피문오는 지욱이 생각하는 자서전의 가치를 폄하하여 지욱을 우롱하고 있다.

② 피문오가 자서전을 상품으로 팔기 위한 방법을 지욱에게 직접 보여 주고 있다.

③ 피문오가 '잘난 소리'를 하는 지욱에게 자신은 '무식한 놈'이 아님을 과시하고 있다.

④ 피문오가 자서전 쓰기를 더 많은 사람들에게 권해야 한다고 지욱에게 요청하고 있다.

⑤ 피문오는 지욱의 자서전 쓰기에 소재를 제공하고자 '맘에 없는 웃음을 팔아먹'어 왔던 자신의 직업적 능력을 발휘하고 있다.

─────────── (해설편 Part 1 p.028)─

(가)

어져 어져 저기 가는 저 사람아

네 행색을 보아 하니 군사 도망 네로구나

허리 위로 볼작시면 베적삼이 깃만 남고

허리 아래 굽어보니 헌 잠방이 노닥노닥

곱장 할미 앞에 가고 전태발이 뒤에 간다

십 리 길을 하루 가니 몇 리 가서 엎어지리

내 고을의 양반 사람 타도 타관 옮겨 살면

천히 되기 상사여든 본토 군정(軍丁) 싫다 하고

자네 또한 도망하면 일국 일토(一土) 한 인심에

근본 숨겨 살려 한들 어데 간들 면할쏜가

차라리 네 살던 곳에 아무렇게나 뿌리박혀

칠팔월에 ㉠인삼 캐고 구시월에 돈피* 잡아

공채 신역 갚은 후에 그 나머지 두었다가

함흥 북청 홍원 장사 돌아들어 잠매할 때

후한 값에 팔아 내어 살기 좋은 넓은 곳에

가사 전토(家舍田土) 다시 사고 살림살이 장만하여

부모처자 보전하고 새 즐거움 누리려무나

어와 생원인지 초관인지

그대 말씀 그만두고 **이내** 말씀 들어 보소

이 내 또한 갑민(甲民)*이라 이 땅에서 생장하니 이때 일을 모를쏘냐

우리 조상 남쪽 양반 진사 급제 계속하여

금장 옥패 빗기 차고 시종신을 다니다가

시기인의 참소 입어 변방으로 쫓겨 와서

국내 변방 이 땅에서 칠팔 대를 살아오니

조상 덕에 하는 일이 읍중 구실 첫째로다

들어가면 좌수 별감 나가서는 풍헌 감관

유사 장의 채지 나면 체면 보아 사양터니

애슬프다 내 시절에 원수인의 모해로써

군사 강정 되단 말가 내 한 몸이 헐어 나니

좌우전후 수다 일가 차차 충군(充軍) 되것고야

조상 제사 이내 몸은 하릴없이 매여 있고

시름없는 친족들은 자취 없이 도망하고

여러 사람 모든 신역 내 한 몸에 모두 무니

한 몸 신역 삼 냥 오 전 돈피 두 장 의법이라

열두 사람 없는 구실 합쳐 보면 사십육 냥

해마다 맡아 무니 석숭*인들 당할쏘냐

　　　　　　　　　　　　-작자 미상, 「갑민가」-

* 돈피 : 담비 가죽.

* 갑민 : 갑산의 백성.
* 석숭 : 중국 진나라 때의 부자.

(나)

녹양방초 언덕에 소 먹이는 **아희들아**

앞내 ㉡고기 뒷내 고기를 다 몽땅 잡아내 다래끼*에 넣어 주거든 네 소 궁둥이에 얹어다가 주렴

우리도 서주(西疇)*에 일이 많아 바삐 가는 길이매 가 전할동 말동 하여라

　　　　　　　　　-작자 미상, 사설시조-

* 다래끼 : 물고기나 작은 물건 등을 넣는 바구니.
* 서주 : 서쪽 밭.

11 (가)에 대한 설명으로 적절하지 <u>않은</u> 것은?

① 대구 표현으로 외양을 묘사하여 대상의 처지를 드러 낸다.

② 행위의 실행을 가정하여 부정적 전망을 제시한다.

③ 의문의 표현을 사용하여 상대의 행적에 대해 의심한다.

④ 과거와 현재를 대비하여 악화된 처지를 보여 준다.

⑤ 구체적 수치를 제시하여 감당하기 힘든 현실을 드러 낸다.

12 ㉠, ㉡에 대한 이해로 가장 적절한 것은?

① ㉠은 ㉠을 언급하는 화자가 이주해 가려는 땅에서 재 배할 약재이다.

② ㉡은 ㉡을 언급하는 화자가 말을 건네는 상대에게 노 동의 대가로 주는 보상이다.

③ ㉠과 ㉡은 모두, 각각을 언급하는 화자가 유흥을 목적 으로 구하려는 물품이다.

④ ㉠과 ㉡은 모두, 각각을 언급하는 화자가 획득하려면 상대의 도움이 필요한 대상이다.

⑤ ㉠과 ㉡은 모두, 각각을 언급하는 화자가 보기에 상대 가 했으면 하는 행위의 대상이다.

13 〈보기〉를 참고하여 (가), (나)를 감상한 내용으로 적절하지 <u>않은</u> 것은? [3점]

―――――――[보기]――――――――

　조선 후기의 가사나 사설시조에서는 입장이 다른 발화자가 등장하는 대화체를 사용해 작중 상황을 극의 한 장면처럼 만들기도 한다. 대화를 통해 사실성을 추구하는 작품의 경우, 구체적 소재와 다각적인 내용으로 그 시대 삶의 모습을 보여 준다. 대화를 통해 유희성을 보이는 작품의 경우, 대화가 논쟁, 의견 불일치 등 의외의 상황으로 전개되면서 재미가 생겨나며, 때로 등장하는 불완전한 표현은 이러한 작품이 내용 자체보다 대화의 전개 양상에 주목함을 보여 준다.

① (가)의 '그대'가 '자네'의 선택과 다른 권유를 함으로써 '자네'가 풀어낸 사연은, 당시 갑산 백성이 겪었음 직한 고통을 사실적으로 보여 주는군.

② (가)의 '이내' 말씀은 집안의 내력과 사회적 지위를 구체적으로 언급하며 사회의 부조리를 해결하자는 입장으로, '그대' 말씀과 의견이 일치하지 않는군.

③ (나)는 선행하는 화자의 요청에 대해 '우리'가 선행하는 화자의 기대에 어긋난 대답을 하면서 대화가 의외의 상황으로 펼쳐지는군.

④ (나)의 선행하는 화자가 '고기'를 누구에게 주라고 하는지 명시하지 않아 불완전한 표현이 된 것은 이 작품이 내용보다 대화의 전개 양상에 주목한다는 것을 드러내는군.

⑤ (가)의 '그대'는 길 가는 '자네'를, (나)의 선행하는 화자는 소 먹이는 '아희들'을 불러 말을 건네고 있어 작품의 상황이 극 중 장면처럼 보이는군.

[14~16] 다음 글을 읽고 물음에 답하시오.　　2021.12 [31~33]

───── (해설편 Part 1 p.033)

　　승상 나업은 딸 하나가 있었다. 재예(才藝)가 당대에 빼어났다. 아이는 이 말을 듣고 헌 옷으로 갈아입고 거울 고치는 장사라 속여 승상 집 앞에 가서 "거울 고치시오!"라 외쳤다. 소저는 이 말을 듣고 **거울**을 꺼내 유모에게 주어 보냈다. 소저는 유모 뒤를 따라 바깥문 안쪽까지 나가 문틈으로 엿보았다. 장사가 소저의 얼굴을 언뜻 보고 반해, 손에 쥐었던 **거울**을 일부러 떨어뜨려 깨뜨렸다. 유모가 놀라 화내며 때리자 장사가 울며 말했다.

　　"거울이 이미 깨졌거늘 때려 무엇 하세요? 저를 노비로 삼아 거울 값을 갚게 해 주세요."

　　유모가 들어가 이를 승상께 아뢰니 허락하였다. 승상은 그의 이름을 거울을 깨뜨린 노비라는 뜻으로 파경노(破鏡奴)라 짓고 말 먹이는 일을 시켰다. 말들은 저절로 살쪄 여윈 것이 하나도 없었다.

　　하루는 천상의 선관들이 구름처럼 몰려와 말 먹일 꼴을 다투어 그에게 주었다. 이에 파경노는 말들을 풀어놓고 누워만 있었다. 날이 저물어 말들이 파경노가 누워 있는 곳에 와 그를 향해 머리를 숙이며 늘어서자 보는 자마다 모두 기이하게 여겼다. 승상 부인은 이 말을 듣고 승상에게 말했다.

　　"파경노는 용모가 기이하고 탄복할 일이 많으니 필시 비범한 사람일 것입니다. 마부 일도, 천한 일도 맡기지 마세요."

　　승상이 옳게 여겨 그 말을 따랐다. 이전에 승상은 동산에 꽃과 나무를 많이 심었는데, 파경노에게 이를 기르게 했다. 이때부터 동산의 **화초**가 무성하며 조금도 시들지 않아, 봉황이 쌍쌍이 날아들어 꽃가지에 깃들었다.

　　열흘이 지났다. 파경노는 소저가 동산의 **꽃**을 보고 싶으나 파경노가 부끄러워 오지 못한다는 말을 들었다. 이에 파경노는 승상을 뵙고 말했다.

　　"제가 이곳에 온 지 여러 해 지났습니다. 한 번도 노모를 뵙지 못했으니, 노모를 뵙고 올 말미를 주십시오."

　　승상은 닷새를 주었다. 소저는 파경노가 귀향했다는 소식을 듣고 동산에 들어와 꽃을 보고,

　　"꽃이 난간 앞에서 웃는데 소리는 들리지 않네."라고 시를 지었다. 파경노는 꽃 사이에 숨어 있다가,

　　"새가 숲 아래서 우는데 눈물 보기 어렵네."라고 **시로**

화답했다. 소저가 부끄러워 얼굴을 붉히며 돌아갔다.

　　[중략 부분 줄거리] 중국 황제는 신라 왕에게 석함을 보내, 그 안에 있는 물건을 알아내 시를 지어 올리라 명한다. 신라 왕은 이를 해결하지 못하고 나업에게 과업을 넘긴다.

　　나업은 집으로 돌아와 석함을 안고 통곡했다. 파경노는 이 말을 듣고 사람들에게 왜 우는지를 물었다. 사람들이 모두 말해 주자, 자못 기쁨을 띠며 꽃가지를 꺾어 외청으로 갔다.

　　소저가 슬피 울다가 문득 벽에 걸린 **거울**에 비친 그림자를 보았다. 속으로 놀라 창틈으로 엿보니 파경노가 **꽃**을 들고 서 있었다. 소저가 이상히 여겨 묻자, 시치미를 떼며 말했다.

　　"그대가 이 꽃을 보고 싶다 하여 그대를 위해 가져 왔소. 시들기 전에 받아 보시오."

　　소저가 한숨을 크게 쉬니, 파경노가 위로하며 말했다.

　　"거울 속에 비친 이가 반드시 그대 근심을 없애 줄 것이오. 근심치 말고 꽃을 받으시오."

　　소저가 꽃을 받고 부끄러워하며 안으로 들어갔다.

　　얼마 뒤 소저는 파경노의 말을 괴이히 여겨 승상께 말했다.

　　"파경노가 비록 어리지만 재주가 남보다 뛰어나고, 신인(神人)의 기운이 있어 석함 속의 물건을 알아내어 시를 지을 수 있을 것입니다."

　　승상이 말했다.

　　"너는 어찌 쉽게 말하느냐? 만약 파경노가 할 수 있다면 나라의 이름난 선비 가운데 한 명도 시를 짓지 못해 이 석함을 나에게 맡겼겠느냐?"

　　소저가 말했다.

　　"뱁새는 비록 작지만 큰 새매를 살린다 합니다. 그가 비록 노둔하나 큰 재주를 지니고 있는지 어찌 알겠습니까?"

　　이어서 파경노가 걱정하지 말라고 했음을 고했다.

　　"만약 그가 시를 지을 수 없다면 어찌 그런 말을 냈겠습니까? 원컨대 그를 불러 시험 삼아 시를 짓게 하소서."

　　승상이 파경노를 불러 구슬리며 말했다.

　　"만약 이 석함 속의 물건을 알아내 시를 짓는다면 후한 상을 줄 것이며, 마땅히 네 뜻을 이루어 주겠다."

　　파경노가 거절하며 말했다.

　　"비록 후한 상을 준다 한들 제가 어찌 시를 짓겠습니까?"

　　소저가 이 말을 듣고 승상에게 말했다.

　　"살고 싶고 죽기 싫은 것이 인지상정입니다. 옛날에 어

떤 이가 사형을 당하게 되었을 때, 그에게 '네가 만약 시를 짓는다면 내 마땅히 사면해 주겠다.' 했습니다. 그 사람은 무식한 이였으나 그 명을 따랐습니다. 하물며 파경노는 문학이 넉넉해 시를 지을 수 있지만 거짓으로 못하는 체하고 있습니다. 지금 아버님께서 그를 겁박하시면 어찌 삶을 좋아하고 죽음을 싫어하는 마음이 없어 복종치 않겠습니까?"

승상이 그럴듯하다 여기고 파경노를 불렀다.

-작자 미상, 「최고운전」-

14 윗글의 서술상 특징으로 가장 적절한 것은?

① 시간의 역전을 통해 사건의 진상을 밝히고 있다.

② 서술자의 개입을 통해 사건의 전모를 밝히고 있다.

③ 인물의 희화화를 통해 사건의 반전 효과를 나타내고 있다.

④ 인물 간의 대화를 통해 사건 해결의 방안을 제시하고 있다.

⑤ 꿈과 현실의 교차를 통해 앞으로 일어날 사건을 암시하고 있다.

15 윗글의 내용에 대한 이해로 적절하지 <u>않은</u> 것은?

① 유모에게 주어 보낸 '거울'은 아이가 소저의 얼굴을 보게 되는 계기를 만들고, 벽에 걸린 '거울'은 파경노가 소저에게 자신의 존재감을 드러내는 계기를 만든다.

② 깨뜨린 '거울'은 아이가 파경노라는 이름을 얻고 승상의 집안으로 들어가는 계기가 되고, 파경노가 관리한 동산의 '화초'는 승상 부인으로부터 인정받는 계기로 작용한다.

③ 동산의 '꽃'은 소저가 보고 싶었으나 파경노로 인해 접근하기 어렵게 된 대상이고, 파경노가 들고 서 있던 '꽃'은 소저에게 자신의 마음을 전달하기 위한 수단이다.

④ 동산에서 화답한 '시'는 파경노가 소저와 교감하기 위해 읊은 것이고, 석함 속 물건에 대한 '시'는 파경노가 해결할 수 있다고 소저가 기대하는 과제이다.

⑤ 석함 속 물건에 대한 '시'는 나업에게 슬픔을 유발하는 과업이지만, 파경노에게는 소저의 슬픔을 해소시켜 줄 수 있는 수단이다.

16 〈보기〉를 참고하여 윗글을 감상한 내용으로 적절하지 <u>않은</u> 것은? [3점]

[보기]

「최고운전」은 비범한 인물로서의 최치원을 형상화했다. 주인공은 문제 해결의 국면에서 치밀함, 기지, 당당함을 보인다. 또한 초월적 존재의 도움을 받으면서도 이에 전적으로 의존하지 않고 자신이 지닌 신이한 능력을 발휘하여 개인의 문제와 국가의 과제를 직접 해결한다. 이는 당대 독자들이 원했던 새로운 영웅상을 최치원에 투영하여 작품 속에서 구현한 것이다.

① 아이가 헌 옷으로 바꾸어 입고 거울 고치는 장사라 속이는 장면은 최치원이 치밀한 면모를 지닌 인물임을 보여 주는군.

② 파경노에게 선관들이 몰려와 말먹이를 가져다주는 장면은 최치원이 초월적 존재에게 도움을 받는 인물임을 보여 주는군.

③ 파경노가 기른 뒤로 화초가 시들지 않아 봉황이 날아드는 장면은 최치원이 신이한 능력을 지닌 인물임을 보여 주는군.

④ 파경노가 노모를 핑계 삼아 말미를 얻는 장면은 최치원이 원하는 바를 얻기 위해 기지를 발휘하는 인물임을 보여 주는군.

⑤ 파경노가 승상의 제안을 거절하는 장면은 최치원이 보상을 추구하기보다 스스로 국가의 과제를 해결하려는 당당한 인물임을 보여 주는군.

———————— (해설편 Part 1 p.039)

㉠그렇게…… 그렇게도 배가 고프디야.

그 넓은 운동장을 다 걸어 나올 때까지 불현듯 어머니의 입에서 새어 나온 말은 꼭 그 한마디였다. 하지만 그것은 반드시 그를 향해 묻는 말이라기보다는 넋두리에 더 가까웠다. 교문을 나선 어머니는 집으로 가는 길을 제쳐 두고 웬일인지 곧장 다릿목에서 왼쪽으로 꺾어 드는 것이었다. 저만치 구호소 식당이 눈에 들어왔을 때 그는 까닭 모를 두려움과 수치심으로 뒷걸음질을 쳤다. 그런 그를 어머니는 별안간 무서운 힘으로 잡아끌었다.

㉡가자. 아무리 없어서 못 먹고 못 입고 살더래도 나는 절대로 내 새끼를 거지나 도둑놈으로 키울 수는 없응께. 시상에…… 시상에, 돌아가신 느그 아버지가 이런 꼴을 보시면 뭣이라고 그러시끄나이.

어머니의 음성은 돌연 냉랭하게 변해 있었다. 끝내 그는 와앙 울음을 터뜨려 버리고 말았다. 그러나 어머니는 기어코 구호소 식당 안의 때 묻은 널빤지 의자 위에 그를 끌어다가 앉혀 놓았다.

잠시 후 어머니가 손바닥에 받쳐 들고 온 것은 ⓐ한 그릇의 국수였다. 긴 대나무 젓가락이 찔려져 있는 그것을 어머니는 그의 앞으로 밀어 놓으며 말했다.

㉢먹어라이. 어서 먹어 보란 말다이…….

어머니의 음성에는 어느새 아까의 냉랭함이 거의 지워져 있었다. 그는 몇 번 망설이다가는 젓가락을 뽑아 들고 무 조각 하나가 덩그러니 떠 있는 그 구호용 가락국수를 먹기 시작했다. 그러다가 문득 고개를 들었던 그는 그만 젓가락을 딸각 놓아 버리고 말았다. 마주 앉아서 그때까지 그를 줄곧 지켜보고 있었을 어머니의 눈에는 소리도 없이 눈물이 그득히 괴어오르고 있었기 때문이었다. 탁자 밑에 가지런히 모아져 있는 어머니의 낡은 먹고무신을 내려다보며 그는 갑자기 목구멍이 뻐근해져 옴을 느껴야 했다.

그 후, 그는 두 번 다시 그 빈민 구호소 식당 앞에서 얼쩡거리지 않았다. 아마도 그런 기억 때문이었는지는 몰라도, 두 아이의 아버지가 된 지금까지도 국수는 그에게 여전히 싫어하는 음식으로 남아 있었다.

(중략)

어머니한테 뭔가 이상한 변화가 일어나고 있을지도 모른다는 불길한 조짐을 처음으로 느끼기 시작한 것은 두 달 전쯤부터였다. 그날따라 겨울이 전에 없이 일찍 앞당겨 찾아온 듯한 늦가을 날씨로 밖은 유난히 썰렁했

다. 젓가락으로 밥알을 헤아리듯 하며 맛없는 아침상을 받고 있노라니까 아내가 심상찮은 기색으로 곁에 쪼그려 앉는 것이었다. 그녀가 미처 입을 열기도 전에 그는 짐짓 신경질적인 표정부터 준비했다. 그즈음은 마침 지난달의 봉급을 받지 못한 데다가 그달 봉급마저도 벌써 며칠째 넘기고 있던 참이었으므로, 이번에도 또 아내의 입에서 보나 마나 궁색한 소리가 튀어나오리라고 지레짐작했던 때문이었다. 급료도 제대로 나오지 않는 직장을 뭣 하러 나다녀야 하느냐는 당연한 투정 때문에 얼마 전에도 한바탕 말다툼을 벌였던 적이 있었던 것이다. 그러나 이날 아침은 그게 아니었다.

여보. 나가시기 전에 어머님 좀 잠시 들여다보세요. 암만 해도…….

아니 왜. 감기약을 지어 드렸는데도 여전히 차도가 없으시대?

며칠 전부터 몸이 편찮으시다고 누워 계시는 줄은 그도 알고 있었다. 병원에 가 보는 게 어떻겠느냐고 물었더니, 특별히 아픈 데는 없노라고, 아마도 고뿔인 것 같으니까 누워 있으면 곧 괜찮아질 거라고 하며 어머니는 손을 내젓던 것이었다.

그게 아니라, 저어, 암만해도 어머님이 좀 이상해지신 것 같단 말예요.

그, 그건 또 무슨 소리야.

아내는 뭔가 숨기고 있는 듯한 어정쩡한 표정으로 그의 눈치를 살피고 있었다. 문득 불길한 예감이 뒤통수를 때렸다.

아무리 봐도 예전 같지가 않으시다구요. 그렇게 정신이 총총하시던 분이 별안간 무슨 말인지도 모를 헛소리를 하시기도 하고……. 어쩌다가는 또 말짱해 보이시는 것 같다가도 막상 물어 보면 전혀 엉뚱한 대답을 하시는 거예요. 처음엔 일부러 그러시는가 했는데, 글쎄 그게 아니에요.

도대체 난데없이 무슨 소릴 하고 있는 거야, 지금.

설마 어머니가 그럴 리가 있을까 싶으면서도 왠지 섬뜩한 예감에 그는 숟가락을 놓고 곧장 건너가 보았다.

어머니는 이불을 덮고 누워 무얼 생각하는지 멀거니 천장만 올려다보고 있었다. 의외로 안색이 나아 보였으므로 그는 적이 맘을 놓았다. 하지만 어머니는 두 번씩이나 부르는 아들의 목소리에도 대답이 없었다. 그저 꼼짝도 하지 않고 망연한 시선을 천장의 어느 한 점에 멈춰 두고 있을 뿐이었다. 한동안 멍청하게 앉아 있던 그가 자리에서 마악 일어서려 할 때였다.

ⓔ찬우야이!

어머니의 입에서 불쑥 그 한마디가 튀어나오는 순간 그는 가슴이 철렁했다. 직감적으로 어떤 불길한 예감이 전신을 휩싸 안는 것 같았다. 아직까지 어머니는 한 번도 그렇게 아들의 이름을 직접 부르는 적이 없었다. 적어도 그가 결혼한 후로는 그랬다. 하지만 그보다도 더 그가 놀랐던 것은 어머니의 음성에서였다. 그것은 이미 예전의 귀에 익은 음성이 아니었다. 언제나 보이지 않는 따뜻함과 부드러움으로 흘러나오곤 하던 그 목소리에는 대신 어딘가 냉랭하면서도 들떠 있는 듯한 건조함이 배어 있었다. 그 음성을 듣는 순간 그가 내심 섬찟했던 것은 바로 그 생경한 이질감 때문이었는지도 모른다. 그는 놀란 눈으로 황급히 어머니의 얼굴을 들여다보았다.

ⓜ찬우야이. 어서 꼬두메로 돌아가자이. 느그 아부지랑 찬세가 얼매나 기다리겄냐아. 더 추워지기 전에 싸게싸게 집으로 가야 한단 말다이.

어머니는 나직하게, 그러나 힘이 서린 목소리로 그렇게 말하는 것이었다. 그가 너무 당황하여 그 말이 무슨 뜻인지를 얼른 쉽사리 가려낼 수가 없었다.

-임철우, 「눈이 오면」-

17 윗글의 서술상 특징으로 가장 적절한 것은?

① 특정 인물의 회상을 중심으로 이야기를 전개하고 있다.
② 계절의 변화를 통해 사건 해결의 실마리가 드러나고 있다.
③ 공간적 배경에 대한 상세한 묘사를 통해 사건 전개를 지연시키고 있다.
④ 서술자가 관찰자의 입장에서 사건을 전달함으로써 객관성을 높이고 있다.
⑤ 서술의 초점을 다양한 인물로 옮겨 가며 갈등을 다각적으로 조명하고 있다.

18 ⓐ에 대한 설명으로 가장 적절한 것은?

① '어머니'와 '그'의 갈등을 지속시키는 매개물이다.
② '그'가 사회 문제에 관심을 갖게 하는 매개물이다.
③ '그'가 '어머니'의 속마음을 깨닫게 하는 매개물이다.
④ '어머니'에 대한 '그'의 배려를 드러내는 매개물이다.
⑤ 어려운 처지의 '어머니'에게 위안을 주는 매개물이다.

19 〈보기〉를 참고하여 ㉠~㉤을 감상한 내용으로 적절하지 않은 것은? [3점]

[보기]

「눈이 오면」에서는 어머니의 목소리가 발화 내용과 어우러져 '그'에게 특별한 메시지를 전달한다. 그 목소리는 '그'에게 수치심, 죄책감, 불길함, 섬찟함, 당혹감 등의 감정을 불러일으키거나 특정한 행동을 야기한다.

① ㉠에서 '어머니'가 넋두리에 가까운 말로 아들의 배고픔을 언급한 것은 '그'가 구호소 식당을 보았을 때 느낀 까닭 모를 두려움과 수치심으로 이어지는군.
② ㉡에서 '어머니'가 냉랭한 음성으로 '아버지'를 언급한 것은 '그'에게 죄책감을 불러일으켜 결국 '그'로 하여금 울음을 터뜨리게 하는군.
③ ㉢에서 '어머니'가 냉랭함이 사라진 음성으로 '그'에게 국수를 먹으라고 권하는 것은 '그'에게 불길함을 느끼게 하여 젓가락을 딸각 놓는 행동에 영향을 주는군.
④ ㉣에서 '어머니'가 생경한 이질감이 느껴지는 음성으로 '그'의 이름을 부른 것은 '그'에게 '어머니'의 변화를 인식하게 하여 섬찟함을 느끼게 하는군.
⑤ ㉤에서 '어머니'가 힘이 서린 목소리로 돌아가신 아버지가 있는 집으로 가자고 하는 것은 과거와 현재를 구분하지 못하는 '어머니'의 모습을 드러내어 '그'에게 당혹감을 갖게 하는군.

─── (해설편 Part 1 p.045)

(가)

　　한여름 채전으로 ⊙가 보아라

　수염을 드리운 몇 그루 옥수수에 가지, 고추, 오이, 토란, 그리고 **울타리**엔 덤불을 이룬 **넌출** 사이로 반질반질 윤기 도는 크고 작은 박이며 호박들!

　이 ⊙지극히 범속한 것들은 제각기 타고난 바탕과 생김새로 주어서 아낌없고 받아서 아쉼 없는 황금의 햇빛 속에 일심으로 자라고 영글기에 숨소리도 들릴세라 적적히 여념 없나니

　ⓒ과분하지 말라 의혹하지 말라 주어진 대로를 정성껏 충만시킴으로써 스스로를 족할 줄을 알라 오직 여기에 목숨의 유열과 천지와의 화합에 있거니

　　한여름 채전으로 가 보아라

　나비가 심방 오고 풍뎅이가 찾아오고 잠자리가 왔다가고 바람결에 스쳐 가고 **그늘**이 지나가고 **비**가 내리고 햇볕이 다시 나고……이같이 ⓔ많은 손님들의 극진한 축복과 은혜 속에

　이 지극히 범속한 것들의 지극히 충족한 ⑩빛나는 생명의 양상을 한여름 채전으로 와서 보아라

　　　　　　　　　　　　　　　　　－유치환, 「채전(菜田)」－

(나)

　우리는 썩어 가는 참나무 떼, 　　　　　　　┐
　벌목의 슬픔으로 서 있는 이 땅 　　　　　　│[A]
　패역의 **골짜기**에서 　　　　　　　　　　　　┘
　서로에게 기댄 채 **겨울**을 난다
　함께 썩어 갈수록 　　　　　　　　　　　　┐
　바람은 더 높은 곳에서 우리를 흔들고 　　┘[B]
　이윽고 잠자던 **홀씨**들 일어나 　　　　　　┐
　우리 몸에 뚫렸던 상처마다 버섯이 피어난다　┘[C]
　황홀한 **음지**의 꽃이여
　우리는 서서히 썩어 가지만 　　　　　　　┐
　너는 **소나기**처럼 후드득 피어나 　　　　　│[D]
　그 고통을 순간에 멈추게 하는구나 　　　　┘
　오, 버섯이여
　산비탈에 구르는 낙엽으로도 　　　　　　┐
　골짜기를 떠도는 바람으로도 　　　　　　┘[E]
　덮을 길 없는 우리의 몸을 　　　　　　　┐
　뿌리 없는 너의 독기로 채우는구나 　　　┘[F]

　　　　　　　　　　　　　　　　　－나희덕, 「음지의 꽃」－

20 (가)와 (나)의 공통점으로 가장 적절한 것은?

① 사물의 모습에 대한 긍정적 인식을 바탕으로 중심 제재에 대한 예찬적 태도를 드러내고 있다.

② 주어진 현실에 순응하는 모습을 통해 중심 제재를 바라보는 비관적 태도를 암시하고 있다.

③ 풍경을 관조적으로 응시하는 시선으로 중심 제재의 외적 아름다움을 표현하고 있다.

④ 인간의 행위에 대한 우호적 관점을 토대로 중심 제재의 심미적 속성을 강조하고 있다.

⑤ 장소에 대한 부정적 인식을 심화하여 중심 제재와의 정서적 거리를 부각하고 있다.

21 ⊙~⑩의 시적 기능에 대한 설명으로 적절하지 **않은** 것은?

① ⊙을 반복하고 변주하여 '채전'에서 겪을 수 있는 경험의 소중함을 느끼게 하려는 화자의 의도를 드러내고 있다.

② ⓛ을 수식어로 반복하여 '범속한 것들'로부터 '충족한' 느낌을 받는 화자의 정서를 강조하고 있다.

③ ⓒ에서 부정 명령형을 사용하여 '주어진 대로' '족할 줄을 알'아야 한다는 화자의 인식을 제시하고 있다.

④ ⓔ에서 사물을 인격화하여 '극진한 축복과 은혜'와 대비되는 화자의 시선을 반영하고 있다.

⑤ ⑩에서 관념을 시각화하여 '목숨의 유열과 천지와의 화합'이 이루어진 대상에 대한 화자의 생각을 표현하고 있다.

22 [A]~[F]에 대한 이해로 가장 적절한 것은?

① [A]에서 참나무가 벌목으로 썩어 가는 모습은, [B]에서 바람에 흔들리는 나무의 모습과 순환적 관계를 형성한다.

② [B]에서 참나무의 상태에 변화를 가져온 움직임은, [C]에서 버섯이 피어나는 상황과 순차적 관계를 형성한다.

③ [C]에서 참나무의 상처에 생명이 생성되는 순간은, [D]에서 나무의 고통이 멈추는 과정과 대립적 관계를 형성한다.

④ [D]에서 참나무의 모습에 일어난 변화는, [E]에서 낙엽이나 바람이 처한 상황과 인과적 관계를 형성한다.

⑤ [E]에서 참나무의 주변에 존재하는 사물들은, [F]에서 나무를 채워 주는 존재로 제시된 대상과 동질적 관계를 형성한다.

23 〈보기〉를 바탕으로 (가)와 (나)를 감상한 내용으로 적절하지 <u>않은</u> 것은? [3점]

──────[보기]──────

　생명 현상을 제재로 삼은 시는 대체로, 생명체들의 풍요로움을 감각적으로 형상화하거나, 생명 파괴의 현실을 극복하는 모습을 형상화한다. (가)는 만물의 조화로운 성장과 충만한 생명력에 자족하는 태도를, (나)는 인간의 욕망에 의한 상처와 고통으로 황폐화된 현실을 강인한 생명력이 피어나는 공간으로 변화시키는 모습을 드러낸다. 이러한 두 양상은 표면적으로 드러난 생명의 모습에서는 차이를 보이지만, 생명체들이 어우러져 살아가는 모습을 보여 준다는 점에서는 동일한 지향성을 지닌다고 할 수 있다.

① (가)의 '한여름'은 생명체들의 풍요로움을 감각적으로 드러내는, (나)의 '겨울'은 생명 파괴의 현실을 이겨 내는 시간적 배경으로 설정되어 있군.

② (가)의 '울타리'는 만물이 함께 살아가는 공간을 드러내는 경계로, (나)의 '골짜기'는 인간의 욕망이 투영된 장소로 제시되어 있군.

③ (가)의 '넌출'은 어우러진 생명체들이 현실의 삶에 자족하게 되는, (나)의 '홀씨'는 공존하던 생명체들이 흩어지게 되는 계기를 드러내고 있군.

④ (가)의 '그늘'은 만물이 성장을 이루어 가는 배경으로서의, (나)의 '음지'는 현실의 고통을 극복하는 장소로서의 의미를 함축하고 있군.

⑤ (가)의 '비'는 생명의 충만함과 조화로움을 갖게 하는, (나)의 '소나기'는 황폐화된 현실에 생명력을 환기하는 대상으로 표상되어 있군.

[24~27] 다음 글을 읽고 물음에 답하시오.　　2017.09 [21~24]

──── 해설편 Part 1 p.052 ────

(가)

124. 뜸막 안

　자리에 누운 송 영감. 나직히 신음한다. 처가 와서 약 그릇을 놓는다.

옥　　수 : 약 잡수셔야죠 ……

송 영감 : (눈을 뜨며) 음?!

　옥수 일어나려는 송 영감을 부축하며 약그릇을 대 준다. 약을 마시는 송 영감.

송 영감 : (걱정스럽게) 가만 어떻게 됐지?

옥　　수 : ㉠저녁때 독을 끌어내야죠 ……

송 영감 : 음!

　그의 시선은 구석에 놓인 백자기에 가 있다. 햇볕을 받아 더욱 고담한 백자기의 형체.　-DIS*-

125. 가마 앞(황혼)

　마당에 놓인 중옹, 통옹, 반옹 등 갖가지 독들. 그런데 그 형태가 모두 고르지 않다. 비틀어진 독, 밑이 내려앉은 독, 거미줄처럼 금이 간 독들.

　왱손이, 석현이 걱정스럽게 본다. 그러자 송 영감이 비실거리며 달려온다. 독을 하나하나 살핀다.

송 영감 : (혼잣말처럼) 이럴 수가 …… 지금까지 이런 일은 없었는데 …… 이게 내가 만든 독이야! (절망) 아냐! 이건 독이 아냐! (계속 보며) 이것두! 이것두 …… (비통하게) 이건 흙덩이다! 가마 앞에 달려가 망치를 든다.

왱손이 : ㉡아니 여보게! 무슨 짓인가!

송 영감 : 비켯! (뿌리친다)

　나가떨어지는 왱손이

석　　현 : ㉢(잡으며) 안됩니다! 성한 것두 있어요!

송 영감 : 닥쳣! 이건 부정을 탔어! 모두 쳐부셔야 햇!

　밀어붙이며 달려가 미친 사람처럼 ⓐ독을 박살 내기 시작한다.

　Ⓔ* 뚜왕! 뚜왕!

　박살 나는 독들. 마치 자기 심장이 박살 나는 것처럼 느껴지는 옥수.

왱손이 : (비통 혼잣말같이) 자네 환장했구먼!

　석현이 매섭게 보다가 휭하니 간다. 옥수 몹시 불안하게 그를 바라본다.

　Ⓔ 뚜왕! 뚜왕!

　송 영감 그만 숨이 턱에 닿는다. 풀썩 주저앉고 만다. 목구멍에서 차츰 오열이 새어 나온다.

　Ⓔ 뚜왕! 뚜왕! 뚜왕!

　옥수 귀엔 언제까지나 확대되어 가는 박살 나는 독 소리. 송 영감 조각난 독을 쓸어안고 오열해 운다. 석양에 물든 하늘.

　-DIS-

　　　　-황순원 원작, 여수중 각색, 「독 짓는 늙은이」-

* DIS : 화면이 서서히 사라지면서 그 위로 다음 화면이 나타남.
* Ⓔ : 효과음.

(나)

　차차 송 영감의 솜씨에는 틈이 생기기 시작했다. 더구나 조마구와 부채마치*로 두드려 올릴 때, 퍼뜩 눈앞에 아내와 조수의 환영이 떠오르면 짓던 독을 때리는지 아내와 조수를 때리는지 분간 못 하는 새, 독이 그만 얇게 못나게 지어지곤 했다. 그리고 전*을 잡는 손이 떨려, 가뜩이나 제일 힘든 마무리의 전이 잘 잡히지를 않았다. 열 때문도 있었다. 송 영감은 ㉣쓰러지듯이 짓던 독 옆에 눕고 말았다.

　송 영감이 정신이 들었을 때는 저녁때가 기울어서였다. 왱손이도 흙 몇 덩이를 이겨 놓고 가고 없었다. 언제부터인가 바깥 저녁그늘 속에 애가 ㉤남쪽 장길을 향해 쪼그리고 앉아 있었다. 어머니를 기다리는 거리라. 언제나처럼 장 보러 간 어머니가 언제나처럼 저녁때면 조수에게 장감을 지워 가지고 돌아올 줄로만 아직 아는가 보다.

　밖을 내다보던 송 영감은 제힘만이 아닌 어떤 힘으로 벌떡 일어나 다시 ⓑ독 짓기를 시작하는 것이었으나, 이번에는 겨우 한 개를 짓고는 다시 쓰러지듯이 눕고 말았다.

[A] ┌　다음에 송 영감이 정신이 든 것은 아주 어두운 속에서 애가 흔들어 깨워서였다. 울먹이던 애가 깨나는 아버지를 보고 그제야 안심된 듯이 저쪽에서 밥그릇을 가져다 아버지 앞에 놓았다. 웬 거냐고 하니까 애가, 앵두나뭇집 할머니가 주더라고 한다. 송 영감은 확 분노가 치밀어, 누가 거랑질해 오라더냐고 밥그릇을 밀쳐 놓자 애가 훌쩍훌쩍 울기 시작했다. 송 영감은 아침에 어제의 저녁밥 남은 것을 조금 뜨는 것처럼 하고는 하루 종일 아무것도 입에 대지 않은 것을 생각하고는, 애도 아직 저녁을 못 먹었을지 모른다고 밥그릇을 도로 끌어다 한 술 입에 떠넣으며 이번에는 애보고, 맛있으니 너도 먹으라는 것이었으나, 자신은 입맛을 잃은 탓만도 아닌 무
　　　　└

엇이 밥 넘기려는 목을 치밀어 올라오곤 해, 좀처럼 밥을 넘길 수가 없었다.

다음날 아침에는 송 영감이 죽인지 밥인지 모를 것을 끓였다. 여전히 입맛은 없었으나 어제 저녁처럼 목이 메어 오르는 것은 없었다.

오늘은 또 지어 올리는 독을 말리느라고 처음에는 독 밖에 피워 놓았다가 독이 한 반쯤 지어지면 독 안에 매달아 놓은 숯불의 숯내까지가 머리를 더 무겁게 했다. 사십 년래 없이 숯내를 다 먹는 듯했다.

송 영감은 어제보다 더 쓰러져 넘어지는 도수가 많았다. 흙 이기던 왱손이가 이래서는 도무지 한 가마 채우지 못하리라고 송 영감에게 내년에 마저 지어 첫 가마에 넣도록 하는 게 어떠냐고 몇 번이고 권해 보았으나 송 영감은 일어났다가는 쓰러지고, 일어났다가는 쓰러지고 하면서도 독 짓기를 그만두려고 하지는 않았다.

-황순원, 「독 짓는 늙은이」-

* 조마구와 부채마치 : 옹기를 제작할 때 사용하는 한 쌍의 도구.
* 전 : 옹기 등 물건의 위쪽 가장자리가 조금 넓적하게 된 부분.

24 〈보기〉의 관점에서 ⓐ, ⓑ를 이해한 것으로 적절하지 <u>않은</u> 것은?

[보기]

'장인(匠人)'을 소재로 한 문학 작품에서 '장인'은 실용적 가치를 추구하는 기술자의 모습과 미적 가치를 추구하는 예술가의 모습을 모두 지닌 존재로 등장하는 경우가 많다. 오랜 시간의 숙련 과정에서 다양한 갈등을 극복하며 경지에 이른 장인은 자신이 제작하는 작품을 통해 예술가적 집념과 열의를 보여 준다.

① '아냐! 이건 독이 아냐!'는 ⓐ의 원인이 되는 장인의 엄격한 미적 기준을 드러내며, '일어났다가는 쓰러지고, 일어났다가는 쓰러지고'는 ⓑ를 향한 장인의 예술가적 집념을 보여 준다.
② '흙덩이다!'는 장인의 가치 판단으로 ⓐ의 동기를 드러내고, '흙 몇 덩이'는 ⓑ에서 장인이 자신의 작품을 제작할 때 사용하는 소재를 지칭한다.
③ '매섭게 보다가 휑하니 간다'는 ⓐ로 인해 벌어지는 장인과 주변 인물의 갈등을 보여 주고, '조수의 환영'은 ⓑ의 과정에서 장인의 고뇌에 영향을 미치는 갈등 요인을 드러낸다.
④ '풀썩 주저앉고 만다'는 ⓐ를 계기로 예술가의 집념이 좌절됨을, '사십 년래 없이 숯내를 다 먹는 듯했다'는 ⓑ의 과정에서 부딪힌 장인으로서의 능력의 한계를 드러낸다.
⑤ ⓐ의 행동 이후 '조각난 독을 쓸어안고 오열하는' 것은 미적 가치 추구의 어려움을, ⓑ를 '그만두려고 하지는 않'는 것은 미적 가치의 실현에 대한 열의를 드러낸다.

25 ㉠~㉤에 대한 설명으로 가장 적절한 것은?

① ㉠: '옥수'의 걱정이 '송 영감'보다는 독에 가 있음을 알려준다.

② ㉡: '왱손이'가 '송 영감'의 행동을 오만함에서 비롯한 것으로 바라보고 있음을 알려 준다.

③ ㉢: '석현'이 독의 완성도에 대해 가지고 있는 기준이 '송 영감'의 기준과 다름을 보여 준다.

④ ㉣: '송 영감'이 독을 제대로 구워 내지 못하는 가마에 불만을 품고 있음을 드러낸다.

⑤ ㉤: '애'가 언제나처럼 '왱손이'가 아버지를 모시고 올 것이라 믿고 있음을 나타낸다.

26 [A]의 서술 방식으로 가장 적절한 것은?

① 시간의 흐름을 단계적으로 보여 줌으로써, 갈등이 해소되는 과정을 부각하고 있다.

② 인물 간의 대화에 서술자가 개입함으로써, 인물에 대한 서술자의 평가를 제시하고 있다.

③ 새로운 인물이 다른 인물의 발화를 통해 등장함으로써, 인물 간의 대립 구도가 전환되고 있다.

④ 서술자가 인물의 분노를 직접적으로 제시함으로써, 상황에 대한 인물의 태도를 드러내고 있다.

⑤ 인물들의 심리 상태를 공간적 거리와 결부하여 서술함으로써, 인물 간의 심리적 거리감을 보여 주고 있다.

27 〈보기〉를 참고하여 (가), (나)를 감상한 내용으로 적절하지 **않은** 것은? [3점]

[보기]

시나리오 「독 짓는 늙은이」는 원작과 달리, 인물의 관점에서 사건을 재구성하고 인물들의 행동과 대사를 통해 인물의 성격을 드러냄으로써 개연성을 높였다. 또한 영화 기법 용어들의 사용과 지시문을 통한 시각적 묘사는 현실감을 높이고 현장성을 강화하고 있다.

① (가)에서는 '백자기의 형체'가 '햇볕을 받아 더욱 고담'하다고 함으로써 이를 바라보는 행위에 개연성을 더하고 있다.

② (가)에서는 '나가떨어지는'과 같은 사실적인 행위를 통해 갈등 상황을 현실감 있게 표현하고 있다.

③ (가)에서는 '뚜왕 뚜왕 뚜왕'의 효과음을 이용하여 현장성을 강조하고 인물의 내면적 반응을 드러내고 있다.

④ (나)의 '못나게 지어지곤 했다'와 같이 진술되는 내용이 (가)에서는 '비틀어진 독'과 같은 구체적인 사물에 대한 시각적 묘사로 현실감을 높이고 있다.

⑤ (나)의 '제힘만이 아닌 어떤 힘으로 벌떡 일어나'와 (가)의 '마치 자기 심장이 박살 나는 것처럼 느껴지는'은 모두 시각적 묘사를 통해 인물의 성격을 드러내고 있다.

─── 해설편 Part 1 p.060 ───

길동이 대희하여 채문 안에 들어가니 비단 병풍을 치고 영웅 호걸 수백이 앉았는지라. ㉠그중에 상좌(上座)의 사람을 보니, 청포운삼에 자금관을 쓰고 팔을 가볍게 들며 용력을 자랑하니, 길동이 거만하게 들어가 길게 읍만 하고 절하지 않으며, 좌우 중인을 하찮게 여기고 윗자리에 앉으니, 청포 입은 사람이 먼저 문왈,

"소년은 어디로 오며, 성명은 뉘라 하느뇨?"

길동이 대왈,

"나는 다른 사람이 아니요, 서울 장안에 있는 홍 정승의 아들이러니, 들은즉 활빈당에 천하 역사(力士) 모여 용맹을 자랑한다 하기로 내 한번 찾아와 힘을 자랑코자 왔나니, 그대 등은 무슨 재주와 용력이 있으며, 나와 ⓐ시험할쏘냐?"

그 사람들이 길동의 말을 듣고 서로 바라볼 뿐 답을 못하더니, 상석에 앉은 사람이 방목(榜目)을 지어 가지고 쓴 ⓑ글을 내여 왈,

"그대는 이 세 가지를 행할쏘냐?"

[가] 하거늘 길동이 받아 보니,

"제일은 이 앞에 초부석(樵夫石)이란 돌이 있으되 무게 천 근이라, 능히 그 돌을 들면 우리 우두머리를 삼을 것이요, 제이는 무쇠로 철관을 만들었으니 무게 오백 근이라, 그 철관을 쓰고 이 앞 돌문 삼백 단을 세웠으니 그 돌문을 뛰어넘으면 가히 그 용맹을 알 것이요, 또한 해인사라 하는 절이 있으되 재물이 누거만(累巨萬)이요, 그 절 중의 용맹이 과인하기로 우리 등이 마음대로 못하는 고로, 우두머리에게 지략과 술법을 배우고 이후에 ㉢상장군 자리에 모시려 하나이다."

길동이 한 번 보고 대소 왈,

"이 세 가지를 어렵다 하니, 어찌 가소롭지 아니하리오?"

하고, 모든 역사를 데리고 초부석 있는 곳에 나아가 흔연히 소매를 걷고 그 돌을 잡아 공중에 던지니, 그 돌이 미처 땅에 떨어지기 전에 발로 돌을 차니 수십 보 밖에 내려지는지라. 중인이 대경하여 또 돌문 앞에 나아가니, 길동이 또한 ㉡철관 오백 근을 쓰고 돌문 삼백 단을 넘어가니, 모든 무리 일시에 고함하여 왈,

"천하장사로다!"

하고 용력을 칭찬하고, 길동을 장군 자리로 모신 후에 여러 도적 천여 명이 일시에 자리 아래 엎드려 군례(軍禮)를 마친 후에 그 용맹을 치하하더라.

(중략)

상이 하교하사 왈,

"경은 자식을 분명히 알지라. 저 많은 길동 중에 경의 자식을 잡아내라."

하신대, 홍 의정 주왈,

"신의 자식 길동은 왼쪽 다리의 붉은 기미, 용의 비늘 같은 일곱 점이 있사오니, 그를 보면 알리이다."

상이 그리 여겨,

"빨리 잡아들여 수검(搜檢)하여 보라."

하신대, 홍 의정이 물러나와 길동을 바라보고 왈,

"내 자식 길동은 빨리 나와 나를 보라."

한대, 무수한 길동이 홍 의정을 보고 다 나와 절하여 왈,

"부친께선 강녕하시나이까?"

하거늘, 홍 의정 왈,

"내 자식은 왼쪽 다리에 검은 일곱 점이 있으니, 일곱 점 있는 자 길동이라."

하니, 많은 길동이 홍 의정 말을 듣고 일시에 다리를 걷고 보이니 각각 일곱 점이 있는지라. 홍 의정이 할 수 없어 상께 주왈,

"신의 역자(逆子)를 조사하여 밝힐 수 없사오니, 황공 대죄하나이다."

상이 진노하사 길동을 보시고 왈,

"너희 등은 물러가 임의로 하라."

하시고 금부도사를 명하여 다 물려 보내라 하시니, 모든 길동 등이 나올새 종일토록 나오더니, 그제야 참 길동이 다시 궐내에 들어가 명을 받들고 절하며 슬피 통곡하여 왈,

"신의 아비 대대로 국은을 입었거늘 신이 어찌 나라를 저버리리까? 신의 몸이 천비(賤婢)에서 나와 아버지를 아버지라 못하옵고 형을 형이라 못하여 제 몸이 천대를 받으매, 여의주 없는 용이요 날개 부러진 봉이라, 어찌 장부의 힘을 갖고 속절없이 집안에서만 늙으리까? 그러므로 한번 재주를 시험코자 ㉣각 읍 각 관을 치고 군기를 탈취하기는 신의 책략을 자랑함이요, 상의 어위대장 이흡을 속임도 재주를 보임이요, 또 신의 가슴에 경서와 병서와 음양조화며 세상을 다스릴 재주를 지녔사오니 어찌 속절없이 세월만 보내오리까? 복걸 ㉤상께서 신에게 병조판서 삼 년만 제수하시면 남의 천대를 면하옵고 충성을 다하여 상을 받들리다."

상이 길동의 아룀을 듣고 탄식하여 왈,

"난세의 영웅이로다. 어찌 쓰지 아니 하리요?"

즉시 공부상서를 명해 홍길동에게 병조판서를 제수하

니, ⑩뒷일은 어찌 된고? 다음 권을 볼지어다.

-「홍길동전」-

28 윗글의 내용에 대한 이해로 적절하지 <u>않은</u> 것은?

① '청포 입은 사람'은 길동의 정체를 궁금해한다.
② 길동은 활빈당 무리에게 자기를 소개하며 자신감을 드러낸다.
③ 홍 의정은 '참 길동'을 찾으라는 상의 명령에 유보적 태도를 보인다.
④ 무수한 길동이 홍 의정 앞에서 동일한 언행을 보이고 있다.
⑤ 상에게 길동은 자신이 저지른 행위의 이유를 밝히고 있다.

29 [가]의 ⓐ~ⓒ에 대한 설명으로 가장 적절한 것은?

① ⓐ는 길동이 활빈당 무리와 한편이 될 수 없음을 보여 준다.
② ⓑ는 길동에게 활빈당이 세워진 이유가 무엇인지를 알려준다.
③ ⓒ는 길동이 활빈당에서 ⓑ에 제시된 과제를 통과하면 차지할 지위이다.
④ ⓐ는 길동이 활빈당에서 자아를 실현하게 하는 역할을 하고, ⓑ와 ⓒ는 이를 방해하는 역할을 한다.
⑤ ⓐ는 길동이 활빈당에서 무리들과 갈등하게 되는 계기가 되고, ⓑ와 ⓒ는 이를 심화하는 역할을 한다.

30 〈보기〉를 참고하여 ㉠~⑩을 감상한 내용으로 적절하지 <u>않은</u> 것은? [3점]

[보기]

「홍길동전」은 19세기에 오면 특정 대목을 확대·변형한 이본이 여럿 등장한다. 윗글은 이러한 이본 중 하나로, 이전에는 길동이 용력을 과시하는 장면이 바위를 드는 것으로만 제시되었으나 윗글에서는 철관을 쓰고 돌문을 넘는 장면이 추가되었다. 또한 활빈당의 우두머리가 되는 장면에서는 활빈당을 이끌던 수령을 새롭게 등장시켜 자신의 자리를 길동에게 넘겨주는 것으로 흥미를 높였다. 특히 이전에는 왕이 길동을 잡기 위한 계략으로 병조판서를 제수하였지만 윗글에서는 길동이 왕에게 직접 요구하여 원하던 바를 얻는 것으로 변형하였다. 이는 자신의 능력에 따라 신분 상승이 가능하기를 바라던 당대 독자들의 욕망을 작품에 반영한 것이다. 단, 이 과정에서 군신 관계를 바탕으로 한 조선의 유교적 질서에 대한 부정으로까지는 나아가지 않았다. 한편, 특정 장면에서 서술을 중단한 것은 다음 권을 보게 하려는 소설업자들의 상업적 전략에서 나온 것이다.

① ㉠은 추가된 인물을 통해서 작품의 흥미를 높이려는 것이겠군.
② ㉡은 길동의 용력을 보여 주는 장면이 더해진 것이겠군.
③ ㉢은 군신 관계를 바탕으로 한 유교적 질서를 무너뜨리고자 한 시도이겠군.
④ ㉣은 주인공의 신분 상승을 바라는 독자의 욕망이 반영된 것이겠군.
⑤ ⑩은 독자들의 궁금증을 유발하여 돈을 벌려는 소설업자의 전략으로 볼 수 있겠군.

────────────── 해설편 Part 1 p.065 ──────────────

(가)

만년(萬年)을 싸늘한 바위를 안고도
뜨거운 가슴을 어찌하리야

어둠에 창백한 꽃송이마다
깨물어 피터진 입을 맞추어

마지막 한방울 피마저 불어 넣고
해돋는 아침에 죽어가리야

사랑하는 것 사랑하는 모든 것 다 잃고라도
흰뼈가 되는 먼 훗날까지
그 뼈가 부활하여 다시 죽을 날까지

거룩한 일월(日月)의 눈부신 모습
임의 손길 앞에 나는 울어라.

마음 가난하거니 임을 위해서
내 무슨 자랑과 선물을 지니랴

의로운 사람들이 피흘린 곳에
솟아 오른 대나무로 만든 피리뿐

흐느끼는 이 피리의 아픈 가락 이
구천(九天)에 사모침을 임은 듣는가.

미워하는 것 미워하는 모든 것 다 잊고라도
붉은 마음이 숯이 되는 날까지
그 숯이 되살아 다시 재 될 때까지

못 잊힐 모습을 어이 하리야
거룩한 이름 부르며 나는 울어라.

-조지훈,「맹세」-

(나)

저기 저 담벽, 저기 저 라일락, 저기 저 별, 그리고 저기 저 우리 집 개의 똥 하나, 그래 모두 이리 와 ㉠내 언어 속에 서라. 담벽은 내 언어의 담벽이 되고, 라일락은 내 언어의 꽃이 되고, 별은 반짝이고, 개똥은 내 언어의 뜰에서 굴러라. ㉡내가 내 언어에게 자유를 주었으니 너희들도 자유롭게 서고, 앉고, 반짝이고, 굴러라. 그래 봄이다.

봄은 자유다. 자 봐라, 꽃피고 싶은 놈 꽃피고, 잎 달고 싶은 놈 잎 달고, 반짝이고 싶은 놈은 반짝이고, 아지랑이고 싶은 놈은 아지랑이가 되었다. ㉢봄이 자유가 아니라면 꽃피는 지옥이라고 하자. 그래 봄은 지옥이다. ㉣이름이 지옥이라고 해서 필 꽃이 안 피고, 반짝일 게 안 반짝이던가. 내 말이 옳으면 자, ㉤자유다 마음대로 뛰어라.

-오규원,「봄」-

31 (가), (나)에 대한 설명으로 적절하지 <u>않은</u> 것은?

① (가)는 1연과 6연에서 물음의 형식을 활용하여 화자의 상황 인식을 보여 준다.
② (가)는 4연과 9연에서 상황을 가정하는 표현을 활용하여 화자의 의지를 강조한다.
③ (나)는 반복적인 표현을 제시하면서 쉼표를 사용하여 리듬감을 형성한다.
④ (가)는 대비되는 시어를 활용하여 대상의 양면성을 드러내고, (나)는 반복되는 행위를 제시하여 대상의 효용성을 드러낸다.
⑤ (가)는 같은 시구를 5연, 10연의 마지막에서 반복하여 화자의 정서를 강조하고, (나)는 1연 끝 문장의 시어를 2연 첫 문장으로 연결하며 그 의미를 드러내고 있다.

32 아픈 가락 에 대한 이해로 가장 적절한 것은?

① 임에게 자랑스레 내보일 화자의 자부심을 포함한다.
② 의로운 사람들이 보여 준 희생과 설움을 담고 있다.
③ 대나무에 서린 임의 뜻을 잊으려는 화자를 질책한다.
④ 피리의 흐느낌에 호응하여 화자의 억울함을 해소한다.
⑤ 구천에 사무친 원망을 살아남은 사람들에게 전달한다.

33 다음에 따라 (가), (나)를 감상한 내용으로 적절하지 <u>않은</u> 것은? [3점]

> **선생님** : (가)는 부재하는 임을 기다리며 더 나은 세상에 대한 바람을 드러내고, (나)는 봄과 같은 세계에서, 대상들과 함께 자유를 누리려는 바람을 드러냅니다. 그러나 (가)는 대상에게 의미를 부여하는 화자의 시선이 두드러짐에 비해, (나)는 화자가 주목하는 대상들의 모습이 두드러진다는 차이를 보여요. 이 차이가 주변 존재들을 대하는 태도나 바람을 실현하는 방식에 반영되기도 해요.

① (가)의 화자가 바라는 세상은 '해돋는 아침'과 같이 '어둠'을 벗어나 밝음을 회복한 세상일 거야.

② (나)의 화자가 지향하는 세계에서 대상들은 '자유롭게 서고, 앉고, 반짝이고,' 구를 거야.

③ (가)의 화자는 '꽃송이'를 '창백한' 대상으로 바라보고, (나)의 화자는 대상들 각각의 모습에 주목하여 그 개별성을 드러내고 있어.

④ (가)의 화자는 '피마저 불어 넣는' 희생적 태도를 보이고, (나)의 화자는 대상들이 원하는 바를 실현하게 하여 '자유'를 함께 누리려는 태도를 보이고 있어.

⑤ (가)의 화자는 '붉은 마음'을 바쳐 부재하는 '임'을 기다리고, (나)의 화자는 '담벽' 안에서 '봄'과 같은 세계를 대상들과 공유하려 하고 있어.

34 〈보기〉를 참고하여 ㉠~㉤의 의미를 설명한 것으로 가장 적절한 것은?

> ──────[보기]──────
> (나)는 언어의 한계와 가능성에 대한 시인의 탐구를 보여 준다. 언어를 사용함으로써 대상을 파악할 수 있지만 그 결과는 다시 언어에 구속된다는 필연적 한계를 갖는다. 그래서 시인은 기존의 언어 사용 방식을 벗어나려는 시도를 한다. 이를 통해 언어와 대상이 기존의 관습에서 벗어나 자유를 향해 나아갈 수 있는 가능성을 모색한다.

① ㉠은 자신의 언어 속에서도 기존의 언어 사용 방식이 유지된다는 생각을 의미한다.

② ㉡은 대상을 파악하는 행위까지 포기하면서 자유를 얻고자 하는 의도를 나타낸다.

③ ㉢은 새로운 표현을 시도하여 언어와 대상이 자유를 얻을 가능성을 모색하는 과정을 나타낸다.

④ ㉣은 대상들을 구속에서 벗어나게 하기 위해 외부 상황에 변화를 주었음을 의미한다.

⑤ ㉤은 언어의 새로운 가능성을 실현하여 자신이 제한한 의미에 따라 대상들이 움직임을 의미한다.

[35~40] 다음 글을 읽고 물음에 답하시오.   2022.06 [22~27]

─── 해설편 Part 1 p.073 ───

(가)

청평사의 나그네	有客淸平寺
봄 산을 마음대로 노니네	春山任意遊
고요한 외로운 탑에 산새 지저귀고	鳥啼孤塔靜
흐르는 작은 내에 꽃잎 떨어지네	花落小溪流
좋은 나물은 때 알아 돋아나고	佳菜知時秀
향기로운 버섯은 비 맞아 부드럽네	香菌過雨柔
시 읊조리며 **신선 골짝** 들어서니	行吟入仙洞
나의 **백 년 근심** 사라지네	消我百年愁

-김시습, 「유객(有客)」-

(나)

도연명(陶淵明) 죽은 후에 또 연명(淵明)이 나다니
밤마을 옛 이름이 때마침 같을시고
돌아와 수졸전원(守拙田園)*이야 그와 내가 다르랴

〈제1곡〉

삼공(三公)이 귀하다 한들 이 강산과 바꿀쏘냐
조각배에 달을 싣고 낚싯대 흩던질 때
이 몸이 이 청흥(淸興) 가지고 만호후*인들 부러우랴

〈제8곡〉

어지럽고 시끄런 문서 다 주어 내던지고
필마(匹馬) 추풍에 채를 쳐 돌아오니
아무리 매인 새 놓였다고 **이대도록 시원하랴**

〈제10곡〉

세버들 가지 꺾어 낚은 **고기** 꿰어 들고
주가(酒家)를 찾으려 낡은 **다리** 건너가니
온 골에 살구꽃 져 쌓이니 갈 길 몰라 하노라

〈제15곡〉

최 행수 쑥달임 하세 조 동갑 꽃달임 하세
닭찜 게찜 올벼 점심은 날 시키소
매일에 이렇게 지내면 무슨 **시름** 있으랴

〈제17곡〉

-김광욱, 「율리유곡(栗里遺曲)」-

---

* 수졸전원 : 전원에서 분수를 지키며 소박하게 살아감.
* 만호후 : 재력과 권력을 겸비한 세도가.

(다)

오십이 넘은 **판교(板橋)**는 마음에 맞지 않는 관직을 버리고 거리낌 없는 자유로운 심경에서 여생을 보냈다.

"**청수(淸瘦)한 한 폭 대**를 그리어 추풍강상(秋風江上)에 낚대나 만들까 보다."

㉠궁핍을 면할 양으로 본의 아닌 생활을 계속하느니보다 모든 속사(俗事)를 버리고 표연히 강상(江上)의 어객(漁客)이 되는 것이 운치 있는 생활이기도 하려니와 얼마나 자유를 사랑하는 청고(淸高)한 마음이냐. 고기를 낚는 취미도 실로 **삼매경**에 몰입할 수 있는 좋은 놀음이다.

푸른 물이 그득히 담긴 못가에서 흐느적거리는 낚싯대를 척 휘어잡고 바늘에 미끼를 물린다. 가장자리에는 물이끼들이 꽉 엉겼을 뿐 아니라 고기도 **송사리** 떼밖에 오지 않는지라, 팔 힘 자라는 대로 낚싯줄이 허(許)하는 대로 되도록 멀리 낚시를 던져 조금이라도 큰 고기를 잡을 양으로 한껏 내던져도 본다. 풍당 물결이 여울처럼 흔들리고 나면 거울 같은 수면에 찌만이 외롭고 슬프게 곧추서 있다.

㉡한 점 찌는 객이 되고 나는 주인이 되어 알력과 모략과 시기와 저주로 꽉 찬 이 풍진(風塵) 세상을 등 뒤로 두고 서로 무언의 우정을 교환한다.

내 모든 정열을 오로지 외로이 떠 있는 한 점 찌에 기울이고 있노라면, 가다가 ㉢별안간 이 한 점 찌는 술 취한 놈처럼 까딱까딱 흔들리기 시작한다.

'고기가 왔구나!'

다음 순간, 찌는 물속으로 자꾸 딸려 들어간다.

'옳다, 큰 놈이 물린 게로군.'

[A]
잡아당길 때 무거울 것을 생각하면서 배꼽에 힘을 잔뜩 주고 행여나 낚대를 놓칠세라 두 손으로 꽉 붙잡고 번쩍 치켜 올리면, 허허 이런 기막힌 일도 있을까. 큰 고기는커녕 어떤 때는 방게란 놈이 달려 나오고, 어떤 때는 개구리란 놈이 발버둥을 치는 수가 많다. 하면 되는 줄만 알았던 낚시질도 간대로 우리 따위까지 단번에 되란 법은 없나 보다.

[B]
세상일이란 모조리 그러한 것이리랴마는 아무리 내 재주가 서툴다기로서니 개구리나 방게란 놈들도 염치가 있지, 속어에 이르기를 숭어가 뛰니 망둥이도 뛴다는 셈으로 나는 나대로 제법 강상의 어객인 양하고 나섰는 판에, 그래도 그럴 듯 미끈한 잉어까

지야 못 물린다손 치더라도 고기도 체면은 알 법한
지라, 하다못해 붕어 새끼쯤이야 안 물리랴 하는 판
에, 얼토당토않은 구역질 나는 놈들이 제가 젠체 하
고 가다듬은 내 마음을 더럽힐 줄 어찌 알았으랴.

ⓔ세상이 하 뒤숭숭하니 고요히 서재나 지키어 한묵
(翰墨)*의 유희(遊戱)로 푹 박혀 있자는 것도 말처럼 쉽
사리 되는 것은 아니라, 그렇다고 거리로 나가 **성격 파
산자**처럼 공연스레 왔다 갔다 하기도 부질없고, 보이는
것 들리는 것이 모조리 **심사틀리는 소식**밖엔 없어 그래
도 죄 없는 곳은 **내 서재**라 하여 며칠만 틀어박혀 있
으면 그만 속에서 울화가 터져 나온다.

위진(魏晉) 간에 심산벽촌(深山僻村)에 은거하여 청
담(淸談)이나 일삼던 그네의 심경을 한때는 **욕**을 한 적
도 있었으나, ⓜ막상 나 자신이 그런 심경에 처해 있고
보니 고인(古人)의 불우한 그 심정을 넉넉히 동감하게
된다.

-김용준, 「조어삼매(釣魚三昧)」-

* 한묵 : 글을 짓거나 쓰는 것을 이르는 말

35 (가)와 (나)의 공통점으로 가장 적절한 것은?

① 자연물의 속성에 주목하여 교훈적 의미를 전달하고
있다.

② 설의적 표현을 통해 추구하고자 하는 삶의 태도를 제
시하고 있다.

③ 먼 경치에서부터 가까운 곳으로 시선을 옮기며 심리
의 변화를 드러내고 있다.

④ 화자가 자신을 객관화하는 표현을 내세워 내적 갈등
에 대한 공감을 유도하고 있다.

⑤ 계절을 드러내는 시어를 사용하여 시기에 부합하는
자연의 모습을 구체화하고 있다.

36 (나)에 대한 이해로 적절하지 <u>않은</u> 것은?

① 〈제1곡〉에서는 지명에 주목하여 화자의 지향을 드러
내고 있다.

② 〈제8곡〉에서는 자연의 가치를 부각하여 화자가 즐기
는 흥취를 강조하고 있다.

③ 〈제10곡〉에서는 화자의 현재 상황에 대한 만족감을
바탕으로 자연물에 대한 연민을 드러내고 있다.

④ 〈제15곡〉에서는 다양한 행위를 연속적으로 나열하여
화자가 누리는 생활의 일면을 제시하고 있다.

⑤ 〈제17곡〉에서는 청자를 호명하며 즐거움을 함께하려
는 화자의 마음을 전달하고 있다.

37 문맥을 고려하여 ⊙~ⓜ에 대해 이해한 내용으로 적절
하지 <u>않은</u> 것은?

① ⊙ : 생계를 유지하기 위한 생활과 대비되는 낚시의 의
의를 드러내고 있다.

② ⓛ : 낚시 도구와 글쓴이의 관계를 설정하여 낚시에 몰
입하는 태도를 표현하고 있다.

③ ⓒ : 낚시에 집중했던 글쓴이의 기다림과 기대에 부응
하는 순간을 부각하고 있다.

④ ⓔ : 낚시의 대안으로 선택한 것으로서, 글쓴이에게 마
음의 안정을 찾게 해 준 방법으로 제시되고 있다.

⑤ ⓜ : 낚시를 해 본 후 달라진 글쓴이의 마음가짐으로
서, 은거했던 옛사람들에 기대어 자신의 심정을 드러
내고 있다.

38 (나)와 (다)를 비교하여 이해한 내용으로 가장 적절한 것은?

① (나)의 '도연명'과 (다)의 '판교'는 각각 화자와 글쓴이가 행적을 따르고자 하는 인물이다.

② (나)의 '삼공'과 (다)의 '성격 파산자'는 모두 세속에서 높은 지위를 차지하고 있는 이들을 가리킨다.

③ (나)의 '세버들 가지'와 (다)의 '청수한 한 폭 대'는 각각 화자와 글쓴이가 자신과 동일시하는 대상이다.

④ (나)의 '고기'와 (다)의 '송사리'는 각각 화자와 글쓴이가 자신을 보잘것없는 존재로 비유한 표현이다.

⑤ (나)의 '시름'과 (다)의 '욕'은 각각 화자와 글쓴이가 자신을 억압하는 존재를 염두에 둔 표현이다.

39 [A]와 [B]에 대한 이해로 가장 적절한 것은?

① [A]에 나타난 글쓴이의 경이감은 [B]에서 인생에 대한 낙관적 기대로 확장된다.

② [A]에 나타난 글쓴이의 무력감은 [B]에서 과거의 삶에 대한 동경을 통해 해소된다.

③ [A]에 나타난 글쓴이의 실망감은 [B]에서 자신의 손상된 체면에 대한 한탄으로 이어진다.

④ [A]에 나타난 글쓴이의 상실감은 [B]에서 새로운 이상을 품도록 만드는 계기로 작용한다.

⑤ [A]에 나타난 글쓴이의 혐오감은 [B]에서 자신의 능력에 대한 겸손한 반성으로 전환된다.

40 〈보기〉를 바탕으로 (가)~(다)를 감상한 내용으로 적절하지 **않은** 것은? [3점]

[보기]
　문학 작품에서 공간에 대한 인식을 형상화하는 방식은 다양하다. 공간에 대한 인식을 직접적으로 드러내는 표현을 사용하거나, 공간 내 특정 대상의 속성으로써 그 대상이 포함된 공간 전체를 표상하기도 한다. 또한 이러한 인식은 공간 간의 관계를 통해 표현되기도 한다. 이때 관계를 이루는 공간에는 작품에 명시된 공간은 물론 그 이면에 전제된 공간도 포함된다.

① (가)의 '신선 골짝'은 화자가 지향하는 공간으로서, 이에 대립되는 곳으로 '백 년 근심'이 유발된 공간이 이면에 전제된 것이라 할 수 있겠군.

② (나)의 '낡은 다리'는 '주가'와 '온 골'이라는 대비되는 속성을 지닌 두 공간의 경계를 표현하여, 양쪽 모두에 미련을 버리지 못한 화자의 상황을 상징하고 있겠군.

③ (나)에서 화자가 돌아온 곳은 '어지럽고 시끄런 문서'로 표상되는 공간과 대비되는 공간으로서, '이대도록 시원하랴'와 같은 반응을 자연스럽게 이끌어낸 것이겠군.

④ (다)에서 '푸른 물이 그득히 담긴 못가'는 글쓴이가 '삼매경'에 빠지기를 기대하는 곳으로, 글쓴이가 자신의 지향과 직결되는 공간을 직접적으로 드러낸 것이겠군.

⑤ (다)에서 '내 서재'는 '심사 틀리는 소식'을 피하기 위한 곳임에도 불구하고 '속에서 울화가 터져 나온다'고 언급되었다는 점에서, 그 이면에는 새로운 공간에 대한 지향이 있음을 알 수 있겠군.

해설편 Part 1 p.083

경자년(庚子年, 1600년) 늦봄, 최척(崔陟)은 주우(朱佑)*와 함께 배를 타고 이곳저곳을 돌아다니며 차(茶)를 팔다가 마침내 안남*에 이르게 되었다. 이때 일본인 상선(商船) 10여 척도 강어귀에 정박하여 10여 일을 함께 머물게 되었다.

날짜는 어느덧 4월 보름이 되어 있었다. 하늘에는 구름 한 점 없고 물은 비단결처럼 빛났으며, 바람이 불지 않아 물결 또한 잔잔하였다. 이날 밤이 장차 깊어 가면서 밝은 달이 강에 비치고 옅은 안개가 물 위에 어리었으며, 뱃사람들은 모두 깊은 잠에 빠지고 물새만이 간간이 울고 있었다. 이때 문득 일본인 배 안에서 염불하는 소리가 은은히 들려왔는데, 그 소리가 매우 구슬펐다. 최척은 홀로 선창에 기대어 있다가 이 소리를 듣고 자신의 신세가 처량하게 느껴졌다. 그래서 즉시 행장에서 피리를 꺼내 몇 곡을 불어서 가슴속에 맺힌 회한을 풀었다. 때마침 바다와 하늘은 고요하고 구름과 안개가 걷히니, 애절한 가락과 그윽한 흐느낌이 피리 소리에 뒤섞이어 맑게 퍼져 나갔다. 이에 수많은 뱃사람들이 놀라 잠에서 깨어났으며, 그들은 처연하게 앉아 피리 소리에 조용히 귀를 기울였다. 격분해서 머리가 곤추선 사람도 피리 소리에 분을 가라앉힐 정도였다.

잠시 후에 일본인 배 안에서 조선말로 칠언절구(七言絶句)를 읊었다.

왕자진*의 피리 소리에 달마저 떨어지려 하는데,

[王子吹簫月欲低]

바다처럼 푸른 하늘엔 이슬만 서늘하구나.

[碧天如海露凄凄]

시를 읊는 소리는 처절하여 마치 원망하는 듯, 호소하는 듯하였다. 시를 다 읊더니, 그 사람은 길게 한숨을 내쉬었다. 최척은 그 시를 듣고 크게 놀라서 피리를 땅에 떨어뜨린 것도 깨닫지 못한 채, 마치 실성한 사람처럼 멍하니 서 있었다. 이를 보고 주우가 말했다.

"어디 안 좋은 곳이라도 있는가?"

최척은 대답을 하고 싶었으나 목이 메고 눈물이 떨어져 말을 할 수 없었다. 시간이 조금 흐른 뒤에 최척은 기운을 차려 말했다.

"조금 전에 저 배 안에서 들려왔던 시구는 바로 내 아내가 손수 지은 것이라네. 다른 사람은 평생 저 시를 들어도 절대 알아내지 못할 것일세. 게다가 시를 읊는 소리마저 내 아내의 목소리와 너무 비슷해 절로 마음이 슬퍼진 것이라네. 하지만 어떻게 내 아내가 여기까지 와서 저 배 안에 있을 수 있겠는가?"

이어서 온 가족이 왜군에게 포로로 잡혀간 일을 말하자, 배 안에 있던 사람들 가운데 비탄에 젖지 않은 사람이 없었다. 그 가운데는 두홍(杜洪)*이라는 사람이 있었는데, 젊고 용맹한 장정이었다. 그는 최척의 말을 듣더니, 얼굴에 의기를 띠고 주먹으로 노를 치면서 분연히 일어나며 말했다.

"내가 가서 알아보고 오겠소."

주우가 저지하며 말했다.

"깊은 밤에 시끄럽게 굴면 많은 사람들이 동요할까 두렵네. 내일 아침에 조용히 물어보아도 늦지 않을 것일세."

주위 사람들이 모두 말했다.

"그럽시다."

최척은 앉은 채로 아침이 되기를 기다렸다. 동방이 밝아 오자, 즉시 강둑을 내려가 일본인 배에 이르러 조선말로 물었다.

"어젯밤에 시를 읊었던 사람은 조선 사람 아닙니까? 나도 조선 사람이기 때문에 한번 만나 보았으면 합니다. 멀리 다른 나라를 떠도는 사람이 비슷하게 생긴 고국 사람을 만나는 것이 어찌 그저 기쁘기만 한 일이겠습니까?"

옥영(玉英)도 어젯밤에 들려왔던 피리 소리가 조선의 곡조인데다 평소에 익히 들었던 것과 너무나 흡사하여서 남편 생각에 감회가 일어 저절로 시를 읊게 되었던 것이다. 옥영은 자기를 찾는 사람의 목소리를 듣고는 황망하게 뛰어나와 최척을 보았다. 두 사람은 서로 마주 바라보고는 놀라서 소리를 지르며 끌어 안고 모래밭을 뒹굴었다. 목이 메고 기가 막혀 마음을 안정할 수가 없었으며, 말도 할 수 없었다. 눈에서는 눈물이 다하자 피가 흘러내려 서로를 볼 수도 없을 지경이었다. 두 나라의 뱃사람들이 저잣거리처럼 모여들어 구경하였는데, 처음에는 단지 친척이나 잘 아는 친구인 줄로만 알았다. 뒤에 그들이 부부 사이라는 것을 알고 사람마다 서로 돌아보며 소리쳐 말했다.

"이상하고 기이한 일이로다! 이것은 하늘의 뜻이요, 사람이 이룰 수 있는 일이 아니로다. 이런 일은 옛날에도 들어 보지 못하였다."

최척은 옥영에게 그간의 소식을 물으며 말했다.

"산 속에서 붙들려 강가로 끌려갔다는데, 그때 아버님과 장모님은 어떻게 되었소?"

옥영이 말했다.

"날이 어두워진 뒤에 배에 오른 데다 정신이 없어 서로 잃어버리게 되었으니, 제가 두 분의 안위를 어찌 알 수 있었겠습니까?"

두 사람이 손을 붙들고 통곡하자, 옆에서 지켜보던 사람들도 슬퍼하며 눈물을 닦지 않는 이가 없었다.

주우는 돈우(頓于)*를 만나 백금 세 덩이를 주고 옥영을 사서 데려 오려고 하였다. 그러자 돈우가 얼굴을 붉히며 말했다.

"내가 이 사람을 얻은 지 이제 4년 되었는데, 그의 단정하고 고운 마음씨를 사랑하여 친자식처럼 생각해 왔습니다. 그래서 침식을 함께하는 등 잠시도 떨어진 적이 없었으나, 지금까지 그가 아낙네인 것을 몰랐습니다. 오늘 이런 일을 직접 겪고 보니, 이는 천지신명도 오히려 감동할 일입니다. 내가 비록 어리석고 무디기는 하지만 진실로 목석은 아닙니다. 그런데 차마 어떻게 그를 팔아서 먹고살 수 있겠습니까?"

돈우는 즉시 주머니 속에서 은자(銀子) 10냥을 꺼내어 전별금(餞別金)으로 주면서 말했다.

"4년을 함께 살다가 하루아침에 이별하게 되니, 슬픈 마음에 가슴이 저리기만 하오. 온갖 고생 끝에 살아남아 다시 배우자를 만나게 된 것은 실로 기이한 일이며, 이 세상에는 없었던 일일 것이오. 내가 그대를 막는다면 하늘이 반드시 나를 미워할 것이오. 사우(沙于)*여! 사우여! 잘 가시게! 잘 가시게!"

-조위한, 「최척전(崔陟傳)」-

* 주우, 두홍 : 최척과 함께 장사를 하는 중국인들.
* 안남 : 베트남.
* 왕자진 : 주나라 영왕의 태자로, 죄를 입어 서인이 되었음.
* 돈우 : 옥영을 데리고 장사를 하는 일본인.
* 사우 : 돈우가 옥영에게 붙여 준 이름.

41 최척과 옥영의 재회에 대한 이해로 가장 적절한 것은?

① 타국에서 만난 동포의 도움을 통해 우연히 이루어진다.
② 두 인물이 공유하고 있는 과거의 기억을 매개로 하여 이루어진다.
③ 두 인물이 평소에 주변 사람들에게 베푼 자비로 인해 이루어진다.
④ 주변 사람들의 오해로 인해 우여곡절을 겪다가 기적적으로 이루어진다.
⑤ 주변 인물들 중 대다수에게는 환영을 받지만 일부에게는 의구심을 유발한다.

42 윗글의 '밤'과 '아침'에 대한 설명으로 가장 적절한 것은?

① 밤은 주인공이 초월적 존재와 교감하고, 아침은 주인공이 현실적 문제와 대결하는 시간이다.
② 밤은 운명과의 대결을 통해 주인공이 위기에 처하고, 아침은 조력자의 등장으로 그 위기에서 벗어나는 시간이다.
③ 밤은 폐쇄적인 공간에서 새로운 계획이 구상되고, 아침은 개방적인 공간에서 그 계획을 실행할지 논의하는 시간이다.
④ 밤은 인물의 내면적 갈등이 점진적으로 심화되고, 아침은 그 내면적 갈등이 새로운 인물들 간의 갈등으로 비화되는 시간이다.
⑤ 밤은 주인공이 새로운 상황을 맞이하면서 서사적 긴장이 조성되고, 아침은 극적 장면이 펼쳐지면서 그 긴장이 해소되는 시간이다.

43 〈보기〉를 참고하여 윗글을 감상한 내용으로 적절하지 <u>않은</u> 것은? [3점]

> [보기]
>
> 임진왜란(1592~1598년) 등 16세기 말~17세기 초 동 아시아에서 발생한 전쟁들은 각국 백성들의 삶에 심대한 수난을 초래했다. 이러한 역사를 반영한 대표적인 작품이 조위한의 「최척전」이다. 최척에게서 체험의 전말을 전해 듣고 이 작품을 썼다는 후기로 보면 이 작품이 실제 체험에 바탕을 둔 인물들의 이산(離散)과 귀향의 과정을 그린 유랑의 서사임을 알 수 있다. 특히 서사 공간이 조선을 포함하여 아시아 여러 국가에 걸쳐 있고 국가 간 갈등을 넘어선 개인 간의 인간적 배려 및 전쟁의 참상에 대해 각국 백성들이 보인 인류애적 연민의 모습도 형상화하고 있다는 점이 주목할 만하다.

① '경자년', '4년' 등은 최척과 옥영이 겪어야 했던 전란과 유랑체험이 역사적 실제성을 지닌 것임을 알려 주는군.

② 처절하게 시를 읊고 한숨까지 내쉰 것은 시가 옥영 자신의 이산과 유랑 체험을 계기로 지어진 것임을 알려 주는군.

③ '조선말', '조선의 곡조' 등이 사건 전개에 중요한 역할을 하는 것은 최척 부부의 재회가 외국에서 이루어지고 있기 때문이겠군.

④ 최척 가족의 이산의 사연을 듣고 주변 사람들이 눈물 흘린 것은 전쟁의 참상에 대한 인류애적인 연민을 보여 준 사례이겠군.

⑤ 돈우가 백금을 받고 옥영을 파는 대신 오히려 옥영에게 전별금을 주며 안타까이 보낸 것은 국가 간 갈등을 넘어선 인간적 배려를 보여 주는 사례이겠군.

─── (해설편 Part 1 p.088)

　그런 일이 있은 지 한 달쯤 지나니 내 겨드랑에 생긴 이변의 전모가 대강 드러났다. **파마늘**은 어김없이 밤 12시부터 새벽 4시 사이에 솟구친다는 것. **방**에 있으면 쑤시고 밖에 나가면 씻은 듯하다는 것. 까닭은 전혀 알 길이 없다는 것 등이었다. **의사**는 나에게 전혀 이상이 없다고 잘라 말했다. 그도 그럴 것이 그 시간에는 내 겨드랑은 멀쩡했기 때문이다. 그때부터 나의 괴로움은 비롯되었다. 파마늘은 전혀 불규칙한 사이를 두고 튀어나왔다. 연이틀을 쑤시는가 하면 한 일주일 소식을 끊고 하는 것이었다. 하루 이틀이지 이렇게 줄곧 밖에서 새운다는 것은 못 할 일이었다. 나는 제집이면서 꼭 **도적놈처럼** 뜰의 어느 구석에 숨어서 밤을 지내야 했기 때문이다. 그런 생활이 두 달째에 접어들었을 때 나는 견디다 못해서 담을 넘어서 밖으로 나가 보았다. 그랬더니 참으로 이상한 일도 다 있었다. 뜰에 나와 있어도 가끔 뜨끔거리고 손을 대 보면 미열이 있던 것이 거리를 거닐게 되면서는 아주 깨끗이 편한 상태가 되었다. 이렇게 되면서 독자들은 곧 짐작이 갔겠지만, 문제가 생겼다. 내가 의료적인 이유로 산책을 강요당하게 되는 시간이 행정상의 **통행 제한**의 시간과 우연하게도 겹치는 점이었다. 고민했다. 나는 부르주아의 썩은 미덕을 가지고 있었다. 관청에서 정하는 규칙은 따라야 한다는 것이 그것이다. 12시부터 4시까지는 모든 **시민**은 밖에 나다니지 말기로 되어 있다. 모든 사람이 받아들이는 규칙이니까 **페어플레이**를 지키는 사람이면 이것은 소형(小型)의 도덕률일 수밖에 없다. 그러나 이 도덕률을 지키는 한 내 겨드랑은 요절이 나고 나는 죽을는지도 모른다.

　[중략 부분의 줄거리] '나'는 겨드랑이에 파마늘 같은 것이 돋으면 밤거리를 몰래 산책하곤 한다. '나'는 밤 산책 중 종종 다른 사람들과 마주친다.

　오늘은 경관을 만났다. 나는 얼른 몸을 숨겼다. 그는 부산하게 내 앞을 지나갔다. 그 순간 나는 내가 레닌*인 것을, 안중근인 것을, 김구인 것을, 아무튼 그런 인물임을 실감한 것이다. 그가 지나간 다음에도 나는 ㉠**은신처**에서 나오지 않았다. 공화국의 시민이 어찌하여 그런 엄청난 변모를 할 수 있었는지 모를 일이다. 나는 정치적으로 백치나 다름없는 감각을 가진 사람이다. 위에서 레닌과 김구를 같은 유(類)에 놓은 것만 가지고도 알 만할 것이다. 그런데 경관이 지나가는 순간에 내가 **혁명가**

였다는 것도 분명한 사실이다. 혁명가라고 자꾸 하는 것이 안 좋으면 **간첩**이래도 좋다. 나는 그 순간 분명히 간첩이었던 것이다. 그런데 내가 간첩이 아닌 것은 역시 분명하였다. 도적놈이래도 그렇다. 나는 분명히 도적놈이었으나 분명히 도적놈은 아니었다. 나는 아주 희미하게나마 혁명가, 간첩, 도적놈 그런 사람들의 마음이 알 만해지는 듯싶었다. 이 맛을 못 잊는 것이구나 하고 나는 생각하였다. 나도 물론 처음에는 치료라는 순전히 **공리적인** 이유로 이 산책에 나섰다. 그러나 지금으로서는 반드시 그런 것만은 아니다. 설사 내 겨드랑의 달걀이 영원히 가 버린다 하더라도 이 금지된 산책을 그만둘 수 있을지는 심히 의심스럽다. 나의 산책의 성격은 **변질**되기 시작하였다. **누룩 반죽처럼.**

　기적(奇蹟). 기적. 경악. 공포. 웃음. 오늘 세상에도 희한한 일이 내 몸에 일어났다. 한강 근처를 산책하고 있는데 겨드랑이 간질간질해 왔다. 나는 속옷 사이로 더듬어 보았다. 털이 만져졌다. 그런데 닿임새가 심상치 않았다. 털이 괜히 빳빳하고 잘 묶여 있는 느낌이다. 빗자루처럼. 잘 만져 본다. 아무래도 보통이 아니다. 나는 ㉡**바위틈**에 몸을 숨기고 윗옷을 벗었다. 속옷은 벗지 않고 들치고는 겨드랑을 들여다보았다. 나는 실소하고 말았다. 내 겨드랑에는 새끼 까마귀의 그것만 한 아주 치사하게 쬐끄만 **날개**가 돋아나 있었다. 다른 쪽 겨드랑을 또 들여다보았다. 나는 쿡 웃어 버렸다. 그쪽에도 장난감 몽당빗자루만 한 것이 달려 있는 것이었다. 날개가 보통 새들의 것과 다른 점이 그 깃털이 곱슬곱슬한 고수머리라는 것뿐이었다. 흠. 이놈이 나오려는 아픔이었구나 하고 나는 생각했다. 나는 그 날개를 움직이려고 해 보았다. **귓바퀴**가 말을 안 듣는 것처럼 그놈도 움직이지 않았다. 나는 참말 부끄러워졌다.

―최인훈, 「크리스마스 캐럴 5」―

* 레닌 : 러시아의 혁명가.

44 윗글의 서술상 특징으로 가장 적절한 것은?

① 시간의 순서를 뒤바꾸어 이야기의 인과 관계를 재구성하고 있다.
② 유사한 사건을 반복해서 제시하며 서술의 초점을 분산시키고 있다.
③ 장면에 따라 서술자를 달리하여 사건의 의미를 입체적으로 조명하고 있다.
④ 공간의 이동에 따른 인물의 경험을 다른 인물의 시선을 통해 서술하고 있다.
⑤ 사건에 대한 중심인물의 내적 반응을 중심인물 자신의 목소리를 통해 제시하고 있다.

45 윗글에 대한 이해로 적절하지 <u>않은</u> 것은?

① '의사'가 '나'의 증상을 진단하지 못한 것은 '나'의 증상이 '의사' 앞에서는 나타나지 않았기 때문이다.
② '나'는 자신의 집에서 '도적놈'과 비슷한 방식으로 행동하곤 했다.
③ '뜰'에서의 '나'의 고통은 '방'에서보다는 덜하지만 완전히 사라지지는 않는다.
④ '나'는 '시민'이 정한 규칙을 준수해야 하는 '페어플레이'를 지키지 못하게 되어 고민한다.
⑤ '혁명가'와 '간첩'은 '나'가 자신의 행동을 이해하기 위해 자신과 비교해 보는 대상이다.

46 ㉠과 ㉡에 대한 이해로 가장 적절한 것은?

① ㉠은 정신적 안정을, ㉡은 신체적 회복을 위한 공간이다.
② ㉠은 윤리적인, ㉡은 정치적인 이유로 몸을 숨기는 공간이다.
③ ㉠은 ㉡과 달리, 타인의 출현으로 인해 몸을 감춘 공간이다.
④ ㉡은 ㉠과 달리, 반복적으로 사용하는 공간이다.
⑤ ㉠과 ㉡은 모두, 과거의 자신을 긍정하는 공간이다.

47 〈보기〉를 바탕으로 윗글을 감상한 내용으로 적절하지 <u>않은</u> 것은? [3점]

─[보기]─

「크리스마스 캐럴 5」는 자유가 억압된 시대적 상황에서 자유의 가능성과 한계를 묻는 작품이다. '나'의 겨드랑이에 돋은 정체불명의 파마늘이 주는 통증은 자유에 대한 요구를, 그로 인한 밤 '산책'은 자유를 위한 실천을 의미한다. 작품은 처음에는 명료하지 않고 미약했던 자유를 향한 의지가 밤 산책을 거듭하면서 심화되는 모습과 함께 그 과정에서 생기는 문제점을 드러낸다.

① '통행 제한'으로 인해 산책의 자유가 제한된 상황은, 단순히 이동의 자유에 대한 억압만이 아니라 자유가 억압되는 시대적 상황 자체에 대한 문제 제기라고 할 수 있겠군.
② '파마늘'이 돋을 때의 극심한 통증은, 자유가 그만큼 절박하게 요구되었던 상황을 보여 주는 동시에 자유를 얻기 위해 필요한 고통을 암시하기도 하겠군.
③ '공리적인' 목적을 가지고 있었던 산책이 점차 '누룩 반죽'처럼 '변질'되었다는 표현은, 자유의 필요성이 망각되어 자유를 위한 실천의 목적이 훼손되는 문제점에 대한 비판이겠군.
④ 정체불명의 파마늘이 '날개'의 형상으로 바뀐 것은, 처음에는 명료하지 않았던 자유를 향한 의지가 산책을 통해 심화되었다는 것을 의미하겠군.
⑤ '날개'가 '귓바퀴' 같다는 점에 대해 '나'가 느낀 부끄러움은, 여러 차례의 산책에도 불구하고 자유를 의지대로 실현하기 어려웠던 한계에 대한 인식으로 볼 수 있겠군.

[48~52] 다음 글을 읽고 물음에 답하시오.   2019.06 [27~31]

— 해설편 Part 1 p.094 —

(가)

　산과 산이 마주 향하고 믿음이 없는 얼굴과 얼굴이 마주 향한 항시 어두움 속에서 꼭 한 번은 **천둥 같은 화산**이 일어날 것을 알면서 요런 자세로 꽃이 되어야 쓰는가.

　저어 서로 응시하는 쌀쌀한 풍경. 아름다운 풍토는 이미 고구려 같은 정신도 신라 같은 이야기도 없는가. **별들이 차지한 하늘**은 끝끝내 하나인데 …… 우리 무엇에 불안한 얼굴의 의미는 여기에 있었던가.

　모든 **유혈(流血)**은 꿈같이 가고 지금도 나무 하나 안심하고 서 있지 못할 광장. 아직도 **정맥**은 끊어진 채 휴식인가 야위어 가는 이야기뿐인가.

　언제 한 번은 불고야 말 독사의 혀같이 **징그러운 바람**이여. 너도 이미 아는 모진 겨우살이를 또 한 번 겪으려는가 아무런 죄도 없이 피어난 꽃은 시방의 자리에서 얼마를 더 살아야 하는가 아름다운 길은 이뿐인가.

　산과 산이 마주 향하고 믿음이 없는 얼굴과 얼굴이 마주 향한 항시 어두움 속에서 꼭 한 번은 천둥 같은 화산이 일어날 것을 알면서 **요런 자세로 꽃**이 되어야 쓰는가.

　　　　　　　　　　　　　　　-박봉우, 「휴전선」-

(나)

　득음은 못하고, 그저 시골장이나 떠돌던
　소리꾼이 있었다, 신명 한 가락에
　막걸리 한 사발이면 그만이던 흰 두루마기의 그 사내
　꿈속에서도 폭포 물줄기로 내리치는
　한 대목 절창을 찾아 떠돌더니
　오늘은, 왁새* 울음 되어 우항산 솔밭을 다 적시고 ┐
　우포늪 둔치, 그 눈부신 봄빛 위에 자운영 꽃불　　[A]
질러 놓는다　　　　　　　　　　　　　　　　　┘
　살아서는 근본마저 알 길 없던 혈혈단신　　　┐
　텁텁한 얼굴에 달빛 같은 슬픔이 엉켜 수염을 흔　[B]
들곤 했다　　　　　　　　　　　　　　　　　　┘
　늙은 고수라도 만나면

　어깨 들썩 산 하나를 흔들었다
　필생 동안 그가 찾아 헤맸던 소리가　　　　┐
　적막한 늪 뒷산 솔바람 맑은 가락 속에 있었던가　[C]
　　　　　　　　　　　　　　　　　　　　　┘

　소목 장재 토평마을 양파들이 시퍼런 물살 몰아 ┐
칠 때　　　　　　　　　　　　　　　　　　　　[D]
　일제히 깃을 치며 동편제* 넘어가는　　　　　│
　저 왁새들　　　　　　　　　　　　　　　　┘
　완창 한 판 잘 끝냈다고 하늘 선회하는　　┐
　그 소리꾼 영혼의 심연이　　　　　　　　　[E]
　우포늪 꽃잔치를 자지러지도록 무르익힌다　┘

　　　　　　　　　　　　　　-배한봉, 「우포늪 왁새」-

* 왁새 : 왜가리의 별명.
* 동편제 : 판소리의 한 유파.

(다)

　그 바위를 가리켜 어느 건방진 옛사람이 오심암(傲心岩)이라고 이름을 지어 주었다 한다. 그보다도 조금 겸손한 누구는 세심암(洗心岩)이라고 불렀다 한다.

　기운차게 일어선 산발이 이곳에 이르러 오심암의 절경을 남기기 위하여 한 둥근 골짜기를 이루어 놓고 다시 다물어졌다.

　짙은 단풍 빛에 붉게 누렇게 물든 **검은 절경**의 성장(盛裝), 그것을 선을 두른 동해보다도 더 푸른 하늘빛, 천사가 흘리고 간 헝겊인 듯 봉우리 위에 가볍게 비낀 백옥보다도 흰 엷은 구름 조각.

　이것은 분명히 자연이 흘려 놓은 예술의 극치다. 그러나 겸손한 자연은 그의 귀한 예술이 홍진(紅塵)에 물들 것을 염려하여 그것을 이 깊은 산골짜기에 감추었던 것인가 보다.

　어귀까지 '버스'를 불러오고 이곳까지 2등 도로를 끌어 오는 것은 본래부터 그의 뜻은 아니었을 게다. 오직 사람만이 장하지도 아니한 그들의 예술을 천하에 뽐낼 기회만 엿보나 보다.

　둘러보건대 이 골짜기에는 일찍이 먼지를 품은 **미친 바람**과 같은 것은 지나가 본 일이 아주 없었나 보아서 **아득히 쳐다보이는 높은 하늘** 아래 티끌을 품은 듯한 아무것도 없다. 잠깐 내 자신을 굽어보니 허옇게 먼지 낀 의복, 그 밑에 숨은 먼지 낀 내 몸뚱어리, 그리고 또 그 속에 엎드린 먼지 낀 내 마음, 나는 그 티끌 모르는 순결한 자연 속에 쓰레기처럼 동떨어진 내 몸의 더러움을 새삼스럽게 부끄러워하였다.

차디찬 **바위** 위에 신발을 벗고 모자를 던지고 외투를 벗어 팽개치고 반듯이 누워서 눈을 감으니 인생도 예술도 다 어디로 사라지고 오직 끝없는 **망각**이 내 마음을 아니 우주를 채우며 온다. 그러나 몸을 식히며 스며드는 **찬기**는 어느새 거리에서 멀리 떨어진 우리들의 위치를 깨닫게 한다. 우리는 채 씻기지 않은 마음을 거두어 가지고 잠시나마 정을 들인 오심암을 두 번 세 번 돌아다보면서 간 길을 다시 내려오기 시작하였다. 좋은 벗 떠나기란 싫은 것처럼, 좋은 자연에도 석별의 정은 마찬가진가 보다. 또한 좋은 음식을 만났을 때 벗을 생각하는 것이 자연스러운 것처럼 떠나고 싶지 않은 자연을 앞에 두고는 멀리 있는 벗들이 갑자기 그리웁다. 나는 마음속으로 어느새 오심암에게 무언(無言)의 약속을 주어 버렸다.

‘내년에는 벗을 데리고 또 찾아오마’고.

－김기림, 「주을온천행」－

48 (가)~(다)의 공통점으로 가장 적절한 것은?

① 인간의 삶과 공간의 의미를 연결 지어 주제 의식을 구체화하고 있다.

② 갈등과 대립이 없는 화합의 세계를 보여 줌으로써 희망적인 미래를 예견하고 있다.

③ 역사적 상황을 직시함으로써 부정적 현실을 극복하려는 참여 의식을 표방하고 있다.

④ 자연이 인간에게 미친 긍정적인 영향을 강조함으로써 사물에 대한 예찬적 태도를 드러내고 있다.

⑤ 특정한 장소에 대한 직접적인 경험을 바탕으로 인간의 교만한 태도에 대한 비판을 이끌어 내고 있다.

49 (가), (나)에 대한 설명으로 적절하지 **않은** 것은?

① (가)는 설의적 표현으로 현실에 대한 화자의 안타까움을 드러내고 있다.

② (나)는 청각의 시각화를 통해 소재의 생동감을 부각하고 있다.

③ (가)는 시간의 흐름에 따라, (나)는 시선의 이동에 따라 시상을 전개하고 있다.

④ (가)는 동일한 시구를 반복하여, (나)는 인물에 대한 이야기를 활용하여 주제 의식을 강조하고 있다.

⑤ (가)와 (나)는 모두 화자의 인식을 자연물에 투영하여 시적 정서를 환기하고 있다.

50 (가)와 (다)에 대한 감상으로 가장 적절한 것은?

① (가)의 ‘천동 같은 화산’은 신뢰를 잃은 상황이 초래한 불안한 현실을, (다)의 ‘검은 절경’은 아름다움을 잃은 풍경에서 느껴지는 암울한 심정을 드러내고 있다.

② (가)의 ‘별들이 차지한 하늘’은 하나로 이어진 세계를, (다)의 ‘아득히 쳐다보이는 높은 하늘 아래’는 흠결 없는 세계를 그려내고 있다.

③ (가)의 끊어진 ‘정맥’은 ‘유혈’을 이겨낸 삶의 의지를, (다)의 엄습하는 ‘찬기’는 정든 곳을 떠나야 하는 절망감을 환기하고 있다.

④ (가)의 ‘징그러운 바람’은 미래에 닥칠지 모를 모진 상황을, (다)의 ‘미친 바람’은 삶에서 지켜야 할 소중한 존재를 상징하고 있다.

⑤ (가)의 ‘꽃’은 죄 없이 ‘요런 자세’로 삶에 순응하는 존재를, (다)의 ‘바위’는 지나온 과거를 ‘망각’하며 삶을 회의하는 존재를 표현하고 있다.

51 〈보기〉를 참고하여 [A]~[E]를 이해한 내용으로 적절하지 <u>않은</u> 것은?

─────[보기]─────

　이 시의 화자는 '우포늪'에서 왁새 울음소리를 들으며, 득음을 못한 채 생을 마감했던 한 '소리꾼'을 상상적으로 떠올리고 있다. 화자는 왁새 울음소리에서 고단하고 외로웠던 소리꾼이 평생을 추구했던 절창을 연상함으로써, 우포늪의 생명력이 소리꾼의 영혼을 절창으로 이끌었음을 표현하고자 했다. 자연과 인간이 어우러진 세계에서 창조되는 예술의 경지와 우포늪의 아름다움을 조화롭게 형상화한 것이다.

───────────────

① [A] : 화자는 왁새 울음소리와 우포늪의 풍경을 연결 지어 소리꾼이 추구했던 절창을 상상적으로 떠올리고 있다.

② [B] : 득음의 경지를 찾아 떠돌았던 소리꾼의 얼굴에 묻어나는 삶의 비애를 감각적으로 표현하고 있다.

③ [C] : 소리꾼이 평생 추구했던 절창을 우포늪에서 찾아낸 화자의 정서를 드러내고 있다.

④ [D] : 화자가 상상적으로 떠올린 세계를 우포늪 일대의 현실적 공간과 결부하고 있다.

⑤ [E] : 날아가는 왁새와 완창을 한 소리꾼을 대비하여 자연과 인간이 통합된 예술의 형상을 사실적으로 보여 주고 있다.

52 〈보기〉는 '선생님'의 안내에 따라 학생들이 (다)를 감상한 내용이다. ⓐ~ⓔ 중 적절하지 <u>않은</u> 것은? [3점]

─────[보기]─────

선생님 : 수필은 글쓴이의 성찰을 보여 준다는 점에서 반성적이고, 깨달음을 전한다는 점에서 교훈적이며, 인생과 사회에 대한 인식과 판단을 드러낸다는 점에서 비판적인 특징을 갖습니다. 글쓴이의 발상과 통찰은 제재에서 새로운 의미를 이끌어 내고, 글쓴이의 문체는 내용을 효과적으로 표현하는 데 활용되지요. 그러면 이 작품에 드러난 수필의 특징을 확인해 봅시다.

학생 1 : 가을의 풍경을 효과적으로 그려 내기 위해 감각적인 문체를 활용하고 있음을 알 수 있어요. ·· ⓐ

학생 2 : '예술의 극치'와 '장하지도 아니한' 예술을 대비하는 데에서, 인간에 대한 비판적 인식을 엿볼 수 있어요. ···························· ⓑ

학생 3 : '오심암'의 경치에서 '겸손한 자연', '순결한 자연'을 이끌어 내는 데에서, 대상의 새로운 의미에 대한 통찰을 엿볼 수 있어요. ·········· ⓒ

학생 4 : 인간의 삶에서 자연이 '티끌'처럼 작아 보인다고 한다는 점에서, 사색을 통해 교훈을 얻는 수필의 특성을 확인할 수 있어요. ············ ⓓ

학생 5 : '먼지 낀 의복'을 보고 '몸뚱어리'와 '마음'에 대한 부끄러움을 떠올린 데에서, 스스로를 돌아보는 반성적인 태도를 확인할 수 있어요. ··· ⓔ

───────────────

① ⓐ　　② ⓑ　　③ ⓒ　　④ ⓓ　　⑤ ⓔ

── 해설편 Part 1 p.104 ──

(가)

　　일일은 박씨가 계화를 불러 왈, "대감께 여쭐 말이 있으니 아뢰거라."

하니, 계화 명을 받아 공께 아뢰니, 공이 즉시 ㉠내당에 들어가 묻기를, "무슨 말인지 듣고자 하노라."

　　박씨 아뢰기를, "명일 종로에 각처 사람들이 말을 팔려고 모였을 것이니, 노복에게 그중에서 비루하고 파리하여 모양이 볼 것 없는 말을 삼백 냥을 주고 사 오게 하소서."

　　공이 들음에 허황하나 자부가 범인과 다름을 알고 즉시 허락하며 근실한 노복들에게 분부 왈, "명일 종로에 가면 말 장사들이 있을 것이니, 그중에서 비루하고 파리한 말 하나를 삼백 냥을 주고 사 오라."

하며 돈을 주니, 노복들이 받아 가지고 나와 서로 이르되, "대감께서 무슨 연고로 비루하고 파리한 말을 삼백 냥이나 주고 사 오라 하시는고?"

하고 서로 의혹해 하며, 이튿날 삼백 냥을 가지고 ㉡종로에 나가 본즉 과연 여러 말이 있더라.

[A]

　　그중에 비루하고 파리한 말을 골라 임자를 찾아 값을 물으니 임자가 말하기를, "그 말 값은 닷 냥이오. 좋은 말이 많거늘 어찌 저런 용렬한 것을 사려 하시오?"

　　노복이 대왈, "우리 대감의 분부가 그러하오."

하니 장사 왈, "그러면 닷 냥만 내고 가져가시오."

하니 노복이 말하되, "우리 대감께서 삼백 냥을 내고 사 오라 하시니 삼백 냥을 받고 주시오."

　　한데, 장사 왈, "본값이 닷 냥인데 어찌 비싼 값을 받으리오?"

하니 노복이 말하되, "대감 분부대로 주는 것이니 여러 말 말고 받으시오."

하며 주거늘 장사가 사양하고 받지 않거늘 노복이 마지못해 억지로 백 냥을 주고 이백 냥은 감추고 돌아오더라.

　　노복이 대감에게 말을 사 왔다 아뢰니, 공은 즉시 자부를 부르니, 박씨 노복에게 말을 가져오라 하며 말을 한참 보다가 말하기를, "말 값이 삼백 냥을 주어야 쓸 데 있거늘 무지한 노복이 말 장사에게 백 냥만 주고 이백 냥은 감추었으니 도로 주거라 하옵소서."

　　공이 이 말을 듣고 박씨의 신명함을 탄복하고 즉시 ㉢외당에 나와 노복들을 불러 꾸짖기를, "너희들이 말 값을 제대로 주지 않고 백 냥만 주고 왔으니 상전을 기망한 죄는 나중에 중치하려니와 감춘 돈은 말 주인에게 주고 오라. 만일 지체하면 목숨을 보전치 못하리라."

하니 노복들이 사죄 왈, "이같이 명백하시니 어찌 기망하오리까? 과연 대감 분부대로 말 장사에게 삼백 냥을 준즉 말 값이 닷 냥이라 하고 받지 아니하옵기로 억지로 백 냥만 주고 이백 냥은 감추었으니, 이렇듯 신령하옵시면 소인들의 죄는 만사무석이로소이다."

하고 즉시 ㉣종로에 나가 말 장사를 찾아 돈 이백 냥을 주며 왈, "이 사람아, 주는 돈을 고집하고 받지 아니하더니 우리 등이 상전에게 죄를 당하게 되니 어찌 통분치 아니리오?"

하며 이백 냥을 억지로 맡기고 돌아오더라.

　　박씨 말을 기른 지 삼년에 준총(駿驄)이 되어 걸음은 비호(飛虎) 같은지라. 박씨가 공께 왈, "모월 모일에 명나라 사신이 올 것이니, 그 말을 가져다 ㉤사신 오는 길에 놓으면 사신이 사려 할 것이며, 값은 삼만 냥이라 하고 팔아 오라 하소서."

[B]

　　공이 듣고 자부 말대로 노복을 불러 분부한 후 사신 오기를 기다리더라.

　　과연 그날 사신 나오니, 사신이 말을 보고 파는가 묻거늘 노복 왈, "파는 말이니다."

　　사신이 또 묻기를, "값을 얼마나 받으려 하느냐?"

　　노복이 답 왈, "값은 삼만 냥이로소이다."

　　사신이 대희하여 삼만 냥을 아끼지 아니하고 사 가더라.

　　노복들이 받아 가지고 돌아와 공께 말 팔던 사연을 낱낱이 아뢰고, 공은 삼만 금을 얻음에 가산이 부요하니 박씨에게 물어 왈, "삼만 냥을 받았으나 아지 못게라. 어떤 연고인고?"

　　박씨 아뢰기를, "그 말은 곧 천리 준총마로 조선은 작고 조만간 쓸 곳이 없으나, 사신은 준마를 알아보고 삼만 금을 아끼지 아니하고 사 갈 것이니 그런 고로 사신에게 팔았나이다."

　　공이 듣고 왈, "너는 여자이나 명견만리하니 진실로 아깝도다. 만일 남자였던들 보국 충신이 될 것을 여자임이 한이로다."

하며 탄식하더라. 박씨 무릎을 꿇고 왈, "소부의 원하는 바는 가군이 과거에 급제하여 부모에게 영화를 뵈옵고 입신양명하여 나라를 충성으로 돕고, 소부는 다만 유자유손하고 만수무강하오면 죽어도 무한이로소이다."

하거늘 공이 그 말을 들음에 못내 탄복하더라.

－작자 미상, 「박씨전」－

(나)

　그녀는 늘 우하형에게 비변사 서리를 통하여 조보(朝報)*를 구입해 오게 하여 보는데, 대개 열흘 만에 도착했다. 그녀는 조보를 통해서 조정 일을 헤아리고 전관(銓官)*이 누가 될 것인가를 미리 알아맞히는데 귀신같아 열에 하나도 틀림이 없었다. 그리하여 우하형으로 하여금 다음 전관이 될 사람에게 미리 손을 써 평안도 물화를 긁어모아 정성으로 바치니, 그 효험이 십분 나타나게 되었다. …(중략)… 봉급이 점차 불어서 위로 섬김도 더욱 풍부하여 앞길이 날로 양양해졌다. 그리고 순차로 승진하여 마침내 절도사에 이르렀다.

　우하형은 나이 칠십이 되어 집에서 삶을 마쳤다. 그녀는 자식들을 위로하며, "영감께서는 시골 무관으로 지위가 절도사에 이르렀고 고희 가까이 사셨으니, 당신이 보아도 유감이 없을 것이요, 자식들은 과히 애통할 것이 없소. 나의 일을 두고 말하더라도 여자가 지아비를 섬김에 자기 공치사는 아니지만 오랫동안 벼슬길을 도와서 높은 지위에 이르시도록 했으니, 내 소임 역시 다한 셈이라 또 무엇을 슬퍼하겠소."

하고 겨우 장례 기간이 지나자 그녀는, "영감이 살아 계실 때에는 내가 집안을 맡았지만 영감이 돌아가신 뒤에는 큰며느리가 마땅히 이 집의 주인이 되어야 하오. 나는 한 서모(庶母)에 불과하니 가정을 큰며느리에게 맡기겠소."
하고는 창고에 저장하고 농 속에 담아둔 재물을 기록하여 열쇠와 함께 내주었다.

　큰며느리가 울며 사양하기를, "서모님이 우리 집에서 얼마나 공로가 많으셨는지요. 아버님이 이제 별세하셨으니 저희는 아버님이 하셨던 것처럼 서모님을 의지하겠어요. 집안일 모두를 예전같이 하고 싶은데, 서모님께서는 왜 이런 말씀을 하시는지요?"

　그러나 그녀는 큰며느리에게 기어이 집안을 맡겼다.

-작자 미상, 「조보」-

* 조보 : 승정원에서 재결 사항을 기록하여 반포하던 관보.
* 전관 : 문무관을 선발하는 일을 맡아보던 벼슬아치.

---

53 (가)의 내용에 대한 이해로 적절한 것은?

① 계화는 박씨의 말을 듣고 자신이 짐작한 바를 공에게 전달하고 있다.
② 공은 말을 사라는 박씨의 말을 듣고 한탄하다가 제안을 받아들이고 있다.
③ 노복은 말을 사 오라는 공의 명을 받고 의심 없이 행동하고 있다.
④ 박씨는 노복이 사 온 말을 관찰하면서 자기 안목에 대해 불만을 표현하고 있다.
⑤ 노복들은 자신들이 돈을 감춘 죄가 드러나자 그 책임을 장사에게 전가하고 있다.

54 ㉠~㉤에 대한 설명으로 적절하지 않은 것은?

① ㉠에서 박씨가 공에게 요청한 바가 ㉡에서 제대로 이행되지 않았음이 ㉢에서 확인된다.
② 박씨가 ㉠에서 공에게 받았던 신뢰는 ㉤에서 타당성이 확인된다.
③ ㉡에서 노복들이 공에게 보인 신뢰는 ㉢에서 행해진 공의 꾸짖음을 거치면서 동요된다.
④ 노복은 ㉡에서 한 거래로 인해 ㉣에서의 행위를 해야만 했다.
⑤ 박씨가 ㉡에서의 사건을 문제 삼은 이유는 ㉤에서의 사건을 가능하게 하기 위함이다.

55 [A]와 [B]에 대한 설명으로 가장 적절한 것은?

① [A]의 임자와 [B]의 공은 모두 팔린 말의 진가를 알지 못하고 있다.
② [A]의 노복과 [B]의 사신은 모두 말을 사려는 사유를 밝히고 있다.
③ [A]의 노복은 [B]의 사신과 달리 사려는 말의 진가를 알고 있다.
④ [B]의 사신은 [A]의 노복과 달리 상대의 의도에 대해 의혹을 품고 있다.
⑤ [A]에서는 임자가 받으려는 값대로, [B]에서는 사신이 지불하려는 값대로 말 값을 정했다.

56 (나)의 '그녀'에 대한 평가로 적절하지 <u>않은</u> 것은?

① 조보를 읽고 전관이 될 사람을 짐작했다는 점에서는, 정보의 가치를 인지하고 이를 적극적으로 활용했다고 볼 수 있겠군.

② 공적 정보인 조보를 사익을 위해 이용했다는 점에서는, 조보의 공적 가치를 훼손했다고 볼 수 있겠군.

③ 큰어머니은 물화로 청탁을 하여 남편을 절도사까지 이르게 했다는 점에서는, 인사 제도의 공정성을 침해했다고 볼 수 있겠군.

④ 장례 중에는 자식들을 위로하고 장례 후에는 집안을 챙겼다는 점에서는, 서모의 신분임에도 불구하고 자식들에게 귀감이 된다고 볼 수 있겠군.

⑤ 남편의 사후 집안일 모두를 남편이 살아 있을 때와 달리하려했다는 점에서는, 신분의 한계를 뛰어넘으려 했다고 볼 수 있겠군.

57 〈보기〉를 참고하여 (가)와 (나)를 이해한 내용으로 적절하지 <u>않은</u> 것은? [3점]

[보기]

한글 고소설 「박씨전」이 신이한 능력을 지닌 여성을 허구적으로 보여 줌으로써 여성 독자들의 소망에 부응했다면, 한문 야담 「조보」는 현실적이면서 비범한 능력을 지녔던 실재의 여성을 제시함으로써 식자층 남성 독자들의 관심을 끌었다. '박씨'는 남성보다 우월한 능력을 지녔지만 결국 전통적인 부인의 삶에 만족하고, '그녀'도 탁월한 혜안을 지녔지만 서모로서의 삶에 만족한다. 두 작품은 잠재된 능력을 인정받지 못하여 남성에게 종속된 존재로 간주되었던 여성상을 탈피하여 새로운 여성상을 모색했다. 그러나 「박씨전」은 새로운 여성상에 대한 자유로운 상상에, 「조보」는 새로운 여성상에 대한 사회적 제한에 치중했다. 두 작품은 서로 주목하는 바를 달리하여 새로운 여성상을 형상화했다는 점에서 고소설과 야담의 상호 보완성을 잘 보여 준다.

① (가)에서 '공'이나 '노복'이 짐작하지 못하는 지략을 발휘한 '박씨'의 모습에서, 고소설의 여성 독자가 소망하였던 여성상을 확인할 수 있다.

② (나)에서 '그녀'가 '우하형'의 성공을 위해 노력하는 모습에서, 비범한 능력을 지녔지만 그 능력을 가정의 융성으로만 발휘하였던 실재 여성의 모습이 구현되었음을 확인할 수 있다.

③ (가)에서 '박씨'의 말을 '공'이 따르고, (나)에서는 '그녀'의 말을 '우하형'이 따르는 데에서, 남성에 종속되지 않는 새로운 여성상이 추구되고 있음을 확인할 수 있다.

④ (가)의 '박씨'는 신이한 능력을, (나)의 '그녀'는 남다른 수완을 지녔다는 점에서, 당대 여성의 사회적 제한에 대해 여성 독자가 남성 독자보다 현실적으로 인식하고 있음을 확인할 수 있다.

⑤ (가)에서 보국 충신이 될 만한 '박씨'가 유자유손을 원한다고 말하고, (나)에서 집안에 공로가 많았던 '그녀'가 '큰며느리'에게 가정을 맡기는 데에서, 전통적 부인의 삶과 서모의 삶이 형상화되었음을 확인할 수 있다.

—— 해설편 Part 1 p.111 ——

뒤에야 알았지만 아침에 그런 일이 있고 난 그날 밤에 아내는 그 **고무신짝**을 들고 골목길을 이리저리 기웃거리다가 길가의 아무 집이건 가림이 없이 여느 집 담장으로 휭 던졌던 모양이었다. 물론 아내는 제 자존심도 있었을 터여서 그런 얘기를 나에게는 입 밖에 내기는커녕 전혀 내색조차 하지 않았다. 나도 아침에 그런 일이 있고, 그 고무신짝은 대문 앞의 멋대가리 없게 생긴 시멘트 덩어리 쓰레기통에 버린 뒤, 그런 일은 없었던 셈으로 쳤다. 우리는 미심한 대로 그 일을 그렇게 처결해 버렸던 것이다. 그러나 아내는 그 미심한 점이 역시 미심했던 모양이었다. 나는 하루 종일 거리로 나와 있었지만 아내는 종일토록 집에만 있었으니까, 그 미심한 느낌도 나보다도 훨씬 더했을 것이다. 그렇게 아내는 이미 그 **고무신짝의 논리** 속에 흠뻑 빠져 들어가고 있었다. 그리하여 어두울 무렵에 혼자 나갔을 것이다. 쓰레기통 속에서 희끄무레한 남자 고무신짝을 끄집어냈을 것이다. 골목길을 오르내리며 마땅해 보이는 장소를 물색했을 것이다. 그러다가 **아무 집이건 담장 너머로** 휭 던져 버렸을 것이다. 그렇게 그쯤으로 **액땜**을 했다고 자처해 버렸을 것이다.

그 며칠 뒤, 정확하게 열흘쯤 지나서였다.

아침에 자리에서 눈을 뜨자 먼저 일어나 밖으로 나갔던 아내가,

"아빠아, 눈 왔다아, 눈 왔어어."

호들갑을 떨듯이 소리를 질러서, 나도 벌떡 자리에서 일어나 아내의 바람으로 달려 나갔다.

아내는 뜰 한가운데 파자마 바람으로 싱글벙글 웃고 서 있었다.

수북하게 눈이 와 있었다. 게다가 하늘은 활짝 개고 해는 금방 떠오를 모양이었다.

"밤새 왔던 모양이지요."

"그걸 말이라고 하나. 당연하지."

"아이, 야박스러. 좀 그렇다고 맞장구를 쳐 주면 어때요."

"나는 **합리적인 사람**이니까 **이치에 닿지 않는 소린** 싫거든."

"흥, 이치 좋아하시네."

하며 아내는 입은 비시시 웃고 눈은 얄팍하게 나를 흘겨보듯 하더니, 다시 **장난스러운 표정**이 되며 물었다.

"하늘에 갑북 구름이 차 있다가, 가장 빠른 시간 안으로 이렇게 온 하늘이 깨끗이 개어 오르려면 몇 분이나 걸리는지 알아요?"

나는 잠시 무슨 뜻인지 몰라서 뚱하게 아내를 쳐다보았다.

"그건 하늘 나름일 테지."

"하늘 나름이라뇨?"

"넓은 하늘도 있고 좁은 하늘도 있지 않겠어. 그건 어쨌든, 당신은? 당신은 아나?"

"몰라요, 모르니까 묻죠."

하고 아내는 낭랑한 목소리로 한바탕 또 웃었다.

[눈 내린 겨울 아침]과 저 낭랑한 웃음. 이 눈 내린 겨울 아침이 훨씬 더 눈 내린 겨울 아침으로 느껴지도록 하고 있는 저 웃음. 또한 저 웃음으로 하여금 더욱더 저 웃음이 되도록 해 주고 있는 이 활짝 개어 오른 눈 내린 겨울 아침.

그러나 무엇인가 빠져 있다. 나는 문득 고향의 그 큰 산이 떠오르려고 하는 것을 머리를 설레설레 흔들어 지워 버렸다.

그러고 보니, 비나 눈이 오다가 개어 오를 때는 대개 바람이 불면서 스르름 걷히는데, 어느새 눈 깜짝할 사이에 온 하늘은 활짝 개어 있곤 하는 것이다. 선들바람이 지나가면서 두꺼운 하늘 한복판에 파아란 구멍 하나가 깊숙하게 뽕 뚫렸다 싶으면 스르름 구름이 날아간다. 다음 순간 눈 깜짝할 사이에 어느새 온 하늘은 끝까지 활짝 개어 있곤 한다. 그렇다, 늘 '어느새'다. '어느새'라는 낱말 하나로 간단히 처리되지만, 간단히 처리 안 될 수도 없게 그렇게 '어느새'다. 하늘 끝에서 끝까지 완전히 개어 오르는 그 과정을 처음부터 끝까지 완벽하게 지켜본 사람이 있을까. 온 하늘의 구름 조각 하나하나가 한꺼번에 스러져 가는 것을 완전히 본 사람이 있을까. 설령 보았대도 마찬가지일 것이다. 정신이 번쩍 들듯이 정신을 차려 보니까 '어느새' 온 하늘이 활짝 개어 있기는 마찬가지일 것이다.

이렇게 눈이 내려서, 게다가 하늘이 개어 올라서 아내는 저렇게도 단순하게 기분이 좋은 모양이었다. 눈을 밟으며 사뿐사뿐 큰 문 쪽으로 달려 나갔다. 그러더니 뜰 끝에서 멈칫 섰다. 일순 여들여들하게 유연하던 아내의 뒷등이 무언가 현실적인 분위기로 굳어지고 있었다.

"어마, 저게 뭐유?"

헛간 쪽의 블록 담 밑을 꾸부정하게 들여다보았다.

"뭔데?"

나도 가슴이 철렁해지며 문득 열흘쯤 전의 그 일이 떠올라 그쪽으로 급하게 다가갔다.

동시에 좀 전의 그 환하던 겨울 아침은 대뜸 우리 둘 사이에서 음산한 분위기로 둔갑을 하고 있었다.

"고무신짝이에요, 또 그, 그 고무신짝."

아내의 목소리는 **완연히 떨고** 있었다. 거의 헐떡거리 듯 하였다. 맞다. 고무신짝이었다. 그 새하얗게 씻은 **남 자 고무신짝.**

"……"

나는 마치 머릿속의 저 아득한 맨 끝머리에 쩌엉스런 깊고 빈 들판이 있다가, 그것이 또 확 열려 오는 듯한 **공 포** 속으로 휘어 감겼다.

-이호철, 「큰 산」-

58 윗글에 대한 설명으로 가장 적절한 것은?

① 다른 장소에서 동시에 벌어진 사건을 병치하여 서사 의 진행을 지연시키고 있다.

② 작중 인물이 아닌 서술자가 등장하여 인물 간의 갈등 을 새 국면으로 이끌고 있다.

③ 연상을 통해 새로운 공간을 제시하여 시대 상황의 이 념적 성격을 구체화하고 있다.

④ 사건에 개입되지 않은 이의 객관적 관점을 통해 인물 의 위선적 면모를 표면화하고 있다.

⑤ 추측을 포함한 요약적 진술로 사건의 경과를 드러내 어 현재 상황에 대한 이해를 돕고 있다.

59 눈 내린 겨울 아침에 대한 이해로 가장 적절한 것은?

① 눈 내린 겨울 아침의 활짝 갠 하늘을 보고 '나'는 '아내' 의 자존심을 세워 주겠다고 다짐한다.

② 눈 내린 겨울 아침의 밝은 분위기가 '나'와 '아내'의 불 안감으로 인해 음산한 분위기로 바뀐다.

③ 눈 내린 겨울 아침에 '나'와 '아내'는 '열흘쯤 전의' 일에 대한 대화를 나누며 상실감에 젖는다.

④ 눈 내린 겨울 아침에 '아내'는 감정에 들떠 한때 '나'에 대해 가졌던 '미심한 느낌'을 떨쳐 버린다.

⑤ 눈 내린 겨울 아침에 '나'는 '고향의 그 큰 산'에서 겪은 일에 대한 기억을 낱낱이 되살리려 애쓴다.

60 〈보기〉를 참고하여 윗글을 감상한 내용으로 적절하지 않은 것은? [3점]

[보기]

「큰 산」에는 도시화로 인한 가치관의 변화와 과 도기적 상황이 드러난다. 도시화 과정에서 도시인 들은 공동체의 이익보다 개인의 이익을 중시하고, 남을 배려하기보다 자신의 안위를 보장받는 데 더 관심을 둔다. 또한 미신과 같은 주술적인 사고방식 이 남아 있는가 하면 합리적인 사고방식으로 사태 에 대처하려는 태도를 보이기도 한다. 이렇듯 상이 한 가치관 사이에서 사람들은 혼란을 겪는다.

① '고무신짝의 논리'가 '액땜'과 연관되어 있다는 점에서 주술적인 방식으로 문제를 인식하는 태도를 엿볼 수 있겠군.

② '아내'가 '아무 집이건 담장 너머로' '고무신짝'을 던져 버렸다는 점에서 자신의 안위를 앞세우는 태도를 엿 볼 수 있겠군.

③ '아내'가 '완연히 떨고 있'는 목소리로 무엇인가를 염려 하는 듯한 모습에서, 사태를 합리적 방식으로 파악하 는 데 익숙하지 않은 과도기적 상황을 엿볼 수 있겠군.

④ '나'가 '이치에 닿지 않는 소린 싫'다고 하면서도 '남자 고무신짝'에 대해서는 '공포'를 느끼며 합리적으로 사 고하지 못한다는 설정에서, 가치관이 혼재된 상황을 짐작할 수 있겠군.

⑤ 스스로 '합리적인 사람'이라고 강조하는 '나'에게 '아 내'가 '장난스러운 표정'으로 응대하는 대화 내용에서, 합리적 자세로 남을 배려하는 새로운 가치의 면모를 확인할 수 있겠군.

* 성세궁경 : 태평한 세월에 자기가 직접 농사를 지음.
* 희황상인 : 세상일을 잊고 한가하고 태평하게 숨어 사는 사람을
이르는 말.

[61~63] 다음 글을 읽고 물음에 답하시오.　2025.09 [32~34]

──── 해설편 Part 1 p.116 ────

(가)

풍파에 **일렁이던 배** 어디로 갔단 말인가
구름이 험하거늘 처음 나왔는가 어찌하여
허술한 배 두신 분네는 모두 조심하소서

-정철의 시조-

(나)

심의산(深意山) 서너 바퀴 감돌아 휘돌아 들어
오뉴월 한낮에 살얼음 엉긴 위에 된서리 섞어 치고 **자
취눈** 내렸거늘 보았는가 임아 임아
온 **놈이 온 말을 하여도** 임이 짐작하소서

-정철의 시조-

(다)

아이야 구럭 망태 찾아라 서쪽 산에 날 늦겠다
밤 지낸 고사리 벌써 아니 자랐으랴
이 몸이 이 나물 아니면 조석(朝夕) 어이 지내리

〈제1수〉

아이야 도롱이 삿갓 차려라 동쪽 시내에 비 내린다
기나긴 낚싯대에 **미늘*** **없는 낚시** 매어
저 고기 놀라지 마라 내 흥 겨워하노라

〈제2수〉

아이야 죽조반(粥早飯) 다오 남쪽 논밭에 일 많구나
서투른 따비*는 누구와 마주 잡을꼬
두어라 성세궁경(聖世躬耕)*도 역군은(亦君恩)이시니라

〈제3수〉

아이야 소 먹여 내어라 북쪽 마을에서 새 술 먹자
잔뜩 취한 얼굴을 달빛에 실어 오니
어즈버 희황상인(羲皇上人)*을 오늘 다시 보는구나

〈제4수〉

-조존성, 「호아곡」-

* 미늘 : 고기가 물면 빠지지 않게 만든 낚시 끝의 안쪽에 있는 작
은 갈고리.
* 따비 : 풀뿌리를 뽑거나 밭을 가는 데 쓰는 농기구.

61 (가)~(다)의 공통점으로 가장 적절한 것은?

① 말을 건네는 방식을 통해 화자의 요구를 전달하고 있다.
② 대상을 의인화하여 화자와 자연의 유대감을 나타내고
있다.
③ 과거와 현재를 대비하여 미래에 대한 전망을 드러내
고 있다.
④ 물음의 방식을 활용하여 대상에 대한 친밀감을 표현
하고 있다.
⑤ 풍경을 사실적으로 묘사하여 계절의 변화상을 그려
내고 있다.

62 (다)에 대한 이해로 적절하지 <u>않은</u> 것은?

① 각 수의 첫 음보를 동일한 시어로 제시하여 시상 전개
에 안정감을 부여하고 있다.
② 〈제1수〉와 〈제2수〉에서는 생활 도구를 언급하여 화자
가 살아가는 모습을 보여 주고 있다.
③ 〈제1수〉 중장과 〈제3수〉 중장에서 나타나는 화자의
걱정은 각 수의 종장에서 강화되고 있다.
④ 〈제1수〉 종장과 〈제3수〉 초장에서는 간단한 먹을거리
를 언급하여 화자의 소박한 생활을 드러내고 있다.
⑤ 〈제4수〉 종장은 첫 음보의 감탄 표현을 활용하여 시
상을 집약하고 있다.

63 〈보기〉를 참고하여 (가)~(다)를 감상한 내용으로 적절하지 <u>않은</u> 것은? [3점]

---[보기]---

정철과 조존성이 살았던 16세기 후반~17세기 초반에는 정치 참여 과정에서 당파 간의 대립과 투쟁이 극심해지면서 정치적 공격을 받은 문인들이 벼슬에서 파직, 유배되거나 산림에 은거하는 등 정계에서 소외된 상태에 놓이는 경우가 잦았다. 이 과정에서 문인들은 정치 경험을 바탕으로 정치 현실에 대한 비판과 경계, 처세관, 자연에 몰입하려는 태도 등을 작품에 드러내었다.

---

① '풍파'가 험난한 정치 현실이고 '일렁이던 배'가 시련을 겪은 관료라면, (가)의 초장은 당쟁에 휘말린 사람이 정치적 소외 상태에 놓인 것을 의미하겠군.

② '구름이 험하거늘'이 정치적 위기의 조짐에 해당하고 '허술한 배 두신 분네'가 신진 관료라면, (가)의 종장은 화자가 정치 경험이 충분치 않은 이들에게 정치의 험난함을 알려 주는 것이겠군.

③ '심의산'이 화자의 심회이고 '오뉴월'의 '자취눈'이 화자의 복잡한 심정을 비유한 표현이라면, (나)의 초장과 중장에서는 당쟁의 상황에서 굳은 마음을 견지하려는 화자의 의지를 드러내는 것이겠군.

④ '온 놈이 온 말을 하'는 상황이 비방과 모략이 난무하는 현실이고 '임'이 임금이라면, (나)의 종장은 온갖 참소를 임금이 잘 판단해 달라는 것이겠군.

⑤ '미늘 없는 낚시'가 욕심 없이 사는 삶을 의미한다면, (다)의 <제2수> 종장은 자연과 더불어 지내는 화자의 흥을 드러내는 것이겠군.

—— 해설편 Part 1 p.121 ——

(가)

　대부분의 사내들이 고기잡이로 떠난 갯마을에는 늙은 이들이 어린 손자나 데리고 뱃그늘이나 바위 옆에 앉아 무연히 바다를 바라보고, 아낙네들이 썰물에 조개나 캘 뿐 한가하다.

　사흘 째 되던 날, 윤 노인은 아무래도 수상해서 박 노인을 찾아갔다. 박 노인도 막 물가로 나오는 참이었다. 두 노인은 바위 옆 모래톱에 도사리고 앉았다. 윤 노인이 먼저 입을 뗐다.

　"저 구름발 좀 보라니?" / "음!"

　구름발은 동남간으로 해서 검은 불꽃처럼 서북을 향해 뻗어 오르고 있었다.

　윤 노인이 또,

　"하하아 저 물빛 봐!"

　박 노인은 보라기 전에 벌써 짐작이 갔다. ⓐ아무래도 변의 징조였다.

　파도 아닌 크고 느린 너울이 왔다. 그럴 때마다 매운 갯냄새가 풍겼다. 틀림없었다.

　이번에는 박 노인이 뻔히 알면서도,

　"대마도 쪽으로 갔지?"

　"고기 떼를 찾아갔는데 울릉도 쪽이면 못 갈라고…."

　두 노인은 더 말이 없었다. 그새 구름은 해를 덮었다. 바람도 딱 그쳤다. 너울이 점점 커 왔다. 큰 너울이 올 적마다 물컥 갯냄새가 코를 찔렀다. 두 노인은 말없이 일어나 말없이 헤어졌다. ㉠그들의 경험에는 틀림이 없었다. 올 것은 기어코 오고야 말았다. 무서운 밤이었다. 깜깜한 칠야, ⓑ비를 몰아치는 바람과 바다의 아우성, 보이는 것은 하늘로 부풀어 오른 파도뿐이었다. 그것은 마치 바다의 참고 참았던 분노가 한꺼번에 터져 흰 이빨로 뭍을 마구 물어뜯는 것과도 같았다. 파도는 이미 모래톱을 넘어 돌각 담을 삼키고 몇몇 집을 휩쓸었다. ⓒ마을 사람들은 뒤 언덕배기 당집으로 모여들었다. 이러는 동안에 날이 샜다. 날이 새자부터 바람이 멎어 가고 파도도 낮아 갔다. 샌 날에 보는 ⓓ마을은 그야말로 난장판이었다.

[A]
┌　이날 밤 한 사람의 희생이 있었다. 윤 노인이었다. 그의 며느리 말에 의하면 돌각 담이 무너지고 파도가 축담 밑까지 들이밀자 윤 노인은 며느리와 손자를 앞세우고 담 밖까지 나오다가 무슨 일로선지 며느리는 먼저 가라고 하고 윤 노인은 다시 들어
└　갔다고 한다. 그러고는 아무것도 모른다는 것이다.

　ⓔ바다는 언제 그런 일이 있었던가 하듯 잔물결이 안으로 굽은 모래톱을 찰싹대고, 별은 한결 뜨거웠고, 하늘은 남빛으로 더욱 짙었다.

[B]
┌　그러나 고등어 배는 돌아오지 않았다. 마을은 더 큰 어두운 수심에 잠겼다. 이틀 뒤에 후리막 주인이 신문을 한 장 가지고 와서, 출어한 많은 어선들이 행방불명이 됐다는 기사를 읽어 주었다. 마을은 다시 수라장이 됐다. 집집마다 울음소리가 그치지 않았다. 이틀이 지났다. 울음에도 지쳤다. 울어서 해결될 문제가 아니었다.

　― 설마 죽었으랴고. ―

　이런 한 가닥 희망을 가지고 아낙네들은 다시 바다로 나갔다. 살아야 했다. 바다에서 죽고 바다로 해서 산다. 해순이는 성구가 돌아올 것을 누구보다도 믿었다. 그동안 세 식구가 먹고살아야 했다. 해순이도 물옷을 입고 바다로 나갔다.

　해조를 따고, 조개를 캐다가도 문득 이마에 손을 하고 수평선을 바라보곤 아련한 돛배만 지나가도 괜히 가슴을 두근거리는 아낙네들이었다. 멸치 철이건만 후리*도 없었다. 후리막은 집 뚜껑을 송두리
└　째 날려 버린 그대로 손볼 엄두를 내지 않았다.

-오영수, 「갯마을」-

(나)

S#14. 축항

　시멘트로 만든 축항./윤 노인과 박 노인이 꼬니를 두고 있다.

윤 노인　거 왜 을축년 바람 때만 해도 그랬지… 용왕님만 노하시면 속절없는 거야.

박 노인　암 여부가 없지…. (수평선을 보며) 여봐 저 구름 좀 보라니….

윤 노인　(침통하게) 음….

박 노인　아무래도 심상치 않아… 저 물빛도 좀 보라니까…. 바람이 점점 세어진다.

S#15. 노목

　성황당 뒤에 서 있는 노목이 불어오는 바람을 가누지 못하고 몹시 흔들린다.

S#16. 바위

　점점 커 가는 파도가 바위에 부딪쳐 부서진다.

S#17. 축항

　밀려온 파도는 축항을 뒤엎을 듯이 노한다.

S#18. 몽타주*

문을 열고, 하늘을 보는 가족들.

뛰어나와 바다를 보는 사람들.

분주하게 움직이는 아낙들.

S#19. 하늘

검은 구름이 몰려온다./번쩍이는 번개./천지를 진동하는 천둥.

S#20. 들판

폭우에 휩쓸리는 나무./무서운 비바람에 흔들리는 나무./벼락이 떨어지며 고목 하나에 불이 붙는다./쏟아지는 비! 비!/몰아치는 바람.

S#21. 길(밤)

돌각 담으로 된 골목길을 달리는 해순.

숨은 하늘에 치닿고/옷은 비에 젖어 나신이나 다름없고…/넘어지며 달린다./번개! 천둥….

S#22. 성황당(밤-비)

비틀거리는 해순이가 올라와서/당목 앞에 꿇어앉으며 원망스러운 눈초리로

해순　서낭님예… 서낭님예….

몇 번 부르더니 쏟아지는 빗속에서 몇 번이고 절을 한다./잠시 후 순임이가 올라와서 해순이와 같이 절을 한다.

S#23. 하늘(밤-비)

먹장 같은 구름에 뒤덮여 검기만 하다./파도 소리와 바람 소리 뿐이다./크게 번개가 친다.

S#24. 노한 밤바다

노도 속에서 비바람과 싸우는 선원들./처절한 성구의 얼굴./ 무엇인가 소리치지만 들리지 않는다./선미의 키를 잡으며 이를 악무는 성칠./분주한 선원들의 모습./더욱더 거센 파도./흔들리는 뱃사람들…./파도에 쓰러지고/흔들림에 넘어지고…/이윽고 배는 나뭇잎처럼 덜렁 들렸다가 넘어간다.

S#25. 성황당(밤-비)

해순이와 순임이 외에도 몇몇 아낙이 모였다./제정신이 아닌 모습으로 절을 하는 아낙들.

S#26. 윤 노인의 집 앞(밤-비)

윤 노인이 나온다./순임이 따라 나오며

순임　아버지예. 이 빗속에 어디로 나가신다는 김니꺼….

윤 노인　마 퍼뜩 다녀올 끼다….

순임　내일 아침에 가시면 안 될끼요….

상수　(가며) 앙이다. 거참 아무래도 무슨 일 내겠다…. 나간다.

S#27. 축항(밤-비)

파도가 휘몰아치는 축항을 위험스럽게 걸어온다./빈

배에 걸려 있는 그물을 벗기려는 순간 윤 노인은 파도에 빨려 축항 밖으로 떨어진다./잠깐 허우적거리는 듯하더니 노도에 휩쓸려 버린다.

S#28. 성황당(밤-비)

더욱더 거센 비바람./아우성치듯 흔들거리는 당목. 가지가 꺾어진다./O.L.

S#29. 아침 바다

어젯밤의 폭풍우는 어디로 갔는지 자취도 없고 바다는 잔잔하다./모래밭을 적시는 잔잔한 파도.

-오영수 원작, 신봉승 각색, 「갯마을」-

* 후리 : 그물의 한 종류.
* 몽타주 : 따로따로 촬영된 장면을 결합하여 새로운 의미를 나타내는 편집 방식.

64 [A]의 서술 방식에 대한 설명으로 가장 적절한 것은?

① 간접 인용을 통해 인물의 행적을 서술하고 있다.

② 이야기 내부 인물이 자신의 내면을 진술하고 있다.

③ 과거 회상을 통해 인물 간의 갈등을 심화하고 있다.

④ 인물의 외양 묘사를 통해 개성적 면모를 부각하고 있다.

⑤ 공간 변화에 따라 서술자를 달리하여 사건에 대한 다양한 관점을 제시하고 있다.

65 ㉠에 대한 이해로 가장 적절한 것은?

① '두 노인'은 우연히 만나 ㉠에 대해 대화를 나눈다.

② '두 노인'은 자연 현상을 지각함으로써 ㉠을 환기한다.

③ '두 노인'은 ㉠으로 인해 서로 다른 대처 방안을 제시한다.

④ '두 노인'은 예측이 빗나감에 따라 ㉠에 대해 회의감을 갖는다.

⑤ '두 노인'은 ㉠으로 인해 고깃배의 행선지에 대하여 무관심한 태도를 보인다.

66 〈보기〉를 참고하여 [B]를 감상한 내용으로 적절하지 <u>않은</u> 것은?

[보기]

「갯마을」은 시련이 연속되는 삶의 터전에서 그에 맞서는 인물들의 삶을 다룬다. 갯마을 사람들의 일상을 구성하는 사물, 장소, 일 등은 인물들의 시련과 이를 극복하려는 노력을 나타내는 서사적 장치로 활용된다. 이를 통해 「갯마을」은 삶을 지켜 나가려는 의지와 희망을 형상화하고 있다.

① '고등어 배'가 돌아오지 않은 일은 마을 사람들이 겪게 되는 시련에 해당하는군.
② '신문'은 마을 사람들이 상황을 더욱 심각하게 여기게 하는 매개물이군.
③ '바다'는 아낙네들에게 시련을 주지만 생활의 방편도 제공한다는 점에서 이중적인 의미를 지니는군.
④ '물옷'을 입고 바다로 나가는 것은 삶을 지켜 나가려는 해순의 의지를 보여 주는 행동이군.
⑤ '돛배'는 아낙네들에게 자신들의 희망이 실현될 것이라는 확신을 제공하는 대상이군.

67 (나)의 인물에 대한 설명으로 가장 적절한 것은?

① S#21에서 '해순'이 달려가는 행위는 기상 악화로 인해 다급해진 속내를 보여 준다.
② S#22에서 '해순'이 비틀거리면서도 성황당에 오르는 것은 당목을 지키려는 의무감을 나타낸다.
③ S#22에서 '순임'의 등장은 '해순'이 서낭님에게 기원하던 것을 멈추는 계기가 된다.
④ S#25에서 '해순'과 '순임'은 성황당에 모인 다른 아낙들과 갈등 관계를 형성한다.
⑤ S#26에서 '순임'은 '윤 노인'이 집을 나가는 이유를 제공한다.

68 (나)의 S#18과 S#24에 대한 이해로 적절하지 <u>않은</u> 것은?

① S#18은 인물들의 행동을 보여 주는 장면들을 연결하여, 마을의 어수선한 분위기를 보여 주고 있다.
② S#18은 여러 장소에서 벌어지는 사건들을 각각 보여 주어, 제시된 사건들이 갖는 상반된 의미를 나타내고 있다.
③ S#24는 말소리가 들리지 않는 장면을 제시하여, 성구의 절박한 상황을 부각하고 있다.
④ S#24는 행위와 표정을 하나의 장면으로 제시하여, 비바람에 맞서는 성칠의 모습을 보여 주고 있다.
⑤ S#24는 선원들의 위태로운 모습을 반복적으로 제시하여, 배 안의 급박한 상황을 드러내고 있다.

69 다음은 (가)와 (나)에 대한 〈학습 활동〉이다. 과제를 수행한 결과로 적절하지 <u>않은</u> 것은? [3점]

[학습 활동]

○ 과제 : (나)는 (가)를 영상화하기 위해 변형한 시 나리오이다. (가)의 ⓐ~ⓔ를 다음과 같이 변형하여 각색했다고 할 때, 그 결과를 탐구해 보자.

(가)		(나)	(가)에서 (나)로의 각색 방향
ⓐ	⇒	S#14	인물의 심리를 구체적으로 제시하기
ⓑ	⇒	S#15~ S#17	비유적 표현을 시각적으로 나타내기
ⓒ	⇒	S#22, S#25	하나의 사건을 여러 장면으로 제시하기
ⓓ	⇒	S#28	사건의 결과를 상징적으로 보여 주기
ⓔ	⇒	S#28, S#29	하나의 상황을 O.L.(오버랩)을 활용하여 제시하기

---

① ⓐ를 대화 상황에서의 "아무래도 심상치 않아…"라는 대사로 바꾸어 인물이 느끼는 위기감을 드러내고 있다.

② ⓑ를 갯마을과 바다에서 발생하는 상황으로 제시하여 자연의 위력을 부각하고 있다.

③ ⓒ에서 성황당으로 마을 사람들이 모여드는 모습을 등장인물의 수가 다른 장면들로 나누어 구현하고 있다.

④ ⓓ를 당목이 꺾이는 장면으로 변형하여 인물들 간의 믿음이 무너진 마을을 상징적으로 보여 주고 있다.

⑤ ⓔ에 나타난, 폭풍우가 물러간 상황을 효과적으로 드러내기 위해, 비바람이 거센 전날 밤과 파도가 잔잔해진 아침을 연결하여 제시하고 있다.

[70~73] 다음 글을 읽고 물음에 답하시오.

(해설편 Part 1 p.130)

[앞부분 줄거리] 조웅은 송나라 회복을 위해 태자를 구해 함께 위국으로 가던 중 서번국 병사가 매복한 함곡을 향한다.

이적에 원수가 여러 날 만에 연주에 도달하여 군마를 다 쉬게 하고 원수도 노곤하여 사관에서 쉬고 있었는데,

[A] 한 나비가 침상에 날아들거늘 원수도 자연스럽게 날개를 얻어 그 나비를 따라 공중에 날아 한 곳에 이르니, 첩첩한 산중에 수목이 빽빽한 곳을 깊이 들어가니 그 가운데 광활하여 완연한 별세계라. 또 한 곳을 들어가니 아름다운 궁궐이 하늘에 닿았거늘, 나아가 보니 문에 현판을 붙였으되, '만고충렬문'이라 뚜렷이 쓰여 있었다.

궁궐 위를 바라보니 한 노인이 앉았으되 얼굴은 관옥 같고 머리에 황금관을 쓰고 몸에 용포를 입고 윗자리에 높이 앉았는데, 무수한 사람들이 열좌하여 큰 잔치 를 배설하고 술과 음식이 가득한 중에 절대 가인이 차례로 앉았으니, 그 아름다움이 측량없더라. 좌석에 가득 앉은 사람들이 여러 왕의 흥망성쇠와 만고역대를 역력히 이르는지라. 맨 윗자리에 앉은 제왕은 어찌 된 줄을 모르매 분부 왈,

"그대 등은 각각 공을 밝히어 올리라."

하니 좌석에 가득 앉은 사람들이 각각 공을 밝히는 글을 올리니 그 공적에 왈,

"저는 본래 한나라 신하로 깊은 뜻이 많지 아니하리로다. 옛 일을 살펴보니 복이 북두칠성과 일월에 찬란하리로다."

또 한 공적에 왈,

"칼을 잡아 흉적을 소멸하니 제후 될 만도 하도다. 천하를 성처럼 막았으니 문호 세상에 진동하는도다."

하였더라.

그 남은 공적은 어찌 다 기록하리오. 좌중의 여러 사람들이 각각 소회를 다하고, 혹 노기 등천하며, 혹 칼을 빼 들고 매우 성을 내고, 어떤 자는 땅에 섰고, 어떤 자는 깡충깡충 뛰며, 어떤 자는 노래하고, 어떤 자는 춤추기도 하는지라. 이러한 좋은 장면을 세밀히 구경할새, 한 사람이 좌중에 나와 앉으며 왈,

"우리 각각 소회는 옛일이라. 한하여도 미치지 못하려니와 알지 못하겠노라. 대송이 역적에 망하니 인하여 멸송이 되오면 언제 회복되오리까?"

하니 한 사람이

"송나라의 복은 아직 길고 멀었는지라. 어찌 회복이

없사오리까?"

한데, 또 한 사람이,

"그대 등은 알지 못하는도다. 하늘이 송나라 왕실을 회복하고자 조웅을 명하였더니, 불쌍하도다 조웅이여! 일시가 극난하여 명일 미명에 서번 적의 간계에 걸려 들어 죽을 듯하니 불쌍하도다. 조웅의 일도 우리와 같을지라. 정해진 나이를 못 마치고 전쟁의 패한 혼이 될 듯하니 불쌍코 가련하다."

이러할 제 문 지키는 군사 급히 고하기를,

"송나라 문제 들어오시나이다."

하니, 여러 사람이 일시에 뜰로 내려와 영접하여 상좌한 후에 여러 사람이 아뢰기를,

"오늘날 만날 약속을 정하옵고 어찌 늦게 도착하시나이까?"

문제 왈,

"송나라 왕실을 회복할 신하는 조웅이라. 오다가 한 곳을 보니 불측한 서번이 조웅을 잡으려고 이러저러하였거늘, 행여 그러할까 하여 시운일수를 통치 못하여 죽을 듯함에, 도사를 찾아가 구하라 하고 부탁하고 오노라."

하시니, 좌중이 외쳐 왈,

"우리는 분명 조웅이 죽으리라 하고 불쌍한 공론을 하였더니, 대운이 막히지 아니하였사오니 천수를 어찌하오리까?"

원수가 깨달으니 남가일몽이라.

(중략)

원수 꿈속의 일을 생각하니 저절로 마음이 비창하여 슬픔을 머금고 종일 행군할 동안에 염려가 끊이지 않았다.

[B] ⌐ 이날 함곡에 도달하니 해는 서쪽 산 위로 떨어지고 달은 동쪽 고개 위로 떠올랐는데, 무심한 잔나비는 달빛 아래에서 슬피 울고, 그윽한 두견성은 불여귀를 일삼았다. 갈 길은 험악한데 동쪽은 험한 산이고 서쪽은 깊은 골짜기여서 층층이 험한 산봉우리는 가슴을 찌르는 듯하고 야광은 희미하기만 했다. ⌐

선봉을 재촉하여 함곡으로 들어가는데 문득 바라보니 동편 작은 골짜기에 갈포로 만든 두건과 베옷을 입은 한 노옹이 있어 푸른 나귀를 재촉하며 백우선으로 원수를 만류하거늘 원수가 그 노옹을 바라보니 정신이 황홀하였다. 원수가 말을 머물게 하고 잠깐 기다리니 그 노옹이 묻기를,

"연주로부터 오십니까?"

원수가 답 왈,

"그러하오이다."

노옹이 왈,

"위국으로 가는 조 원수를 혹 보셨습니까? 보시면 바삐 알려 주소서."

하였다. 원수는 마음속으로 의심하고 한편으로 이상하게 여겨 왈,

"내가 바로 조웅이거니와 무슨 일로 긴히 찾습니까?"

하니, 노옹이 크게 기뻐하며 왈,

"나는 떠돌아다니는 나그네라. 성품이 남과 달라 빼어난 산천과 명승지지를 즐겨 구경하고 두루 다녔는데, 오로봉에 들어갔다가 천명 도사를 만나 수삼 일을 머물렀더니 출발할 때 한 서찰을 주며 왈, '그대에게 오늘 오시에 전하라' 하여 나귀를 바삐 몰아 진시에 도착하려고 했으나 피곤한 나귀 탓으로 시간을 넘겨 버렸기에 행여 못 만날까 염려하였더니 이곳에서 만나니 어찌 즐겁지 아니하겠습니까?"

하며, 소매 속에서 한 통 편지를 내어 주고는 팔을 들어 하직하거늘 원수 다시 노옹을 바라보니 행색이 아득하였다. 마음속으로 신기하게 여겨 그 편지를 급히 떼어 보니 다른 말은 없고 '함곡에 들어가지 말고 성중으로 먼저 들어가서 포를 한 번 쏘라'고만 쓰여 있었다. 원수가 편지를 다 보고는 대경실색하여 좌장군 위홍창을 불러 왈,

"장졸을 함곡에 들어가지 못하게 하라."

하니, 홍창이 급히 아뢰길,

"선봉이 이미 함곡에 들어갔습니다."

하거늘 원수가 크게 놀라며 왈,

"너는 급히 들어가 선봉을 데려오라. 데려올 때 조금도 어수선하게 하지 말고 그곳에 진을 치고 있는 것처럼 하면서 한둘씩 숨어 나오되 빨리 데리고 나오너라."

홍창이 원수의 명을 듣고는 급히 함곡에 들어가서 전하니 선봉이 군사를 물려 돌아왔다. 원수가 편지를 얻어 기뻐하며 진을 쳤다.

-작자 미상, 「조웅전」-

70 윗글에 대한 이해로 가장 적절한 것은?

① 송 문제는 서번 적의 간계에 빠져 사람들과의 약속을 지키지 못했다.
② 원수는 함곡에서 연주로 가는 도중에 사관에서 쉬려고 군마를 멈추었다.
③ 노옹은 자신의 계획보다 늦게 도착했음에도 조웅을 만나게 되어 기뻐했다.
④ 위홍창은 역적에게 망한 송나라를 구하고자 선봉을 이끌고 함곡에 들어갔다.
⑤ 황금관을 쓴 노인은 모임의 상석에 앉아 있다가 뜰로 내려와 여러 사람을 맞이했다.

71 [A]와 [B]에 대한 설명으로 가장 적절한 것은?

① [A]에서는 공간의 광활함을 통해 인물의 진취적인 기상이 드러나고 있다.
② [B]에서는 시간의 흐름을 통해 인물의 낙관적 태도가 드러나고 있다.
③ [A]에서는 낭만적인 사건에 의한 환상성이, [B]에서는 구체적인 시대적 상황에 의한 현실성이 부각되고 있다.
④ [A]에서는 공간적 변화에서 비롯되는 긴장감이, [B]에서는 계절적 상황에서 비롯되는 쓸쓸함이 강조되고 있다.
⑤ [A]에서는 비현실적 공간에서 느껴지는 신비로움이, [B]에서는 현실 공간에서 느껴지는 불길함이 드러나고 있다.

72 큰 잔치 에 대한 설명으로 적절하지 **않은** 것은?

① 참석자들은 서로의 공적을 평가하며 소회를 드러내고 있다.
② 참석자들은 특정 인물에 대한 염려와 기대를 드러내고 있다.
③ 참석자들은 대화를 통해 국가의 흥망성쇠에 대한 관심을 드러내고 있다.
④ 참석자들은 소회를 다한 후 여러 행위를 통해 각자의 심정을 드러내고 있다.
⑤ 많은 참석자와 가득한 음식 차림을 통해 풍성한 잔치 분위기를 드러내고 있다.

73 〈보기〉를 참고하여 윗글을 감상한 내용으로 적절하지 **않은** 것은? [3점]

[보기]

「조웅전」에서 꿈은 초월적 세계의 뜻을 주인공에게 전달하는 기능을 한다. 꿈속 경험을 통해 주인공은 자신에게 부여된 천명과 현실 세계에서의 위기, 자신에 대한 초월적 세계의 비호 등을 알게 된다. 이러한 초월적 세계의 뜻에 대해 주인공은 확신하지 못하지만, 전달자와 구체적 증거물을 통해 초월적 세계의 뜻을 확인하게 된다. 주인공은 이와 같이 초월적 세계의 뜻을 확인하고 실천하여 영웅적 면모를 드러낸다.

① 꿈속에서 송 문제가 조웅을 구하려 하는 것은, 조웅에 대한 초월적 세계의 비호를 보여 주는 것이겠군.
② 조웅이 행군 중에 슬퍼하는 것은, 전쟁에 패한 혼이 될 것이라는 꿈속의 말에 대해 확신하지 못한 것이겠군.
③ 꿈속에서 송나라 왕실을 회복할 신하로 조웅이 거론되는 것은, 조웅에게 주어진 천명을 알게 하려는 것이겠군.
④ 조웅이 노옹을 통해 전달 받은 편지의 지시에 따른 것은, 조웅이 꿈속 경험에서 알게 된 초월적 세계의 뜻을 신뢰한 것이겠군.
⑤ 노옹이 천명 도사의 부탁을 받아 편지를 전하고 떠나는 것은, 노옹이 초월적 세계의 뜻을 조웅에게 전달하는 사람임을 보여 주는 것이겠군.

[74~79] 다음 글을 읽고 물음에 답하시오. 2025.11 [22~27]

―― (해설편 Part 1 p.136) ―――

(가)

배를 민다
배를 밀어보는 것은 아주 드문 경험
희번덕이는 잔잔한 가을 바닷물 위에
배를 밀어넣고는
온몸이 **아주 추락하지 않을 순간의 한 허공에서**
밀던 힘을 한껏 더해 밀어주고는
아슬아슬히 배에서 떨어진 손, 순간 환해진 손을
허공으로부터 거둔다

사랑은 참 부드럽게도 떠나지
뵈지도 않는 길을 부드럽게도

배를 한껏 세게 밀어내듯이 슬픔도
그렇게 밀어내는 것이지

배가 나가고 남은 빈 물 위의 흉터
잠시 머물다 가라앉고

그런데 오, 내 안으로 들어오는 배여
아무 소리 없이 밀려들어오는 배여

　　　　　　　　　　　　-장석남, 「배를 밀며」-

(나)

당신……, 당신이라는 말 참 좋지요, 그래서 불러봅니
다 킥킥거리며 한때 적요로움의 울음이 있었던 때, 한
슬픔이 문을 닫으면 또 한 슬픔이 문을 여는 것을 이만
큼 살아옴의 **상처에 기대, 나 킥킥……, 당신을 부릅니
다** 단풍의 손바닥, 은행의 두 갈래 그리고 합침 저 개망
초의 시름, 밝힌 풀의 흙으로 돌아감 당신……, **킥킥거
리며 세월에 대해 혹은 사랑과 상처**, 상처의 몸이 나에
게 기대와 저를 부빌 때 당신……, 그대라는 자연의 달과
별……, 킥킥거리며 당신이라고……, 금방 울 것 같은 사
내의 아름다움 그 아름다움에 기대 **마음의 무덤에 나 벌**
초하러 진설 음식도 없이 맨 술 한 병 차고 병자처럼, 그
러나 ⓐ**치병*과 환후*는 각각 따로인 것을 킥킥 당신**
이쁜 당신……, 당신이라는 말 참 좋지요, 내가 아니라
서 끝내 버릴 수 없는, 무를 수도 없는 참혹……, 그러나

킥킥 당신

　　　　　　　　　　　　-허수경, 「혼자 가는 먼 집」-

* 치병 : 병을 다스림.
* 환후 : 병을 정중하게 이르는 말.

(다)

그녀에게 편지를 쓰는 것이 자신의 존재를 증명하던
시절이 있었다. 사랑하는 사람에게 보내는 편지만큼 표
현의 욕구로 흘러 넘치는 것도 없다. 무언가를 표현하
지 않고는 견딜 수 없는 시간들이 편지를 쓰게 한다. 그
는 그녀에게 자신의 사랑이 얼마나 어렵고 진정하며 운
명적인가를 설명하고 싶었다. 편지는 사람을 설득하거
나 매혹시키는 방편이 될지도 모른다. 그러나 모든 사랑
의 편지는 마지막 순간, **도구적이지 못하다.** 세상의 모
든 글쓰기가 최후의 순간에는 **처음에 품었던 소소한 의**
도를 배반하는 것처럼. 그 통제할 수 없는 익명의 욕구
가 그 편지의 **현실적인 목표**를 잊어버리게 만들기 때문
이다. 그런 이유로, 모든 사랑의 편지에는 **아무 전언도**
들어 있지 않다.

거기에는 결정적인 정보나 주장이 들어 있지 않다. 다
만 내 고백을 누군가가 들어준다는 충만한 느낌. 희미한
불빛 아래서 스스로 옷을 벗어야 할 때처럼, 주체할 수
없는 부끄러움 따위. 고백이란 결국 **2인칭을 경유하여**
1인칭으로 돌아온다. 그의 들끓는 고백의 언어들은 고
스란히 자신에게 돌아왔다. 한동안 그는, 사랑하는 ○○
에게로 시작되는 편지를 자주 썼다. 그녀는 그의 편지를
사랑했다. 정확하게 말하면 **'편지 속의 그'를 그녀는 사**
랑했다. 편지 속에는 그가 찾아낸 자신의 **또 다른 영혼**
이 있었다. 또 다른 영혼의 '그'는 순수한 열정과 끝 모를
동경과 깊은 이해심을 가진 존재였다. 그도 역시 그녀처
럼 자신의 편지 속 1인칭 화자에게 깊이 매료되었다. 하
지만 너무 뻔해서 가혹했던 지리멸렬한 시간들 속에서
그는 편지 속의 1인칭 주체를 잊어버렸다.

편지조차 쓸 수 없는 시간들이 무심하게 지나가고, 다
시 편지를 쓰고 싶었을 때, 그는 이미 '편지 속의 그'가
되지 못한다는 것을 알았다. 그는 '편지 속의 그'를 연기
하는 것이 부끄러웠고, **자신의 비루함을 뼛속 깊이 실**
감했다. 그는 '사랑하는 ○○에게'라는 편지를 쓰고 싶
어 하는 자신 속의 어떤 늙지 않는 영혼을, 그 순수한 인
격을 외면하고 싶었다. ⓑ**누군가가 듣기를 바라는 모든**
고백이란, 위선이 아니면 위악이다.

　　　　　　　-이광호, 「이젠 되도록 편지 안 드리겠습니다」-

74 (가)~(다)의 공통점으로 가장 적절한 것은?

① 하강적 이미지를 활용하여 시간의 흐름을 보여 준다.
② 자연물에 빗대어 부정적 현실의 극복 가능성을 암시한다.
③ 동일한 구절의 반복과 변주를 통해 상황의 반전을 표현한다.
④ 특정한 행위를 중심으로 행위 주체와 대상의 관계를 드러낸다.
⑤ 공간의 이동에 따라 내용을 전개하여 역동적 분위기를 강화한다.

75 (가)에 대한 이해로 적절하지 <u>않은</u> 것은?

① '아주 추락하지 않을 순간'에 '배'를 밀던 '손'이 '아슬아슬히 배에서 떨어진'다는 것은 이별의 정서적 긴장감을 드러낸다.
② '뵈지도 않는 길'은 '사랑'이 '떠나'는 길이라는 점에서, 이별의 막막한 상황을 공간의 형상으로 드러낸다.
③ '슬픔'을 '밀어내는 것'을 '배'를 밀듯 '한껏 세게 밀어' 낸다고 한 것은 이별의 아픔을 떨쳐 내려는 화자의 태도를 드러낸다.
④ '배가 나가'며 생긴 '흉터'가 '잠시 머물다 가라앉'는다는 것은 이별의 슬픔이 잦아든 상태에 있음을 드러낸다.
⑤ '밀려들어' 온 '배'는 '아무 소리 없이' 다시 돌아온 배라는 점에서, 대상과의 재회가 예상대로 이루어짐을 드러낸다.

76 (나)의 '당신'에 대한 설명으로 적절하지 <u>않은</u> 것은?

① 화자와 '한때'의 기억을 잇는 매개적 존재이다.
② 화자의 내면에 살고 있는 '병자'로서 연민의 대상이다.
③ 화자의 눈앞에 없지만 '부'름으로써 환기되는 대상이다.
④ 화자가 '버릴 수 없'고 '무를 수도 없는' 숙명적 존재이다.
⑤ 화자에게 '사랑'과 '슬픔'을 경험하게 하는 이중적 존재이다.

77 〈보기〉를 참고하여 (나)를 감상한 내용으로 적절하지 <u>않은</u> 것은? [3점]

─────[보기]─────

　시는 표현하고자 하는 바를 어떤 심적 상태에 놓인 화자의 발화로써 형상화한다. (나)에 나타나 있는 독특한 발화 방식, 즉 끊어질 듯 이어지는 서술, 어휘의 반복적 출현, 맥락이 없어 보이는 구절들의 배열, 수시로 등장하는 말줄임표와 쉼표 등은 사랑의 기억을 떠올리거나 상처를 치유하지 못한 화자의 내면을 드러내는 시적 장치들이다. 이러한 장치들은 사랑의 기억과 함께 상실의 고통을 안고 남은 생을 살아 내야 하는 화자의 복합적인 내면을 생생하게 그려 내는 역할을 한다.

① '킥킥'은 반복적으로 출현하는 웃음의 의성어로서, 사랑과 슬픔이 내재된 화자의 복합적인 정서를 생생하게 드러내는 표현이겠군.
② '상처에 기대, 나 킥킥……, 당신을 부릅니다'는 말줄임표와 쉼표를 사용한 서술로서, 상실의 고통으로 인하여 사랑의 기억이 희미해지는 화자의 심적 상태를 보여 주는 표현이겠군.
③ '킥킥거리며 세월에 대해 혹은 사랑과 상처,'는 맥락이 없어 보이는 표현들이 한데 이어진 서술로서, 감정들이 뒤섞인 화자의 내면을 보여 주는 표현이겠군.
④ '마음의 무덤'은 화자의 심적 상태를 형상화한 서술로서, 상실의 고통을 안고 생을 살아 내야 하는 화자의 내면을 비유한 표현이겠군.
⑤ '이쁜 당신……, 당신이라는 말 참 좋지요,'는 끊어질 듯 이어지는 서술로서, 대상에 대하여 사랑의 감정을 품고 있는 화자의 내면을 보여 주는 표현이겠군.

78 ⓐ, ⓑ에 대한 이해로 가장 적절한 것은?

① ⓐ는 치병의 노력으로도 환후가 사라지는 것은 아니라는 화자의 인식을 말한다.

② ⓐ는 화자가 대상의 아름다움을 발견함으로써 자신의 환후를 의식하지 않게 되었음을 말한다.

③ ⓑ는 사랑의 편지가 상대를 향한 표현일 때, 위선과 위악에서 벗어날 수 있음을 말한다.

④ ⓑ는 더 나은 자신을 드러내려는 욕망이야말로 상대를 매혹하는 진정한 요인임을 말한다.

⑤ ⓐ와 ⓑ는 모두, 아픔을 겪는 이나 고백을 하는 이가 그 아픔이나 고백의 실체를 지각하지 못함을 말한다.

79 〈보기〉를 바탕으로 (다)를 이해한 내용으로 적절하지 <u>않은</u> 것은?

──────[보기]──────

(다)에서 편지는 받는 사람뿐만 아니라 쓰는 사람 자신을 향한 것이기도 하다. 상대에 대한 열망으로 사랑의 편지를 쓰지만 결국 그것은 자신을 표현하는 글이다. 자신을 이상화하려는 욕구에 빠져 있기에 편지는 '그녀'가 사랑할 만한 '그'로 채워진다. 사랑의 편지를 받은 '그녀'는 '편지 속의 그'를 사랑하고, 편지를 쓰는 '그'도 '편지 속의 그'에게 매료되어 있다. 그러나 이런 식의 자기 고백이 지속될 수 없는 까닭은 이 이상화된 '그'와 실제의 '그' 사이의 간극이 주는 부끄러움 때문이다.

① '익명의 욕구'를 '통제할 수 없'다는 것은 상대를 향한 '그'의 사랑이 운명적인 것이어서 사랑을 멈출 수 없음을 말하는군.

② '아무 전언도 들어 있지 않다'는 것은 '처음에 품었던 소소한 의도'를 잊음으로써, 상대를 향한 글쓰기의 '현실적인 목표'가 실패로 돌아갔음을 말하는군.

③ '2인칭을 경유하여 1인칭으로 돌아온다'는 것은 편지가 상대를 향한 '도구적' 기능을 하지 못하고 자기 고백에 그치게 됨을 말하는군.

④ "편지 속의 그'를 그녀는 사랑했다"는 것은 편지를 받은 그녀가 사랑한 상대는 편지 속의 '또 다른 영혼'임을 말하는군.

⑤ '자신의 비루함을 뼛속 깊이 실감했다'는 것은 실제 자신과 이상화된 자신 사이의 간극을 자각한 '그'가 부끄러움에 빠져 있음을 말하는군.

— (해설편 Part 1 p.147) —

　　안승학은 원래 이 고을 읍내에서 살았다. 지금부터 이십 년 전만 해도 그는 다 찌그러진 오막살이에서 **콩나물죽으로 연명**하던 처지였다. 그러던 사람이 오늘은 수백 석 추수를 하고 서울 사는 민판서 집 **사음**까지 얻어서 이 동리로 옮겨 앉은 것이다.

　　그것은 안승학의 **근본**을 아는 사람은 누구나 놀랄 만한 일이었다. 그는 **지체도 없**고 형세도 없이 타관에서 떠들어온 사람이었다. 그러므로 이 고을에는 그의 일가친척이라고는 면 서기를 다니는 아우 하나밖에 아무도 없다. 그의 부친은 경기도 죽산이라던가 어디서 호방 노릇을 하던 아전이었다는데 승학이가 성년 되기 전에 별세하고 그의 모친도 부친이 돌아간 지 삼 년 만에 마저 세상을 떠났다 한다. 그래서 거기서는 살 수가 없어서 아내와 어린 동생 하나를 데리고 이 고장으로 들어왔다. 이 고을 읍내에는 그의 처가가 사는 터이므로.

[A]

　　처가도 역시 가난하였으나 그래도 처가 끝으로 옹대가리나마 다시 장만해 놓고 살림이라고 떠벌였다.

　　그런데 그 **무렵**이 마침 **경부선이 개통**한 직후이다. 이 근처 사람들은 생전 처음 보는 기차와 정거장과 전봇대를 보고 경이의 눈을 크게 떴다.

　　안승학은 지금도 그때 **목판차를 맨 처음**으로 먼저 타고 서울을 가 보았다는 것을 자랑삼아 말하였다. 그때 그는 어떤 **친구의 심부름**으로 혼수 흥정을 하러 따라간 것이었다.

　　그의 **자만**(自慢)은 그것뿐만 아니었다. 그는 경기도 출생이라고 이 지방에서는 제일 똑똑한 체를 하였다.

　　우편소가 새로 생긴 것을 보고 이웃 사람들은 그게 무엇인지 몰라서 겁을 잔뜩 집어먹고 있었다. 장승같이 늘어선 전봇대에는 노상 잉-하는 소리가 들렸다. 그것은 전신줄을 감은 사기 안에다 귀신을 잡아넣어서 그런 소리가 무시로 난다는 것이다. 그리고 우편소 안에는 무슨 이상한 기계를 해 앉히고 거기서는 무시로 괴상한 소리가 들렸다. 그래서 이웃 사람들은 그것도 무슨 귀신을 잡아넣어서 그런 소리가 들리는 것이라고 하였다.

[B]

　　그럴 때에 안승학은 마술사처럼 이 귀신을 부리는 재주를 그들 앞에서 시험해 보였다.

　　그는 엽서 한 장을 사서 자기 집 통호수와 자기 이름을 쓰고 편지 사연을 써서 우편통 안으로 집어넣었다. 그리고 그들에게 장담하기를 이것이 오늘 해전 안에 우리 집으로 들어갈 터이니 가 보자는 것이었다. 과연 그날 저녁때였다. 지옥사자 같은 누렁 옷을 입은 사람은 안승학의 집에 엽서 한 장을 던지고 갔다. 그것은 아까 써 넣던 그 엽서였다.

　　"참, 조홧속이다!"

　　하고 그들은 일시에 소리를 질렀다.

(중략)

　　안승학이는 사랑방에서 혼자 앉아서 금테 안경을 콧잔등에 걸고는 문서질을 하다가 인동이를 앞세우고 김선달 조첨지 수동이아버지 희준이 이렇게 다섯 사람이 일시에 달려드는 것을 보고 적이 마음에 불안을 느꼈다.

　　그래 그는 붓을 놓고서 마당을 내려다보며

　　"무슨 일들인가? 식전 댓바람에 내 집에를 이렇게 찾아오거든 문간에서 주인을 찾고 들어와야지."

　　매우 **위엄스럽게** 하는 말이었다.

　　"아무도 없는데 누구보고 말하랍니까? 대문 기둥에다 대고 말씀하랍시오."

　　김선달이 받는 말이다.

　　저런 괘씸한 놈 말하는 것 좀 봐…… 그런데 행랑 놈은 어디를 갔기에 문간에 아무도 없었더람! 안승학은 속으로 분해했다.

　　그러나 **호령할 용기**는 생기지 않는다. 희준이와 인동이와 김선달은 신발을 벗고 마루에 올라가 앉았다.

　　조첨지와 수동 아버지는 뜰아래서 올라갈까 말까 하는 눈치다.

　　"하여간 무슨 일들인가?"

　　안승학은 얼른 이야기나 들어보고 돌려보내자는 계획이다.

　　"저희들이 이렇게 댁을 찾아왔을 때는 무슨 별다른 소관사가 있겠습니까…… 지난번에도 왔다가 코만 떼우고 갔습니다만 대관절 어떻게 저희들의 요구 조건을 들어주시겠습니까?"

　　희준이가 정식으로 말을 꺼냈다.

　　"그따위 이야기를 할 작정으로 이렇게들 식전 아침에 왔어? 못 들어주겠어! 벌써 여러 번째 요구 조건은 들을 수 없다고 말했는데, 자꾸 조르기만 하면 될 줄 아는가? 어림없지…… 괜히 그러지들 말고 일찍이 **나락을 베는 것**이 당신들에게 유익할 것이야……."

　　안승학이는 긴 장죽에 담배를 한 대 담아 가지고 불을

붙이기 위해서 성냥을 세 개비나 허비했건만 잘 붙지 아니하므로 그래 네 번째 불을 댕겨서는 쉴 새 없이 빠끔빠끔 빨다가 그만 입귀로 붉은 침을 주르르 흘리고서는 제 풀에 화가 나서 담뱃대를 탁 밀어 내던진다.

"괜스리 시간만 낭비하고 **피차의 물질상 손해**만 더 나게 하지 말고 어서 돌아가서 잘들 의논해서 오늘부터라도 일을 시작하란 말이야! 나도 아침부터 바쁜 일이 있으니 어서들 가소."

"그래 정녕코 요구 조건을 못 들어주시겠다는 말씀이지요."

"암!"

-이기영, 「고향」-

* 사음 : 마름. 지주를 대리하여 소작권을 관리하는 사람.

80 [A]의 서술상 특징에 대한 설명으로 가장 적절한 것은?

① 서술 대상에 대한 독백적 서술을 통해 서술 대상에 대한 정서적 반응이 제시되고 있다.

② 서술 대상에 대한 회고적 서술을 통해 서술 대상에 대한 성찰적 태도가 드러나고 있다.

③ 서술 대상에 대한 병렬적 서술을 통해 서술 대상에 관한 정보가 반복적으로 제시되고 있다.

④ 서술 대상에 대한 묘사적 서술을 통해 서술 대상에 관한 정보가 단계적으로 제시되고 있다.

⑤ 서술 대상에 대한 요약적 서술을 통해 서술 대상에 관한 정보가 개괄적으로 제시되고 있다.

81 [B]에 대한 이해로 적절하지 <u>않은</u> 것은?

① 새로운 문물의 도입이 사람들의 의식을 혼란스럽게 하는 상황이 나타나고 있다.

② 새로운 문물이 실생활에 쓰이는 현장을 소개함으로써 사람들의 생활 방식이 변해야 함을 알려 주고 있다.

③ 새로운 문물의 이용 방법을 알고 있는 인물과 그렇지 못한 사람들 간에 문물에 대한 이해의 차이가 있음이 드러나고 있다.

④ 새로운 문물을 접한 사람들의 반응이 직접적으로 드러남으로써 새로운 세상의 도래에 대한 정서적 충격을 표현하고 있다.

⑤ 새로운 문물에서 신이한 현상을 연상하는 사람들의 반응을 통해 낯선 문물이 도입될 당시의 문화적인 환경을 보여 주고 있다.

82 요구 조건 을 중심으로 윗글을 이해한 내용으로 적절하지 <u>않은</u> 것은?

① '요구 조건'을 관철시키러 온 '김선달'의 '안승학'에 대한 비아냥거리는 태도가 표출되고 있다.

② '요구 조건'의 이행을 요청하는 '희준'에 대해 '안승학'의 거부 의사가 직접적으로 표출되고 있다.

③ '요구 조건'의 불이행 때문에 벌어질 일을 경고하는 '희준'에 대해 '안승학'이 염려하고 있음이 암시되어 있다.

④ '요구 조건'의 수락 여부를 둘러싸고 빚어진 '안승학'과 '다섯 사람' 간의 갈등 양상이 긴장된 분위기를 자아내고 있다.

⑤ '요구 조건'에 대한 확답을 받기 원하는 '다섯 사람'의 갑작스러운 방문에 대한 '안승학'의 심리적인 동요가 제시되고 있다.

83 〈보기〉를 참고하여 윗글을 감상한 내용으로 적절하지 <u>않은</u>
것은? [3점]

----[보기]----

　1930년대 리얼리즘 장편 소설에는 변화하는 사회
적 환경 속에서 사회적 지위가 상승한 인물형이 등
장한다. 이 유형의 인물들은 근대 문물에 발 빠르게
적응하면서도 소작제와 같은 전근대적 토지 제도에
편승하는 모습을 보인다. 이들은 근대 문물을 체험
해 보지 못한 사람들에게 자신을 과시하지만 자신
만의 이익을 추구하기 때문에 그 지위를 인정받지
못한다. 이러한 인물들을 통해 1930년대 농촌 사회
에 등장한 속물적 인물형의 면모를 확인할 수 있다.

① '지체도 없'이 '콩나물죽으로 연명하'다가 '사음까지'
　된 인물의 모습은, 소작제를 이용하여 지위가 변한 인
　물형을 보여 주는군.
② '경부선이 개통'할 '무렵'의 시대 변화에 적응하여 '근
　본'에서 벗어날 기회를 얻었던 인물의 모습은, 근대 문
　물이 유입되는 사회적 환경 속에서 변모해 갈 수 있었
　던 인물형을 보여 주는군.
③ '친구의 심부름으로' '목판차를 맨 처음으로' 타 보고
　서 '자만'하는 인물의 행동은, 근대 문물을 경험했다는
　점을 앞세워 자신을 과시하는 인물의 모습을 보여 주
　는군.
④ '위엄스럽게' 하대하면서도 '호령할 용기'를 내지 못하
　는 인물의 심리는, 자신의 사회적 지위를 인정하지 않
　는 이들에게 반감을 드러내는 인물의 모습을 보여 주
　는군.
⑤ '피차의 물질상 손해'를 강조하면서도 일방적으로 사
　람들에게 '나락을 베는 것'을 종용하는 인물의 모습은,
　다른 사람의 이익보다 사적인 이익을 우선시하는 인
　물형을 보여 주는군.

— (해설편 Part 1 p.154)

'콩알 하나 없으니 주린 처자를 어이할꼬? 어떻든 협사촌의 서대주가 도적들과 아래위 낭청을 다니며 함께 도적하여 부유하다 하니 찾아가 얻어 보리라.'

하고 협사촌을 찾아간다. 허위허위 이 산 저 산 어정어정 걸어가며 생각하되,

'이놈이 본디 큰 쥐로 도적질하는 놈이니 무엇이라 부를꼬? 쥐라 해도 좋지 않고, 서대주라 해도 좋지 않으니, 이놈 부르기 어렵구나. 어떻든 대접함이 으뜸이라.'

길을 재촉해 협사촌을 찾아 서대주 집 문 앞에서 장끼 큰기침 두 번 하고,

"서동지 계시오?"

하며 찾으니, 이윽고 시비 쥐 나오거늘 장끼 문왈,

"이 댁이 아래위 낭청으로 다니며 관리하시는 서동지 댁이오?"

물으니 시비 답왈,

"어찌 찾으시오?"

장끼 가로되,

"잠깐 뵈오리다."

이때 서대주 자녀의 재미 보며 아내와 함께 있더니, 시비 와서 왈,

"문전에 어떤 객이 왔으되 위풍이 헌앙(軒昂)*하고 빛 갓 쓰고 옥관자 붙이고 여차여차 동지 님을 뵈러 왔다 하나이다."

서대주 동지란 말을 듣더니 대희하여 외헌으로 청하고, 정주(頂珠) 탕건 모자 쓰고 평복으로 나아가 장끼를 맞아 예하고 자리를 정하니, 장끼 하는 말이,

"댁이 서동지라 하시오? 나는 양지촌 사는 화충이라고도 하고, 세상에서 부르기를 장끼라고도 혹 꿩이라고도 하는데, 귀댁을 찾아 금일 만나니 구면처럼 반갑소이다. 한 번도 뵌 적 없으나 평안하시었소?"

서대주 맹랑하다, 탕건을 어루만지며 답왈,

"존객의 이름은 높이 들었더니 나를 먼저 찾아 누지에 와 주시니 황공 감사하오이다."

장끼 답왈,

"서로 찾기에 선후가 있는 것 아니니 아무커나 반갑다 못하여 진저리 나노라."

하거늘 서대주 웃으며 온갖 음식으로 대접하고 고금사를 문답하며 장끼를 조롱하며 벗하더니, 장끼 콧소리를 내며 말하기를,

"서동지께 청할 말이 있노라. 내 본시 넉넉지 못해 오늘까지 먹지 못하다가 처음 청하온데 양미 이천 석만

빌려주시면 내년 가을에 갚으리니 동지 님 생각에 어떠시오?"

서대주 웃으며 하는 말이,

"속담에 '우마(牛馬)도 초분식(草分食)하고, 산저(山猪)도 갈분식(葛分食)이라*.' 하였거든 우리 사이에 무엇이 어려우리오?"

(중략)

장끼 감사함을 칭사하고 양지촌으로 돌아가니라. 이때 서대주 노비 쥐를 명하여 창고를 열고 이천 석 콩을 배로 옮겨 양지촌으로 보내니라.

각설. 이때 동지촌에 딱부리란 새가 있으되 주먹볏에 흑공단 두루마기, 홍공단 끝동이며, 주둥이는 두 자나 하고 위풍이 헌앙한 짐승이라. 양지촌 장끼를 찾아가 오래 못 본 인사 하고 하는 말이,

"자네는 어찌하여 양식이 저리 풍족하여 쌓아 두었는가?"

장끼가 협사촌 서대주를 찾아가 양식 빌린 사연을 자세히 말하니, 딱부리 놈이 고개를 끄덕이며,

"자네 마음이 녹녹지 아니하거늘 미천한 도적놈을 무엇이라 찾았는가?"

장끼 답왈,

"나도 생각이 있으나 옛글에 '교만한 자는 집이 망한다.' 했고, '남을 대접하면 내가 대접을 받는다.' 했고, 내 가난하여 빌리러 갔기로 저를 대접하여 서동지라 존칭하였더니 대희하여 후대하고 종일 문답하며 여차여차하였노라."

하거늘 딱부리 하는 말이,

"자네 일정 간사하도다. 만일 입신양명하면 충신을 험담하여 귀양 보내고 조정을 농권하며 임금을 어둡게 하리로다. 나는 그놈을 찾아가서 서대주라 하고 도적질한 말을 하면 그놈이 겁내어 만석이라도 추심(推尋)*하리라."

장끼 답왈,

"자네 재주를 몰랐더니 오늘에야 알리로다."

딱부리 웃으며 나와 협사촌을 찾아가, 구멍 앞에 나가서 생각은 많으나 이를 갈고 "서대주, 서대주." 찾으니 이윽하여 시비 쥐 나오며 하는 말이,

"뉘 집을 찾아오시니까?"

딱부리 하는 말이,

"네 명색이 무엇이냐? 이 집이 아래위 낭청으로 다니며 도적질하는 서대주 집이냐? 나는 동지촌 사는 딱장군이니 와 계시다 일러라."

하거늘 쥐란 놈이 골을 내어 대답하고 들어가 고하니, 서대주 크게 성내고 분부하는 말이,

"어떤 놈이든지 잡아들이라."

하니 수십 명 범 같은 쥐들이 명을 듣고 딱부리를 에워싸고 결박하고 이 뺨 치고 저 뺨 치며 몰아가니 딱부리 애걸하며 비는 말이,

"내 무슨 잘못이 있다 이리하시오? 내 손주 노릇할 터이니 놓아주고 달아났다 하시오."

한데 듣지 않고 잡아들여 서대주 앞에다 꿇리니 서대주 호령하되,

"이놈! 너는 어인 놈이기에 주인 찾을 때 근본을 해하여 찾으니 그중에 너 같은 놈은 만단을 내리라."

하며 매우 치라 하니 딱부리 머리를 조아리고 애걸하며 빌더라.

-작자 미상, 「장끼전」-

* 헌앙 : 풍채가 좋고 의기가 당당함.
* 우마도 초분식하고, 산저도 갈분식이라: 소와 말도 풀을 나눠 먹고, 산돼지도 칡을 나눠 먹는다.
* 추심 : 찾아내어 가지거나 받아 냄.

84 윗글에 대한 설명으로 가장 적절한 것은?

① 세밀한 외양 묘사를 통해 인물의 속성을 드러내고 있다.
② 서술자가 개입하여 인물의 행동에 대해 호감을 보이고 있다.
③ 속담과 옛글을 삽입하여 인물의 내적 갈등을 강조하고 있다.
④ 과거와 현재를 대비하여 인물의 초월적 능력을 부각하고 있다.
⑤ 공간적 배경을 자세히 묘사하여 인물의 심리 변화를 암시하고 있다.

85 '장끼'와 '딱부리'가 '서대주'를 각각 방문하는 상황에 대한 이해로 적절하지 **않은** 것은?

① 서대주를 방문하기 전에, 장끼와 딱부리는 서대주의 정체에 대해 알고 있었다.
② 서대주를 방문하기 전에, 장끼와 딱부리는 각자의 생각에 따라 서대주를 대할 방식을 계획했다.
③ 서대주를 방문하여, 장끼는 시종 일관된 태도를 보였고 딱부리는 상황의 변화에 따라 자신의 태도를 바꾸었다.
④ 서대주의 거처를 확인하면서, 장끼는 서대주의 환심을 살 만하게, 딱부리는 서대주의 반감을 살 만하게 표현했다.
⑤ 서대주를 방문하는 목적을, 장끼는 경제적인 이익을 취하는 데에 두었고 딱부리는 도적질을 벌로 다스리고 교화하는 데 두었다.

86 〈보기〉를 참고하여 윗글을 감상한 내용으로 적절하지 **않은** 것은? [3점]

[보기]

「장끼전」은 '까투리'를 중심으로 남존여비와 여성의 개가 금지 같은 가부장제 사회의 문제를, '장끼'를 중심으로는 몰락 양반의 삶과 조선 후기 향촌 사회의 다양한 변화상을 형상화했다. 이 대목은 가족의 생계 문제를 걱정하는 몰락 양반의 출현과 향촌 사회에 새롭게 등장한 신흥 부호의 생활상을 보여 주고 있다. 또한 신흥 부호의 위세로 인해 빚어지는 신흥 부호와 몰락 양반의 갈등, 그리고 신흥 부호를 둘러싼 몰락 양반 간의 불화를 그려 내고 있다.

① 장끼가 양식이 떨어져 굶주리는 처자식을 위해 부유한 서대주를 찾아가 양식을 빌리는 장면에서, 가장으로서의 책무를 다하려는 몰락 양반의 면모를 알 수 있군.
② 서대주가 '시비 쥐'를 부리고 복색을 갖추어 손님을 '외헌'에서 맞이하는 장면에서, 신흥 부호의 생활상을 알 수 있군.
③ 서대주를 대접하여 양식을 빌린 장끼에게 딱부리가 '간사하도다'라고 언급하는 장면에서, 신흥 부호에 대한 처신을 놓고 몰락 양반 간에 의견 차이가 있었음을 알 수 있군.
④ 서대주의 '시비 쥐'가 딱부리에게 골을 내는 장면에서, 몰락 양반의 경제적 곤궁함을 업신여기는 신흥 부호의 모습을 알 수 있군.
⑤ 서대주가 '수십 명 범 같은 쥐들'에게 명령하여 딱부리를 결박하는 장면에서, 향촌 사회에서의 신흥 부호의 위세를 알 수 있군.

[87~90] 다음 글을 읽고 물음에 답하시오.   2023.06 [28~31]

─── (해설편 Part 1 p.159) ───

[앞부분의 줄거리] 해방 직후, 미군 소위의 통역을 맡아 부정 축재를 일삼던 방삼복은 고향에서 온 백 주사를 집으로 초대한다.

"서 주사가 이거 두구 갑디다."

들고 올라온 각봉투 한 장을 남편에게 건네어 준다.

"어디?"

그러면서 받아 봉을 뜯는다. 소절수 한 장이 나온다. 액면 만 원짜리다.

미스터 방은 성을 벌컥 내면서

"겨우 둔 만 원야?"

하고 소절수를 다다미 바닥에다 확 내던진다.

"내가 알우?"

"우랄질 자식 어디 보자. 그래 전, 걸 십만 원에 불하 맡아다, 백만 원 하난 냉겨 먹을 테문서, 그래 겨우 둔 만 원야? 엠병헐 자식, ㉠내가 엠피*헌테 말 한마디문, 전 어느 지경 갈지 모를 줄 모르구서."

"정종으루 가져와요?"

"내 말 한마디에, 죽을 눔이 살아나구, 살 눔이 죽구 허는 줄은 모르구서. 흥, 이 자식 경 좀 쳐 봐라…… 증종 따근허게 데와. 날두 산산허구 허니."

새로이 안주가 오고, 따끈한 정종으로 술이 몇 잔 더 오락가락하고 나서였다.

백 주사는 마침내, **진작부터 벼르던 이야기**를 꺼내었다.

백 주사의 아들 ㉡백선봉은, 순사 임명장을 받아 쥐면서부터 시작하여 8·15 그 전날까지 칠 년 동안, 세 곳 주재소와 두 곳 경찰서를 전근하여 다니면서, 이백 석 추수의 토지와, 만 원짜리 저금통장과, 만 원어치가 넘는 옷이며 비단과, 역시 만 원어치가 넘는 여편네의 패물과를 장만하였다.

[A] **남**들은 주린 창자를 졸라맬 때 그의 광에는 옥 같은 정백미가 몇 가마니씩 쌓였고, 반년 일 년을 남들은 구경도 못 하는 고기와 생선이 끼니마다 상에 오르지 않는 날이 없었다.

××경찰서의 경제계 주임으로 있던 마지막 이 년 동안은 더욱더 호화판이었다. 8·15 그날 밤, **군중이 그의 집을 습격하였을 때에 쏟아져 나온 물건**

[B] 이 쌀 말고도
    광목 여섯 필
    고무신 스물세 켤레
    지카다비 여덟 켤레
    빨랫비누 세 궤짝
    양말 오십 타
    정종 열세 병
    설탕 한 부대

[C] 이렇게 **있었더란다**. 만 원어치 여편네의 패물과, 만 원 어치의 옷감이며 비단과, 만 원짜리 저금통장은 고만두고 말이었다.

물건 하나 없이 죄다 빼앗기고, 집과 세간은 조각도 못 쓰게 산산 다 부수고, 백선봉은 팔이 부러지고, 첩은 머리가 절반이나 뽑히고, 겨우겨우 목숨만 살아, 본집으로 도망해 왔다.

[D] 일변 고을에서는, 백 주사가, 자식이 그런 짓을 해서 산 토지를 가지고, **동네 사람**한테 거만히 굴고, 작인들한테 팔 할 가까운 도지를 받고, 고리대금을 하고 하였대서, 백선봉이 도망해 와 눕는 그날 밤, 그의 본집인 백 주사네 집을 습격하였다.

[E] 집과 세간 죄다 부수고, 백선봉이 보낸 통제 배급 물자 숱한 것 죄다 빼앗기고, **가족**들은 죽을 매를 맞고, 백선봉은 처가로, 백 주사는 서울로 각기 피신하여 목숨만 우선 보전하였다.

백 주사는 비싼 여관 밥을 사 먹으면서, 울적히 거리를 오락가락, 어떻게 하면 이 분풀이를 할까, ⓐ어떻게 하면 빼앗긴 돈과 물건을 도로 다 찾을까 하고 궁리를 하는 것이나, 아무런 묘책도 없었다.

그러자 오늘은 우연히 이 미스터 방을 만났다. 종로를 지향없이 거니는데, 지나가던 자동차가 스르르 멈추면서, 서양 사람과 같이 탔던 신사 양반 하나가 내려서더니, 어쩌다 눈이 마주치자

"아, 백 주사 아니신가요?"

하고 반기는 것이었었다.

자세히 보니, 무어 길바닥에서 신기료장수를 한다던 코삐뚤이 삼복이가 분명하였다.

"자네가, 저, 저, 방, 방……."

"네, 삼복입니다."

"아, 건데, 자네가……."

"허, 살 때가 됐답니다."

그러고는 ⓑ내 집으루 갑시다, 하고 잡아끄는 대로 끌리어 온 것이었었다.

의표하며, 집하며, 식모에 침모에 계집 하인까지 부리
면서 사는 것하며, 신수가 훤히 트여 가지고, 말도 제법
의젓하여진 것 같은 것이며, ⓒ 진소위 개천에서 용이
났다고 할 것인지.

옛날의 영화가 꿈이 되고, 일조에 몰락하여 가뜩이나
초상집 개처럼 초라한 자기가, ⓓ 또 한 번 어깨가 옴츠
러듦을 느끼지 아니치 못하였다. 그런 데다 이 녀석이,
언제 적 저라고 무엄스럽게 굴어, 심히 불쾌하였고, 그래
서 ⓔ 엔간히 자리를 털고 일어설 생각이 몇 번이나 나
지 아니한 것도 아니었다. 그러나 참았다.

보아하니 큰 세도를 부리는 것이 분명하였다. 잘만 하
면 그 힘을 빌려, 분풀이와, 빼앗긴 재물을 도로 찾을 여
망이 있을 듯싶었다.

-채만식, 「미스터 방」-

* 엠피(MP) : 미군 헌병.

---

87 윗글의 대화를 중심으로 '방삼복'을 이해한 것으로 가장
적절한 것은?

① 자신이 꾸미고 있는 일에 관심 없는 상대에게 자기 업
무를 떠넘기는 뻔뻔함을 보이고 있다.

② 질문에 대꾸하지 않음으로써 상대가 같은 질문을 반
복하도록 거드름을 피우고 있다.

③ 눈앞에 없는 사람을 비난하고 위협함으로써 함께 있
는 상대에게 자신의 위세를 드러내고 있다.

④ 차에서 내려 상대에게 먼저 알은체하며 동승자에게
자신의 인맥을 과시하고 있다.

⑤ 상대가 이름을 제대로 말하기 전에 말을 가로채 상대
에 대한 열등감을 감추고 있다.

---

88 ㉠과 ㉡에 대한 설명으로 가장 적절한 것은?

① ㉠과 ㉡에는 모두 외세에 기대어 사익을 추구하는 인
물의 부정적 모습이 드러난다.

② ㉠과 ㉡에는 모두 외세와 이를 돕는 인물 간의 권력
관계가 일시적으로 역전된 모습이 드러난다.

③ ㉠과 ㉡에는 모두 사회적 지위를 이용하여 타인의 권
익을 침해하는 인물이 몰락하는 모습이 드러난다.

④ ㉠에는 권력을 향한 인물의 조바심이, ㉡에는 권력에
의한 인물의 좌절감이 드러난다.

⑤ ㉠에는 자신의 권위에 대한 인물의 확신이, ㉡에는 추
락한 권위를 회복할 수 있다는 인물의 자신감이 드러
난다.

---

89 ⓐ~ⓔ에 대한 이해로 적절하지 <u>않은</u> 것은?

① ⓐ : 스스로는 문제 해결이 불가능한 상태임을 강조하
여 인물의 답답한 처지를 보여 준다.

② ⓑ : 방삼복의 제안에 엉겁결에 따라가는 모습을 통해
인물이 얼떨떨한 상태임을 보여 준다.

③ ⓒ : 신수가 좋고 재력이 대단해 보이는 방삼복의 모습
에 고향 사람에 대한 자부심을 갖게 되었음을 보여 준다.

④ ⓓ : 자신의 처지를 방삼복과 비교하면서 주눅이 들었
음을 보여 준다.

⑤ ⓔ : 방삼복에게 도움을 받을 수 있다는 기대감과 그에
대한 반감이 뒤섞여 있음을 보여 준다.

---

90 〈보기〉를 참고하여 [A]~[E]를 감상한 내용으로 적절하지
<u>않은</u> 것은? [3점]

> ─────[보기]─────
>
> '진작부터 벼르던 이야기'는 백 주사가 자신과 가
> 족의 억울함을 하소연하는 부분이다. 그런데 서술
> 자는 그 '이야기'를 서술자의 시선뿐 아니라 여러 인
> 물들의 시선으로 초점화하여 서술함으로써 독자와
> 작중 인물 간의 거리를 조절한다. 또한 세부 항목을
> 하나씩 나열하여 장면의 분위기를 고조하고 정서를
> 확장하는 서술 방법으로 독자에게 현장감을 전해
> 준다. 이때 독자는 백 주사와 그의 가족에게 고통받
> 았던 사람들의 입장에 서서 그들을 비판적으로 보
> 게 된다.

① [A] : 백선봉의 풍요로운 생활을 '남들'의 굶주린 생활
과 비교하여 서술함으로써 독자가 그를 비판적으로
보게 하고 있군.

② [B] : 부정하게 모은 많은 물건들을 하나씩 나열하여
습격 당시 현장의 들뜬 분위기를 환기함으로써 '군중'
의 놀람과 분노를 독자에게 전하려 하고 있군.

③ [C] : '있었더란다'를 통해 누군가에게 들은 것처럼 전
하면서도, 전하는 내용을 '군중'의 시선으로 초점화하
여 독자가 '군중'의 입장에 서도록 유도하고 있군.

④ [D] : '동네 사람'의 시선으로 초점화하여 백 주사의 만
행을 서술함으로써 백 주사가 습격의 빌미를 제공한
것처럼 독자가 느끼게 하고 있군.

⑤ [E] : 백 주사 '가족'의 몰락을 보여 주는 사건들을 백 주
사의 시선으로 일관되게 초점화하여 그들에게 고통받
았던 사람들의 편에 선 독자가 통쾌함을 느끼게 하고
있군.

[91~93] 다음 글을 읽고 물음에 답하시오.　2017.09 [16~18]

— 해설편 Part 1 p.167

(가)

　산촌(山村)에 눈이 오니 돌길이 뭇쳐셰라

　시비(柴扉)를 여지 마라 날 츠즈리 뉘 이스리

　밤듕만 일편명월(一片明月)이 긔 벗인가 ᄒ노라

〈1수〉

(나)

　섯ᄀ래 기나 즈르나 기동이 기우나 트나

　수간모옥(數間茅屋)*을 죽은 줄 웃지 마라

　어즈버 만산 나월(滿山蘿月)*이 다 니 거신가 ᄒ노라

〈8수〉

(다)

　한식(寒食) 비 온 밤에 봄빗치 다 퍼졋다

　무정(無情)ᄒ 화류(花柳)도 ᄣᅢ를 아라 픠엿거든

　엇더타 우리의 님은 가고 아니 오는고

〈17수〉

(라)

　어지밤 비 온 후(後)에 석류(石榴)곳지 다 픠엿다

　부용 당반(芙蓉塘畔)*에 수정렴(水晶簾)을 거더 두고

　눌 향한 깁흔 시름을 못내 푸러 ᄒ노라

〈18수〉

(마)

　창(窓)밧긔 워셕버셕 님이신가 이러 보니

　혜란 혜경(蕙蘭蹊徑)*에 낙엽(落葉)은 므스 일고

　어즈버 유한ᄒ 간장(肝腸)이 다 끈칠싸 ᄒ노라

〈19수〉

-신흠, 「방옹시여(放翁詩餘)」-

* 수간모옥 : 방이 몇 칸 되지 않는 작은 초가.

* 만산 나월 : 산에 가득 자란 덩굴 풀에 비친 달.

* 부용 당반 : 연꽃이 피어 있는 연못가.

* 혜란 혜경 : 난초가 자라난 지름길.

91 윗글의 표현상 특징에 대한 설명으로 가장 적절한 것은?

① (가)에서는 대상과의 문답을 통해 시상을 심화하고 있다.

② (나)에서는 과거와 현재를 대비하여 화자의 삶의 태도를 암시하고 있다.

③ (다)에서는 선경후정의 전개 방식을 통해 화자의 내면을 드러내고 있다.

④ (라)에서는 대상에 감정을 이입하여 심리적 변화를 우회적으로 표출하고 있다.

⑤ (마)에서는 대상을 의인화하여 대상이 지닌 속성들을 점층적으로 나열하고 있다.

92 〈보기〉의 ⓐ, ⓑ를 고려하여 (가)~(라)를 이해한 내용으로 가장 적절한 것은?

━━━━━━[보기]━━━━━━

　「방옹시여」는 선조(宣祖) 사후에 정계에서 밀려난 신흠이 은거 상황을 배경으로 창작한 시조 작품을 모아 놓은 것이다. 여기에 수록된 30수는 몇 개의 작품군으로 분류될 수 있다. 예컨대 ⓐ은자로서의 자족감이나 자긍심을 표현한 작품군, ⓑ'님'으로 표상되는 선왕에 대한 그리움과 연모의 정을 표현한 작품군 등이 있다.

① (가)의 '눈'은 ⓐ와 연관된 시어로, 화자의 은거가 자발적으로 이루어졌음을 알려 주는 단서이다.

② (나)의 '수간모옥'은 ⓐ와 연관된 시어로, 화자의 답답한 심정이 투영되어 있는 대상이다.

③ (나)의 '만산 나월'은 ⓑ와 연관된 시어로, '님'이 부재한 상황을 절감하게 하는 소재이다.

④ (다)의 '봄빗'은 ⓑ와 연관된 시어로, '님'에 대한 화자의 그리움을 촉발하는 계기이다.

⑤ (라)의 '부용 당반'은 ⓑ와 연관된 시어로, 화자가 연모하는 대상과 함께 지내는 공간이다.

93 (마)와 〈보기〉를 비교하여 감상한 내용으로 적절하지 <u>않은</u> 것은? [3점]

> ─────[보기]─────
>
> 벽사창(碧紗窓)이 어른어른커늘 님만 너겨 풀쩍
> 니러나 쑥싹 나셔 보니
> 님은 아니오 명월(明月)이 만정(滿庭)호디 벽오동
> (碧梧桐) 져즌 닙히 봉황(鳳凰)이 노려안자 긴 부리
> 를 휘여다가 두 노래예 너허 두고 슬금슬젹 짓 다듬
> 는 그림자ㅣ로다
> 모쳐로 밤일시만졍 행여 낫이런들 놈 우일 번호
> 여라
>
> ─작자 미상─

① (마)의 초장과 〈보기〉의 초장에서는 모두 감각적 자극
이 착각을 불러일으키는 원인이 되고 있군.

② (마)의 초장과 〈보기〉의 초장에서는 모두 창밖의 변
화에 즉각적으로 반응하는 화자의 모습이 그려지고
있군.

③ (마)의 중장과 〈보기〉의 중장에서는 모두 화자의 착각
을 불러일으킨 대상이 확인되고 있군.

④ (마)의 중장에서는 착각을 야기한 대상에 대한 묘사
가, 〈보기〉의 중장에서는 착각을 야기한 대상에 대한
비판이 제시되고 있군.

⑤ (마)의 종장에서는 화자의 내면적 고통을 토로하고 있
고, 〈보기〉의 종장에서는 타인의 평가와 조소를 의식
하고 있군.

(가)

　검정 포대기 같은 까마귀 울음소리 고을에 떠나
지 않고 　　　　　　　　　　　　　　　　　[A]
　밤이면 부엉이 괴괴히 울어
　남쪽 먼 포구의 백성의 순탄한 마음에도
　상서롭지 못한 세대의 어둔 바람이 불어오던
　─융희(隆熙) 2년!

　그래도 계절만은 천 년을 다채(多彩)하여
　지붕에 박넌출 남풍에 자라고 　　　　　　[B]
　푸른 하늘엔 석류꽃 피 뱉은 듯 피어

　나를 잉태한 어머니는
　짐짓 어진 생각만을 다듬어 지니셨고 　　　[C]
　젊은 의원인 아버지는
　밤마다 사랑에서 저릉저릉 글 읽으셨다

　왕고뭇댁 제삿날 밤 열나흘 새벽 달빛을 밟고
　유월이가 이고 온 제삿밥을 먹고 나서 　　[D]
　희미한 등잔불 장지 안에
　번문욕례 사대주의의 욕된 후예로 세상에 떨어졌나니

　신월(新月)같이 슬픈 제 족속의 태반을 보고
　내 스스로 고고(呱呱)*의 곡성(哭聲)*을 지른 것
이 아니련만 　　　　　　　　　　　　　　[E]
　명(命)이나 길라 하여 할머니는 돌메라 이름 지
었다오

　　　　　　　　　　　　─유치환, 「출생기(出生記)」─

* 고고 : 아이가 세상에 나오면서 처음 우는 울음소리.
* 곡성 : 사람이 죽어 슬퍼서 크게 우는 소리.

(나)

　　샤갈의 마을에는 **삼월에 눈이 온다.**
　　봄을 바라고 섰는 사나이의 관자놀이에
　　새로 돋은 정맥이
　　바르르 떤다.
　　바르르 떠는 사나이의 관자놀이에
　　새로 돋은 정맥을 어루만지며
　　눈은 수천수만의 **날개**를 달고
　　하늘에서 내려와 샤갈의 마을의
　　지붕과 굴뚝을 덮는다.

　　삼월에 눈이 오면
　　샤갈의 마을의 쥐똥만 한 **겨울 열매**들은
　　다시 **올리브빛**으로 물이 들고
　　밤에 **아낙**들은
　　그해의 제일 아름다운 불을
　　아궁이에 지핀다.

　　　　　　　　　　　　─김춘수, 「샤갈의 마을에 내리는 눈」─

94 (가)와 (나)의 공통점으로 가장 적절한 것은?

① 시간과 관련된 표지를 제시하여 시적 분위기를 조성
　하고 있다.
② 과거 시제를 사용하여 서사적 사건을 들려주는 형식
　을 취하고 있다.
③ 시적 상황의 객관적 관찰에 초점을 둠으로써 주관적
　의미의 서술을 배제하고 있다.
④ 암울하고 비관적인 정서를 내포한 시어를 사용하여
　비극적 상황을 고조하고 있다.
⑤ 자연물을 살아 있는 대상으로 묘사하여 화자가 느끼
　는 이국적인 세계의 모습을 담아내고 있다.

95 [A]~[E]에 대한 이해로 적절하지 **않은** 것은? [3점]

① [A] : 청각의 시각화를 통해 음산한 시적 상황을 조성
　하고 있다.
② [B] : 시대 상황과 대비되는 자연의 모습을 통해 생명
　력을 표현하고 있다.
③ [C] : 대구 형식을 활용하여 화자의 출생을 앞둔 집안
　의 분위기를 드러내고 있다.
④ [D] : 화자가 태어난 날의 상황을 구체적으로 서술하여
　출생에 대한 감격을 드러내고 있다.
⑤ [E] : 울음소리에서 연상되는 상반된 의미와 연결하여
　화자의 이름이 지어진 이유를 제시하고 있다.

96 〈보기〉를 참고하여 (나)를 감상한 내용으로 적절하지 <u>않은</u> 것은?

―――――――[보기]―――――――

　김춘수는 샤갈의 그림 「나와 마을」에서 받은 느낌을 시로 표현함으로써 상호 텍스트성을 구현했다. 올리브빛 얼굴을 가진 사나이와 당나귀가 서로 마주 보고 있는 그림에서 영감을 받은 시인은, "특히 인상 깊었던 것은 커다란 당나귀의 눈망울이었고, 그 당나귀의 눈망울 속에 들어앉아 있는 마을이었다."라고 느낌을 말했다. 또한 밝고 화려한 색감을 지닌 이질적 이미지들의 병치로 이루어진 샤갈의 초현실주의적 그림에 대한 감각적 인상을, 자신의 고향 마을에 투사하여 다양한 이미지의 병치로 변용했다. 이는 봄을 맞이한 생동감과 고향 마을의 따뜻한 풍경에 대한 그리움을 형상화한 것이라고 할 수 있다.

① '샤갈의 마을'은 시인이 그림 속 마을 풍경에서 받은 인상을 자신의 고향 마을에 투사하여 표현한 것이군.

② '삼월에 눈', '봄을 바라고 섰는 사나이', '새로 돋은 정맥' 등은 시인이 그림 속 이질적 이미지들의 병치를 다양한 이미지들의 병치로 변용하여 봄의 생동감을 형상화한 것이군.

③ '날개', '하늘', '지붕과 굴뚝' 등은 시인이 밝고 화려한 색감을 지닌 그림 속 마을의 모습을 공감각적 이미지의 풍경으로 변용한 것이군.

④ '올리브빛'은 시인이 그림 속에서 영감을 받은 것으로 '겨울 열매들'을 물들이는 따뜻한 봄의 이미지를 표상한 것이군.

⑤ '아낙', '아궁이' 등은 시인이 초현실주의적 그림 속 풍경에 대한 감각적 인상을 고향 마을을 떠올리게 하는 이미지로 전이시킨 것이군.

[97~99] 다음 글을 읽고 물음에 답하시오. 2018.11 [43~45]

────── (해설편 Part 1 p.177) ──────

조무래기들은 도깨비불만 보면 네 그르니 내 옳으니 하며 **짜그락거리기** 일쑤였고, 그러면 나이 좀 있는 사람이 얼른 쉬쉬하면서, 도깨비가 듣겠다고 나무라 주게 마련이었던 것이다. 도깨비가 들으면 무엇이 어떻다고 불똥 **끄듯** 서두르며 말리려 들었을까. 그것은 아무도 가르쳐 주지 않았다. 알면서도 짐짓 모르는 시늉을 해 보이려 했지만, 그네들도 어려서부터 가르쳐 준 이가 없어 **이렇다 하게 내놓지 못하는 눈치가 역연**하던 것이다. 그것은 바지랑대에 등을 매달고 멍석에 둘러앉아 삼을 삼거나 태모시를 톺던* 늘그막의 아낙네들도 마찬가지로 가늠을 못 해, **도깨비불에 손가락질하면 도깨비가 쫓아온다**는 것밖에 다른 말은 할 줄 모르고 있었다. 그네들은 낮춘말로, **도깨비들이 벌거벗고 산다**더라고 귀띔해 주었으며, 그것은 그것들이 여름내 왕대뫼 자드락이나 갯가에 나와 불놀이를 하다가도, ⓐ 기러기 그림자에 논두렁 콩노굿*이 지고 오려논에 자마구*가 일며부터는 아무도 모르게 간곳없이 사라지던 것을 보아 믿을 만한 말이라고 우길 따름이었다.

된내기* 빛에 두엄이 허옇게 쇤 위로 난초 치던 붓끝 같은 마늘 싹이 솟고, 보리밭 머리에 장끼가 내리기 시작하여 이듬해 구렁찰 논배미에서 뜸— 뜸— 뜸부기 짝 찾는 소리로 개구리 논두렁 넘기 바쁘던 여름까지는 도깨비들이 감뭇하기도* 했었다. 그러나 아직 학령기에도 이르지 않았던 나는 정말 알지 못했다. 차지던 바람이 메져지고 개펄에 성에 엉기듯 허옇게 소금기가 끼는 철이 되면, 음습한 바람이 맴돌아야 난동하던 인화(燐火)가 전혀 일지 않던 것을.

어른들이 눈을 꿈적이며 먹탕곳 개펄께를 그만 보라고 타이른 밤이면 ⓑ 담 밑에 반딧불만 자주 날아도, 촛불 붙이려 혼자 사당(祠堂)문을 열 때처럼 뒷덜미가 선뜩하고 떨떠름하여 담 밑에도 가지 못할 만큼이나 그 도깨비불은 여간 두려운 존재가 아니었다. 그러므로 그런 날은 **아무리 무더워도** 모기가 떠메어 간다는 핑계로 **마실 마당에서 일찍 물러나곤** 하였다.

(중략)

복산이가 자리를 만들 동안 나는 변소를 찾아 나섰다.

농가라면 흔히 그렇듯 그곳은 저만치 밭마당 구석에 따로 나와 있었다. ⓒ 나는 마당을 가로질러 가면서 무심결에 개펄 쪽을 둘러보다가 소스라쳐 놀라며 그 자리에 굳어 버리고 말았다.

아— 나는 참으로 오랜만에 가슴이 벅차오르는 것을 느꼈다. 도깨비불—— 그렇다. 왕대뫼 밑 먹탕곳 개펄에 푸른빛을 내뿜는 도깨비불이 즐비하게 늘어서 있던 것이다.

하나 둘 서이 너이…… 나는 어느새 도깨비불들을 손가락으로 헤아려 나가고 있었다. 변치 않은 것이 한 가지 더 있다는 반가움, 반가움과 즐거움에 들떠 그것들을 차곡차곡 빠뜨리지 않고 세어 나갔다.

"마흔다섯……."

하고 중얼거리며 나는 손가락을 떨었다. ⓓ 내일 새벽엔 안개도 볼 수 있으리라고 믿어, 가슴의 설렘에 손가락마저 떨린 거였다. 모를 일이었다. 옛날로 돌아가 혹시 길 잃은 여우가 울부짖게 되는지도.

"게서 뭣 허나?"

복산이가 같은 용무로 나오면서 허텅지거리를 했다.

"아, 도깨비불…… 생전 못 볼 줄 알았다가 보니 좋은데. 멋있는걸."

나는 건너편을 손가락질하면서 들뜬 소리로 말했다.

"무엇이?"

"저 도깨비불……."

"무엇 불?"

"옛날에 보던 도깨비불, 그거 아녀?"

"무슨 불? 허어 참, 그러게 장가를 가라구."

"……"

"도깨비불 좋아허네…… 저게? 술고래라서 안주두 고루 먹어 헛소리는 안 헐 중 알았더니……."

"그럼 모르겠는데……."

"뭘 몰러? 저건 서울서 온 낚시꾼들의 간드레 불이여. 명색 문화인이라면서 밤낚시 한 번두 못 해 봤구먼."

나는 무엇에 받혀 하늘 높이 떠올랐다가 거꾸로 떨어진 기분이었다. 오랜 꿈결에서 순간적으로 깨어난 것처럼 허망하고 민망했다.

"이리 죽 늘어앉은 디는 물길이구, 저쪽 저리 둘러앉은 디가 유수지여. 갯물이 들어오면 수문을 막았다가 쓸물 때 열어 물을 빼는디 민물고기 갯물 고기가 섞이구 해서 씨알두 게가 굵구, 물길에서는 잔챙이래두 붕어만 문다네. 남포, 청라 담에는 여기를 친다는 겨."

그제서야 나는 늘어앉은 불빛들이 제자리에 죽어 있

음을 비로소 깨달았다. ⓜ 무등 타기와 숨바꼭질을 하던 살아 있는 불이 아니란 것만 진작 알았어도 마흔다섯까지 수효를 헤아리지는 않았을 터였다. 나는 무슨 **재산붙이를 어둠 속에 잃고 찾지 못한 투로 무거워진 가슴을 안고** 복산이 따라 방으로 들어갔다.

-이문구, 「관촌수필」-

* 톺던 : 끝을 가늘고 부드럽게 하려고 톱으로 훑던.
* 콩노굿 : 콩의 꽃.
* 자마구 : 곡식의 꽃가루.
* 된내기 : 된서리.
* 감뭇하기도 : 보이던 것이 전연 보이지 않아 찾을 곳이 감감하기도.

97 윗글에 대한 설명으로 가장 적절한 것은?

① 반복되는 사건을 제시하여 인물들의 갈등을 심화하고 있다.

② 빈번하게 장면을 교차하여 상황의 긴박한 분위기를 조성하고 있다.

③ 과거와 현재를 매개하는 경험을 제시하여 인물이 겪는 인식의 변화를 드러내고 있다.

④ 공간의 이동에 따라 서술자를 달리하여 사건에 대한 다양한 관점을 제시하고 있다.

⑤ 시간의 역전을 통해 인과 관계를 재구성한 서사를 함께 제시하여 사건의 내막을 감추고 있다.

98 ㉠~ⓜ에 대한 이해로 적절하지 <u>않은</u> 것은?

① ㉠에는 어른들의 말을 온전하게 받아들이지는 않는 '나'의 미심쩍음이 드러난다.

② ㉡에는 착각으로 인해 연상된 상황을 궁금해 하는 '나'의 호기심이 나타난다.

③ ㉢에는 우연히 발견한 대상에 대한 '나'의 반가움이 담겨 있다.

④ ㉣에는 예측하는 상황이 일어날 것이라는 짐작에서 비롯된 '나'의 기대감이 나타난다.

⑤ ⓜ에는 대상의 실체를 확인하기 전에 했던 자신의 행동에 대한 '나'의 허무감이 드러난다.

99 〈보기〉를 참고하여 윗글을 감상한 내용으로 적절하지 <u>않은</u> 것은? [3점]

[보기]

금기란 어떤 대상을 꺼리거나 피하는 행위를 가리킨다. 공동체의 구성원들은 금기를 위반하면 그 대상에 의해 공동체 혹은 그 구성원이 처벌을 받는다는 인식을 공유한다. 일반적으로 금기를 설정하는 근본적인 이유는 알려지지 않지만, 금기와 그 대상에 대한 추측은 구전의 방식을 통해 은밀하게 전파되어 구성원들 간에 회자된다. 이를 통해 금기와 금기의 대상이 환기하는 의미는 세대를 거쳐 전달됨으로써 서로 다른 세대 간에 공동체의 체험을 공유하는 데에 기여하기도 한다.

① '짜그락'거리는 '조무래기들'을 말리던 어른들이 그 이유를 '이렇다 하게 내놓지 못하는 눈치가 역연'하였던 것은, 금기가 설정된 근본적 이유가 알려지지 않았기 때문이겠군.

② '늘그막의 아낙네들'이 아이들에게 '도깨비불에 손가락질하면 도깨비가 쫓아온다'고 말하는 것은, 공동체의 금기를 서로 다른 세대가 공유하는 장면이라고 할 수 있겠군.

③ '그네들'이 '낮춘말'로 '도깨비들이 벌거벗고 산다'고 '귀띔'을 해주는 행위는, 구전의 방식을 통해 금기의 대상에 대한 추측이 은밀하게 전파되는 정황을 보여주는 것이겠군.

④ '아무리 무더워도' 핑계를 대고 '마실 마당에서 일찍 물러나곤' 한 것은, 금기를 위반한 '나'가 자신에게 닥칠 어른들의 처벌이 두려워서 한 행동이겠군.

⑤ '재산붙이'를 잃은 듯 '무거워진 가슴을 안고' 방으로 들어가는 행동은, 공동체에서 공유되던 금기에 관련된 일들이 추억으로만 남게 된 상황에 대한 '나'의 심리를 드러낸 것이라 할 수 있겠군.

[A]

　　황상과 만조백관이 어찌할 줄 모르더니 좌장군 서경태가 급히 입직군을 동원하여 칼을 들고 내달아 크게 꾸짖길,

　　"이 몹쓸 흉악한 놈아, 어찌 이런 변을 짓느냐?"

하고 칼을 들어 치니 아귀가 몸을 기울여 피하고 입을 벌려 숨을 들이쉬니 서경태가 날리어 아귀 입으로 들어갔다. 상이 보시다가 크게 놀라,

　　"짐이 여러 번 **전장**을 지내었으되 이런 일은 보도 듣도 못하였으니 제신 중에 뉘 이 짐승을 잡아 짐의 한을 씻으리오."

　　정서장군 한세충이 나와 아뢰길,

　　"소장이 비록 재주 없으나 저것을 베어 황상께 바치리이다."

하고 황금 투구에 엄신갑을 입고 팔 척 장창을 들고 청룡마를 내달아 외쳐 말하길,

　　"흉적은 목을 늘여 내 칼을 받으라."

　　아귀가 크게 웃고 말하길,

　　"아까는 내 숨을 들이쉬니 모기 같은 것도 삼켰으니 지금은 숨을 내쉴 것이니 네 눈을 부릅뜨고 자세히 보라."

하고 입을 벌려 숨을 내부니 황상과 만조백관이 오리나 밀려갔다. 아귀가 궁중이 텅 빈 것을 보고 세 공주를 등에 업고 돌아갔다.

　　이때 황상이 제신과 함께 정신을 겨우 차려 환궁하시니 세 공주가 다 없었다. 상께 이 연고를 아뢰니 상이 크게 놀라 하교하시되,

　　"이런 해괴한 변이 천고에 없으니 경들의 소견이 어떠하뇨?"

하고 용루를 흘리시니 **조정**에 모인 여러 신하가 감히 우러러 보지 못하였다.

　　이우영이 아뢰길,

　　"전 좌승상 김규가 지모 넉넉하오니 불러 문의하심이 마땅할까 하나이다."

　　상이 깨달아 조서를 내려 김규를 부르셨다.

　　이때 승상이 원을 데리고 평안히 지내더니 천만의외에 사관이 조서를 가지고 왔거늘 받자와 본즉,

　　"전임 좌승상에게 부치나니 그사이 **고향**에서 무사한가. ⓐ<u>짐은 불행하여 공주를 잃고 종적을 모르니 통한함을 어찌 측량하리오</u>. 경에게 옛 벼슬을 다시 내리나니 바삐 올라와 고명한 소견으로 짐의 아득함을 깨닫게 하라."

하였다. 승상이 사관을 후대하고 ㉠<u>국변</u>을 물으니 아귀 작란하던 일과 세 공주 잃은 말을 대강 고하니 승상이 못내 슬퍼하며 상경하여 사은숙배하니, 상이 보시고,

　　"경이 고향에 돌아감은 짐이 불명한 탓이로다. 국운이 불행하여 세 공주를 일시에 잃었으니 짐의 이 원을 어찌하리오? 경의 소견으로 이 일을 도모하면 평생의 한을 풀리로다."

　　승상이 엎드려 아뢰길,

　　"소신이 자식이 있삽는데 창법 검술이 일세에 무쌍하와 매일 종적 없이 다니옵기 연고를 물으니 **철마산**에 가 무예를 익히다가 일일은 그 산에서 아귀라 하는 짐승을 만나 겨루고 그 뒤를 좇아 바위 구멍으로 들어감을 보았노라 하옵기 과연 허언이 아닌가 싶사오니 ⓑ<u>자식을 불러 들으심이 마땅하올까 하나이다</u>."

[중략 부분의 줄거리] 원은 황상을 뵙고 원수가 되어 철마산 아귀의 소굴로 들어간다.

　　원수가 백계를 생각하다가 갑자기 깨달아 공주께 아뢰기를,

　　"독한 술을 많이 빚어 좋은 안주를 장만하여야 계교를 베풀리이다."

하고, 약속을 정해 여러 여자를 청하여 여차여차하게 계교를 갖추고 기다리라고 하였다.

　　이때 아귀가 원의 칼에 상한 머리 거의 나으니 모든 시녀를 불러 말하기를,

　　ⓒ<u>"내 병이 조금 나았으니 사오일 후 세상에 나가 남두성을 잡아 죽여 이 원한을 풀리라. 너희는 나를 위하여 마음을 위로하라."</u>

　　여자들이 이 말을 듣고 크게 기뻐하여 각각 술과 성찬을 권하기를,

　　"대왕의 상처가 나으시면 첩 등의 복인가 하나이다. ⓓ<u>수이 차도를 얻사오면 남두성 잡기야 어찌 근심하리오?</u> 주찬을 대령하였사오니 다 드시어 첩 등의 우러르는 마음을 즐겁게 하소서."

　　아귀가 가져오라 하거늘, 여러 여자가 일시에 한 그릇씩 드리니 아홉 입으로 권하는 대로 먹으니 그 수를 알 수 없었다. 술이 취하매 여러 여자가 거짓으로 위로하여,

　　"장군은 잠깐 잠을 청하여 아픔을 잊으소서."

　　아귀가 듣고 잠을 자려 하거늘, 막내 공주가 곁에 앉아 말하길,

　　"보검을 놓고 주무소서. 취중에 보검을 한번 휘둘러 치면 잔명이 죄 없이 상할까 하나이다."

　　아귀가 말하기를,

"장수가 잠이 드나 칼을 어찌 손에서 놓으리오마는 혹 실수함이 있을까 하노니 머리맡에 세워 두라."

하고 주거늘, 공주가 받아 놓고 잠들기를 기다렸다. 아귀가 깊이 잠들었거늘, 비수를 가지고 **협실**로 나와 원수에게 잠들었음을 이르고 함께 후원에 이르러 큰 기둥을 가리키며,

"원수의 칼로 저 기둥을 쳐 보소서."

원수가 칼을 들어 기둥을 치니 반쯤 부러졌다. 공주가 크게 놀라 말하기를,

"만일 그 칼을 썼더라면 성사도 못하고 도리어 큰 화가 미칠 뻔하였습니다."

아귀가 쓰던 비수로 기둥을 치니 썩은 풀이 베어지는 듯하였다.

-작자 미상, 「김원전」-

100 [A]의 서술상 특징에 대한 설명으로 가장 적절한 것은?

① 서술자가 개입하여 인물에 대한 평가를 제시하고 있다.
② 대화를 통해 인물 간의 위계나 관계를 보여 주고 있다.
③ 현재와 과거를 교차하여 장면의 전환을 보여 주고 있다.
④ 인물의 회상을 통해 인물 간 갈등의 원인을 암시하고 있다.
⑤ 상황에 대한 인물의 반응을 과장되게 서술하여 사건의 비극성을 완화하고 있다.

101 ㉠과 관련하여 윗글을 이해한 내용으로 적절하지 않은 것은?

① 황상은 ㉠의 심각성을 이전의 '전장'과 비교하고, 그때의 경험에 근거하여 ㉠에 대한 대처 방안을 찾아낸다.
② 이우영은 ㉠의 해결을 위해 '조정'에서 황상의 질문에 답하며 ㉠에 대처할 방안을 찾아 줄 지모 있는 인물을 거명한다.
③ 황상은 ㉠의 여파가 미치지 않은 '고향'에서 편안히 지내던 승상에게 ㉠으로 인한 위기 상황을 알린다.
④ 승상은 ㉠의 원흉인 아귀를 원이 '철마산'에서 본 것을 황상에게 아뢰고, ㉠을 해결할 단서를 제공할 인물을 천거한다.
⑤ 원은 ㉠의 해결 방안을 떠올리고, '협실'에서 공주를 만나 ㉠을 해결할 수 있는 기회가 왔음을 알게 된다.

102 ⓐ~ⓓ에 대한 설명으로 가장 적절한 것은?

① ⓐ와 ⓑ에서는 상대에 대한 신뢰를 바탕으로, 숨겨 온 사실을 드러내고 있다.
② ⓑ와 ⓒ에서는 자신의 위세를 드러내어, 상대의 복종을 이끌어내고 있다.
③ ⓐ에서는 자신의 감정을 상대에게 드러내고, ⓓ에서는 자신들의 의도를 상대에게 숨기고 있다.
④ ⓑ에서는 당위를 내세워 상대의 행위를 요구하고, ⓓ에서는 상대의 안위를 우려하여 자제를 요청하고 있다.
⑤ ⓒ에서는 상대에게 자신의 목표를 위해 행동할 것을 촉구하고, ⓓ에서는 상대의 목표를 위해 행동할 것을 약속하고 있다.

103 〈보기〉를 참고하여 윗글을 감상한 내용으로 적절하지 않은 것은? [3점]

[보기]

「김원전」은 당대의 보편적 가치인 충군을 주제로, 초월적 능력을 지닌 주인공과 기이한 존재인 적대자의 필연적 대결 관계를 보여 준다. 특히 적대자의 압도적 무력에 맞서는 과정에서 인물에 따라, 혹은 인물이 처한 상황에 따라 다른 대응 방식을 보여 줌으로써 독자의 흥미를 자극한다.

① 서경태가 입직군을 동원해 아귀와 맞서고 원수가 계교를 마련해 아귀를 상대하는 데서, 압도적 무력을 지닌 적대자에 대응하는 양상이 서로 다름을 알 수 있군.
② 한세충이 황상의 한을 씻고자 아귀에게 대항하고 승상이 황상의 불행에 슬퍼하며 상경하는 데서, 인물들이 충군의 가치를 지키고 있음을 알 수 있군.
③ 원이 아귀의 머리를 상하게 한 것과 아귀가 남두성인 원에게 원한을 갚겠다고 다짐하는 데서, 주인공과 적대자의 대결이 피할 수 없는 것임을 알 수 있군.
④ 공주가 황상에게는 국운의 불행으로 잃은 대상이지만 원수에게는 약속대로 아귀를 잠들게 하는 인물인 데서, 여성 인물이 사건의 피해자이자 해결을 돕는 존재임을 알 수 있군.
⑤ 일세에 무쌍한 무예를 갖춘 원수가 아귀의 비수로 기둥을 베어 보는 데서, 주인공이 적대자를 처치하기 위해 자신의 계획대로 초월적 능력을 시험하고 있음을 알 수 있군.

───── 해설편 Part 1 p.189 ─────

(가)

   ⓐ문학 작품의 의미가 생성되는 양상은 세 가지로 나누어 볼 수 있다. 첫째는 자기의 경험은 물론 자기 내면의 정서나 의식 등을 대상에 투영하여, 외부 세계에 새로운 의미를 부여하는 경우이다. 둘째는 외부 세계의 일반적 삶의 방식이나 가치관, 이념 등을 자기 내면으로 수용하여, 자신을 새롭게 해석함으로써 의미를 만들어내는 경우이다. 셋째는 자기와 외부 세계를 상호적으로 대비하여 양자에 대한 새로운 해석을 통해 의미를 생성하는 경우이다.

   문학적 의미 생성의 이러한 세 가지 양상은 문학 작품에서 자기와 외부 세계의 관계를 파악할 때 적용할 수 있다. 첫째와 둘째의 경우, 자기와 외부 세계와의 거리는 가까워지고 친화적 관계가 형성된다. 셋째의 경우는 자기가 외부 세계를 바라보는 관점에 따라 둘 사이의 거리가 가까워져 친화적 관계가 형성되기도 하고, 그 거리가 드러나 소원한 관계가 유지되기도 한다.

(나)

산슈 간(山水間) 바회 아래 뛰집을 짓노라 ᄒᆞ니
그 모론 놈들은 웃는다 혼다마논
㉠어리고 햐암의 뜻의논 내 분(分)인가 ᄒᆞ노라
                          〈제1수〉

보리밥 픗ᄂᆞ 물을 알마초 머근 후(後)에
바횟 굿 믉ᄀᆞ의 슬ᄏᆞ지 노니노라
그 나믄 녀나믄 일이야 부룰 줄이 이시랴
                          〈제2수〉

잔 들고 혼자 안자 먼 뫼흘 ᄇᆞ라보니
그리던 님이 오다 반가옴이 이리 ᄒᆞ랴
말ᄉᆞᆷ도 우움도 아녀도 몯내 됴하ᄒᆞ노라
                          〈제3수〉

누고셔 삼공(三公)도곤 낫다 ᄒᆞ더니 만승(萬乘)이 이만ᄒᆞ랴
이제로 헤어든 소부(巢父) 허유(許由)] 냑돗더라
아마도 님쳔 한흥(林泉閑興)을 비길 곳이 업세라
                          〈제4수〉

내 셩이 게으르더니 하놀히 아ᄅᆞ실샤
인간 만ᄉᆞ(人間萬事)를 ᄒᆞᆫ 일도 아니 맛뎌
다만당 ᄃᆞ토리 업슨 강산(江山)을 딕희라 ᄒᆞ시도다
                          〈제5수〉

강산이 됴타 ᄒᆞᆫ둘 내 분(分)으로 누얼ᄂᆞ냐
님군 은혜(恩惠)를 이제 더옥 아노이다
아ᄆᆞ리 갑고쟈 ᄒᆞ야도 히올 일이 업세라
                          〈제6수〉

                    -윤선도, 「만흥(漫興)」-

(다)

   산림(山林)에 살면서 명리(名利)에 마음을 두는 것은 큰 부끄러움[大恥]이다. 시정(市井)에 살면서 명리에 마음을 두는 것은 작은 부끄러움[小恥]이다. 산림에 살면서 은거(隱居)에 마음을 두는 것은 큰 즐거움[大樂]이다. 시정에 살면서 은거에 마음을 두는 것은 작은 즐거움[小樂]이다.

   작은 즐거움이든 큰 즐거움이든 나에게는 그것이 다 즐거움이며, 작은 부끄러움이든 큰 부끄러움이든 나에게는 그것이 다 부끄러움이다. 그런데 큰 부끄러움을 안고 사는 자는 백(百)에 반이요, 작은 부끄러움을 안고 사는 자는 백에 백이며, 큰 즐거움을 누리는 자는 백에 서넛쯤 되고, 작은 즐거움을 누리는 자는 백에 하나 있거나 아주 없거나 하니, 참으로 가장 높은 것은 작은 즐거움을 누리는 자이다.

   나는 시정에 살면서 은거에 마음을 두는 자이니, 그렇다면 이 작은 즐거움을 가장 높은 것으로 말한 ㉡나의 이 말은 대부분의 사람들의 생각과는 거리가 먼, 물정 모르는 소리일지도 모른다.

                    -이덕무, 「우언(迂言)」-

104 (나)의 시상 전개에 대한 설명으로 가장 적절한 것은?

① 〈제1수〉에서는 경험적 성격과 연결된 공간으로부터, 〈제6수〉에서는 관념적 성격과 연결된 공간으로부터 시상이 전개된다.

② 〈제2수〉에서는 구체성이 드러나는 소재로, 〈제3수〉에서는 추상성이 강화된 소재로 시상이 시작된다.

③ 〈제2수〉에서 설의적 표현으로 제기된 의문이 〈제5수〉에서 해소되었음이 영탄적 표현으로 드러난다.

④ 〈제3수〉에서의 현재에 대한 긍정이 〈제4수〉에서의 역사에 대한 부정으로 바뀌며 시상이 전환된다.

⑤ 〈제3수〉에 나타난 정서적 반응이 〈제6수〉에서 감각적 표현을 통해 구체화된다.

105 (가)를 참고하여 (나)를 감상한 내용으로 적절하지 <u>않은</u> 것은?

① '산슈 간'에서 살고자 하는 마음과 이에 공감하지 못하는 '놈들'의 생각을 병치하여 화자와 '놈들' 사이의 거리가 드러남으로써, 자기와 외부 세계 사이의 소원한 관계가 유지된다.

② '바횟 굿 묽ᄀ'에서 즐거움을 누리는 삶과 '녀나믄 일'을 대비하여 세상일과 거리를 두려는 화자의 태도가 드러남으로써, 자기와 외부 세계 사이의 소원한 관계가 유지된다.

③ '님'에 대한 '반가옴'보다 더한 감흥을 불러일으키는 '뫼'의 의미를 부각하여 화자와 '님' 사이의 거리가 드러남으로써, 자기와 외부 세계 사이의 소원한 관계가 유지된다.

④ '님쳔'에서의 '한흥'이 '삼공'이나 '만승'보다 더한 가치를 지닌다고 강조하여 화자와 '님쳔' 사이의 거리가 가까워짐으로써, 자기와 외부 세계 사이의 친화적 관계가 형성된다.

⑤ '강산' 속에서의 삶이 '님군'의 '은혜' 덕택임을 제시하여 화자와 '님군' 사이의 거리가 가까워짐으로써, 자기와 외부 세계 사이의 친화적 관계가 형성된다.

106 (다)를 이해한 내용으로 적절하지 <u>않은</u> 것은?

① '부끄러움'과 '즐거움'을 조화시킴으로써 더 나은 삶의 방식을 결정할 수 있다.

② '나'는 어디에 사느냐와 어디에 마음을 두느냐를 고려하여 삶의 유형을 나누고 있다.

③ '산림'에 사는 사람들 중에는 '즐거움'을 누리는 경우보다 '부끄러움'을 가진 경우가 더 많다.

④ '큰 부끄러움'과 '작은 즐거움'은 어디에 사느냐와 어디에 마음을 두느냐가 모두 서로 다르다.

⑤ '명리'를 '부끄러움'에, '은거'를 '즐거움'에 대응시킨 것으로 보아 '나'는 '은거'의 가치를 '명리'의 가치보다 높이 두고 있음을 알 수 있다.

107 ㉠, ㉡에 대한 설명으로 가장 적절한 것은?

① ㉠은 자신의 처지를 남의 일을 말하듯이 표현함으로써 자신의 문제를 회피하고 있다.

② ㉡은 자신의 행동을 냉철하게 성찰함으로써 자신의 과오를 인정하고 있다.

③ ㉠은 ㉡과 달리, 자신의 처지를 자문자답 형식으로 말함으로써 자신의 생각을 일반화하고 있다.

④ ㉡은 ㉠과 달리, 자신의 생각을 남의 말을 인용하여 표현함으로써 자신의 신념을 객관화하고 있다.

⑤ ㉠과 ㉡은 모두, 자신이 말하고자 하는 바를 우회하여 표현함으로써 자신의 삶에 대한 자부심을 드러내고 있다.

108 ⓐ를 바탕으로 (나), (다)를 이해한 내용으로 적절하지 <u>않은</u> 것은? [3점]

① (나)에서 무정물인 대상에 대해 호감을 표현한 것은 자신의 정서를 대상에 투영한 것이라고 볼 수 있다.

② (다)에서 자연에 의미를 부여하는 것은 자신의 생각을 대상에 투영하여 세계를 해석하는 것이라고 볼 수 있다.

③ (다)에서 삶의 방식을 상대적 기준에 따라 나누어 평가한 것은 자신의 가치관과 세상 사람들의 생각을 비교하여 세계의 의미를 새롭게 파악한 것이라고 할 수 있다.

④ (나)에서는 선인들의 삶의 태도를 자기 내면으로 수용하는 과정을 거쳐, (다)에서는 대다수 사람들의 뜻을 자기 내면으로 수용하는 과정을 거쳐 새로운 의미를 생성한다고 볼 수 있다.

⑤ (나)에서 자기 본성을 하늘의 뜻에 연관 지은 것과, (다)에서 자기 삶의 방식을 일반적인 삶의 방식과 견준 것은 자기 삶의 가치를 새롭게 해석하여 의미를 만들어 낸 것이라고 할 수 있다.

[109~112] 다음 글을 읽고 물음에 답하시오. 2022.09 [28~31]

───── (해설편 Part 1 p.198) ─────

(가)

　　돌담으로 튼튼히 가려 놓은 집 안엔 검은 기와집 종가가 살고 있었다. 충충한 울 속에서 **거미 알 터지듯 흩어져 나가는 이 집의 지손(支孫)*들.** 모두 다 싸우고 찢고 헤어져 나가도 **오래인 동안 이 집의 광영(光榮)을 지키어 주는 신주(神主)*들**은 대머리에 곰팡이가 나도록 알리어지지는 않아도 종가에서는 무기처럼 아끼며 **제삿날이면 갑자기 높아 제상(祭床) 위에 날름히 올라앉는다.** 큰집에는 큰아들의 식구만 살고 있어도 제삿날이면 제사를 지내러 오는 사람들 오조 할머니와 아들 며느리 손자 손주며느리 칠촌도 팔촌도 한데 얼리어 닝닝거린다. 시집갔다 쫓겨 온 작은딸 과부가 되어 온 큰고모 손꾸락을 빨며 구경하는 이종 언니 이종 오빠. 한참 쩡쩡 울리던 옛날에는 오조 할머니 집에서 동원 뒷밥*을 먹어왔다고 오조 할머니 시아버니도 남편도 **동네 백성들을 곧-잘 잡아들여다 모말굴림*도 시키고 주릿대를 앵기었다고.** 지금도 종가 뒤란에는 중복사 나무 밑에서 대구리가 빤들빤들한 달걀귀신이 융융거린다는 마을의 풍설. **종가에 사는 사람들은 아무 일을 안 해도 지내 왔었고 대대손손이 아-무런 재주도 물리어받지는 못하여** 종갓집 영감님은 **근시 안경을 쓰고 눈을 찝찝거리**며 먹을 궁리를 한다고 **작인(作人)들에게 고리대금을 하여 살아 나간다.**

　　　　　　　　　　　　　　　　　　　-오장환, 「종가」-

* 지손 : 맏이가 아닌 자손에서 갈라져 나간 파의 자손.
* 신주 : 죽은 사람의 위패.
* 뒷밥 : 고사나 제사를 지낸 후 객귀를 위해 차리는 상.
* 모말굴림 : 곡식을 담는 그릇 위에 무릎을 꿇리는 형벌.

(나)

　노래는 심장에, 이야기는 뇌수에 박힌다
　처용이 밤늦게 돌아와, 노래로써
　아내를 범한 귀신을 꿇어 엎드리게 했다지만
　막상 목청을 떼어 내고 남은 가사는
　베개에 떨어뜨린 머리카락 하나 건드리지 못한다　┐
　　　　　　　　　　　　　　　　　　　　　　　　　│ [A]
　하지만 처용의 이야기는 살아남아　　　　　　　┘
　새로운 노래와 풍속을 짓고 유전해 가리라

　정간보가 오선지로 바뀌고
　이제 아무도 시집에 악보를 그리지 않는다
　노래하고 싶은 시인은 말 속에　　　　　　　　┐
　은밀히 심장의 박동을 골라 넣는다　　　　　　│ [B]
　그러나 내 격정의 상처는 노래에 쉬이 덧나　　│
　다스리는 처방은 이야기일 뿐　　　　　　　　┘
　이야기로 하필 시를 쓰며
　뇌수와 심장이 가장 긴밀히 결합되길 바란다.

　　　　　　　　　　　　　　　　　-최두석, 「노래와 이야기」-

109 (가)에 대한 이해로 가장 적절한 것은?

① '이 집의 지손들'이 '거미 알 터지듯 흩어져 나'간다는 데서, 종가의 번성에 대한 자부심을 드러낸다.

② '오래인 동안 이 집의 광영을 지키어 주는 신주들'이 '제삿날이면 갑자기 높아 제상 위에 날름히 올라앉는다'는 데서, 종가에 대한 풍자적 태도를 드러낸다.

③ '동네 백성들을 곧-잘 잡아들여다 모말굴림도 시키고 주릿대를 앵기었다'는 데서, 종가의 위세에 대한 시기심을 드러낸다.

④ '종가에 사는 사람들은 아무 일을 안 해도 지내 왔었고 대대손손이 아-무런 재주도 물리어받지는 못'했다는 데서, 종가의 내력을 존중하는 태도를 드러낸다.

⑤ '근시 안경을 쓰고 눈을 찝찝거리'는 '종갓집 영감님'이 '작인들에게 고리대금을 하여 살아 나간다'는 데서, 종가에 대한 선망을 드러낸다.

110 [A], [B]에 대한 이해로 가장 적절한 것은?

① [A]는 '노래'와 '가사'의 융합이 가져온 결과를 보여 준 것이다.

② [A]는 '노래'와 '이야기'가 결합되었을 때 나타나는 단점을 설명한 것이다.

③ [B]는 시인의 '말'에 '이야기'가 직접 연결된 상황을 표현한 것이다.

④ [B]는 '노래'의 성격이 약화된 '말'에 '노래'가 주는 감동을 불어넣는 상황을 보여 준 것이다.

⑤ [A]는 '이야기'의 도입이 지닌 한계를, [B]는 '노래'의 회복이 지닌 의의를 설명한 것이다.

111 (가), (나)에 대한 설명으로 적절하지 <u>않은</u> 것은?

① (가)는 '쩡쩡 울리던 옛날'과 '달걀귀신이 융융거린다는 마을의 풍설'을 통해 '종가'에 대한 인상을 감각적으로 나타내고 있다.

② (가)는 '돌담으로 튼튼히 가려 놓은 집'과 '검은 기와집'을 통해 '종가'의 분위기를 드러내고 있다.

③ (나)는 '그러나'라는 시상 전환 표지를 활용하여 '노래'만으로는 화자가 바라는 '시' 창작이 어렵다는 점을 부각하고 있다.

④ (나)는 '처용'이 부른 '노래'와 '처용'에 대한 '이야기'의 성격을 비교하여 주제를 구체화하고 있다.

⑤ (가)는 '지금도'를 통해 '종가'의 불변성을, (나)는 '이제'를 통해 '시'의 영속성을 강조하고 있다.

112 〈보기〉를 바탕으로 (가), (나)를 감상한 내용으로 적절하지 <u>않은</u> 것은? [3점]

─────[보기]─────

　(가)에서 화자는 '종가'의 상황을 구체적으로 서술함으로써 종가와 연관된 사람들의 상처를 드러내고, 이러한 종가의 이야기가 현재의 상황과 연결되도록 현재 시제를 주로 사용하여 생동감 있게 표현했다. (나)에서 화자는 '시'가 '노래'의 성격을 되찾아야 할 뿐만 아니라, 감정의 과잉으로 상처가 오히려 깊어지기도 하는 노래의 한계를 극복하기 위해 '이야기'가 요구된다는 점을 강조했다. (가)는 종가에 대한 화자의 경험을 이야기한 산문 형식의 시이고, (나)는 「종가」와 같은, 이야기가 두드러진 시를 짓는 까닭을 제시한 시론 성격의 시이다.

① (가)는 종가 구성원들의 행동을 현재 시제로 생동감 있게 표현함으로써 종가의 이야기와 현실이 연관되도록 서술하고 있군.

② (가)는 '동네 백성들'이 받은 상처를 보여 줌으로써 종가의 부정적 측면을 드러내려는 화자의 의도를 부각하고 있군.

③ (나)는 상처가 노래에 쉽게 덧난다고 말함으로써 시에서 노래의 성격이 분리된 결과를 보여 주고 있군.

④ (나)는 '뇌수'와 '심장'의 결합을 희망한다고 말함으로써 시에 이야기도 필요하다는 생각을 담아내고 있군.

⑤ (가)는 종가에 얽힌 경험과 상처에 대한 이야기를, (나)는 시 창작에서 이야기의 활용이 지니는 의미를 제시하고 있군.

— 해설편 Part 1 p.205 —

"누가 돈 쓰는 것을 아랑곳하랬나? 누가 저더러 돈을 쓰라니 걱정인가? 내 돈 가지고 내가 어떻게 쓰든지……."

"아버지께서 하시는 일에……."

조금 뜯하여지며 부친이 쌈지를 풀어서 담배를 담는 동안에 상훈이는 나직이 말을 꺼냈다.

"……돈 쓰신다고만 하는 것도 아닙니다마는 어쨌든 공연한 일을 만들어 내는 사람들이 첫째 잘못이란 말씀입니다."

"무에 어째 공연한 일이란 말이냐?"

부친의 어기는 좀 낮추어졌다.

"대동보소만 하더라도 족보 한 질에 오십 원씩으로 매었다 하니 그 오십 원씩을 꼭꼭 수봉하면 무엇 하자고 삼사천 원이 가외로 들겠습니까?"

"삼사천 원은 누가 삼사천 원 썼다던?"

ⓔ 영감은 아들의 말이 옳다고는 생각하였으나 실상 그 삼사천 원이란 돈이 족보 박이는 데에 직접으로 들어간 것이 아니라 ×× 조씨로 무후(無後)한 집의 계통을 이어서 일문일족에 끼려 한즉 군식구가 늘면 양반에 진국이 묽어질까 보아 반대를 하는 축들이 많으니까 그 입들을 씻기 위하여 쓴 것이다. 하기 때문에 난봉자식이 난봉 피운 돈 액수를 줄이듯이 이 영감도 실상은 한 천 원 썼다고 하는 것이다. 중간의 협잡배는 이런 약점을 노리고 우려 쓰는 것이지만 이 영감으로서 성한 돈 가지고 이런 병신 구실해 보기는 처음이다.

"그야 얼마를 쓰셨던지요. 그런 돈은 좀 유리하게 쓰셨으면 좋겠다는 말씀입니다."

'재하자 유구무언(在下者 有口無言)'의 시대는 지났다 하더라도 노친 앞이라 말은 공손했으나 속은 달았다.

"어떻게 유리하게 쓰란 말이냐? 너같이 오륙천 원씩 학교에 디밀고 제 손으로 가르친 남의 딸자식 유인하는 것이 유리하게 쓰는 방법이냐?"

아까부터 상훈이의 말이 화롯가에 앉아서 폭발탄을 만지작거리는 것 같아서 위태위태하더라니 겨우 간정되려던 영감의 감정에 또 불을 붙여 놓고 말았다.

상훈이는 어이가 없어서 얼굴이 벌게진다.

[중략 부분의 줄거리] 조 의관(덕기의 조부)이 죽고, 덕기가 재산 상속자가 된다. 조 의관의 유산 목록에 정미소가 없었다는 것을 안 상훈은 정미소를 차지하려고 한다. 한편 상훈은 세간 값을 적은 종이들을 덕기에게 보내 값을 치르라고 한다.

"어제 그건 봤니?"

부친이 비로소 말을 붙이나 아들은 다음 말을 기다리고 가만히 앉았다.

"치를 수 없거든 거기 두고 가거라."

역정스러운 목소리나 여자 손들이 많은데 구차스럽게 세간 값으로 부자 충돌을 하는 꼴을 보이기 싫기 때문에 ⓐ아들의 입을 미리 막으려는 것이다.

"안 치러 드린다는 것은 아닙니다마는……."

덕기는 너무 오래 잠자코 있을 수 없어서 말부리만 따고 또 가만히 고개를 떨어뜨리고 앉았다. 그러나 복통이 터져서 속은 끓었다. 속에 있는 말이나 시원스럽게 하고싶으나 부친 앞에서, 더구나 조인광좌(稠人廣座)* 중에서 그럴 수도 없다.

"이 판에 용이 이렇게 과하시면 어떡합니까. 여간한 세간 나부랭이야 저 집에 안 쓰고 굴리는 것만 갖다 놓으셔도 넉넉할 게 아닙니까?"

안방 치장 하나에 천여 원 돈을 묶어서 들인다는 것은 생돈 잡아먹는 것 같고, 누가 치르든지 간에 어려운 일이다.

"이 판이 무슨 판이란 말이냐? 그 따위 아니꼬운 소리 할 테거든 그거 내놓고 어서 가거라. 안 쓰고 굴리는 세간은 너나 쓰렴!"

영감은 자식에게라도 좀 점해서* 그런지 화만 버럭버럭 내고 호령이다.

"할아버지께서 산소에 돈 쓰신다고 반대하시던 걸 생각하시기로……."

"무어 어째? 널더러 먹여 살리라니? 걱정 마라. 아니꼽게 네가 무슨 총찰이냐? 그러나 정미소 장부는 이따라도 내게로 보내라."

부친은 이 말을 하려고 트집을 잡는 것이었다.

"정미소 아니라 모두 내놓으라셔도 못 드릴 것은 아닙니다마는, 늘 이렇게만 하시면야 어디 드릴 수 있겠습니까?"

"드릴 수 있고 없고 간에, 내 거는 내가 찾는 게 아니냐?"

"왜 그렇게 말씀을 하셔요. 제게 두시면 어디 갑니까?"

"이놈 불한당 같은 소리만 하는구나? 돈 천도 못 되는 것을 치러 줄 수 없다는 놈이 무어 어째?"

부친은 신경질이 일어났는지 별안간 달려들더니 주먹으로 뺨을 갈기려는 것을 덕기가 벌떡 일어서니까 주먹이 어깨에 맞았다. 병적인지 벌써 망령인지는 모르겠으나 점점 흥분하게 해서는 아니 되겠다 하고 마루로 피해 나와 버렸다. 그러나 금시로 정이 떨어지는 것 같고, 그 속에 앉은 부친은 딴 세상 사람같이 생각이 들었다. ⓛ신앙을 잃어버리고 사회적으로 활약할 야심이나 희망까지 길이 막히고 보면야, 생활이 거칠어 가는 수밖에는 없을 것이라고 동정도 하는 한편인데, 이미 신앙을 잃어버린 다음에야 가면을 벗어 버리고 파탈하고 나서는 것도 오히려 나은 일이라고도 하겠으나, 노래(老來)에 이렇게도 생활이 타락하여 갈까 하고, 덕기는 부친에게 반항하기보다도 다만 혼자 탄식을 하는 것이었다.

-염상섭, 「삼대」-

* 조인광좌 : 여러 사람이 빽빽하게 많이 모인 자리.
* 점해서 : 부끄럽고 미안해서.

113 윗글에 대한 이해로 적절하지 <u>않은</u> 것은?

① 상훈의 부친은 족보를 만드는 데에 '한 천 원'이 들었다며 다행이라 여기고 있다.
② 상훈의 부친은 상훈이 '오륙천 원'을 학교에 '디밀'었던 것은 돈을 '유리하게' 쓴 것이 아니라고 본다.
③ 상훈은 자신의 부친이 '산소'에 '돈'을 쓰는 것에 동의하지 않았다.
④ 덕기는 '세간 값'으로 치러야 하는 돈을 낭비라고 생각한다.
⑤ 덕기는 집안의 재산이 낭비되지 않게 하기 위해 '정미소 장부'를 내놓지 않으려 한다.

114 윗글의 맥락을 고려할 때, ⓐ의 의미로 가장 적절한 것은?

① 아들에게 말을 돌려서 하려는 것이다.
② 아들의 말에 놀라움을 표시하려는 것이다.
③ 아들과 자신의 의견을 같게 하려는 것이다.
④ 아들에게 하고자 했던 말을 참으려는 것이다.
⑤ 아들이 말하고자 하는 것을 못 하게 하려는 것이다.

115 [A], [B]에서 각각 드러나는 부자간의 갈등에 대한 이해로 적절하지 <u>않은</u> 것은?

① [B]와 달리 [A]에서는 아버지가 아들의 치부를 들추어 내며 책망한다.
② [A]와 달리 [B]에서는 아들이 아버지를 동정한다.
③ [A]와 달리 [B]에서는 아버지가 자신의 잘못을 아들의 탓으로 돌린다.
④ [A]와 [B] 모두에서 아버지는 아들의 간섭을 못마땅해한다.
⑤ [A]와 [B] 모두에서 아들은 자신과 생각이 다른 아버지의 행위를 문제 삼는다.

116 〈보기〉를 바탕으로 ㉠과 ㉡을 설명한 내용으로 가장 적절한 것은? [3점]

[보기]

「삼대」의 서술자는 대체로 특정 인물의 시각에 의존하여 다른 인물을 서술 대상으로 포착한다. 이때 그 특정 인물은 장면에 따라 선택되며, 서술자는 특정 인물의 시각을 통해 서술 대상이 되는 인물들의 심리를 보여 준다. 이러한 서술 방식으로 서술자는 특정 인물이 지닌 의식과 행동 사이의 인과관계, 다른 인물과의 관계에서 겪는 심리적 갈등을 통해 인물의 성격과 그에 대한 평가를 복합적으로 드러낸다.

① ㉠에서는 서술자가 선택한 특정 인물이 영감에서 아들로 달라지는 반면, ㉡에서는 덕기로 고정되어 있다.
② ㉠에서는 서술 대상인 상훈의 의식과 행동 사이의 인과관계가, ㉡에서는 덕기가 포착한 상훈의 심리적 갈등이 드러난다.
③ ㉠에서는 영감의, ㉡에서는 덕기의 시각에서 서술 대상인 상훈을 낮게 평가하며 그와의 심리적인 갈등을 드러내고 있다.
④ ㉠에서는 서술 대상인 상훈에 대한 영감의 평가가 달라지는 반면, ㉡에서는 서술 대상인 상훈에 대한 덕기의 평가가 달라지지 않는다.
⑤ ㉠에서는 서술자가 선택한 특정 인물인 영감의 성격이, ㉡에서는 서술자가 선택한 특정 인물인 덕기와 서술 대상인 상훈의 성격이 드러난다.

───── (해설편 Part 1 p.212) ─────

(가)

[앞부분 줄거리] 전우치는 구미호로부터 천서를 빼앗아 술법을 배웠으나 구미호가 전우치를 속여 천서의 일부를 가져간다.

우치 대노 왈,

"흉악한 요물이 나를 업수이 여겨 이같이 속이니 내 이제 여우굴에 가 책을 찾고 요괴를 소멸하리라."

하고 방망이와 송곳을 가지고 여우 굴로 가니, 산천이 깊고 길이 아득하여 찾을 수 없어 도로 돌아와 생각하되, '이 요괴 변화가 예측하기 어려우니 가히 이곳에 오래 머물지 못하리라.' 하고 서책을 수습하여 돌아오니, 대저 천서 상권은 부적을 붙인 까닭에 빼앗아 가지 못함이러라.

[A] ⎡ 우치 집에 돌아와 천서를 보아 못 할 술법이 없으매, 과거에 뜻이 없어 스스로 생각하되, '내 벼슬하여 모친을 봉양하려 하면 자연히 더디리라.' 하고 이에 한 계교를 생각하여 몸을 흔들어 변하여 선관이 되어 오색구름을 타고 하늘에 올라 바로 궐내로 들어가 대명전에 자리하니 서기가 공중에 어리었으니 궁중이 황홀했다. 이에 조정의 신하들이 당황하여 갈팡질팡하고 임금께 아뢰기를,

"고금에 드문 괴변이라."

하니, 왕이 대경하사 여러 신하를 모아 의논하시더니, 우치가 운무 중에 서고 청의동자가 외쳐 왈,

"고려국 왕은 옥황상제 전교를 들으라."

하거늘, 왕이 명하사 바닥에 깔 자리와 향로를 올려 놓은 상을 갖춰 놓게 하고 나아가 보니 한 선관이 금관 홍포로 동자를 좌우에 세우고 오색구름 중에 싸여 단정히 섰거늘, 왕이 네 번 절한 후 땅에 엎드리시니, 우치 왈,

"하늘의 궁궐이 오래되어 낡고 헐었기에 이제 수리하고자 하여 인간 여러 나라에 뜻을 전하여 모든 물건을 다 바쳤으나 다만 황금 들보 하나가 없는지라. 옥황상제께서 그대 나라에 황금이 유족함을 아시고 이제 뜻을 전하사 칠 월 칠 일 오시에 상량하리니, 그날 미쳐 대령하되 길이 십 척 오 촌이요, 너비 삼 척 이 촌, 만일 그날 미치지 못하면 큰 변을 내리우시리라."

하고 말을 마치자 선악 소리 은은하며 오색구름이 ⎣ 남녁으로 향하여 가더라.

(중략)

우치 무안하여 달아나고자 하더니 화담이 알고 변신하여 삼이 되어 달려드니, 우치가 보라매 되어 날려 한즉, 화담이 또한 청사자가 되어 우치를 물어 쓰러뜨리고 크게 꾸짖어 왈,

"너 같은 요술이 임금을 속이고 세상을 희롱하니 어찌 죽이지 아니하리오?"

우치 애걸 왈,

"선생의 도술이 높으심을 모르고 존엄을 범하였으니 죄당만사(罪當萬死)이오나, 소생에게 노모가 있사오니 원컨대 선생은 잔명을 빌리소서."

화담 왈,

"내 이번은 살리거니와 다시 그런 버릇없는 일을 행치 말고 그대 모친을 봉양하다가 그대 모친이 돌아가신 후에 나와 영주산에 들어가 선도(仙道)를 닦음이 어떠하뇨?"

우치 왈,

"선생의 교훈대로 봉행하리이다."

하고 인하여 하직한 후에 집에 돌아와 요술을 행치 아니하고 모친을 봉양하더니, 세월이 여류하여 우치 모부인이 졸하니 우치 예를 갖추어 선산에 안장하고 삼 년을 받들더니, 하루는 화담이 왔거늘, 우치가 황망히 나와 맞아 인사를 마치고 자리에 앉은 후에 화담 왈,

"그대와 약속한 일이 있으매 그대 상중에 있는 것을 알고 왔거늘, 이제 그 산에 있는 구미호를 잡아 돌상자에 가두고 그 굴에 불 지름이 어떠하뇨?"

우치 왈,

"이제 선생이 그 여우를 없이하시면 진실로 온 나라의 아주 다행스러운 일이 아닐까 하나이다."

화담 왈,

"내 이제 그대를 데려가려 하나니, 행장을 꾸리거라."

하거늘, 우치 크게 기뻐하며 재산을 흩어 노복을 주며 왈,

"나는 이제 영원히 이별하려 하니, 너희들은 탈 없이 있어 나의 조상의 제사를 받들라."

하고 조상의 무덤에 하직한 후에 화담을 모시고 구름을 타고 영주산으로 향하니, 그 뒷일은 알지 못하니라.

－작자 미상, 「전우치전」－

(나)

S#1. 궁궐. 낮.

궁궐을 향해 날아 내려가는 오색구름. ㉠선녀와 천군 호위 속에 전우치가 지상을 내려 본다.

왕 : 옥황상제의 아드님께서 오신다. 예를 갖춰라.

왕이 손짓하자, 궁중 악사들이 정악을 연주한다. 지상으로 내려온 구름. 전우치가 입을 연다. 쩌렁쩌렁한 목소리에 왕이 고개를 더 낮춘다.

전우치 : 지상의 왕은 내가 시킨 대로 황금 1만 냥을 함경도 기근 지역에 보냈느냐?

왕 : 그제 제 꿈에 나타나 하명하신 대로 한 치 틀림없이 그리 했습니다.

전우치 : 하늘에서 그대의 덕을 높이 사 그대가 하늘로 돌아올 때 7배 70배 700배로 갚아 줄 것이다.

왕 : 황공하옵니다. 왕가의 보물을 보자시길래 그것 역시 준비 했습니다.

전우치 : 지상의 왕이 보기보다 아주 똘똘하구나. 근데… 에이 가락이 맘에 안 드는구나.

전우치가 손짓하자, 궁중 악사들이 무엇에 홀린 듯 다른 음악을 연주한다. 맘에 안 드는지, 전우치가 손가락을 튕기자, 악사들은 음악을 바꾼다. 그제서야 맘에 든 전우치. 머리를 흔들어 박자를 느끼며, 보물이 늘어선 곳으로 걷는다. 보물을 발로 툭 쳐 보고, 도자기는 관심 없어 깨고, 보고, 던지고, 보고, 깨는데,

(중략)

거울을 연신 깨던 전우치. ㉡한 거울에 눈이 멈춘다. 작고 투박하다. 앞면은 청동이라 탁하고 뒷면은 자개로 덮여 있다. 전우치가 슬쩍 주머니에 넣는다.

전우치 : 왕은 고개를 들라.

왕 : 예?

전우치 : 내 본시 그림 그리기를 즐겨 해 나무를 그리면 나무가 점점 자라고 짐승을 그리면 그림에서 튀어나오니 내 재주가 아까워 그런데…

전우치가 품에서 두루마리를 꺼내 펼친다. 산수화. 궁녀2 손에 들게 한다.

전우치 : 어떤가?

왕 : 지상의 풍경이 아닌 듯 살아 움직이는 것 같습니다. 소인이 과문하여 묻는데 주인 없는 빈 말은 무엇을 상징하는 것입니까?

전우치 : 이 도사 전우치가 타고 갈 말이니라.

왕 : … 전우치? 망나니 전우치?

전우치가 대동하고 왔던 천군들을 보면, ㉢그저 허수아비에 불과하다.

전우치 : 나를 아는가? 유명하면 아무리 이름을 숨긴다고 숨겨지는 것도 아니고 거 참.

왕 : 감히 도사 놈이 주상을 능멸해. 여봐라 이놈을 잡아라.

궁중 무관들이 들이닥치는데, 전우치는 태평하게 한 잔 더 걸치고는, 손가락을 튕겨 음악을 바꾼다. 음악은 점점 흥겨워진다. 진땀나는 궁중 악사들.

전우치 : 도사 놈이라? 에… 도사는 무엇이냐? ㉣도사는 바람을 다스리고 (바람이 분다) 마른 하늘에 비를 내리고 (순식간에 장대비가 내린다) 땅을 접어 달리고 (술상을 향해 축지법으로 갔다가 돌아온다) 날카로운 검을 바람보다도 빨리 휘두르고 (검이 쉭 – 하는 소리와 함께 허공을 가르고) 그 검을 꽃처럼 다룰 줄 아니 (검이 왕 얼굴 앞에서 꽃으로 변한다) 가련한 사람들을 돕는 게 바로 도사의 일이다. 무릇 생선은 대가리부터 썩는 법! 왕과 대신들이 기근에 시달리는 백성을 보살피지 않아 이 도사 전우치가 친히 백성들 심부름을 하고자 왔으니 공치사 받을 일도 아니고.

전우치를 에워싸는 궁중 무관들. 섣불리 접근하지 못하는데, 전우치 천천히 붉은 붓을 들어 술병 모가지 테두리를 둘러 원을 그린다. 서로를 바라보다 자신의 목을 보는 무관들. 모두의 목에 붉은 테두리가 그려져 있다.

전우치 : 내가 이 병 목을 치면 너희들은 어떻게 될 거 같으냐?

무관들, 술렁거리며 주춤한다.

왕 : 저놈을 잡는 자에게 황금 2천 냥을 주겠다.

전우치 : 하하하… 돈을 막 쓰는구나. 하하하…

전우치가 그림 속으로 들어가 말을 타고 사라진다. ㉤웃음 소리는 오래도록 왕을 언짢게 한다.

－최동훈, 「전우치」－

117 (가)의 화담에 대한 이해로 가장 적절한 것은?

① 전우치가 요술로 세상을 어지럽히지 않도록 이끈다.
② 전우치의 요청에 따라 선도를 닦기 위해 함께 간다.
③ 전우치의 공격을 받으나 도술로 전우치를 제압한다.
④ 전우치와 함께 구미호를 퇴치하여 나라를 안정시킨다.
⑤ 전우치와의 약속을 지키지 않고 영주산에 갈 것을 재촉한다.

118 〈보기〉는 선생님의 안내에 따라 학생들이 (가)를 이해한 내용이다. ⓐ~ⓔ 중 적절하지 않은 것은? [3점]

[보기]

선생님 : 일반적으로 영웅 소설에서 주인공은 고난을 겪지만 조력자를 만나 병서나 무기 등을 얻어 탁월한 능력을 갖게 됩니다. 이후 주인공이 위기에 처한 나라를 구하는 공을 세워 이름을 떨치며 부귀영화를 누리는 것으로 마무리됩니다. 이때 주인공은 유교적 이념을 존중하는 인물입니다. 이와 같은 전형적인 영웅 소설과 「전우치전」이 어떻게 유사하고 다른지 이야기해 봅시다.

학생 1 : 전우치가 천서를 익혀 뛰어난 능력을 얻게 된 것은 병서를 익혀 탁월한 능력을 갖게 된 일반적인 영웅 소설과 비슷해요. ·············· ⓐ

학생 2 : 전우치가 충을 다함으로써 효를 실천하는 것은 충효라는 유교적 이념을 중시하는 일반적인 영웅 소설과 비슷해요. ·············· ⓑ

학생 3 : 전우치가 입신양명의 길을 선택하지 않은 것은 나라에 공을 세워 이름을 널리 떨치는 일반적인 영웅 소설과는 달라요. ·············· ⓒ

학생 4 : 전우치가 옥황상제의 권위를 이용하여 나라의 재산을 취하려 한 것은 위기에 처한 나라를 구하는 일반적인 영웅 소설과는 달라요. ······ ⓓ

학생 5 : 전우치가 재산을 흩어 노복에게 주고 떠나는 것으로 마무리되는 것은 부귀영화를 누리게 되는 일반적인 영웅 소설과는 달라요. ······· ⓔ

① ⓐ   ② ⓑ   ③ ⓒ   ④ ⓓ   ⑤ ⓔ

119 (가)를 토대로 (나)가 창작되었다고 할 때, [A]와 (나)에 대한 비교로 적절하지 않은 것은?

① 전우치가 왕에게 말하는 태도는 [A]에서는 근엄하였으나, (나)에서는 거드름을 피우는 것으로 변화하였다.
② 전우치가 왕에게 황금을 요구한 까닭은 [A]에서는 모친 봉양을 위한 것이었으나, (나)에서는 백성을 보살피는 것으로 바뀌었다.
③ 전우치가 자신의 요구 실현에 대해 취한 조치는 [A]에서는 실행하지 않을 경우 변을 당하리라 위협하는 것으로, (나)에서는 실행한 것에 대해 보상을 약속하는 것으로 표현되었다.
④ 전우치가 왕과의 만남을 끝내는 모습이 [A]에서는 구름을 타고 남쪽으로 가는 것으로, (나)에서는 돌아올 것을 예고하며 말을 타고 산수화 속으로 들어가는 것으로 나타났다.
⑤ 전우치가 왕에게 자신의 요구를 전하는 장면은 [A]에서는 왕에게 요구하는 모습이 자세히 서술되었으나, (나)에서는 꿈에 나타나 하명하였다는 왕의 대사로 간략히 처리되었다.

120 (나)에 나타난 갈등 양상에 대한 이해로 적절하지 않은 것은?

① 전우치가 자신의 정체를 드러낸 것을 계기로 왕과의 갈등이 표출되어 상황이 새로운 국면으로 전환된다.
② 전우치가 '생선은 대가리부터 썩는 법'이라고 말함으로써 왕과의 갈등이 부패한 지배층에 대한 비판으로 확장된다.
③ 왕이 전우치에게 속아 그를 최고의 예우로 대하는 것은 장차 전우치의 정체가 밝혀질 때 갈등이 증폭되는 요인이 된다.
④ 왕이 전우치를 '옥황상제의 아드님'에서 '도사 놈'으로 바꿔 부르는 것에서 전우치를 향한 왕의 적대적인 인식이 드러난다.
⑤ 왕과 전우치의 주문에 따라 연주되는 음악이 계속 바뀜으로써 왕과 전우치 간의 대결이 우열을 가리기 힘든 상황임이 드러난다.

121 (나)를 영화로 제작한다고 할 때, ㉠~㉤에 대한 연출 계획으로 적절하지 <u>않은</u> 것은?

① ㉠ : 전우치의 권위와 위엄이 느껴지게 하려면, 지상을 내려다보는 전우치를 올려다보며 촬영해야겠군.

② ㉡ : 전우치가 거울에 관심을 갖고 있음을 강조하려면, 전우치의 얼굴이나 눈동자를 화면에 가득 담아야겠군.

③ ㉢ : 천군들의 정체로 인한 왕의 당혹감을 표현하려면, 천군이 있던 자리에 놓인 허수아비를 왕의 시점으로 보여 주어야겠군.

④ ㉣ : 전우치가 도사로서 가진 출중한 능력을 입체적으로 전달하려면, 여러 공간에서 동시에 일어나는 각각의 장면을 번갈아 보여 주어야겠군.

⑤ ㉤ : 왕이 전우치로 인해 불쾌감을 지속적으로 느끼고 있음을 감각적으로 표현하려면, 언짢아하는 왕의 표정을 보여 주며 전우치가 남긴 웃음소리를 효과음으로 길게 끌어야겠군.

[122~124] 다음 글을 읽고 물음에 답하시오.   2023.09 [32~34]

─── (해설편 Part 1 p.220) ───

(가)

이 중에 시름없으니 **어부(漁父)**의 생애로다
일엽편주를 만경파(萬頃波)에 띄워 두고
인세(人世)를 다 잊었거니 날 가는 줄을 아는가

〈제1수〉

굽어보면 천심 녹수 돌아보니 만첩 청산
십장 홍진(十丈紅塵)이 얼마나 가렸는가   [A]
강호에 월백(月白)하거든 더욱 무심(無心)하여라

〈제2수〉

청하(靑荷)에 밥을 싸고 **녹류(綠柳)**에 고기 꿰어
노적 화총(蘆荻花叢)에 배 매어 두고
일반 청의미(一般淸意味)를 어느 분이 아실까

〈제3수〉

㉠산두(山頭)에 한운(閑雲) 일고 수중(水中)에 백구(白鷗) 난다
무심코 다정한 것 이 두 것이로다
㉡일생에 시름을 잊고 너를 좇아 놀리라

〈제4수〉

-이현보, 「어부단가」-

(나)

때마침 부는 추풍(秋風) 반갑게도 보이도다
말술이 다나 쓰나 술병 메고 벗을 불러
언덕 너머 어촌에 내 놀이 가자꾸나
흰 두건을 젖혀 쓰고 **소정(小艇)**을 타고 오니
㉢바람에 떨어진 갈대꽃 갠 하늘에 눈이 되어
석양에 높이 날아 어지러이 뿌리는데
갈잎에 닻 내리고 그물로
잔잔한 강물 속 자린은순(紫鱗銀脣)* **수없이 잡아내어**
연잎에 담은 회와 항아리에 채운 술을
실컷 먹은 후에
태기 넓은 돌에 높이 베고 누웠으니
희황천지(羲皇天地)*를 오늘 다시 보는구나
잠시 잠들어 뱃노래에 깨어 보니

추월(秋月)이 만강(滿江)하여 밤빛을 잃었거늘 ⎤
반쯤 취해 시 읊으며 배 위로 건너오니 ⎟
강물 아래 잠긴 달은 또 어인 달인 게오 ⎟
달 위에 배를 타고 달 아래 앉았으니 ⎟[B]
문득 의심은 월궁(月宮)에 올랐는 듯 ⎟
물외(物外)의 기이한 경관 넘치도록 보이도다 ⎦
청경(淸景)을 다투면 내 분에 두랴마는
즐겨도 말리는 이 없으니 나만 둔가 여기노라
놀기를 탐하여 돌아갈 줄 잊었도다
㉣아이야 닻 들어라 만조(晩潮)에 띄워 가자
푸른 물풀 위로 강풍(江風)이 짐짓 일어
귀범(歸帆)을 재촉하는 듯
아득하던 앞산이 뒷산처럼 보이도다
잠깐 사이 날개 돋아 연잎배 탄 신선된 듯
연파(烟波)를 헤치고 월중(月中)에 돌아오니
㉤동파(東坡) 적벽유(赤壁遊)*인들 이내 흥(興)에 미치겠는가
강호 흥미(興味)는 나만 둔가 여기노라

-박인로, 「소유정가」-

* 자린은순 : 물고기를 아름답게 표현하는 말.
* 희황천지 : 복희씨(伏羲氏) 때의 태평스러운 세상.
* 동파 적벽유 : 중국 송나라 때 소식(蘇軾)이 적벽에서 했던 뱃놀이.

122 ㉠~㉢에 대한 이해로 적절하지 **않은** 것은?

① ㉠은 대구를 통해 자연 경물의 모습을 제시함으로써 한적한 분위기를 조성하고 있다.

② ㉡은 자연 경물을 '너'로 지칭하여 관계를 맺음으로써 이들과 동화하려는 의지를 표출하고 있다.

③ ㉢은 자연 경물의 모습을 감각적으로 표현함으로써 물가의 아름다운 풍경을 묘사하고 있다.

④ ㉣은 명령형 어미를 사용하여 '아이'가 해야 할 행동을 제시함으로써 자연 경물에 대한 인식의 변화를 촉구하고 있다.

⑤ ㉤은 유사한 놀이를 즐겼던 과거 인물과 비교함으로써 화자의 자긍심을 드러내고 있다.

123 [A], [B]에 대한 설명으로 가장 적절한 것은?

① [A]에서 화자는 달을 절대적 존재로 인식하고 강호 자연에서 '무심'한 삶을 살 수 있도록 기원하고 있다.

② [A]에서 화자는 달에 인격을 부여하여 '녹수'와 '청산'으로 둘러싸인 강호 자연의 가을 달밤 정경을 묘사하고 있다.

③ [B]에서 화자는 하늘의 달과 강물에 비친 달 사이에 놓임으로써 '월궁'에 오른 듯한 신비로움을 표현하고 있다.

④ [B]에서 화자는 시간의 흐름에 따라 모양을 달리 하는 달의 특성을 활용하여 계절의 변화를 다채롭게 나타내고 있다.

⑤ [A]와 [B]에서 강호 자연에 은거한 화자는 달을 대화 상대이면서 동시에 위안의 대상으로 여기고 있다.

124 〈보기〉를 바탕으로 (가), (나)를 감상한 내용으로 적절하지 **않은** 것은? [3점]

[보기]

'어부'는 정치 현실과 거리를 둔 은자로 형상화된다. 이때 '어부 형상'은 어부 관련 소재, 행위, 정서 등의 어부 모티프와 연관하여 작품별로 공통적인 속성을 가지면서 다양한 변주를 보인다. (가)는 어부와 관련된 상황의 일부를 초점화하여 유유자적한 삶을 사는 어부를, (나)는 어부와 관련된 여러 상황을 이어 가며 흥취 있는 삶을 사는 어부를 형상화하고 있다.

① (가)의 '어부'는 '십장 홍진'으로 표현된 정치 현실에서 벗어나 뱃놀이를 즐기며 '인세'의 근심과 시름을 다 잊고 한가로움을 추구하려고 하는군.

② (나)의 추풍은 뱃놀이의 흥취를 북돋우는 자연 현상이고, '강풍'은 흥취의 대상을 강에서 산으로 옮겨 가는 자연 현상이라 볼 수 있군.

③ (가)의 '일엽편주'와 (나)의 '소정'은 화자가 소박한 뱃놀이를 즐기고 있다는 것을 알려 주는 어부 형상 관련 소재라고 할 수 있군.

④ (가)의 '녹류에 고기 꿰어'에는 어부의 삶과 관련된 일부 행위를 통해 유유자적한 삶이, (나)의 '그물로', '수없이 잡아 내어', '실컷 먹은'에는 뱃놀이의 여러 상황들이 연결되어 흥취를 즐기는 삶이 나타나고 있군.

⑤ (가)의 '어부'는 강호 자연의 삶 속에서 홀로 자족감을 표출하고 있고, (나)의 어부는 벗들과 함께한 흥겨운 뱃놀이를 통해 만족감을 표출하고 있군.

—— 해설편 Part 1 p.226 ——

(가)

　살구나무 그늘로 얼굴을 가리고, 병원 뒤뜰에 누워, 젊은 여자가 흰옷 아래로 하얀 다리를 드러내 놓고 일광욕을 한다. 한 나절이 기울도록 가슴을 앓는다는 이 여자를 찾아오는 이, 나비 한 마리도 없다. 슬프지도 않은 살구나무 가지에는 바람조차 없다.

　나도 모를 아픔을 오래 참다 처음으로 이곳에 찾아왔다. 그러나 나의 늙은 의사는 젊은이의 병을 모른다. 나한테는 병이 없다고 한다. 이 지나친 시련, 이 지나친 피로, 나는 성내서는 안 된다.

　여자는 자리에서 일어나 옷깃을 여미고 화단에서 금잔화 한 포기를 따 가슴에 꽂고 병실 안으로 사라진다. 나는 그 여자의 건강이 ― 아니 내 건강도 속히 회복되기를 바라며 그가 누웠던 자리에 누워 본다.

　　　　　　　　　　　　　　　　　　－윤동주, 「병원」－

(나)

　유성에서 조치원으로 가는 어느 들판에 우두커니 서 있는 한 그루 늙은 나무를 만났다. 수도승일까. 묵중하게 서 있었다.

　다음날은 조치원에서 공주로 가는 어느 가난한 마을 어귀에 그들은 떼를 져 몰려 있었다. 멍청하게 몰려 있는 그들은 어설픈 과객일까. 몹시 추워 보였다.

　공주에서 온양으로 우회하는 뒷길 어느 산마루에 그들은 멀리 서 있었다. 하늘 문을 지키는 파수병일까, 외로워 보였다.

　온양에서 서울로 돌아오자, 놀랍게도 그들은 이미 내 안에 뿌리를 펴고 있었다. 묵중한 그들의. 침울한 그들의. 아아 고독한 모습. 그 후로 나는 뽑아낼 수 없는 몇 그루의 나무를 기르게 되었다.

　　　　　　　　　　　　　　　　　　－박목월, 「나무」－

125 (가), (나)에 대한 설명으로 가장 적절한 것은?

① (가)와 (나)는 모두 색채 이미지를 활용하여 사물의 역동성을 드러내고 있다.

② (가)와 (나)는 모두 일상을 벗어난 공간과 대비하여 일상의 공간에 의미를 부여하고 있다.

③ (가)는 (나)와 달리, 사물의 속성을 분석하여 미래에 대한 긍정적인 전망을 제시하고 있다.

④ (나)는 (가)와 달리, 추측을 나타내는 표현을 변주하여 사물이 연상시키는 의미를 심화하고 있다.

⑤ (가)는 현재형 시제로 계절의 상징성을, (나)는 과거형 시제로 시간에 따른 사물의 변화상을 보여 주고 있다.

126 〈보기〉의 관점에서 (가), (나)의 '화자와 대상의 관계'에 대해 이해한 내용으로 적절하지 <u>않은</u> 것은? [3점]

---[보기]---

　(가), (나)의 화자는 특정한 대상에 대한 인식을 통해 자신을 성찰하고 대상에 공감한다. (가)의 화자는 병원에서 본 '여자'의 모습에 주목하고 '여자'의 아픔에 비추어 자신의 처지를 성찰하며 '여자'가 지닌 치유에 대한 소망에 공감한다. (나)의 화자는 여행 중에 만난 '나무'들의 모습에 주목하고 '나무'들에 비추어 자신의 내면을 성찰하며 '나무'들의 모습에서 드러나는 정서에 공감한다. 이를 통해 (가), (나)의 화자는 대상과의 동질성을 확인한다.

---

① (가)의 화자는 '병원 뒤뜰'에 누워 있는 '여자'를 관찰함으로써, (나)의 화자는 여로에서 만난 '나무'를 반복적으로 제시함으로써 대상을 인식하고 있음을 보여 주고 있다.

② (가)의 화자는 찾는 이가 없는 '가슴을 앓는다는 이 여자'의 처지에, (나)의 화자는 '나무'에게서 본 '수도승', '과객', '파수병'의 모습에 자신을 비추어 보고 있다.

③ (가)의 화자는 '젊은이의 병'을 모르는 '늙은 의사'에 대한 원망을 '여자'와 공유함으로써, (나)의 화자는 '멀리 서 있'는 '나무'들의 위치를 확인함으로써 대상과 자신의 거리를 좁히려 하고 있다.

④ (가)의 화자는 '금잔화 한 포기'를 꽂고 병실로 들어가는 '여자'에게서 '회복'에 대한 소망을 읽어 냄으로써, (나)의 화자는 '나무'들이 '외로워 보였다'고 표현함으로써 대상에 공감하고 있다.

⑤ (가)의 화자는 '그가 누웠던' 곳에 '누워 본다'고 함으로써, (나)의 화자는 '뽑아낼 수 없'는 '나무를 기르게 되었다'고 함으로써 대상과 자신의 동질성을 드러내고 있다.

── 해설편 Part 1 p.231 ──

제1회 봄놀이

오작교에선 선랑(仙郎)이 봄바람에 취하고
버드나무 언덕에선 가인(佳人)이 그네를 뛰네

[A]
'광한루기'는 작품 전체의 제목이다. 광한루가 없었더라면 이도린이 놀러 가지 않았을 것이요, 이도린이 놀러 가지 않았더라면 춘향이 이도린을 만날 수 없었을 것이요, 춘향이 이도린을 만나지 못했더라면 8회로 구성된 한 편의 작품이 무엇을 바탕으로 탄생할 수 있었겠는가. 광한루 하나가 공중에 솟구쳐 있었기에 이도린이 놀러 갈 수밖에 없었고, 춘향이 이도린을 만날 수밖에 없었으며, 8회로 구성된 한 편의 작품이 만들어질 수밖에 없었다.

(중략)

그네 뛰는 모습을 이도린이 보고 자기도 모르게 눈앞이 어질어질하여 김한에게 말했다.

"너는 저런 것을 본 적이 있느냐? 저것이 금이냐, 옥이냐? 아니면 귀신이냐? 그것도 아니면 선녀냐? 너는 저것을 아느냐?"

김한이 대답했다.

"금도 아니고 옥도 아닙니다. 낙수(洛水)에 빠져 죽은 이의 넋도 사라지고, 양대(陽臺)에서 구름과 비를 만들었던 여인의 일도 이제 아득하기만 한데, 어떻게 귀신 같고 선녀 같은 아가씨가 요즘 세상에 나타났겠습니까?"

"그렇다면 누구란 말이냐?"

"이 사람은요……."

"이 사람이 누구냐?"

"도련님께서는 교방 행수 기생 월매를 기억하시는지요?"(이게 무슨 말이야?)

"저렇게 젊고 아리따운 여인을 어떻게 반쯤은 쭈글쭈글해진 노파에다 비교할 수 있느냐?"

"저 사람은 월매의 딸 춘향입니다. 노래도 잘하고 춤도 잘 추며 글도 잘하고 바느질도 잘하며 그 용모와 자태는 정말 절색입니다. 남원의 절색일 뿐 아니라 도내의 절색이요, 도내의 절색일 뿐 아니라 국내의 절색이라 해도 손색이 없습니다."

이도린이 매우 기뻐하며 말했다.

"풍류를 즐길 만한 인연이 정말이지 다른 데 있는 것이 아니구나. 네가 가서 불러 오거라."

"도련님께서는 저 아이를 불러다가 무엇을 하시려고요?"

"고운 얼굴 한번 보려고 그런다." ㉠(어찌 그렇지 않을 수 있겠는가?)

"도련님께서 저 아이를 보시고 무엇 하시려고요?"(눈치 빠른 김한)

"내가 이 일을 하든 저 일을 하든 네가 알아서 뭣 하느냐?"

"부른다 해도 저 아이는 오지 않을 것입니다."

"오고 안 오고는 저 아이한테 달렸지 너한테 달리지 않았으니, 너는 그 새 주둥이 같은 입을 그만 닥치거라."

이에 김한이 머리를 떨구고 갔다.

원래 춘향은 풍경을 즐기려는 옆집 여자 아이를 따라 나온 것이었다. 채색 줄로 만든 그네를 탔는데, 봄바람에 옷자락이 흐트러져 버드나무 가지를 꽉 잡은 채 그네를 멈추고 옷매무새를 바로잡으려 했다. 그때 갑자기 광한루 위에서 사람의 말소리가 들리자(이게 누구지?) 춘향은 몸을 돌려 꽃그늘 속으로 들어가 숨고서는 주변을 둘러보았다. 이도린이 꽃무늬가 있는 작은 종이를 손에 쥐고 홀로 광한루 동쪽 난간에 기대어 있었는데, 그 모습이 티 없이 맑아 춘향은 은연중에 찬탄하는 말을 내뱉었다. 갑자기 김한이 바쁜 걸음으로 와서 불렀다.

"춘향 낭자 어디 있소?"

춘향이 다시 몸을 돌려 숨었기 때문에 아무 소리도 나지 않았다. 김한이 이리저리 찾아보다가 꽃그늘에까지 와서 춘향을 발견했다.

(중략)

김한이 웃으며 말했다.

"춘향은 노여워 말고 내 말 한번 들어 보오. 어제 남문 밖 큰 길에서 까치 같은 옷차림의 사령들이 쌍쌍이 앞에서 인도하고, 호랑이 무늬의 활집을 진 군관들이 대열을 이루며 뒤에서 호위한 채, 한 귀인이 구름 같은 가마에 앉아 아전들과 기생들 사이를 누비고 다녔는데, 낭자는 그 사람이 누군지 아오?"

"네가 또 쓸데없는 말을 하는구나. 내가 어찌 본관 사또를 몰라보겠느냐?"

"내가 말한 귀인은 바로 사또 자제 도련님이오."(기특한 김한)

"사또 자제 도련님이 나와 무슨 상관이냐?"

"낭자, 우리 도련님을 한번 만나러 갑시다."

"도련님이 어떻게 춘향인지 추향인지 알겠느냐? 네가 춘향입네, 기생입네 하면서 농지거리해서 일을 벌였겠지. 나는 죽어도 못 간다, 죽어도 못 가."

"춘향 낭자, 그대는 현명하고 지혜로운 사람이면서 이다지도 사리를 분별하지 못하오? 속담에도 '까마귀 날자 배 떨어진다.'라고 했듯이 도련님께서 춘흥이 발한 것이 우연히 오늘이며, 낭자가 그네 뛰며 논 것도 마침 이때이니, 이는 참으로 그렇게 하지 않았는데도 그렇게 된 것이오. 도련님께서 낭자를 보시고는 '귀신이냐? 선녀냐?'라고 물으시기에, '귀신도 아니고 선녀도 아닙니다.'라고 말했고, '그럼 누구냐?'라고 하시기에, '행수 기생의 딸입니다.'라고 말했소. 젊은 사내가 어찌 한 번쯤 그 아름다움을 살피려 하지 않겠소? 춘향 낭자는 잘 헤아려서 처신하시오. 갈 수 있으면 가는 것이고, 못 가겠다면 못 가는 것이지만, 화와 복이 눈앞에 놓여 있으니 낭자는 잘 생각하시오."

춘향이 한참 동안 잠자코 있다가 말했다.

"네 말이 일리가 있다."

－수산, 「광한루기」－

127 윗글에 대한 이해로 가장 적절한 것은?

① 이도린은 춘향이 자신에게 호감을 느꼈다는 사실을 알지 못했다.

② 춘향은 그네를 타기 위해 나들이에 나섰지만 기대했던 바를 달성하지 못했다.

③ 이도린은 춘향을 부르면 이도린 자신을 만나러 올 것이라는 김한의 말을 믿었다.

④ 이도린은 월매가 춘향의 어머니라는 사실을 알고 있었지만 이를 모르는 척했다.

⑤ 옆집 여자 아이는 이도린을 만나기 위해 춘향과 함께 왔지만 풍경을 즐기는 것에 만족했다.

128 꽃그늘 에 대한 이해로 가장 적절한 것은?

① 춘향이 그네를 타기 위해 기다리는 장소

② 춘향이 김한을 기다리며 머물고 있는 장소

③ 춘향이 몸을 감추고 이도린을 바라보는 장소

④ 김한이 이도린을 만나서 대화를 나누는 장소

⑤ 이도린이 춘향과 만나기 위해 미리 약속한 장소

129 윗글에서 '김한'의 역할을 이해한 것으로 가장 적절한 것은?

① 이도린에게 눈앞에 보이는 것이 금과 옥이 아니라고 알려 주어, 이도린의 무지를 일깨우는 비판자 역할을 한다.

② 이도린에게 춘향이 선녀 같은 아가씨라고 말하여, 이도린이 춘향의 고귀한 신분을 알게 하는 조력자 역할을 한다.

③ 이도린에게 풍류를 즐길 만한 상대가 춘향이라고 이야기하여, 이도린이 춘향을 부르게 하는 중개자 역할을 한다.

④ 춘향에게 춘향 자신이 지혜로운 사람임을 일깨워 주어, 춘향이 이도린을 만나지 못하도록 하는 방해자 역할을 한다.

⑤ 춘향에게 이도린과의 만남은 거듭된 우연으로 이루어진 인연임을 알려 주어, 두 사람을 만나게 하는 매개자 역할을 한다.

130 〈보기〉를 참고하여 [A], ㉠을 이해한 내용으로 적절하지 <u>않은</u> 것은? [3점]

[보기]

「광한루기」는 '수산(水山)'이라는 호를 쓴 사람이 「춘향전」을 바탕으로 지은 한문 소설로, 총 8회로 이루어져 있다. 각 회의 앞부분에는 내용을 소개하는 시구와 해당 회에 대한 견해가 제시되어 있고, 본문 속에는 인물이나 사건 등에 대한 짤막한 평이나 감상이 작은 글씨로 제시되어 있다. 「광한루기」의 독자는 이와 같은 다양한 비평적 견해를 이야기와 함께 읽으면서 작품을 감상할 수 있다.

① [A]에서는 시구를 활용하여, '봄바람'과 '버드나무 언덕'이 어우러진 봄날의 분위기를 보여 주면서 해당 회의 배경을 드러내고 있군.

② [A]를 통해 해당 회의 주요 공간인 '광한루'를 소개하여, 그 공간의 역할을 드러내고 있군.

③ [A]에서는 두 인물이 만나게 되는 계기를 서술하여, 서사 전개의 개연성을 보여 주고 있군.

④ ㉠은 인물의 말에 대한 평을 통하여, 독자에게 이도린의 반응이 당연하다는 점을 강조하여 보여 주고 있군.

⑤ [A]와 ㉠을 통해 독자에게 작품의 감상법을 다양하게 설명하여, 「광한루기」를 8회로 구성한 이유를 부각하고 있군.

[131~135] 다음 글을 읽고 물음에 답하시오.   2021.12 [38~42]

─── 해설편 Part 1 p.236 ───

(가)

이 몸 삼기실 제 님을 조차 삼기시니

ㅎᄒ싱 연분(緣分)이며 하ᄂᆞᆯ 모ᄅᆞᆯ 일이런가

나 ᄒ나 졈어 잇고 님 ᄒ나 날 괴시니

이 ᄆᆞ음 이 ᄉᆞ랑 견졸 ᄃᆡ 노여 업다

평ᄉᆡᆼ(平生)애 원(願)ᄒ요ᄃᆡ ᄒ데 녜쟈 ᄒ얏더니

늙거야 므ᄉᆞ 일로 외오 두고 그리ᄂᆞᆫ고

엇그제 님을 뫼셔 광한뎐(廣寒殿)의 올낫더니

그 더디 엇디ᄒ야 하계(下界)예 ᄂᆞ려오니

올 저긔 비슨 머리 헛틀언 디 삼 년(三年)일쇠

연지분(臙脂粉) 잇ᄂᆞ마ᄂᆞᆫ 눌 위ᄒ야 고이 홀고

ᄆᆞ음의 ᄆᆞ친 실음 텹텹(疊疊)이 ᄡᅡ혀 이셔

짓ᄂᆞ니 한숨이오 디ᄂᆞ니 눈믈이라

인ᄉᆡᆼ(人生)은 유ᄒᆞᆫ(有限)ᄒ데 시ᄅᆞᆷ도 그지업다

무심(無心)ᄒᆞᆫ 셰월(歲月)은 믈 흐ᄅᆞᆺ 듯 ᄒᆞᄂᆞᆫ고야

염냥(炎凉)이 ᄣᆡ를 아라 가ᄂᆞ 듯 고텨 오니

듯거니 보거니 늣길 일도 하도 할샤

동풍(東風)이 건듯 부러 젹셜(積雪)을 헤텨 내니

창(窓) 밧긔 심근 미화(梅花) 두세 가지 피여셰라

굿득 닝담(冷淡)ᄒ데 암향(暗香)은 므ᄉᆞ 일고

황혼(黃昏)의 ᄃ리 조차 벼마ᄐᆡ 빗최니

늣기는 듯 반기는 듯 님이신가 아니신가

뎌 미화(梅花) 것거 내여 님 겨신 ᄃᆡ 보내오져

님이 너를 보고 엇더타 너기실고

── 정철, 「사미인곡」──

(나)

창 밧긔 워석버석 님이신가 니러 보니

혜란(蕙蘭) 혜경(蹊徑)*에 낙엽은 므ᄉᆞ 일고

어즈버 유한(有限)ᄒᆞᆫ 간장(肝腸)이 다 그츨가 ᄒ노라

── 신흠 ──

* 혜란 혜경 : 난초 핀 지름길.

(다)

나는 예전에 장흥방의 길갓집에 살았다. 그 집은 저잣거리에 제법 가까워서 소란스러웠다. 문 옆에 한 칸짜리 초당이 있어 볏짚으로 덮고 흙을 쌓았더니 그윽하고 조

용해서 살 만했다. 그러나 초당이 동쪽으로 치우쳐 햇볕을 받았기에 여름이면 너무 더웠다. 그래서 '고요함이 더위를 이긴다[靜勝熱]'는 말을 당호(堂號)*로 정해 문설주에 편액을 해 걸어 두고 위안을 삼았다.

대저 고요함에는 두 가지가 있으니 하나는 몸의 고요함이요, 다른 하나는 마음의 고요함이다. 몸이 고요한 사람은, 앉고 눕고 일어나고 서는 등 모든 행동에 있어 편안함을 취할 뿐이다. 마음이 고요한 사람은, 천하만사가 마치 촛불로 비춰 보고 거북이로 점을 치는 듯하니 시원한 날씨와 더운 날씨가 무슨 상관이 있겠는가? 그러므로 '고요함이 이긴다'고 한 지금의 말은 마음의 고요함을 가리킨다.

그 집에서 이십 년을 살고 이사하였다. 그로부터 삼 년이 흐른 뒤 옛집을 찾아가 보았다. 그새 주인이 바뀐 지 여러 번이지만 집은 옛 모습 그대로였다.

은은하게 처마에 들어오는 산빛, 콸콸콸 담을 따라 도는 골짜기 물, 밀랍으로 발라 번들번들한 살창, 쪽빛으로 물들여 놓은 늘어진 천막.

(중략)

내가 여기에 살던 시절은 집안이 번성하던 때였다. 선친께서 승명전에 봉직하실 때라, 퇴근하신 밤이면 우리 형제들이 모시고 앉아 학문과 예술을 담론하고 옛일을 기록하거나, 시를 읽거나 거문고를 들었으니 유중영의 옛일*과 비슷하였다. 그 즐거움을 잊을 수는 없건마는 다시 되찾을 수는 없다!

『서경』에 '그릇은 새것을 찾고, 사람은 옛 사람을 찾는다.'라고 했다. 집 역시 그릇과 같이 무언가를 담는 부류이긴 하나, 사람은 집이 아니면 몸을 붙여 머물 데가 없고 집보다 더 거처를 많이 하는 것은 없으므로, 집은 그릇보다는 사람에 가깝다 하겠다. 그러니 어찌 그리워하지 않을 수 있으랴!

그렇지만 인간사가 벌써 바뀌어, 사물에 닿을 때마다 슬픔만 더하므로 이 집에 다시 살고 싶지는 않다. 마땅히 임원(林園)*에 집터를 보아 집을 지어서 옛 이름의 편액을 걸어 옛집에서 지녔던 뜻을 잊지 않으려 한다.

누군가는 '임원이 이미 고요하거늘, 지금 다시 '고요함이 이긴다'고 하면 또한 군더더기가 아닌가?'라고 말할 수 있으리라. 나는 답하리라. '고요한데 또 고요하니, 이것이야말로 고요함이라네.'라고.

── 유본학, 「옛집 정승초당을 둘러보고 쓰다」──

131 (가)와 (나)에 대한 설명으로 가장 적절한 것은?

① (가)의 '노여'와 (나)의 '다'라는 수식어는 모두 임에 대한 원망의 정서를 강조하기 위해 사용된 것이다.

② (가)의 'ᄒᆞᄂᆞᆫ고야'와 (나)의 'ᄒᆞ노라'는 모두 화자의 의지를 단정적인 종결형으로 나타낸 것이다.

③ (가)의 '미화'와 (나)의 '혜란'은 모두 화자와 동일시되는 자연물을 의인화하여 나타낸 것이다.

④ (가)의 'ᄆᆞ스 일고'와 (나)의 'ᄆᆞ스 일고'는 모두 뜻밖의 대상과 마주하게 된 반가움을 영탄적 어조로 표현한 것이다.

⑤ (가)의 '님이신가'와 (나)의 '님이신가'는 모두 임을 만나고 싶은 간절함을 독백적 어조로 드러낸 것이다.

132 〈보기〉를 바탕으로 (가)를 감상한 내용으로 적절하지 않은 것은?

─[보기]─

(가)에는 천상의 시간과 지상의 시간이 모두 나타난다. 천상에서는 지상과 달리 생로병사의 과정 없이 끝없는 사랑이 지속된다. 이러한 시간적 질서는 지상에 내려온 화자를 힘겹게 하는데, 이 과정에서 화자는 지상의 물리적 시간을 심리적으로 변형하여 자신의 심경을 드러낸다.

① 임과의 '연분'을 '하ᄂᆞᆯ'과 연결 짓는 것은, 임과의 사랑이 천상의 시간 질서처럼 끝없이 이어지기를 바라는 마음이 반영된 것이라 볼 수 있겠어.

② '졈어 잇고'와 '늙거야'를 통해 화자가 천상의 시간에서 벗어나 지상의 시간으로 편입되었음을 알 수 있겠어.

③ '삼 년' 전을 '엇그제'로 인식하는 것에서, 임과 함께한 기억이 아직도 선명하게 남아 있어 지상의 물리적 시간이 심리적으로 압축되어 나타나고 있음을 알 수 있겠어.

④ '인ᄉᆡᆼ은 유ᄒᆞᆫ'과 '무심ᄒᆞᆫ 셰월'을 통해 지상의 시간적 질서에 따라 소망을 이룰 수 있는 시간이 줄고 있는 것에 대한 불안한 마음을 엿볼 수 있겠어.

⑤ '염냥'이 '가는 ᄃᆞᆺ 고텨' 온다는 인식에서, 임과의 관계 단절에 따른 절망감으로 인해 지상의 물리적 시간이 심리적으로 지연되어 나타나고 있음을 알 수 있겠어.

133 〈보기〉를 바탕으로 (나), (다)를 감상한 내용으로 적절하지 <u>않은</u> 것은? [3점]

[보기]

고요함은 소리나 움직임이 없이 잠잠한 상태인 외적 고요와 마음이 평온한 상태인 내적 고요로 구분할 수도 있다. 이에 주목하여 (나)를 감상할 때, 화자가 처한 상황과 그에 따른 심리는 고요함의 측면에서 이해될 수 있다. 또한 (다)에서 필자는 고요함에 대한 통찰을 통해 자신이 처한 공간에서 내적 고요를 추구하려 하는데, 이를 통해 삶에서 느끼는 불편이나 슬픔을 이겨 내는 동력을 얻고 있다.

① (나)에서 '낙엽' 소리가 창 안에서도 들린다는 것은 화자가 외적 고요의 상태에 있었다는 것을 의미하겠군.

② (나)에서 '낙엽' 소리를 임이 오는 소리로 착각했다는 것은 화자의 심리가 내적 고요의 상태에 있지 못했기 때문이겠군.

③ (다)에서 '사물에 닿을 때마다 슬픔만 더'한다는 것은 옛집을 돌아본 경험이 필자로 하여금 내적 고요를 이루기 어렵게 만들었다는 인식이 반영된 것이겠군.

④ (다)에서 '옛집'의 '초당'에 붙였던 당호를 '임원'의 새 집에서도 사용하겠다는 것은 필자가 외적 고요에 더해 내적 고요를 추구하고 있음을 보여 주는 것이겠군.

⑤ (다)에서 '누군가'가 '고요함이 이긴다'는 당호를 '군더더기'로 본다는 것은 외적 고요만으로는 삶에서 느끼는 불편이나 슬픔을 이겨 내기 어렵다고 여겼기 때문이겠군.

134 (가)와 (다)를 비교하여 이해한 내용으로 가장 적절한 것은?

① (가)와 (다) 모두 인간의 외양이 변화하는 상황에 대한 안타까움이 나타나 있다.

② (가)와 (다) 모두 오래된 것보다는 새로운 것을 더 중시하는 삶의 자세가 나타나 있다.

③ (가)와 (다) 모두 자신이 있는 공간에서 그 공간에 부재하는 대상을 떠올리는 상황이 나타나 있다.

④ (가)에는 인생의 허무함에 대한 순응적 태도가, (다)에는 인생의 허무함에 대한 극복 의지가 나타나 있다.

⑤ (가)에는 과거와 달라진 타인의 마음에 대한, (다)에는 과거와 달라진 자신의 마음가짐에 대한 아쉬움이 나타나 있다.

135 (다)에 대한 이해로 적절하지 <u>않은</u> 것은?

① 여름에 더웠던 경험을 바탕으로 옛집 초당의 당호를 정하게 된 내력을 서술하고 있다.

② 과거 인물의 행적에 비추어, 다시 찾은 옛집에서 떠올린 기억에 대한 감회를 드러내고 있다.

③ 새집에 붙이고자 하는 당호의 의미를 통해 옛집에서 다시 살고 싶어하는 마음을 표현하고 있다.

④ 변함없는 옛집의 외양과 달리, 변해 버린 인간사로 인해 새집을 지으려는 마음을 갖게 되었음을 밝히고 있다.

⑤ 집이 그릇과 같은 부류이지만 사람을 담고 있는 존재라는 점에 주목하여 옛집에 대한 그리움을 부각하고 있다.

──────── (해설편 Part 1 p.245) ────────

[앞부분 줄거리] 옹고집은 성격이 고약한 부자이다. 어느 날 옹고집 앞에 가짜 옹고집이 나타나, 서로가 자신이 진짜라고 주장한다.

[A]
두 옹고집이 송사 가는 제, 읍내를 들어가니 짚옹고집 거동 보소. 주저 없이 제가 앞에 가며 읍의 촌가인 하나와 만나 보면 깜짝 반겨 두 손을 잡고, "나는 가변을 송사하러 가는지라. 자네와 나와 아무 연분에 서로 알아 죽마고우로 지냈으니 나를 몰라볼쏘냐."

또 하나를 보면, "자네 내게서 아무 연분에 돈 오십 냥을 취하여 갔으니 이참에 못 주겠느냐. 노잣돈 보태 쓰게 하라."

또 하나 보면, "자네 쥐골평 논 두 섬지기 이때까지 소작할 제, 거년 선자(先資)* 스물닷 말을 어찌 아니 보내는가."

이처럼 하니 참옹고집이 짚옹고집을 본즉 낱낱이 내 소견대로 내가 할 말을 제가 먼저 하니 기가 질려 뒤에 오며, 실성한 사람같이, 아는 사람도 오히려 짚옹고집같이도 모르는지라.

짚옹고집이 노변에서 지나가는 사람 데리고 하는 말이,

"가운이 불길하여 어떠한 놈이 왔으되 용모 나와 비슷해 제가 내라 하고 자칭 옹고집이라 하기로, 억울한 분을 견디지 못하여 일체 구별로 송사하러 가는지라. 뒤에 오는 사람이 기네. 자네들도 대소간 눈이 있거든 혹 흑백을 가릴쏘냐."

참옹고집이 뒤에 오면서 기가 막히고 얼척도 없어 말도 못하고 울음 울 제, 행인들이 이어 보고 하는 말이, "누가 알아보리오. 뉘 아들인지 알 수가 없다. 아마도 상동이란 말밖에 또 하리오."

(중략)

짚옹고집 반만 웃고 집으로 돌아와서 바로 내정으로 들어가니 처자 권속이 내달아 잡고 들어가니, "하늘도 무심치 아니하기로 **내 좋은 형세와 처자를 빼앗기지 아니하였다.**"

송사를 이긴 내력을 말하니 처자 권속이며 상하 노복 등이 참옹고집으로 알고, 마누라는, "㉠우리 서방님이 그런 고생이 또 있을까."

뭇 아들 나서며, "그런 자식에게 아버지가 큰 봉재를 보았다."

노복 종이며 마을 사람들이 다 칭찬하거늘, 짚옹고집이, "내가 혈혈단신으로 자수성가하기로 전곡을 과연 아낄 줄만 알았더니 내빈 왕객 접대 상과 **만가 동냥 거지들을 독하게 박대**하였더니 인심부득 절로 되어 이런 재변이 난 듯싶으니, 사람 되고 개과천선 못할쏘냐. 오늘부터 재물과 곡식을 흩어 활인구제(活人救濟)하리라."

전곡을 흩어 사방에 구차한 사람을 구제한단 말이 낭자하니 팔도 거지들과 각 절 유걸승들이 구름 모이듯 모여드니 **백 냥 돈 천 냥 돈을 흩어** 주니 옹고집은 인심 좋단 말이 낭자하더라.

하루는 주효를 낭자케 장만하고 원근에 모모한 친구며 사방 사람을 청좌하여 대연을 배설할 제, 이때의 참옹고집 **전전걸식**하다가 맹랑촌 옹고집 활인구제한단 말 듣고 분심으로 하는 말이,

"㉡남의 재물 갖고 제 마음대로 쓰는 놈은 어떤 놈의 팔자인고. 찾아가서 내 집 망종 보고 죽자."

하고 죽장망혜로 찾아갈 제, ㉢짚옹고집 도술 보고 근처에 참옹고집 온 줄 알고 사환을 분부하되,

"오늘 큰 잔치에 음식도 낭자하고 걸인도 많을 제, 타일 천하게 다투던 거짓 옹가 놈이 배도 고프고 기한(飢寒)을 견디지 못하여 전전걸식 다닐 제, 잔치 소문을 듣고 마을 근처에 왔으나 차마 못 들어오는가 싶으니 너희 등은 가서 데려오라. 일변 생각하면 되도 못할 일 하다가 중장(重杖)만 맞았으니 불쌍하다."

사환 등이 영을 듣고 사방으로 나가 보니 ㉣과연 마을 뒷산에 앉아 잔치하는 데를 보고 눈물을 흘리고 앉았거늘 사환들이 바로 가서 엉겁결에 배례하고 문안하니, 슬프다. 참옹고집이 대성통곡 절로 난다.

사환들이 가자 하니, "㉤갈 마음 전혀 없다."

[B]
여러 놈이 부축하여 들어가서 좌상에 앉으니 짚옹고집 일어서며 인사 후에,

"네 들어라. 형세 있어 좋다 하는 것이 활인구제하여 만인적선이 으뜸이거늘 천여 석 거부로서 첫째로는 부모 박대하니 세상에 용납지 못할 놈이요, 둘째는 유걸산승 욕보이니 불도가 어찌 허사리오. 우리 절 도승이 나를 보내어 묘하신 불법으로 가르쳐서 너의 죄목을 잡아 아주 죽여 세상에 영영 자취 없게 하여 세상 사람에게 모범이 되게 하라 하시거늘 너를 다시 세상에 내어 보내기는 나의 어진 용심으로 살린 것이니, 이만해도 후생에게 너 같은 행실을 징계한 사례가 될 듯싶으니 이후는 아무쪼록 개과하라."

하고, 좌상에 나앉으며 문득 자빠지니 허수아비 찰
벼 짚 묶음이라.

　이로 좌상이 다 놀라 공고를 하고 옹고집이 이날
부터 개과천선하여 세상에 전하여 일가친척이며
원근친고 사람에게 인심을 주장하니 옹고집의 인
심을 만만세에 전하더라.

-작자 미상, 「옹고집전」-

* 선자 : 일을 시작하기에 앞서 드는 돈.

136 [A]에 대한 설명으로 가장 적절한 것은?

① 송사 원인이 금전적 이해관계에 있음이 밝혀진다.
② 송사 결과에 대한 행인들의 상반된 예측이 제시된다.
③ 송사 가는 이의 답답한 심정이 서술자에 의해 드러
난다.
④ 송사 가는 이들 간에 서로를 비방하는 대화가 이어
진다.
⑤ 송사 가는 길에 새롭게 등장한 인물의 외양이 묘사
된다.

137 ㉠~㉤에 대한 이해로 적절하지 않은 것은?

① ㉠ : '마누라'는 집에 돌아온 이를 '참옹고집'으로 알고
있다.
② ㉡ : '참옹고집'은 '짚옹고집'을 못마땅하게 여기고
있다.
③ ㉢ : '짚옹고집'은 '참옹고집'의 거동을 수상히 여기고
있다.
④ ㉣ : '참옹고집'은 집에 들어가지 못한 채 서러워하고
있다.
⑤ ㉤ : '참옹고집'은 '사환들'에게 거절의 의사를 표하고
있다.

138 〈보기〉를 참고하여 윗글을 감상한 내용으로 적절하지 않은 것은?

[보기]

　「옹고집전」은 주인공 '참옹고집'이 소외를 경험하
도록 그와 똑같이 생긴 '짚옹고집'을 등장시켜 그를
대신하게 하는 독특한 인물 관계를 설정하였다. 이
는 '참옹고집'으로 형상화된 조선 후기 향촌 사회의
부유층에게 요구되는 사회적 책무와도 연결된다.
부유하게 살면서도 가난한 이들을 구제하지 않고
외면하면 공동체로부터 소외될 수 있음을 보여 주
고 있기 때문이다.

① '내 좋은 형세와 처자를 빼앗기지 아니하였다'고 말한
데에서, '참옹고집'이 송사 이전부터 가족에게 소외되
어 온 정황이 '짚옹고집'을 통해 드러남을 알 수 있군.
② '만가 동냥 거지들을 독하게 박대'하였다고 말한 데에
서, 가난한 이들을 외면했던 '참옹고집'의 행적이 '짚옹
고집'을 통해 언급됨을 알 수 있군.
③ '전곡을 흩어 사방에 구차한 사람을 구제'한다는 데에
서, 가난한 이들을 구제해야 하는 '참옹고집'의 책무가
'짚옹고집'을 통해 이행됨을 알 수 있군.
④ '짚옹고집'이 '백 냥 돈 천 냥 돈을 흩어' 줄 수 있을 만
큼 '참옹고집'의 재물이 많았다는 데에서, 조선 후기
향촌 사회의 부유층을 연상시키는 '참옹고집'의 모습
이 확인되는군.
⑤ '참옹고집'이 '짚옹고집'에게 자리를 빼앗기고 '전전걸
식'하며 살아가는 데에서, 공동체로부터 소외되어 고
통을 겪는 '참옹고집'의 처지가 확인되는군.

139 〈보기〉는 「옹고집전」 이본의 일부이다. [B]와 〈보기〉를 비교하여 이해한 내용으로 적절하지 <u>않은</u> 것은? [3점]

[보기]

참옹고집 듣기를 다하여 천방지방 도사 앞에 급히 나아가 합장배례하며 공손히 하는 말이, "이놈의 죄를 생각하면 천사(千死)라도 무석(無惜)이요 만사라도 무석이나 명명하신 도덕하에 제발 덕분 살려 주오. 당상의 늙은 모친 규중의 어린 처자 다시 보게 하옵소서. 원견지 하온 후 지하에 돌아가도 여한이 없을까 하나이다. 제발 덕분 살려 주옵소서."

만단으로 애걸하니 도사 하는 말이, "천지간에 몹쓸 놈아. 인제도 팔십 당년 늙은 모친 냉돌방에 구박할까, 불도를 능멸 할까. 너 같은 몹쓸 놈은 응당 죽일 것이로되 정상(情狀)이 불쌍하고 너의 처자 가여운 고로 놓아주니 돌아가 개과천선하라."

부적을 써 주며 왈, "이 부적을 몸에 붙이고 네 집에 돌아가면 괴이한 일 있으리라."

하고 홀연 간데없거늘 참옹고집 즐겨 돌아와서 제 집 문전 다다르니 고루거각 높은 집에 청풍명월 맑은 경은 옛 놀던 풍경이라.

① '참옹고집'을 살려 두는 이유로 [B]는 '나의 어진 용심'을, 〈보기〉는 '정상이 불쌍'함을 제시하는 것으로 보아, [B]에서는 용서하는 이의 마음을 고려했고, 〈보기〉에서는 용서받는 이의 처지까지도 고려하였군.

② '참옹고집'을 살려 두는 이유로 [B]는 '이만해도 후생에게' '징계한 사례'가 됨을, 〈보기〉는 '너의 처자 가여'움을 제시하는 것으로 보아, [B]에서는 징계의 사회적 효용이, 〈보기〉에서는 징계로 인한 가족의 피해가 고려되었군.

③ '참옹고집'의 악행으로 [B]는 '부모 박대'를, 〈보기〉는 '모친' '구박'을 거론하는 것으로 보아, [B]와 〈보기〉에서 모두 '참옹고집'의 비인륜적 행위가 징계의 사유에 포함되었군.

④ '참옹고집'에게 개과천선하라는 요청이 [B]와 〈보기〉 모두 인물의 발화에 나타나는 것으로 보아, [B]와 〈보기〉에서 모두 인물의 발화는 '참옹고집'이 용서를 구하기 시작하는 계기에 해당하는군.

⑤ '참옹고집'을 훈계하던 존재가 [B]에서는 '허수아비'로 변하고, 〈보기〉에서는 '홀연' 사라지는 것으로 보아, [B]와 〈보기〉에서 모두 신이한 사건이 벌어지는군.

해설편 Part 1 p.251

[A]

김달채 씨는 퇴근하기 무섭게 뽀르르 집으로 달려가던 묵은 습관을 버리고 밤늦도록 하릴없이 길거리를 배회하면서 시간을 보내는 새로운 습관을 몸에 붙였다. 지하철이나 버스 혹은 공중변소나 포장마차 안에서, 백화점에서 사지도 않을 물건을 흥정하거나 정류장에서 토큰 아니면 올림픽 복권을 사면서, 그리고 행인에게 담뱃불을 빌거나 더욱 과감하게는 파출소에 들어가 경찰관에게 길을 묻는 시늉을 하는 사이에 마주치는 각계각층의 사람들을 상대로 달채 씨는 실수를 가장하기도 하고 때로는 또렷한 목적 의식을 드러내기도 해 가며 우산의 존재를 알리기 위해 갖가지 수단과 방법을 다 동원했다. 그런 다음 상대방의 눈에 과연 우산이 어떻게 비치는지, 그리하여 상대방이 우산 임자인 자기를 어떻게 대우하는지 반응을 떠보는 작업을 일삼아 계속해 나갔다. 참으로 긴장과 전율이 넘치는 뻐근한 나날들이었다. 구청 호적계장의 직위에 오르기까지 여태껏 전혀 몰랐던 세계가 구청과 자기 집구석 바깥에 따로 있음을 그는 우산을 통해서 비로소 실질적으로 체험할 수가 있었다.

그는 사람들의 반응을 종합해서 몇 가지 결론을 얻어내는 데 성공했다.

첫째는, 진짜 무전기에 익숙한 일부 극소수의 사람들을 제외한 거개의 서민들은 의외로 쉽사리 우산에 속아 넘어간다는 사실이었다.

둘째는, 상대방이 무전기를 지니고 있다고 알아차리는 그 순간부터 사람들의 태도가 확 달라진다는 사실이었다. 일껏 하던 이야기를 뚝 그치거나 얼렁뚱땅 말머리를 돌리는 등으로 지은 죄도 없이 공연히 겁부터 집어먹고는 꾀죄죄한 몰골의 자기한테 갑자기 저자세로 구는 것이었다. 밤늦도록 수고가 많다면서 한사코 술값을 받지 않으려 하던 어떤 포장마찻집 주인의 경우가 단적인 예였다.

셋째는, 노골적으로 손에 쥐고 보여 줄 때보다 그냥 뒤꽁무니에 꿰 찬 채 부주의한 몸가짐인 척하면서 웃옷 자락을 슬쩍 들어 ⊙케이스의 끝부분만 감질나게 보여 주는 편이 오히려 사람들을 놀라게 하는 데 훨씬 더 효과적이고 반응도 민감하다는 사실이었다.

김달채 씨는 그러잖아도 짧은 머리를 더욱 짧게 깎았다. 옷차림도 낡은 양복에서 스포티한 잠바 스타일로 개비했는가 하면 구청 밖에서는 항상 선글라스를 끼고 다녀 버릇했다. 달채 씨는 그처럼 달라진 모습으로 짬만 생기면 하릴없이 길거리를 나다니며 청명한 가을날에 우산을 이용해서 사람들을 떠보는 색다른 취미에 점점 깊숙이 빠져 들어가기 시작했다.

(중략)

그리 멀지 않은 곳에서 뭔가 벌어지고 있는 중이라고 생각하자 까닭 모를 흥분과 기대감이 그를 사로잡아 버렸다. 한 건 올리는 정도가 아니라 뭔가 이제껏 맛보지 못한 엄청난 보람을 느끼게 될 일대 사건을 만날 듯싶은 예감 때문이었다. 그는 다른 행인들이 종종걸음으로 달아나는 방향과는 정반대 편을 향해 정신 없이 달려가기 시작했다.

예상했던 그대로의 살벌한 풍경이었다. 깨진 보도블록 조각이나 돌멩이들이 인도와 차도 가릴 것 없이 사방에 흩어져 나뒹굴고 있었다. 시커먼 그을음 연기를 피워 올리며 불타는 자동차와 창유리가 박살 난 건물도 보였다. 김달채 씨는 주체 못할 지경으로 쏟아지는 눈물 콧물도 돌볼 겨를 없이 여전히 선글라스를 착용한 채 최루가스에 심하게 오염된 지역을 향해 가까이 접근했다. 중무장한 전경대에 의해 도로가 완전 차단되어 더 이상 접근이 불가능해지자 달채 씨는 구경꾼들 뒷전에서 작은 키를 한껏 발돋움하고는 시위 현장의 분위기를 살폈다. 어디선가 보이지 않는 저쪽 건물 모퉁이에서 어기찬 함성이 아직도 기세를 올리는 중이었다. 사복 경찰관들한테 붙잡혀 끌려오는 학생의 모습이 구경꾼들 어깨 너머로 내다보였다. 달채 씨는 저도 모르는 사이에 앞사람들 틈바귀를 비집고 전면으로 썩 나섰다.

"이봐요, 거기!"

김달채 씨는 창문마다 철망이 쳐진 버스 안으로 학생들을 마구 밀어 넣는 사복들을 향해 느닷없이 목청을 높였다.

"아직도 어린애야! 다치지 않게 살살 좀 다뤄!"

어디서 그런 용기가 솟아나는지 김달채 씨 자신도 깜짝 놀랄 지경이었다.

"당신 뭐야?"

옷깃에 비표를 단 사복 차림의 청년 하나가 달려와서 김달채 씨의 가슴을 떼밀었다.

"나 이런 사람이오."

김달채 씨는 엉겁결에 잠바 자락 한끝을 슬쩍 들어 뒷주머니에 꿰 찬 우산 케이스를 내보였다. 하지만 상대방 청년은 그런 물건 따위는 애당초 거들떠볼 생심조차 하지 않았다.

"당신도 저 차에 같이 타고 싶어? 여러 소리 말고 빨리 집에나 들어가 봐요!"

이른바 닭장차에 어린 학생들과 함께 실리고 싶은 생각은 물론 털끝만큼도 없었다. 옷깃에 비표를 단 청년이 우산을 ⓛ 우산 이상의 것으로 보아 주지 않는다면 그건 어쩔 도리 없는 노릇이었다. 김달채 씨는 남의 채마밭에서 무 뽑아 먹다 들킨 아이처럼 무르춤한 꼬락서니가 되어 맥없이 돌아설 수밖에 없었다.

-윤흥길, 「매우 잘생긴 우산 하나」-

140 [A]의 서술상 특징으로 가장 적절한 것은?

① 중심인물이 알지 못하는 사건을 제시해 긴장감을 조성하고 있다.

② 공간 이동에 따른 인물의 내면 변화를 회상을 통해 제시하고 있다.

③ 동시적 사건들의 병치로 사건에 대한 서로 다른 관점을 드러내고 있다.

④ 한 가지의 목적으로 수렴되는 인물의 의도적인 행위들을 나열하고 있다.

⑤ 상대를 달리하여 벌이는 인물의 행동을 서술하여 점진적으로 심화되는 갈등을 묘사하고 있다.

141 윗글의 내용에 대한 이해로 가장 적절한 것은?

① 거리를 배회하며 새로운 습관을 익히려는 김달채는 생활의 활기를 찾기 위해 비 오는 날을 기다린다.

② 꾀죄죄한 몰골의 김달채는 사람들이 자신을 무시하는 태도를 변화시키기 위해 무전기를 보여 준다.

③ 흥미를 느낄 만한 일이 벌어지고 있음을 짐작한 김달채는 달아나는 행인들과 달리 시위 현장으로 향한다.

④ 시위 진압의 영향으로 고통 받던 김달채는 전경대의 위세에 압도되어 구경꾼들 뒤로 물러선다.

⑤ 닭장차에 끌려가게 된 김달채는 건물 모퉁이에서 들려오는 함성에 안도감을 느낀다.

142 ㉠, ㉡에 대한 이해로 적절하지 않은 것은?

① 김달채는 ㉠을 그 생김새로 인해 ㉡으로 인식하는 사람들이 있다는 사실을 발견한다.

② 김달채는 사람들로부터 기대하는 반응을 효과적으로 이끌어 낼 수 있는 ㉠의 사용법을 알게 된다.

③ '일부 극소수의 사람들'에게는 ㉡을 가진 사람으로 보이려는 김달채의 의도가 실현되지 않는다.

④ 김달채는 ㉡에 익숙하지 않은 '거개의 서민들'이 ㉠을 ㉡으로 오인한다고 판단한다.

⑤ '사복 차림의 청년'은 ㉡에 익숙하여 ㉠을 이용하려는 김달채의 의도를 알아챈다.

143 〈보기〉를 바탕으로 윗글을 감상한 내용으로 적절하지 않은 것은? [3점]

[보기]

소시민은 자신의 기득권을 지키기 위해 권력관계에 민감하게 반응한다. 권력관계가 형성되기 위해서는 타인의 승인이 요구되며, 이로 인해 힘의 우열 관계가 발생한다. 이 작품은 허구적 권력 표지를 통해 타인의 승인을 얻음으로써 자신감을 갖게 된 인물이, 승인을 거부하는 타인 앞에서는 소시민적 면모를 드러내는 상황을 그려낸다. 이를 통해 상황 논리를 따르는 소시민의 타산적 태도를 비판하고 있다.

① 김달채가 각계각층 사람들의 반응을 떠보는 것은, 권력이 타인들에게 미치는 영향을 살핀다는 점에서 김달채가 권력관계를 의식하는 인물임을 드러내는군.

② 김달채가 준 술값을 포장마찻집 주인이 받지 않으려는 것은, 권력에 대한 사람들의 태도를 나타낸다는 점에서 권력이 인물 간의 우열 관계를 형성하는 요인임을 보여 주는군.

③ 김달채가 외양에 변화를 준 것은, 타인의 승인을 용이하게 받으려 한다는 점에서 허구적 권력 표지를 이용하는 데 더 적극적으로 나서려는 김달채의 의도를 나타내는군.

④ 김달채가 사복들에게 목청을 높이며 항의하는 것은, 자신도 모르게 용기를 드러냈다는 점에서 승인받은 경험들을 통해 얻게 된 김달채의 자신감을 보여 주는군.

⑤ 김달채가 비표를 단 청년 앞에서 돌아서는 것은, 학생들과 맺은 유대 관계를 단절하여 기득권을 지키려 한다는 점에서 상황 논리를 따르는 김달채의 타산적 태도를 드러내는군.

[144~147] 다음 글을 읽고 물음에 답하시오.   2025.06 [31~34]

— (해설편 Part 1 p.257) —

(가)

손 흔들고 떠나갈 미련은 없다
며칠째 청산에 와 발을 푸니
㉠흐리던 산길이 잘 보인다.
상수리 열매를 주우며 인가를 내려다보고
쓰다 둔 편지 구절과 버린 칫솔을 생각한다.
남방으로 가다 길을 놓치고
두어 번 허우적거리는 여울물
산 아래는 때까치들이 몰려와
모든 야성을 버리고 들 가운데 순결해진다.
길을 가다가 자주 뒤를 돌아보게 하는
서른 번 다져 두고 서른 번 포기했던 ⓐ관습들
서쪽 마을을 바라보면 나무들의 잔숨결처럼
㉡가늘게 흩어지는 저녁 연기가
한 가정의 고민의 양식으로 피어오르고
생목 울타리엔 들거미줄
맨살 ㉢비비는 돌들과 함께 누워
실로 이 세상을 앓아 보지 않은 것들과 함께
잠들고 싶다.

                -이기철, 「청산행」-

(나)

나는 차를 앞에 놓고
고즈넉한 저녁에 호을로 마신다.
내가 좋아하는 차를 마신다.
그러나 이것은 다만 사실일 뿐,
차의 짙은 향기와는 관계 없이
이것은 물과 같이 담담한 사실일 뿐이다.

누구의 시킴을 받아
참새 한 마리가 땅에 떨어지는 것도 아니고
누구의 손으로 들국화를 어여삐 가꾼 것도 아니다.
차를 마시는 것은
이와 같이 ㉣스스로 달갑고 가장 즐거울 뿐,
이것은 다만 사실이며 또 ⓑ관습이다.
나의 고즈넉한 관습이다.

물에게 물은 물일 뿐
소금물일 뿐,
앞으로 남은 십년을 더 살든지 죽든지
나에게도 나는 나일 뿐,
㉤이제는 차를 마시는 나일 뿐,

이 짙은 향기와는 관계도 없이
차를 마시는 사실과 관습은
내가 아는 내게 대한 모든 것이다.
그리고 모든 것에 대한 모든 것도 된다.

                -김현승, 「사실과 관습: 고독 이후」-

144 (가), (나)에 대한 설명으로 적절하지 <u>않은</u> 것은?

① (가)는 인격화한 대상을 통해 화자의 심리를 내포하고 있다.

② (나)는 대상을 한정하는 어휘들을 사용하여 주제 의식을 강조하고 있다.

③ (가)는 (나)와 달리, 공간의 이동에 따라 포착된 사물을 통해 화자의 태도를 드러내고 있다.

④ (나)는 (가)와 달리, 화자를 거듭 명시하면서 시상을 전개하고 있다.

⑤ (가)와 (나)는 모두, 자연물에 화자의 정서를 투영함으로써 대상에 대한 친밀감을 드러내고 있다.

145 ⓐ, ⓑ에 대한 이해로 가장 적절한 것은?

① ⓐ는 '길을 가다가 자주 뒤를 돌아보게' 하는 것이라는 점에서 다시 돌아갈 수 없는 그리움의 대상이다.

② ⓑ는 '호을로' 하는 행위라는 점에서 행위 주체의 사회적 고립을 드러내고 있다.

③ ⓐ는 바라봄의 대상인 '서쪽 마을'과 관련되어 있다는 점에서 피안에 대한 지향을, ⓑ는 일과를 마친 '저녁'과 관련되어 있다는 점에서 안식에 대한 지향을 드러내고 있다.

④ ⓐ는 '서른 번 다져 두고 서른 번 포기'한 것이라는 점에서 내면의 갈등을, ⓑ는 '고즈넉한' 상황에서 이루어지는 '담담한 사실'이라는 점에서 내면의 평정함을 내포한다.

⑤ ⓐ는 사물들을 '내려다보'아 촉발된 것이라는 점에서 자기 연민의 성격을, ⓑ는 '달갑고', '좋아하는' 것이라는 점에서 자기 위안적 성격을 띠고 있다.

146 ㉠~㉤에 대한 이해로 적절하지 <u>않은</u> 것은?

① ㉠은 대상이 이전에는 제대로 파악되지 않았음을 드러내는 표현이다.

② ㉡은 '저녁 연기'의 형상으로 '한 가정'의 상황과 처지를 시각화한 표현이다.

③ ㉢은 '맨살'을 드러낸 '돌들'이 부대끼는 형상으로 세파에 시달리는 모습을 나타내는 표현이다.

④ ㉣은 '차를 마시는 것'이 화자의 선호에 따른 주체적 행위임을 드러내는 표현이다.

⑤ ㉤은 '나'에 대한 현재의 인식이 이전과는 달라졌음을 드러내는 표현이다.

147 〈보기〉를 참고하여 (가), (나)를 감상한 내용으로 적절하지 <u>않은</u> 것은? [3점]

———[보기]———

자연과 절대자는 각각 인간에게 안식을 주거나 인간과 세계를 규정하는 중요한 준거로 인식되어 왔다. (가)는 세속의 일상을 떠나 자연에 들어온 화자가 점차 자연에 동화되어 가는 과정과 심리 상태를 그리고 있다. (나)는 자신과 세계 인식의 준거였던 절대자와의 관계를 회의하고 자신이 경험한 사실에 기초하여 존재를 인식하겠다는 태도를 표명하고 있다.

① (가)의 '쓰다 둔 편지 구절과 버린 칫솔을 생각한다'는 것은 자연에 온전히 동화되지 못하는 화자의 심리를 보여 주는 것이겠군.

② (나)의 '차를 마시는' 행위가 '내가 아는 내게 대한 모든 것', '모든 것에 대한 모든 것'으로 확장되는 것은 경험적 사실을 '나'와 모든 존재들에 대한 인식의 유일한 근거로 삼겠다는 의식이 반영된 것이겠군.

③ (가)의 '발을 푸니' '잘 보인다'는 것은 화자가 자연에 친숙해지는 심리 상태를, (나)의 '앞으로 남은 십년을 더 살든지 죽든지'는 절대자에 대해 회의하고 현실에 얽매이지 않겠다는 태도를 드러내고 있겠군.

④ (가)의 '여울물'과 '때까치들'에는 자연에 들어와서 느끼는 화자의 심리가 투사되어 있음을, (나)의 '참새'의 떨어짐이 '누구'에 의한 것이 '아니'라는 데에서 절대자와의 관계에 대한 회의가 드러나 있음을 알 수 있겠군.

⑤ (가)의 '이 세상을 앓아 보지 않은 것들과 함께'는 자연에 동화되려는 태도를, (나)의 '물은 물일 뿐'은 경험적 사실로만 대상을 인식하겠다는 태도를 드러내는 것이겠군.

— 해설편 Part 1 p.266 —

(가)

사람 사람마다 이 말삼 드러사라
이 말삼 아니면 **사람이라도 사람 아니니**
이 말삼 잇디 말고 배우고야 마로리이다

〈제1수〉

아바님 날 나흐시고 어마님 날 기르시니
부모(父母)곧 아니시면 내 몸이 업실랏다
이 덕(德)을 갚흐려 하니 하늘 가이 업스샷다

〈제2수〉

종과 주인과를 뉘라셔 삼기신고
벌과 개미가 이 뜻을 몬져 아니
한 마암애 두 뜻 업시 속이지나 마옵사이다

〈제3수〉

지아비 밭 갈라 간 데 밥고리 이고 가
반상을 들오되 눈썹에 마초이다
진실로 고마오시니 손이시나 다르실가

〈제4수〉

형님 자신 **젖**을 내 조처 먹나이다
어와 우리 **아우**야 어마님 너 사랑이야
형제(兄弟)가 불화(不和)하면 **개돼지**라 하리라

〈제5수〉

늙은이는 부모 같고 **어른**은 형 같으니
같은데 불공(不恭)하면 어디가 다를고
나이가 많으시거든 절하고야 마로리이다

〈제6수〉

-주세붕, 「오륜가」-

(나)

나는 집이 가난해서 말이 없기 때문에 간혹 남의 말을 빌려서 탔다. 그런데 **노둔하고 야윈** 말을 얻었을 경우에는 일이 아무리 급해도 감히 채찍을 대지 못한 채 금방이라도 쓰러지고 넘어질 것처럼 **전전긍긍**하기 일쑤요, 개천이나 도랑이라도 만나면 또 말에서 내리곤 한다. 그래서 후회하는 일이 거의 없다. 반면에 발굽이 높고 귀가 쫑긋하며 잘 달리는 **준마**를 얻었을 경우에는 **의기양**

양하여 방자하게 채찍을 갈기기도 하고 고삐를 놓기도 하면서 언덕과 골짜기를 모두 평지로 간주한 채 매우 유쾌하게 질주하곤 한다. 그러나 간혹 위험하게 말에서 떨어지는 환란을 면하지 못한다.

아, 사람의 감정이라는 것이 어쩌면 이렇게까지 달라지고 뒤바뀔 수가 있단 말인가. 남의 물건을 빌려서 잠깐 동안 쓸 때에도 오히려 이와 같은데, 하물며 진짜로 자기가 가지고 있는 경우야 더 말해 무엇 하겠는가.

그렇긴 하지만 사람이 **가지고 있는 것** 가운데 남에게 빌리지 않은 것이 또 뭐가 있다고 하겠는가. 임금은 백성으로부터 힘을 빌려서 존귀하고 부유하게 되는 것이요, 신하는 임금으로부터 권세를 빌려서 총애를 받고 귀한 신분이 되는 것이다. 그리고 자식은 어버이에게서, 지어미는 지아비에게서, 비복(婢僕)은 주인에게서 각각 빌리는 것이 또한 심하고도 많은데, 대부분 자기가 본래 가지고 있는 것처럼 여기기만 할 뿐 끝내 돌이켜 보려고 하지 않는다. 이 어찌 **미혹**된 일이 아니겠는가.

그러다가 혹 잠깐 사이에 그동안 빌렸던 것을 돌려주는 일이 생기게 되면, 만방(萬邦)의 **임금**도 **독부(獨夫)**가 되고 백승(百乘)의 대부(大夫)도 고신(孤臣)이 되는 법인데, 더군다나 미천한 자의 경우야 더 말해 무엇 하겠는가.

맹자(孟子)가 말하기를 "오래도록 차용하고서 반환하지 않았으니, 그들이 자기의 소유가 아니라는 것을 어떻게 알았겠는가."라고 하였다. 내가 **이 말**을 접하고서 느껴지는 바가 있기에, 「차마설」을 지어서 그 뜻을 부연해 보노라.

-이곡, 「차마설」-

148 (가), (나)의 공통점으로 가장 적절한 것은?

① 영탄적 표현을 통해 대상의 속성을 예찬하고 있다.
② 상반된 세계관이 대구의 형식을 통해 구체화되고 있다.
③ 바람직하지 않은 인간에 대한 연민의 시선을 담고 있다.
④ 삶의 태도에 대한 경계와 권고의 의도를 드러내고 있다.
⑤ 이상향에 대한 의식을 역설적 표현을 통해 진술하고 있다.

149 (가), (나)에 대한 설명으로 가장 적절한 것은?

① (가)는 관념적 덕목을 열거하여 각각이 지닌 모순을 밝히고 있다.

② (가)는 사람들 사이의 관계를 의식하지 않는 삶의 모습을 옹호하며 시상을 전개하고 있다.

③ (나)는 개인적 체험에서 얻은 깨달음을 사회적 차원으로 일반화하고 있다.

④ (나)는 인물의 내면 심리를 형상화하여 욕망의 실현을 돕는 자연적 질서에 대한 경이감을 표출하고 있다.

⑤ (가)와 (나)는 모두 자연물이 지닌 덕성을 부각하여 인간적 삶에 대한 긍지를 드러내고 있다.

150 〈보기〉를 바탕으로 (가)를 감상한 내용으로 적절하지 <u>않은</u> 것은? [3점]

---[보기]---

교훈적 내용의 시조에는 설득력을 높이기 위한 몇 가지 특징적인 표현 전략이 있다. 우선 윤리적 덕목을 실천해야 하는 인물을 화자로 설정하여 대화 형식을 취하는 경우가 있다. 또한 비유나 상징, 유추, 다른 인물이나 사물과의 대비 등을 통해 화자가 개인 윤리는 물론 가정과 사회의 윤리를 실천하는 주체로서 추구해야 하는 가치를 정당화하기도 한다.

① 〈제3수〉에서는 '벌과 개미'의 생태로부터 윤리 실천의 주체가 추구해야 하는 가치를 유추하고 있다.

② 〈제4수〉에서는 화자로 내세운 '지아비'와 지어미의 문답 방식을 통해 아내가 추구해야 할 윤리적 가치를 정당화하고 있다.

③ 〈제5수〉에서 어머니의 '젖'은 어머니의 사랑을 상징하는 표현으로서, '형님'과 '아우'가 이를 화제로 삼아 대화를 나누는 형식을 취하고 있다.

④ 〈제5수〉의 '개돼지'는 〈제1수〉의 '사람이라도 사람 아니니'의 의미를 비유적으로 표현한 것으로서 화자가 추구하는 가치를 따르는 윤리적 주체와 대비되고 있다.

⑤ 〈제6수〉에서 '부모'와 '형'은, 〈제2수〉의 '부모'와 〈제5수〉의 '형님'과는 달리, '늙은이'와 '어른'에 빗대어져 쓰임으로써 사회 윤리가 가정 윤리와 연결되어 있음을 보여 주고 있다.

151 (나)의 '나'에 대한 이해로 가장 적절한 것은?

① '나'는 '노둔하고 야윈 말'을 빌리는 경우 '전전긍긍'하다가 위험에 처하기 때문에 후회하게 된다고 여기고 있다.

② '나'는 '준마'를 빌려 탈 때의 '의기양양'한 감정이 그것을 소유할 때에는 발생하지 않을 것이라고 예상하고 있다.

③ '나'는 '가지고 있는 것'이 없는 천한 사람들을 '미혹'되었다고 생각하고 있다.

④ '나'는 자기가 소유하고 있는 권력이 빌린 것임을 돌아보는 '임금'의 모습을 '독부'로 표현하고 있다.

⑤ '나'는 '맹자'의 '이 말'에서, 빌린 것을 소유했다고 여기는 사람들에 대한 문제의식을 떠올리고 있다.

—— 해설편 Part 1 p.272 ——

[앞부분의 줄거리] 아들 유세기가 부모의 허락 없이 백공과 혼사를 결정했다고 여긴 선생은 유세기를 집에서 내쫓는다.

백공이 왈,

"혼인은 좋은 일이라 서로 헤아려 잘 생각할 것이니 어찌 이같이 좋지 않은 일 이 일어나는가? 내가 한림의 재모를 아껴 이같이 기별해 사위를 삼고자 하였더니 선생 형제는 도학 군자라 예가 아닌 것을 문책하시는도다. 내가 마땅히 곡절을 말하리라."

이에 백공이 유씨 집안에 이르러 선생 형제를 보고 인사를 하고 나서 흔쾌히 웃으며 가로되,

"제가 두 형과 더불어 죽마고우로 절친하고 또 아드님의 특출함을 아껴 제 딸의 배필로 삼고자 하여, 어제 세기를 보고 여차여차하니 아드님이 단호하게 말하고 돌아가더이다. 제가 더욱 흠모하여 염치를 잊고 거짓말로 일을 꾸며 구혼하면서 '정약'이라는 글자 둘을 더했으니 이는 진실로 저의 희롱함이외다. 두 형께서 과도히 곧이듣고 아드님을 엄히 꾸짖으셨다 하니, 혼사에 도리어 훼방이 되었으므로 어찌 우습지 않으리까? 원컨대 두 형은 아드님을 용서하여 아드님이 저를 원망하게 하지 마오."

선생과 승상이 바야흐로 아들의 죄가 없는 줄을 알고 기뻐하면서 사례하여 왈,

"저희 자식이 분에 넘치게 공의 극진한 대우를 받으니 마땅히 그 후의를 받들 만하되, 이는 선조로부터 대대로 내려오는 가법이 아니기에 감히 재취를 허락하지 못하였소이다. 저희 자식이 방자함이 있나 통탄하였더니 그간 곡절이 이렇듯 있었소이다."

백공이 화답하고 이윽고 돌아가서 다시 혼삿말을 이르지 못하고 딸을 다른 데로 시집보냈다. 선생이 백공을 돌려보낸 후에 한림을 불러 앞으로 더욱 행실을 닦을 것을 훈계하자 한림이 절을 하면서 명령을 받들었다. 차후 더욱 예를 삼가고 배우기를 힘써 학문과 도덕이 날로 숙연하고, 소 소저와 더불어 백수해로하면서 여덟 아들, 두 딸을 두고, 집안에 한 명의 첩도 없이 부부 인생 희로를 요동함이 없더라.

승상의 둘째 아들 세형의 자는 문희이니, 형제 중 가장 빼어났으니 산천의 정기와 일월의 조화를 타고 태어나 아름다운 얼굴은 윤택한 옥과 빛나는 봄꽃 같고, 호탕하고 깨끗한 풍채는 용과 호랑이의 기상이 있으며, 성품이 호기롭고 의협심이 강하여 맑고 더러움의 분별을

조금도 잃지 않으니, 부모가 매우 사랑하여 며느리를 널리 구하더라.

(중략)

화설, 장 씨 ⊙이화정에 돌아와 긴 단장을 벗고 난간에 기대어 하늘가를 바라보며 평생 살아갈 계책을 골똘히 헤아리자, 한이 눈썹에 맺히고 슬픔이 마음속에 가득하여 생각하되,

[A]
'내가 재상가의 귀한 몸으로 유생과 백년가약을 맺었으니 마음이 흡족하고 뜻이 즐거울 것이거늘, 천자의 귀함으로 한 부마를 뽑는데 어찌 구태여 나의 아름다운 낭군을 빼앗아 가 위세로써 나로 하여금 공주 저 사람의 아래가 되게 하셨는가? 도리어 저 사람의 덕을 찬송하고 은혜를 읊어 한없는 영광은 남에게 돌려보내고 구차한 자취는 내 일신에 모이게 되었도다. 우주 사이는 우러러 바라보기나 하려니와 나와 공주의 현격함은 하늘과 땅 같도다. 나의 재주와 용모가 저 사람보다 떨어지는 것이 없고 먼저 혼인 예물까지 받았는데 이처럼 남의 천대를 감심할 줄 어찌 알리오? 공주가 덕을 베풀수록 나의 몸엔 빛이 나지 않으리니 제 짐짓 능활하여 아버님, 어머님이나 시누이를 제 편으로 끌어들인다면 낭군의 마음은 이를 좇아 완전히 달라질지라. 슬프다, 나의 앞날은 어이 될고?'

생각이 이에 미치자 북받쳐 오르는 한이 마음속에 가득 쌓이기 시작하니 어찌 좋은 뜻이 나리오? 정히 눈물을 머금고 마음을 붙일 곳 없어하더니, 문득 세형이 보라색 두건과 녹색 도포를 가볍게 나부끼며 이르러 장 씨의 참담한 안색을 보고 옥수를 잡고 어깨를 비스듬히 기대게 하며 물어 왈,

"그대 무슨 일로 슬픈 빛이 있나뇨? 나를 좇음을 원망하는가?"

장 씨가 잠시 동안 탄식 왈,

[B]
"낭군은 부질없는 말씀 마옵소서. 제가 낭군을 좇는 것을 원망했다면 어찌 깊은 규방에서 홀로 늙는 것을 감심하였사오리까? 다만 제가 귀댁에 들어온 지 오륙일이 지났으나 좌우에 친한 사람이 없고 오직 우러르는 바는 아버님, 어머님과 낭군뿐이라 어린 여자의 마음이 편안하지 못한 바이옵니다. 공주가 위에 계셔 온 집의 권세를 오로지 하시니 그 위의와 덕택이 저로 하여금 변변찮은

재주 가진 하졸이 머릿수나 채워 우물 속에서 하늘을 바라보는 것 같게 만드옵니다. 제가 감히 항거할 뜻이 있는 것이 아니나 평생의 신세가 구차하여 슬프고, 진양궁에 나아가면 궁비와 시녀들이 다 저를 손가락질하며 비웃어 한 가지 일도 자유롭게 하지 못하게 하옵고, 제 입에서 말이 나면 일천여 시녀가 다 제 입을 가리니, 공주의 은덕에 의지하여 겨우 실례를 면하고 돌아왔사옵니다."

부마가 바야흐로 장 씨의 외로움을 가련하게 여기고 공주의 위세가 장 씨를 억누르는 것을 좋지 않게 여기고 있다가 장 씨의 이렇듯 애원한 모습을 보자 크게 불쾌하여 장 씨를 위한 애정이 샘솟는 듯하였다. 은근하고 간곡하게 장 씨를 위로하고 그 절개와 외로움에 감동하여 이날부터 발자취가 ⓒ 이화정을 떠나지 않았다. 연리지와 같은 신혼의 정은 양왕의 꿈에 빠진 듯 어지럽고, 낙천의 마음이 취한 듯 기쁘고 즐거워 바라던 바를 다 얻은 듯한 마음은 세상에 비할 데가 없더라.

-작자 미상, 「유씨삼대록」-

152 이같이 좋지 않은 일 에 대한 이해로 적절하지 <u>않은</u> 것은?

① 백공의 거짓말 때문에 일어난 일이다.
② 백공이 한림을 곤경에 처하게 한 일이다.
③ 선생과 승상 사이에서 의견 대립이 심화된 일이다.
④ 한림이 선생과 승상으로부터 꾸지람을 당한 일이다.
⑤ 백공이 한림을 자신의 딸과 혼인시키려다 일어난 일이다.

153 [A]와 [B]에 대한 설명으로 적절하지 <u>않은</u> 것은?

① [A]와 [B]는 모두 과거 사건에 대한 정보를 제공하고 있다.
② [A]와 [B]는 모두 비유적 진술을 통해 자신이 처한 상황을 부각하고 있다.
③ [A]는 [B]와 달리 타인에 대한 자신의 원망을 의문형 표현을 활용하여 드러내고 있다.
④ [B]는 [A]와 달리 대화 상대의 환심을 사기 위해 자신의 우월한 지위를 드러내고 있다.
⑤ [A]는 앞으로의 일을 추정하는, [B]는 지난 일을 토로하는 방식으로 자신의 우려를 제시하고 있다.

154 '장 씨'를 중심으로 ㉠과 ㉡을 이해한 내용으로 가장 적절한 것은?

① ㉠은 학문을 연마하는 공간이고, ㉡은 덕행을 닦는 공간이다.
② ㉠은 불신을 드러내는 공간이고, ㉡은 조소를 당하는 공간이다.
③ ㉠은 한탄을 드러내는 공간이고, ㉡은 애정을 확인하는 공간이다.
④ ㉠은 계책을 꾸미는 공간이고, ㉡은 외로움을 인내하는 공간이다.
⑤ ㉠은 선후 시비를 따지는 공간이고, ㉡은 오해를 해소하는 공간이다.

155 <보기>를 참고하여 윗글을 감상한 내용으로 적절하지 <u>않은</u> 것은? [3점]

──[보기]──
「유씨삼대록」은 유씨 3대 인물들의 이야기들을 연결한 국문 장편 가문 소설이다. 각 이야기는 그 자체로 완결성을 갖추고 있어 독립적이지만, 혼사나 그로부터 파생된 각각의 갈등이 동일한 가문 내에서 전개된다는 점에서 연결된다. 이러한 갈등은 가법이나 인물의 성격에서 유발된다. 가문의 구성원들은 혼사를 둘러싼 갈등이 가문의 안정과 번영을 저해한다고 여겼기에, 가문 차원에서 이를 해결해 간다.

① 유세기 이야기와 유세형 이야기를 보니, 각각의 갈등이 한 가문의 혼사를 중심으로 발생한다는 점에서 두 이야기가 서로 연결되어 있음을 알 수 있군.
② 유세기의 혼사 문제에 선생과 승상이 관여한 것을 보니, 혼사를 둘러싼 갈등 해결이 가문 구성원들의 문제로 다루어짐을 알 수 있군.
③ 유세기가 혼사와 관련한 곤욕을 치른 것과 유세형이 공주를 멀리 한 것을 보니, 가법과 인물의 성격 간의 대립이 갈등의 원인임을 알 수 있군.
④ 백공이 유세기를 사위 삼으려는 것과 천자가 유세형을 부마 삼은 것을 보니, 혼사가 혼인 당사자 개인의 문제에 그치지 않음을 알 수 있군.
⑤ 유세기가 평생 첩을 두지 않고 소 소저와 해로했다는 것을 보니, 유세기를 둘러싼 혼사 갈등이 해소되며 이야기 하나가 마무리됨을 알 수 있군.

[156~158] 다음 글을 읽고 물음에 답하시오. 2019.11 [43~45]

—————— (해설편 Part 1 p.279) ——

배 방에 누워 있어 내 신세를 생각하니
가뜩이 심란한데 대풍(大風)이 일어나서
태산(泰山) 같은 성난 물결 천지에 자욱하니
크나큰 만곡주가 나뭇잎 불리이듯
하늘에 올랐다가 지함(地陷)*에 내려지니
열두 발 쌍돛대는 차아*처럼 굽어 있고
쉰두 폭 초석(草席) 돛은 반달처럼 배불렀네
굵은 우레 잔 벼락은 등[背] 아래서 진동하고
성난 고래 동(動)한 용(龍)은 물속에서 희롱하니
방 속의 요강 타구(唾具) 자빠지고 엎어지며
상하좌우 배 방 널은 잎잎이 우는구나
이윽고 해 돋거늘 장관(壯觀)을 하여 보세
일어나 배 문 열고 문설주 잡고 서서
사면(四面)을 돌아보니 어와 장할시고
인생 천지간에 ㉠이런 구경 또 있을까
구만리 우주 속에 큰 물결뿐이로다

(중략)

그중에 전승산이 글 쓰는 양(樣) 바라보고　　　　[A]
필담(筆談)으로 써서 뵈되 전문(傳聞)에 퇴석
(退石) 선생
쉬 짓기가 유명(有名)터니 선생의 빠른 재주　　　[B]
일생 처음 보았으니 엎디어 묻잡나니
필연코 귀한 별호(別號) 퇴석인가 하나이다
내 웃고 써서 뵈되 늙고 병든 둔한 글을　　　　　[C]
포장(褒奬)을 과히 하니 수괴(羞愧)*키 가이 없다
승산이 다시 하되 소국(小國)의 천한 선비　　　　[D]
세상에 났삽다가 ㉡장(壯)한 구경 하였으니
저녁에 죽사와도 여한이 없다 하고
어디로 나가더니 또다시 들어와서
아롱보(褓)에 무엇 싸고 삼목궤(杉木櫃)에 무엇 넣어
이마에 손을 얹고 엎디어 들이거늘
받아 놓고 피봉(皮封)* 보니 봉(封)한 위에 쓰였으되
각색 대단(大緞) 삼단이요 사십삼 냥 은자(銀子)로다
놀랍고 어이없어 종이에 써서 뵈되
그대 비록 외국이나 선비의 몸으로서
은화를 갖다 가서 글 값을 주려 하니　　　　　　[E]

그 뜻은 감격하나 의(義)에 크게 가하지 않아
못 받고 도로 주니 허물하지 말지어다

　　　　　　　　　　　　　　-김인겸, 「일동장유가」-

* 지함 : 땅이 움푹하게 주저앉은 곳.
* 차아 : 줄기에서 벗어 나간 곁가지.
* 수괴 : 부끄럽고 창피함.
* 피봉 : 겉봉.

156 윗글에 대한 설명으로 적절하지 <u>않은</u> 것은?

① 동물의 역동성을 통해 공간의 분위기를 긍정적으로 바꾸고 있다.
② 거대한 자연물에 비유하여 악화된 기상 상황을 표현하고 있다.
③ 식물의 연약한 속성을 활용하여 화자의 위태로운 상황을 드러내고 있다.
④ 상승과 하강의 이미지를 대비하여 목전에 닥친 위기감을 강조하고 있다.
⑤ 인물의 행동을 시간의 흐름에 따라 열거하여 상황을 구체적으로 보여 주고 있다.

157 ㉠과 ㉡에 대한 이해로 가장 적절한 것은?

① ㉠과 ㉡은 모두 화자의 고난 극복 의지를 드러내고 있다.
② ㉠과 ㉡은 모두 화자가 구경하는 대상의 실체를 은폐하고 있다.
③ ㉠은 자연의 풍광에 대한 감탄을, ㉡은 인물의 능력에 대한 감탄을 표현하고 있다.
④ ㉠은 화자의 관찰력에 대한, ㉡은 화자의 창조력에 대한 타인의 평가를 담고 있다.
⑤ ㉠은 대상에 대한 화자의 만족을, ㉡은 대상에 대한 화자의 아쉬움을 드러내고 있다.

158 〈보기〉를 바탕으로 윗글을 감상한 내용으로 적절하지 <u>않은</u> 것은? [3점]

─────[보기]─────

사행 가사인 「일동장유가」에는 화자와 일본인 문인 사이의 필담 장면이 기술되어 있는데, 필담을 통한 문답 형식은 일종의 대화의 성격을 지닌다. 필담 속에는 대화가 시작되는 상황, 문답의 주요 내용, 의사소통의 심층적 의미, 선비로서의 예법 등이 자연스럽게 포함되어 있다.

① [A]는 [B]~[D]의 필담이 시작되는 계기를 보여 주는군.

② [B]의 '빠른 재주'는 '나'의 글에 대한 상대의 평가를, [C]의 '늙고 병든 둔한 글'은 자신의 글에 대한 '나'의 입장을 보여 주는군.

③ [B]의 '필담으로 써서 뵈되'와 [C]의 '내 웃고 써서 뵈되'를 통해, 문답의 형식을 활용하여 의사소통 장면을 구체적으로 제시하는군.

④ [B]의 '귀한 별호 퇴석'과 [D]의 '소국의 천한 선비'는 선비의 예법을 동원하여 동일한 사람을 다르게 지칭한 표현이군.

⑤ [D]에는 '나'의 글에 대한 상대의 찬사가 나타나 있고, [E]에는 상대의 글 값에 대한 '나'의 거절이 드러나 있군.

━━━━━ (해설편 Part 1 p.283)

십여 일이 지날 무렵 노비 막동이 눈물을 흘리며 물었다.

"낭군께선 늘 언행이 호방하시고 재주가 무리 중에 탁월해 거침없으시더니, 요즘에는 울적해 하시니 말 못할 근심이 있는 듯하옵니다. 사모하는 이라도 있으신지요?"

김생이 슬퍼하며 느낀 바를 사실대로 말하니 막동이 한참 생각하고 말했다.

"소인이 낭군을 위해 마륵의 ⊙계책을 올릴 테니, 낭군께선 애태울 일이 없으십니다."

"그게 무엇이더냐?"

"낭군께선 급히 주효(酒肴)를 성대히 마련하시고 바로 미인이 머문 집으로 가셔서 손님을 전별(餞別)하려는 듯 하십시오. 방 하나를 빌려 잔치를 벌이시고 이놈을 불러 손님을 모셔 오라 하시면, 제가 명을 받들어 나갔다가 한 식경 후에 돌아와 '손님이 오십니다.'라 하지요. 낭군께서 다시 명하시면 제가 또 명을 받고 날이 저물 때쯤 돌아와, '손님께서 오늘은 송별객이 많아 심히 취해 갈 수 없으니 내일 꼭 가겠노라 하셨습니다.'라 하지요. 이때 낭군께선 주인을 불러 앉으라 하시고 그 주효를 먹게 하고, 기색을 드러내지 말고 물러나십시오. 다음 날도 그렇게 하고 그다음 날도 그렇게 하시면, 처음엔 고맙게 여길 것이요, 두 번째는 은혜에 감격할 것이며, 세 번째는 필히 의문을 품을 것입니다. 은혜를 느끼면 보답을 생각할 것이고, 은혜에 감격하면 죽음으로써 보답하고자 생각할 것이며, 의문이 생기면 하시고 싶은 바를 물어볼 것입니다. 이때 흉금을 털고 말하신다면 일은 거의 다 된 것입지요."

생은 진정 그럴듯하다 여기고 기뻐하며 말했다.

"내 일이 잘 되겠구나!"

생은 그 계책에 따라 즉시 주효를 갖추어서 곧바로 그 집에 가 전별 자리를 마련하였다.

(중략)

생이 사모하는 이가 필시 이곳에 없는 줄 알고 낯빛을 바꾸며 말했다.

"이 몸이 할멈에게 후의(厚意)를 입었으니 어찌 사실대로 말하지 않겠나? 과연 모월 모일 모처에서 오다가 길에서 마침 한 낭자를 보았다네. 나이는 대략 십오륙 세에 푸른 적삼에 붉은 치마를 입었고, 백릉버선에 자색 신을 신었지. 진주 비녀를 꽂고 새하얀 옥 반

지를 끼고, 홍화문 앞길을 지나가고 있었다네. 내 마음이 화사해지고 춘정을 이기지 못해 뒤따랐는데, 마지막에 이른 곳이 곧 할멈의 집이었네. 그날 이후로 마음이 혼미하여 만사가 흐릿하며, 오로지 그 낭자만 생각했다네. 맑은 눈동자와 하얀 이가 자나 깨나 잊히지 않아 상심하며 애태우길 하루 이틀이 아니었네. 할멈이 나를 보고 낯빛이 파리하다 했는데 왜 그랬겠나? 그래서 손님을 전별한다며 할멈을 번거롭게 한 것이네."

노파가 이 말을 듣고 몹시 애처로워했으나 생이 마음에 둔 사람이 누군지 몰랐다. 한동안 깊이 생각하다가 문득 깨닫고서 말했다.

"그런 애가 있습죠. 바로 죽은 제 언니의 딸이에요. 이름은 영영이고 자(字)는 난향이죠. 만약에 정말 그렇다면 참으로 어려운 일입니다. 참 어려운 일이에요!"

"왜 그러한가?"

"이 애는 회산군 댁 시비예요. 궁에서 나고 자라 문 앞길도 밟지 못한 지 오래랍니다. 자색(姿色)이 고운 것은 낭군께서 이미 보셨으니 굳이 말할 것 없지만 고운 마음이며 얌전한 몸가짐은 양반집 규수와 다를 게 없지요. 게다가 음률과 문장을 알아 나리께서 어여삐 여기시고 장차 소실(小室)로 맞으려 하셨지만, 부인의 시샘이 하동의 사자후보다 심하여 그렇게 못 하고 있을 뿐이옵니다. 지난번 그 애가 올 수 있었던 것은 한식 때를 맞아 그 애가 어미의 제사를 이곳에서 지내려고 부인께 말미를 얻었기 때문이지요. 그리고 때마침 나리께서 외출하신 터에 올 수 있었지 그렇지 않았던들 낭군께서 어찌 얼굴을 볼 수 있었겠습니까? 아이고! 낭군께서 다시 만나시기는 참으로 어렵습죠. 참으로 어려워요!"

생이 하늘을 우러러 탄식하며 말했다.

"아, 끝난 것이로구나! 나는 필시 죽겠구나!"

노파가 안타까워 멍하니 서 있다가 다시 말했다.

"딱 한 가지 ⓒ방법이 있습죠. 단오가 꼭 한 달 남았습니다. 그때 이 몸이 죽은 언니를 위해 제사상을 차리고 부인께 영영에게 반나절의 말미를 주도록 청한다면, 만에 하나 낭군의 뜻을 이룰 수 있을 것입니다. 낭군께선 돌아가시어 때를 기다렸다가 오시지요."

생이 기뻐하며 말했다.

"할멈 말대로 된다면야 인간의 5월 5일이 천상의 7월 7일이 되겠소!"

생과 노파는 각각 만복을 기원하며 헤어졌다.

— 작자 미상, 「상사동기」—

159 윗글의 대화에 대한 설명으로 가장 적절한 것은?

① 시간 표지를 활용하여 사건의 추이를 드러낸다.

② 앞날의 일을 가정하여 인물 간 갈등의 심화를 암시한다.

③ 인물에 대한 논평을 활용하여 갈등의 해소 방안을 제시한다.

④ 인물의 내력을 요약적으로 제시하여 성격의 변화를 보여 준다.

⑤ 인물의 성격을 고사에 빗대어 사건을 새로운 국면으로 전환한다.

160 윗글의 내용에 대한 이해로 적절하지 <u>않은</u> 것은?

① 막동은 생의 근심이 사모하는 마음 때문일 것이라 추측했다.

② 생이 노파의 집에서 손님을 전별하는 일을 벌인 데 대해 노파는 번거로움을 호소하였다.

③ 노파는 생이 찾는 자색이 고운 여인이 죽은 언니의 딸인 것을 깨달았다.

④ 노파는 생의 사연을 애처롭게 여기고 자신이 영영에 대해 아는 바를 알려 주었다.

⑤ 생은 천상의 일에 빗대어 영영을 만나는 일의 기쁨을 표현하였다.

161 ㉠과 ㉡에 대한 설명으로 가장 적절한 것은?

① ㉠과 ㉡은 모두 생에게 실현 가능성에 의구심을 갖게 한다.

② ㉠과 ㉡은 모두 생의 의도를 숨기기 위해 상황의 급박함을 부각하는 방식을 취한다.

③ ㉠은 막동의 제안을 생이 실행함으로써 이루어지고, ㉡은 생의 제안을 노파가 실행함으로써 이루어질 수 있다.

④ ㉠이 이루어지면 생은 노파에게 속내를 드러낼 기회를 얻게 되고, ㉡이 이루어지면 생이 영영과 만날 기회를 얻게 된다.

⑤ ㉠에서 생은 노파에게 접근하기 위해 가상의 존재를 내세우고, ㉡에서 생은 영영과의 만남을 위해 권력자의 위세를 내세운다.

162 〈보기〉를 참고하여 윗글을 감상한 내용으로 적절하지 <u>않은</u> 것은? [3점]

[보기]

「상사동기」는 남녀가 결연의 어려움을 극복하고 애정을 추구하는 서사라는 점에서, 애정 전기 소설의 전통을 따르면서도 전대 소설보다 현실성이 강화되었다. 감정에 충실하여 애정을 우선시하는 주인공의 성격, 서사 진행에 적극 개입하는 보조적 인물의 등장, 환상성을 벗어나 일상에 밀착된 배경의 설정 등에서 이를 확인할 수 있다. 또한 신분적 한계를 지닌 여성과의 결연 과정에서 애정 성취를 가로막는 사회적 관습으로 인한 갈등이 드러난다는 점에서 소설사적 의의가 있다.

① 생이 첫눈에 반한 영영과의 애정 추구에 적극적으로 나서는 점에서, 감정에 충실한 인물의 성격을 확인할 수 있군.

② 막동과 노파가 생의 애정 성취를 돕기 위해 나서는 점에서, 사건에 적극 개입하는 보조적 인물의 등장을 확인할 수 있군.

③ 생이 길을 가다 우연히 영영을 마주치고 노파의 집까지 뒤따르는 것에서, 사건 전개가 일상적 공간 속에서 이루어짐을 확인할 수 있군.

④ 영영이 회산군 댁 시비인 까닭에 두 인물의 만남이 어려운 점에서, 여성 주인공의 신분적 한계로 인해 애정 성취에 곤란을 겪는 것을 확인할 수 있군.

⑤ 회산군 부인의 허락을 구하려는 노파에게 생이 동조하는 것에서, 사회적 관습 안에서 현실적인 애정 성취 방법을 찾는 인물의 내적 갈등을 확인할 수 있군.

─── (해설편 Part 1 p.289) ───

[앞부분의 줄거리] 나는 기범이 죽기 전에 무슨 일이 있었는지 알기 위해, 그가 살았던 구천동을 찾아간다. 기범의 행적을 잘 알고 있는 '임 씨'를 만나 사연을 듣기 전에, 일규의 장례식 후에 있었던 기범과의 과거 일을 회상한다.

"네가 일규를 어떻게 아냐? 네깐 게 뭘 안다구 감히 일규를 입에 올리냐?"

기범은 순간 잔을 던지고 미친 듯이 웃기 시작했다. 너무나 돌연한 웃음이어서 나는 그때 꽤나 놀랐다. 기범이 그처럼 미친듯이 웃는 것을 나는 그날 처음 보았다.

"그래, 네 말이 맞다. 나는 그놈을 **입에 올릴 자격이 없다.** 허지만 누가 그놈을 진심으로 사랑한 줄 아냐? 너희냐? 너희가 그놈을 사랑한 줄 아냐?"

㉠나는 긴장했다. 그의 눈에서 번쩍이는 눈물을 보았기 때문이다.

"너는 그놈이 아깝다구 했지만 나는 그놈이 죽어 세상 살맛이 없어졌다. 나는 살기가 **울적할 때마다** 허공에서 그놈의 쌍판을 찾았다. 나는 그놈을 통해서만 살아가는 **재미와 기쁨**을 느꼈다. 그러나 그놈 역시 사정은 나하구 똑같았다. 나를 **발길로 걷어찼지만** 그놈은 나를 잊은 적이 없다. 우리는 **서로 사랑했지만** 사랑하는 방법이 달랐을 뿐이다."

(중략)

"원래 그 사람은 도회지에서 살던 사람인데 왜 그때 도시를 버리구 **깊은 산골**을 찾았는지 모르겠군."

"처음엔 저두 많이 궁금하게 생각했습니다. 뭔가 세상에 죄를 짓구 숨어 사는 분이 아닌가 했습니다. ㉡더구나 이리루 들어오시자 머리를 깎구 수염까지 기르셨거든요. 그러나 오래 뫼시구 살다 보니 저대루 차츰 납득이 갔습니다. 한마디로 말하기는 어렵지만 세상에 뭔가 실망을 느끼신 게 아닌가 싶습니다."

"본인이 그런 말을 한 적이 있소?"

"과거 얘기는 좀체 안 하시는 편이었는데 언젠가는 내게 그 비슷한 말씀을 하시더군요. 듣기에 따라서는 궤변 같지만 그분은 남하구 다른 ⓐ묘한 철학을 지니구 계셨습니다."

"그걸 한번 들려줄 수 없소?"

"그분은 세상이 어지럽구 더러울 때는 그것을 구하는 방법이 한 가지밖에 없다구 하셨습니다. 세상을 좀 더 썩게 해서 더 이상 그 세상에 썩을 것이 없도록 만들어야 한다는 것입니다. 그걸 썩지 않게 고치려구 했다가는 공연히 사람만 상하구 힘만 배루 든다는 것입니다. ㉢'모두 썩어라, 철저히 썩어라'가 그분이 세상을 보는 이상한 눈입니다. 제 나름의 어설픈 추측입니다만 그분은 **사람만이 지닌 이상한 초능력**을 믿으시는 것 같았습니다. 사람은 온갖 악행에도 불구하고 자기 스스로를 송두리째 포기하지는 않는다는 것입니다. 세상이 철저히 썩어서 더 썩을 것이 없게 되면 사람은 살아남기 위해 언젠가는 스스로 자구책을 쓴다는 것입니다. 당신은 바로 그걸 믿으셨고, 이러한 자기 생각을 부정(不正)의 미학이라는 묘한 말루 부르시기두 했습니다."

나는 순간 가슴 한구석에 뭔가가 미미하게 부딪쳐 오는 진동을 느꼈다. 진동의 진상은 확실치 않지만, 나는 그것이 기범을 이해하는 어떤 열쇠가 아닌가 생각했다. 그의 온갖 기행과 궤변들이 어지러운 혼란 속에서 그제야 언뜻 한 가닥의 질서 위에 어렴풋이 늘어서는 것이었다.

"헌데 세상에 대해 그런 생각을 지닌 사람이 갑자기 왜 세상을 등지구 이런 산속에 박혀 사는 거요?"

"당신께서 아끼시던 친구 한 분이 갑자기 세상을 버리셨다구 하시더군요. 그때 아마 **충격을 받으시구** 이리루 들어오신 게 아닌가 싶습니다."

"누구랍니까, 그 친구가?"

"이름은 말씀 안 하시구 그분을 언제나 '미련한 놈'이라구만 부르셨습니다."

오일규다. 나는 그제야 오일규의 장례식 후에 기범이 격렬하게 지껄인 저 시끄럽던 요설들이 생각났다. 어쩌면 기범은 그때 이미 세상을 등질 결심을 했는지도 알 수 없다. ㉣아니 그는 그 얼마 후에 내 앞에서 정말로 깨끗하게 사라져 버린 것이다.

"그래 그 친구가 죽은 후로 왜 세상을 등졌답디까?"

"**세상 살 재미가 없어졌다구** 하시더군요. 아마 친구분을 꽤나 좋아하셨던 모양입니다. 그 미련한 놈이 죽어 버렸으니 자기도 앞으로는 미련하게 살밖에 없노라구 하셨습니다. ㉤당신이 미련하다고 말씀하는 건 우습게 들리시겠지만 착한 일을 뜻하시는 것이었습니다."

"그래서 이곳에 온 후 사람이 갑자기 달라진 거요?"

"전 그분의 과거를 몰라서 어떻게 달라졌는지는 잘 모릅니다. 허지만 이곳에 오신 후로는 그분은 거의 남을 위해서만 사셨습니다. 제가 생명을 구한 것두 순전히 그분의 덕입니다."

나는 다시 기범이 지껄였던 과거의 ⓑ요설들이 생각난다. 세상을 항상 역(逆)으로만 바라보던 그의 난해성이 또 한 번 나를 혼란 속에 빠뜨린다. 그는 어쩌면 이 세상을 역순(逆順)과 역행(逆行)에 의해 누구보다 열심으로 가장 솔직하게 살다 간 것 같다. 그에게 악과 선은 등과 배가 서로 맞붙은 동위(同位) 동질(同質)의 것이었는지도 알 수 없다. 그는 악과 선 중 아무것도 믿지 않았고 오직 믿은 것이라고는 세상에는 아무것도 믿을 것이 없다는 사실뿐이었다. 그와 오일규가 맞부딪쳤을 때 오일규가 해체되는 것은 너무나 당연하다. 그것은 가장 비열한 삶이 가장 올바른 삶을 해체시키는 역설적인 예인 것이다.

-홍성원, 「무사와 악사」-

163 [A]의 서술상 특징으로 가장 적절한 것은?

① 이야기 내부의 서술자가 인물의 행동을 객관적으로 서술하고 있다.
② 이야기 내부의 서술자가 인물에 대한 평가를 관념적으로 서술하고 있다.
③ 이야기 외부의 서술자가 인물의 체험을 바탕으로 사건의 배경을 실감나게 서술하고 있다.
④ 이야기 외부의 서술자가 인물의 회상을 중심으로 사건의 전개를 지연시키며 서술하고 있다.
⑤ 이야기 외부의 서술자가 인물의 내면을 묘사하여 인물 간의 갈등이 지속되고 있음을 서술하고 있다.

164 서사의 흐름을 고려하여 ㉠~㉤에 대해 이해한 내용으로 적절하지 <u>않은</u> 것은?

① ㉠: 돌연한 웃음을 보이다가 눈물을 보이는 식으로 갑작스러운 감정 변화를 보인 데 대한 반응이다.
② ㉡: 신원이 미심쩍다고 의심하는 상황에서 그 외모가 의심을 가중했다는 생각이 담긴 말이다.
③ ㉢: 세상에 대한 관점이 상식적이지 않아 일반적으로는 수긍하기 어렵다는 생각을 드러낸 판단이다.
④ ㉣: 약속을 곧바로 실행에 옮긴 행위에 대한 놀라움을 드러낸 표현이다.
⑤ ㉤: 말의 표면적인 뜻과 달리 그 속에 숨은 뜻을 파악한 우호적인 해석이다.

165 ⓐ, ⓑ에 대한 설명으로 가장 적절한 것은?

① ⓐ에 대한 '나'의 이해는 기범에 대한 '나'의 인식이 전환되는 데에 기여한다.
② ⓐ에 대한 얘기를 '나'가 꺼낸 것은 기범에 대한 '저'의 오해를 풀 목적에서이다.
③ '저'는 '나'가 기범에 대해 품은 의문이 ⓑ를 바탕으로 하고 있음을 알게 된다.
④ '저'가 ⓐ로 인해 기범을 오해한다면, '나'는 ⓑ에 의해 기범을 이해한다.
⑤ '저'는 기범이 선행을 베풀며 보인 변화가 ⓑ에서 ⓐ로 변화된 과정과 일치함을 알고 있다.

166 〈보기〉의 관점에서 윗글을 감상한 내용으로 적절하지 않은 것은? [3점]

> ─────[보기]─────
>
> 사람들은 존경하거나 사랑하는 사람을 닮아 가며 그와 자신을 동일시하려는 경향이 있다. 이를 통해 심리적 위안이나 성취감을 느끼기도 하지만 그 상대로부터 외면받거나 그가 부재한 상황에서는 마음에 상처를 입는다. 이때 동일시의 상대를 부정하거나, 외면당하지 않았다고 자신의 처지를 합리화한다. 또는 관심을 다른 데로 돌려 그 상황에서 아예 벗어나고자 한다. 「무사와 악사」에서 '기범'이 보이는 기행과 궤변은 '일규'를 동일시하려는 상대로 의식한 데서 비롯한 것으로도 볼 수 있다.

① 일규의 죽음에 '충격을 받'고 '세상 살 재미가 없어졌다'는 기범의 말이 사실이라면, 동일시하려던 상대의 부재가 가져 오는 심리적 영향이 컸다는 것이겠군.

② 기범이 자신을 '발길로 걷어찼'던 일규로부터 외면받았다고 본다면, 일규와 '서로 사랑했'다고 믿는 기범의 진술은 외면당한 자신의 처지를 합리화하려는 의도에서 나온 것이겠군.

③ '울적할 때마다' 일규를 떠올리며 삶의 '재미와 기쁨'을 얻었다는 기범의 고백을 동일시의 결과로 이해한다면, 일규를 통해 기범이 심리적 위안을 얻었음을 추측할 수 있겠군.

④ 일규의 죽음이 기범이 도시를 떠나 '깊은 산골'에 정착한 계기였다고 본다면, 이는 동일시하려던 상대가 사라진 상황에서 관심을 다른 데로 돌려 그 상황을 벗어나기 위해서였겠군.

⑤ 기범이 일규를 '입에 올릴 자격이 없다'는 것이 동일시의 대상에 대한 존경심의 표현이라면, '사람만이 지닌 이상한 초능력'에 대한 기범의 믿음은 동일시를 통한 성취감에 해당되겠군.

[167~172] 다음 글을 읽고 물음에 답하시오.   2024.09 [22~27]

─── (해설편 Part 1 p.297) ───

(가)

첩첩산중에도 없는 마을이 여긴 있습니다. 잎 진 사잇길 저 모랫둑, 그 너머 강기슭에서도 보이진 않습니다. 허방다리* 들어내면 보이는 마을.

갱 속 같은 마을. ㉠꼴깍, 해가, 노루꼬리 해가 지면 집집마다 봉당에 불을 켜지요. 콩깍지, 콩깍지처럼 후미진 외딴집, 외딴집에도 불빛은 앉아 이슥토록 창문은 모과 빛입니다.

기인 밤입니다. 외딴집 노인은 홀로 잠이 깨어 출출한 나머지 무우를 깎기도 하고 고구마를 깎다, 문득 바람도 없는데 시나브로 풀려 풀려 내리는 짚단, 짚오라기의 설레임을 듣습니다. 귀를 모으고 듣지요. ㉡후루룩 후루룩 처마 깃에 나래 묻는 이름 모를 새, 새들의 온기를 생각합니다. 숨을 죽이고 생각하지요.

참 오래오래, 노인의 자리맡에 밭은기침 소리도 없을 양이면 벽 속에서 겨울 귀뚜라미는 울지요. 떼를 지어 웁니다, 벽이 무너지라고 웁니다.

어느덧 밖에는 눈발이라도 치는지, 펄펄 함박눈이라도 흩날리는지, 창호지 문살에 돋는 월훈(月暈).

-박용래, 「월훈」-

* 허방다리 : 짐승 따위를 잡기 위해 풀 등을 덮어 위장한 구덩이.

(나)

내 어린 날!
아슬한 하늘에 뜬 연같이
바람에 깜박이는 연실같이
내 어린 날! 아슴풀하다*

하늘은 파랗고 끝없고
편편한 연실은 조매롭고*
오! 흰 연 그새에 높이
㉢아실아실* 떠 놀다 내 어린 날!

바람 일어 끊어지던 날
엄마 아빠 부르고 울다
㉣희끗희끗한 실낱이 서러워
아침저녁 나무 밑에 울다

오! 내 어린 날 하얀 옷 입고
외로이 자랐다 하얀 넋 담고
㉤조마조마 길가에 붉은 발자욱
자욱마다 눈물이 고이었었다

-김영랑, 「연1」-

* 아슴풀하다 : '아슴푸레하다'의 방언.
* 조매롭고 : '조마롭다'의 방언. 보기에 마음이 초조하고 불안하다.
* 아실아실 : '아슬아슬'의 방언.

(다)

ⓐ신위가 자기 집 이름을 '문의당'이라 하고 ⓑ나에게 편지를 보내 말했다.

"내 천성이 물을 좋아하는데, 도성 안이라 볼만한 샘이나 못이 없어 비록 물을 보는 법을 알고 있어도 써 볼 데가 없는 것이 늘 아쉬웠습니다. 그런데 천하의 지도를 보고 깨우친 점이 있었습니다.

넘실거리는 큰 바다 사이로 아홉 개 대륙, 일만 개 나라가 퍼져 있는데 큰 나라는 범선이 늘어선 듯하고, 작은 나라는 갈매기와 해오라기가 출몰하는 듯했습니다. 천하만국에 두루 살고 있는 사람들은 모두 물 가운데 있는 존재일 뿐입니다. 이것이 제 집의 이름을 '문의(文漪)*'라고 한 까닭입니다. 그대는 저를 위해 이 집의 기문을 지어 주시기 바랍니다."

나는 편지를 보고 웃으며 말했다.

"세상에는 본래 그 실물은 없으면서도 이름을 차지하는 경우가 있으니, 지금 그대가 집에 이름을 붙인 것이 바로 그 실물이 없는 것이라고 할 수 있겠소. 비록 그러하나 그대도 이에 대해 할 말이 있을 것이오. 지금 바다의 섬 가운데 집을 짓고 사는 사람이 있다면, 사람들은 반드시 물에 산다고 하지 산에 산다고 하지 않겠지요. 섬사람 중에는 담장을 두르고, 집을 짓고, 문을 닫고 들어앉아 사는 사람도 있게 마련이니, 그가 날마다 파도와 깊은 물을 가까이 접하지는 않는다고 하여, 물에 사는 게 아니라고 한다면 옳지 않겠지요. 이와 같은 이치를 사람들이 모두 그렇다고 인정하는데, 어찌 유독 그대의 말에만 의심을 품겠소?

대지는 하나의 섬이고, 세상 사람들은 섬사람이라오. 비록 배를 집으로 삼아 물 위를 떠다니면서 날마다 물과 더불어 살아가는 사람이라 하더라도, 그 형편상 눈을 한곳에 두고 꼼짝하지 않을 수는 없을 것이고, 잠시 눈길을 돌려서 잠깐 동안이나마 물이 있다는 것을 생각하지 못할 때가 반드시 있을 것이오. 이때에는

겨우 반걸음을 움직인 것이나 천 리를 간 것이나 매한
가지라 할 것이오.”

-서영보, 「문의당기」-

* 문의 : 물결무늬.

167 (가)~(다)의 공통점으로 가장 적절한 것은?

① 설의적 표현을 사용하여 인물의 정서를 강조하고 있다.
② 묘사의 방식을 활용하여 대상의 특징을 구체화하고
   있다.
③ 말을 건네는 방식을 사용하여 주제 의식을 심화하고
   있다.
④ 과거의 장면을 회상하여 현재 상황에 대한 원인을 포
   착하고 있다.
⑤ 가상의 상황을 설정하여 현실에 대한 긍정적 인식을
   이끌어내고 있다.

168 〈보기〉를 참고하여 (가)를 감상한 내용으로 적절하지
않은 것은?

[보기]

　(가)는 적막한 산골 마을을 배경으로 그곳에 사는
한 노인의 모습을 관찰하여 들려주는 시이다. 향토
적인 정경 속에서 낯설게 느껴지는 일상에 감각적
으로 집중하는 노인을 통해 점점 사라져 가는 것들
에 대한 관심을 드러내고, 노인의 삶이 마주한 깊은
정적 속 울음소리를 통해 인간의 쓸쓸함을 고조하
고 있다. 이러한 노인의 모습은 외딴집 창호지 문살
에 비친 달무리의 이미지로 형상화되고 있다.

① ‘첩첩산중에도 없는 마을’을 ‘여긴 있’다고 한 데서, 노
   인이 살아가는 곳은 쉽게 보기 어려울 것 같은 장소임
   을 짐작할 수 있겠군.
② ‘강기슭에서도 보이진 않’는 ‘후미진 외딴집’이라는 배
   경 설정에서, 적막한 공간의 분위기를 추측할 수 있
   겠군.

③ ‘봉당에 불을 켜’는 분위기와 ‘콩깍지’의 이미지로 나타
   낸 향토적 정경에서, 사라져 가는 것들에 대한 관심을
   유추할 수 있겠군.
④ ‘짚오라기의 설레임’을 ‘귀를 모으고 듣’고 ‘새들의 온기’
   를 ‘숨을 죽이고 생각하’는 것은, 일상을 자연스럽게 받
   아들이는 노인의 감각을 부각한 것으로 볼 수 있겠군.
⑤ ‘밭은기침 소리도 없’는데 ‘겨울 귀뚜라미’가 우는 상
   황과 눈발이 치는 듯한 ‘밖’의 달무리 이미지가 어우러
   져, 노인의 고독을 형상화한 것으로 이해할 수 있겠군.

169 (나)에 대한 설명으로 적절하지 않은 것은?

① 1연에서 ‘연’과 ‘연실’의 모습에 빗대어 ‘내 어린 날’의
   기억을 ‘아슴풀하다’라고 표현하고 있다.
② 2연에서 ‘조매롭고’로 표현된 ‘연실’의 긴장은 3연에
   서 연실이 ‘바람 일어 끊어지던 날’의 정서를 고조하고
   있다.
③ 3연에서 ‘울다’의 반복과 4연에서 ‘눈물이 고이었었
   다’를 통해 ‘내 어린 날’의 상황을 짐작할 수 있게 하고
   있다.
④ 4연에서 ‘외로이 자랐다’와 이어진 ‘하얀 넋’은 ‘붉은 발
   자욱’에 함축된 정서와 상반되는 의미를 이끌어 내고
   있다.
⑤ 1연과 4연의 ‘내 어린 날’은 2연의 ‘내 어린 날’의 기억
   을 통해 떠올린 유년 시절을 표상하는 의미를 지니고
   있다.

170 ㉠~㉤에 대한 설명으로 적절하지 <u>않은</u> 것은?

① ㉠: 아주 짧은 순간에 해가 지는 모습을 나타낸 말로, 시간의 변화를 함축하고 있다.

② ㉡: 소리를 통해 연상되는 새의 모습을 감각적으로 형상화하고 있다.

③ ㉢: 높이 날아오른 연을 동경하는 심리를 드러내고 있다.

④ ㉣: 서러움을 느끼게 하는 대상인 실낱의 모습을 표현하고 있다.

⑤ ㉤: 외롭고 슬픈 어린 시절의 정서를 함께 담아내고 있다.

171 ⓐ, ⓑ에 대한 이해로 적절하지 <u>않은</u> 것은?

① ⓐ는 '볼만한 샘이나 못'이 없는 곳에 산다고 생각하다가, '천하의 지도를 보고' 깨달은 바에 따라 자신이 물 가운데 살고 있는 것이나 다름없다는 발상으로 사고를 전환한다.

② ⓐ가 '자기 집'을 '문의'라고 한 것에 ⓑ가 동의한 이유는 ⓐ의 상황이 '배를 집으로 삼아' 사는 사람의 상황보다 집에 '들어앉아 사는 사람'의 상황에 가깝다고 생각했기 때문이다.

③ ⓑ는 '바다의 섬'에 '집을 짓고 사는 사람'의 삶에 주목하여, 바라보는 관점을 달리하면 세상 모든 사람들이 섬에 살고 있다는 논리가 성립한다고 생각한다.

④ ⓑ가 ⓐ의 발상이 타당하다고 하는 이유는, '바다의 섬 가운데' 살더라도 그것을 가리켜 '물에 산다고' 보는 것이 ⓑ의 생각만이 아니라 '사람들'의 판단과도 일치하기 때문이다.

⑤ ⓑ는 '물과 더불어' 사는 사람도 '눈길을 돌'리는 순간이 있는 것과 ⓐ가 '물을 보는 법'을 '써 볼 데가 없'다 하는 것은 물을 보지 못할 때가 있다는 점에서 유사하다고 생각한다.

172 〈보기〉를 바탕으로 (가), (다)를 이해한 내용으로 가장 적절한 것은? [3점]

[보기]

문학 작품 속의 소재들은 연관성 속에서 서로 유사 혹은 대립의 관계를 이룸으로써 의미를 생성하거나 그 특징을 부각하는 효과를 드러낸다.

① (가)의 '허방다리 들어내면 보이는 마을', '갱 속 같은 마을'은 얕음과 깊음의 대비를 이루어 숨어 있는 두 공간의 차이를 부각하고 있군.

② (가)의 '무우'와 '고구마'는 차가움과 따뜻함의 대비를 이루어 밤에 출출함을 달래기 위해 먹는 다양한 음식의 속성을 부각하고 있군.

③ (다)의 '아홉 개 대륙'과 '일만 개 나라'는 바다 안의 육지라는 유사성으로 관계를 맺으며 '천하의 지도'라는 새로운 의미를 생성하고 있군.

④ (다)의 '파도'와 '깊은 물'은 바다의 형상이라는 유사성으로 관계를 맺으며 물에 사는 사람이 살면서 만나게 되는 환경이라는 의미를 생성하고 있군.

⑤ (가)의 '창문은 모과빛'과 '기인 밤'은 밝음과 어둠의 대비를, (다)의 '갈매기'와 '해오라기'는 크고 작음의 대비를 이루어 각 소재가 가진 특징을 부각하고 있군.

(해설편 Part 1 p.309)

[앞부분 줄거리] 황만근은 마을 사람들에게 바보 취급을 받지만, 외지 출신인 민 씨는 달리 생각한다. 어느 날, 밤늦게 집에 가던 황만근은 토끼 고개에서 거대한 토끼를 만난다.

"그기 뭔 소리라? 내가 내 집에 내 발로 가는데 니가 뭐라꼬 집에 못 간다 카나. 귀신이마 썩 물러가고 토끼마 착 엎디리라. 내가 너를 타고서라도 집에 갈란다."

거대한 토끼는 황만근이 한 번도 맡아 본 적이 없는 비린 냄새를 풍기면서 느릿하고 탁한 음성으로 다시 말했다.

"너는 ⓐ여기서 죽는다. **너는 여기서 죽는다**. 너는 여기서 죽는다. 너는 집에 못 간다."

황만근은 온몸에 소름이 돋고 털이란 털은 모두 위로 곤두섰다. 그래도 있는 힘을 다해 토끼를 밀치며 "비키라!" 하고 소리를 질렀다. 그런데 토끼를 밀친 황만근의 팔이 토끼의 털에 묻히는가 싶더니 진공청소기에 빨려 드는 파리처럼 쑤욱 안으로 빨려 들어가는 것이었다 ㉠(황만근이 한 말이 아니라 그 말을 들은 민 씨의 표현이다). 황만근은 한 팔로 옆에 있는 나무를 붙잡으면서 빨려 들어간 팔을 도로 빼려고 안간힘을 썼다. 황만근을 빨아들이려는 공간은 아무것도 잡히지 않을 정도로 넓었고 허전했고 또한 소름끼치도록 차가웠다. 토끼는 토끼대로 쉽게 끌려 들어오지 않는 황만근을 마저 끌어들이기 위해 온몸을 떨면서 뒷발을 든 채 버티고 있었다.

그런 상태로 시간이 하염없이 흘렀다. 어느새 동쪽 하늘이 부옇게 밝아 오기 시작했다. 그러자 토끼는 황만근을 향해 "너는 이제 살았다. 너는 이제 살았다. 너는 이제 살았으니 나를 놓아라"하고 말했다. 황만근은 오기가 나서 "택도 없는 소리 말거라. 니를 탕으로 끓여서 어무이하고 나하고 마주 앉아서 먹어 치울끼다. 니 가죽을 빗기서 어무이 목도리를 하고 내 토시를 하고 장갑을 할끼다. **니는 인자 죽었다**, 자슥아" 하고 소리쳤다. 토끼는 다급하게 물었다. "그럼 어떻게 하면 네 팔을 빼겠느냐." 황만근은 팔을 안 빼는 게 아니라 못 빼고 있는데 토끼가 그렇게 물어 오자 할 말이 없었다. 그래서 되는 대로 "내 소원을 세 가지 들어주기 전에는 니까잇 거는 못 간다" 하고 말했다.

"네 소원이 뭐냐."

"우리 어무이가 팥죽 할마이겉이 오래오래 사는 거다."

㉡(팥죽 할마이란 팥죽을 파는 할머니, 혹은 늘 팥죽을 쑤고 있는 할머니 같은데 그 할머니가 누구인지, 어

째서 오래 산다고 하는지 민 씨는 모른다.)

토끼는 ⓑ마을이 있는 서쪽으로 고개를 기울였다가 몸을 소스라치게 떨고 나서 힘겨운 목소리로 말했다.

"지금 들어주었다. 그 다음은?"

"여우 겉은 마누라가 생기는 거다."

"송편을 세 번 먹으면 네 집으로 올 거다. 다음은 무엇이냐?"

"떡두깨(떡두꺼비) 겉은 아들이다."

"마누라가 들어오면 용왕이 와서 그렇게 해 준다. 이제 나를 놓아라."

"내가 언제 니를 잡았나. 니가 가 뿌리만 되지, **바보 자슥아**."

그러자 토끼는 속았다는 걸 알았는지 얼굴을 무섭게 부풀리더니 황만근의 얼굴에 뜨겁고 매운 김을 내뿜었다. 황만근이 눈을 뜨지 못하고 쩔쩔매다가 간신히 떠 보니 어느새 자신의 팔이 돌아와 있는 것이었다. 황만근의 ⓒ주변에는 토끼털이 무수히 떨어져 바늘처럼 반짝이고 있었다. 황만근은 제대로 숨 쉴 겨를도 없이 집으로 달려갔다. 동네 곳곳의 닭들이 횃대에서 소리쳐 울고 있었다. 황만근은 밖에서 "어무이, 어무이" 하고 소리치면서 ⓓ마당으로 뛰어 들어갔지만 방 안에서는 아무 기척이 없었다. 방 안에 들어가 보니 그의 어머니는 그가 나갔을 때의 모습 그대로, 얼굴이 백지장처럼 변해 앉아 있었다.

"어무이, 어무이!"

그가 어깨를 흔들자 젊은 어머니는 모로 쓰러져 버렸다. 그러면서 "카악!" 하고는 목에서 **주먹밥 덩어리**를 토해 냈다. 황만근이 어머니를 껴안고 통곡을 하다가 손발을 주무르고 온몸을 어루만지자 어머니는 눈을 떴다.

"니 와 인자 왔노?"

"밤새도록 토깨이 귀신하고 씨름을 하다 왔다. 니는 괜않나."

"니 기다리다가 아까 해 뜰 녘에 닭이 울길래 밥 한 덩이를 입에 넣었다가 목이 맥히서 죽을 뻔했다. 움직있다가는 더 맥힐 거 같애서 손가락 하나 까딱 모하고 이래 니가 오기 기다리고 있었니라. 이 문디 겉은 놈의 자슥아, 와 밥만 해 놓고 물은 안 떠다 났나!"

황만근은 울다가 웃다가 덩실덩실 춤을 추었다. 그러고는 어머니에게 엉덩이를 채어 물을 뜨러 동네 ⓔ우물로 달려갔다.

[A] ┌ 그날 우물가에서는 황만근의 기이한 체험이 여러 사람의 입으로 하루 종일 수십 번 되풀이되었고 종내 황만근이 우물가로 초청되어 입이 아프도록 갈

└ 은 **이야기**를 늘어놓아야 했다.

┌ 송편을 세 번 빚을 만큼의 시간, 곧 세 해가 흐른 뒤
[B] 에 토끼의 **말**대로 어떤 처녀가 그의 집으로 들어왔
└ 을 때 동네 사람들이 황만근을 보는 눈이 달라졌다.

－성석제, 「황만근은 이렇게 말했다」－

173 ㉠, ㉡의 서술 효과로 가장 적절한 것은?

① ㉠을 통해 민 씨가 황만근에게 들은 말을 그대로 전하고 있음을 알 수 있다.

② ㉡을 통해 황만근의 말을 전하는 민 씨도 다른 인물들처럼 서술자의 서술 대상임을 알 수 있다.

③ ㉠과 ㉡을 삭제하면 황만근과 토끼의 대결 과정을 파악하기 어렵게 된다.

④ ㉠과 ㉡은 황만근과 토끼의 대결 과정 자체에 더 몰입하여 읽도록 도와주는 기능을 한다.

⑤ ㉠과 ㉡을 통해 황만근이 민 씨로부터 전해 들은 이야기가 다시 서술되고 있음을 알 수 있다.

174 ⓐ~ⓔ를 이해한 내용으로 적절하지 <u>않은</u> 것은?

① ⓐ: 주인공이 기이한 체험을 하는 공간

② ⓑ: 주인공이 복귀해야 할 일상적 공간

③ ⓒ: 주인공의 지난밤 체험의 흔적이 남아 있는 공간

④ ⓓ: 주인공이 어머니에 대한 불안을 감지하는 공간

⑤ ⓔ: 주인공이 어머니의 요청을 동네 사람들에게 전하러 간 공간

175 [A], [B]에 대한 설명으로 가장 적절한 것은?

① [A]는 마을 사람들이 '이야기'를 여러 차례 들었으나 여전히 흥미를 느끼지 못했음을 보여 준다.

② [A]는 직접 경험한 사건이라도 반복적으로 전달되면서 '이야기'의 내용이 점차 달라지고 있음을 보여 준다.

③ [B]는 새로운 등장인물의 '말'에 따라 '말'을 처음 전한 존재에 대한 평가가 달라졌음을 보여 준다.

④ [B]의 '말'은 [A]의 '이야기'의 일부로, '말'의 실현이 '이야기'의 신뢰성을 높이고 있음을 보여 준다.

⑤ [B]는 [A]의 '이야기'가 삼 년 동안 전해질 수 있었던 이유가 '말'의 실현에 대한 공동체의 확신 때문임을 보여 준다.

176 〈보기〉를 참고하여 윗글을 감상한 내용으로 적절하지 <u>않은</u> 것은? [3점]

┌─[보기]─┐

윗글은 민담적 요소를 적극 활용한 현대 소설이다. 바보 취급을 받는 황만근이 신이한 존재와 대면했으나 위기를 극복하며 의외의 승리를 거둔다는 비현실적 이야기는 민담적 특징을 잘 보여 준다. 또한 반복적이거나 위협적인 어구 사용, 구성진 입담 등에는 언어의 주술성과 해학성이 잘 드러난다.

① 황만근이 '거대한 토끼'와 겨루는 비현실적인 이야기 전개는 민담의 일반적 특성과 맞닿아 있는 것이겠군.

② 토끼가 '너는 여기서 죽는다.'라는 말을 세 번 반복한 것은 언어의 주술적 특성을 드러내는 것이겠군.

③ 황만근이 '니는 인자 죽었다.'라고 발언하며 위협한 것은 의외의 결과를 가져와 토끼가 황만근의 소원을 들어주기로 하였겠군.

④ '바보 자슥아'라는 말은 황만근에 대한 신이한 존재의 우위가 변했음을 보여 주는 것이겠군.

⑤ 어머니가 '주먹밥 덩어리'를 토해 내는 것은 황만근에게 속은 것을 깨달은 토끼의 주술적 복수라 할 수 있겠군.

─── 해설편 Part 1 p.315 ───

(가)

　우리나라 전기소설(傳奇小說)은 중국의 전기(傳奇)와 우리의 설화 등 다양한 서사 갈래의 영향을 받아 성립했다. 중국의 전기는 기이한 사건을 다채로운 문체로 엮은 서사 양식이다. 이는 당나라 문인들이 자신의 글 솜씨가 담긴 작품집을 출세의 수단으로 삼았던 관습에서 유래했다. 기이한 사건은 흥미를 끌기 위한 소재로만 쓰여서, 서사 구조가 유기적이지 못했고 결말의 양상도 다양했다. 이에 비하면 우리의 전기소설에서 기이한 사건은 작가의 불우함을 위로하기 위한 창작 동기에 걸맞게 유기적으로 짜였다. 작가의 분신으로서 불우한 처지에 놓인 전기소설의 남주인공은 기이한 사건을 겪으면서 자신의 능력을 인정받고 위로받지만, 결국 비극적 종결을 맞이하는 전형성을 보인다. 이처럼 우리의 전기소설은 중국 전기의 영향을 받아 기이한 사건을 다루면서도, 비극적 종결을 통해 전기와 구별되는 독자성을 보인다.

　우리 전기소설의 성립에는 민담과 전설 등 설화도 영향을 끼쳤다. 구전되던 설화를 기록하면서 작가의 역량이 발휘되었고, 이 과정에서 새로운 유형의 인물이 등장하여 전기소설의 갈래적 성격을 드러내었다. 전기소설 주인공의 특질은 다음과 같다. 첫째는 외로움이다. 주인공은 사회적으로 소외된 존재이거나 짝을 얻지 못한 상태에서 실의에 빠져 있는 존재이다. 외로운 주인공은 현실에서의 소외를 부당하다고 느껴 온갖 금기를 넘어선 사랑을 하거나 용궁과 같은 이계(異界)에 가기를 주저하지 않는다. 둘째는 내면성이다. 주인공은 풍부한 감성을 지녀서 외로움을 토로하거나 시를 자주 짓고 시를 통해 자신의 능력을 인정받거나 서로 소외감을 나누고 싶어 한다. 셋째는 소극성이다. 남주인공은 소심하고 나약한 존재로서 자신으로서는 받아들이기 어려운 상황이나 모순된 현실에 대해 적극적으로 저항하지는 않는다. 사랑에 몰두하거나 세상을 등지는 등 세상과 소통하지 않으려는 폐쇄성을 통해 모순된 현실에 대한 비극적 인식을 보여 줄 뿐이다. 이처럼 전기소설의 주인공은 서사 문학사에서 새로운 인물이었다. 이런 주인공을 내세운 작품들은 설화로부터 분기되어 '소설'로 접근하게 되었고 동시에 다른 작품들과 달리 '전기소설'로 구분되었다.

　물론 전기소설의 정립은 점진적으로 진행되어서, 「조신」, 「김현감호」, 「최치원」 등은 정도의 차이는 있지만 설화와 전기소설 중 어느 한쪽만으로 갈래적 성격을 규정할 수 없는 작품들로 평가받는다. 이들 작품은 남녀의 기이한 만남과 파국을 그린다는 점에서 전기소설의 성격을 지녔지만, 기이한 사건으로써 환기되는 현실에 대한 이해는 전설의 성격을 띤다. 전설에서 인물은 특정한 시공간에서 현실의 문제에 부딪히지만 이것은 인간의 힘으로는 어찌할 수 없는 경이로운 세계의 일부분으로 다루어진다. 가령 「김현감호」는 벼슬에 대한 김현의 간절함에 부처가 감동하여 범의 희생으로 응답하고, 김현이 이를 기린다는 이야기이다. ㉠개인의 욕망을 포용하는 부처의 전능함을 형상화한 것이다. 전설과 달리 소설에서 인물은 구체적인 사회현실에서 현실의 문제에 부딪히고 갈등함으로써 인간과 세계는 서로 맞서는 관계로 다루어진다. 가령 「이생규장전」은 사랑하는 남녀가 전쟁 때문에 이별했다가 기이한 방식으로 다시 결연하지만 결국 비극적으로 종결되는 이야기이다. 생사를 초월한 사랑을 통해 개인과 세계의 갈등 관계를 형상화한 것이다. 전기소설은 「금오신화」를 통해 소설사에 안착했고, 「금오신화」는 현실의 문제를 드러내는 ㉡다양한 소설적 면모를 보였다. 그리고 이는 후대로 계승되었다. 사대부 남성이 이계를 체험하고 돌아오는 구도는 몽유록 소설로, 이원적 공간 구도는 적강한 영웅의 일생을 다룬 영웅 소설로 계승되었다. 금기에 도전하는 애정 추구의 구도와 능동적인 여인상 그리고 애정 교류의 매개로써의 시의 활용은 애정 소설로 이어졌다. 이렇게 보면 전기소설은 우리나라 최초의 소설 양식인 것이다.

(나)

　김현이 말하기를, "사람과 사람의 사귐은 인륜의 도리이지만 다른 유와 사귀는 것은 대개 정상이 아닙니다. 이미 조용히 만난 것은 진실로 천행이라고 할 것인데, 어찌 차마 배필의 죽음을 팔아서 일생의 벼슬을 바랄 수 있겠소?"라고 하였다.

　처녀가 말하기를, "낭군은 그런 말 마십시오. 지금 제가 일찍 죽는 것은 천명이며, 또한 저의 소원이요, 낭군의 경사요, 우리 일족의 복이요, 나라 사람들의 기쁨입니다. 한 번 죽어 다섯 이로움이 갖춰지니 어떻게 그것을 어길 수 있겠습니까? 다만 저를 위하여 절을 짓고 불경을 강하여 불법(佛法)을 얻도록 도와주시면 낭군의 은혜는 더없이 클 것입니다."라고 하였다.

　드디어 서로 울면서 헤어졌다.

　다음 날 과연 사나운 범이 성 안으로 들어왔는데, 매우 사나워 감당할 수가 없었다. 원성왕이 이 소식을 듣고 범을 잡은 자에게는 벼슬 2급을 주라고 하였다. 김현이 대궐로 들어가서, "소신이 잡을 수 있습니다."라고 아뢰자, 임금이 우선 벼슬을 주어 그를 격려하였다. 김현이 단도를 지니고 숲 속으로 들어갔다. 범이 처녀로 변하여 반갑게 웃으면서, "간밤에 낭군과 함께 마음속 깊이 정을 맺던 일을 잊지 마십시오. 오늘 내 발톱에 상처를 입은 사람들은 모두 흥륜사의 간장을 바르고 그 절의 나발 소리를 들으면 나을 것입니다."라고 하였다.

이에 처녀가 김현의 칼을 뽑아 스스로 목을 찔러 쓰러지니 곧 범이었다. 김현이 숲 속에서 나와, "지금 범을 쉽게 잡았다."라고 소리쳤다. 그 사정은 누설하지 않았다. 일러 준 대로 상한 사람들을 치료하니 그 상처가 모두 나았다. 지금도 세간에서는 그 방법을 쓰고 있다.

김현은 등용된 뒤 서천(西川)에 절을 세워 호원사(虎願寺)라고 하고 항상 「범망경」을 강설하여 범의 저승길을 인도하고, 범이 제 몸을 죽여서 자기를 성공시켜 준 은혜에 보답하였다.

-작자 미상, 「김현감호」-

(다)

"장차 백년해로의 낙을 누리려 했는데 어찌 횡액(橫厄)을 만나 구렁에 넘어질 줄 알았겠습니까? 이리 같은 놈들에게 정조를 잃지는 않았으나, 육체는 진흙탕에서 찢겼사옵니다. 절개는 중하고 목숨은 가벼워 해골은 들판에 던져졌으나, 혼백을 의탁할 곳이 없었습니다. 가만히 옛일을 생각하면 원통한들 어찌하겠습니까? 당신과 그날 깊은 산골짜기에서 헤어진 뒤 속절없이 짝 잃은 새가 되었던 것입니다. 이제 저의 환신은 이승에 돌아와 남은 인연을 맺어 옛날의 굳은 맹세를 결코 헛되게 하지 않으려 하는데 당신 생각은 어떠십니까?"

이생은 매우 기뻐하고 감사히 여기며, "그것이 원래 나의 소원이오."라고 대답했다. 둘은 말을 주고받았다.

이생은, "모든 가산은 어떻게 되었소?"라고 물었다.

"하나도 잃지 않고 어떤 골짜기에다 묻어 두었습니다."

"그럼 양가 부모님의 유골은 어찌 되었소?"

"하는 수 없이 어떤 곳에 그냥 내버려 두었습니다."

이야기를 마치고 함께 취침하니 기쁜 정은 옛날과 조금도 다를 바 없었다. 이튿날 부부는 가산을 묻어 둔 곳을 찾아갔다. 그곳에는 금은 몇 덩이와 약간의 재물이 있었다. 그들은 양가 부모의 유골을 거두고 금은, 재물을 팔아 각각 오관산 기슭에 합장하고는 나무를 세우고 제사를 드려 모든 예를 다 마쳤다.

그 후 이생은 벼슬을 구하지 않고 최낭과 함께 살았고, 피란 갔던 노복들도 찾아왔다. 이생은 이제 세상사를 완전히 잊은 채 친척의 길흉사에도 가 보지 않고 집에서 늘 최낭과 함께 시를 지어 주고받으며 즐거이 세월을 보냈다.

어느덧 몇 년이 지난 어느 날 밤에 최낭은, "세 번 가약을 맺었건만, 세상일은 뜻대로 되지 않나 봅니다. 즐거움도 다하기 전에 슬픈 이별이 닥쳐왔습니다."라고 말하고는 오열하였다.

(중략)

[A]

"나도 부인과 함께 황천으로 갔으면 하오. 어찌 무료히 홀로 여생을 보내겠소. 지난번에 난리를 겪어 친척들과 노복들이 뿔뿔이 흩어지고, 부모님의 유골이 들판에 버려졌을 때, 부인이 아니었더라면 누가 능히 장사를 지내 주었겠소. 옛사람 말씀에, '부모님이 살아 계실 때에 예의를 다하여 섬기고 돌아가신 뒤에 예의를 다하여 장례 지낸다.' 했는데, 부인이 이를 실천했소. 그것은 부인의 천성이 순효하고 인정이 두터운 때문이니, 감격해 마지않았으며 스스로 부끄러움을 이기지 못하였소. 이승에서 함께 오래 살다가 백 년 후에 같이 세상을 떠날 수는 없겠소?"

최낭은, "낭군의 수명은 아직 남아 있으나 저는 이미 저승의 명부에 이름이 올라 있어 더 이상 머물 수 없습니다. 만일 제가 인간 세상을 그리워해 미련을 가지면 저승의 법에 위반되고, 죄가 제게만이 아니라 낭군님께도 미칠 것입니다. 다만 제 유골이 아무 곳에 흩어져 있으니 은혜를 베풀어 유골을 거두어 비바람 맞지 않게 해 주십시오." 하였다.

두 사람은 서로 바라보며 눈물을 흘렸다.

"낭군님 부디 안녕히 계십시오." 말을 마치자 점점 사라져서 마침내 자취를 감추었다. 이생은 아내가 말한 대로 그녀의 시신을 거두어 부모의 무덤 곁에 묻어 주었다.

그 후 이생은 최낭을 지극히 생각한 나머지 병이 나서 두어 달 만에 세상을 떠났다.

이 소식을 들은 사람들은 모두 슬퍼하고 탄식하면서 그들의 절개를 사모하지 않는 사람이 없었다.

-김시습, 「이생규장전」-

177 (가)에서 설명한 중국의 전기와 우리의 전기소설에 대한 이해로 가장 적절한 것은?

① 전기에서 작가는 현실적 사건을 통해 독자들의 관심을 유도했다.
② 전기와 전기소설의 결말은 모두 유기적인 서사 구조 속에서 전형성을 보여 주었다.
③ 전기소설은 작가가 자신의 글 솜씨가 담긴 작품집을 출세의 수단으로 삼기 위해 창작하였다.
④ 전기는 전기소설의 영향을 받아 다채로운 문체를 활용하면서도 서사적 독자성을 지향했다.
⑤ 전기소설의 작가는 불우한 처지에 놓여 있는 자신의 삶을 작품 속 주인공을 통해 위로받고자 했다.

178 (가)를 바탕으로 (나), (다)의 인물에 대해 설명한 것으로 적절하지 <u>않은</u> 것은? [3점]

① (나)의 김현은 배필의 죽음을 결국 막지 못하는 나약한 모습을 보인다는 점에서 '소극성'을 지닌 인물임을 알 수 있다.
② (나)의 범은 자신의 죽음을 통해 불법을 얻을 수 있도록 도와달라고 김현에게 부탁한다는 점에서 (나)에서 갈등 해결은 종교적 차원에서 모색되고 있음을 알 수 있다.
③ (다)의 이생은 최낭의 환신과 더불어 지낼 뿐 벼슬을 구하려하지 않는다는 점에서 '폐쇄성'을 지닌 인물임을 알 수 있다.
④ (다)의 최낭은 혼백을 의탁할 곳이 없어서 기이한 방식으로 이생과 인연을 이어 가려 한다는 점에서 '외로움'을 지닌 인물임을 알 수 있다.
⑤ (다)의 최낭이 이생의 말을 따르지 않고 자취를 감춘다는 점에서 (다)에서 현실의 문제는 서로 대등하게 맞서는 개인 사이의 갈등에서 비롯되고 있음을 알 수 있다.

179 (나)와 [A]를 비교한 내용으로 가장 적절한 것은?

① (나)의 남주인공은 여주인공이 스스로 희생을 선택한 것을 안타까워하고, [A]의 남주인공은 여주인공과 영원히 함께하고 싶은 마음을 드러낸다.
② (나)의 여주인공은 자신의 죽음이 서로에게 이로운 일이라며, [A]의 여주인공은 자신의 죽음이 저승의 법을 어긴 대가라며 남주인공을 설득한다.
③ (나)의 여주인공은 남주인공에게 타인과의 관계에서 맺힌 한을 풀어달라는, [A]의 여주인공은 생전에 자신에게 맺힌 한을 풀어달라는 부탁을 한다.
④ (나)의 남주인공은 여주인공의 부탁을 실현함으로써 사회로부터 인정을 받고, [A]의 남주인공은 여주인공의 부탁을 실현함으로써 사회로부터의 소외감을 해소한다.
⑤ (나)의 남주인공은 세속적 삶에 회의를 느끼며 속세를 등지고, [A]의 남주인공은 세속적 삶의 무의미함을 견디지 못하고 세상을 떠난다.

180 ㉠을 참고하여 (나)를 이해한 것으로 가장 적절한 것은?

① 처녀가 자신의 죽음을 '낭군의 경사'라고 말하는 장면은 김현에 대한 부처의 응답을 암시한다.
② 매우 '사나운 범'이 사람들을 해치는 장면은 김현 개인의 욕망 실현을 가로막는 현실의 경이로움을 보여 준다.
③ 김현이 임금에게 범을 '잡을 수 있'다고 아뢰는 장면은 김현과 범 사이의 긴장감이 해소됨을 보여 준다.
④ 임금이 김현에게 '벼슬을 주어' 격려하는 장면은 부처의 전능함을 실현하려는 임금 개인의 의지를 드러낸다.
⑤ 범이 김현 앞에서 '처녀로 변하여 반갑게 웃'는 장면은 부처가 남녀의 기이한 만남에 감동하는 계기를 드러낸다.

181 (다)에 나타난 주인공들의 사랑에 대한 감상으로 적절하지 <u>않은</u> 것은?

① 최낭이 '횡액을 만나 구렁에' 넘어졌다고 하는 것에서, 주인공들의 사랑이 외부적 요인에 의해 좌절되었음을 알 수 있군.

② 최낭이 '깊은 산골짜기에서' 이생과 이별한 자신을 '짝 잃은 새'로 표현하는 것에서, 사랑을 잃은 여주인공의 슬픔을 알 수 있군.

③ '굳은 맹세'를 지키자는 최낭의 말에 이생이 '그것이 원래 나의 소원'이라고 대답하는 것에서, 사랑을 지속하고 싶었던 남녀주인공의 마음을 알 수 있군.

④ 최낭이 이생에게 '세 번 가약을 맺었건만, 세상일은 뜻대로 되지 않나 봅니다'라고 하는 것에서, 현세에서 좌절된 사랑을 저승에서 완성하고자 하는 여주인공의 의지를 알 수 있군.

⑤ 최낭이 자신의 '죄'가 이생에게도 미칠 것을 염려하는 것에서, 남주인공의 안위를 우선시하는 여주인공의 사랑에 대한 인식을 알 수 있군.

182 (다)에서 구현된 ⓛ에 대한 이해로 적절하지 <u>않은</u> 것은?

① 사대부 남성이 이계를 체험하고 돌아오는 구도는 이생이 '가산을 묻어 둔 곳'을 찾아가 금은과 재물을 가져오는 데에서 나타나고 있다.

② 능동적 여인상은 최낭의 '환신'이 이생에게 '남은 인연'을 맺자고 제안하는 데에서 나타나고 있다.

③ 금기에 도전하는 애정 추구는 이생이 최낭의 '환신'과 옛날과 다름없이 '기쁜 정'을 누리는 데에서 나타나고 있다.

④ 이원적 공간 구도는 최낭의 '환신'이 '이승'에 있음에도 '저승의 법'을 따라 '황천'으로 가야 한다는 데에서 나타나고 있다.

⑤ 시가 애정 교류의 매개로 활용되는 것은 이생과 최낭이 '시를 지어 주고받'는 데에서 나타나고 있다.

[183~186] 다음 글을 읽고 물음에 답하시오. 2022예시 [22~25]

— (해설편 Part 1 p.324) —

고전 시가의 세계에서는 많은 사람들에게 애창되던 작품이 후대로 전승되다가, 창작 당시와는 다른 상황에 놓이면서 변모하는 사례가 종종 발견된다. '개'를 소재로 한 아래의 시조들이 이러한 사례에 해당한다.

국립중앙박물에는 '하기야키'라고 불리는 도자기 가운데 한 점이 소장되어 있다([사진]). '하기야키'는 진주 지방에서 도자기 비법을 이어 오다가 임진왜란 때에 일본으로 끌려간 도공 형제와 그 후손들이 일본 하기 지방에서 만든 도자기이다. [사진]의 도자기에는 한글로 (가)와 같은 시조가 씌어 있다.

[사진]
추철회시문다완(萩鐵繪詩文茶碗)

(가)

개야 즈치 말라 밤 사롬 다 도듯가
즈목지 호고려 님 지슘 덩겨ᄉ라
그 개도 호고려 개로다 듯고 즘즘ᄒᄂ라

그런데 18세기의 가집인 『고금명작가』에 이와 유사하면서도 그보다 더 이른 시기에 창작된 작품 (나)가 수록되어 있어 주목된다.

(나)

개야 즛지 마라 밤 스람이 다 도적가
두목지* 호걸이 님 츄심 단니노라*
그 개도 호걸의 집 갠지 듯고 즘즘ᄒ더라

* 두목지 : 기생들에게 인기가 많았던 당나라 시인 두목(杜牧).
* 츄심 단니노라 : 찾으러 다니노라.

(가)와 (나)는, 일부 시어의 표기가 다르기는 하지만 대부분의 구절과 표현이 일치하기 때문에 같은 작품으로 간주된다. (나)가 우리나라에 전하고 있을 뿐 아니라 오기가 거의 없다는 점에서, 조선에서 오래전부터 전승되어 오던 (나)를 고국에서 익힌 도공들이 일본으로 끌려가 도자기를 구울 때 (가)를 기록해 넣은 것으로 판단된다. ⓐ(나)는 화자를 여성으로 간주할 경우, 두목지 같

은 남성이 찾아오기를 기다리는 한 여인의 마음을 노래한 것으로 해석된다.

임병양란 이후에 개를 소재로 한 작품은 기존 평시조의 틀을 벗고 다른 양식의 갈래인 사설시조로 다시 창작되었다. 사설시조 (다)는 수많은 가집에 수록될 정도로 인기 있던 작품인데, 여기에서는 중심 소재가 개이고 화자가 여성인 점은 그대로 이어지고 있지만 이를 담아내는 양식은 달라졌다.

(다)

개를 여남은이나 기르되 요 개같이 얄미우랴
미운 임 오면은 꼬리를 홰홰 치며 치뛰락 내리뛰락 반겨서 내닫고 고운 임 오면은 뒷발을 버둥버둥 무르락 나으락 캉캉 짖어서 돌아가게 한다
쉰밥이 그릇그릇 난들 너 먹일 줄이 있으랴

1907년 한일신협약이 체결된 이후, 개를 소재로 한 (다)는 그 조약의 조인에 찬성한 이완용 등의 정미칠적(丁未七賊)을 비판하기 위한 수단으로 다시 쓰였다. 작품이 창작된 시점을 고려할 때 (라)의 '일곱 마리 요 박살할 개'는 정미칠적을 비유한 것으로 해석된다. 제목 '살구(殺狗)'는 '개를 죽이다.'라는 뜻이다.

(라)

개를 여러 마리나 기르되 요 일곱 마리같이 얄밉고 잦미우랴
낯선 타처 사람 보게 되면 꼬리를 회회 치며 반겨라고 내달아 요리 납작 조리 갸웃하되 낯익은 집안사람 보면은 두 발을 뻗디디고 콧살을 찡그리고 이빨을 엉성거리고 컹컹 짖는 일곱 마리 요 박살할 개야
보아라 근일에 새로 개 규칙 반포되어 개 임자의 성명을 개 목에 채우지 아니하면 박살을 당한다 하니 자연(自然) 박살

– 작자 미상, 「살구」 –

이상과 같은 변모의 사례들에서는 앞선 작품의 형식과 내용이 그대로 이어지기도 하지만, 표기·표현·주제·양식 등에서 다양한 변모가 이루어지기도 한다. 이러한 변모는 이본, 작품, 갈래의 세 가지 차원으로 구분할 수 있다. ⓐ이본 차원의 변모는 앞선 작품의 표기나 표현 가운데 일부가 바뀌기는 하지만, 주제·양식 등은 대체로 그대로 유지되는 경우를 말한다. ⓑ작품 차원의 변모는 앞

선 작품의 양식은 그대로 따르지만, 표현·주제 등이 바뀌어서 후속 작품을 새로운 작품으로 인정할 수 있는 경우를 말한다. ⓒ갈래 차원의 변모는 새로운 작품이 앞선 작품과 다른 양식에 근거하여서 후속 작품을 새로운 갈래로 보아야 하는 경우를 말한다.

183 ㉠을 바탕으로 (나)를 감상한 내용으로 적절하지 <u>않은</u> 것은?

① 초장에서 화자가 개에게 '즛지 마라'라고 한 것은 '밤 스람'이 개가 짖는 소리에 발걸음을 되돌릴까 염려했기 때문이겠군.

② 초장의 '도적'과 중장의 '두목지 호걸'은 모두 화자가 기다리는 사람을 가리키는군.

③ 중장의 '두목지 호걸'은 '두목지 같은 호걸'로 풀이되어 '호걸'에 대한 화자의 호감을 드러내는군.

④ 종장의 '즘즘 ᄒ더라'는 '호걸'이 '님 츄심'하기에 용이한 상황이 되었음을 암시하는군.

⑤ 중장은 초장에서 화자가 개에게 '즛지 마라'라고 부탁한 이유를, 종장은 그 결과를 드러내는군.

184 '개'를 중심으로 (나)와 (다)를 비교한 내용으로 적절하지 <u>않은</u> 것은?

① (나)와 (다)의 개는 모두 화자의 기다림을 표현하는 매개물로 기능하고 있다.

② (나)와 (다)에서는 모두 지시어에 의해 개와 화자 간의 물리적 거리가 환기되고 있다.

③ (나)와 (다)에서는 모두 기다리는 사람에 대한 화자의 기대와 개의 반응이 다른 데서 시적 상황이 조성되고 있다.

④ (나)의 개는 화자와 교감이 가능한 대상으로, (다)의 개는 화자와 교감을 나누기 어려운 대상으로 간주되고 있다.

⑤ (나)의 개가 상황이 변해도 행동을 바꾸지 않는 존재라면, (다)의 개는 상황이 변하면 행동을 바꾸는 존재로 제시되고 있다.

185 (가)~(라) 사이에 이루어진 변모의 양상을 ⓐ~ⓒ에 따라 적절하게 구별한 것은?

	ⓐ	ⓑ	ⓒ
①	(가)→(나)	(나)→(다)	(다)→(라)
②	(가)→(나)	(다)→(라)	(나)→(다)
③	(나)→(가)	(나)→(다)	(다)→(라)
④	(나)→(가)	(다)→(라)	(나)→(다)
⑤	(다)→(라)	(나)→(다)	(가)→(나)

186 (가), (다), (라)의 향유 양상에 대한 추론으로 적절하지 <u>않은</u> 것은? [3점]

① (가)가 일본으로 끌려간 도공들이 기록한 것이라면, 한글 표기를 통해 그들이 고국에 대한 기억을 간직하고 있었음을 알 수 있겠군.

② (가)가 일본에서 태어난 도공들의 후손이 기록한 것이라면, 그들이 조선인임을 잊지 않으려 노력했음을 알 수 있겠군.

③ (다)가 만나지 못하는 '고운 임'에 대한 원망(怨望)을 표현한 것이라면, 개는 '고운 임' 탓에 부당하게 대접받고 있는 셈이겠군.

④ (라)가 한일신협약을 비판하기 위해 지어진 것이라면, '개 규칙'은 한일신협약을 비유적으로 가리키는 표현이겠군.

⑤ (라)가 정미칠적에 대한 비판의 의도로 지어진 것이라면, '타처 사람'과 '집안사람'은 일본과 조선을 대조하는 표현이겠군.

— (해설편 Part 1 p.330) —

(가)

　낙엽은 폴 – 란드 망명정부의 지폐
　포화(砲火)에 이즈러진
　도룬 시(市)의 가을 하늘을 생각케 한다
　길은 한 줄기 구겨진 넥타이처럼 풀어져
　일광(日光)의 폭포 속으로 사라지고
　조그만 담배 연기를 내어 뿜으며
　새로 두 시의 급행차가 들을 달린다
　포플라 나무의 근골(筋骨) 사이로
　공장의 지붕은 흰 이빨을 드러내인 채
　한 가닥 구부러진 철책이 바람에 나부끼고
　그 위에 세로팡지(紙)로 만든 구름이 하나
　자욱 – 한 풀벌레 소리 발길로 차며
　호올로 황량한 생각 버릴 곳 없어
　허공에 띄우는 돌팔매 하나
　기울어진 풍경의 장막 저쪽에
　고독한 반원을 긋고 잠기어 간다

－김광균, 「추일서정」－

(나)

　담쟁이덩굴이 가벼운 공기에 **업혀** 허공에서
　허공으로 이동하고 있다

　새가 푸른 하늘에 **눌려** 납작하게 날고 있다

　들찔레가 길 밖에서 하얀 꽃을 **버리며**
　빈자리를 만들고

　사방이 몸을 비워놓은 마른 길에
　하늘이 내려와 누런 돌멩이 위에 **얹힌다**

　길 한켠 모래가 바위를 **들어올려**
　자기 몸 위에 놓아두고 있다

－오규원, 「하늘과 돌멩이」－

187 (가)에 대한 설명으로 가장 적절한 것은?

① 수미상관의 기법을 활용하여 구조적 안정감을 얻고 있다.
② 유사한 문장 형태를 변주하여 시간의 흐름을 드러내고 있다.
③ 의도적으로 변형한 시어를 통해 현실 극복 의지를 드러내고 있다.
④ 추측을 나타내는 표현을 통해 대상에 대한 회의감을 드러내고 있다.
⑤ 자연물을 인공물에 빗대어 풍경에 대한 화자의 인상을 드러내고 있다.

188 다음은 (나)에 대한 〈학습 활동〉 과제이다. 이를 수행한 결과로 적절하지 <u>않은</u> 것은? [3점]

〈학습 활동〉

「하늘과 돌멩이」는 사물에 대한 우리의 고정관념을 버리고 새로운 시각으로 사물들을 바라보려고 시도한다. 각 연의 서술어에 주목하여, 이 시에 나타난 새로운 관점을 사물에 대한 고정관념과 비교하여 탐구해 보자.

	사물	사물에 대한 고정관념	서술어	새로운 관점
1연	담쟁이 덩굴	담쟁이덩굴은 벽에 붙어 자란다.	업혀	㉠
2연	새	새는 자유롭게 하늘을 난다.	눌려	㉡
3연	들찔레	들찔레의 꽃이 떨어진다.	버리며	㉢
4연	하늘	하늘은 땅에서 멀리 떨어져 있다.	엎힌다	㉣
5연	모래	모래가 바위 밑에 깔려 있다.	들어 올려	㉤

① ㉠ : '업혀'에 주목하면, 담쟁이덩굴은 벽에 붙어 자라는 것이 아니라 공기를 누르며 수직 상승하는 강인한 존재로 볼 수 있다.

② ㉡ : '눌려'에 주목하면, 새가 아무 제약 없이 하늘을 나는 것이 아니라 하늘의 무게를 견디며 나는 것으로 볼 수 있다.

③ ㉢ : '버리며'에 주목하면, 꽃이 저절로 떨어지는 것이 아니라 들찔레가 스스로 꽃을 떨어뜨리는 것으로 볼 수 있다.

④ ㉣ : '엎힌다'에 주목하면, 하늘은 땅과 멀리 떨어져 있지 않고 길에 가깝게 내려와 돌멩이 위에 닿는 존재로 볼 수 있다.

⑤ ㉤ : '들어올려'에 주목하면, 모래는 바위 밑에 깔려 있지 않고 자신의 힘으로 거대한 바위를 지탱할 수 있는 존재로 볼 수 있다.

189 이미지의 활용을 중심으로 (가)와 (나)를 감상한 내용으로 적절하지 <u>않은</u> 것은?

① (가)는 '낙엽'을 '망명정부의 지폐'에 연결하여 낙엽의 이미지에서 연상되는 무상감을 드러내고 있군.

② (가)는 '돌팔매'가 땅으로 떨어지는 이미지를 '고독한 반원'으로 표현하여 외로움의 정서를 부각하고 있군.

③ (나)는 '빈자리'를 '들찔레'가 의도적으로 만들어 낸 대상인 것처럼 표현하여 비어 있는 공간의 이미지를 떠올릴 수 있도록 의미를 부여하고 있군.

④ (가)는 '길'을 '구겨진 넥타이'의 이미지와 연결하여 도시에서 느껴지는 소외감을 표현하고, (나)는 '길 밖'과 '길 한켠'처럼 중심에서 벗어난 공간의 이미지를 활용하여 대상들 간의 거리감을 드러내고 있군.

⑤ (가)는 '허공'을 '황량한 생각'이 드러나는 공허한 이미지로 활용하고, (나)는 '담쟁이덩굴'의 움직임을 활용하여 '허공'을 감각적으로 경험할 수 있는 대상으로 묘사하고 있군.

어머니의 변명은 끝끝내 내 마음을 어루만져 주지 못했다. 그 후로 나는 좀처럼 아버지에 대한 얘기를 꺼내지 않게 되었다. 뜻밖에도 아버지의 죄를 순순히 시인하는 그녀의 ⓐ한마디가 내게는 그토록 엄청난 충격으로 깊이 남겨졌던 탓이리라. ㉠바로 그 순간부터 나는 아버지의 그 죄라는 것을 내 스스로 함께 나누어 지니고만 느낌이었고, 그 때문에 나이에 걸맞지 않게 나는 눈빛이 깊고 어두운 아이가 되어 가고 있었다. 그리고 그때부터 아버지의 무서운 환영은 저주처럼 내 곁을 따라다니기 시작했다. 그는 언제나 시커먼 어둠 저편에 숨어서 음산하기 그지없는 눈빛으로 나를 쏘아보고 있었다. 그는 어디에나 숨어 있었다. 내 어릴 때 이따금 고개를 디밀어 들여다보면 마루 밑 저편 깊숙이 도사리고 있던 그 까마득한 어둠 속에도 그 어둠 속에서 술술 기어 나오던 그 눅눅하고 음습한 냄새 속에서도 내가 한 번도 얼굴을 본 적이 없는 그 사내는 핏발 선 눈알을 번득이며 나를 쏘아보고 있는 것이었다. 그건 어디서 묻었는지도 모르는, 오랜 시간이 흐른 뒤에까지 지워지지 않는 핏자국처럼 내게는 저주와 공포의 **낙인**으로 깊이 박혀져 있었다. 그리고 그 낙인을 가슴에 지닌 채, 나는 끝끝내 나를 휘감고 있는 어떤 엄청난 **죄악감과 불길한 예감**으로부터 영영 벗어날 수가 없었다.

[중략 부분의 줄거리] 나와 부대원들은 훈련에 대비해 참호를 파다가 발견한 유해를 인근 마을의 노인과 함께 수습하여 매장하는 일을 행한다.

두개골과 다리뼈를 꼼꼼히 문질러 닦은 뒤, 노인은 몸통뼈에 묶인 줄을 풀어내기 시작했다. 완강하게 묶인 매듭은 마침내 노인의 손끝에서 풀리어졌다. 금방이라도 쩔걱쩔걱 쇳소리를 낼 듯한 철삿줄은 싱싱하게 살아 있었다. 살을 녹이고 뼈까지도 녹슬게 만든 그 오랜 시간과 땅 밑의 어둠을 끝끝내 견뎌 내고 그렇듯 시퍼렇게 되살아 나오는 그것의 놀라운 끈질김과 냉혹성이 언뜻 소름끼치도록 무서움증을 느끼게 했다.

노인은 손목과 팔에 묶인 결박까지 마저 풀어낸 다음 허리를 펴고 일어서더니 줄 묶음을 들고 저만치 걸어 나갔다. 그가 허공을 향해 그것을 멀리 **내던지는** 순간 나는 까닭 모르게 마당가에서 하늘을 치어다보며 서 있는 어머니의 가녀린 목 줄기와 그녀가 아침마다 소반 위에 떠서 올리곤 하던 하얀 **물 사발**이 눈앞에 떠올랐다가 스

러져 버리는 것이었다.

㉡나는 담배를 피워 물었다. 멀리 메마른 초겨울의 야산이 헐벗은 등을 까 내놓고 죽은 듯이 엎드려 있었다. 사위는 온통 잿빛의 풍경이었다. 피잉, 현기증이 일었다.

광주리를 머리에 인 어머니가 **모래밭**을 걸어오고 있었다. 돌돌거리며 흐르는 물소리를 거슬러 강변 모래밭을 어머니가 혼자 저만치서 다가오고 있었다. 모래밭은 하얗게 햇살을 되받아 쏘며 은빛으로 반짝였다. 허리띠를 질끈 동인 어머니의 치맛자락이 흐느적이며 바람결에 흔들리고 있었다. 나는 햇살에 부신 눈을 가늘게 오므리고 줄곧 그녀를 지켜보고 있었다. 그때였다. 꿈속에서처럼 나는 그녀의 뒤를 바짝 따라오고 있는 한 **사내의 환영**을 보았다. 그건 아버지였다. ㉢언젠가 어머니의 낡은 반닫이 깊숙한 옷가지 밑에 숨겨져 있던 액자 속에서 학생복 차림으로 서 있던 그대로 그건 영락없는 그 사내였다. 나를 어머니의 배 속에 남겨 놓은 채 어느 바람이 몹시 부는 날 밤, 산길을 타고 지리산인가 어디로 황황히 떠나가 버렸다는 사내. 창백해 뵈는 뺨에 마른 몸집의 그 사내가 어머니와 함께 걸어오고 있는 것이었다. 놀란 눈으로 풀밭에 앉아 나는 그들을 지켜보고 있었다. 이윽고 어머니의 눈썹과 코, 입의 윤곽과 야윈 목 줄기까지 뚜렷이 드러날 만큼 가까워졌을 때 사내의 환영은 어느 틈에 사라져 버리고 없었다. 몇 번이나 눈을 비비고 보았으나 역시 마찬가지였다. 하얗게 반짝이는 모래밭 위로 어머니가 찍어 내는 발자국만 유령처럼 끈질기게 그녀의 발꿈치를 뒤따라오고 있을 뿐이었다.

우리는 관 대신에 신문지로 싼 **유해**를 맨 처음 그 자리에 다시 묻어 주었다. 도톰하니 봉분을 만들고 뗏장까지 입혀 놓고 보니 엉성한 대로 형상은 갖춘 듯싶었다. 노인은 술을 흙 위에 뿌려 주었다. 그리고 자신이 먼저 한 모금 마신 다음에 잔을 돌렸다. 오 일병이 노파가 준 북어를 내놓았고, 덕분에 작은 술판이 벌어졌다. 음복인 셈이었다.

"얌마, 이런 느닷없는 장례식도 모두 너희 두 놈들 때문이니까, 자 한 잔씩 마셔라."

"그래그래, 어쨌든 너희들은 좋은 일 했으니 천당 가도 되겠다."

소대장이 병을 기울였고 다른 녀석들도 킬킬대며 ⓑ한마디씩 보태었다.

술이 가득 차오른 반합 뚜껑을 나는 두 손으로 받쳐 들었다. ㉣저것 봐라. ㉮날짐승도 때가 되면 돌아올 줄 아는 법이다. 어머니가 말했다. 저만치 웬 사내가 서 있

었다. 가슴과 팔목에 철삿줄을 동여맨 채 사내는 이쪽을 응시하며 구부정하게 서 있었다. 쾡하니 열려 있는 그 사내의 눈은 잔뜩 겁에 질려 있는 채로였다. 애앵. 총성이 울렸고 그는 허물어지듯 앞으로 고꾸라지고 있었다. ⓜ불현듯 시야가 부옇게 흐려 왔다.

아아. 아버지는 지금 어디에 쓰러져 누워 있을 것인가. 해마다 머리맡에 무성한 ⓑ쑥부쟁이와 엉겅퀴꽃을 지천으로 피워 내며 이제 아버지는 어느 버려진 밭고랑, 어느 응달진 산기슭에 무덤도 묘비도 없이 홀로 잠들어 있을 것인가.

-임철우, 「아버지의 땅」-

190 ㄱ~ⓜ의 서술 방식에 대한 설명으로 적절하지 <u>않은</u> 것은?

① ㄱ: '나'의 지각 내용을 '나'가 서술하는 상황으로 인물과 서술자가 겹쳐 있다.

② ㄴ: 서술의 주체를 알 수 있는 표지가 분명하게 제시되어 서술자와 지각의 주체가 뚜렷이 구분된다.

③ ㄷ: '나'가 아니라 '나'가 지각하는 대상을 주어로 서술함으로써 지각의 대상을 부각하는 효과가 나타난다.

④ ㄹ: 인용 부호 없이 서술된 발화에서 인물의 목소리가 드러난다.

⑤ ㅁ: 지각의 주체를 알리는 표지가 나타나지 않아서 누가 지각한 바를 서술한 것인지 모호한 상황이 빚어진다.

191 윗글에서 ⓐ와 ⓑ의 서사적 기능에 대한 설명으로 가장 적절한 것은?

① ⓐ가 이야기의 심화된 주제를 구현하는 제재라면, ⓑ는 이야기의 주제를 가늠하도록 하는 단서이다.

② ⓐ가 이야기를 절정에 치닫도록 하는 추진력이라면, ⓑ는 이야기를 결말에 이르게 하는 원동력이다.

③ ⓐ가 이야기의 긴장감이 형성되는 요인이라면, ⓑ는 이야기의 긴장감이 완화됨을 드러내는 표지이다.

④ ⓐ가 이야기의 위기감이 해소된 종착점이라면, ⓑ는 이야기의 위기감이 고조된 정점이다.

⑤ ⓐ가 이야기를 일으키는 시발점이라면, ⓑ는 이야기의 전모가 드러나게 되는 귀결점이다.

192 ㉮와 ㉯에 대한 이해로 가장 적절한 것은?

① ㉮는 ㉯에 비해 능동적이므로 인물이 처한 문제 상황에 미치는 영향력이 크다.

② ㉮는 ㉯와 달리, 시간과 공간에 관여되면서 이야기의 배경에 실감을 더하게 된다.

③ ㉯는 ㉮와 달리, 희망적인 성격이 강하므로 인물이 원하는 바를 집약한 결과이다.

④ ㉯에서 연상되는 상황이 현실이 될 경우 ㉮에 투영된 염원은 실현 가능성이 사라진다.

⑤ ㉮와 ㉯ 모두, 관념적 의미가 부여됨으로써 인물이 이념에 편향되어 있음이 알려진다.

193 〈보기〉를 참고하여 윗글을 감상한 내용으로 적절하지 <u>않은</u> 것은? [3점]

[보기]
　부정적인 방향으로 응고된 기억을 돌이켜 긍정적인 방향으로 재편함으로써 심리적 안정을 도모하는 기회를 마련할 수 있다. 심리 요법의 일환으로 적용되는 '기억 재응고화'는 마음의 상처로 남은 기억을 재구성하여 다른 의미와 가치에 대응시킴으로써, 사람들로 하여금 부정적 기억으로 빚어진 심리적 불안정에 대응할 힘을 회복하도록 돕는 원리이다.

① '낙인'과도 같은 유년의 기억을 성인이 되어서도 떨쳐 버리지 못했다는 고백에 비추어 보면, 응고된 기억의 영향력에서 벗어나는 일이 쉽지 않음을 짐작할 수 있겠군.

② '죄악감과 불길한 예감'을 유발한 동인을 추적해보면, '아버지'에 관한 기억이 마음의 상처로 남음으로써 '나'의 심리적 불안정이 비롯되고 있음을 추정할 수 있겠군.

③ '줄 묶음'을 '내던지'는 '노인'의 행위와 '물 사발'을 올리는 '어머니'의 행위가 이어지며 제시되는 부분을 보면, '나'의 기억을 재응고화하기 위한 이들의 노력을 확인할 수 있겠군.

④ '모래밭'에서의 '어머니' 형상과 '사내의 환영'이 어우러지는 장면에서, '아버지'에 대해 굳어져 있던 기억이 재편될 수 있는 가능성이 시사된다고 할 수 있겠군.

⑤ '아버지'에 대한 이미지가 '유해'에 대응되면서 '나'의 정서적 반응에 변화가 생기는 것을 보면, 부정적인 기억을 재구성함으로써 심리적 안정을 회복해 가는 경위를 엿볼 수 있겠군.

[194~197] 다음 글을 읽고 물음에 답하시오.   2018.11 [23~26]

――― 해설편 Part 1 p.344 ―――

왕비가 웃으며 말했다.

"부인이 이곳에 오긴 오겠지만 아직 때가 멀었소. 남해 도인이 그대와 인연이 있으니 잠깐 의탁하게 될 것이오. 이 또한 하늘의 뜻이니라."

사 씨가 여쭈었다.

"남해라면 바다 끝으로 알고 있사옵니다. 첩에게는 탈 것이 없고 돈도 없는데 어찌 갈 수 있겠나이까?"

왕비가 말했다.

"조만간 길을 인도하는 자가 있을 것이니 조금도 염려 마라."

이윽고 좌우에 앉아 있는 부인들을 하나하나 소개했다. 위국 부인 장강*, 한나라의 반첩여* 등이 있었다. 사 씨가 다소곳이 일어나 머리를 조아리고 말했다.

"뜻밖에도 모든 부인님의 얼굴을 오늘 뵙게 되니 크나큰 영광입니다."

드디어 하직을 하고 여동의 인도를 받아 내려오는데, 걸었던 ㉠주렴을 내리는 소리가 요란하였다. 이 소리에 놀라 몸을 일으키니 유모와 시비가 부인이 깨신다 하고 부르거늘 사 씨가 일어나 앉으니 이미 날이 저물었다. 멍한 정신이 한참 만에야 진정되었다. 입에서는 향기로운 냄새가 났고 왕비께서 하시던 말씀이 뚜렷했다. 유모에게 물었다.

"내가 어디 갔다 왔느냐?"

유모와 시비가 대답했다.

"부인께서 기절하는 바람에 소인들이 간호하여 이제야 깨어나셨는데 어디를 가셨단 말입니까?"

사 씨가 조금 전에 있었던 일을 다 말하고 ㉡대나무 수풀을 가리키며 말했다.

"분명히 저 길로 갔다 왔으니 어찌 꿈이라 하리오. 믿지 못하겠다면 나를 따라오라."

그러고는 길을 찾아 대나무 수풀 뒤쪽으로 가니 사당이 하나 있었다. 현판이 걸려 있는데 황릉묘*라고 쓰여 있었다. 분명 아황과 여영, 두 왕비의 묘로 ⓐ꿈에서 본 것과 같았다. 사당 안으로 들어가 살펴보니 두 왕비의 ㉢초상화가 걸려 있는데 꿈에서 본 것과 같았다. 이에 사 씨가 향을 피우고 절하며 말했다.

"첩이 왕비의 가르치심을 입어 훗날 좋은 시절을 만나서 영화를 누리게 된다면 어찌 그 은혜를 잊으리까?"

분향을 마친 후 앉아서 신세를 생각하니 슬픔이 밀려왔다. 시비를 시켜 묘지기 집에 가서 밥을 구해 와서는 세 사람이 나누어 먹었다. 이윽고 사 씨가 말했다.

"의지할 곳이 없으니 신령이 나를 놀리시는구나."

앞길이 막막하여 어쩔 줄 모르는 중 벌써 달이 밝았다. 세 사람이 방황하고 있는데 묘문으로 두 사람이 들어와 물었다.

"어려움을 만나 물에 빠지려 하시는 부인이 아니옵니까?"

사 씨가 눈을 들어 자세히 보니 한 명은 **여승**이고 다른 한 명은 여동이었다. 크게 놀라며 말했다.

"어찌 우리를 아는가?"

여승이 합장하고 말했다.

"우리는 동정 군산에 사는 사람인데 조금 전 꿈결에 관음보살께서 어진 여자가 화를 만나 날이 저물어 갈 곳을 몰라 방황하니 급히 황릉묘로 가서 구하라고 하셨습니다. 이에 ㉣배를 저어 와서 부인을 만나게 되었습니다."

(중략)

한편 한림학사 유연수는 유배지에 도착하니 바람이 거세고 **인심이 사나워** 갖은 고초를 겪게 되었다. 외로운 가운데 이러한 고생을 하니 **예전의 총명함**이 점점 돌아와 뉘우치며 말했다.

"사 씨가 동청을 꺼렸는데 이제 와서 생각하니 그 말이 옳도다. 어진 아내를 의심했으니 무슨 면목으로 조상을 대하리오."

밤낮 이런 생각을 하면서 탄식하니 병에 걸리고 말았다. 이곳에는 마땅한 의약이 없었다. 병세는 날로 심해져 죽을 지경에 이르렀다. 하루는 흰 옷 입은 노파가 ㉤병(瓶)을 들고 와서 말했다.

"상공의 병이 위독하니 이 물을 먹으면 좋아지리라."

한림이 물었다.

"그대는 누구인데 유배당한 사람의 병을 구하시오?"

노파가 말했다.

"나는 동정 군산에 사는 사람이로다."

그러고는 병을 뜰 가운데 놓고 사라졌다. 한림이 놀라 일어나니 ⓑ꿈이었다. 이상하게 생각했는데 다음 날 아침 하인이 뜰을 청소하다가 들어와 고했다.

"뜰에서 물이 솟아나옵니다."

한림이 이상하게 여겨 창을 열고 보니 꿈에 노파가 병을 놓았던 자리였다. 물을 한 그릇 떠오라고 해서 마시니

맛이 달고 상쾌한 것이 마치 **단 이슬**을 먹은 것 같았다. 원래 행주는 수질이 좋지 않은 곳이다. 한림의 병도 그렇게 좋지 않은 물 때문에 생긴 것이었다. 그런데 이 물을 먹은 즉시 병세가 사라지고 예전의 얼굴과 기력을 회복하였다. 그것을 본 사람들이 모두 신기하게 여겼다. 이후로도 그 샘은 마르지 않아 마을 사람들이 나누어 마셨다. 이로 인해 물로 인한 병이 없어지자 사람들이 그 샘을 학사정이라고 하였는데 **지금까지 전해진다.**

-김만중, 「사씨남정기」-

* 장강 : 춘추 전국 시대 위나라 장공의 아내.
* 반첩여 : 한나라 성제의 후궁.
* 황릉묘 : 순임금의 두 왕비인 아황과 여영을 추모하기 위해 세운 사당.

194 윗글의 내용에 대한 이해로 적절하지 <u>않은</u> 것은?

① '사 씨'는 꿈에서 '왕비'로부터 '남해 도인'과 인연이 있어 바다 끝으로 향할 여정이 예비되어 있음을 들었다.

② '사 씨'가 기절한 사이 '유모'는 황릉묘에 가서 '사 씨'를 깨울 방도를 찾아 왔다.

③ '사 씨'는 묘에서 만난 '여승'의 말을 통해 여승 일행이 찾아 온 연유를 알게 되었다.

④ '유 한림'은 전에 '동청'을 꺼렸던 '사 씨'의 말을 받아들이지 않고 '사 씨'를 의심했었다.

⑤ '마을 사람들'은 '유 한림'의 사례를 보고 수질 탓에 생긴 병을 없앨 방도를 찾을 수 있었다.

195 ㉠~㉤에 대한 설명으로 적절하지 <u>않은</u> 것은?

① ㉠ : '사 씨'가 꿈에서 깨게 되는 소리로, '사 씨'가 비현실 세계에서 현실 세계로 돌아오게 되는 계기이다.

② ㉡ : '사 씨'가 꿈에서 보았던 곳과 같은 장소로, 비현실적 상황과 현실적 상황의 경계를 모호하게 만드는 공간이다.

③ ㉢ : '사 씨'가 꿈에서 보았던 왕비의 모습을 환기하는 물건으로, 초월적 존재에 대한 '사 씨'의 믿음을 드러내는 소재이다.

④ ㉣ : '사 씨'가 꿈에서 계시를 받아 사전에 준비한 수단으로, '사 씨'가 두 왕비와 재회할 수 있도록 돕는 매개체이다.

⑤ ㉤ : '유 한림'이 꾼 꿈에 등장한 물건으로, '유 한림'이 처한 위급한 상태를 호전시킬 방도가 생기게 하는 단초이다.

196 ⓐ와 ⓑ에 대한 이해로 가장 적절한 것은?

① ⓐ와 ⓑ에는 모두 꿈을 꾼 주체를 돕는 역할을 하는 존재가 출현한다.

② ⓐ와 ⓑ에는 모두 꿈을 꾼 주체가 만나고 싶어 하던 역사적 인물이 등장한다.

③ ⓐ와 ⓑ에는 모두 꿈을 꾼 주체가 처한 고난이 심화될 것임을 암시하는 징표가 제시된다.

④ ⓐ에는 ⓑ에서와 달리, 꿈을 꾼 두 주체가 공유하고 있는 과거의 기억이 나타나고 있다.

⑤ ⓑ에는 ⓐ에서와 달리, 꿈을 꾼 주체의 출생 내력이 제시되어 있다.

197 〈보기〉를 참고하여 윗글을 감상한 내용으로 적절하지 **않은** 것은? [3점]

> ─────[보기]─────
>
> 18세기의 선비인 이양오는 「사씨남정기」를 읽고 「사씨남정기 후서」를 썼다. 그는 이 소설이 착한 사람은 복을 받고 악한 사람은 벌을 받는다는 '복선화음'의 이치를 담고 있다고 평가한다. 다만 과오가 있는 사람이라도 잘못을 깨닫고 착한 데로 나아가는 과정에서 재앙이 상서로움으로 바뀌는 경우에도 주목한다. 한편 꿈속에서 벌어지는 일이나 기이한 만남이 나타나는 등 허구적인 이야기라도 사람의 일에 연관된다면 이를 두고 괴이하거나 맹랑한 것이라고 치부할 수만은 없다고 평한다. 그러면서 "말이 교화에 관련되면 괴이해도 해롭지 않고 일이 사람을 감동시키면 괴이하고 헛되어도 기뻐할 만하네."라는 김시습의 시 구절을 인용하였다.

① 유 한림이 유배지에서 얻은 질병이 '단 이슬'과 같은 물로써 치료된다는 설정에서, 유 한림의 재앙이 상서로움으로 전환되는 양상을 엿볼 수 있겠군.

② 유 한림이 유배지에서 고초를 겪는 가운데 '예전의 총명함'을 회복하는 장면에서, 과오가 있는 사람이라도 잘못을 깨닫고 착한 데로 나아가는 과정을 엿볼 수 있겠군.

③ 사 씨의 꿈에서 예견된 인도자와의 인연이 '여승'의 꿈에서 계시된 바와 조응하여 '여승' 일행이 사 씨를 찾은 장면에서, 기이한 만남이 이루어지는 양상을 엿볼 수 있겠군.

④ 학사정이 생기게 된 유래가 신이하지만 사람들에게 받아들여져 '지금까지 전해진다'고 한 점에서, 허구적인 이야기일지라도 사람의 일에 연관되므로 괴이한 것만으로는 볼 수 없겠군.

⑤ 유 한림에게 갖은 고초를 줄 만큼 '인심이 사나웠'던 행주 사람들이 샘에 얽힌 이야기를 듣고 복선화음의 이치를 깨달은 데서, 그 이야기를 맹랑한 것으로 치부해서는 곤란하다는 점을 알 수 있겠군.

(가)

강호에 봄이 드니 이 몸이 일이 많다
나는 그물 깁고 아이는 밭을 가니
뒷 뫼에 엄기는 약을 **언제** 캐려 하나니　　〈제1수〉

삿갓에 도롱이 입고 세우(細雨) 중에 호미 메고
산전을 흩매다가 **녹음**에 누웠으니
목동이 우양을 몰아다가 **잠든 나를** 깨와다　〈제2수〉

대추 볼 붉은 골에 밤은 어이 떨어지며
벼 벤 그루에 게는 어이 내리는고
술 익자 체 장수 **돌아가니** 아니 먹고 어이리　〈제3수〉

뫼에는 **새** 다 긏고 들에는 갈 이 없다
외로운 배에 삿갓 쓴 **저 늙은이**
낚대에 맛이 깊도다 눈 깊은 줄 아는가　〈제4수〉
　　　　　　　　　　　　　　　-황희, 「사시가」-

(나)

건곤이 얼어붙어 삭풍이 몹시 부니
하루 쬔다 한들 열흘 추위 어찌할꼬
온침을 빼내어 **오색실** 꿰어 놓고
임의 터진 옷을 깁고자 하건마는
㉠천문구중(天門九重)에 갈 길이 아득하니
아녀자 깊은 정을 임이 **언제** 살피실꼬
㉡음력 섣달 거의로다 새봄이면 늦으리라
동짓날 자정이 지난밤에 **돌아오니**
만호천문(萬戶千門)이 차례로 연다 하되
자물쇠를 굳게 잠가 **동방(洞房)**을 닫았으니
눈 위에 서리는 얼마나 녹았으며
뜰 가의 매화는 몇 송이 피었는고
㉢간장이 다 썩어 넋조차 그쳤으니
천 줄기 원루(怨淚)는 피 되어 솟아나고
반벽청등(半壁靑燈)은 빛조차 어두워라
황금이 많으면 매부(買賦)나 하련마는
㉣백일(白日)이 무정하니 뒤집힌 동이에 비칠쏘냐
평생에 쌓은 죄는 다 나의 탓이로되
언어에 공교 없고 눈치 몰라 다닌 일을
풀어서 헤여 보고 다시금 생각거든
조물주의 처분을 누구에게 물으리오

사창 매화 달에 가는 한숨 다시 짓고
㉤은쟁(銀箏)을 꺼내어 원곡(怨曲)을 슬피 타니
주현(朱絃) 끊어져 다시 잇기 어려워라
차라리 죽어서 **자규**의 넋이 되어
밤마다 이화에 피눈물 울어 내어
오경에 잔월(殘月)을 섞어 **임의 잠**을 깨우리라
　　　　　　　　　　　　　-조우인, 「자도사」-

(다)

　그 집은 **그 집 아이들**에게 작은 우주였다. 그곳에는 많은 비밀이 있었다. 자연 속에는 눈에 보이는 것 말고도 눈에 보이지 않는 무한한 비밀이 감춰져 있었다. 그는 그 집에서 크면서 자연 속에 감춰진 |비밀들|을 깨달아 갔다.
　석양의 북새, 혹은 **낮게 깔리는 굴뚝 연기**를 보고 그는 비설거지를 했다. 그런 다음 날은 틀림없이 비가 올 것이므로. 비가 온 날 저녁에는 또 지렁이가 밤새 운다는 것을 그는 알고 있었다. 똑또르 똑또르 하는 지렁이 울음소리. 냄새와 소리와 맛과 색깔과 형태 들이 그 집에서는 선명했다. 모든 것들이 말이다. 왜냐하면 봄과 여름과 가을과 겨울과 아침과 낮과 저녁과 밤이 그 집에서는 뚜렷했으므로. 자연이 그러한 것처럼 사람들의 삶이 명료했다.
　이제 그 집을 떠난 그에게는 모든 것이 불분명하다. 아침과 저녁이 불분명하고 사계절이 불분명하고 오감이 불분명하다. 병원에서 태어나 수십 군데 이사를 다니고 나서 겨우 장만한 **아파트. 그 사각진 콘크리트 벽 속에** 살고 있는 **그의 아이**는 **여름에 긴팔 옷을 입고 겨울에 반팔 옷을 입는다.**
　돈은 은행에서 나고 먹을 것은 슈퍼에서 나는 것으로 아는 아이는, 수박이 어느 계절의 과일인지 분간하지 못하는 아이는 그래서 봄 여름 가을 겨울을 알지 못한다. 아침 저녁의 냄새와 소리와 맛과 형태와 색깔이 어떻게 다른지 알지 못한다.

　어머니의 부음을 듣고 그는 그가 나고 성장한 그 노란 집으로 갔다. 팔 남매를 낳고 기르느라 조그마해질 대로 조그마해진 어머니는 바로 자신의 아이들을 낳았던 그 자리에 자신의 몸을 부려 놓고 있었다.
　그 집, 노란 그 집에 **탄생과 죽음**이 있었다. 그 집 안주인의 죽음 이후 그 집은 적막해졌다. 아무도 그 집에 들어와 살지 않을 것이며 누구도 아이를 그 집에서 낳지 않을 것이며 그러므로 죽음 또한 그 집에서는 일어나지 않을 것이다. 그 집의 역사는 그렇게 끝이 난 것이다.

우리들의 어머니의 죽음과 함께 조왕신과 성주신이 살지 않는 우리들의 집은 이제 적막하다. 더 이상의 탄생과 죽음이 없는 우리들의 집은 쓸쓸하다.

우리는 오늘 밤도 쓸쓸한 집으로 돌아들 간다.

－공선옥, 「그 시절 우리들의 집」－

198 (가)~(다)의 공통점으로 가장 적절한 것은?

① 어조의 변화를 통해 긴장감을 조성하고 있다.
② 자연과 인간의 대비를 통해 세태를 비판하고 있다.
③ 대상과의 문답을 통해 주제 의식을 부각하고 있다.
④ 초월적 공간을 설정하여 고조된 감정을 드러내고 있다.
⑤ 시간을 나타내는 표현을 활용하여 내용을 전개하고 있다.

199 (가)의 시상 전개에 대한 설명으로 가장 적절한 것은?

① 〈제1수〉의 초장, 중장은 풍경 묘사이고, 종장은 이에 대한 감상의 표현이다.
② 〈제2수〉의 초장, 중장은 인물의 행위가 순차적으로 나열된 것이다.
③ 〈제2수〉의 초장과 중장에 있는 인물의 행위는 〈제3수〉의 초장에서 그 결과로 나타난다.
④ 〈제3수〉의 초장의 장면은 중장과 인과적 관계로 연결된다.
⑤ 〈제4수〉의 초장의 동적인 분위기는 중장의 정적인 분위기로 전환된다.

200 〈보기〉에 따라 (나)의 ㉠~㉤을 이해한 내용으로 적절하지 않은 것은?

[보기]

선생님 : 이 작품의 제목에 쓰인 '자도(自悼)'는 '자신을 애도한다'는 뜻으로, 죽음에 견줄 만큼의 극단적인 슬픔을 드러낸 것입니다. 이 점에 주목하여 작품을 읽어 봅시다.

① ㉠을 통해, 임과 만날 가능성이 희박하다는 비관적 인식이 자신을 애도하게 만든 배경임을 알 수 있어요.
② ㉡을 통해, 새봄을 맞이하여 이별의 슬픔을 극복하기 위해 마음을 다잡으려 노력하고 있음을 알 수 있어요.
③ ㉢을 통해, 임에 대한 사무치는 그리움이 너무나 커서 자신을 애도할 수밖에 없는 상황임을 알 수 있어요.
④ ㉣을 통해, 무정한 임 때문에 자신의 처지가 바뀔 가능성이 없음을 깨닫고 좌절감을 느끼고 있음을 알 수 있어요.
⑤ ㉤을 통해, 임을 향한 원망의 마음을 음악으로 표현하여 내면의 슬픔을 토로하고 있음을 알 수 있어요.

201 (가)와 (나)의 시어에 대한 이해로 가장 적절한 것은?

① (가)의 '녹음'은 평온한 분위기의, (나)의 '동방'은 암울한 분위기의 장소이다.
② (가)의 '언제'는 미래의 어느 시기를, (나)의 '언제'는 과거의 어느 시기를 가리킨다.
③ (가)의 '새'와 (나)의 '자규'는 모두 화자의 감정이 이입된 대상물이다.
④ (가)의 '잠든 나'의 '잠'과 (나)의 '임의 잠'은 모두 꿈을 통해서라도 소망을 실현하기 위한 매개이다.
⑤ (가)의 '돌아가니'와 (나)의 '돌아오니'는 모두 화자가 새로운 상황에 기대감을 갖는 계기이다.

202 비밀들을 중심으로 (다)를 이해한 내용으로 적절하지 않은 것은?

① '그 집'을 떠난 후 그의 오감이 불분명한 것은 비밀들이 그의 '아파트'에 감춰져 있기 때문이다.

② '그 집 아이들'은 '그 집'에서 '낮게 깔리는 굴뚝 연기'에 감춰진 '비'에 관한 비밀들을 깨달을 수 있었다.

③ '그의 아이'가 '여름에 긴팔 옷을 입고 겨울에 반팔 옷을 입는' 것은 비밀들을 모르고 살아가는 모습을 보여 준다.

④ '그 집'의 역사가 어머니의 죽음 후 끝났다고 한 것은 비밀들과 함께할 사람들의 '탄생과 죽음'이 사라졌기 때문이다.

⑤ '그 사각진 콘크리트 벽 속'에 사는 '그의 아이'는 비밀들을 알아차릴 줄 아는 감각을 익히지 못해 삶이 불분명하다.

203 〈보기〉를 참고하여 (가)~(다)를 감상한 내용으로 적절하지 않은 것은? [3점]

[보기]

시조, 가사, 수필에서 작가는 대개 1인칭으로 나타나므로 작가 정보를 활용하면 작품을 더 풍부하게 해석할 수 있다. 그런데 작가는 자신을 다른 인물로 상정하여 표현하기도 한다. 이 경우에도 작가를 그 인물에 투영해서 읽을 수 있다. (가)는 작가가 나이 들어 벼슬에서 물러나 전원에서 생활하며 지은 시조라는 점, (나)는 작가가 임금에게 충언하는 시를 쓴 죄로 옥에 갇혔을 때 지은 가사라는 점, (다)는 작가가 시골에서 성장한 경험을 반영하여 쓴 수필이라는 점을 고려하여 작품을 해석할 수 있다.

① (가)의 '저 늙은이'가 작가라면, 전체적으로 이 작품은 연로한 작가가 느끼는 전원생활의 흥취를 드러낸 것이겠군.

② (가)의 '저 늙은이'가 작가가 아니라면, 〈제4수〉는 '낚대'의 깊은 맛에 몰입하며 '나'와는 달리 한가롭게 지내는 인물에 대한 심리적 거리감을 드러낸 것이겠군.

③ (나)의 '아녀자'가 작가라면, 이 작품은 '은침'과 '오색실'로 '임의 터진 옷'을 깁는 상황을 설정하여 임금에 대한 곧은 충심을 표현한 것이겠군.

④ (다)의 '그'가 작가라면, 이 작품은 '그 집'에서 성장하고 떠났던 자신의 경험을 타인의 것처럼 전달함으로써 개인적인 경험에 거리를 두고 객관화하여 표현한 것이겠군.

⑤ (다)의 '우리들'에 작가 자신이 포함되므로, 이 작품은 작가 자신의 개인적 경험을 확장하여 유사한 경험을 가진 독자들의 공감을 이끌어 내려 한 것이겠군.

(가)

바람이 어디로부터 불어와
어디로 불려 가는 것일까,

㉠바람이 부는데
내 괴로움에는 이유가 없다.

내 괴로움에는 이유가 없을까,

단 한 여자를 사랑한 일도 없다.
시대를 슬퍼한 일도 없다.

㉡바람이 자꾸 부는데
내 발이 반석 위에 섰다.

강물이 자꾸 흐르는데
내 발이 언덕 위에 섰다.

- 윤동주, 「바람이 불어」-

(나)

새는 새장 밖으로 나가지 못한다.
매번 머리를 부딪치고 날개를 상하고 나야 보이는,
창살 사이의 간격보다 큰, 몸뚱어리.
하늘과 산이 보이고 ㉢울음 실은 공기가 자유로이 드
나드는
그러나 살랑거리며 날개를 굳게 다리에 매달아 놓는,
그 적당한 간격은 슬프다.
그 창살의 간격보다 넓은 몸은 슬프다.
넓게, 힘차게 뻗을 날개가 있고
㉣날개를 힘껏 떠받쳐 줄 공기가 있지만
새는 다만 네 발 달린 짐승처럼 걷는다.
부지런히 걸어 다리가 굵어지고 튼튼해져서
닭처럼 날개가 귀찮아질 때까지 걷는다.
새장 문을 활짝 열어 놓아도 날지 않고
닭처럼 모이를 향해 달려갈 수 있을 때까지 걷는다.
㉤걸으면서, 가끔, 창살 사이를 채우고 있는 바람을
부리로 쪼아 본다, 아직도 벽이 아니고
공기라는 걸 증명하려는 듯.
유리보다도 더 환하고 선명하게 전망이 보이고
울음 소리 숨내음 자유롭게 움직이도록 고안된 공기,
그 최첨단 신소재의 부드러운 질감을 음미하려는 듯.

- 김기택, 「새」-

204 (가)에 대한 이해로 가장 적절한 것은?

① '불려 가는'이라는 피동 표현을 통해 자신이 처한 현실에 순응하려는 화자의 태도를 강조하고 있다.

② '이유가 없을까'라는 물음의 형식으로 화자의 정신적 고통에 타당한 이유가 없음을 단정하고 있다.

③ '사랑한 일'과 '슬퍼한 일'을 병치하여 화자의 개인적 불행이 시대에 대한 무관심의 원인임을 암시하고 있다.

④ '없다'의 반복을 활용하여 자신의 삶과 내면을 응시하는 화자의 반성적 자세를 드러내고 있다.

⑤ '흐르는데'와 '섰다'의 대비를 통해 변함없는 자연에서 깨달음을 얻으려는 화자의 의지를 드러내고 있다.

205 다음에 제시된 선생님의 안내에 따라, ㉠~㉤을 탐구한 내용으로 적절하지 않은 것은?

공기와 바람은 눈에 보이지 않지만 사물의 움직임을 통해 지각되고, 계속 움직이며 대상에 영향을 주는 힘으로 인식되기도 합니다. 이런 속성이 시에 어떻게 활용되는지 알아봅시다.

① ㉠에서는 움직임이라는 '바람'의 속성을 '괴로움'이라는 내면의 흔들림을 지각하는 계기로 활용하고 있다.

② ㉡에서는 끊임없이 움직이는 '바람'의 속성을 활용해 '내 발'을 '반석 위'로 이끄는 힘을 보여 주고 있다.

③ ㉢에서는 자유롭게 창살 사이를 이동하는 '공기'의 속성을 '새'가 처한 상황을 부각하는 데 활용하고 있다.

④ ㉣에서는 '날개'를 '힘껏' 떠받치는 '공기'의 속성을 활용해 '새'의 '날개'가 '공기'의 힘을 이용할 수 있음을 암시하고 있다.

⑤ ㉤에서는 보이지 않지만 존재하는 '바람'의 속성을 활용해 '창살 사이'의 빈 공간을 쪼는 '새'의 동작에 의미를 부여하고 있다.

206 〈보기〉를 바탕으로 (나)를 감상한 내용으로 적절하지 <u>않은</u> 것은? [3점]

> ──────[보기]──────
>
> 「새」에서 '새장에 갇힌 새'는 일상의 안온함에 길들어 자유를 억압하는 일상을 벗어나지 못하는 현대인의 알레고리이다. '새'의 행동에 대한 묘사는 일상에 충실할수록 잠재된 힘과 본질을 잃어 가는 아이러니와, 일상에 만족하며 자유로운 삶의 가능성을 외면하는 현대인의 모습을 보여 준다.

① 몸이 창살에 부딪치고 나서야 창살의 간격이 보이는 새는, 일상에 갇힌 자신을 의식하는 현대인의 모습을 보여 주는군.

② 바깥 풍경이 보일 정도로 적당한 간격의 창살로 된 새장은, 안온함과 억압성이라는 양가성을 지닌 일상을 보여 주는군.

③ 닭처럼 날개가 귀찮아질 때까지 부지런히 걷는 새는, 성실한 생활이 잠재력의 상실로 이어지는 아이러니를 보여 주는군.

④ 새장 문이 열려도 날지 않고 모이를 향해 달려갈 수 있을 때까지 걷는 새는, 자신의 본질에 충실하다 보니 오히려 자유를 상실하게 되는 상황을 보여 주는군.

⑤ 하늘을 자유롭게 날도록 날개를 밀어 올리는 공기를 음미할 대상으로만 여기는 듯한 새는, 자유로운 삶의 가능성을 외면하고 일상에 안주하려는 현대인의 모습을 보여 주는군.

[207~211] 다음 글을 읽고 물음에 답하시오.   2019.09 [16~20]

— (해설편 Part 1 p.366) —

(가)

생평(生平)에 원ᄒᆞ노니 다만 충효(忠孝)뿐이로다
이 두 일 말면 금수(禽獸)ㅣ나 다르리야
마음에 ᄒᆞ고져 ᄒᆞ야 십재황황(十載遑遑)*ᄒᆞ노라
〈제1수〉

계교(計校)* 이렇더니 공명(功名)이 늦었어라
부급동남(負笈東南)*ᄒᆞ야 여공불급(如恐不及)*ᄒᆞ는
뜻을
세월이 물 흐르듯 ᄒᆞ니 못 이룰까 ᄒᆞ야라
〈제2수〉

강호(江湖)에 놀자 ᄒᆞ니 성주(聖主)를 버리겠고
성주를 섬기자 ᄒᆞ니 소락(所樂)에 어긋나네
호온자 기로(岐路)에 서서 갈 데 몰라 ᄒᆞ노라
〈제4수〉

출(出)ᄒᆞ면 치군택민(致君澤民) 처(處)ᄒᆞ면 조월경운
(釣月耕雲)
명철군자(明哲君子)는 이룰사 즐기ᄂᆞ니
하물며 부귀(富貴) 위기(危機)ㅣ라 빈천거(貧賤居)를
ᄒᆞ오리라
〈제8수〉

행장유도(行藏有道)*ᄒᆞ니 버리면 구태 구ᄒᆞ랴
산지남(山之南) 수지북(水之北) 병들고 늙은 나를
뉘라서 회보미방(懷寶迷邦)*ᄒᆞ니 오라 말라 ᄒᆞᄂᆞ뇨
〈제16수〉

성현(聖賢)의 가신 길이 만고(萬古)에 ᄒᆞᆫ가지라
은(隱)커나 현(見)*커나 도(道)ㅣ 어찌 다르리
일도(一道)ㅣ오 다르지 아니커니 아무 덴들 어떠리
〈제17수〉
-권호문, 「한거십팔곡」-

* 십재황황 : 급한 마음에 십 년을 허둥지둥함.
* 계교 : 견주어 헤아림.
* 부급동남 : 책을 짊어지고 여기저기 다니면서 열심히 공부함.
* 여공불급 : 이르지 못할까 두려워하듯 함.
* 행장유도 : 쓰이면 세상에 나아가 도(道)를 행하고 버려지면 은
둔하는 것을 자신의 상황에 따라 알맞게 함.

* 회보미방 : 뛰어난 능력을 지니고서 은둔하는 것은 나라를 혼란
스럽게 하는 것과 같음.
* 현 : 세상에 나아감.

(나)

진주 장터 생어물전에는
바닷밑이 깔리는 해 다 진 어스름을,

울 엄매의 장사 끝에 남은 고기 몇 마리의
빛 발(發)하는 눈깔들이 속절없이
은전(銀錢)만큼 손 안 닿는 한(恨)이던가
울 엄매야 울 엄매,

별 밭은 또 그리 멀리
우리 오누이의 머리 맞댄 골방 안 되어
손 시리게 떨던가 손 시리게 떨던가,

진주 남강 맑다 해도
오명 가명
신새벽이나 밤빛에 보는 것을,
울 엄매의 마음은 어떠했을꼬,
달빛 받은 옹기전의 옹기들같이
말없이 글썽이고 반짝이던 것인가.

-박재삼, 「추억에서」-

(다)

　시의 원심력을 담당하는 비유와 달리 리듬은 시의 구
심력을 담당한다. 글자의 개수이건 음의 보폭이건 동일
요소의 반복은 시에 질서를 부여하고 리듬을 형성한다.
그런데 고전 시가의 리듬에는 외적 규율이 전제되어 있
는 반면 현대 시의 리듬은 내적 규범을 창출한다. 가령
시조는 4음보를 기본으로 종장 첫 음보는 3음절을 유지
하고, 둘째 음보는 그보다 길게 하는 규율을 따른다. 현
대 시에서는 따라야 할 규율이 없는 대신 말소리, 휴지
(休止), 고전 시가에 없던 쉼표나 마침표 등 모든 요소들
의 책임이 더 커졌다. 이들의 반복은 내적 규범을 형성하
여 시의 고유한 의미를 만들어 낸다.
　"멀위랑 / ᄃᆞ래랑 / 먹고"와 같은 고려 속요의 3음보,
"동짓ᄃᆞᆯ / 기나긴 밤을 / 한 허리를 / 버혀 내여"와 같은
시조의 4음보 등 고전 시가의 리듬은 현대에 이르러 해
체되었다기보다는 배후로 물러나 때로는 강하게, 때로
는 약하게 압력을 행사하고 있다고 보는 것이 적절하다.
어떤 시는 고전 시가의 리듬이 강하게 감지되어 친숙하

지만 어떤 시는 리듬이라고 할 만한 부분이 거의 감지되지 않아 낯설다. 우리는 앞의 예를 김소월의 시에서, 뒤의 예를 이상의 시에서 찾을 수 있다. 한국의 현대 시는 김소월과 이상 사이에서 각각의 좌표를 찍는다.

207 (가)와 (나)의 공통점으로 가장 적절한 것은?

① 의문형 어미를 활용하여 화자의 정서를 강조하고 있다.
② 특정 대상과 대화하는 방식으로 주제를 부각하고 있다.
③ 시적 공간의 탈속성이 시상을 형성하는 데 기여하고 있다.
④ 계절적 배경을 소재로 하여 시적 분위기를 고조하고 있다.
⑤ 의성어와 의태어를 구사하여 화자의 상황을 제시하고 있다.

208 (가)에 대한 설명으로 적절하지 <u>않은</u> 것은?

① 〈제2수〉의 '부급동남'은 〈제4수〉의 '성주를 섬기'기 위해 화자가 행한 일이다.
② 〈제2수〉의 '공명'을 이루기 위해 화자는 〈제17수〉의 '성현의 가신 길'을 따르고자 한다.
③ 〈제4수〉의 '강호'를 화자가 선택한 이유 중 하나는 〈제8수〉의 '부귀 위기'이다.
④ 〈제4수〉의 '기로'가 〈제17수〉의 '일도'로 나타난 데에서 화자의 내적 갈등이 해소되었음을 알 수 있다.
⑤ 〈제8수〉의 '빈천거를 ᄒ'면서도 화자는 〈제17수〉의 '도'를 실천할 수 있다고 생각한다.

209 〈보기〉를 통해 (가)를 감상한 것으로 적절하지 <u>않은</u> 것은? [3점]

[보기]

조선 시대에 과거 급제는 개인이 입신양명하는 길이자 부모에게 효도하고, 임금을 보필할 수 있는 주된 통로였다. 권호문 역시 이를 위해 과거에 여러 번 응시하였으나 뜻을 이루지 못했다. 모친 사후, "뜻을 얻으면 그 은택을 백성들에게 베풀고, 뜻을 얻지 못하면 자신을 수양한다."라는 유교적 출처관(出處觀)에 따라 은자로서의 삶을 살아가던 그는 42세 이후 줄곧 조정에 천거되어 정치 현실로 나올 것을 권유받았으나 매번 이를 거절했다. 「한거십팔곡」에는 권호문의 이러한 삶과 생각이 반영되어 있는 것으로 보인다.

① 〈제1수〉의 '충효'는 화자가 이루고자 했던 삶의 덕목으로 볼 수 있겠군.
② 〈제1수〉에서 화자가 '십재황황'하는 모습은 과거에 여러 차례 응시했으나 급제하지 못했기 때문으로 볼 수 있겠군.
③ 〈제16수〉의 '행장유도ᄒ니'는 화자가 유교적 출처관을 따르고 있음을 보여 주는 것이라고 할 수 있겠군.
④ 〈제16수〉의 '병들고 늙은 나를'은 화자가 정치 현실로 나오라는 권유를 거절하는 표면적 이유라고 할 수 있겠군.
⑤ 〈제16수〉의 '회보미방'은 조정의 권유에 대한 화자의 답변으로 볼 수 있겠군.

210 (나)에 대한 감상으로 적절하지 <u>않은</u> 것은?

① '해 다 진 어스름'은 어둠이 깔리는 파장 무렵 '생어물전'의 분위기를 보여 주는군.
② '빛 발하는 눈깔'은 '손 안 닿는' '은전'과 연결되어 '한'의 정서를 유발하는군.
③ '손 시리게 떨던가'에서는 추운 밤 '별 밭' 아래의 '골방' 속에서 느꼈던 행복감이 드러나는군.
④ '진주 남강'은 공간적 구체성을 보여 주는 한편 낮에 강을 보지 못할 정도로 바삐 생계를 꾸려 가던 '울 엄매'를 떠올리게 하는군.
⑤ '글썽이고 반짝이던'은 달빛이 비친 '옹기'의 표면과 '울 엄매'의 눈물을 함께 환기하는군.

211 (다)를 참고하여 (가)와 (나)를 이해한 내용으로 가장 적절한 것은?

① (가)에서 각 수의 종장 첫째 음보를 3음절로 한 것은 내적 규범을 따른 것이다.
② (가)에서 각 수의 종장 둘째 음보의 글자 수가 첫째 음보의 글자 수보다 많은 것은 따라야 하는 규칙을 위반한 것이다.
③ (나)에서 '울 엄매야 울 엄매'는 울림소리의 반복으로 리듬을 창출하고 화자의 정서를 표출한 것이다.
④ (나)에서 '오명 가명'은 외적 규율에 따라 'ㅇ'을 반복하여 일터의 무료한 삶에 생동감을 불어넣은 예이다.
⑤ (나)에서 1연부터 3연까지 쉼표로 연을 마무리한 것은 고전 시가의 리듬을 계승한 예이다.

최 노인 : (화단 쪽을 가리키며) 저기 심어 놓은 화초며 고추 모가 도무지 자라질 않는단 말이야! 아까도 들여다보니까 고추 모에서 꽃이 핀 지는 벌써 오래전인데 열매가 열리지 않잖아! 이상하다 하고 생각을 해 봤더니 저 멋없는 것이 좌우로 탁 들어 막아서 햇볕을 가렸으니 어디 자라날 재간이 있어야지! 이러다간 땅에서 풀도 안 나는 세상이 될 게다! ㉠말세야 말세!

이때 경재 제복을 차려 입고 책을 들고 나와서 신을 신다가 아버지의 이야기를 듣고는 깔깔대고 웃는다.

경재 : 원 아버지두……

최 노인 : 이눔아 뭐가 우스워?

경재 : 지금 세상에 남의 집 고추 밭을 넘어다보며 집을 짓는 사람이 어디 있어요?

최 노인 : ⓐ옛날엔 그렇지 않았어!

경재 : 옛날 일이 오늘에 와서 무슨 소용이 있어요? 오늘은 오늘이지. ㉡(웅변 연사의 흉을 내며) 역사는 강처럼 쉴 새 없이 흐르고 인생은 뜬구름처럼 변화무쌍하다는 이 엄연한 사실을, 이 역사적인 사실을 똑바로 볼 줄 아는 사람만이 자신의 운명을 개척할 수 있다는 사실을 최소한도로 아셔야 할 것입니다! 에헴!

(중략)

경수 : 여보 영감님! 여긴 종로 한복판입니다. 게다가 가게와 살림집이 붙었는데 그래 겨우 이백오십만 환이라구요? ⓑ그런 당치도 않은 거짓말은 공동묘지에서나 하시오.

복덕방 : 뭐 뭐요? 공동묘지에서라고요? 예끼 버릇없는 놈 같으니라구!

경수 : 아니 이 영감님이……

복덕방 : 그래 이눔아 너는 애비도 에미도 없는 놈이기에 나이 먹은 늙은이더러 공동묘지에 가라구? 이 천하에.

최 노인 : 여보 김 첨지. 젊은 애들이 말버릇이 나빠서 그런 걸 가지고 탓할 게 뭐요?

복덕방 : 그래 내가 집 거간이나 놓고 다니니까 뭐 사고무친한 외도토린 줄 아느냐? 이눔아! 나도 장성 같은 아들에다 딸이 육 남매여!

경수 : 아니 제가 뭐라고 했길래……

어머니 : 넌 잠자코 있어! 용서하시우. 요즘 젊은 놈들이란 아무 생각 없이 말을 하니까요…… 게다가 술을 마셨다우.

복덕방 : 음 이눔이 한낮부터 술 처먹고 어른에게 행패구나! 이눔아! 내가 그렇게 만만하니?

최 노인 : 김 첨지! 글쎄 진정하시라니까…… 내가 대신 이렇게 사죄하겠소 원!

복덕방 : 그러고 이백오십만 환이 터무니없는 값이라고? 이눔아 누군 돈이 바람 맞은 대추알이라던? 응? 그것도 잘 생각해서야! 음! 이런 분한 일이 있나!

최 노인 : 글쎄 참으시고 이리 앉으세요.

복덕방 : 난 그만 가 보겠소이다. 이런 일도 기분 문제니까요! 다른 사람 골라서 공동묘지로 보내구려! 에잇.

최 노인 : 아 ㉢김 첨지! 김 선생! (하며 뒤를 쫓아 나간다.)

경수 : 제길 무슨 놈의 영감이 저래?

어머니 : 네가 잘못이지 뭐니……

경수 : 집을 팔지 말라고 했는데……

이때 최 노인 쌔근거리면서 등장하자 이 말을 듣고는 성을 더 낸다.

최 노인 : 이눔아! ㉣누가 이 집을 판다고 했어? 응?

경수 : 아니 그럼 이 집을 파시는 게 아니면 뭣 하러 복덕방은……

최 노인 : 저런 쓸개 빠진 녀석 봤나! 아니 내가 뭣 때문에 이 집을 팔아? 응? 옳아 네놈 취직 자본을 대기 위해서? 응?

어머니 : 아니 그럼 이백오십만 환이란 무슨 얘깁니까?

최 노인 : 네 따위 놈을 위해서 하나 남은 집마저 팔아야만 속이 시원하겠니? 전세로 육 개월만 내놓겠다는 거야!

경수 : 예? 전세라구요?

㉤(어머니와 경운은 서로 얼굴을 바라본다.)

최 노인 : 왜 아주 안 파는 게 양에 안 차지? 이눔아! 이 애비가 집도 절도 없는 거지가 되어서 죽는 꼴이 그렇게도 보고프냐?

경수 : (당황하며) 아버지 아니에요! 저는……

최 노인 : 아니면 껍질이냐?

어머니 : ⓓ여보 그럼 집을 전세로 줘서 뭣 하시게요?

최 노인 : 글쎄 아까 어떤 친구 얘기가 요즘 그 실내에서 하는 그 뭐드라 '샤풀이뽈'이라든가……

경운 : '샤뿔뽀오드*' 말씀이에요?

최 노인 : 그래 '샤뿔뽀오드' 말이다! 그건 차리는 데 돈도 안 들고 수입이 괜찮다고 하면서 4가에 적당한 집이 있다기에 그걸 해 볼까 하고 이 집을 보였지. 그래 얘기가 거이 익어 가는 판인데 글쎄 다 되어 간 음식에 코 빠치기로 저 녀석이……

어머니 : 아니 그럼 전세로 이백오십만 환이란 말인가요?

최 노인 : 그렇지! 저 가게만 해도 백만 환은 받을 수 있어!

어머니 : 그런 걸 가지고 나는 괜히……

최 노인 : 뭐가 괜히야?

경운 : ⓔ아버지께서 이 집을 팔으실 줄만 알았어요.

최 노인 : 흥! 너희들은 모두 한속이 되어서 어쩌든지 내 일을 안 되게 하고 이 집을 날려 버릴 궁리들만 하고 있구나! 이 천하에 못된 것들! (하며 불쑥 일어선다.)

어머니 : 그럴 리가 있겠어요! 다만……

최 노인 : 듣기 싫어! (화초밭으로 나오며) 이 집안에서는 되는 거라곤 하나도 없어! 흔한 햇볕도 안 드는 집이 뭣이 된단 말이야! 뭣이 돼! (하며 화초밭을 함부로 작신작신 짓밟고 뽑아 헤친다.)

어머니 : ⓜ(맨발로 뛰어내리며) 여보! 이게 무슨 짓이오! 그렇게 정성을 들여서 가꾼 것들을…… 원…… 당신도……

최 노인 : 내가 정성을 안 들인 게 뭐가 있어…… 나는 모든 일에 정성을 들였지만 안 되지 않아! 하나도 씨도 말야!

– 차범석, 「불모지」 –

* 샤뿔뽀오드(shuffleboard) : 오락의 한 종류.

212 윗글에 대한 이해로 가장 적절한 것은?

① 언어유희를 통해 인물 간의 긴장을 고조시키고 있다.
② 장면의 전환을 통해 각 인물의 내면이 부각되고 있다.
③ 인물들의 복장을 통해 인물들의 심리를 드러내고 있다.
④ 인물의 등퇴장을 통해 인물의 성격 변화를 드러내고 있다.
⑤ 실제 지명의 노출을 통해 극중 상황에 사실감을 부여하고 있다.

213 ㉠~㉤에 대한 설명으로 적절하지 않은 것은?

① ㉠ : 주변 환경의 변화에 대한 '최 노인'의 부정적 인식이 드러나 있다.
② ㉡ : '경재'의 말에 주목하게 하는 효과를 드러내고 있다.
③ ㉢ : 호칭을 달리하면서 상대방의 마음을 돌리기 위한 '최 노인'의 노력이 드러나 있다.
④ ㉣ : 두 인물이 '경수'와는 다른 생각을 가지고 있음을 동시에 확인하고 있다.
⑤ ㉤ : '어머니'의 다급한 심리를 행동을 통해 제시하고 있다.

214 〈보기〉와 ⓐ~ⓔ를 관련지어 윗글을 감상한 내용으로 적절하지 않은 것은? [3점]

[보기]

'발견'이란 인물이 극의 전개 과정에서 사건의 숨겨진 측면을 알아차리는 계기를 드러내는 기법이다. '발견'의 대상은 중요한 의미를 지닌 물건이 될 수도 있고 몰랐던 사실이나 새로운 가치, 인물의 다른 면 등이 될 수도 있다. 이러한 '발견'을 통해 사건은 새로운 국면으로 바뀌기도 하고 인물들의 갈등 양상이 변모되기도 한다.

① '경재'는 ⓐ를 통해 '최 노인'이 예전과 달라진 현실을 부정적으로 인식한다는 것을 발견함으로써, '최 노인'에게 변화를 수용하는 태도가 필요함을 드러내는군.
② '복덕방'은 ⓑ를 통해 '경수'가 자신을 무시한다는 것을 발견함으로써, '최 노인'과의 흥정을 중지하게 되는군.
③ '경수'는 ⓒ를 통해 '최 노인'이 집을 팔 의도가 없다는 것을 발견함으로써, '최 노인'에 대한 오해가 풀리게 되는군.
④ '최 노인'은 ⓓ를 통해 자신의 계획을 '어머니'가 못마땅해 한다는 것을 발견함으로써, 자신의 계획을 변경하게 되는군.
⑤ '최 노인'은 ⓔ를 통해 집 문제에 대한 자신의 의도를 '경운'이 잘 모르고 있었다는 것을 발견함으로써, 가족들에 대한 불만을 드러내는군.

215 화초밭에 대한 이해로 가장 적절한 것은?

① 경제적 안정에 대한 가족들의 희망이 드러나는 장소이다.
② 중심인물이 집을 지키기 위해 자신의 꿈을 포기하는 장소이다.
③ 두 인물의 상반된 행동을 통해 인물 간의 갈등이 해소되는 장소이다.
④ 중심인물이 현재의 고통이 자신에게서 비롯되었음을 자책하는 장소이다.
⑤ 자신의 노력이 결실을 맺지 못하여 허망해하는 중심인물의 감정이 드러나는 장소이다.

— 해설편 Part 1 p.382

상서의 셋째 부인 여씨는 둘째 부인 석씨의 행실과 마음 씀이 매사 뛰어남을 보고 마음속에 불평하여 생각하되, '이 사람이 있으면 내게 상서의 총애가 오지 않으리라.' 하여 좋은 마음이 없더라. 날이 늦어져 모임이 흩어진 후 상서의 서모(庶母) 석파가 청운당에 오니 여씨가 말하길,

"석 부인은 실로 적강선녀라. 상공의 총애가 가볍지 않으리로다."

석파가 취해 실언함을 깨닫지 못하고 왈,

"석 부인은 비단 얼굴뿐 아니라 덕행을 겸비하여 시모이신 양 부인이 더욱 사랑하시나이다."

이때 석씨가 석파를 청하자 석파가 벽운당에 이르러 웃고 왈,

"나를 불러 무엇 하려 하느뇨? 내 석 부인이 받는 총애를 여 부인에게 자랑하였나이다."

석씨가 내키지 않아 하며 당부하되,

"㉠후일은 그런 말을 마소서."

하니, 석파 웃더라.

여씨의 거동이 점점 아름답지 않으나 양 부인과 상서는 내색하지 않더라. 일일은 상서가 문안 후 청운당에 가니 여씨 없고, 녹운당에 이르니 희미한 달빛 아래 여씨가 난간에 엎드려 화씨의 방을 엿듣는지라, 도로 청운당에 와 시녀로 하여금 청하니 여씨가 급히 돌아오니 상서가 정색하고 문 왈,

"부인은 깊은 밤에 어디 갔더뇨?"

여씨 답 왈,

"㉡문안 후 소 부인의 운취각에 갔더이다."

상서는 본래 사람을 지극한 도로 가르치는지라 책망하며 왈,

"부인이 여자의 행실을 전혀 모르는지라. 무릇 여자의 행세 하나하나 몹시 어려운지라. 어찌 깊은 밤에 분주히 다니리오? 더욱이 다른 부인의 방을 엿들음은 금수의 행동이라 전일 말한 사람이 있어도 전혀 믿지 않았더니 내 눈에 세 번 뵈니 비로소 그 말이 사실임을 알지라. 부인은 다시 이 행동을 말고 과실을 고쳐 나와 함께 늙어갈 일을 생각할지어다."

하며 기세가 엄숙하니, 여씨가 크게 부끄러워하더라.

이후 여씨 밤낮으로 생각하더니, 문득 옛날 강충이란 자가 저주로써 한 무제와 여 태자를 이간했던 일을 떠올리고, 저주의 말을 꾸며 취성전을 범하니 일이 치밀한지라 뉘 능히 알리오?

일일은 취성전에서 양 부인이 일찍 일어나 앉았으나 석씨가 마침 병이 나서 문안에 불참하매 시녀 계성에게 청소시키니, 계성이 짐짓 침상 아래를 쓸다가 갑자기 봉한 것을 얻어 내며,

"알지 못하겠도다. 누가 잃은 것인고? 필연 동료 중 잃은 것이니 임자를 찾아 주리라."

하고 스스로 혼잣말 하거늘 부인이 수상히 여겨 가져오라 하여 풀어 보니, 그 글에 품은 한이 흉악하여 차마 보지 못할 바이러라. 필적이 산뜻하니 완연히 석씨의 것이라 크게 괴히 여겨 다시 보니 그 언사의 흉함이 차마 바로 보지 못할지라. 양 부인이 불을 가져다가 사르고 시녀들을 당부하여 왈,

"너희들이 이 일을 누설한즉 죽을죄를 당하리라."

좌우 시녀 듣고 송구하여 입을 봉하되, 홀로 계성은 누설치 못함을 조급해하고 양 부인은 이후 석씨와 자녀를 보나 내색하지 않더라.

[중략 부분의 줄거리] 석씨가 쫓겨난 후, 첫째 부인 화씨를 모함하려고 여씨가 여의개용단을 먹고 화씨로 둔갑해 나타나자, 상서는 친누나 소씨, 의남매 윤씨, 석파를 불러 모아 함께 실상을 밝히려 여씨의 심복을 찾는다.

시녀가 여씨 심복 미양을 가리켜 아뢰니, 상서가 미양을 잡아내어 엄하게 조사하더라. 미양이 혼비백산하여 사실대로 고하고 두 가지 약을 내어 드리니, 소씨 등이 다투어 보고 웃되, 상서는 홀로 눈을 들어 보지 않으니 사악한 빛을 보지 않으려 함이라. 석파가 그중 회면단을 물에 풀어 두 화씨에게 나누어 주니 진짜 화씨 노기 가득하여 먹고 왈,

"약을 먹더라도 부모님 남긴 몸이 달리 되랴? 네 굳이 내 얼굴이 되고자 하니, 이 무슨 괴이한 생각으로 패악을 떨려 하느뇨?"

상서 왈,

"어지럽게 굴지 말라."

진짜 화씨는 회면단을 마시되 용모 변치 않더라. 상서가 또 여씨에게 권하니, 여씨 먹지 않거늘 윤씨 웃고 왈,

"아니 먹는 죄 의심되도다."

소씨 나아가 우김질로 들이붓더라. 여씨가 마지못하여 먹으니 화씨 변하여 여씨 되는지라. 좌우 사람들이 박장대소하더라. 상서 바야흐로 단정히 고쳐 앉으며 왈,

"군자 있는 곳에는 요사스러운 일이 없거늘 이 아우가 어질지 못하여 집안에 이런 변이 있으니 대장부 되어

아녀자를 거느리지 못하여 이런 행동거지 있으니 어찌 부끄럽지 않으리오. 석씨를 모함함도 여씨의 일이니 누님은 따져 물으소서."

석파가 먼저 나서며 미양을 붙들고 물으니 미양이 당초부터 여씨가 계교를 꾸몄던 일들을 낱낱이 말하더라. 소씨, 윤씨 두 사람이 웃으며 왈,

"이제 보건대, 당초 우리 의심이 그르지 않았도다."

석파가 몹시 좋아해 뛰면서 기쁨을 이기지 못하고, 여씨는 부끄러움을 이기지 못하여 움직이지 못하고, 화씨는 꾸짖기를 마지않더라. 날이 새어 취성전에 들어가 **어젯밤 일**을 일일이 아뢰더라. 양 부인이 놀라고 여씨를 불러 마루 아래에 꿇리고 벌주니 가장 엄숙하여 언어 명백하며 들음에 모골이 송연하더라. 이에 여씨를 내치고 계성과 미양 등을 엄히 다스리고 집안을 평정하더라.

-작자 미상, 「소현성록」-

216 윗글에 대한 설명으로 가장 적절한 것은?

① 배경 묘사를 통해 인물의 성격 변화를 암시하고 있다.
② 독백을 반복하여 내적 갈등의 해결 과정을 드러내고 있다.
③ 과거와 현재를 교차하여 사건을 입체적으로 전개하고 있다.
④ 한 인물과 다른 인물들 간의 다면적 갈등 관계를 제시하고 있다.
⑤ 두 공간에서 동시에 일어나는 사건을 병렬적으로 배치하고 있다.

217 윗글의 내용에 대한 이해로 적절하지 <u>않은</u> 것은?

① 석파는 집안사람들과 교류하며 집안일에 관여한다.
② 상서는 남의 말의 진위를 직접 확인하여 판단한다.
③ 여씨는 상서의 책망에도 부끄러워하지 않는다.
④ 양 부인은 권위를 지니고 가족과 시녀들을 통솔한다.
⑤ 소씨는 여씨를 압박하여 의혹을 해소하려 한다.

218 맥락을 고려하여 ㉠과 ㉡을 이해한 내용으로 가장 적절한 것은?

① ㉠은 석파의 독선을 질책하는 말이고, ㉡은 상서의 오해를 증폭시키는 말이다.
② ㉠은 석파의 안전을 도모하기 위한 말이고, ㉡은 상서를 위험에 빠뜨리기 위한 말이다.
③ ㉠은 석파에 대한 호의를 표현하는 말이고, ㉡은 상서에 대한 불신을 표현하는 말이다.
④ ㉠은 석파의 경솔함을 염려하는 말이고, ㉡은 상서의 의심을 피하기 위해 한 말이다.
⑤ ㉠은 석파에게 얻은 정보를 불신하는 말이고, ㉡은 상서가 가진 정보를 몰라서 하는 말이다.

219 〈보기〉를 참고하여 윗글을 감상한 내용으로 적절하지 <u>않은</u> 것은? [3점]

---[보기]---

음모 모티프는 인물이 욕망을 실현하기 위해 음모를 실행하는 이야기 단위이다. 음모의 진행 과정에 환상적 요소가 사용되기도 하고 조력자가 등장해 음모자를 돕기도 한다. 음모가 실행되면서 서사적 긴장이 고조되는데, 음모자의 욕망 실현이 지연되면 서사적 긴장은 일시적으로 이완된다. 이때 음모자가 또 다른 음모를 꾸미나 결국 음모의 실체가 드러나며 죄상에 따라 처벌된다.

---

① 여씨가 자신을 석씨와 견주고 양 부인과 석씨를 '이간'하려는 데서, 석씨와의 경쟁 관계를 의식한 여씨의 욕망에서 음모가 비롯됨을 알 수 있군.
② 여씨가 꾸민 '봉한 것'이 계성을 통해 양 부인에게 건네진 데서, 상하 관계에 있는 음모자와 조력자에 의해 서사적 긴장이 고조됨을 알 수 있군.
③ '그 글'이 불살라지고 시녀들의 누설이 금지된 데서, 양 부인에 의해 음모의 실행이 저지되어 서사적 긴장이 일시적으로 이완됨을 알 수 있군.
④ '회면단'을 먹고 여씨가 본래 모습으로 돌아오는 데서, 음모자가 욕망의 실현을 위해 준비한 환상적 요소가 음모의 실체를 드러내는 도구로 작용함을 알 수 있군.
⑤ 상서는 '금수의 행동'을 한 여씨를 교화하려 했지만 양 부인은 '어젯밤 일'로 여씨를 내친 데서, 처벌 방법을 두고 대립이 있음을 알 수 있군.

[220~222] 다음 글을 읽고 물음에 답하시오. 2024.11 [32~34]

— (해설편 Part 1 p.389) —

(가)

장풍에 돛을 달고 **육선**이 함께 떠나
삼현과 **군악** 소리 해산을 진동하니
물속의 어룡들이 응당히 놀라리라
해구를 얼른 나서 오류도를 뒤 지우고
고국을 돌아보니 야색이 아득하여
아무것도 아니 뵈고 연해 각진포에
불빛 두어 점이 구름 밖에 뵐 만하다   [A]
배 방에 누워 있어 내 **신세**를 생각하니
가뜩이 심란한데 대풍이 일어나서
태산 같은 성난 물결 천지에 자욱하니
크나큰 만곡주가 **나뭇잎** 불리이듯
하늘에 올랐다가 지함에 내려지니
열두 발 쌍돛대는 차아처럼 굽어 있고
쉰두 폭 초석 돛은 반달처럼 배불렀네

(중략)

날이 마침 극열하고 석양이 비치어서
끓는 땅에 엎디어서 말씀을 여쭈오니
속에서 불이 나고 관대에 땀이 배어
물 흐르듯 하는지라 나라께서 보시고서   [B]
너희 더위 어려우니 먼저 나가 쉬라시니
곡배하고 사퇴하니 천은이 망극하다
더위를 장히 먹어 막힐 듯하는지라
사신들도 못 기다려 하처로 돌아오니
누이도 반겨하고 딸은 기뻐 우는지라
일가 친척들이 나와서 위문하네
여드레 겨우 쉬어 공주로 내려가니
처자식들 나를 보고 죽었던 이 고쳐 본 듯
기쁘기 극한지라 어리석은 듯 앉았구나   [C]
사당에 현알하고 옷도 벗고 편히 쉬니
풍도의 험하던 일 저승 같고 꿈도 같다
손주 안고 어르면서 한가히 누웠으니
강호의 산인이요 **성대**의 일반이로다

-김인겸, 「일동장유가」-

(나)

꼬아 자란 층석류*요 틀어 지은 고사매*라
삼봉 괴석에 달린 솔이 늙었으니
아마도 화암 풍경이 **너뿐**인가 하노라

〈제1수〉

막대 짚고 나와 거니니 양류풍 불어온다
긴 파람 짧은 노래 **뜻대로 소일**하니
어디서 초동과 목수(牧叟)는 웃고 가리키나니

〈제6수〉

맑은 물에 벼를 갈고 **청산**에 섶을 친 후
서림 풍우에 소 먹여 돌아오니
두어라 **야인 생애**도 자랑할 때 있으리라

〈제9수〉

-유박, 「화암구곡」-

* 층석류 : 석류나무로 만든 분재.
* 고사매 : 매화를 고목에 접붙인 분재.

220 (가), (나)의 표현상 특징에 대한 설명으로 가장 적절한
것은?

① (가)는 과거를 회상하는 표현을 통해 현재 상황에 대
한 아쉬움을 드러내고 있다.
② (가)는 사물의 형태가 변화한 모습을 묘사하여 외부
환경의 영향력을 부각하고 있다.
③ (나)는 계절을 나타내는 어휘를 활용해 애달픈 정서를
부각하고 있다.
④ (나)는 두 인물의 행위를 대비하여 대상에 대한 평가
를 드러내고 있다.
⑤ (가)와 (나)는 모두 영탄적 표현을 통해 대상에 대한
경외감을 드러내고 있다.

221 [A]~[C]에 대한 이해로 적절하지 <u>않은</u> 것은?

① [A]에서는 선상에서 불빛 두어 점에 의지해, 떠나온 곳을 가늠하는 행위를 통해 출항 후의 모습이 드러난다.

② [B]에서는 신하들의 고충을 헤아리는 임금의 배려에 감격한 마음이 드러난다.

③ [C]에서는 갑작스러운 상황에 감정을 표현하지 못하고 무심하게 대응하는 가족들의 모습이 드러난다.

④ [A]에서는 포구를 돌아보지만 보고 싶은 것이 보이지 않는 상황이, [B]에서는 격식을 갖추기 위해 뜨거운 땅에 엎드려 있는 일을 힘겨워하는 상황이 드러난다.

⑤ [A]에서는 예기치 않게 맞닥뜨린 여정상의 위험이, [C]에서는 과거의 위험했던 경험에 대한 소회가 드러난다.

222 〈보기〉를 참고하여 (가), (나)를 감상한 내용으로 적절하지 <u>않은</u> 것은? [3점]

---[보기]---

조선 후기 시가에서는 경험과 외물에 대한 관심이 확대되었다. 「일동장유가」는 사행을 다녀온 경험을 생생하게 표현하며 그에 대한 정서를 솔직하게 드러냈다. 「화암구곡」은 포착된 자연의 양상에 따라 강호에서의 자족감, 출사하지 못한 선비로서 생활 공간인 향촌에 머물 수밖에 없는 데 따른 회포, 취향이 반영된 자연물로 구성한 개성적 공간에서의 긍지를 드러냈다.

① (가)는 배가 '나뭇잎'처럼 파도에 휩쓸리고 하늘에 올랐다 떨어지는 것 같다고 하여 대풍을 겪은 체험을 생동감 있게 드러내는군.

② (나)는 화암의 풍경이라 인정할 만한 것이 '너뿐'이라고 하여 자신이 기른 화훼로 조성한 공간에 대한 자긍심을 드러내는군.

③ (가)는 '육선'에 탄 사신단이 만물이 격동할 만한 '군악'을 들으며 떠나는 데 주목해 경험에 대한 관심을, (나)는 꼬이고 틀어진 모양으로 가꾼 식물에 주목해 외물에 대한 관심을 드러내는군.

④ (가)는 배에서 '신세'를 생각하는 모습으로 사행길의 복잡한 심사를, (나)는 '청산'에서의 삶에서 느끼는 자랑스러움을 '야인 생애'로 표현하여 겸양의 태도를 드러내는군.

⑤ (가)는 집으로 돌아와 한가하게 지내며 '성대'를 누리는 삶에 대한 만족감을, (나)는 양류풍에 감응하며 '뜻대로 소일'하는 강호의 삶에 대한 자족감을 드러내는군.

혼례를 마친 후 최척이 아내와 함께 장모를 모시고 집으로 돌아오매 하인들이 기뻐했다. 대청에 오르자 **친척**들이 축하하여 온 집안에 기쁨이 넘쳤고, 이들을 기리는 소리가 사방의 이웃으로 퍼졌다. 시집에 온 옥영은 소매를 걷고 머리를 빗어 올린 채 손수 물을 긷고 절구질을 했으며, 시아버지를 봉양하고 남편을 대할 때 효와 정성을 다하고, 윗사람을 받들고 아랫사람을 대할 때는 성의와 예의를 두루 갖췄다. **이웃 사람들**이 이를 듣고는 모두 양홍의 처나 포선의 아내도 이보다 낫지 않을 것이라고 칭찬했다.

최척은 결혼한 후 구하는 것이 뜻대로 되어 재산이 점차 넉넉히 불었으나, 다만 일찍이 자식이 없는 것이 걱정이었다. 최척 부부는 후사를 염려하여 ㉠ 매월 초하루가 되면 몸과 마음을 깨끗이 하고 함께 만복사에 올라 부처께 기도를 올렸다. 다음 해 갑오년 ㉡ 정월 초하루에도 만복사에 올라 기도를 했는데, 이날 밤 장육금불이 옥영의 꿈에 나타나 말했다.

"나는 **만복사의 부처**로다. 너희 정성이 가상해 기이한 **사내아이**를 점지해 주니, 태어나면 반드시 특이한 징표가 있을 것이다."

옥영은 ㉢ 그달에 바로 잉태해 열 달 뒤 과연 아들을 낳았는데, 등에 어린아이 손바닥만 한 **붉은 점**이 있었다. 그래서 최척은 아들 이름을 몽석(夢釋)이라고 지었다.

최척은 피리를 잘 불었으며, ㉣ 매양 꽃 피는 아침과 달 뜬 밤이 되면 아내 곁에서 피리를 불곤 했다. 일찍이 날씨가 맑은 ㉤ 어느 봄날 밤이었는데, 어둠이 깊어 갈 무렵 미풍이 잠깐 일며 밝은 달이 환하게 비쳤으며, 바람에 날리던 꽃잎이 옷에 떨어져 그윽한 향기가 코끝에 스며들었다. 이에 최척은 옥영과 술을 따라 마신 후, 침상에 기대 피리를 부니 그 여음이 하늘거리며 퍼져 나갔다. 옥영이 한동안 침묵하다 말했다.

"저는 평소 여인이 시 읊는 것을 좋게 여기지 않습니다. 그런데 이처럼 맑은 정경을 대하니 도저히 참을 수가 없군요."

옥영은 마침내 절구 한 수를 읊었다.

왕자진이 피리를 부니 달도 내려와 들으려는데,
바다처럼 푸른 하늘엔 이슬이 서늘하네.
때마침 날아가는 푸른 난새를 함께 타고서도,
안개와 노을이 가득해 봉도 가는 길 찾을 수 없네.

최척은 애초에 자기 아내가 이리 시를 잘 읊는 줄 모르고 있던 터라 놀라 감탄하였다.

[중략 줄거리] 전란으로 가족과 이별한 최척은 명나라 배를 타고 안남에 이르러 처량한 마음에 피리를 불었다.

최척은 동방이 밝아 오자, 강둑을 내려가 **일본인 배에 이르러 조선말로** 물었다.

"어젯밤 시를 읊던 사람은 조선 사람 아닙니까? 나도 조선 사람이어서 한번 만나 보았으면 합니다. 멀리 **다른 나라를 떠도는 사람**이 비슷하게 생긴 **고국 사람을 만나는 것**이 어찌 그저 기쁘기만 한 일이겠습니까?"

옥영도 생각하기를 어젯밤 들은 **피리 소리**가 조선의 곡조인데다, 평소 익히 들었던 것과 너무나 흡사했다. 그래서 남편 생각에 감회가 일어 절로 시를 읊게 되었던 것이다. 옥영은 자기를 찾는 사람의 목소리를 듣고는 황망히 뛰쳐나와 최척을 보았다. 둘은 서로 마주하고 놀라 **소리를 지르며 끌어안고** 백사장을 뒹굴었다. 목이 메고 기가 막혀 마음을 안정할 수 없었으며, 말도 할 수 없었다. 눈에서는 **눈물이 다하자 피가 흘러내려** 서로를 볼 수도 없을 지경이었다. 양국의 **뱃사람들**이 저잣거리처럼 모여들어 구경했는데, 처음에는 친척이나 잘 아는 친구인 줄로만 알았다. 뒤에 그들이 부부 사이라는 것을 알고 서로 돌아보며 소리쳐 말했다.

"이상하고 기이한 일이로다! 이것은 하늘의 뜻이요, 사람이 이룰 수 있는 일이 아니로다. 이런 일은 옛날에도 들어 보지 못하였다."

최척은 옥영에게 그간의 소식을 물었다.

"산속에서 붙들려 강가로 끌려갔다는데, 그때 아버지와 장모님은 어찌 되었소?"

옥영이 말했다.

"날이 어두워진 뒤 배에 오른 데다 정신이 없어 서로 잃어버렸으니, 제가 두 분의 안위를 어떻게 알겠습니까?"

두 사람이 손을 붙들고 통곡하자, 옆에서 지켜보던 사람들도 슬퍼하며 눈물을 닦지 않는 이가 없었다.

–조위한, 「최척전」–

223 윗글에 대한 설명으로 가장 적절한 것은?

① 시를 삽입하여 인물 간의 갈등 양상이 구체화되는 상황을 드러내고 있다.

② 인물의 행위가 연속적으로 나열된 장면을 통해 신분의 변화 과정을 드러내고 있다.

③ 주변 인물이 알고 있는 사례를 근거로 주요 인물에 대해 상반된 평가를 내리게 하고 있다.

④ 감각적인 배경 묘사를 통해 인물의 행동이 전개되는 상황의 낭만적 분위기를 부각하고 있다.

⑤ 인물 간 대화가 오가는 장면을 보여 주어 이전 사건에 따른 다른 인물들의 현재 행선지를 드러내고 있다.

224 윗글의 인물에 대한 이해로 적절하지 <u>않은</u> 것은?

① '뱃사람들'은 최척과 옥영의 관계가 자신들이 생각하던 것과 달라 놀라워했다.

② '최척'은 강둑을 내려가 자신을 '다른 나라를 떠도는 사람'이라 말하며 자신의 처지와 심정을 드러냈다.

③ '최척'은 옥영의 시에 대한 재능을 결혼 전에 알고 있었지만, 옥영이 시를 읊기 전까지 이를 모른 척했다.

④ '옥영'은 가정의 구성원들을 정성스러운 마음으로 대했고, 옥영이 시집온 후 최척의 집안은 점차 부유해졌다.

⑤ '친척들'은 최척의 결혼을 경사로 받아들였고, '이웃 사람들'은 옥영의 행실을 칭찬했다.

225 ㉠~㉤에 대한 이해로 가장 적절한 것은?

① ㉠은 인물의 심리적 갈등이 발생하는, ㉢은 ㉠에서 발생한 갈등이 심화되는 시간의 표지이다.

② ㉢과 ㉤은 모두 과거의 행위를 통해 인물의 성격이 변화됨을 드러내는 시간의 표지이다.

③ ㉣은 인물의 행위가 반복적으로 일어나는, ㉤은 ㉣ 중한 시점을 특정하는 시간의 표지이다.

④ ㉡은 ㉠에서부터 이어진 행위를 알려 주는, ㉤은 그 행위가 완결된 순간을 지시하는 시간의 표지이다.

⑤ ㉡과 ㉢은 인물의 소망이 실현되어 가는 과정에 포함되는, ㉤은 인물의 소망이 좌절된 시간의 표지이다.

226 〈보기〉를 바탕으로 윗글을 감상한 내용으로 적절하지 <u>않은</u> 것은? [3점]

[보기]

「최척전」에는 하나의 문제 상황이 해결되면 또 다른 문제가 확인되는 서사 구조가 나타나고 있다. 이 과정에서 도움을 주는 신이한 존재를 나타나게 하거나, 예언의 실현을 보여 주는 특이한 증거를 활용하거나, 문제 해결의 계기가 되는 소재를 제시하거나, 공간적 배경을 확장하여 다양한 국적의 사람들을 등장시키는 등의 서사적 장치들이 확인된다. 이러한 서사 구조와 다양한 서사적 장치는 독자가 이야기에 흥미를 가지고 그것을 자연스럽게 수용하는 데 기여한다.

① 옥영의 꿈에 나타난 '만복사의 부처'는, 옥영이 겪고 있는 현실적인 문제를 해결하는 데 도움을 주는 신이한 존재로서 역할을 한다고 볼 수 있겠군.

② 몽석의 몸에 나타난 '붉은 점'은, '사내아이'의 출생과 관련한 예언이 실제로 이루어졌음을 확인할 수 있는 특이한 증거로 활용된다고 볼 수 있겠군.

③ 최척이 '일본인 배에 이르러 조선말로 물'어보는 것과 '고국 사람을 만나'려 하는 것은, 서사 전개 과정에서 공간적 배경을 조선뿐 아니라 다른 나라로도 확장한 것과 관련이 있겠군.

④ 옥영이 들은 '피리 소리'는, 옥영이 최척을 떠올리게 하여 이별의 상황을 해결하는 계기가 되는 소재로 작용하고 있다고 볼 수 있겠군.

⑤ 최척과 옥영이 '소리를 지르며 끌어안'는 것은 문제의 해결에 따른 기쁨과, '눈물이 다하자 피가 흘러내'리는 것은 또 다른 문제 확인에 따른 인물의 불안감과 관련이 있겠군.

(해설편 Part 1 p.400)

(가)

그 골목이 그렇게도 짧은 것을 그가 처음으로 느낄 수 있었을 때, 신랑의 몸은 벌써 차 속으로 사라지고, 자기와 차 사이에는 몰려든 군중이 몇 겹으로 길을 가로막았다. 이쁜이 어머니는 당황하였다. 그들의 틈을 비집고,

'이제 가면, 네가 언제나 또 온단 말이냐?……'

딸이 이제 영영 돌아오지 못하기나 하는 것같이, 그는 막 자동차에 오르려는 딸에게 달려들어,

"이쁜아."

한마디 불렀으나, 다음은 목이 메어, 얼마를 벙하니 딸의 옆 얼굴만 바라보다가, 그러한 어머니의 마음을 알아줄 턱없는 운전수가, 재촉하는 경적을 두어 번 울렸을 때, 그는 또 소스라치게 놀라며, 그 입에서 나오는 대로,

"모든 걸, 정신 채려, 조심해서, 해라 ……"

그러나 ⊙자동차의 문은 유난히 소리 내어 닫히고, 다시 또 경적이 두어 번 운 뒤, 달리는 자동차 안에 이쁜이 모양을, 어머니는 이미 찾아볼 수가 없었다. 그는 실신한 사람같이, 얼마를 그곳에 서 있었다. 깨닫지 못하고, 눈물이 뺨을 흐른다. 그 마음속을 알아주면서도, 아낙네들이, 경사에 눈물이 당하냐고, 그렇게 책망하였을 때, 그는 갑자기 조금 웃고, 그리고, 문득, 정신을 바짝 차리지 않으면, 그대로 그곳에서 혼도해 버리고 말 것 같은 극도의 피로와, 또 이제는 이미 도저히 구할 길 없는 마음속의 공허를, 그는 일시에 느꼈다.

제6절 몰락

한편에서 이렇게 경사가 있었을 때―(그야, 외딸을 남을 주고 난 그 뒤에, 홀어머니의 외로움과 슬픔은 컸으나 그래도 아직 그것은 한 개의 경사라 할 밖에 없을 것이다)―, 또 ⊙한편 개천 하나를 건너 신전 집에서는, 바로 이날에 이제까지의 서울에서의 살림을 거두어, 마침내 애달프게도 온 집안이 시골로 내려갔다.

[A] 독자는, 그 수다스러운 점룡이 어머니가, 이미 한 달도 전에, 어디서 어떻게 들었던 것인지, 쉬이 신전 집이 낙향을 하리라고 가장 은근하게 빨래터에서 하던 말을 기억하고 계실 것이다. 이를테면 그것이 그대로 실현된 것에 지나지 않는다. 그러나 다만 그들의 가는 곳은, 강원도 춘천이라든가 그러한 곳이 아니라, 경기 강화였다.

이 봄에 대학 의과를 마친 둘째 아들이 아직 취직처가 결정되지 않은 채, 그대로 서울 하숙에 남아 있을 뿐으로

―(그러나, 그도 그로써 얼마 안 되어 충청북도 어느 지방의 '공의'가 되어 서울을 떠나고 말았다)―, 신전 집의 온 가족은, 아직도 장가를 못 간 주인의 처남까지도 바로 어디 나들이라도 가는 것처럼, 별로 남들의 주의를 끄는 일도 없이, 스무 해를 살아온 이 동리에서 사라지고 말았다.

한번 기울어진 가운은 다시 어쩌는 수 없어, 온 집안사람은, 언제든 당장이라도 서울을 떠날 수 있는 준비 아래, 오직 주인 영감의 명령만을 기다리고 있었던 것이므로, 동리 사람들도 그것을 단지 시일 문제로 알고 있었던 것이나, 그래도 이 신전 집의 몰락은, 역시 그들의 마음을 한때, 어둡게 해 주었다.

그러나 오직 그뿐이다. 이 **도회에서의 패잔자**는 좀 더 남의 마음에 애달픔을 주는 일 없이 무심한 이의 눈에는, 참말 어디 볼일이라도 보러 가는 사람같이, 그곳에서 얼마 안 되는 작은 광교 차부에서 강화행 자동차를 탔다. 천변에 일어나는 온갖 일에 관찰을 게을리하지 않는 이발소 소년 이, 용하게도 막, 그들의 이미 오래 전에 팔린 집을 나오는 일행을 발견하고 그래 이발소 안의 모든 사람이 그것을 알았을 뿐으로, 그들이 남부끄럽다 해서, 고개나마 변변히 못 들고 빠른 걸음걸이로 천변을 걸어 나가, 그대로 큰길로 사라지는 뒷모양이라도 흘낏 본 이는 몇 명이 못 된다. ⓒ얼마 있다, 원래의 신전은 술집으로 변하고, 또 그들의 살던 집에는 좀 더 있다, 하숙옥 간판이 걸렸다.

-박태원, 「천변풍경」-

(나)

#68. 산비탈 길

뚜벅뚜벅 걷고 있는 철호.

#69. 피난민 수용소 안(회상)

담요바지 철호의 아내가 주워 모은 널빤지 조각을 이고 들어와 부엌에 내려놓고 흩어진 머리칼을 치키며 숨을 돌리고 있다.

철호ⓔ* : 저걸 저토록 고생시킬 줄이야.

담요바지 아내의 모습 위에 ―O·L* ―

여학교 교복을 입고 강당에 서서 노래를 부르고 있는 그 시절의 아내. 또 O·L되며 신부 차림의 아내가 노래를 부르고 있다. 그 옆에 상기되어 앉아 있는 결혼 피로연 석상의 철호. 노래는 '돌아오라 소렌토'.

#70. 산비탈

철호가 멍하니 시가지를 내려다보고 섰다. 황홀에 묻힌 거리.

#71. 자동차 안

해방촌의 골목길을 운전수가 땀을 빼며 빠져나와서 뒤를 돌아보고

운전수 : 손님! 이상 더 올라가지 못하겠는데요.

영호 : 그럼 내립시다. **시시한 동네**까지 몰구 오느라고 수고했소.

천 환짜리 한 장을 꺼내 준다.

운전수 : (공손히) 감사합니다.

#72. 철호의 방 안

철호의 아내가 만삭의 배를 안고 누더기를 꿰매고 있다. 옆에서 콜콜 자고 있는 혜옥.

영호 : (들어오며) 혜옥아!

(중략)

#73. 철호의 집 부엌 안

민호가 팔다 남은 신문을 끼고 들어와 신들메를 끌르며

민호 : 에이 날씨도 꼭 겨울 같네.

철호ⓔ : 어쨌든 너도 인젠 정신을 차려야지! 군대에서 나온 지도 이태나 되잖니.

영호ⓔ : 정신 차려야죠. 그렇잖아도 금명간 판결이 날 겁니다.

철호ⓔ : 어디 취직을 해야지.

#74. 철호의 집 방 안

영호 : 취직이요. 형님처럼 전차 값도 안 되는 월급을 받고 남의 살림이나 계산해 주란 말예요? 싫습니다.

철호 : 그럼 뭐 뾰죽한 수가 있는 줄 아니?

영호 : 있지요. 남처럼 용기만 조금 있으면.

철호 : 용기?

영호 : 네. 분명히 용기지요.

철호 : 너 설마 엉뚱한 생각을 하고 있는 건 아니겠지.

영호 : 엉뚱하긴 뭐가 엉뚱해요.

철호 : (버럭 소리를 지르며) 영호야! 그렇게 살자면 이 형도 벌써 잘살 수 있었단 말이다.

영호 : 저도 형님을 존경하지 않는 건 아녜요. 가난하더라도 깨끗이 살자는 형님을 ……. 허지만 형님! 인생이 저 골목에서 십 환짜리를 받고 코 흘리는 어린애들에게 보여 주는 요지경이라면야 가지고 있는 돈값만치 구멍으로 들여다보고 말 수도 있죠. 그렇지만 어디 인생이 자기 주머니 속의 돈 액수만치만 살고 그만둘 수 있는 요지경인가요? 형님의 **어금니**만 해도 푹푹 쑤시고 아픈 걸 견딘다고 절약이 되는 건 아니죠. 그러니 비극이 시작되는 거죠. 지긋지긋하게 살아야 하니까

문제죠. 왜 우리라고 좀 더 넓은 테두리까지 못 나가라는 법이 어디 있어요.

영호는 반쯤 끌러 놨던 넥타이를 풀어서 방구석에 픽 던진다. 철호가 무겁게 입을 연다.

철호 : 그건 억설이야.

영호 : 억설이오?

철호 : 네 말대로 꼭 잘살자면 양심이구 윤리구 버려야 한다는 것 아니야.

영호 : 천만에요.

#75. 철호의 집 골목

스카프를 두르고 핸드백을 걸친 명숙이가 엿듣고 있다.

철호ⓔ : 그게 바루 억설이란 말이다. 마음 한구석이 어딘가 비틀려서 하는 억지란 말이다.

영호ⓔ : 비틀렸죠. 분명히 비틀렸어요. 그런데 그 비틀리기가 너무 늦었단 말입니다.

-이범선 원작, 이종기 각색, 「오발탄」-

* ⓔ : 효과음(effect). 화면에 삽입된 음향.
* O·L(overlap) : 하나의 화면이 끝나기 전에 다음 화면이 겹치면서 먼저 화면이 차차 사라지게 하는 기법.

227 (가)와 (나)의 공통점으로 가장 적절한 것은?

① 인물 간의 대결 의식을 통해 사건의 긴장감을 조성하고 있다.

② 인물 간의 대화를 통해 특정 인물의 생각과 행동을 희화화하고 있다.

③ 인물의 회상 장면을 통해 사건 해결의 실마리를 과거에서 찾고 있다.

④ 인물 간의 갈등을 다각적으로 조명하여 사건 전개의 양상을 다면화하고 있다.

⑤ 인물의 내면을 행위로 제시하여 상황을 받아들이기 어려워하는 심리를 보여 주고 있다.

228 (가)의 이발소 소년 에 대한 이해로 가장 적절한 것은?

① 주변을 관찰하여 일상의 변화를 포착한다.
② 특정 가족이 몰락하게 된 이유를 분석한다.
③ 새로운 사건을 모으고 그 진위를 논평한다.
④ 천변의 소식을 타 지역 주민에게 전해 준다.
⑤ 천변 주민들 사이에 발생하는 문제를 중재한다.

229 [A]에 대한 설명으로 적절하지 <u>않은</u> 것은?

① 독자가 가진 정보를 상기시키고 있다.
② 정보를 제공한 인물을 독자에게 환기시키고 있다.
③ 독자를 언급하여 서술자의 개입을 드러내고 있다.
④ 정보가 실현되지 못한 원인을 독자의 망각에서 찾고 있다.
⑤ 인물의 행선지와 관련한 정보를 독자에게 제공하고 있다.

230 (가)와 (나)에 대한 감상으로 적절하지 <u>않은</u> 것은?

① (가)의 짧게 느껴지는 '골목'은 어머니의 아쉬움을, (나)의 빠져 나오기 힘든 '골목길'은 '시시한 동네'의 열악함을 보여 주고 있다.
② (가)는 딸이 멀리 떠나는 모습을 통해, (나)는 명숙이 집 밖에서 엿듣는 모습을 통해 가족들 간의 갈등 상황을 보여 주고 있다.
③ (가)의 '눈물'은 가족을 떠나보내는 자의 아픔을, (나)의 '어금니'는 가족의 생계를 꾸려 나가는 자의 견딤을 보여 주고 있다.
④ (가)는 주인 영감의 명령만을 기다리는 신전 집 가족들을 통해, (나)는 만삭의 몸에도 누더기를 꿰매는 아내의 모습을 통해 가족이 처한 불우한 상황을 보여 주고 있다.
⑤ (가)는 '도회에서의 패잔자'가 낙향하는 모습을 통해, (나)는 영호가 취직을 거부하는 모습을 통해 현실에 적응하지 못하는 인물의 처지를 보여 주고 있다.

231 (나)의 '#68~#71'에 대한 이해로 적절하지 <u>않은</u> 것은?

① #68의 장면에 이어지는 #69에서 '철호ⓔ'를 삽입하여 회상의 주체가 철호임을 알려 주고 있다.
② #69에서 '철호ⓔ'를 삽입하여 아내에 대한 연민을 드러내고 있다.
③ #69에서 '노래'를 활용하여 학창 시절 아내의 화면을 결혼 피로연장 아내의 화면으로 전환하고 있다.
④ #70에서 침묵하는 철호의 모습과 시가지의 분위기를 대비하여, 거리를 바라보는 철호의 심리를 암시하고 있다.
⑤ #70의 침묵과 #71의 대화를 상호 대비하여 영호의 소심함을 드러내고 있다.

232 〈보기〉를 바탕으로 (가)의 ㉠~㉢과 (나)의 '#71~#75'에 대해 이해한 내용으로 적절하지 <u>않은</u> 것은? [3점]

> ┌─────────────[보기]─────────────┐
>
> 　작가는 시간의 흐름에 따라 나타나는 모든 상황을 서술하지는 않는다. 일련의 상황이나 사건들 중 작가의 시선에 의해 특정한 부분이 부각되어 서술되는 것이다. 즉, 서사는 시간과 공간을 배경으로 하는 사건의 선택과 결합을 통해 구성된다. 선택이란 시간과 공간을 분할한 후 의미 있는 부분을 선택하는 것을, 결합이란 이렇게 선택된 시간과 공간을 다양한 방식으로 연결하여 새롭게 사건을 구성하는 것을 의미한다. 이렇게 서사는 다양한 사건 구성의 방식을 통해 인간의 문제를 총체적으로 파악하고자 하는 고민을 담고 있다.
>
> └────────────────────────────────┘

① ㉠에서는 두 인물 사이에서 발생한 여러 상황에서 몇 개의 상황만을 선택적으로 제시하여 그 상황에 대한 인물의 심리를 암시하고 있고, #71과 #72에서는 서로 다른 두 공간을 동일 인물의 등장으로 연결하여 인물의 공간 이동을 나타내는군.

② ㉡에서는 같은 날에 서로 다른 공간을 배경으로 하는 사건이 일어났음을 밝혀 ㉡의 공간에서 일어나는 사건과 ㉠의 공간에서 일어나는 사건을 결합하고 있고, #73과 #74의 서로 다른 공간은 동일한 인물들의 이어지는 대화를 통해 서로 결합하고 있군.

③ ㉡에서는 일련의 상황을 선택적으로 제시하면서 인물들에 대한 감정을 서술하고 있고, #73~#75에서는 두 인물의 대화를 매개로 서로 다른 공간을 결합함으로써 #73과 #75의 장면에 등장하는 인물들이 #74의 상황을 공유할 수 있도록 구성하고 있군.

④ ㉠과 ㉡의 연결은 같은 날에 서로 다른 공간에서 발생하는 사건의 연결이라는 점에서는 #74와 #75의 연결과 유사하지만, 인물의 목소리를 활용하는 #74와 #75의 연결과 비교하면 연결 방식에서 구별되는군.

⑤ ㉢은 시간의 흐름을 분할하고 대상의 특징적인 변화를 선택하여 제시한다는 점에서 #75와 유사하지만, 서로 다른 두 공간의 결합이 나타나지 않는다는 점에서는 #75와 구별되는군.

P . I . R . A . M

2 PART

[233~235] 다음 글을 읽고 물음에 답하시오. 2020.09 [35~37]

— (해설편 Part 2 p.012) —

(가)

호르 호르르 호르르르 가을 아침
취어진* 청명을 마시며 거닐면
㉠수풀이 호르르 벌레가 호르르르
청명은 내 머릿속 가슴속을 젖어 들어
발끝 손끝으로 새어 나가나니

온 살결 터럭 끝은 모두 눈이요 입이라
나는 수풀의 정을 알 수 있고
벌레의 예지를 알 수 있다
그리하여 나도 이 아침 청명의
가장 고웁지 못한 노래꾼이 된다

수풀과 벌레는 자고 깨인 어린애라
밤새워 빨고도 이슬은 남았다
남았거든 나를 주라
나는 이 청명에도 주리나니
방에 문을 달고 벽을 향해 숨 쉬지 않았느뇨

㉡햇발이 처음 쏟아오아
청명은 갑자기 으리으리한 관을 쓴다
그때에 토록 하고 동백 한 알은 빠지나니
오! 그 빛남 그 고요함
간밤에 하늘을 쫓긴 별살의 흐름이 저러했다

온 소리의 앞 소리요
온 빛깔의 비롯이라
㉢이 청명에 포근 취어진 내 마음
감각의 낯익은 고향을 찾았노라
평생 못 떠날 내 집을 들었노라

– 김영랑, 「청명」–

* 취어진 : 계절의 정취에 젖어 든.

(나)

뒷동산 청솔잎을 빗질해주던 바람이
무어라 무어라 하는 솔나무의 속삭임을 듣고
㉣푸른 햇살 요동치는 강변으로 달려갔다 하자.

달려가선, 거기 미루나무에게 전하니
알았다 알았다는 듯 나무는 잎새를 흔들어
강물 위에 짤랑짤랑 구슬알을 쏟아냈다 하자.
그 의중 알아챈 바람이 이젠 그 누구보단
앞들 보리밭에서 물결치듯 김을 매다
이마의 구슬땀 씻어올리는 여인에게 전하니,
여인이야 이윽고 아픈 허리를 곧게 펴곤
눈앞 가득 일어서는 마을의 정자나무를 향해
고개를 끄덕끄덕, 무언가 일별을 보냈다 하자.

㉤아무려면 어떤가, 산과 강과 들과 마을이
한 초록으로 짙어가는 오월도 청청한 날에,
소쩍새는 또 바람결에 제 한 목청 다 싣는 날에.

–고재종, 「초록 바람의 전언」–

233 (가)와 (나)에 대한 설명으로 가장 적절한 것은?

① (가)와 (나)는 가정의 진술을 활용하여 현실과 이상의
거리감을 드러내고 있다.

② (가)와 (나)는 각각 동일한 종결 어미의 반복을 활용하
여 리듬감을 형성하고 있다.

③ (가)와 (나)는 화자의 시선이 화자 내면에서 외부 세계
로 이동하는 방식으로 시상을 전개하고 있다.

④ (가)는 여정에 따른 공간의 이동을 통해, (나)는 계절
의 흐름에 따른 대상의 변화를 통해 풍경을 묘사하고
있다.

⑤ (가)는 종교적 관념에 대한 사색을 바탕으로, (나)는
일상생활에서 깨달은 바를 바탕으로 주제를 구체화하
고 있다.

234 ㉠~㉢에 대한 이해로 적절하지 <u>않은</u> 것은?

① ㉠은 청각적 심상을 활용하여 산뜻한 가을 아침에 대한 화자의 인상을 표현하고 있다.

② ㉡은 청명한 날이 으리으리한 관을 쓴다는 비유를 활용하여 햇빛이 쏟아지는 순간의 아름다운 모습을 표현하고 있다.

③ ㉢은 청명한 가을날에 느끼는 마음을 고향의 낯익음에 비유하여 지나가는 가을에 대한 아쉬움을 드러내고 있다.

④ ㉣은 역동적인 이미지를 활용하여 바람이 부는 강변의 풍경을 감각적으로 표현하고 있다.

⑤ ㉤은 청청한 날의 정경에 대한 화자의 반응을 제시하여 시적 상황에 대한 정서를 집약적으로 드러내고 있다.

235 〈보기〉를 참고하여 (가)와 (나)를 감상한 내용으로 적절하지 <u>않은</u> 것은? [3점]

―――――――[보기]――――――

자연은 시인에게 상상력의 주요한 원천이 되어 왔다. 그중 생태학적 상상력은 생태계 구성원 간의 관계에 주목한다. 생태학적 상상력은 모든 생태계 구성원을 평등한 존재로 보는 데에서 출발하여, 서로 교감·소통하며 유대감을 느끼는 관계로, 나아가 영향을 주고받는 순환의 관계로 인식한다. 생태학적 상상력을 통해 시인은 자연의 근원적 가치와, 인간과 자연의 조화로운 관계를 드러내며 궁극적으로는 이들을 하나의 생태 공동체로 형상화한다.

① (가)에서 화자가 '온 살결 터럭 끝'을 '눈'과 '입'으로 삼아 자연을 대하는 것은 인간과 자연 간의 교감을, (나)에서 '바람'이 '뒷동산 청솔잎을 빗질'하는 것은 자연과 자연 간의 교감을 드러내는군.

② (가)에서 화자가 '수풀의 정'과 '벌레의 예지'를 '알 수 있다'고 하는 것과 (나)에서 '솔나무'가 '무어라' 하고 '미루나무'가 '알았다'고 하는 것은 구성원들이 서로 소통하는 조화로운 생태계의 모습을 보여 주는군.

③ (가)에서 화자가 '수풀'과 '벌레'의 소리를 듣고 '나도' 청명함의 '노래꾼이 된다'고 하는 것과 (나)에서 '솔나무의 속삭임'을 '바람'이 '미루나무'에게 전하고, 이를 '여인'도 '정자나무'에게 전하는 것은 자연과 인간 간의 유대감을 드러내는군.

④ (가)에서 화자가 '동백 한 알'이 떨어지는 모습에서 '하늘'의 '별살'을 떠올린 것과 (나)에서 화자가 '잎새'의 흔들림에서 반짝이는 '구슬알'을 떠올린 것은 생명의 탄생을 계기로 순환하는 생태계의 질서를 보여 주는군.

⑤ (가)에서 자연을 '온 소리의 앞 소리'와 '온 빛깔의 비롯'이라고 표현한 것은 근원적 존재로서의 자연의 가치를, (나)에서 '오월'에 '산'과 '마을'이 '한 초록으로 짙어' 간다고 표현한 것은 인간과 자연이 하나가 되어 가는 생태 공동체를 형상화하는군.

—— 해설편 Part 2 p.018 ——

[앞부분 줄거리] 아버지가 위독하다는 소식을 듣고 귀향한 정일은 용팔에게 재산 상속에 관한 이야기를 듣는다.

아버지가 아직도 지키고 있는 그의 재산을 넘겨다보는 듯한 용팔이가 따지는 산판알이 거침없이 한 자리씩 올라가는 것을 유심히 바라보고 있는 자신을 의식하며 보고 있을 때, 이렇게 대강만 놓아도, 하고 산판을 밀어 놓으며 쳐다보는 용팔의 눈과 마주치게 되자 정일이는 흠칫 놀라게 되는 자신의 얼굴이 붉어지는 것을 깨달았다. ⓐ여기 대한 상속세만 해도 큰돈인데 안 물고 할 수 있는 이것은 제 말씀대로 하시지요. 이렇게 결정적으로 말하는 용팔이는 정일이의 앞에 위임장을 내놓으며 도장을 치라고 하였다.

[A] 정일이는 더욱 불쾌하여졌다. 잠이 부족한 신경 탓도 있겠지만 자기의 눈을 기탄없이 바라보는 용팔이의 얼굴에 발라 놓은 듯한 그 웃음이 말할 수 없이 미웠다. 이 소인 놈! 하는 의분 같은 ㉠심열이 떠오르며, 언제 내가 이런 음모를 하자고 너와 공모를 하였던가? 하고 그의 뺨을 갈기고 싶은 충동을 느끼었다. 그러나 정일이는 금시에 미끄러지는 듯한 웃음이 자기 얼굴에 흐름을 깨달았다. 이러한 심열은 신경 쇠약의 탓이 아닐까? 의분이랄 것도 없고 결벽성도 아니고 그런 것을 공연히 이같이 한 순간에 뒤집히는 자기 마음 한 모퉁이에 상식을 놓쳐 뿌린 결과가 어떤가? 해보자 하는 놓치기 쉬운 어떤 힌트같이 번쩍이는 생각을 보자 정일이는 조급히 도장을 뒤져내며, 자 칠 대로 치우, 나는 어디다 치는 것도 모르니까 하였다. 이렇게 지껄이듯이 말하는 정일이는 자기가 실없이 웃기까지 하는 것을 들을 때 내가 지금 더 심한 심열에 떠 있지 않은가? 하는 생각에 갑자기 말과 웃음과 표정까지 없어지고 말았다.

ⓑ도장을 치고 난 용팔이는 공손히 정일이에게 돌리며, 잔금은 제가 장인께 말씀드리겠습니다, 하고 일어선다. 중문으로 들어가는 용팔이의 뒷모양을 바라보던 정일이는 갑자기 불러내고 싶었다. 궁둥이를 들먹하고 부르는 손짓까지 하였으나 탄력 없이 벌어진 입에서는 말이 나오지 않았다. 창졸간에 용팔이를 어떻게 불러야 할지 몰라서 주저되는 것같이도 생각되었다. 중문 안으로 들어가는 용팔이의 뒷모양은 마치 심한 장난을 꾸미다가 용기를 못 내는 자기를 남겨 두고 ⓒ그걸 못 해? 내

하마 하고 나서는 동무의 모양같이 아슬아슬한 것이었다. 종시 용팔이가 중문 안으로 사라져서 불러낼 기회를 놓치고 말았다고 후회하면서도 내가 정말 후회하는 것이라면 지금이라도 따라가서 붙들 수도 있지 않은가? 이렇게 생각하는 정일이는 용팔이가 이 말을 시작하였을 때부터 자기는 육감으로 벌써 예기하였던지도 모를 일이 지금 일어나리라는 기대가 앞서는 것을 느끼며 ⓓ정일이는 실험의 결과를 기다리는 듯이 숨을 죽이고 귀를 기울이고 있었다. 예사로운 말소리는 들리지 않는 거리이므로 긴장한 정일이의 귀에도 한참 동안은 아무런 말도 들리지 않았다. 아버지도 종시 죽음에 굴복하고 마는가? 이렇게 생각되어 정일이는 긴장하였더니만큼 허전한 실망에 담배를 붙이려고 성냥을 그었을 때 자기의 귀를 때리는 듯한 아버지의 격분한 고함 소리를 들었다.

(중략)

사실 이렇게 되어서까지도 죽기가 싫은가 하고 아버지를 눈 찌푸리고 바라보는 자기는 죽음의 공포를 해탈한 무슨 수양이 있는 것이 아니라 단지 애써 살려는 의지력이 없는 것뿐이다. ⓔ아버지는 한 번도 자기의 생활을 회의하거나 죽음을 생각할 필요가 없었던 사람이므로 이같이 죽음과 싸울 수 있는 것이 아닐까 생각하였다. 그래서 정일이는 어떤 위대한 의지력을 우러러보는 듯한 마음으로 아버지의 고통을 바라보고 있는 자기를 발견하는 때가 있었다.

[B] 그때 심한 구토를 한 후부터 한 방울 물도 먹지 못하고 혓바닥을 축이는 것만으로도 심한 구역을 하게 된 만수 노인은 물을 보기라도 하겠다고 하였다. 정일이는 요를 둑여서 병상을 돋우고 아버지가 바라보기 편한 곳에 큰 물그릇을 놓아 드렸다. 그러나 그 물그릇을 바라보기에 피곤한 병인은 어디나 눈 가는 곳에는 물이 보이기를 원하였다. 그래서 큰 어항을 병실에 가득 늘어놓고 물을 채워 놓았다. 병인은 이 어항에서 저 어항으로 ㉡서늘한 감각을 시선으로 핥듯이 돌려 보다가 그도 만족하지 못하여 시원히 흐르는 물이 보고 싶다고 하였다. 정일이는 아버지가 보기 편한 곳에 큰 물그릇을 놓고 대접으로 물을 떠서는 작은 폭포같이 들이 쏟고 또 떠서는 들이 쏟기를 계속하였다. 만수 노인은 꺼멓게 탄 혀를 벌린 입 밖에 내놓고 황홀한 눈으로 드리우는 물줄기를 바라보고 있었다. 그 눈을 볼 때 정일이는 걷잡을 사이도 없이 자기 눈에 눈물이 솟아오름을 참을 수가 없었다. 정일이는 일찍이 그러한 눈을 본

기억이 없다고 생각하였다. 더욱이 아버지의 얼굴에서! 자기 아버지에게서 저러한 동경에 사무친 황홀한 눈을 보게 되는 것은 의외라고 할밖에 없었다.

-최명익, 「무성격자」-

236 윗글의 서술상의 특징으로 가장 적절한 것은?

① 회상 장면을 병치하여 사건의 흐름을 반전시킨다.
② 사물의 세부를 구체적으로 묘사하여 장면의 현장성을 강화한다.
③ 중심인물의 반복적인 동작을 강조하여 내적 갈등을 표면화한다.
④ 서술자가 풍자적 어조를 활용하여 중심인물에 대한 비판적 입장을 드러낸다.
⑤ 서술자가 중심인물의 시선에 의존하여 사건의 양상을 제한적으로 나타낸다.

237 ⓐ~ⓔ에 대한 이해로 적절하지 <u>않은</u> 것은?

① ⓐ는 정일이 주목하는 용팔의 이해타산적인 태도를 드러낸다.
② ⓑ는 용팔이 정일에게 예의를 갖추어야 하는 위치임을 드러낸다.
③ ⓒ는 용팔의 행위에 대한 정일의 실망스러운 마음을 드러낸다.
④ ⓓ는 아버지와 용팔 간 대화의 결과를 정일이 주시하고 있음을 드러낸다.
⑤ ⓔ는 아버지가 보여 주는 삶의 태도에 대한 정일의 평가를 드러낸다.

238 [A], [B]를 고려하여 ㉠과 ㉡을 이해한 내용으로 가장 적절한 것은?

① ㉠은 용팔의 '웃음'에 대한 정일의 불쾌감으로 인해, ㉡은 아버지가 내비치는 '황홀한 눈'으로 인해 발생한다.
② ㉠은 정일이 갈등 끝에 '도장'을 찍음으로써, ㉡은 아버지가 사무치는 '동경'을 포기함으로써 지속된다.
③ ㉠은 정일의 '신경 쇠약'을 일으키는 원인이고, ㉡은 아버지가 '꺼멓게 탄 혀'의 고통을 줄이기 위한 방편이다.
④ ㉠은 용팔에 대한 미움이 '뺨을 갈기고 싶은 충동'으로 격화되는 정일의 마음을, ㉡은 '물그릇'에서 '어항', '드리우는 물줄기'로 심화되는 아버지의 갈망을 함축한다.
⑤ ㉠은 용팔의 '공모' 요구로 인해 표면화된 정일의 물질 지향적인 태도를, ㉡은 '심한 구역' 이후로 아버지가 '물'에서 얻고자 하는 육체적 안정에 대한 추구를 드러낸다.

239 〈보기〉를 참고하여 윗글을 감상한 내용으로 적절하지 <u>않은</u> 것은? [3점]

[보기]

「무성격자」의 정일은 자신을 구속하는 속물적 욕망을 경멸하고 현실에서의 적극적인 행동을 주저하는 한편, 자신과 주변에 관심을 집중한다. 그는 주변 대상을 관찰하여 그 의미를 파악하고, 파악한 내용에 반응하며, 그런 자신을 분석하기도 한다. 나아가 관찰과 분석을 수행하는 자신의 내면마저 대상화함으로써 인간 심리의 중층적 구조를 드러낸다.

① 산판알을 놓으며 이익을 따지는 상대를 경멸하면서도 산판알이 올라가는 것을 주목하는 데에서, 자신을 구속하는 속물적 욕망으로부터 자유롭지 못한 모습을 찾을 수 있군.
② 상대의 웃음에서 공모 의사를 읽어 내자 얼굴에 흐르는 미끄러지는 듯한 웃음을 깨닫는 데에서, 상대에 대한 불쾌감을 웃음으로 무마하려는 자신을 의식하는 모습을 찾을 수 있군.
③ 중문 안으로 들어가는 상대를 불러내지는 못하고 자신이 그를 부르지 못한 이유를 생각하는 데에서, 행동을 주저하고 자신에게로 관심을 돌리는 모습을 찾을 수 있군.
④ 상대의 고통을 바라보며 의지력을 우러러보는 듯한 마음이 있는 자신을 발견하는 데에서, 상대와의 차이를 인식하는 스스로의 내면마저 대상화하는 모습을 찾을 수 있군.
⑤ 물줄기를 바라보는 상대로부터 이전에는 한 번도 보지 못한 눈을 확인하는 데에서, 주변 대상을 관찰하여 상대가 내비치는 생에 대한 강렬한 동경을 파악하는 모습을 찾을 수 있군.

(가)

　　만금 같은 너를 만나 백년해로하잦더니, 금일 이별 어이하리! 너를 두고 어이 가잔 말이냐? 나는 아마도 못 살겠다! 내 마음에는 어르신네 공조참의 승진 말고, 이 고을 풍헌(風憲)만 하신다면 이런 이별 없을 것을, 생눈 나올 일을 당하니, 이를 어이한단 말인고? 귀신이 장난치고 조물주가 시기하니, 누구를 탓하겠냐마는 속절없이 춘향을 어찌할 수 없네! 네 말이 다 못 될 말이니, 아무튼 잘 있거라!

[A]

　　춘향이 대답하되, 우리 당초에 광한루에서 만날 적에 내가 먼저 도련님더러 살자 하였소? 도련님이 먼저 나에게 하신 말씀은 다 잊어 계시오? 이런 일이 있겠기로 처음부터 마다하지 아니하였소? 우리가 그때 맺은 금석 같은 약속 오늘날 다 허사로세! 이리해서 분명 못 데려가겠소? 진정 못 데려가겠소? 떠보려고 이리하시오? 끝내 아니 데려가시려 하오? 정 아니 데려가실 터이면 날 죽이고 가오!

　　그렇지 않으면 광한루에서 날 호리려고 ㉠명문(明文) 써 준 것이 있으니, ㉡소지(所志) 지어 가지고 본관 원님께 이 사연을 하소연하겠소. 원님이 만일 당신의 귀공자 편을 들어 패소시키시면, 그 소지를 덧붙이고 다시 글을 지어 전주 감영에 올라가서 순사또께 소장(訴狀)을 올리겠소. 도련님은 양반이기에 ㉢편지 한 장만 부치면 순사또도 같은 양반이라 또 나를 패소시키거든, 그 글을 덧붙여 한양 안에 들어가서, 형조와 한성부와 비변사까지 올리면 도련님은 사대부라 여기저기 청탁하여 또다시 송사에서 지게 하겠지요. 그러면 그 ㉣판결문을 모두 덧보태어 똘똘 말아 품에 품고 팔만장안 억만가호마다 걸식하며 다니다가, 돈 한 푼씩 빌어 얻어서 동이전에 들어가 바리뚜껑 하나 사고, 지전으로 들어가 장지 한 장 사서 거기에다 언문으로 ㉤상언(上言)을 쓸 때, 마음속에 먹은 뜻을 자세히 적어 이월이나 팔월이나, 동교(東郊)로나 서교(西郊)로나 임금님이 능에 거둥하실 때, 문밖으로 내달아 백성의 무리 속에 섞여 있다가, 용대기(龍大旗)가 지나가고, 협연군(挾輦軍)의 자개창이 들어서며, 붉은 양산이 따라오며, 임금님이 가마나 말 위에 당당히 지나가실 제, 왈칵 뛰어 내달아서 바리뚜껑 손에 들고, 높이 들어 땡땡하고 세 번만 쳐서 억울함을 하소연하는 격쟁(擊錚)을 하오리다! 애고애고 설운지고!

　　그것도 안 되거든, 애쓰느라 마르고 초조해하다 죽은 후에 넋이라도 삼수갑산 험한 곳을 날아다니는 제비가 되어 도련님 계신 처마에 집을 지어, 밤이 되면 집으로 들어가는 체하고 도련님 품으로 들어가 볼까! 이별 말이 웬 말이오?

　　이별이란 두 글자 만든 사람은 나와 백 년 원수로다! 진시황이 분서(焚書)할 때 이별 두 글자를 잊었던가? 그때 불살랐다면 이별이 있을쏘냐? 박랑사(博浪沙)*에서 쓰고 남은 철퇴를 천하장사 항우에게 주어 힘껏 둘러메어 이별 두 글자를 깨치고 싶네! 옥황전에 솟아올라 억울함을 호소하여, 벼락을 담당하는 상좌가 되어 내려와 이별 두 글자를 깨치고 싶네!

-작자 미상, 「춘향전」-

* 박랑사 : 중국 지명. 장량이 진시황을 암살하려 했던 곳.

(나)

　　이별이라네 이별이라네 이 도령 춘향이가 이별이로다

　　춘향이가 도련님 앞에 바짝 달려들어 눈물짓고 하는 말이

　　도련님 들으시오 나를 두고 못 가리다

　　나를 두고 가겠으면 홍로화(紅爐火) 모진 불에다 사르겠으면 사르고 가시오

　　날 살려 두고는 못 가시리라

[B]

　　잡을 데 없으시면 ⓐ삼단같이 좋은 머리를

　　휘휘칭칭 감아쥐고라도 날 데리고 가시오

　　살려 두고는 못 가시리다

　　날 두고 가겠으면 용천검(龍泉劍) 드는 칼로다

　　요 내 목을 베겠으면 베고 가시오

　　날 살려 두고는 못 가시리라

　　두어 두고는 못 가시리다

　　날 두고 가겠으면 ⓑ영천수(潁川水) 맑은 물에다

　　던지겠으면 던지고나 가시오

　　날 살려 두고는 못 가시리다

이리 한참 힐난하다 할 수 없이 도련님이 떠나실 때
방자 놈 분부하여 나귀 안장 고이 지으니
도련님이 나귀 등에 올라앉으실 때
춘향이 기가 막혀 미칠 듯이 날뛰다가
우르르 달려들어 나귀 꼬리를 부여잡으니
ⓒ나귀 네 발로 동동 굴러 춘향 가슴을 찰 때
안 나던 생각이 절로 나
　　그때에 이별 별(別) 자 내인 사람 나와 한백 년 대원수로다

깨치리로다 깨치리로다 박랑사 중 쓰고 남은 철퇴로

천하장사 항우 주어 이별 두 자를 깨치리로다

할 수 없이 도련님이 떠나실 때

향단이 준비했던 주안을 갖추어 놓고

풋고추 겨리김치 문어 전복을 곁들여 놓고

잡수시오 잡수시오 이별 낭군이 잡수시오

언제는 살자 하고 화촉동방(華燭洞房) 긴긴 밤에

청실홍실로 인연을 맺고 백 년 살자 언약할 때

물을 두고 맹세하고 산을 두고 증삼(曾參)* 되자더니

ⓓ산수 증삼은 간 곳이 없고

이제 와서 이별이란 웬 말이오

잘 가시오

잘 있거라

산첩첩(山疊疊) 수중중(水重重)한데 부디 편안히 잘 가시오

나도 ⓔ명년 양춘가절*이 돌아오면 또다시 상봉할까나

　　　　　　　　　　　-작자 미상, 「춘향이별가」-

* 증삼 : 공자의 제자. 고지식하여 약속을 반드시 지킴.

* 양춘가절 : 따뜻하고 좋은 봄철.

240 (가)에 대한 이해로 적절하지 <u>않은</u> 것은?

① '도련님'은 이별의 상황이 자신의 입장에서는 불가피한 것임을 드러내고 있다.

② '춘향'은 '도련님'을 처음 만날 때부터 이별의 상황을 우려하였음을 말하고 있다.

③ '춘향'은 '도련님' 곁에 머물고 싶은 마음을 자연물에 의탁하여 드러내고 있다.

④ '춘향'은 고사를 활용하여 자신의 상황이 역사적 사건과 관련되어 있음을 말하고 있다.

⑤ '춘향'은 천상의 존재에게 억울함을 전하는 상황을 설정하여 자신의 감정을 드러내고 있다.

241 ㉠~㉤에 대한 설명으로 가장 적절한 것은?

① ㉠ : '도련님'의 마음을 확인하고자 '춘향'이 쓴 글이다.

② ㉡ : '도련님'이 자신의 무고함을 밝히는 내용이 담길 것이다.

③ ㉢ : '춘향'과의 친밀감을 강화하려는 '도련님'의 마음을 전하는 내용이 담길 것이다.

④ ㉣ : '도련님'에게는 약속 파기의 책임을 물을 수 없음을 밝히는 내용이 담길 것이다.

⑤ ㉤ : '춘향'이 '순사또'의 힘을 빌려 '임금'에게 자신의 입장을 전하는 내용이 담길 것이다.

242 ⓐ~ⓔ에 대한 설명으로 가장 적절한 것은?

① ⓐ는 인물이 지닌 자부심을 환기하여 좌절감을 완화하는 소재이다.

② ⓑ는 초월적 공간에 대한 지향을 드러내어 현재의 고통과 대비하기 위한 소재이다.

③ ⓒ는 부정적인 상황을 희화화함으로써 당면한 현실을 풍자하는 표현이다.

④ ⓓ는 기대가 어긋나 버린 사정을 부각하여 비애감을 심화하는 표현이다.

⑤ ⓔ는 미래에 대한 전망을 바탕으로 대상과의 재회를 확신하는 표현이다.

243 〈보기〉를 바탕으로 (가), (나)를 이해한 내용으로 적절하지 않은 것은?

─────[보기]─────

　여러 작품에서 '춘향'은 다양한 면모를 지닌 인물로 형상화되었다. '춘향'은 원치 않는 상황을 받아들이는 수용적 면모를 보이기도, 목표를 이루려 단호하게 행동하는 적극적 면모를 보이기도 한다. 신세를 한탄하며 절규하는 격정적 면모를 드러내는가 하면, 문제를 숙고하여 대응책을 모색하는 치밀한 면모를 표출하기도 한다. 한편 '춘향'은 당대 민중의 시각을 대변하는 면모를 지니기도 한다.

① (가)에서 양반들이 한통속이어서 '도련님'을 두둔할 것이라고 언급하는 모습을 통해, 민중의 입장을 취하는 '춘향'의 면모를 확인할 수 있다.

② (가)에서 구걸하고 다니면서라도 자신의 상황을 알리겠다는 모습을 통해, 뜻한 바를 성취하려는 '춘향'의 적극적 면모를 확인할 수 있다.

③ (나)에서 이별 후 자신이 겪을 고난을 말하며 '도련님'의 마음을 돌리려는 모습을 통해, 문제 해결책을 강구하는 '춘향'의 치밀한 면모를 확인할 수 있다.

④ (나)에서 '도련님'에게 주안을 올리며 어쩔 수 없이 이별을 받아들이는 모습을 통해, 서글픈 현실을 감내하려는 '춘향'의 수용적 면모를 확인할 수 있다.

⑤ (가), (나)에서 '이별'이라는 두 글자를 철퇴로 깨뜨리고자 하는 모습을 통해, 북받친 감정을 토로하면서 탄식하는 '춘향'의 격정적 면모를 확인할 수 있다.

244 〈보기〉를 바탕으로 [A], [B]를 감상한 내용으로 적절하지 않은 것은? [3점]

─────[보기]─────

　조선 후기에 책을 대여하고 값을 받는 세책업자는 「춘향전」을 (가)와 같은 세책본 소설로, 유흥적 노래를 지은 잡가의 담당층은 「춘향전」의 대목을 (나)와 같은 잡가로 제작했다. 세책업자는 과장되고 재치 있는 표현을 활용하여 흥미를 높이거나 특정 부분의 분량을 늘려 이윤을 얻으려 했다. 잡가의 담당층은 노래의 내용을 단시간에 전달하기 위해 상황을 집약해 설명하고 인물의 감정을 드러내는 가사를 반복해 청중의 공감을 끌어냈다. 연속되지 않은 장면들을 엮어 노래를 구성할 때에는 작품 속 화자의 역할이 바뀌기도 하였다.

① [A]에서 '생눈 나올 일'이라는 과장된 표현을 쓴 것은 작품의 흥미를 높이려는 취지와 관련되겠군.

② [A]에서 '도련님'에게 거듭하여 묻는 형식을 사용한 것은 분량을 늘리려는 의도와 관련되겠군.

③ [B]에서 첫 행에 작품의 상황을 제시한 것은 청중을 작품의 내용에 빠르게 끌어 들이려는 전략과 관련되겠군.

④ [B]에서 '못 가시리다'라는 구절을 반복하여 인물의 감정을 강조한 것은 청중의 공감을 유발하려는 목적과 관련되겠군.

⑤ [B]에서 화자가 해설자에서 인물로 역할을 바꾸는 것은 연속되지 않은 장면들이 엮여 작품이 구성되었음을 알게 해 주는 단서이겠군.

[245~250] 다음 글을 읽고 물음에 답하시오. 　2023.09 [22~27]]

── (해설편 Part 2 p.033) ──

(가)

　아아 아득히 내 첩첩한 산길 왔더니라. **인기척 끊기고** 새도 짐승도 있지 않은 **한낮** 그 화안한 골 길을 다만 아득히 나는 머언 생각에 잠기어 왔더니라.

　백화(白樺) 앙상한 사이를 바람에 백화같이 불리우며 물소리에 흰 돌 되어 씻기우며 나는 총총히 외롬도 잊고 왔더니라

　살다가 오래여 삭은 장목들 흰 팔 벌리고 서 있고 풍설(風雪)에 깎이어 날선 봉우리 훌 훌 훌 창천(蒼天)에 흰 구름 날리며 섰더니라

　쏴아―한종일내―쉬지 않고 부는 물소리 안은 바람소리 …… **구월** 고운 낙엽은 날리어 푸른 담(潭) 위에 호르르르 낙화 같이 지더니라.

　어젯밤 잠자던 동해안 어촌 그 검푸른 밤하늘에 나는 장엄히 뿌리어진 허다한 **바다의 별들**을 보았느니,

　이제 나의 이 **오늘밤** 산장에도 얼어붙는 바람 속 우러르는 나의 **하늘에 별들**은 쓸리며 다시 **꽃과 같이 난만(爛漫)**하여라.

　　　　　　　　　　　　-박두진, 「별-금강산시 3」-

(나)

　　사람들은 자기들이 길을 만든 줄 알지만　┐
　　길은 순순히 **사람들의 뜻**을 좇지는 않는다　[A]
　　사람을 끌고 가다가 문득　　　　　　　　　┘
　　벼랑 앞에 세워 **낭패**시키는가 하면　　　┐
　　큰물에 우정 제 허리를 동강 내어　　　　　[B]
　　사람이 부득이 저를 버리게 만들기도 한다　┘
　　사람들은 이것이 다 사람이 만든 길이　　┐
　　거꾸로 사람들한테 세상 사는　　　　　　　[C]
　　슬기를 가르치는 거라고 말한다　　　　　　┘
　　길이 사람을 밖으로 불러내어
　　온갖 곳 온갖 사람살이를 구경시키는 것도

　　세상 사는 이치를 가르치기 위해서라고 말한다
　　그래서 길의 뜻이 거기 있는 줄로만 알지　　┐
　　길이 사람을 밖에서 안으로 끌고 들어가　　[D]
　　스스로를 깊이 들여다보게 한다는 것은 모른다┘
　　길이 밖으로가 아니라 안으로 나 있다는 것을　┐
　　아는 **사람**에게만 길은 고분고분해서　　　　[E]
　　꽃으로 제 몸을 수놓아 향기를 더하기도 하고
　　그늘을 드리워 사람들이 땀을 식히게도 한다
　　그것을 알고 나서야 **사람들**은 비로소　　　┐
　　자기들이 길을 만들었다고 말하지 않는다　　[F]

　　　　　　　　　　　　　　　　-신경림, 「길」-

(다)

　고요하니 즐거운 이 밤 초롱초롱 맑게 고인 샘물 같은 눈으로 나는 지금 **당신**께서 보내 주신 맑고 고운 수선화 한 폭을 들여다 봅니다. 들여다보노라니 그윽한 향기와 새파란 꿈이 안개같이 오르고 또 노란 슬픔이 연기같이 오릅니다. 나는 이제 이 긴긴 밤을 당신께 이 **노란 슬픔의 이야기**나 해서 보내도 좋겠습니까.

　남쪽 바닷가 어떤 낡은 항구의 처녀 하나를 나는 좋아하였습니다. 머리가 까맣고 눈이 크고 코가 높고 목이 패고 키가 호리 낭창하였습니다.

　　　　　　　　　　(중략)

　어느 해 유월이 저물게 **실비 오는 무더운 밤**에 처음으로 그를 안 나는 여러 아름다운 것에 그를 견주어 보았습니다―당신께서 좋아하시는 산새에도 해오라비에도 또 진달래에도 그리고 산호에도……. 그러나 나는 어리석어서 아름다움이 닮은 것을 골라낼 수 없었습니다.

　총명한 내 친구 하나가 그를 비겨서 수선이라고 하였습니다. 그제는 나도 기뻐서 그를 비겨 수선이라고 하였습니다. 그러한 나의 수선이 시들어 갑니다. 그는 스물을 넘지 못하고 또 **가슴의 병**을 얻었습니다. 이 이야기는 이만하고 나의 노란 슬픔이 더 떠오르지 않게 나는 당신의 보내 주신 맑고 고운 수선화의 폭을 치워 놓아야 하겠습니다.

　밤이 **아직 샐 때가** 멀고 또 복밥을 먹을 때도 아직 되지 않았습니다. 이제 나는 어머니의 바느질 그릇이 있는 데로 가서 무새 헝겊이나 얻어다가 알룩달룩한 각시나 만들면서 **이 남은 밤**을 당신께서 좋아하실 내 시골 육보름* 밤의 이야기나 해서 보내도 좋겠습니까.

육보름으로 넘어서는 밤은 집집이 안간으로 사랑으로 웃간에도 맏웃간에도 다락방에도 허텅에도 고방에도 부엌에도 대문 간에도 외양간에도 모두 째듯하니 불을 켜놓고 복을 맞이하는 밤입니다. 달 밝은 마을의 행길 어데로는 **복덩이가 돌아다닐 것도 같은 밤입니다.** 닭이 수잠을 자고 개가 밤물을 먹고 도야지 깃을 들썩이는 밤입니다. **새악시 처녀들**은 새 옷을 입고 복물을 긷는다고 벌을 건너기도 하고 고개를 넘기도 하여 부잣집 우물로 가서 반동이에 옹패기에 찰락찰락 물을 길어 오며 별 같은 이야기를 **자깔자깔** 하는 밤입니다. 새악시 처녀들은 또 복을 가져오노라고 달을 보고 웃어 가며 살쾡이같이 여우같이 **부잣집**으로 가서는 날쌔기도 하게 기왓골의 **기왓장을 벗겨** 오고 부엌의 솥뚜껑을 들어 오고 곱새담의 짚날을 뽑아 오고…… 이렇게 **허물없는 즐거움** 속에 **끼득깨득** 하는 그들은 산에서 내린 무슨 암짐승이 되어 버리는 밤입니다.

-백석, 「편지」-

* 육보름 : 정월 대보름 다음날.

245 (가)~(다)의 공통점으로 가장 적절한 것은?

① 빗대어 표현하는 방식으로 대상의 속성을 드러내고 있다.

② 과거를 회상하는 방식으로 현재의 의미를 나타내고 있다.

③ 영탄적인 어조로 대상에서 촉발된 인상을 표현하고 있다.

④ 예스러운 종결 표현으로 고풍스러운 느낌을 자아내고 있다.

⑤ 계절감을 드러내는 표현으로 시간의 경과를 보여 주고 있다.

246 〈보기〉를 참고하여 (가), (나)를 감상한 내용으로 적절하지 않은 것은? [3점]

[보기]

(가)에서 화자는 금강산으로 가는 길에서 만난 자연의 모습을 자신의 내면에 투영하여 형상화하고 있다. 자연의 외적 모습을 바라보는 데 그치지 않고 주관적 대상으로 묘사하여, 화자와 자연의 정서적 교감을 드러낸다.

(나)에서 화자는 길에 대한 사람들의 생각이 자신의 관점에만 치우쳐 있어서 내면의 길을 찾지 못하고 있음을 일깨우고 있다. '밖'과 '안'을 대비하여 내적 성찰의 중요성을 이끌어 내는 길의 상징적 의미를 진술함으로써, 길에 대해 사람들이 깨달음을 얻어 가는 과정을 보여 준다.

① (가)는 '화안한 골 길'과 '백화 앙상한 사이'를 통해, 화자가 여정 속에서 만난 자연의 모습을 묘사하고 있군.

② (가)는 '바다의 별들'과 '하늘에 별들'을 통해, 화자의 내면에 투영된 자연에 대한 주관적 인상을 형상화하고 있군.

③ (나)는 '벼랑 앞에'서 '낭패'를 겪는 사람들의 상황을 보여줌으로써, 자신의 관점으로만 길을 이해한 사람들을 일깨우려 하고 있군.

④ (나)는 '세상 사는 이치'에서, 내면의 길을 찾아내어 내적 성찰을 이끌어 낸 사람들의 생각을 담아내고 있군.

⑤ (가)는 '꽃과 같이 난만하여라'에서, (나)는 '꽃으로 제 몸을 수놓아 향기를 더하기도 하고'에서, 대상에 대한 화자의 긍정적인 태도를 엿볼 수 있군.

247 (가), (다)에 대한 이해로 가장 적절한 것은?

① (가)의 '구월'은 화자의 고뇌가 심화되는 시간으로 볼 수 있다.

② (다)의 '고요하니 즐거운 이 밤'은 '당신'과의 재회에 대한 기대감이 고조되는 시간으로 볼 수 있다.

③ (가)의 '어젯밤'은 화자가, (다)의 '복덩이가 돌아다닐 것도 같은 밤'은 글쓴이가 고독감을 느끼는 시간으로 볼 수 있다.

④ (가)의 '오늘밤'은 화자가 고향에 대한 기억을 되살리는, (다)의 '실비 오는 무더운 밤'은 글쓴이가 지난날을 후회하는 계기로 볼 수 있다.

⑤ (가)의 '인기척 끊'긴 '한낮'은 화자가 생각에 잠길 만한, (다)의 '아직 샐 때가' 먼 '이 남은 밤'은 글쓴이가 이야기를 계속할 만한 시간으로 볼 수 있다.

248 (가)에 대한 이해로 적절하지 <u>않은</u> 것은?

① 1연에서 '아득히', '왔더니라'를 반복하여, '첩첩한 산길'과 '머언 생각에 잠기'는 화자의 내면을 조응시키고 있다.

② 2연의 '물소리에 흰 돌 되어 씻기우며'에서, 자연과의 관계에서 느끼는 화자의 정서를 드러내고 있다.

③ 3연의 '오래여 삭은 장목들'과 '풍설에 깎이어 날선 봉우리'를 통해, 자연의 유구함에서 풍기는 분위기를 표상하고 있다.

④ 3연의 '훌 훌 훌', 4연의 '쏴아', '호르르르'와 같은 표현으로, 자연의 풍경을 생동감 있게 형상화하고 있다.

⑤ 5연의 '동해안'과 6연의 '산장'이라는 공간의 대조를 통해, 장소의 이동에 따른 화자의 태도 변화를 부각하고 있다.

249 [A]~[F]에 대한 이해로 적절하지 <u>않은</u> 것은?

① [A]에서 '길'이 '사람들의 뜻'을 좇지 않는다는 진술의 구체적인 양상을 [B]에서 확인할 수 있다.

② [B]에서의 경험을 [C]에서 '사람들'이 어떻게 수용하는지를 밝히고 있다.

③ [C]의 '사람들'이 미처 깨닫지 못한 바가 무엇인지를 [D]에서 밝히고 있다.

④ [E]와 같이 제 뜻을 굽혀 '사람'에게 복종하는 '길'의 모습은 [B]와 대비되고 있다.

⑤ [F]에서 깨달음을 얻은 '사람들'의 태도는 [A]의 '사람들'의 태도와 대비되고 있다.

250 〈보기〉를 참고하여 (다)를 감상한 내용으로 적절하지 <u>않은</u> 것은?

[보기]

'당신'에게 쓰는 편지 형식의 이 수필에서 글쓴이는 개인적 경험과 공동체적 경험으로 대비되는 두 가지 이야기를 들려준다. 수선화에서 연상된 이야기가 글쓴이에게 슬픔을 환기하는 기억이라면, 고향의 풍속 이야기는 일탈이 용인되는 유쾌한 축제로 그려진다. 이를 통해 독자는 슬픔과 즐거움이라는 삶의 양면성을 경험하게 된다.

① 글쓴이가 '당신'에게 말하는 형식으로 되어 있어 독자는 자신이 편지의 수신인이 된 것처럼 친근함을 느낄 수 있겠군.

② '노란 슬픔의 이야기'는 '가슴의 병'을 얻은 여인과 관련된 개인적 경험으로 볼 수 있겠군.

③ '육보름'에 대한 '당신'과 글쓴이의 경험을 대비한 것은 삶의 양면성을 보여 주려는 의도로 볼 수 있겠군.

④ '부잣집'의 '기왓장을 벗겨 오'는 '새악시 처녀들'의 행동은 축제 같은 분위기 속에 일시적으로 용인된 것이겠군.

⑤ '자깔자깔', '끼득깨득'과 같은 음성 상징어에서 '새악시 처녀들'의 '허물없는 즐거움'과 쾌감을 느낄 수 있겠군.

―――――――――――― 해설편 Part 2 p.044 ――

(가)

고려 속요는 고려 시대 궁중에서 형성되어 조선 시대까지 궁중 연향(宴饗)에서 전승되어 불린 노래를 가리킨다. 고려 속요의 기원과 형성에는 민간의 노래가 관여되었다.

민간의 노래가 궁중 잔치의 노래로 사용된 연원은 중국의 오래된 시집인 『시경(詩經)』의 '풍(風)'에서 찾을 수 있다. '풍'에는 민간의 노래가 실려 있는데 사랑 노래가 대부분이다. '풍'에 실린 노래는 중국은 물론 고려와 조선의 궁중 잔치에서도 불렸다. 또한 조선의 궁중에서는 이를 참고하여 연향 악곡을 선정하였다.

남녀 간의 사랑 노래를 포함한 민간의 노래가 궁중악으로 수용될 수 있었던 까닭은 무엇일까? 왕을 정점으로 하는 통치 구조에서는 왕권을 공고히 하고 풍속을 교화(敎化)하는 수단이 필요했는데, 예법(禮法)과 음악도 중요한 역할을 하였다. 이때 그 과정에서 민중의 생활상을 진솔하게 반영한 노래 가운데 인륜의 차원으로 확장될 가능성이 있는 노래들은 통치 질서를 구현하기에 적합한 노래로 여겨져 궁중악으로 편입되었다. 특히 남녀 간의 사랑 노래는 그 화자와 대상이 '신하'와 '임금'의 구도로 치환되기 용이했기 때문에 궁중악으로 편입될 수 있었다. 이처럼 민간 가요의 궁중 악곡으로의 전환은 하층에서 상층으로의 편입·흡수 과정을 통해 상·하층이 노래를 함께 향유한 화합의 차원으로 볼 수 있다.

[A]
關關雎鳩(관관저구) 꾸욱꾸욱 우는 물수리 한 쌍
在河之洲(재하지주) 하수(河水)의 모래톱에 있도다.
窈窕淑女(요조숙녀) 요조숙녀는
君子好逑(군자호구) 군자의 좋은 짝이로다.

위의 시는 '풍'에 실린 「관저(關雎)」편 첫째 작품으로 작품의 짜임은 대칭 구조를 이루고 있다. 이미 짝을 지은 물수리 암수의 모습과 앞으로 짝을 이룰 요조숙녀와 군자의 모습이 상응하면서 자연과 사람, 사람과 사람 사이의 조화로움을 노래한 것으로 해석되어 왔다. 문왕(文王)과 후비(后妃)*의 덕을 읊은 것, 부부간의 화락(和樂)과 공경(恭敬)을 읊은 것, 풍속 교화의 시초 등 이 노래에 대한 평(評)이 이를 짐작하게 한다. 이러한 점에서 이 노래는 궁중에서 불렸을 때 국가적 차원의 의미까지 담게 될 여지를 갖게 된다.

한편, 고려 속요와 『시경』의 '풍'은 공통점이 있지만 고려 속요는 '풍'과 구별되는 특성을 지니고 있기도 하다. 고려 속요는 민간의 사랑 노래가 궁중악으로 정제되어 편입되는 과정에서 변화를 겪기도 했다. 즉 작품의 특정 부분에 긴밀한 유기적 관계를 맺을 수 있는 형식적 장치를 마련하여 한 작품이 구성될 때 ㉠작품 전체에 통일성을 부여하는 기능을 더하였다. 그리고 궁중 연향을 고려한 것으로 보이는 특정한 부분이 덧붙여지기도 했다. 예컨대, 전체적으로 애틋한 그리움의 정서를 보이는 작품에 ㉡송축의 내용을 담거나 ㉢이별의 상황과 동떨어진 시어를 붙이기도 한다. 「동동」과 「가시리」는 이러한 변화를 비교적 잘 보여 주고 있다.

(나)

덕(德)으란 곰비예 받줍고 복(福)으란 림비예 받줍고
덕(德)이여 복(福)이라 호늘 나ᅀᆞ라 오소이다
아으 동동(動動)다리 〈서사〉

정월(正月)ㅅ 나릿므른 아으 어져 녹져 ᄒᆞ논ᄃᆡ
누릿 가온ᄃᆡ 나곤 몸하 ᄒᆞ올로 녈셔
아으 동동(動動)다리 〈정월령〉

이월(二月)ㅅ 보로매 아으 노피 현 등(燈)ㅅ블 다호라
만인(萬人) 비취실 즈싀샷다
아으 동동(動動)다리 〈이월령〉

삼월(三月) 나며 개(開)ᄒᆞᆫ 아으 만춘(滿春) 돌욋고지여
ᄂᆞ미 브롤 즈슬 디녀 나샷다
아으 동동(動動)다리 〈삼월령〉
–작자 미상, 「동동」–

(다)

가시리 가시리잇고 나ᄂᆞᆫ
ᄇᆞ리고 가시리잇고 나ᄂᆞᆫ
위 증즐가 대평셩ᄃᆡ(大平盛代)

날러는 엇디 살라 ᄒᆞ고
ᄇᆞ리고 가시리잇고 나ᄂᆞᆫ
위 증즐가 대평셩ᄃᆡ(大平盛代)

잡ᄉᆞ와 두어리마ᄂᆞᆫ
선ᄒᆞ면 아니 올셰라
위 증즐가 대평셩ᄃᆡ(大平盛代)

셜온 님 보내옵노니 나는

가시는 둣 도셔 오쇼셔 나는

위 증즐가 대평셩디(大平盛代)

-작자 미상, 「가시리」-

* 문왕과 후비 : 고대의 이상적인 성인 군주와 그의 부인인 태사.

251 (가)를 이해한 내용으로 적절하지 <u>않은</u> 것은?

① 고려 속요는 조선 시대까지 궁중 연향에서 사용되었다.

② 『시경』의 '풍'은 조선의 궁중악에 영향을 주기도 하였다.

③ 『시경』의 '풍'에 실린 노래에는 민중의 삶이 반영되어 있다.

④ 『시경』의 '풍'과 고려 속요는 모두 상층 노래가 하층 문화에 영향을 준 결과물이다.

⑤ 궁중악에서는 남녀의 사랑이 군신 간의 관계로 확장, 전환되어서 해석될 수 있었다.

252 ㉠~㉢을 바탕으로 (나)와 (다)를 설명한 내용으로 가장 적절한 것은?

① (나)의 '아으 동동다리'는 ㉠의 예로 볼 수 없다.

② (나)의 〈서사〉에서 '아으 동동다리'를 제외한 나머지 부분은 ㉠의 예로 볼 수 있으나, ㉢의 예로는 볼 수 없다.

③ (나)의 〈서사〉에서 '아으 동동다리'를 제외한 나머지 부분은 ㉡의 예로 볼 수 있다.

④ (다)의 '위 증즐가 대평셩디'는 ㉡의 예로 볼 수 있으나, ㉢의 예로는 볼 수 없다.

⑤ (다)의 제1연에서 '위 증즐가 대평셩디'를 제외한 나머지 부분은 ㉡의 예로 볼 수 있다.

253 (가)를 참고하여 [A], (나), (다)를 감상한 것으로 적절하지 <u>않은</u> 것은? [3점]

① [A]에서는 자연과 인간 간의 조화로움이, (나)의 〈정월령〉에서는 남녀 간의 사랑으로 인한 외로움이 드러나 있군.

② [A]의 '물수리 한 쌍'과 (나)의 '만춘 둘윗곶'은 생활 속에서 민중이 긍정적 가치를 부여하는 대상을 의미하는 것으로 볼 수 있군.

③ [A]에서는 화락의 상황을, (다)에서는 이별의 상황을 보여 주고 있군.

④ [A]에서는 제1행과 제2행이, (다)에서는 제1연과 제2연이 대상의 변화에 따른 대칭 구조를 이루고 있군.

⑤ [A]에서는 풍속을 교화할 만한 이상적인 사랑을, (나)에서는 모두가 우러러볼 만한 '덕'을, (다)에서는 '님'에 대한 사랑의 감정을 읊고 있는 것으로 볼 수 있군.

— (해설편 Part 2 p.049) —

[앞부분 줄거리] 조준구와 아내 홍 씨는 서희가 물려받아야 할 최 참판가의 재산을 가로채고, 하인 삼수를 내세워 마을 사람들을 착취한다. 한편, 윤보는 의병 자금을 확보하기 위해 최 참판가 습격을 준비하는데 삼수가 찾아온다.

"아무리 그리 시치미를 떼 쌓아도 알 만치는 나도 알고 있으께요. 머 내가 훼방을 놓자고 찾아온 것도 아니겠고, 나는 나대로 생각이 있어서 온 긴데 너무 그러지 마소. 한마디로 딱 짤라서 말하겠소. 왜눔들하고 한통속인 조가 놈을 먼지 치고 시작하라 그 말이오. 고방에는 곡식이 썩을 만큼 쌓여 있고 안팎으로 쌓인 기이 재물인데 큰일을 하자 카믄 빈손으로 우찌하겠소. 그러니 왜눔과 한통속인 조가부터 치고 보믄 ㉠꿩 묵고 알 묵는 거 아니겠소."

"야아가 참 제정신이 아니구마는."

"하기사 전력이 있으께 나를 믿지 않는 것도 무리는 아니겠소. 하지마는 두고 보믄 알 거 아니오?"

"야, 야 정신 산란하다. 나는 원체 입이 무겁고 또 초록은 동색이더라도 내 안 들은 거로 해 둘 기니 어서 돌아가거라. 공연히 신세 망칠라."

윤보는 삼수 등을 민다.

"이거 놓으소. 누가 안 가까 바 이러요? 지내 놓고 보믄 알 기니께요. 내가 머 염탐이라도 하러 온 줄 아요? 흥, ㉡그랬을 양이믄 벌써 조가 놈한테 동네 소문 고해바쳤일 기고 읍내서 순사가 와도 몇 놈 왔일 거 아니오."

큰소리로 지껄이며 삼수는 언덕을 내려간다.

'빌어묵을, 이거 다 된 죽에 코 빠지는 거 아닌지 모르겠네. 날을 다가야겠다.'

[A] 삼수가 왔다 간 다음 날 밤, 자정이 넘었다. 칠흑의 밤을 타고 덩어리 같은 침묵을 지키며 타작마당에 장정들이 모여들었다. 마을에서는 개들이 짖는다. 불은 켜지 않았지만 집집에선 인적기가 난다. 언덕 위의 최 참판댁은 어둠에 묻혀 위엄에 찬 그 형태는 보이지 않는다. 타작마당에서는 윤보의 그 우렁우렁한 목소리가 평소보다 얕게 울리고, 이윽고 횃불이 한 개 두 개 또 세 개, 계속하여 늘어나고 그 횃불은 움직이기 시작한다.

[중략 부분 줄거리] 윤보 일행이 습격하자 조준구와 홍 씨는 사당 마루 밑에 숨어 있다가 삼수의 도움을 받는다. 윤보 일행이 떠나고 날이 밝았다.

"서희 이, 이년! 썩 나오지 못할까!"

나오길 기다릴 홍 씨는 아니다. 방문을 박차고 들어가서 서희를 끌어 일으킨다.

"네년 소행인 줄 뉘 모를 줄 알았더냐? 자아! 내 왔다! 이제 죽여 보아라! ㉢화적 놈 불러들일 것 없이!"

나오지 않는 목청을 뽑으며, 거품이 입가에 묻어 나온다.

[B] "자아! 자아! 못 죽이겠니?"

손이 뺨 위로 날았다. 앞가슴을 잡고 와락와락 흔들어 댄다. 서희 얼굴이 흙빛으로 변한다. 울고 있던 봉순이,

"왜 이러시오!"

달려들어 서희 몸을 잡아당기니 실 뜯어지는 소리와 함께 홍 씨 손에 옷고름이 남는다.

"감히 누굴! 감히!"

하다가 별안간 방에서 뛰쳐나간다. 맨발로 연못을 향해 몸을 날린다. 그는 죽을 생각을 했던 것이다.

"애기씨!"

울부짖으며 봉순이 뒤쫓아 간다.

"죽어라! 죽어! 잘 생각했어! 어차피 너는 산목숨은 아니란 말이야! 죽고 남지 못할 거란 말이야!"

고래고래 소리를 지른다. 서희는 연못가에서 걸음을 뚝 멈춘다. 돌아본다. 흙빛 얼굴에 웃음이 지나간다.

"내가 왜 죽지? 누구 좋아하라고 죽는단 말이냐?"

나직한 음성이다. 홍 씨 눈을 똑바로 주시한다.

"㉣사람 영악한 것은 범보다 더 무섭다는 말 못 들으셨소?"

여전히 나직한 음성이다.

"무서우면 어떻게 무서워! 우리 내외한테 비상을 먹이겠다 그 말이냐?"

아이고! 아이고! 눈물도 안 나오는 헛울음을 울더니 이번에는 봉순에게 달려들어 머리끄덩이를 꺼두르고 한 소동을 피운다. 읍내서 헌병, 순사들이 왔다는 말에 홍 씨는 겨우 본채로 돌아 갔다. 서희는 찢겨진 저고리를 내려다본다.

"길상이 놈이 날 죽으라고 내버리고 갔다."

눈이 부어오른 봉순이는,

"마지막까지 남아서 찾았지마는 사당 마릿장 밑에 숨은 줄이야 우, 우찌 …… 으흐흐흐."

되풀이 입술을 떨면서 서희는 말했다.

"길상이 놈이 날 죽으라고 내버리고 갔다."

달려온 헌병들에게 맨 먼저 당한 것은 삼수다.

"나, 나으리! 이, 이기이 우찌 된 영문입니까!"

헌병이 총대를 들이대자 겁에 질린 삼수는 그러나 무엇인가 잘못 되었거니 믿는 구석이 있어서 조준구를 향해 도움을 청하였다.

"이놈! 이 찢어 죽일 놈 같으니라구!"

무섭게 눈을 부릅뜬 조준구를 바라본 삼수 얼굴은 일순 백지장으로 변한다.

"예? 머, 머, 머라 캤십니까?"

"이놈! 네 죄를 몰라 하는 말이냐? ⓜ간밤에 감수한 생각을 하면 네놈을 내 손으로 타살할 것이로되 으음, 능지처참할 놈 같으니라구. 이놈! 어디 한번 죽어 봐라!"

"나, 나으리! 꾸, 꿈을 꾸시는 깁니까? 이, 이 목심을 건지 디린 이, 이 삼수 놈을 말입니다!"

그러나 조준구는 바로 저놈이 폭도의 앞잡이였다고 이미 한 말을 다시 강조할 뿐이다. 물론 이 경우 폭도란 의병을 일컬은 것이다.

-박경리, 「토지」-

254 [A]와 [B]에 대한 설명으로 적절하지 <u>않은</u> 것은?

① [A]는 비유적 표현을 활용하여 인물의 은밀한 행동 양상을 드러낸다.

② [B]는 음성 상징어를 활용하여 행동의 격렬함을 강조한다.

③ [A]는 장면에 대한 관찰을 중심으로 서술하고, [B]에는 인물의 내면에 대한 직접적 서술이 나타난다.

④ [A]는 시제가 과거형에서 현재형으로 바뀌면서 장면에 긴장감을 더하고, [B]는 현재형 진술을 활용하여 인물 간 갈등을 더욱 생생하게 전달한다.

⑤ [A]는 시간적 배경을 통해 장면의 분위기를 드러내고, [B]는 공간적 배경의 변화를 통해 인물 간 대립의 원인을 드러낸다.

255 ㉠~㉤에 대한 이해로 가장 적절한 것은?

① ㉠: 삼수는 자신의 말대로 하면 '조가'도 제거할 수 있고 윤보의 계획도 숨길 수 있음을 알리고 있다.

② ㉡: 삼수는 자신이 윤보의 계획을 이미 알고 있어 이를 동네에 알리겠다며 윤보를 협박하고 있다.

③ ㉢: 홍 씨는 자신을 습격했던 무리를 '화적 놈'이라 부르며 서희가 그들과 공모했다고 몰아가고 있다.

④ ㉣: 서희는 홍 씨에게 홍 씨의 뻔뻔함과 영악함이 도를 넘었음을 경고하고 있다.

⑤ ㉤: 조준구는 지난밤 자신을 습격했던 삼수의 행동에 분노하고 있다.

256 〈보기〉를 바탕으로 윗글을 감상한 내용으로 적절하지 <u>않은</u> 것은? [3점]

[보기]
「토지」는 개화기부터 해방 무렵까지 우리 민족의 수난과 저항의 역사를 다루고 있다. 근대 이전까지 비교적 안정적이었던 신분 질서와 사회적 관계는 이 시기를 거치며 큰 변화를 겪는데, 「토지」에서는 몰락한 양반층, 친일 세력, 저항 세력, 기회주의자 등 다양한 인물들이 때로 협력하고 때로 대립하면서 복잡한 관계망을 형성한다.

① 최 참판가 습격을 준비하던 윤보가 삼수의 제안을 듣지 않은 것으로 하겠다는 내용으로 보아, 윤보는 삼수와의 협력 관계를 거부한 것이군.

② 타작마당에 모인 장정들이 횃불을 들고 윤보와 함께 움직이는 것으로 보아, 이들은 조준구로 대표되는 친일 세력과 대립하고 있군.

③ 봉순이가 달려들어 서희 몸을 잡아당기는 것으로 보아, 이전까지 비교적 안정적이었던 신분 질서가 흔들리며 봉순이와 서희의 협력 관계가 약화되고 있군.

④ 홍 씨의 모욕에 죽을 생각을 했던 서희가 홍 씨의 눈을 똑바로 주시한 것으로 보아, 홍 씨와 서희는 대립 관계를 이어 가겠군.

⑤ 윤보에게 조준구를 치라고 했던 삼수가 조준구의 목숨을 구해 줬다는 것으로 보아, 조준구와 삼수의 관계는 상황에 따라 변하는군.

[257~260] 다음 글을 읽고 물음에 답하시오.   2022.06 [28~31]

─── 해설편 Part 2 p.056 ───

[앞부분의 줄거리] 김 진사의 딸 채봉은 선비 필성과 정혼하나, 우여곡절 끝에 스스로 기녀가 되어 송이로 이름을 바꾼다. 송이의 서화를 눈여겨본 감사가 송이를 데려와 관아에서 살게 한다.

송이는 감사가 있는 별당 건넌방에 가 홀로 살고 지내며 감사가 시키는 일을 처리하고 지내며 마음에 기생을 면함은 다행하나, 주야로 잊지 못하는 바는 부모의 소식과 장필성을 못 봄을 한하고 이 감사가 보는 데는 감히 그 기색을 드러내지 못하니, 혼자 있을 때에는 주야 탄식으로 지내더라.

장필성이 이 소문을 듣고 또한 다행하나, 이때 감사는 송이 있는 별당은 외인 출입을 일절 엄금하니, 다시 만날 길이 없어 수심으로 지내더니, 한 계책을 생각하되,

"나도 감사 앞에서 거행하는 관속이 된다면 채봉을 만나기가 쉬우리라."

하고 여러 가지로 주선하더니, ㉠이때 마침 감사가 문필이 있는 이방을 구하는지라. 필성이 한 길을 얻어 이방이 되어 감사에게 현신하니 감사가 일견 대희하여 칭찬하며 왈,

"가위 여옥기인(如玉其人)이로다. 필성아, 이방이라 하는 것은 승상접하(承上接下)하는 책임이 중대하니, 아무쪼록 일심봉공(一心奉公)하여 민원(民怨)이 없도록 잘 거행하라."

필성이 국궁수명(鞠躬受命)*하고 차후로 공사 문첩(文牒)*을 가지고 매일 드나들며 송이의 소식을 알고자 하나 별당이 깊고 깊어 지척이 천 리라 어찌 알리오.

차시 송이는 별당에 있어 이 감사가 들어와 공문을 쓰라면 쓰고 판결문을 내라면 내고 하더니, ㉡하루는 ⓐ공사 문첩 한 장을 본즉, 필성의 글씨가 완연한지라, 속으로 생각하되,

'이상하다. 필법이 장 서방님 필적 같으니, 혹 공청에를 드나드나.'

하고 감사더러 묻는다.

"㉢요사이 공사 들어온 것을 보면 전과 글씨가 다르오니 이방이 갈리었습니까?"

"응, 전 이방은 갈고 장필성이란 사람으로 시켰다. 네 보아라, 글씨를 잘 쓰지 않느냐."

송이가 이 말을 듣고 속으로 암암이 기꺼하며, 어떻게

하면 한번 만나 볼까, 그렇지 못하면 편지 왕복이라도 할까, 사람을 시키자니 만일 대감이 알면 무슨 죄벌이 내려올지 몰라 못 하고 무슨 기회를 기다리나 때를 타지 못하여 필성이나 송이나 서로 글씨만 보고 창연히 지내기를 ㉣이미 반년이라. 자연 서로 상사병이 될 지경이더라.

이때는 추구월(秋九月) 보름 때라. 월색은 명랑하여 남창에 비치었고, 공중에 외기러기 옹옹한 긴 소리로 짝을 찾아 날아가고, 동산의 송림 간에 두견이 슬피 울어 불여귀를 화답하니, 무심한 사람도 마음이 상하거든 독수공방에 눈물로 세월을 보내는 송이야 오죽할까. 송이가 모든 심사 잊어버리고 책상머리에 의지하여 잠깐 졸다가 기러기 소리에 놀라 눈을 뜨고 보니, 남창 밝은 달 발허리에 가득하고 쓸쓸한 낙엽성은 심회를 돕는지라. 잊었던 심사가 다시 가슴에 가득하여지며 눈물이 무심히 떨어진다.

[A] 송이가 남창을 가만히 열고 달빛을 내다보며 위연탄식하는데,

"달아, 너는 내 심사를 알리라. 작년 이때 뒷동산 명월 아래 우리 님을 만났더니, 달은 다시 보건마는 님은 어찌 못 보는고. 그 옛날 심양강 거문고 뜯던 여인은 만고문장 백낙천(萬古文章白樂天)을 달 아래 만날 적에 마음속에 맺힌 말을 세세히 풀었건만, 나는 어찌 박명하여 명랑한 저 달 아래서 부득설진심중사(不得說盡心中事)하니 가련하지 아니할까. 사람은 없어 말 못하나 차라리 심중사를 종이 위에나 그리리라."

하고 연상을 내어 먹을 흠씬 갈고 청황모 무심필을 덤벅 풀어 백릉화주지를 책상에 펼쳐 놓고 섬섬옥수로 붓대를 곱게 쥐고 장우단탄(長吁短歎)에 맥맥히 앉았다가 고개를 돌리어 벽공의 높은 달을 두세 번 우러러보더니, 서두에 '추풍감별곡(秋風感別曲)' 다섯 자를 쓰고, 상사가 생각 되고 생각이 노래 되고 노래가 글이 되어 붓끝을 따라 나오니 붓대가 쉴 새 없이 쓴다.

(중략)

아득한 정신은 기러기 소리를 따라 멀어지고 몸은 책상머리에 엎드렸더니, 잠시간에 잠이 들어 주사야몽(晝思夜夢) 꿈이 되어 장주(莊周)의 나비같이 두 날개를 떨치고 바람 좇아 중천에 떠다니며 사면을 살피니, 오매불망하던 장필성이 적막 공방에 혼자 몸이 전일의 답시(答詩)를 내놓고 보며 울고 울고 보며 전전반측 누웠거늘, 송이가 달려들어 마주 붙들고 울다가 꿈 가운데 우는 소

리가 잠꼬대가 되어 아주 내쳐 울음이 되었더라.

　사람이 늙어지면 상하물론(上下勿論)하고 잠이 없는 법이라. ⓜ이때 이 감사는 연광도 팔십여 세뿐 아니라, 일도방백(一道方伯)이 되어 밤이나 낮이나 어떻게 하면 백성의 원성이 없을까, 어떻게 하면 국은(國恩)에 보답할까 하며 잠을 이루지 못하고 누웠더니, 홀연히 송이의 방에서 흐느껴 우는 소리가 들리거늘, 깜짝 놀라 속으로 짐작하되,

　'지금 송이가 나이 십팔 세라. 필연 무슨 사정이 있어 저리하나 보다.'

하고 가만히 나와 보니, 남창을 열고 책상머리에 누웠는데 불을 돋우어 놓고 책상 위에 무엇을 써서 펼쳐 놓았거늘, 마음에 괴이하여 가만히 들어가 ⓑ두루마리를 펼치고 본즉 '추풍감별곡'이라.

-작자 미상, 「채봉감별곡」-

* 국궁수명 : 존경하는 뜻으로 몸을 굽히며 분부를 받음.

* 공사 문첩 : 관청에서 공무상 작성하는 문서.

257 윗글의 내용에 대한 이해로 적절하지 <u>않은</u> 것은?

① 송이는 부모의 소식으로 애태우다 감사의 걱정을 산다.

② 송이는 필성이 이방이 되었음을 감사를 통해 알게 된다.

③ 감사는 필성의 문필 능력을 높이 평가하고 기대를 건다.

④ 송이는 필성과 꿈속에서나마 일시적으로 만남을 이룬다.

⑤ 필성은 송이를 그리워하는 마음을 감사에게 숨기고 있다.

258 ⓐ와 ⓑ에 대한 설명으로 가장 적절한 것은?

① ⓐ에 대해 대화하며 송이의 그리움을 눈치챈 감사는, ⓑ를 읽으며 그 대상이 필성임을 알게 된다.

② ⓐ를 작성한 사람에 대한 궁금증을 갖게 된 송이는, ⓑ를 통해 자신의 궁금증을 필성에게 알린다.

③ ⓐ를 본 송이는 필성이 가까운 곳에 있음을 알게 되고, ⓑ에 필성을 만나지 못하는 마음을 풀어낸다.

④ ⓐ를 감사로부터 전달받은 필성은 송이의 마음을 알게 되고, ⓑ를 쓰면서 송이에 대한 자신의 그리움을 드러낸다.

⑤ ⓐ를 보면서 필성이 자신을 찾고 있음을 알게 된 송이는, ⓑ를 쓰면서 필성과 재회하고자 하는 의지를 드러낸다.

259 [A]의 '달'에 대한 이해로 적절하지 <u>않은</u> 것은?

① 송이가 필성의 안녕을 기원하는 마음을 의탁하는 대상이다.

② 자연물의 다양한 소리와 어울려 송이의 외로움을 심화한다.

③ 송이가 자신의 심사를 들추어내어 감정을 토로하는 인격화된 상대이다.

④ 송이의 처지와 대조되는 옛 이야기를 환기시켜 송이가 스스로에 대한 연민을 표하게 한다.

⑤ 송이에게 필성과의 추억을 떠올리게 하면서 재회를 기약할 수 없는 현재 상황을 부각한다.

260 〈보기〉를 참고하여 ㉠~㉺을 이해한 내용으로 적절하지 <u>않은</u> 것은? [3점]

> ───[보기]───
>
> 　소설에서 시간 표지는 배경을 지시할 뿐 아니라, 우연하게 일어날 수 있는 사건들에 개연성을 부여하거나 사건의 전개나 장면의 전환 등에 관여된 서사적 정보를 제시하기도 한다. 또한 장면을 제시하는 것은 물론 서로 다른 장면을 연결하거나, 사건이 요약적으로 제시되었음을 가늠하게 하는 등 서사의 주요 요소들을 보조하는 기능을 한다.

① ㉠은 우연으로 보이는 감사의 이방 선발이, 필성이 송이와 만나기 위해 애써 왔던 시간과 맞물려 있음을 드러냄으로써 필성의 관아 입성에 개연성을 부여한다.

② ㉡은 평범한 일상을 지내던 송이와 감사의 대화를 통해 중요한 서사적 정보가 드러난 시간을 부각하여, 필성과 재회하고자 하는 송이의 바람을 심화하게 되는 서사적 전환에 관여한다.

③ ㉢은 공청에서 일어난 최근의 변화에 송이가 주목하고 있음을 보여 주는 한편, 송이가 공청의 일을 돕게 되기까지의 과정이 요약적으로 제시되었음을 드러낸다.

④ ㉣은 송이와 필성의 만남이 이루어지지 않은 상태에서 상당한 시간이 흘렀음을 드러내면서, 송이와 필성이 가진 그리움의 깊이를 함축한 서사적 정보로 기능한다.

⑤ ㉤은 감사의 사람됨과 감사가 잠을 이루지 못하는 이유를 관련짓게 하는 한편, 흐느껴 울던 송이를 감사가 발견하는 사건의 시간적 배경을 지시한다.

— (해설편 Part 2 p.062)

[앞부분 줄거리] 어린 시절의 친구 은자를 주인공으로 한 소설을 발표했던 '나'는 어느 날 오랫동안 소식을 몰랐던 은자로부터 연락을 받는다.

다음날 아침 어김없이 은자의 전화가 걸려 왔다. 토요일이었다. 이제 오늘 밤과 내일 밤뿐이었다. 은자도 그것을 강조하였다.

"설마 안 올 작정은 아니겠지? 고향 친구 한번 만나 보려니까 되게 힘드네. 야, 작가 선생이 밤무대 가수 신세인 옛 친구 만나려니까 체면이 안 서데? 그러지 마라. 네 보기엔 한심할지 몰라도 오늘의 미나 박이 되기까지 참 숱하게도 넘어지고 또 넘어지고 했으니까."

그렇게 말할 만도 하였다. 고상한 말만 골라서 신문에 내고 이렇게 해야 할 것 아니냐, 저렇게 되면 곤란하다, 라고 말하는 게 능사인 작가에게 밤무대 가수 친구가 웬 말이냐고 볼멘소리를 해 볼 만도 하였다. 나는 아무런 대꾸도 할 수 없었다. 박은자에서 미나 박이 되기까지 그 애는 수없이 넘어지고 또 넘어진 모양이었다. 누군들 그러지 않겠는가. 부천으로 옮겨 와 살게 되면서 나는 그런 삶들의 윤기 없는 목소리를 많이 듣고 있었다. 딱히 부천이어서가 아니라 내가 부천 사람이어서 그랬을 것이었다. 창가에 붙어 앉아 귀를 모으고 있으면 지금이라도 넘어져 상처 입은 원미동 사람들의 이야기를 들을 수 있었다. 넘어졌다가 다시 일어나고, 또 넘어지는 실패의 되풀이 속에서도 그들은 정상을 향해 열심히 고개를 넘고 있었다. 정상의 면적은 좁디 좁아서 아무나 디딜 수 있는 곳이 아니라는 엄연한 현실도 그들에게는 단지 속임수로밖에 납득되지 않았다. 설령 있는 힘을 다해 기어올랐다 하더라도 결국은 내리막길을 마주해야 한다는 사실 또한 수긍하지 않았다. 부딪치고, 아등바등 연명하며 기어 나가는 삶의 주인들에게는 다른 이름의 진리는 아무런 소용도 없는 것이었다. 그들에게 있어 인생이란 탐구하고 사색하는 그 무엇이 아니라 몸으로 밀어 가며 안간힘으로 두들겨야 하는 굳건한 쇠문이었다. 혹은 멀리 보이는 높은 산봉우리였다.

(중략)

일 년에 한 번씩 타인의 낯선 얼굴을 확인하러 고향 동네에 가는 일은 쓸쓸함뿐이었다. 이제는 그 쓸쓸함조차도 내 것으로 남지 않게 될 것이었다. 누구라 해도 다시는 고향으로 돌아가지 못할 것이었다. 고향은 지나간

시간 속에 있을 뿐이니까. 누구는 동구 밖의 느티나무로, 갯마을의 짠 냄새로, 동네를 끼고 흐르는 긴 강으로 고향을 확인하며 산다고 했다. 내게 남은 마지막 표지판은 은자인 셈이었다. 보이는 것들은, 큰오빠까지도 다 변하였지만 상상 속의 은자는 언제나 같은 모습이었다. 은자만 떠올리면 옛 기억들이, 내게 남은 고향의 모든 숨소리가 손에 잡힐 듯이 다가오곤 하였다. 허물어지지 않은 큰오빠의 모습도 그 속에 온전히 남아 있었다. 내가 새부천 클럽에 가서 은자를 만나 버리고 나면 그때부터는 어떤 표지판에 기대어 고향을 찾아갈 수 있을 것인지 정말 알 수 없었다.

은자의 지금 모습이 어떤지 나는 전혀 떠올릴 수가 없다. 설령 클럽으로 찾아간다 하여도 그 애를 알아볼 수 있을지 자신할 수도 없었다. 내 기억 속의 은자는 상고머리에, 때 낀 목덜미를 물들인 박 씨의 억센 손자국, 그리고 터진 겨드랑이 사이로 내 보이던 낡은 내복의 계집아이로 붙박여 있었다. 서른도 훨씬 넘은 중년 여인의 그 애를 어떻게 그려 낼 수 있는가. 수십 년 간 가슴에 품어 온 고향의 얼굴을 현실 속에서 만나고 싶지는 않다, 라고 나는 생각하였다. 만나 버린 뒤에는 내게 위안을 주었던 유년의 소설도, 소설 속의 한 시대도 스러지고야 말리라는 불안감을 떨쳐 버릴 수가 없었다. 그렇다 하더라도 이미 현실로 나타난 은자를 외면할 수 있을는지 그것만큼은 풀 수 없는 숙제로 남겨 둔 채 토요일 밤을 나는 원미동 내 집에서 보내고 말았다.

일요일 낮 동안 나는 전화 곁을 떠나지 못하였다. 이제 은자는 가시 돋친 음성으로 나의 무심함을 탓할 것이었다. 그녀의 질책을 나는 고스란히 받아들일 작정이었다. 나는 그 애가 던져 올 말들을 하나하나 상상해 보면서 전화를 기다렸다. 오전에는 그러나 한 번도 전화벨이 울리지 않았다.

— 양귀자, 「한계령」—

261 윗글의 서술상 특징으로 가장 적절한 것은?

① 독백적 진술을 중심으로 인물의 내면 심리를 드러낸다.
② 동시에 벌어진 사건들을 삽화처럼 나열하여 이야기의 흐름을 지연시킨다.
③ 이야기 외부의 서술자가 인물의 행위를 해설하고 사건의 의미를 직접 제시한다.
④ 서술자가 다양한 인물로 바뀌면서 인물 간의 갈등을 다각적으로 조명한다.
⑤ 서술자가 의문과 추측의 진술을 통하여 다른 인물에 대한 반감을 드러낸다.

262 윗글의 '나'와 '은자'에 대한 이해로 가장 적절한 것은?

① '은자'는 가수로서의 성공을, '나'는 작가로서의 성공을 확신하고 있다.
② '나'는 '은자'의 전화로부터 심리적 위안을 얻으며 갈등을 해소하고 있다.
③ '은자'는 '나'와의 재회를 기대하고 있고, '나'는 '은자'의 제안을 단호히 거절하고 있다.
④ '나'는 '은자'가 도도하다고 여기고 있고, '은자'는 '나'가 체면을 차린다고 여기고 있다.
⑤ '은자'는 현재의 자신을 '나'에게 보여 주려 하고 있고, '나'는 '은자'를 통해 옛 기억을 돌아보고 있다.

263 〈보기〉를 바탕으로 윗글을 감상한 내용으로 적절하지 <u>않은</u> 것은? [3점]

[보기]

아이러니는 흔히 말하는 반어보다 넓은 개념이다. 소설에서는 어떤 인물의 행위나 내면, 그리고 그가 살고 있는 세계에서 대립적인 두 의미를 동시에 찾을 수 있을 때에 아이러니가 발견될 수 있다. 이때 대립적인 의미는 양면성을 생성한다. 「한계령」에서는 인물이 바라보는 대상, 인물의 행위와 의식의 대립, 인물의 심리 등에서 이러한 양면성을 발견할 수 있다.

① '결국은 내리막길을 마주해야' 하는데도, '있는 힘을 다해 기어' 오르고 있는 '그들'에게서 '나'는 양면성을 발견하는군.
② '몸으로 밀어 가'야 할 '굳건한 쇠문'을 '탐구하고 사색'하려 하는 '그들'에게서 '나'는 양면성을 발견하는군.
③ '일 년에 한 번씩' '고향 동네에 가'면서도, '누구라 해도 다시는 고향으로 돌아가지 못할 것'이라고 생각하는 '나'의 모습에서 양면성이 나타나는군.
④ '변해' 버린 '큰오빠'와 '온전히 남아' 있는 '큰오빠'가 '나'의 생각 속에 공존하고 있는 것에서 양면성이 나타나는군.
⑤ '은자'를 '만나고 싶지는 않다'고 생각하면서도, 만나자는 '은자'의 '전화를 기다'리는 '나'의 모습에서 양면성이 나타나는군.

―――――――― 해설편 Part 2 p.067）

(가)

ⓐ홍진(紅塵)에 뭇친 분네 이 내 생애 엇더ᄒᆞ고
녯사름 풍류를 미츨가 못 미츨가
천지간 남자 몸이 날만 ᄒᆞᆫ 이 하건마ᄂᆞᆫ
산림에 뭇쳐 이셔 지락(至樂)을 ᄆᆞ를 것가
ⓐ수간모옥(數間茅屋)을 벽계수(碧溪水) 앏픠 두고
송죽 울울리*예 풍월주인 되여셔라
엇그제 겨을 지나 새봄이 도라오니
도화행화(桃花杏花)ᄂᆞᆫ 석양리(夕陽裏)예 퓌여 잇고
녹양방초(綠楊芳草)ᄂᆞᆫ 세우(細雨) 중에 프르도다
칼로 ᄆᆞᆯ아 낸가 붓으로 그려 낸가
조화신공(造化神功)이 물물마다 헌ᄉᆞ롭다
수풀에 우ᄂᆞᆫ 새ᄂᆞᆫ 춘기(春氣)를 ᄆᆞᆺ내 계워 소ᄅᆞ마다 교
태로다
물아일체(物我一體)어니 흥이이 다ᄅᆞᆯ소냐
시비예 거러 보고 ⓑ정자애 안자 보니
소요음영*ᄒᆞ야 산일(山日)이 적적ᄒᆞᆫᄃᆡ
한중진미(閑中眞味)를 알 니 업시 호재로다
ⓒ이바 니웃드라 산수 구경 가쟈스라
답청(踏靑)으란 오ᄂᆞᆯ ᄒᆞ고 욕기(浴沂)란 내일 ᄒᆞ새
아ᄎᆞᆷ에 채산(採山)ᄒᆞ고 나조ᄒᆡ 조수(釣水)ᄒᆞ새
ᄀᆞᆺ 괴여 닉은 술을 갈건(葛巾)으로 밧타 노코
곳나모 가지 것거 수 노코 먹으리라
화풍(和風)이 건 듯 부러 녹수(綠水)를 건너오니
청향(淸香)은 잔에 지고 낙홍(落紅)은 옷새 진다
ⓒ준중(樽中)이 뷔엿거ᄃᆞᆫ 날ᄃᆞ려 알외여라
소동 아ᄒᆡᄃᆞ려 주가에 술을 믈어
얼운은 막대 집고 아ᄒᆡᄂᆞᆫ 술을 메고
미음완보(微吟緩步)ᄒᆞ야 ⓒ시냇ᄀᆞ의 호자 안자
명사(明沙) 조ᄒᆞᆫ 믈에 잔 시어 부어 들고
청류(淸流)를 굽어보니 ᄯᅥ오ᄂᆞ니 도화(桃花) ㅣ 로다
무릉이 갓갑도다 져 ᄆᆡ이 권 거인고

　　　　　　　　　　　　　　　　　　　　　　　　　－정극인,「상춘곡」－

* 울울리: 빽빽하게 우거진 속.

* 소요음영 : 자유로이 천천히 걸으며 시를 읊조림.

(나)

ⓓ고산구곡담(高山九曲潭)을 사름이 모로더니
주모복거(誅茅卜居)ᄒᆞ니 **벗님** 다 오신다
어즈버 무이를 상상ᄒᆞ고 **학주자(學朱子)**를 ᄒᆞ리라
　　　　　　　　　　　　　　　　　　　　　　　　　〈1수〉

일곡은 어디미오 ⓔ관암에 ᄒᆡ 비췬다
평무(平蕪)에 ᄂᆡ 거드니 원산(遠山)이 그림이로다
송간(松間)에 녹준*을 노코 벗 오ᄂᆞᆫ 양 보노라
　　　　　　　　　　　　　　　　　　　　　　　　　〈2수〉

이곡은 어디미오 화암에 춘만(春晚)커다
벽파*에 곳을 ᄯᅴ워 야외로 보니노라
ⓔ사름이 승지(勝地)를 모로니 알게 ᄒᆞᆫ들 엇더리
　　　　　　　　　　　　　　　　　　　　　　　　　〈3수〉

오곡은 어디미오 **은병(隱屛)**이 보기 됴타
수변(水邊) 정사는 소쇄홈*도 ᄀᆞ이 업다
이 중에 **강학(講學)**도 ᄒᆞ려니와 **영월음풍** ᄒᆞ리라
　　　　　　　　　　　　　　　　　　　　　　　　　〈6수〉

칠곡은 어디미오 ⓕ풍암에 추색(秋色) 됴타
청상(淸霜) 엷게 치니 절벽이 금수(錦繡) ㅣ 로다
한암(寒巖)에 혼ᄌᆞ셔 안쟈 집을 잇고 잇노라
　　　　　　　　　　　　　　　　　　　　　　　　　〈8수〉

구곡은 어디미오 문산에 세모(歲暮)커다
기암괴석이 **눈** 속에 무쳐셰라
ⓓ유인(遊人)은 오지 아니ᄒᆞ고 볼 것 업다 ᄒᆞ더라
　　　　　　　　　　　　　　　　　　　　　　　　　〈10수〉
　　　　　　　　　　　　　　　　　　　　　－이이,「고산구곡가」－

* 녹준 : 술잔 또는 술동이.

* 벽파 : 푸른 물결.

* 소쇄홈 : 기운이 맑고 깨끗함.

264 (가)와 (나)의 공통점으로 가장 적절한 것은?

① 과거를 회상하며 현실의 덧없음을 환기하고 있다.

② 음성 상징어의 사용으로 생동감을 부각하고 있다.

③ 점층적인 표현으로 대상과의 거리감을 강조하고 있다.

④ 역사적 인물들을 호명하여 회고적 분위기를 조성하고
있다.

⑤ 자연물을 통하여 시간적 배경을 시각적으로 드러내고
있다.

265 〈보기〉를 참고하여 ㉠~㉤을 설명한 내용으로 가장 적절한 것은?

[보기]

　　조선 전기의 시조와 가사는 노래로 향유되며, 사대부들이 서로의 문화적 동질성을 확인하는 데 활용되었다. 이러한 갈래적 특성으로 인해 사대부 시가에는 대화 상황이 연상되는 여러 표현으로 공감을 유도하는 방식이 관습화되었다.

① ㉠에서는 청자와 화자가 서로 동질적인 삶을 살고 있음을 질문하기를 통해 확인하고 있다.

② ㉡에서는 청자를 불러들여 함께했던 지난날의 경험을 상기시키며 동질성 회복을 권유하고 있다.

③ ㉢에서는 화자가 상대의 부탁을 수용하며 자신과 뜻을 같이 할 것을 청자에게 명령하고 있다.

④ ㉣에서는 사람들을 일깨우려는 화자의 생각을 청자에게 묻는 방식으로 제시해 공감을 유도하고 있다.

⑤ ㉤에서는 눈으로 확인한 사실만을 믿어야 한다고 주장하는 이의 말을 청자에게 전하며 조언을 구하고 있다.

266 (가)에 대한 감상으로 적절하지 <u>않은</u> 것은?

① 자신의 삶을 옛사람과 비교하며 스스로를 풍월주인이라 여기는 데에서 화자의 자부심이 드러나는군.

② 붓으로 그린 듯한 숲 속에서 봄의 흥을 노래하는 새를 바라보는 데에서 새에 대한 화자의 부러움이 드러나는군.

③ 오늘과 내일, 아침과 저녁에 할 일들을 나열하는 데에서 하고 싶은 일에 대한 화자의 기대감이 드러나는군.

④ 맑은 향이 담긴 술잔과 옷에 떨어지는 꽃잎을 주목하는 데에서 자연과 화자의 일체감이 드러나는군.

⑤ 시냇물에 떠내려오는 도화를 보며 이상향을 연상하는 데에서 화자의 고조되는 감흥이 드러나는군.

267 ⓐ~ⓕ를 중심으로 (가)와 (나)를 이해한 내용으로 적절하지 <u>않은</u> 것은?

① (가)의 화자는 거처인 ⓐ를 나와 ⓑ와 ⓒ의 장소들로 옮겨 다니고 있다.

② (나)의 화자가 소개하는 ⓔ와 ⓕ는 ⓓ를 구성하는 장소들이라는 점에서 서로 대등한 관계에 있다.

③ (가)와 (나)의 화자는 각각 ⓑ와 ⓔ를 주위에서 가장 빼어난 경치를 볼 수 있는 곳이라고 예찬하고 있다.

④ (가)의 화자는 ⓐ에 인접한 맑은 풍경을, (나)의 화자는 자신이 ⓓ에 터를 정함으로써 생긴 변화를 드러내고 있다.

⑤ (가)의 화자는 ⓒ에서 주변으로 시선을 보내고 있고, (나)의 화자는 ⓕ를 향해 시선을 보내고 있다.

268 〈보기〉를 활용하여 (나)를 탐구한 내용으로 적절하지 <u>않은</u> 것은? [3점]

[보기]

　　이이의 생애를 기록한 연보에는, 그가 고산구곡에 정사를 건립한 일이 주자가 무이구곡의 은병에서 후학을 양성한 것을 본받았다는 점과 「고산구곡가」의 창작 이후 이곳을 찾는 이들이 더 많아졌다는 사실이 기록되어 있다. 한편 그가 고산구곡의 곳곳에서 지인들과 교유한 경험을 소개한 「송애기」에는 욕심 없는 마음으로 자연과 인간이 별개가 아님을 느끼고, 자연으로부터 마음을 바르게 하는 도리를 찾으면 군자의 참된 즐거움을 누릴 수 있다는 그의 생각이 나타나 있다.

① 고산구곡에서의 생활에 대한 「송애기」의 기록을 참고할 때, 고산구곡이 작자와 '벗님'들의 교유 장소로도 활용되었음을 추리할 수 있겠군.

② 작품 창작 이후와 관련한 연보의 기록을 참고할 때, '학주자'를 하려는 작자의 선택에 대한 사람들의 긍정적 반응을 추측할 수 있겠군.

③ 정사에 대한 연보의 기록을 참고할 때, '은병'이 주자를 학문적으로 계승하기 위해 선택된 공간이기도 했음을 짐작할 수 있겠군.

④ 참된 즐거움과 관련한 「송애기」의 기록을 참고할 때, '강학'과 '영월음풍'이 모순 없이 서로 어울릴 수 있는 행위임을 유추할 수 있겠군.

⑤ 자연의 감상에 대한 「송애기」의 기록을 참고할 때, 바위를 덮은 '눈'에서 자연과 합일을 이루려는 인간의 의지를 엿볼 수 있겠군.

[269~273] 다음 글을 읽고 물음에 답하시오. 2017.06 [34~38]

—— 해설편 Part 2 p.075 ——

(가)

　아랫도리 다박솔 깔린 산(山) 넘어 큰 산(山) 그 넘엇
산(山) 안 보이어 내 마음 둥둥 구름을 타다.

　우뚝 솟은 산(山), 묵중히 엎드린 산(山), 골골이 장송
(長松) 들어섰고, 머루 다랫넝쿨 바위 엉서리에 얽혔고,
샅샅이 떡갈나무 억새풀 우거진 데 너구리, 여우, 사슴,
산(山)토끼, 오소리, 도마뱀, 능구리 등(等), 실로 무수한
짐승을 지니인,

　산(山), 산(山), 산(山)들! 누거만년(累巨萬年) 너희들
침묵(沈默)이 흠뻑 지리함즉 하매,

　산(山)이여! 장차 너희 솟아난 봉우리에, 엎드린 마루
에, 확 확 치밀어 오를 화염(火焰)을 내 기다려도 좋으랴?

　핏내를 잊은 여우 이리 등속이 사슴 토끼와 더불어 싸
릿순 칡순을 찾아 함께 즐거이 뛰는 날을 믿고 길이 기
다려도 좋으랴?

-박두진, 「향현(香峴)」-

(나)

　우리가 물이 되어 만난다면
가문 어느 집에선들 좋아하지 않으랴.
우리가 키 큰 나무와 함께 서서
㉠우르르 우르르 비 오는 소리로 흐른다면.

　흐르고 흘러서 저물녘엔
저 혼자 깊어지는 강물에 누워
죽은 나무뿌리를 적시기도 한다면.
아아, 아직 처녀인
부끄러운 바다에 닿는다면.

　그러나 지금 우리는
불로 만나려 한다.
벌써 숯이 된 뼈 하나가
세상에 불타는 것들을 쓰다듬고 있나니

만 리 밖에서 기다리는 그대여
저 불 지난 뒤에
흐르는 물로 만나자.
㉡푸시시 푸시시 불 꺼지는 소리로 말하면서
올 때는 인적 그친
넓고 깨끗한 하늘로 오라.

-강은교, 「우리가 물이 되어」-

(다)

　ⓐ눈은 따뜻하다. 오버를 걸치고 눈길을 걸을 때 이마
를 적시는 함박눈은 가슴속까지 따뜻하게 한다. 작은 산
너머 거의 눈에 파묻힌 초가집 굴뚝에서 나오는 연기가 삶
의 짙은 온도를 체험케 한다. 눈이, 함박눈이 쏟아지는 저
녁, 잊고 있던 친구들의 얼굴이 각별히 그리워지고 마치
두터운 옷 속에 간직된 체온처럼 그들을 생각하는 따뜻한
정이 조용히 피어남을 느낀다. 안부 편지를 쓰고 싶어지고
어디선가 정다운 전화를 받고 싶은 것이다. 이웃 동네와
교통이 단절된 자기 집에 식구들과 모여 앉아 따뜻한 온돌
에 발을 뻗고 옛 이야기를 나누는 삶의 따뜻함을 느낀다.

　눈은 조용하다. 사뭇 쏟아지는 함박눈은 한 송이 한 송
이가 무한한 이야기를 도란거리는 것 같으면서도 모든
것을 더욱 고요하게 한다. 그것은 고요한 가락들로 이루
어진 웅장한 교향곡이라는 인상을 준다. 특히 어두운 밤
중에 창밖으로 그칠 줄 모르고 내리는 함박눈을 바라보
면 온 세상 아니 온 우주가 무한히 깊은 고요 속에 파묻
혀 가는 듯하다.

　눈이 쌓이는 밤은 고요하다. 그러기에 고독하기 마련
이다. 그러나 그 고독은 삭막하거나 허전하기보다는 흐
뭇한 내용을 갖게 한다. 고요 속에서 나는 나 자신을, 우
리는 우리 자신을 새삼 의식하게 되고, 오랫동안 잊혀졌
던 스스로를 다시금 발견하고 생각하게 된다. 나의 삶,
나의 위치, 우리와 자연의 관계를 그 본연의 모습 속에서
발견할 수 있는 기회를 갖게 되는 것이다.

　그래서 눈은 명상적이다. 눈이 소리 없이 쌓이는 밤,
혼자 방 안에 앉아 있으면 책상 위의 전깃불을 끄고 잠
자리에 들어가지지 않는다. 각별히 무슨 사무적인 일이
나 공부 때문이 아니다. 어느덧 명상에 잠기게 되기 때문
이다. 이런 밤 누가 사색가가 되지 않을 수 있겠는가. 누
가 철학가로 변하지 않겠는가. 무한히 고요하고 거룩할
만큼 순수한 시간이다. 사색이 날개를 펴고 자유로운 명
상에 잠긴다. 눈이 쌓이는 깊은 밤 혼자 앉아 있는 서재
는 사색의 보금자리요, 책상 위에 밝혀 놓은 램프불은 사

색의 꽃이다. 눈 내리는 밤늦게까지 책상 앞에 앉아 있는 철학가의 모습은 자연스럽다.

-박이문, 「눈」-

269 (가)~(다)에 대한 설명으로 가장 적절한 것은?

① (가)는 대구 표현을 통해 회고적인 정서를 드러내고 있다.

② (나)는 대립적 이미지를 통해 계절의 변화를 부각하고 있다.

③ (가)와 (나)는 청자를 명시적으로 드러내어 화자의 바람을 표출하고 있다.

④ (가)와 (다)는 비유적 표현의 반복을 통해 과거의 체험을 드러내고 있다.

⑤ (나)와 (다)는 특정 어구를 점층적으로 나열하여 긴박감을 조성하고 있다.

270 (가), (나)에 대한 감상으로 적절하지 <u>않은</u> 것은? [3점]

① (가)는 산이 '누거만년' 동안 '침묵'하고 있는 것을 '지리함즉 하'다고 말함으로써 화자가 마주한 현실이 지향하는 세계와 거리가 있음을 보여 주는 것이겠군.

② (가)의 '내 기다려도 좋으랴'와 관련하여 볼 때 '화염'이 치밀어 오르는 것은 화자가 기대하는 산의 변화를 나타내는 것이겠군.

③ (나)에서 '만난다면', '좋아하지 않으랴'라고 말하는 화자는 자신이 소망하는 만남이 앞으로 실현되기를 바라는 태도를 취하고 있는 것이겠군.

④ (가)의 '내 마음'이 '둥둥 구름을 타'는 것은 '큰 산', '그 넘엇산'을 바꾸려는 화자의 바람이 이루어지는 과정을, (나)의 '키 큰 나무와 함께 서서'는 화자가 현실에서 벗어나 자연과 하나가 되고 싶은 마음을 표현한 것이겠군.

⑤ (가)의 '핏내를 잊은 ~ 즐거이 뛰는 날'은 평화로운 세계를, (나)의 '넓고 깨끗한 하늘'은 화자가 '그대'와 만나 진정한 합일을 이루려는 세계를 표현한 것으로 볼 수 있겠군.

271 ㉠과 ㉡에 대한 설명으로 가장 적절한 것은?

① ㉠은 물의 결핍감을, ㉡은 불의 충족감을 비유한다.

② ㉠은 비의 부정적 의미를, ㉡은 소리의 긍정적 의미를 함축한다.

③ ㉠은 비에 대한 불안감을, ㉡은 소리에 대한 불안감을 반영한다.

④ ㉠은 물의 생동하는 힘을, ㉡은 불이 소멸하는 상황을 형상화한다.

⑤ ㉠은 상승하는 물의 움직임을, ㉡은 하강하는 불의 움직임을 구체화한다.

272 (다)에 드러나는 글쓴이의 태도로 가장 적절한 것은?

① 글쓴이는 '온 세상'이 '깊은 고요' 속에 파묻혀 가는 듯한 모습을 보며 스스로에게 연민을 느끼고 있다.

② 글쓴이는 '눈이 쌓이는 깊은 밤'에 '서재'에 앉아 '철학가'의 경지에 미치지 못하는 자신을 성찰하고 있다.

③ 글쓴이는 자아를 재발견하는 계기가 된다는 점에서 '눈이 쌓이는 밤'에 체험하는 '고독'을 긍정적으로 인식하고 있다.

④ 글쓴이는 '눈이 소리 없이 쌓이는 밤'에 '사무적인 일이나 공부'와 같은 일상적인 일들에 새롭게 가치를 부여하고 있다.

⑤ 글쓴이는 '옛 이야기를 나누는 삶의 따뜻함'을 떠올리면서 유대감이 '단절'된 '이웃'과의 관계가 회복되기를 바라고 있다.

273 (다)를 바탕으로 〈보기〉에 제시된 선생님의 안내에 따라 학습 활동을 수행한 결과로 가장 걱절한 것은?

[보기]

ⓐ는 ㉮ 감각과 정서를 동시에 드러내는 단어인 '따뜻하다'를 사용하여 '눈'이라는 사물의 속성을 개성적으로 표현한 것입니다. 그 정서는 글쓴이가 ㉯ 그 사물과 함께 떠올린 기억속의 정경과 관련되어 있습니다. ㉮와 ㉯를 모두 포함하는 짧은 글을 두 문장으로 지어 봅시다.

① 현재는 없다. 기나긴 과거와 끝없는 미래만 있을 뿐이다.

② 우리는 둘이 아니다. 너와 나는 한길을 걷는 영원한 벗이다.

③ 시간은 모순이다. 힘겨운 시간은 천천히, 즐거운 시간은 빨리 지나간다.

④ 지식은 차갑다. 지혜의 따뜻함이야말로 인간의 마음에 생기를 북돋아 준다.

⑤ 자갈밭은 포근하다. 자갈밭에서 어머니가 예쁜 자갈들을 내 손에 쥐어 주시던 모습에서 포근함을 느낀다.

(해설편 Part 2 p.084)

밤이 깊어지면, **시장 안의 가게들**은 하나씩 문을 닫고, 길가에 리어카를 놓고 팔던 상인들은 제각기 과일이나 생선, 채소들을 끌고 다리 위로 올라오는 것이었다.

[A] ┌─ 그 모양을 이만큼에 서서 흔들리는 버드나무 가지 사이로 바라보면, 리어카마다 켜져 있는 카바이드 불빛이, 마치 난간에 무슨 꽃 등불을 달아 놓은 것처럼 요요하였다.

돈이 없어도 염려가 안 되는 곳.

그 사람들은 대부분 어머니를 알았다.

모르는 사람들도 곧 알게 되었다.

[B] ┌─ 벽오동집 아주머니.
    └─ 오동나무 아주머니.

그렇게 어머니를 불렀다.

어느새 나무는 그렇게도 하늘 높이 자라서 저기만큼 걸린 매곡교 다릿목에서도 그 무성한 가지와 잎사귀를 올려다볼 만큼 되었던 것이다.

[C] ┌─ 거기다가, 우리 집에서 날아간 오동나무 씨앗이 앞뒷집에 떨어져 싹이 나고, 어느 해 바람에 불려 갔는지 그보다 더 먼 건넛집에도, 심지 않은 오동나무가 저절로 자라나게 되었다.
    │ 그래서 나는 속으로 우리 동네를 벽오동촌이라고 별명 지었다.
    └─ 그것은 어쩌면 이 가난한 동네의 한 호사였는지도 모른다.

아버지가 어머니와 혼인하시고, 작천의 친정 어머니를 남겨두신 채, 신행 후에 전주로 돌아와 맨 처음 터를 잡은 곳이 바로 이 **천변**이었다.

[D] ┌─ 동네 뒤쪽으로는 산줄기가 병풍처럼 둘러쳐져 있고, 앞쪽으로는 흰모래 둥근 자갈밭을 데불은 시냇물이 흐르며 거기다 시장까지 가까운 이곳은, 삼십 년 전 그때만 하여도, 부성 밖의 한적하고 빈한한 동네였을 것이다.

물론 우리도 중간에 **집을 고치고**, 이어 내고, 울타리를 바꾸었으나, 그저 움막처럼 나뭇가지를 얼기설기 얽은 뒤, 풍우나 피하자는 시늉으로 지은 집들도 많았을 것이다.

이 울타리 안에서 해마다 더욱더 무성하게 자라는 오동나무는 유월이면, 아련한 유백색의 비단 무늬 같은 꽃을 피웠다. 그윽한 꽃이었다.

그 나무는 나보다 더 나이가 많았다.

나를 낳으시던 해, 지팡이만 한 나무를 구해다가 앞마당에 심으시며

"기념."

이라고 웃으셨다는 아버지.

"처음에는 저게 자랄까 싶었단다. 그러던 게 이듬해는 키를 넘드라."

해마다 이른 봄이면, 어린아이 손바닥만 하던 잎사귀가 어느 결에 손수건만 해지고, 그러다가 초여름에는 부채처럼 나부낀다.

그리고 가을에는 종이우산만큼이나 넓어지는 것 같았다.

하늘을 덮는 잎사귀, 그 무성한 잎사귀들……

그 잎사귀 **서걱거리는 소리**가 골목 어귀 천변에까지 들리는 성싶었다.

어머니는 물끄러미 냇물만 바라보고 계시더니, 문득 고개를 돌려,

"영익이 언제 다녀갔지?"

하고 물으셨다.

[E] ┌─ "사흘 됐나? 그저께 아니었어요?"
    │ 어머니는 어둠 속에서 고개를 끄덕이셨다.
    └─ 어머니의 고개는 무거워 보였다.

"참, 어머니 지금 저기, 불빛 뵈는 저 산마루에 절, 저기가 영익이 있는 데예요?"

나는 동편 산마루의 깜박이는 불빛을 가리키며 무심한 듯 물었다.

"아니다. 그건 승암사라구 중바위산 아니냐. 그 애 공부하는 덴 이 오른쪽이지…… 기린봉 중턱에 있는 절이야. 여기서는 잘 뵈지도 않는구나."

그러면서 어머니는 눈을 들어, 어두운 밤하늘에 뚜렷한 금을 긋고 있는 산줄기를 바라보셨다. 산은 검고 깊었다.

동생 영익이는 벌써 이 년째 그 산속의 절에서 사법 고시 준비를 하고 있었다.

그는 말이 없고 우울한 때가 많았다.

그리고 그저께 집에 내려와, 이사 날짜가 결정되었다는 말을 듣고는 아무 말도 없이 고개를 떨어뜨리더니

"내가……"

하고 무슨 말을 이으려다 말고 그냥 산으로 올라갔었다.

그때 영익이의 말끝에 맺힌 숨소리는 '흡' 하고 내 가슴에 얹혀 아직도 내려가지 않은 것만 같았다.

우리가 이사하기로 된 집의 **구조**는 지극히 **천박**하였다.

우선 대문이 번화한 도로변으로 나 있는 데다가 오래되고 낡아서 녹이 슨 철제였다. 그것은 잘 닫히지도 않아 비긋하니 틀어진 채 열려 있었다.

그리고 마당은 거의 없다는 편이 옳았다. 그나마 손바닥만 한 것을 시멘트로 빈틈없이 발라 놓았고, 방들은 오밀조밀 붙어 있어 개수만 여럿일 뿐, 좁고 어두웠다.

그중에 한 방은 아예 전혀 **채광 통풍조차도** 되지 않았다.

그것도 원래는 **창문**이었는데, 아마 바로 옆에 가게를 이어 내느라고 **막아 버린** 모양이었다. 그 가게란 양품점으로, 레이스가 많이 달린 네글리제와 여자용 속옷, 스타킹 따위를 고무 인형에 입혀 세워 놓은 곳이었다.

뿐만 아니라 그 가게를 중심으로 앞뒤에 같은 양품점들이 늘어서 있고 그 옆에는 양장점, 제과소, 음식점, 식료품 잡화상들이 있었다.

여기저기서 들려오는 **불규칙한 마찰음**, 무엇이 부딪쳐 떨어지는 소리, 어느 악기점에선가 쿵, 쿵, 울려 오는 스피커 소리…… 끼익, 하며 숨넘어가는 자동차 소리.

한마디로 그 집은, 아스팔트의 바둑판, 환락과 유행과 흥정의 경박한 거리에 금방이라도 쓸려 버릴 것처럼 위태해 보였다.

그리고 우리가 이제 이사 올 집이라고, 그 집 문간에 웅숭그리고 서서 철제 대문 사이로 안을 기웃거리며 들여다보는 **우리들**은 어쩐지 **잘못 날아든 참새들** 같기만 하였다.

-최명희, 「쓰러지는 빛」-

274 윗글에 대한 이해로 가장 적절한 것은?

① '영익'은 가족의 상황을 알고서도 제 생각을 분명히 드러내지 않는다.
② '어머니'는 아들이 출가하여 소식이 끊긴 뒤 그의 근황을 궁금해 한다.
③ '나'는 동생의 말을 듣고서 그가 현재 어디에 머무르고 있는지 알게 된다.
④ '시장 안의 가게들'은 밤늦게 물건을 사기 위해 사람들이 모여드는 곳이다.
⑤ '천변'은 아버지와 어머니가 결혼할 때부터 사람들이 북적였던 번화한 동네이다.

275 [A]~[E]의 서술 방식에 대한 설명으로 적절하지 <u>않은</u> 것은?

① [A] : '이만큼에 서서'와 '바라보면'을 보면, 서술자가 대상을 지각할 수 있는 위치에서 서술하고 있음을 알 수 있다.
② [B] : 호명하는 말을 각각 하나의 문단에 서술하여, 그 호칭이 두드러져 보이는 효과가 나타난다.
③ [C] : '나'와 '우리' 같은 표현을 사용하여, 서술자가 자기 경험을 바탕으로 하는 이야기를 서술하면서 자신의 내면을 드러낸다.
④ [D] : '동네였을 것이다'를 보면, 서술자가 과거 상황에 대해 확정적으로 진술하지 않고 추측의 의미를 담아 서술하고 있음을 알 수 있다.
⑤ [E] : 누가 한 말인지 명시하지 않은 것을 보면, 대화 상황에서 말하는 이와 서술자가 다르다는 사실을 알 수 있다.

276 윗글의 '오동나무'에 대한 이해로 가장 적절한 것은?

① '나'가 계절의 자연스러운 변화와 세월의 흐름을 느끼게 되는 경험적 대상이다.
② 가난한 마을이지만 사람들로 하여금 호사를 누릴 수 있게 하는 경제적 기반이다.
③ '어머니'가 결혼 후에 심고 정성을 다해 키워 내어 무성해진 애착의 결실이다.
④ 동네 사람들이 마을의 특징에 부합한 별명을 자기 마을에 붙일 때 적용한 단서이다.
⑤ '아버지'가 자식을 얻은 기쁨을 이웃과 나눌 생각에 마을 곳곳에 심은 상징적 기념물이다.

277 〈보기〉를 바탕으로 윗글을 감상한 내용으로 적절하지 **않은** 것은? [3점]

[보기]

집에 대한 정서적 반응은 집의 구조, 주변 환경, 거주 기간 등의 요인에 따라 다를 수 있다. 자신이 거주하는 집의 내·외부와 관계를 맺으며 충분한 시간 동안 쌓은 경험들은 현재 살고 있는 집에 대한 정서를 형성하는 데 영향을 주며, 다른 낯선 공간에 대한 정서적 반응에 영향을 주기도 한다. 「쓰러지는 빛」은 이사할 처지에 놓인 한 가족의 이야기를 통해 집에 대한 '나'의 정서적 반응을 보여 준다.

---

① '나'가 '천변' 집에 살면서 추억을 형성해 온 시간들은, 이사할 처지에 놓인 현재의 상황을 불편하게 여기는 요인이 될 수 있겠군.

② '집을 고치'던 경험을 바탕으로 '구조'가 '천박'한 집의 여건을 살펴보는 것에서, 거주 환경의 변화에 적응하여 낯선 공간에 친숙해지고자 하는 '나'의 생각을 확인할 수 있겠군.

③ '서걱거리는 소리'와 '불규칙한 마찰음'에서 드러나는 집 주변 환경의 차이는, 두 집에 대해 '나'가 느끼는 친밀감의 차이를 유발할 수 있음을 예상할 수 있겠군.

④ '창문'을 '막아 버린' 방은 '채광 통풍조차' 되지 않는 속성으로 인해, 지금 살고 있는 집에 대한 '나'의 정서적 반응과는 다른 정서적 반응을 일으키는 요인이 될 수 있겠군.

⑤ '우리들'의 상황이 '잘못 날아든 참새들 같'다고 한 것은, 변화될 거주 여건을 낯설어하는 심리를 비유적으로 드러낸 것이라 할 수 있겠군.

─── (해설편 Part 2 p.090)

(가)

동녁 두던 밧긔 크나큰 너븐 들히
만경(萬頃) 황운(黃雲)이 흔 빗치 되야 잇다
중양이 거의로다 **내 노리 ᄒᆞ쟈스라**
블근 게 여믈고 눌은 ᄃᆞᆰ기 슬져시니
술이 니글션졍 버디야 업슬소냐
전가(田家) 흥미ᄂᆞᆫ 날로 기퍼 가노매라
살여흘 긴 몰래예 **밤블이 ᄇᆞᆰ가시니**
㉠게 잡ᄂᆞᆫ 아히돌이 그믈을 훗터 잇고
호두포* 엔 구븨예 **아젹믈이** 미러오니
㉡돗ᄃᆞᆫ비 애내성(欸乃聲)*이 고기 ᄑᆞᄂᆞᆫ 댱시로다
경(景)도 됴커니와 **생리(生理)**라 괴로오랴

[A]

(중략)

어와 이 청경(淸景) 갑시 이실 거시런돌
적막히 다든 문애 **내** 분으로 드려오랴
사조(私照)* 업다 호미 거즌말 아니로다
㉢모재(茅齋)*예 빗쵠 빗치 옥루(玉樓)라 다롤소냐
청준(淸樽)을 밧쎄 열고 큰 잔의 ᄀᆞ득 브어
㉣죽엽(竹葉) ᄀᆞᄂᆞᆫ 술룰 둘빗 조차 거후로니
표연흔 일흥(逸興)이 져기면 ᄂᆞᆯ리로다
이적선(李謫仙) 이려ᄒᆞ야 둘을 보고 밋치닷다
춘하추동애 경물이 아름답고
주야조모(晝夜朝暮)애 완상이 새로오니
㉤몸이 한가ᄒᆞ나 귀 눈은 겨를 업다
여생이 언마치리 백발이 날로 기니
세상 공명은 계륵이나 다롤소냐
ⓐ강호 어조(魚鳥)애 새 밍세 깁퍼시니
옥당금마(玉堂金馬)*의 몽혼(夢魂)*이 섯긔엿다
초당연월(草堂煙月)의 시롬업시 누워 이셔
촌주강어(村酒江魚)로 장일취(長日醉)를 원(願)ᄒᆞ노라
이 몸이 이러구롬도 역군은(亦君恩)이샷다

─ 신계영, 「월선헌십육경가」─

* 호두포 : 예산현의 무한천 하류.
* 애내성 : 어부가 노를 저으면서 부르는 노랫소리.
* 사조 : 사사로이 비춤.
* 모재 : 띠로 지붕을 이어 지은 집.
* 옥당금마 : 관직 생활.
* 몽혼 : 꿈.

(나)

어촌(漁村)은 나의 벗 공백공의 자호(自號)다. 백공은 나와 태어난 해는 같으나 생일이 뒤이기 때문에 내가 **아우**라고 한다. 풍채와 인품이 소탈하고 명랑하여 사랑할 만하다. **대과에 급제**하고 좋은 벼슬에 올라, 갓끈을 나부끼고 인끈을 두르고 필기를 위한 붓을 귀에 꽂고 나라의 옥새를 주관하니, 사람들은 진실로 그에게 원대한 기대를 하였으나, 담담하게 강호의 취미를 지니고 있다. 가끔 흥이 무르익으면, 「어부사」를 노래한다. 그 음성이 맑고 밝아서 천지에 가득 찰 것 같다. 증자가 상송(商頌)을 노래하는 것을 듣는 듯하여, 사람의 가슴으로 하여금 멀리 강호에 있는 것 같게 만든다. 이것은 그의 **마음에 사욕이 없**어 사물에 초탈하였기 때문에 소리의 나타남이 이와 같은 것이다.

하루는 나에게 말하기를,

"나의 뜻은 어부(漁父)에 있다. 그대는 어부의 즐거움을 아는가. **강태공**은 성인이니 **내가 감히** 그가 주 문왕을 만난 것과 같은 그런 만남을 기약할 수 없다. **엄자릉**은 현인이니 **내가 감히** 그의 깨끗함을 바랄 수는 없다. ㉕아이와 어른들을 데리고 갈매기와 백로를 벗하며 어떤 때는 낚싯대를 잡고, ㉪**외로운 배를 노 저어 조류를 따라 오르고 내리면서 가는 대로 맡겨 두고**, 모래가 깨끗하면 뱃줄을 매어 두고 산이 좋으면 그 가운데를 흘러간다. ㉭**구운 고기와 신선한 생선회로 술잔을 들어 주고받다**가 해가 지고 달이 떠오르며 바람은 잔잔하고 물결이 고요한 때에는 배에 기대어 길게 휘파람을 불며, 돛대를 치고 큰 소리로 노래를 부른다. ㉠**흰 물결을 일으키고 맑은 빛을 헤치면**, 멀고 멀어서 마치 성사*를 타고 하늘에 오르는 것 같다. 강의 연기가 자욱하고 짙은 안개가 내리면, 도롱이와 삿갓을 걸치고 그물을 걷어 올리면 금빛 같은 비늘과 옥같이 흰 꼬리의 물고기가 제멋대로 펄떡거리며 뛰는 모습은 ㉬**넉넉히 눈을 즐겁게 하고 마음을 기쁘게 한다.** 밤이 깊어 구름은 어둡고 하늘이 캄캄하면 사방은 아득하기만 하다. 어촌의 등불은 가물거리는데 배의 지붕에 빗소리는 울어 느리다가 빠르다가 우수수하는 소리가 차갑고도 슬프다. …(중략)… 여름날 뜨거운 햇빛에 더위가 쏟아질 적엔 버드나무 늘어진 낚시터에 미풍이 불고, 겨울 하늘에 눈이 날릴 때면 차가운 강물에서 홀로 낚시를 드리운다. 사계절이 차례로 바뀌건만 어부의 즐거움은 없는 때가 없다.

저 영달에 얽매여 벼슬하는 자는 구차하게 **영화에**

매달리지만 나는 만나는 대로 편안하다. 빈궁하여 고기잡이를 하는 자는 구차하게 **이익**을 계산하지만 나는 스스로 유유자적을 즐긴다. 성공과 실패는 운명에 맡기고, 진퇴도 오직 때를 따를 뿐이다. 부귀 보기를 뜬구름과 같이 하고 공명을 헌신짝 벗어 버리듯하여, 스스로 세상의 물욕 밖에서 방랑하는 것이니, 어찌 시세에 영합하여 이름을 낚시질하고, 벼슬길에 빠져들어 생명을 가볍게 여기며 이익만 취하다가 스스로 함정에 빠지는 자와 같겠는가. ⓑ이것이 내가 몸은 벼슬을 하면서도 뜻은 강호에 두어 매양 노래에 의탁하는 것이니, 그대는 어떻게 생각하는가?"
하니 내가 듣고 **즐거워하며** 그대로 기록하여 백공에게 보내고, 또한 나 자신도 살피고자 한다. 을축년 7월 어느 날.

-권근, 「어촌기」-

* 성사 : 옛날 장건이 타고 하늘에 다녀왔다고 하는 배.

278 ㉠~㉻에 대한 이해로 적절하지 <u>않은</u> 것은?

① ㉠에는 전원에서의 생활상이, ㉪에는 자연과 동화되는 삶이 나타난다.
② ㉡에는 한가로운 자연 속 흥취가, ㉧에는 고독을 해소하려는 의지가 나타난다.
③ ㉢에는 자연현상에서 연상된 그리움의 대상이, ㉾에는 배의 움직임에 따른 청아한 풍경이 나타난다.
④ ㉣에는 운치 있는 풍류의 상황이, ㉤에는 자연에서 누리는 흥겨운 삶의 모습이 나타난다.
⑤ ㉥에는 변화하는 자연에서 얻는 즐거움이, ㉽에는 생동감 넘치는 자연에서 느끼는 만족감이 나타난다.

279 〈보기〉를 바탕으로 [A]를 감상한 내용으로 적절하지 <u>않은</u> 것은? [3점]

─[보기]─

17세기 가사 「월선헌십육경가」는 월선헌 주변의 16경관을 그린 작품으로 자연에서의 유유자적한 삶을 읊으면서도 현실적 생활 공간으로서의 전원에 새롭게 관심을 두었다. 그에 따라 생활 현장에서 볼 수 있는 풍요로운 결실, 여유로운 놀이 장면, 그리고 생업의 현장에서 느끼는 정서 등을 다양한 표현 방법을 통해 현장감 있게 노래했다.

① 전원생활에서 목격한 풍요로운 결실을 '만경 황운'에 비유해 드러냈군.
② 전원생활 가운데 느끼는 여유를 '내노리 ᄒᆞ쟈스라'와 같은 청유형 표현을 통해 드러냈군.
③ 전원생활의 풍족함을 여문 '블근 게'와 살진 '눌은 둙'과 같이 색채 이미지에 담아 드러냈군.
④ 전원생활에서의 현장감을 '밤블이 볼가시니'와 '아젹믈이 미러오니'와 같은 묘사를 활용해 드러냈군.
⑤ 전원생활의 여유를 즐기면서도 생업의 현장에서 느끼는 고단함을 '생리라 괴로오랴'와 같은 설의적인 표현으로 드러냈군.

280 (나)의 '공백공'에 대한 설명으로 가장 적절한 것은?

① 시간에 따른 공간의 다채로운 모습을 제시하며 자신의 감정을 드러내고 있다.
② 상대의 말과 행동이 불일치함을 언급하여 자신의 결백을 입증하고 있다.
③ 상대에 대해 심리적 거리감을 느껴 자신의 생각 표현을 자제하고 있다.
④ 질문에 답변하며 현실에 대처하는 자신의 태도를 밝히고 있다.
⑤ 대상과 관련된 행위를 열거하며 자신의 무력감을 깨닫고 있다.

281 〈보기〉를 참고하여 (나)를 이해한 내용으로 적절하지 **않은** 것은?

─────[보기]─────

「어촌기」의 작가는 벗의 말을 인용하여 자신의 생각을 드러내고 있다. 작가는 벗에 관한 이야기가 기록할 만한 가치가 있다는 근거를 벗과의 관계와 그의 성품에 대한 평을 통해 마련하고 있다. 이를 통해 작가는 자신이 추구하는 삶의 방향성과 가치관을 드러내며 벗의 생각에 공감하고 있다.

① 벗이 '영화'와 '이익'을 중시하는 삶을 거부한다는 것을 통해 벗의 가치관을 알 수 있군.
② 작가가 벗의 말을 '즐거워하며' 자신도 살피려 하는 것을 통해 작가는 벗의 생각에 공감하고 있음을 알 수 있군.
③ 작가가 벗을 '아우'로 삼고 있다는 것을 통해 벗이 추구하는 삶의 자세가 작가로부터 전해 받은 것임을 알 수 있군.
④ 벗이 '강태공'과 '엄자릉'을 들어 '내가 감히'라는 말을 언급한 것을 통해 그들의 삶에 미치지 못함을 스스로 인정하는 벗의 겸손한 성품을 알 수 있군.
⑤ 작가가 벗이 '대과에 급제'하여 기대를 받고 있는데도 '마음에 사욕이 없'다고 평한 것을 통해 벗의 말이 기록할 만한 가치가 있다고 여김을 알 수 있군.

282 ⓐ와 ⓑ를 비교한 내용으로 가장 적절한 것은?

① ⓐ는 '내'가 '강호'에서의 은거를 긍정하지만 정치 현실에 미련이 있음을, ⓑ는 '공백공'이 정치 현실에 몸담고 있지만 '강호'에 은거하려는 지향을 나타낸다.
② ⓐ는 '내'가 '강호'에서의 은거를 마치고 정치 현실로 복귀하려는 의지를, ⓑ는 '공백공'이 정치 현실에서 신뢰를 잃어 '강호'에 은거하려는 소망을 나타낸다.
③ ⓐ는 '내'가 '강호'에서 경치를 완상하며 정치 현실의 번뇌를 해소하려는 자세를, ⓑ는 '공백공'이 정치 현실과 갈등하여 '강호'에 은거하려는 자세를 나타낸다.
④ ⓐ는 '내'가 '강호'에서 늙어 감에 체념하면서도 정치 현실을 지향함을, ⓑ는 '공백공'이 정치 현실을 외면하면서 '강호'에 은거하려는 염원을 나타낸다.
⑤ ⓐ는 '내'가 '강호'에서 임금께 맹세하며 정치 현실의 이상을 실현하려는 태도를, ⓑ는 '공백공'이 정치 현실의 폐단에 실망하며 '강호'에 은거하려는 희망을 나타낸다.

[283~286] 다음 글을 읽고 물음에 답하시오.　　2024.09 [18~21]

— 해설편 Part 2 p.099 —

선군이 한림원에 다녀온 후 편지 먼저 하는지라. 노복이 주야로 내려와 상공께 편지를 드리니, 한 장은 부모님께, 한 장은 낭자에게 부친 편지거늘, 부모님께 올린 편지를 상공이 열어 보니,

[A]
┌ "문안드립니다. 그사이 부모님께서는 평안하셨나이까? 저는 부모님 덕분에 무탈하옵니다. 또한 천은을 입어 금번에 장원 급제하여 한림학사로 입조하여 도문*하니, 일자는 금월 망일이오니 잔치는 알아서 준비해 주옵소서."
└

하였더라.

낭자에게 온 편지를 부인 정 씨 **춘양**에게 주며,

"ⓐ이 편지는 네 어미에게 부친 편지라. 네가 잘 간수하라."

하고 부인 통곡하니 춘양이 그 편지를 받고 울며 동춘을 안고 방에 들어가 어미 시신 흔들고 울며, 편지 열어 낯에 대고 통곡 왈,

"어머님 일어나소. 아버님 편지가 왔나이다. 일어나소. 아버님 장원 급제하여 내려오시나이다."

하며 편지로 낯을 덮으며,

"동춘은 연일 젖 먹자고 웁니다. 어머님 평시 글을 좋아하시더니 아버님 편지 왔사온데 어찌 반기지 아니하시나이까? 춘양은 글을 몰라 어머님 영전에 읽어 드리지 못하나니 답답하나이다."

하고 할머님께 빌며,

"할머님께서 어머님 영전에 가 편지를 읽으시면 어머님 영혼이 감동할 듯하나이다."

하니 정 씨 마지못해 방에 들어가 울면서 편지를 읽는지라.

[B]
┌ "낭자께 문안 전하니, 애정 담은 편지 한 장 올리나이다. 우리의 태산 같은 정이 천리에 가림에, 낭자의 얼굴을 보고 싶어도 볼 수 없고, 낭자를 생각하지 않아도 절로 생각이 납니다. 요사이 그대의 그림이 전과 빛이 달라 날로 변하나이다. 무슨 병이 들었는지 몰라 객창 등불 아래에서 수심으로 잠들지 못하니 답답합니다. 낭자의 지극한 정성으로 장원 급제하여 이 몸이 영화롭게 내려가니, 어찌 낭자의 뜻을 맞추지 아니하였으리오? 날짜는 금월 모일이니 바라건대 낭자는 천금 같은 옥
└

┌ 체를 보존하소서. 내려가 반갑게 만나사이다."
└

정 씨 보기를 다함에 더욱 슬픈 마음을 진정치 못하여 통곡하며,

"ⓑ슬프다, 춘양아! 가련타, 동춘아! 너희 어미 잃고 어찌 살라 하는가?"

[중략 줄거리] 선군은 숙영이 시아버지로부터 가문의 명예를 실추했다는 오해를 받고 자결한 것을 알게 된다. 숙영은 장례 중 부활해 선군과 집에 돌아온다.

상공과 정씨 부인 내달아 낭자를 붙들고 통곡하며,

"낭자는 어디를 갔다 왔느냐?"

하며 참혹한 마음을 이기지 못하더라. 낭자 상공과 정씨 부인 앞에 가 절하고 사뢰되,

"ⓒ첩은 천상의 죄 있으니 천명이 아닌 것이 없습니다. 너무 한탄치 마옵소서."

하며,

"ⓓ옥황상제님이 우리를 올라오라 하시니 천명을 거스르지 못하여 올라가옵나이다."

하니, 상공 부부 더욱 처량한 심사를 측량치 못할러라. 낭자 백학선과 약주 한 병을 드리며,

"ⓔ이 백학선은 몸이 추우면 더운 바람이 나오니 천하 유명한 보배이옵고, 약주는 기운 불편하시거든 드십시오. 백학선과 약주를 몸에 지니시오면 백세 무양하오리다."

하고,

"**부모님 돌아가실 때 연화궁**의 세계로 모셔 가오이다. 천상 선관이 연화궁에 자주 다니오니 극락 연화궁으로 오시면 반가이 만나 뵈오리다."

하고 선군더러,

"우리 올라갈 때가 급하였으니, 하직하고 **올라가사이다.**"

하니 선군이 부모지정을 잊지 못하여 새로이 슬퍼하니, 선군과 낭자 **부모를 위로하여 나아가** 엎드려 고왈,

"소자 등은 세상 연분이 다하였삽기로 오늘 하직하옵나이다."

하고 인하여 **하직**하며,

"부모님 내내 평안하옵소서."

하고 청사자 한 쌍을 몰아 한림은 동춘을 낭자는 춘양을 안고, 구름에 싸여 올라가는지라.

상공 부부 낭자와 선군이 천궁에 올라간 후로 망연해하며 **세간을 다 나누어** 주고, 백세를 살다가 한날한시에 별세하더라.

-작자 미상, 「숙영낭자전」-

* 도문 : 과거 급제하고 집에 오던 일.

283 '춘양'에 대한 설명으로 가장 적절한 것은?

① 아버지를 보고 싶은 심정을 어머니 영전에서 언급한다.
② 할머니로부터 아버지의 편지를 받아 어머니에게 읽어 준다.
③ 할머니와 함께 어머니 생전의 일화에 대해 이야기를 나눈다.
④ 동생이 어머니가 살아 있는 줄 알고 찾아가려 하자 동생을 막아선다.
⑤ 아버지의 소식을 어머니에게 전하고 싶은 마음을 행동으로 표출한다.

284 [A], [B]에 대한 이해로 가장 적절한 것은?

① [A]에서는 자신의 안부를 전한 뒤 곧이어 받는 이의 안부를 묻는다.
② [B]에서는 받는 이를 만나고 싶지만 당장 그럴 수 없는 처지를 언급하며 안타까운 심정을 드러낸다.
③ [B]에서는 받는 이의 건강에 문제가 있다는 소식을 듣고 걱정하는 마음을 드러낸다.
④ [A]와 [B]에서 모두 자신이 뜻한 바를 이루었음을 전하고, 받는 이에게 그 공을 돌리며 감사해한다.
⑤ [A]와 [B] 모두 당부의 말을 전하는데, [A]에서는 받는 이가 글쓴이의 노력을 알아주길 바라고, [B]에서는 받는 이가 스스로 잘 처신하기를 바란다.

285 ⓐ~ⓔ를 이해한 내용으로 적절하지 <u>않은</u> 것은?

① ⓐ : 편지의 수신인이 누구인지 말해 주며 상대가 편지의 중요성을 인식하게 하고 있다.
② ⓑ : 손주들을 호명하며 격해진 감정과 그들을 불쌍해하는 마음을 표출하고 있다.
③ ⓒ : 자신의 운명은 하늘의 뜻이라고 함으로써 집에 온 자신을 책망하지 말 것을 부탁하고 있다.
④ ⓓ : 옥황상제의 부름을 거절할 수 없다고 말함으로써 이별이 예정되어 있음을 언급하고 있다.
⑤ ⓔ : 백학선과 약주를 선물함으로써 상대를 걱정하는 마음을 드러내고 있다.

286 〈보기〉를 참고하여 윗글을 감상한 내용으로 적절하지 <u>않은</u> 것은? [3점]

[보기]

「숙영낭자전」에서 승천은 인간 세상의 명분에 구속받지 않는 가족 사랑을 모색한다는 의의를 갖는다. 작품에서는 상공의 잘못이 개인의 문제이기 이전에 가문이라는 명분을 중시하는 인간 세상의 구조적 문제라고 보았다. 그래서 숙영 부부는 가문이라는 명분이 작동하지 않는 천상으로 보내고, 상공 부부는 가문의 무의미함을 깨닫게 하여 구조적 문제에 대응하는 한 방식을 보여 주었다. 하지만 숙영 부부를 천상에 간 뒤에도 부모를 잘 섬기려는 모습으로 그려 낸 것은, 가족 사랑의 보편적 가치를 환기하기 위한 것이다.

① 숙영이 '부모님 돌아가실 때 연화궁'으로 모셔 가겠다고 하는 데에서, 연화궁에서 숙영과 부모를 만나게 하여 가족 사랑의 보편적 가치를 환기하려는 것을 확인할 수 있군.
② 숙영이 선군에게 천궁으로 '올라가사이다'라고 하는 데에서, 숙영 부부를 천상으로 보내 가문이라는 명분이 작동하지 않는 곳에서 살게 하려는 것을 확인할 수 있군.
③ 숙영 부부가 '부모를 위로하여 나아가 엎드려 고'하는 데에서, 승천을 망설이는 모습을 보여 주어 숙영 부부를 부모를 잘 섬기는 인물로 그려 낸 것을 확인할 수 있군.
④ 숙영 부부가 부모에게 '하직' 인사를 하는 데에서, 숙영 부부로 하여금 부모를 떠나게 하여 인간 세상의 구조적 문제에 대응하는 양상을 보여 준 것을 확인할 수 있군.
⑤ '상공 부부'가 '세간을 다 나누어 주'는 데에서, 가족을 잃어 허망해하는 상공 부부의 모습을 보여 주어 가문의 무의미함을 깨닫게 한 것을 확인할 수 있군.

───── 해설편 Part 2 p.105

[앞부분의 줄거리] 박영채와 혼인하고자 했던 이형식은 영채가 죽은 줄로만 알고 김 장로의 청을 수락하여 김선형과 약혼한다. 그런데 선형과 미국으로 유학을 가기 위해 우선과 함께 올라 탄 기차에서 형식은 영채를 만나고 충격을 받는다.

"나는 미국 가기를 중지할라네."

"응?"

하고 우선도 놀라며,

"어째?"

"⊙ 미국 가기를 중지할 테여…… 그것이 옳은 일이지…… 응, 그리할라네."

하면서 우선의 손을 놓고 차실로 들어가려 한다. 우선은 손을 잡아 형식을 끌어당기며,

"자네 미쳤단 말인가. 이리 좀 오게."

형식은 멀거니 섰다.

"ⓛ 자네 지금 정신이 산란하였네. 미국 가기를 중지한다는 것이 무슨 소리여."

"아니! 저편은 나를 위해서 목숨까지 버리려고 하는데 나는 이게 무슨 일인가. 나는 선형 씨한테 이 뜻을 말하고 약혼을 파하겠네. 그것이 옳은 일이지."

"그러면 영채하고 혼인한단 말이지?"

"ⓒ 응, 그렇지. 그것이 옳지."

"영채는 자네와 혼인을 한다던가."

"그런 말은 없어."

"만일 영채가 자네와 혼인하기를 싫다 하면 어쩔 텐가."

형식은 한참 생각하더니,

"그러면 일생 혼인 말고 지내지…… 절에 가서 중이 되든지."

우선은 마침내 껄껄 웃으며,

"지금 자네가 좀 노보세[上氣]했네*. 참 자네는 어린아이일세. 세상이 무엇인지를 모르네그려. 행여 꿈에라도 그런 생각 내지 말고 어서 미국이나 가게."

"ⓔ 그러면 저 사람을 버리고?"

"버리는 것이 아니지. 일이 이미 그렇게 되었으니까. 이제 그런 생각을 하면 무엇 하나. 또 영채 씨도 동경에 유학도 하게 되었고, 하니까 ⑩ 피차에 공부나 잘하고 장래에 서로 남매 삼아 지내게그려. 그런 어림없는 미친 소리는 다 집어치고……."

하면서 형식의 등을 툭 친다.

팔에 붉은 헝겊 두른 차장이 지나가다가 두 사람을 슬쩍 본다. 형식은 자리에 돌아와 뒤에 몸을 기대고 가만

히 눈을 감았다. 선형은 조는지, 무슨 생각을 하는지 그린 듯이 기대어 앉았다.

형식의 가슴속에는 새로운 의문 하나가 일어난다.

[A]
대체 자기는 누구를 사랑하는가. 선형인가, 영채인가. 영채를 대하면 영채를 사랑하는 것 같고, 선형을 대하면 선형을 사랑하는 것 같다. 아까 남대문에서 차를 탈 때까지는 자기는 오직 선형에게 몸과 마음을 다 바친 듯하더니, 지금 또 영채를 보매, 선형은 둘째가 되고 영채가 자기의 사랑의 대상인 듯도 하다. 그러다가 또 앞에 앉은 선형을 보매 '이야말로 내 아내, 내 사랑하는 아내'라는 생각도 난다.

자기는 선형과 영채를 둘 다 사랑하는가. 그렇다 하면 동시에 두 사람을 다 같이 사랑할 수가 있을까. 남들이 하는 말을 듣거나, 자기가 지금껏 생각하여 온 바로 보건대, 참된 사랑은 결코 동시에 두 사람 이상에 향할 수 없는 것이어늘, 지금 자기의 마음은 어떠한 상태에 있나.

(중략)

[B]
그는 사랑이란 것을 인류의 모든 정신 작용 중에 가장 중하고 거룩한 것의 하나인 줄을 믿는다.

그러므로 자기가 선형을 사랑하는 것은 자기에게 대하여서는 극히 뜻이 깊고 거룩한 일이요, 자기의 동포에게 대하여서는 큰 정신적 혁명으로 생각한다. 그러므로 형식의 사랑에 대한 태도는 종교적으로 진실하고 경건한 것이었다. 사랑을 인생의 전체라고까지는 생각하지 않는다 하더라도 사랑에 대한 태도로 족히 인생에 대한 태도를 결정할 수 있다고 믿는다. 그러나 이제 생각하여 보건대 자기의 선형에게 대한 사랑은 너무 유치한 것이었다. 너무 근거가 박약하고 내용이 빈약한 것이었다.

형식은 오늘 저녁에 이것을 깨달았다. 깨달으매 슬펐다. 마치 자기가 인생 경력을 다 들여서 하여 오던 사업이 일조에 헛된 것인 줄을 깨달은 듯한 실망을 맛보았다. 그와 함께 자기의 정신의 발달한 정도가 아직도 극히 유치함을 깨달았다. 자기는 아직 인생을 깨달을 때도 아니요, 따라서 사랑을 의논할 때도 아님을 깨달았다.

그러므로 자기가 오늘날까지 여러 학생에게 문명을 가르치고, 인생을 가르친 것이 극히 외람된 일인 줄도 깨달았다. 자기는 아직도 [어린아이] 다. 마침 [어른] 없는 사회에 처하였으므로 스스로 어른인 체하던 것인 줄을 깨달으매 스스로 부끄러운 생각도 난다.

형식은 생각에 이어 생각을 한다.

　나는 조선의 나갈 길을 분명히 알았거니 하였다. 조선 사람의 품을 이상과, 따라서 교육자의 가질 이상을 확실히 잡았거니 하였다. 그러나 이것도 필경은 어린애의 생각에 지나지 못하는 것이다.

-이광수, 「무정」-

* 노보세했네 : 일본어를 차용한 표현으로 '흥분했네'의 뜻임.

287 [A]와 [B]에 대한 설명으로 가장 적절한 것은?

① [A]의 자기 주도적 사랑의 가치는 [B]의 자기희생적 사랑에 의해 부인되고 있다.

② [A]에서는 사랑의 대상을 고민하고 있고, [B]에서는 사랑의 근거를 반성하고 있다.

③ [A]에서는 사랑에 대한 이성적 접근이, [B]에서는 사랑에 대한 감성적 접근이 이루어지고 있다.

④ [A]에서는 사랑의 현재적 상황에, [B]에서는 사랑의 미래에 대한 전망에 초점을 맞추고 있다.

⑤ [A]에서 사랑의 가치에 대해 의혹을 제기하는 것과 달리, [B]에서는 사랑의 가치에 대해 확신을 표현하고 있다.

288 ㉠~㉤에 대한 설명으로 적절하지 않은 것은?

① ㉠ : 영채에 대한 미안함 때문에 미국행을 포기하는 것이 옳다는 인식이 드러나고 있다.

② ㉡ : 영채에 대한 의리를 지키기 위해 선형과의 혼인 약속을 깨는 것이 비상식적이라는 인식이 드러나고 있다.

③ ㉢ : 영채와 혼인하기 위해서는 선형과의 약혼을 유지할 수 없으므로, 약혼을 파하는 것이 옳다는 인식이 드러나고 있다.

④ ㉣ : 영채를 버리고 미국행을 선택하는 것과 선형과 혼인하는 일이 동시에 이루어질 수 없다는 인식이 드러나고 있다.

⑤ ㉤ : 영채는 동경으로, 형식은 미국으로 유학 가서, 미래에는 새로운 관계를 맺는 것이 낫겠다는 인식이 드러나고 있다.

289 어린아이와 어른을 이해한 내용으로 가장 적절한 것은?

① 어린아이가 윤리적으로 순결한 자라면, 어른은 윤리적으로 타락한 자이다.

② 어린아이가 권력에 복종하는 사회적 약자라면, 어른은 약자를 지배하는 권력자이다.

③ 어린아이가 새로운 풍습에 적응하는 자라면, 어른은 기존의 풍습에 얽매인 자이다.

④ 어린아이가 외부 세계의 충격에 위축되는 자라면, 어른은 외부 세계의 충격에 유연하게 대응하는 자이다.

⑤ 어린아이가 공동체의 이상을 관념적으로 받아들이고 있는 자라면, 어른은 공동체의 이상을 체득한 자이다.

290 〈보기〉를 바탕으로 윗글을 감상한 내용으로 적절하지 **않은** 것은? [3점]

---[보기]---

'연애'라는 말은 20세기 초 조선에서 영어 'LOVE'의 번역어로 처음 등장했다. 연애는 단순히 남녀의 교제라는 행위가 아니라, 감정의 주체로서 개인을 전제한 근대적인 관념이었다. 따라서 연애는 개인에게는 자아를 자각하는 중요한 계기로 작용했고, 사회에는 자유로운 배우자 선택의 근거로 작용함으로써 가족 제도의 변혁을 유도했다. 「무정」이 창작될 무렵, 연애를 고민하고 실천하는 일은 근대적 삶의 실천으로 인식되었고, 소설은 '연애에 기초한 혼인'을 형상화함으로써 계몽성을 드러냈다. 나아가 「무정」에서는 '형식'이 연애와 관련된 개인적 경험을 통해 자기만의 새로운 진실을 발견한다. 사랑의 갈등을 겪는 가운데 스스로를 민족 계몽의 선각자로 자부했던 '형식'은 자신의 내면에서 결핍을 발견하게 되는 것이다.

---

① 사랑의 대상을 혼인의 대상으로 삼아야 한다고 고민하는 형식의 모습은, 연애에 기초한 혼인의 문제를 고민하는 개인을 형상화한 결과이겠군.

② 사랑의 대상이 누구인지 자문하는 형식의 모습은, 감정의 주체로서의 개인을 통하여 근대적 관념으로서의 연애를 서사화한 결과이겠군.

③ 사랑을 개인의 일로만 국한하지 않고 민족에 대한 정신적 혁명의 일환으로 생각하는 형식의 모습은, 근대적 삶의 실천으로서의 연애가 계몽성을 지녔음을 보여 주는군.

④ 인생의 사업이 하루아침에 헛된 것임을 깨닫고 실망하는 형식의 모습은, 연애의 실천에서 겪는 어려움이 근대적 자아의 자각에도 부정적으로 영향을 미치고 있음을 드러내는군.

⑤ 사랑의 진실을 확인함으로써 인생에 대한 자신의 깨달음을 성찰하는 형식의 모습은, 연애를 고민하는 개인적 경험을 통해 내면의 결핍이라는 새로운 진실에 접근하는 모습을 보여 주는군.

────────────── 해설편 Part 2 p.113 ──────────────

(가)

문학적 시간은 작가의 체험이나 의식에 따라 자연적 시간을 의도적으로 재구성하여 미적 효과를 드러낸다. 삶의 과정과 시간의 흐름을 담은 사건은 주로 과거형으로, 대상의 특징을 감각적으로 형상화하는 이미지는 주로 현재형으로 표현한다.

하지만 과거형과 현재형의 적용은 작품 내적 상황에 따라 달라질 수 있다. 과거의 사건이나 동작의 변화를 실감나게 드러내기 위해 현재형으로 표현하기도 하고, 이미지 묘사를 시간의 흐름이 드러나도록 과거형으로 표현하기도 한다.

[A] ┌ 특히 서정시는 현재의 순간에 과거의 경험들이
│ 공존해 있다는 점에서 이러한 시간의 모호성이 두
│ 드러진다. 즉 서정시는 과거와 현재를 분리하지 않
│ 고 시적 현재로 통합하는 시간의 의도적 변형을 드
└ 러내는 것이다.

(나)

하늘로 날을 듯이 길게 뽑은 부연* 끝 풍경이 운다
처마 끝 곱게 늘이운 주렴에 반월(半月)이 숨어
아른아른 봄밤이 ㉠두견이 소리처럼 깊어 가는 밤
㉡곱아라 고아라 진정 아름다운지고
파르란 구슬빛 바탕에 자줏빛 호장*을 받친 호장저고리
호장저고리 하얀 동정이 환하니 밝도소이다
살살이 퍼져나린 곧은 선이 스스로 돌아 곡선을 이루는 곳
열두 폭 기인 치마가 사르르 물결을 친다
초마* 끝에 곱게 감춘 운혜(雲鞋) 당혜(唐鞋)
㉢발자취 소리도 없이 대청을 건너 살며시 문을 열고
그대는 어느 나라의 고전(古典)을 말하는 한 마리 호접(蝴蝶)
호접인 양 사붓이 춤을 추라 아미(蛾眉)를 숙이고……
나는 ㉣이 밤에 옛날에 살아 눈 감고 거문곳줄 골라 보리니
㉤가는 버들인 양 가락에 맞추어 흰 손을 흔들어지이다

　　　　　　　　　　-조지훈, 「고풍 의상」-

(다)

어머님,
제 예닐곱 살 적 겨울은
목조 적산 가옥 이층 다다미방의
벌거숭이 유리창 깨질 듯 울어 대던 외풍 탓으로
한없이 추웠지요, 밤마다 나는 벌벌 떨면서
아버지 가랭이 사이로 시린 발을 밀어 넣고
그 가슴팍에 벌레처럼 파고들어 얼굴을 묻은 채
겨우 잠이 들곤 했었지요.

[B] ┌ 요즈음도 추운 밤이면
│ 곁에서 잠든 아이들 이불깃을 덮어 주며
│ 늘 그런 추억으로 마음이 아프고,
│ 나를 품어 주던 그 가슴이 이제는 한 줌 뼛가루로 삭아
│ 붉은 흙에 자취 없이 뒤섞여 있음을 생각하면
└ 옛날처럼 나는 다시 아버지 곁에 눕고 싶습니다.

그런데 어머님,
오늘은 영하(零下)의 한강교를 지나면서 문득
나를 품에 안고 추위를 막아 주던
예닐곱 살 적 그 겨울밤의 아버지가
이승의 물로 화신(化身)해 있음을 보았습니다.
품 안에 부드럽고 여린 물살은 무사히 흘러
바다로 가라고,
꽝 꽝 얼어붙은 잔등으로 혹한을 막으며
하얗게 얼음으로 엎드려 있던 아버지,
아버지, 아버지……

　　　　　　　　　　-이수익, 「결빙(結氷)의 아버지」-

* 부연(附椽) : 긴 서까래 끝에 덧얹는 네모지고 짧은 서까래.
* 호장 : 회장(回裝). 여자 저고리를 색깔 있는 헝겊으로 꾸민 것.
* 초마 : '치마'의 방언.

291 (가)를 바탕으로 (나)의 ㉠~㉤을 이해한 내용으로 가장 적절한 것은?

① ㉠은 자연적 시간이 작가의 의식에 의해 문학적으로 재구성된 경우에 해당한다.

② ㉡은 과거형과 현재형의 적용이 작품 내적 상황에 따라 달라진 경우에 해당한다.

③ ㉢은 서정시에서 동작의 변화를 현재형으로 묘사하지 않은 경우에 해당한다.

④ ㉣은 과거와 현재를 통합적으로 인식함으로써 시간의 정확성을 드러낸 경우에 해당한다.

⑤ ㉤은 시간의 흐름이 드러나도록 과거형을 사용한 경우에 해당한다.

293 (나)의 표현상 특징에 대한 설명으로 적절하지 않은 것은?

① 의도적으로 변형한 시어를 통하여 리듬감에 변화를 주고 있다.

② 전통적인 소재와 예스러운 말투로 고전적 분위기를 조성하고 있다.

③ 시적 상황에 등장하는 인물의 행위를 자연물에 빗대어 표현하고 있다.

④ 색채어를 활용하여 시적 대상의 아름다움을 감각적으로 형상화하고 있다.

⑤ 말줄임표를 사용하여 시적 대상의 정적인 상태와 동적인 상태가 충돌하는 상황을 표현하고 있다.

292 [A]를 중심으로 (다)를 이해할 때 적절하지 않은 것은?

[3점]

① 화자가 '아버지'와 겪었던 유년 시절을 '어머님'에게 들려주는 시상 전개 방식으로 과거와 현재의 시간을 이어 준다.

② '목조 적산 가옥 이층 다다미방'이라는 현재 위치에서 화자가 과거의 이야기를 전해 주는 방식으로 시적 현재의 의미를 생성해 낸다.

③ '옛날처럼 나는'에서 현재의 순간에 과거의 경험들이 공존해 있는 시적 상황을 설정하고 있다.

④ '예닐곱 살 적 그 겨울밤'을 '영하의 한강교를 지나면서' 떠올리는 데서 과거와 현재의 통합이 드러난다.

⑤ '그 겨울밤의 아버지'가 '이승의 물로 화신'했다고 표현함으로써 과거와 현재를 분리하지 않는 시간의 모호성을 드러낸다.

294 [B]를 중심으로 (다)를 감상한 것으로 적절하지 않은 것은?

① '곁에서 잠든 아이들 이불깃을 덮어 주'는 모습이 '나를 품에 안고 추위를 막아 주던' 모습과 호응하여, 자식을 걱정하는 아버지의 마음이 시적 화자에게로 이어짐을 보여 주는군.

② '늘 그런 추억으로 마음이 아프'다는 것으로 미루어 볼 때, '아버지, 아버지……'에서 아버지의 부재에 대한 시적 화자의 애틋함을 여운으로 남기고 있음을 알 수 있군.

③ '한 줌 뼛가루'의 이미지와 '하얗게 얼음으로 엎드려 있는' 강의 이미지를 연관시켜, 아버지의 모습을 감각적으로 표현하고 있군.

④ '나를 품어 주던 그 가슴'과 '꽝 꽝 얼어붙은 잔등'의 대비를 통하여, 내면의 의도와 반대되는 행동을 보여 주셨던 아버지의 태도를 강조하고 있군.

⑤ '다시 아버지 곁에 눕고 싶'은 현재와 '아버지 가랭이 사이로 시린 발을 밀어 넣'었던 과거를 연결하여, 아버지에 대한 그리움을 담아내고 있군.

[295~297] 다음 글을 읽고 물음에 답하시오.   2022.11 [32~34]

── 해설편 Part 2 p.121 ──

(가)

춘일(春日)이 지지(遲遲)하여 뻐꾸기가 보채거늘
동린(東隣)에 쟁기 얻고 서사(西舍)에 호미 얻고
집 안에 들어가 씨앗을 마련하니
㉠올벼 씨 한 말은 반 넘게 쥐 먹었고
기장 피 조 팥은 서너 되 부쳤거늘
한아(寒餓)한 식구 이리하여 어이 살리

           (중략)

베틀 북도 쓸데없어 빈 벽에 남겨 두고
㉡솥 시루 버려두니 붉은 빛이 다 되었다
세시 삭망 명절 제사는 무엇으로 해 올리며
원근 친척 내빈왕객(來賓往客)은 어이하여 접대할꼬
㉢이 얼굴 지녀 있어 어려운 일 하고 많다
이 원수 궁귀(窮鬼)를 어이하여 여의려뇨
술에 후량을 갖추고 이름 불러 전송하여
길한 날 좋은 때에 사방으로 가라 하니
웅얼웅얼 불평하며 원노(怨怒)하여 이른 말이
어려서나 늙어서나 희로우락(喜怒憂樂)을 너
와 함께하여
죽거나 살거나 여읠 줄이 없었거늘   ┐
어디 가 뉘 말 듣고 가라 하여 이르느뇨
우는 듯 꾸짖는 듯 온가지로 협박커늘
돌이켜 생각하니 네 말도 다 옳도다
무정한 세상은 다 나를 버리거늘   [A]
네 혼자 유신하여 나를 아니 버리거든
위협으로 회피하며 잔꾀로 여읠려냐
하늘 삼긴 이내 궁(窮)을 설마한들 어이하리
빈천도 내 분(分)이니 서러워해 무엇하리 ┘

                -정훈, 「탄궁가」-

(나)

서산에 돋을볕 비추고 구름은 느지막이 내린다
비 온 뒤 묵은 풀이 뉘 밭이 우거졌던고
㉣두어라 차례 정한 일이니 매는 대로 매리라

                      〈제1수〉

면화는 세 다래 네 다래요 이른 벼의 패는 모가 ┐
곱난가
  오뉴월이 언제 가고 칠월이 반이로다   [B]
  아마도 하느님 너희 삼길 제 날 위하여 삼기셨다 ┘

                      〈제7수〉

아이는 낚시질 가고 집사람은 절이채 친다
새 밥 익을 때에 새 술을 걸러셔라
㉤아마도 밥 들이고 잔 잡을 때에 흥에 겨워 하노라

                      〈제8수〉

                -위백규, 「농가」-

295 (가)에 대한 설명으로 가장 적절한 것은?

① 계절의 변화에 조응하는 여러 자연물을 활용해 화자의 인식 전환을 보여 주고 있다.
② 계절감이 드러난 소재를 대등하게 나열해 시상을 전개하고 있다.
③ 특정 계절의 풍속을 화자의 시선 이동에 따라 묘사하고 있다.
④ 특정 계절을 배경으로 제시해 화자의 처지를 부각하고 있다.
⑤ 계절의 순환을 중심으로 자연의 섭리를 드러내고 있다.

296 [A], [B]에 대한 이해로 적절하지 <u>않은</u> 것은?

① [A]에서 '술에 후량'을 갖춘 화자는 의례를 통해 '궁귀'에 대한 예우를 표하고 있다.

② [B]에서 화자는 시간의 경과를 의식하며 '세 다래 네 다래' 열린 '면화'에 대한 만족감을 드러내고 있다.

③ [A]에서 화자는 '이내 궁'과의 관계를, [B]에서 화자는 '너희'와의 관계를 운명적인 것으로 여기는 관점을 취하고 있다.

④ [A]에서 화자는 '옳도다'라는 응답으로 '네 말'을 수용하는 태도를, [B]에서 화자는 '반이로다'라는 감탄으로 '패는 모'에 대한 기대감을 드러내고 있다.

⑤ [A]와 [B]에서 화자는 각각 초월적인 존재인 '하늘'과 '하느님'을 예찬하는 어조를 취하고 있다.

297 〈보기〉를 참고할 때, ㉠~㉤의 문맥적 의미에 대한 이해로 적절하지 <u>않은</u> 것은? [3점]

─────[보기]─────

「탄궁가」는 향촌 공동체에서 경제적 기반이 취약한 사대부가 가정과 사회에 대한 책임을 다하기 어려운 자신의 궁핍한 삶을 실감나게 그려 낸 작품이다. 한편 「농가」는 곤궁한 향촌 공동체의 발전을 위해 여러 방도를 모색한 사대부가 가난을 벗어난 이상화된 농촌상을 그려 낸 작품이다.

① ㉠은 파종할 볍씨를 쥐가 먹어 버린 상황을 제시해 가난한 향촌 사대부의 곤혹스러운 처지를 실감나게 그려 낸다.

② ㉡은 솥과 시루가 녹슨 상황을 제시해 끼니조차 잇지 못하는 생활이 지속되는 향촌 사대부 가정의 궁핍함을 부각한다.

③ ㉢은 체면을 지키기 어려운 상황을 제시해 취약한 경제적 기반 때문에 사회적 책임을 내려놓는 향촌 사대부의 죄책감을 드러낸다.

④ ㉣은 밭을 맬 때 예정된 차례에 따라야 함을 나타내어 사회적 약속에 대한 존중을 향촌 공동체 발전의 방도로 여기는 관점을 드러낸다.

⑤ ㉤은 먹을거리에 부족함이 없이 즐거운 향촌 구성원의 모습을 통해 가난을 벗어난 이상화된 농촌상의 일면을 보여 준다.

— 해설편 Part 2 p.126 —

심청이 왈,

"나는 이 동네 사람이러니, 우리 부친 앞을 못 봐 '공양미 삼백 석을 지성으로 불공하면 눈을 떠 보리라.' 하되 가난하여 장만할 길이 전혀 없어 내 몸을 팔려 하니 어떠하뇨?"

뱃사람들이 이 말을 듣고,

"효성이 지극하나 가련하다."

하며 허락하고, 즉시 쌀 삼백 석을 몽운사로 보내고,

"금년 삼월 십오 일에 배가 떠난다."

하고 가거늘 심청이 부친께,

"공양미 삼백 석을 이미 보냈으니 이제는 근심치 마옵소서."

심봉사 깜짝 놀라,

"너 그 말이 웬 말이냐?"

심청같이 타고난 효녀가 어찌 부친을 속이랴마는 어찌할 수 없는 형편이라 잠깐 ⑤거짓말로 속여 대답하길,

"장승상댁 노부인이 일전에 저를 수양딸로 삼으려 하셨으나 차마 허락지 아니하였는데, 지금 공양미 삼백 석을 주선할 길이 전혀 없어 이 사연을 노부인께 여쭌즉 쌀 삼백 석을 내어 주시기에 수양딸로 가기로 했나이다."

하니 심봉사 물색 모르고 이 말 반겨 듣고,

"그렇다면 고맙구나. 그 부인은 일국 재상의 부인이라 아마도 다르리라. 복이 많겠구나. 저러하기에 그 자제 삼 형제가 벼슬길에 나아갔으리라. 그러하나 양반의 자식으로 몸을 팔았단 말이 이상하다마는 장승상댁 수양딸로 팔린 거야 관계하랴. 언제 가느냐?"

"다음 달 보름에 데려간다 하더이다."

"어, 그 일 매우 잘 되었다."

심청이 그날부터 곰곰이 생각하니, **눈 어두운 백발 부친 영영 이별**하고 죽을 일과 사람이 세상에 나서 십오 세에 죽을 일이 정신이 아득하고 일에도 뜻이 없어 식음을 전폐하고 근심으로 지내더니 **다시금 생각**하되,

'엎질러진 물이요, 쏘아 놓은 화살이다.'

날이 점점 가까워 오니,

'**이러다간 안 되겠다. 내가 살았을 제 부친 의복 빨래나 하리라.**'

하고 춘추 의복 상침 겹것, 하절 의복 한삼 고이 박아 지어 들여 놓고, 동절 의복 솜을 넣어 보에 싸서 농에 넣고, 청목으로 갓끈 접어 갓에 달아 벽에 걸고, 망건 꾸며 당

줄 달아 걸어 두고, 행선 날을 세어 보니 하룻밤이 남은지라. 밤은 깊어 삼경인데 은하수 기울어졌다. 촛불을 대하여 두 무릎 마주 꿇고 머리를 숙이고 한숨을 길게 쉬니, 아무리 효녀라도 마음이 온전할쏘냐.

'아버지 버선이나 마지막으로 지으리라.'

하고 바늘에 실을 꿰어 드니 가슴이 답답하고 두 눈이 침침, 정신이 아득하여 하염없는 울음이 간장으로조차 솟아나니, 부친이 깰까 하여 크게 울지 못하고 흐느끼며 얼굴도 대어 보고 손발도 만져 본다.

(중략)

황후 반기시사 가까이 입시하라 하시니 상궁이 명을 받아 심봉사의 손을 끌어 별전으로 들어갈 새 심봉사 아무란 줄 모르고 겁을 내어 걸음을 못 이기어 별전에 들어가 계단 아래 섰으니 심 맹인의 얼굴은 몰라볼레라 백발은 소소하고 황후는 삼 년 용궁에서 지냈으니 부친의 얼굴이 가물가물하여 물으시길,

"처자 있으신가?"

심봉사 땅에 엎드려 눈물을 흘리면서,

"아무 연분에 상처하옵고 초칠일이 못 지나서 어미 잃은 딸 하나 있삽더니 눈 어두운 중에 어린 자식을 품에 품고 동냥젖을 얻어먹여 근근 길러 내어 점점 자라나니 효행이 출천하여 옛사람을 앞서더니 요망한 중이 와서 '공양미 삼백 석을 시주하오면 눈을 떠서 보리라.' 하니 신의 여식이 듣고 '**어찌 아비 눈 뜨리란 말을 듣고 그저 있으리오.**' 하고 달리 마련할 길이 전혀 없어 신도 모르게 남경 선인들에게 삼백 석에 몸을 팔아서 인당수에 제물이 되었으니 그때 십오 세라, 눈도 뜨지 못하고 **자식만 잃었사오니** 자식 팔아먹은 놈이 세상에 살아 쓸데없으니 죽여 주옵소서."

황후 들으시고 슬피 눈물 흘리시며 그 말씀을 자세히 들으심에 정녕 부친인 줄은 아시되 부자간 천륜에 어찌 그 말씀이 그치기를 기다리랴마는 자연 말을 만들자 하니 그런 것이었다. 그 말씀을 마치자 황후 버선발로 뛰어 내려와서 부친을 안고,

"아버지, 제가 그 심청이어요."

심봉사 깜짝 놀라,

"이게 웬 말이냐?"

하더니 어찌나 반갑던지 **뜻밖에 두 눈**에 딱지 떨어지는 소리가 나면서 두 눈이 활짝 밝았으니, 그 자리 맹인들이

심봉사 눈 뜨는 소리에 일시에 눈들이 '희번덕, 짝짝' 까치 새끼 밥 먹이는 소리 같더니, 뭇 소경이 천지 세상 보게 되니 맹인에게는 천지개벽이라.

-작자 미상, 「심청전」-

298 ㉠에 대한 이해로 적절하지 <u>않은</u> 것은?

① '심청'과 '뱃사람'의 대화 속에서, ㉠으로 감추려고 한 사건을 확인할 수 있다.

② '심청'이 ㉠을 결심할 때 드러나는 생각에서, '심청'이 불가피하게 ㉠을 선택했음을 알 수 있다.

③ ㉠을 전후하여 진행된 '심청'과 '심봉사'의 대화에서, ㉠에 등장하는 인물이 '심봉사'에게 낯설지 않은 존재임을 알 수 있다.

④ '심봉사'가 ㉠을 듣고 보인 반응에서, ㉠이 '심봉사'에게 의심 없이 받아들여졌음을 확인할 수 있다.

⑤ '심봉사'가 ㉠을 듣고 한 말에서, ㉠이 '심청'과 '심봉사' 사이의 갈등을 해소하는 단초가 됨을 알 수 있다.

299 [A]에 대한 설명으로 가장 적절한 것은?

① '황후'가 있는 별전에 '심봉사'가 들어가는 과정을 묘사함으로써 두 사람이 동일한 감정을 느끼고 있음을 보여 주고 있다.

② '심봉사'에게 가족에 관한 질문을 함으로써 '황후'가 '심봉사'의 정체를 확인할 수 있는 계기가 마련되고 있다.

③ '심봉사'가 부인과 일찍 사별하게 된 이유를 눈물을 흘리며 언급함으로써 '심봉사'의 기구한 삶이 드러나고 있다.

④ '심봉사'가 딸에게 그녀의 의지와는 무관한 선택을 강요함으로써 결국 영원히 이별하게 된 과정을 풀어내고 있다.

⑤ '심봉사'가 자신의 아버지임을 알아차린 '황후'가 '심봉사'의 발언이 끝나기 전에 자신이 딸임을 밝힘으로써 상봉의 기쁨을 강조하고 있다.

300 〈보기〉를 참고하여 윗글을 감상한 내용으로 적절하지 <u>않은</u> 것은? [3점]

[보기]

「심청전」은 효의 실현 과정에서 다양한 양상의 모순적 상황이 발생한다. 심청이 효를 실천하기 위해 자기희생을 선택함으로써 정작 부친 곁에 남아 있지 못하게 되는 것은 심청의 효행으로 인한 모순적 상황이다. 그리고 심청의 자기희생의 목적이었던 부친의 개안(開眼)이 뒤늦게 실현되는 것은 결말의 지연을 위해 설정된 모순적 상황이라 할 수 있다. 이러한 모순적 상황들로 인해 결말은 보다 극적인 양상을 띠게 되고 심청의 효녀로서의 면모가 더욱 강조된다.

① 심청이 '눈 어두운 백발 부친'과의 '영영 이별'을 근심하면서도 이를 '다시금 생각'하는 것으로 보아, 심청은 자신의 효행으로 인한 모순적 상황을 염려하면서도 결국은 이를 수용하려 함을 알 수 있군.

② 심청이 '이러다간 안 되겠다'며 '내가 살았을 제' 할 일을 생각하는 것으로 보아, 심청은 자신의 효행으로 인한 모순적 상황을 걱정하며 이를 대비하고 있음을 알 수 있군.

③ 심청이 '어찌 아비 눈 뜨리란 말을 듣고 그저 있으리오'라고 말했다는 것으로 보아, 심청은 효행 그 자체보다는 효행으로 인한 모순적 상황을 걱정하고 있음을 알 수 있군.

④ 심봉사가 '자식만 잃었사오니'라고 말하는 것으로 보아, 심봉사는 결말의 지연을 위해 설정된 모순적 상황에 직면하여 자책하고 있음을 알 수 있군.

⑤ 심봉사가 심청과의 상봉으로 인해 '뜻밖에 두 눈'을 뜨게 되는 것으로 보아, 모순적 상황으로 인한 결말의 지연이 극적인 효과를 자아내고 있음을 알 수 있군.

—— 해설편 Part 2 p.131 ——

(가)

꿈을 아느냐 네게 물으면,
플라타너스,
너의 머리는 어느덧 파아란 하늘에 젖어 있다.

너는 사모할 줄을 모르나,
플라타너스,
너는 네게 있는 것으로 그늘을 늘인다.

먼 길에 올 제,
㉠홀로 되어 외로울 제,
플라타너스,
너는 그 길을 나와 같이 걸었다.

이제 너의 뿌리 깊이
나의 영혼을 불어넣고 가도 좋으련만,
플라타너스,
나는 너와 함께 신이 아니다!

수고론 우리의 길이 다하는 어느 날,
플라타너스,
너를 맞아 줄 검은 흙이 먼 곳에 따로이 있느냐?
나는 오직 너를 지켜 네 이웃이 되고 싶을 뿐,
그곳은 아름다운 별과 나의 사랑하는 창이 열린 길이다.

-김현승, 「플라타너스」-

(나)

선뜻! 뜨인 눈에 하나 차는 영창
달이 이제 밀물처럼 밀려오다.

미욱한 잠과 베개를 벗어나
부르는 이 없이 불려 나가다.

한밤에 ㉡홀로 보는 나의 마당은
호수같이 둥긋이 차고 넘치노나.

쪼그리고 앉은 한옆에 흰 돌도
이마가 유달리 함초롬 고와라.
연연턴 녹음, 수묵색으로 짙은데
한창때 곤한 잠인 양 숨소리 설키도다.

비둘기는 무엇이 궁거워* 구구 우느뇨,
오동나무 꽃이야 못 견디게 향그럽다.

-정지용, 「달」-

* 궁거워 : 궁금하여.

301 (가)에 대한 설명으로 가장 적절한 것은?

① 반복적 호명을 통해 중심 대상으로 초점을 모으고 있다.
② 반어적 표현을 활용하여 대상의 이중성을 부각하고 있다.
③ 색채어를 활용하여 대상의 고풍스러운 모습을 드러내고 있다.
④ 현재형 진술을 통해 대상의 역동적 성격을 보여 주고 있다.
⑤ 상승적 이미지를 활용하여 사물의 변화 과정을 표현하고 있다.

302 ㉠과 ㉡에 대한 이해로 가장 적절한 것은?

① ㉠은 화자의 관조적 자세를, ㉡은 화자의 반성적 자세를 보여준다.
② ㉠은 화자가 경험한 시련을, ㉡은 화자가 간직한 추억을 환기한다.
③ ㉠은 화자의 무기력한 태도를, ㉡은 화자의 담담한 태도를 표현한다.
④ ㉠은 화자의 적막한 처지를, ㉡은 화자를 둘러싼 고즈넉한 분위기를 드러낸다.
⑤ ㉠은 현실에 대한 화자의 회의감을, ㉡은 앞날에 대한 화자의 기대감을 부각한다.

303 〈보기〉를 바탕으로 (가)와 (나)를 감상한 내용으로 적절하지 않은 것은? [3점]

---[보기]---

(가)와 (나)는 특정한 공간에서 사물과 교감하는 화자의 내면을 보여 준다. (가)의 화자는 삶의 여정이자 구도적 공간인 '길'에서 이상 세계인 '하늘'을 지향하는 소망을 드러낸다. (나)의 화자는 달밤의 조화로운 풍경을 포착하는 심미적 공간인 '마당'에서 사물의 아름다움에 대한 충만한 정서를 드러낸다.

---

① (가)의 화자는 '플라타너스'와 '같이' 걷는 모습에서, (나)의 화자는 '흰 돌'의 '유달리' 고운 '이마'를 알아채는 모습에서 사물과의 교감을 보여 주는군.

② (가)의 화자는 '어느 날'에 이르는 과정을 통해 삶의 여정을 드러내고, (나)의 화자는 '한밤'에 '밀물'처럼 밀려온 달빛을 통해 조화로운 풍경을 포착하는군.

③ (가)의 '창'은 화자와 '하늘'을 잇는 매개체로서 이상 세계의 완전함을, (나)의 '영창'은 화자의 내면과 외부 세계를 잇는 매개체로서 화자의 만족감을 상징하는군.

④ (가)는 반짝이는 '별'의 이미지를 활용하여 화자가 지향하는 세계의 아름다움을, (나)는 차고 넘치는 '호수'의 이미지를 활용하여 화자가 느끼는 '마당'의 아름다움을 표현하는군.

⑤ (가)의 화자는 '플라타너스'와 '이웃'이 되어 구도의 '길'을 함께하고자 하는 소망을, (나)의 화자는 오동 꽃이 '못 견디게 향그럽다'고 표현하여 자연에 대한 감흥을 드러내는군.

[304~307] 다음 글을 읽고 물음에 답하시오.   2025.11 [28~31]

──── (해설편 Part 2 p.137) ────

㉠불편스런 일이 한두 가지가 아니었다. 하지만 허원은 그렇게 스스로 주의하고 고통을 감내해 냈기 때문에 자신의 비밀을 남 앞에 감쪽같이 숨겨 나갈 수 있었다. 아무도 그의 비밀을 눈치챈 사람이 없었다. 비밀이 탄로나지 않는 한 그의 일상생활은 더 이상 불편을 겪을 필요도 없었다. 인체 생리나 해부학 서적 같은 걸 뒤져 봐도 성인의 배꼽은 거의 아무런 기능도 수행하지 않음을 알 수 있었다. 적어도 그의 외모나 바깥 생활은 정상을 유지할 수 있었다. 그 점만이라도 무척 다행이었다. 그는 일단 안도의 한숨을 내쉬었다.

㉡─그깟 놈의 배꼽, 안 가지고 있음 어때.

그쯤 체념을 하고 될 수 있으면 배꼽에 관한 일들을 잊어버리려 했다. ㉢자신으로부터 배꼽이 사라져 버린 사실을, 그리고 그 때문에 생긴 모든 불편을 잊고, 그 배꼽 없는 생활에 스스로 익숙해져 버리기를 바라 마지않았다. 하지만 문제는 그렇게 간단하지 않았다. 아무리 일상생활에선 드러나게 불편한 점이 없다 해도 그는 역시 배꼽이 없는 자신에 대해 좀처럼 익숙해질 수가 없었다. 그는 자꾸만 허전해서 견딜 수가 없어지곤 했다. 있느니라 여기고 지낼 때는 그처럼 무심스럽던 일이 그런 식으로 한번 의식의 끈을 건드려 오자 허원의 상념은 잠시도 그 잃어 버린 배꼽에서 떠나 있을 수가 없었다.

그는 마침내 회사 출근마저 단념하기에 이르렀다. 그러자 신통하게도 늦잠 버릇이 깨끗이 자취를 감춰 버렸다. 그는 눈만 뜨면 사라져 없어진 배꼽 때문에 기분이 허전했고, 그러면 그 허망감을 쫓기 위해 배꼽에 관한 끝없는 상념들을 쌓기 시작했다.

(중략)

그리하여 배꼽에 관한 허원의 지식과 **사념**은 자꾸 더 **심오하고 추상적인** 것이 되어 갔다. 그에게는 어느덧 그 나름의 독특한 배꼽론 같은 것이 윤곽을 지어 가고 있었다. 하지만 그러면 그럴수록 허원은 더욱더 허전해지고, 아무 곳에도 발이 닿아 있는 것 같지 않고, 혼자서 외롭게 허공을 둥둥 떠다니고 있는 것처럼 느껴졌다. 그러면 그는 또 거듭 그 허망감을 쫓기 위해 자신의 배꼽론을 완벽하게 발전시켜 나갔다. 마치 그렇게 하여 그는 자신

의 사념 속에서 잃어버린 배꼽을 되찾아내고, 그것으로 그 **실물**을 대신해 어떤 식으로든 자신과 세상 간에 큰 불편이 없도록 화해시키고 그것으로 그 난감스런 허망감을 채우려는 듯이. 그의 배꼽론은 가령 이런 식으로까지 발전되어 있었다.

─우리는 누구나 **배꼽**을 가지고 있다…… 우리는 우리들의 어머니로부터 **탯줄**이 끊어지는 순간 이 우주의 한 단자(單子)로서 고독하게 존재하게 되었다. 그러나 우리는 영원히 그 탯줄의 기억을 잊지 않는다. 우리 영혼은 언제까지나 그 어머니의 탯줄과 이어지려 하고, 또다시 그 어머니의 어머니의 탯줄과 이어져 나가면서 우리 **존재**를 설명하고 근원을 밝혀 나가며, 마침내는 마지막 어머니의 탯줄이 이어지는 우리들의 **우주와 만나게** 된다…… 우리의 배꼽은 우리가 그 마지막 우주와 만나고자 하는 향수의 표상이며 가능성의 상징이며 존재의 비밀로 나아가는 형이상학이다. 그 비밀의 문이다……

그는 어느덧 배꼽에 대해 당당한 일가견을 이룬 배꼽 전문가가 되어 가고 있었다.

㉣어느 해 여름이었다. 하니까 그것은 허원이 자신의 배꼽을 잃어버리고 나서 불편하기 그지없는 세 번째의 여름을 맞고 있을 때였다. 그는 물론 배꼽을 잃어버린 자신에 대해 아직도 완전힌 익숙해지질 못하고 있었다. 그의 사념 역시 언제나 그 눈에 보이지 않는 배꼽에 매달려 거기에서밖에는 영영 더 이상 자유로워질 수가 없었다. 그 대신 허원은 이제 그 자신의 **배꼽론**에 대해선 매우 **확고한 경지**에 도달해 있었다.

그럴 즈음이었다. 허원은 문득 **세상 사람들**이 수상쩍어지기 시작했다. 어느 때부턴지는 확실히 알 수 없었지만, 세상 사람들 역시 무슨 이유에선지 이 인간 장기의 한 조그만 흔적에 대해 **심상찮은 관심**을 나타내기 시작한 것이다. 배꼽에 대한 사람들의 관심 역시 기왕부터 있어 온 것을 여태까지 서로 모르고 지내 오다가 비로소 어떤 기미를 알아차리게 된 것인지, 혹은 사람들로 하여금 그런 관심을 내보이게 할 만한 무슨 우연찮은 계기가 마련되었는지는 확실치가 않았다. 그리고 무엇 때문에 사람들에게서 그런 관심이 시작되었는지 그 이유를 알 수도 없었다. 하지만 그것은 어쨌든 **사실**이었다. 주의를 기울여 보니 관심의 정도도 여간이 아니었다. 한두 사람, 한두 곳에서만 나타난 현상이 아니었다. 그것은 이미 일반적인 현상이 되어 가고 있었다. 그리고 그렇듯 **배꼽 이야기**가 **일반화**의 기미를 엿보이기 시작하자 사람들은 이제 그걸 신호로 아무 흉허물 없이 터놓고 지껄이거

나 신문, 잡지 같은 데서 진지하게 논의의 대상을 삼기
도 하였다. ⓜ배꼽에 관한 논의가 그렇듯 갑자기 시중
일반에까지 성행하기 시작한 것이다.

기묘한 현상이었다.

-이청준, 「배꼽을 주제로 한 변주곡」-

304 ㉠~㉤의 서술 방식에 대한 설명으로 가장 적절한 것은?

① ㉠: 누구의 생각을 누가 말하는지 명시한 표현을 나타
내어 서술하고 있다.

② ㉡: 인물의 생각을 서술자가 평가하며 그 심화된 의미
를 함축하여 서술하고 있다.

③ ㉢: 인물의 의식을 인물 자신의 생생한 목소리를 통해
서술하고 있다.

④ ㉣: 인물의 상황에 관련된 정보를 부가하여 서술하고
있다.

⑤ ㉤: 인물 행동의 진행 과정을 순차적으로 서술하고 있다.

305 비밀의 서사적 기능으로 가장 적절한 것은?

① 자신의 신념을 인물이 돌이켜 본 결과로, 새로운 세계
관을 바탕으로 하는 주제를 형성한다.

② 얽힌 인간관계를 인물이 성찰하는 전환점으로, 갈등
으로 인한 위기감을 완화한다.

③ 일상적이지 않은 경험을 인물이 의식한다는 표지로,
인물의 심리적 동요를 부른다.

④ 상충된 이해관계를 인물이 조정하는 단서로, 심화된
사회적 갈등을 해소한다.

⑤ 기성의 질서에 인물이 저항한다는 신호로, 돌발적 사
건의 발생을 알린다.

306 '허원'을 중심으로 윗글을 이해한 내용으로 적절하지 않은 것은?

① '허원'은 '실물'과 관련하여 시작된 '사념'을 통해 '존재'
의 의미를 발견해 간다.

② '허원'은 '실물'이 몸에서 큰 기능을 하지 않는다는 것
을 알고 일단 안도감을 느끼게 된다.

③ '허원'은 '사념'을 방편으로 삼아 자신의 현재 상태에
대해 다른 방향에서 접근하고자 한다.

④ '허원'은 '심상찮은 관심'의 원인에 대해 궁금해하면서
'세상 사람들'에게 주의를 기울이게 된다.

⑤ '허원'은 '실물'에 대한 인식을 '세상 사람들'과 공유하
게 되면서, 그간 이어 온 '사념'을 더 이상 지속하지 않
게 된다.

307 〈보기〉를 참고하여 윗글을 감상한 내용으로 적절하지 않은 것은? [3점]

[보기]

「배꼽을 주제로 한 변주곡」은 주인공이 배꼽을
잃어버렸다는 허구적 설정으로 시작하여, 이후 배
꼽을 둘러싼 희화적 에피소드들이 이어진다. 주인
공은 으레 있어야 할 것이 없어져 불편한 생활을 이
어 가던 중 배꼽에 관심을 갖는 이들이 늘어나고 있
음을 알게 된다. 이 과정에서 배꼽에 관련된 개인적
상황은 물론 인간 존재와 사회 상황에 대한 심층적
의미의 탐색이 이루어진다.

① '의식의 끈'이 '건드려'짐으로써 주인공이 비정상적 문
제 상황에 지속적으로 주목하게 된 것이겠군.

② '회사 출근'을 포기하게 되고 '늦잠 버릇'이 사라진 상
황은, 주인공의 일상이 변화된 모습을 보여 준다고 할
수 있겠군.

③ '배꼽'을 '탯줄'에 연관하여 이해하는 것은, 개인에 관
련된 생각을 '우주와 만나'는 '심오하고 추상적인' 생각
으로 확장하는 실마리가 된다고 할 수 있겠군.

④ '그의 사념'이 도달한 '배꼽론'의 '확고한 경지'는 사소
한 것의 심층적 의미를 탐색할 때 이를 수 있으므로,
그 사소한 것에 얽매이지 않는 자유로운 상태에서 실
현이 가능해지겠군.

⑤ '기묘한 현상'은, '배꼽 이야기'가 '일반화'되는 상황이
뜻밖이지만 '사실'로 나타나는 현상을 두고 일컬은 말
이라고 할 수 있겠군.

— 해설편 Part 2 p.144 —

(가)

눈이 오는가 북쪽엔
함박눈 쏟아져 내리는가

험한 벼랑을 굽이굽이 돌아간
백무선 철길 위에
느릿느릿 밤새어 달리는
화물차의 검은 지붕에

연달린 산과 산 사이
너를 남기고 온
작은 마을에도 복된 눈 내리는가

잉크병 얼어드는 이러한 밤에
어쩌자고 잠을 깨어
그리운 곳 차마 그리운 곳

눈이 오는가 북쪽엔
함박눈 쏟아져 내리는가

　　　　　　　　　　　　　　-이용악, 「그리움」-

(나)

왜 그곳이 자꾸 안 잊히는지 몰라
가름젱이 사래 긴 우리 밭 그 건너의 논실 이센 밭
가장자리에 키 작은 탱자 울타리가 쳐진.
훗날 나 중학생이 되어
아침마다 콩밭 이슬을 무릎으로 적시며
그곳을 지나다녔지
수수알이 ㉠꽝꽝 여무는 가을이었을까
깨꽃이 하얗게 부서지는 햇빛 밝은 여름날이었을까
아랫냇가 굽이치던 물길이 옆구리를 들이받아
벌건 황토가 드러난 그곳
허리 굵은 논실댁과 그의 딸 영자 영숙이 순임이가
밭 사이로 일어섰다 앉았다 하며 커다란 웃음들을 웃고
나 그 아래 냇가에 소고삐를 풀어놓고
어항을 놓고 있었던가 가재를 쫓고 있었던가
나를 부르는 소리 같기도 하고
㉡쏴르르 쏴르르 무엇이 물살을 헤짓는 소리 같기도
하여
고개를 들면 아, ㉢청청히 푸르던 하늘
갑자기 무섬증이 들어 언덕 위로 달려 오르면

들꽃 싸아한 향기 속에 두런두런 논실댁의 목소리와
㉣까르르 까르르 밭 가장자리로 울려 퍼지던
영자 영숙이 순임이의 청랑한 웃음소리
나 그곳에 오래 앉아
푸른 하늘 아래 가을 들이 ㉤또랑또랑 익는 냄새며
잔돌에 호미 달그락거리는 소리 들었다
왜 그곳이 자꾸 안 잊히는지 몰라
소를 몰고 돌아오다가
혹은 객지로 나가다가 들어오다가
무엇이 나를 부르는 것 같아
나 오래 그곳에 서 있곤 했다

　　　　　　　　　-이시영, 「마음의 고향 2 – 그 언덕」-

308 (가)에 대한 이해로 가장 적절한 것은?

① '오는가'를 '쏟아져 내리는가'로 변주하여 대상에 대한 화자의 거부감을 드러내고 있다.

② '돌아간'과 '달리는'의 대응을 활용하여 두 대상 간에 조성되는 긴장감을 묘사하고 있다.

③ '철길'에서 '화물차의 검은 지붕'으로 묘사의 초점을 이동하여 정적인 이미지를 강화하고 있다.

④ '잉크병'이라는 사물이 '얼어드는' 현상을 활용하여 화자가 처한 현실의 변화 가능성을 암시하고 있다.

⑤ '잠을' 깬 자신에게 '어쩌자고'라는 의문을 던져 현재의 상황에서 느끼는 화자의 애달픈 심정을 드러내고 있다.

309 ㉠~㉤의 의미를 고려하여 (나)를 감상한 내용으로 적절하지 <u>않은</u> 것은?

① ㉠을 활용하여 유년의 화자가 경험한 가을이 단단한 결실을 맺는 시간임을 부각하고 있군.

② ㉡을 활용하여 냇가에서 놀던 유년의 화자가 누군가 자신을 부르는 소리를 물소리로 느낀 경험을 부각하고 있군.

③ ㉢을 활용하여 유년의 화자에게 순간적 감동을 느끼게 한 맑고 푸른 하늘의 색채를 부각하고 있군.

④ ㉣을 활용하여 무섬증에 언덕을 달려 오른 유년의 화자에게 또렷하게 인식된 이웃들의 밝은 웃음을 부각하고 있군.

⑤ ㉤을 활용하여 유년의 화자가 곡식이 익어 가는 들녘의 인상을 선명하게 지각한 경험을 부각하고 있군.

310 〈보기〉를 참고하여 (가)와 (나)를 이해한 내용으로 적절하지 <u>않은</u> 것은? [3점]

[보기]

　이용악과 이시영의 시 세계에서 고향은 창작의 원천이 되는 공간이다. 이용악의 시에서 고향은 척박한 국경 지역이지만 언젠가 돌아가야 할 근원적 공간으로 그려지는데, (가)에서는 가족이 기다리는 궁벽한 산촌으로 구체화된다. 이시영의 시에서 고향은 지금은 상실했지만 기억 속에서 계속 되살아나는 공간으로 그려지는데, (나)에서는 이웃들과 함께했던 삶의 터전이자 생명이 살아 숨 쉬는 평화로운 농촌으로 구체화된다.

---

① (가)는 '함박눈'으로 연상되는 겨울의 이미지를 통해 '북쪽' 국경 지역의 고향을, (나)는 '햇빛'을 받은 '깨꽃'에서 그려지는 여름의 이미지를 통해 생명력 넘치는 고향을 보여 준다.

② (가)는 '험한 벼랑' 너머 '산 사이'라는 위치를 통해 산촌 마을인 고향의 궁벽함을, (나)는 '소고삐'를 풀어놓고 '가재를 쫓'는 모습을 통해 농촌 마을인 고향의 평화로움을 보여 준다.

③ (가)는 '남기고' 온 '너'를 떠올림으로써 고향에서 기다리는 사람에 대한, (나)는 '밭 사이'에서 웃던 이웃들의 이름을 떠올림으로써 고향에서 함께 살아가던 이웃에 대한 기억을 보여 준다.

④ (가)는 '눈'을 '복된' 것으로 인식함으로써 고향에 돌아갈 날에 대한, (나)는 '무엇'이 '부르는 것 같'았던 언덕을 회상함으로써 고향으로의 귀환에 대한 기대를 드러낸다.

⑤ (가)는 '차마 그리운 곳'이라는 표현을 통해 근원적 공간인 고향에 대한 애틋함을, (나)는 '자꾸 안 잊히는지'라는 표현을 통해 내면에 존재하는 고향에 대한 변함없는 애정을 드러낸다.

──────── (해설편 Part 2 p.150) ────────

이때 태보 궐문 밖으로 나오니 그제야 정신없어 기절하거늘 좌우 제신이며 일가 제족이 구완하여 겨우 인사 차려 좌우를 돌아보며 왈,

"이 몸이 명재경각(命在頃刻)이라. 어찌 살기를 바라리오. 군 등은 태보가 죽거든 죽기로써 간하여 왕비를 내치지 못하게 하옵소서."

한데 이때에 상소 중에 이름 올린 제원(諸員)이 모두 이로되,

[A] "그대는 죽기로써 간하다 어명을 입고 사경이 되었으나 우리도 역시 한 탓이로다. 막중한 충을 몰랐으니 무슨 낯이 있으리오. 일은 여럿이 참여하고 죄는 그대만 혼자 당하였으니 죄스럽고 민망하기 측량없노라."

무수히 위로하다가 형옥(刑獄)으로 전송하더라. 이튿날에 형조 판서 마지못하여 위계를 갖추고 대강 직계(直啓)로 올렸더니 상(上)이 보시고 다시 하교하사,

"금부로 가두라."

하시거늘 금부 옥졸이 옹위하여 **금부**에 이르니 만조백관이며 장안 백성이 구름 뫼듯 하더라. 이때에 생가 친척이며 양가 제족이 애연 돌탄하거늘 태보 위로 왈,

[B] "인명이오면 재천이옵거늘 설마 무죄로 죽어 청춘 원혼이 되리오마는 나의 뜻은 정한 지 오래되었는지라. 하늘이 무너지고 땅이 꺼져도 변할 길이 없사오니 이 몸이 죽거든 영천수 흐르는 물에 훨훨 씻어 다른 곳에는 묻지 말고 남산하에 묻어 주오면 죽은 혼백이라도 궐내를 향하여 우리 주상 심하에 복지하여 주야로 간하여 왕비를 다시 환궁하게 하올 것이니 아무리 죽은 사람의 말이라 하옵고 저버리지 마시며 부디 명심하소서."

금부에 수일 잡혀 갇혔더니, 상이 구태여 왕비는 내치시고 태보는 **진도**로 정배하라 하시니라.

[중략 부분의 줄거리] 박태보의 정배를 따라가려다 되돌아온 박태보의 부인은 꿈에서 남편을 만난다.

한림이 울어 왈,

"내 무죄하여 탕탕한 청천이 감동하사 사생풍진을 다 버리고 전고 충신을 따라 황성에로 구경 가나니, 슬프다! 부인은 기다리지 말고 만세 무양하옵소서."

하되, 부인이 대경 왈,

"어디를 가시며 기다리지 말라 하시니까? 한림은 그

다지 독하시오. 첩도 한가지로 가사이다."

하며 한림의 소매를 잡고 못 가게 하니 한림이 왈,

"부인은 안심하소서. 구구한 사정을 어찌 잊으오리까? 일후 상봉할 날이 있으오리다."

하고 떨치고 나가거늘 부인 한림의 손을 잡고 따라가니 어떤 남자 십여 명이 의관을 정제하고 서 있거늘 겸연쩍어 방으로 들어앉으며 가만 보니 학발의관(鶴髮衣冠)을 갖춘 어린 제자 오륙 인이 분명하거늘 부인이 놀라 깨달으니 남가일몽이라.

부인이 몽사를 생각함에 심신이 산란하여 명월을 대하여 내념에

'분명 한림이 기사하였도다.'

시비를 데리고 몽사를 설화하더니 이미 동방이 밝았거늘 시부모 당하에 문안차로 나가니, **이화촌**에 개 짖으며 문밖에 울음소리 들리거늘 부인이 놀라 문을 열어 보니 한림의 하인 동일이라 하는 사람이 한림의 편지를 드리거늘 대감 부부와 부인이 망극하야 서로 붙들고 통곡하다가 기절하거늘 비복 등이 급히 구완하여 겨우 인사를 분별하는지라.

이때에 원근 제족과 만조백관이 다 조문 후에 장안 백성이 뉘 아니 낙루하리오. 이러구러 곡성이 진동하니 어찌 천신이 감동치 아니하리오. 그 편지를 떼어 보니 하였으되,

'불효자 태보는 두어 자 문안을 부모 전에 올리나이다. 천 리원정에 가다가 **과천**의 관에서 신병과 심회가 울적하거늘 구천에 들어가오니, 사람의 죄 삼천을 정하였으되 불효한 죄가 제일이라 하였으니 삼천 수죄(首罪) 지었으나 국은을 또한 갚지 못하옵고 중로 고혼이 되어 구천에 돌아가는 자식을 생각지 마옵고 말년 귀체를 안보하시다가 만세 후에 부자지정을 만분지일이나 바라나이다.'

하였더라.

이날 대감이 판서 노복 등을 거느리고 즉시 과천으로 행할새, 장안 백성이 다 애연하며 구름 뫼듯 하더라. 대감과 판서 애통함이 측량없더라. 초종례로 극진히 한 후에 채단으로 염습하고 도로 집으로 옮겨와 장사를 지내니 일문이 애통함을 차마 못 볼러라.

각설, 이때에 상이 민 중전을 내치시고 태보를 정배 후, 자연 심신이 산란하여 밤이면 **성내 성외**를 미복으로 순행하시더니 일일은 **한** 곳에 다다르니 명월은 명랑한데 어떤 아이 오륙 인이 월색 희롱하며 노래하야 즐거워하거늘 상이 몸을 은신하시고 자세히 들으니 그 노래에 하였으되,

"저 달은 밝다마는 우리 주상은 불명하여 충신을 무슨 일로 천 리 원정에 내치시며, 무슨 일로 민 중전은 **외관**에 내치시고 군의신충 없었으니 이 부자자효 쓸데없다. 인심은 분명하건마는 국운이 말세 되어 백성도 못할 일을 국가에서 행하고 한심하고 가련하다. 사백 년 사직을 뉘라서 붙들랴. 이 애야, 저 애야. 흥망성쇠는 불관하다마는 당상 부모 모셨어라. **심산궁곡**에 들어가 초목으로 붓을 적시고, 금수로 벗을 삼아 세월을 보내다가 성군을 기다리자."

서로 비기며 애연히 가거늘 상이 그 노래를 들으시매 심신이 산란하여 그 아이들 성명을 묻고자 하시니 아이들이 달아나는지라 못내 애연하시며 곧 환궁하시니라.

-작자 미상, 「박태보전」-

311 윗글의 내용에 대한 이해로 적절한 것은?

① 태보는 형옥에서 금부로 이송해 줄 것을 자청했다.
② 부인은 꿈에서 학발의관을 갖춘 사람들을 보고 놀라 꿈을 깼다.
③ 대감은 아들의 주검을 집으로 데려와 초종례를 극진히 지냈다.
④ 상은 노래의 내용을 알기 위해 아이들에게 이름이 무엇인지 물었다.
⑤ 형조 판서는 상의 명령대로 태보에 대한 조사 결과를 자세히 보고했다.

312 윗글에 제시된 공간에 대한 설명으로 적절하지 <u>않은</u> 것은?

① '금부'는 임금이 권위를 실현하는 공간이고, '한 곳'은 임금이 권위를 내세우는 공간이다.
② '진도'는 임금에게 정배받은 태보가 향해야 하는 곳이고, '외관'은 임금에게 내쳐진 민 중전이 거처해야 하는 곳이다.
③ '이화촌'은 부인이 시부모에게 직접 문안하는 곳이자 태보가 하인을 보내 부모에게 문안하는 곳이다.
④ '과천'은 태보가 '진도'로 가는 경유지이자, 태보의 소식을 받은 대감이 '이화촌'을 떠나 향하는 지점이다.
⑤ '심산궁곡'은 '성내 성외'와 대비되어 임금을 피하려는 백성의 마음이 투영된 공간이다.

313 [A]와 [B]에 대한 설명으로 가장 적절한 것은?

① [A]에서 태보의 위기에 대해 책임을 통감하는 제원들의 탄식은, [B]에서 그 책임을 자신에게 돌리는 태보의 자책과 대비된다.
② [A]에서 태보가 받은 제원들의 위로는, [B]에서 삶을 도모하여 무죄를 소명하겠다는 태보의 결심으로 이어진다.
③ [A]에서 제원들이 칭송하는 태보의 강직함은, [B]에서 소신을 지키겠다고 하는 태보의 다짐에서 확인된다.
④ [A]에서 제원들 간의 갈등으로 인한 태보의 심리적 상처는, [B]에서 가족과의 만남을 통해 해소된다.
⑤ [A]에서 제원들의 말을 통해 드러난 태보의 후회는, [B]에서 가족들을 향한 태보의 말에서 반복된다.

314 〈보기〉를 참고하여 윗글을 감상한 내용으로 적절하지 <u>않은</u> 것은? [3점]

[보기]

『박태보전』은 숙종 대의 실존 인물 박태보의 삶을 소설화한 작품이다. 이 작품에서 박태보는 임금의 부당함으로 드러나는 부도덕한 세계와의 대결에서 패배하여 숭고한 뜻을 이루지 못한다. 그럼에도 그는 가족과 국가에 윤리적 책무를 다하는 인물로 인정받음으로써 도덕적 영웅으로 고양된다. 이때 다양한 서사 장치들은 사건의 입체적 전개에 기여한다.

① 하늘이 태보를 무죄로 판명하여 전고 충신을 따르게 함을 몽사로 드러내어, 태보가 윤리적 명분 면에서 인정받은 도덕적 영웅임을 보여 주는군.
② 국은을 갚지 못하고 죽는다는 태보의 한탄을 편지로 제시하여, 태보가 임금을 올바른 길로 인도하려는 숭고한 뜻을 이루지 못하고 세계와의 대결에서 패배했음을 보여 주는군.
③ 만세 후에도 부자지정을 바라는 태보의 염원을 편지로 제시하여, 태보가 죽음에 이른 상황에서조차 부모에 대한 윤리적 책임을 다하려 한 인물임을 보여 주는군.
④ 주상이 밝은 달의 속성과 대비되는 불명한 인물임을 노래를 통해 제시하여, 백성들이 주상을 부도덕한 인물로 평가하여 신임하지 않았음을 보여 주는군.
⑤ 태보에 대한 민심을 편집자적 논평을 통해 반복적으로 나타내어, 태보가 기우는 국운을 회복한 영웅으로 추대되어 백성들의 지지를 받았음을 보여 주는군.

[315~319] 다음 글을 읽고 물음에 답하시오.　2020.06 [32~36]

───── 해설편 Part 2 p.157 ─────

(가)

　문장(文章)을 ᄒ쟈 ᄒ니 인생식자(人生識字) 우환시
(憂患始)*오

　공맹(孔孟)을 비호려 ᄒ니 도약등천(道若登天) 불가
급(不可及)*이로다

　이 내 몸 쓸 ᄃᆡ 업ᄉᆞ니 성대농포(聖代農圃)* 되오리라
〈제1장〉

　홍진(紅塵)에 절교(絶交)ᄒ고 백운(白雲)으로 위우
(爲友)ᄒ야

　녹수(綠水) 청산(靑山)에 시름 업시 늘거 가니

　이 듕의 무한지락(無限至樂)을 헌ᄉᆞᄒᆞᆯ가 두려웨라
〈제3장〉

　인간(人間)의 벗 잇단 말가 나는 알기 슬희여라

　물외(物外)에 벗 업단 말가 나는 알기 즐거웨라

　슬커나 즐겁거나 내 분인가 ᄒ노라
〈제6장〉

　유정(有情)코 무심(無心)ᄒᆞᆯ 순 아마도 풍진(風塵) 붕
우(朋友)

　무심(無心)코 유정(有情)ᄒᆞᆯ 순 아마도 강호(江湖) 구로
(鷗鷺)

　㉠이제야 작비금시(昨非今是)*을 ᄭᆡᄃᆞ론가 ᄒ노라
〈제8장〉

　도팽택(陶彭澤) 기관거(棄官去)*ᄒᆞᆯ 제와 태부(太傅)
걸해귀(乞骸歸)*ᄒᆞᆯ 제

　호연(浩然) 행색(行色)을 뉘 아니 부러ᄒ리

　알고도 부지지(不知止)*ᄒ니 나도 몰나 ᄒ노라
〈제9장〉

　인간(人間)의 풍우(風雨) 다(多)ᄒ니 므스 일 머무ᄂᆞ뇨

　물외(物外)에 연하(煙霞) 족(足)ᄒ니 므스 일 아니 가리

　이제는 가려 정(定)ᄒ니 일흥(逸興) 계워 ᄒ노라
〈제11장〉

-안서우, 「유원십이곡」-

* 인생식자 우환시 : 사람은 글자를 알게 되면서부터 근심이 시작됨.
* 도약등천 불가급 : 도는 하늘로 오르는 것과 같아 미치기 어려움.
* 성대농포 : 태평성대에 농사를 지음.
* 작비금시 : 어제는 그르고 지금은 옳음.
* 도팽택 기관거 : 도연명이 벼슬을 버리고 떠남.
* 태부 걸해귀 : 한나라 태부 소광이 사직을 간청함.
* 부지지 : 그만두어야 할 때를 알지 못함.

(나)

　어느 날 나는 잠이 들었는데 비몽사몽간이었다. 정신이 산란하고 병이 아닌데 병이 든 듯하여 그 원기가 상했다. 가슴이 돌에 눌린 것처럼 답답한 게 게으름의 귀신이 든 것이 틀림없었다. 무당을 불러 귀신에게 말하게 했다.

　"네가 내 속에 숨어들어서 큰 병이 났다. …(중략)… 게을러서 집을 수리할 생각도 못하며, 솥발이 부러져도 게을러서 고치지 않고, 의복이 해져도 게을러서 깁지 않으며, 종들이 죄를 지어도 게을러서 묻지 않고, 사람들이 시비를 걸어도 게을러서 화를 내지 않아서, 마침내 날로 행동은 굼떠 가고, 마음은 바보가 되며, 용모는 날로 여위어 갈 뿐만 아니라 말수조차 줄어들고 있다. 이 모든 허물은 네가 내게 들어와 멋대로 함이라. 어째서 다른 이에게는 가지 않고 나만 따르며 귀찮게 구는가? 너는 어서 나를 떠나 저 낙토(樂土)로 가거라. 그러면 나에게는 너의 피해가 없고, 너도 너의 살 곳을 얻으리라."

　이에 귀신이 말했다.

　"그렇지 않습니다. 내가 어떻게 당신에게 화를 입히겠습니까? 운명은 하늘에 있으니 나의 허물로 여기지 마십시오. 굳센 쇠는 부서지고 강한 나무는 부러지며, 깨끗한 것은 더러워지기 쉽고, 우뚝한 것은 꺾이기 쉽습니다. 굳은 돌은 고요함으로 이지러지지 않고, 높은 산은 고요함으로 영원한 것입니다. 움직이는 것은 쉽게 요절하고 고요한 것은 장수합니다. 지금 당신은 저 산처럼 오래 살 것입니다. 경우에 따라서는 세상의 근면은 화근이, 당신의 게으름은 복의 근원이 될 수도 있지요. 세상 사람들은 세력을 좇다 우왕좌왕하여 그때마다 시비의 소리가 분분하지만, 지금 당신은 물러나 앉았으니 당신에 대한 시비의 소리가 전혀 없지 않습니까? 또 세상 사람들은 물욕에 휘둘려서 이익을 얻기 위해 날뛰지만, 지금 당신은 걱정이 없어 제정신을 잘 보존하니, 당신에게 어느 것이 흉하고 어느 것이 길한 것이겠습니까? 당신이 이제부터 유지(有知)를 버리고 무지(無知)를 이루며, 유위(有爲)를 버리고 무위(無爲)

에 이르며, 유정(有情)을 버리고 무정(無情)을 지키며, 유생(有生)을 버리고 무생(無生)을 즐기면, 그 도는 죽지 않고 하늘과 함께 아득하여 **태초와 하나**가 될 것입니다. 내가 앞으로도 당신을 도울 것인데, 도리어 나를 나무라시니 자신의 처지를 아십시오. 그래서야 어디 되겠습니까?"

이에 나는 그만 말문이 막혔다. 그래서 ⓛ 앞으로 나의 잘못을 고칠 터이니 그대와 함께 살기를 바란다고 했더니, 게으름은 그제야 떠나지 않고 나와 함께 있기로 했다.

-성현, 「조용(嘲慵)」-

315 (가)와 (나)의 공통점으로 가장 적절한 것은?

① 대조적 소재를 통해 삶에 대한 글쓴이의 인식을 드러내고 있다.
② 명령적 어조를 통해 세태에 대한 부정적 시각을 진술하고 있다.
③ 공간의 이동을 통해 주어진 삶에 순응해야 함을 드러내고 있다.
④ 구체적인 청자를 설정하여 자연에서 얻은 깨달음을 진술하고 있다.
⑤ 계절의 변화를 통해 과거와 대비되는 현재의 상황을 드러내고 있다.

316 〈보기〉를 참고하여 (가)를 이해한 내용으로 적절하지 **않은** 것은? [3점]

[보기]

「유원십이곡」은 강호에서의 삶을 추구하는 노래지만, 화자는 강호에 머문 뒤에도 강호와 속세 사이에서 갈등을 반복한다. 이는 강호에서의 만족한 삶이라는 이상에 도달하는 것이 쉽지 않음을 보여 주는 것이다. 그뿐 아니라 화자가 갈등을 반복하면서도 항상 강호를 선택하는 모습은, 결국 자신의 결정이 가치 있는 것임을 드러내기 위한 것으로 이해할 수 있다.

① 〈제1장〉의 초장에는 화자가 강호를 선택하게 되는 동기가 드러난다.
② 〈제3장〉의 중장에는 강호를 선택한 삶의 모습이 긍정적으로 드러난다.
③ 〈제6장〉의 종장에는 화자 자신이 분수에 맞는 선택을 했음이 드러난다.
④ 〈제9장〉의 중장에는 속세에 미련을 갖게 하는 가치를 언급함으로써 화자의 갈등이 드러난다.
⑤ 〈제9장〉의 종장에는 갈등하는 화자의 모습이, 〈제11장〉의 종장에는 자신의 선택에 만족하는 화자의 모습이 드러난다.

317 절교와 위우를 중심으로 (가)를 감상한 내용으로 적절하지 **않은** 것은?

① 화자가 '절교'하고자 하는 대상은 '인간의 벗'으로 볼 수 있다.
② 화자는 '붕우'를 '절교'하고자 하는 대상으로 인식한다고 볼 수 있다.
③ 화자는 '백운'과의 '위우'를 통해 '무한지락'을 느끼고 있다고 볼 수 있다.
④ 화자가 '위우'하고자 하는 '구로'는 '물외에 연하 족'한 곳에 있다고 볼 수 있다.
⑤ 화자가 '물외에 벗'과 '위우'하고자 하는 이유는 '유정코 무심'하기 때문으로 볼 수 있다.

318 ㉠과 ㉡을 참고하여 (가)와 (나)를 이해한 내용으로 가장 적절한 것은?

① ㉠의 화자는 '공맹을 비호'기 위해 '성대농포'의 길을 가야 함을 알게 되었다.

② ㉡의 '나'는 '태초와 하나가' 되게 하는 상대방의 제안을 수용하며 '굳센 쇠'와 같은 변치 않는 삶을 다짐하고 있다.

③ ㉠의 화자는 '녹수 청산'에서의 삶을 즐거워하고, ㉡의 '나'는 '깨끗한 것'을 '길한 것'으로 받아들이고 있다.

④ ㉠의 화자는 현재의 삶이 옳음을 '씨ᄃᆞᆫ가'로 밝히고, ㉡의 '나'는 반성의 태도를 '고칠 터이니'로 드러내고 있다.

⑤ ㉠의 화자는 '풍우 다'한 현실을 긍정적으로 받아들이고, ㉡의 '나'는 '시비의 소리'에 흔들렸던 자신의 잘못을 고치겠다고 다짐하고 있다.

319 〈보기〉를 참고하여 (나)를 감상한 내용으로 적절하지 <u>않은</u> 것은?

─────[보기]─────

「조용」에서 필자는 '나'와 '게으름 귀신'의 대화라는 구조를 활용하여 게으름에 대한 사색의 결과를 담아내고 있다. 필자는 게으름의 양면성을 드러내어 게으름의 부정적 측면을 경계하는 한편 게으름의 긍정적 측면을 통해 세태에 대한 비판적 시각을 보여 준다.

① '나'가 무당을 내세워 '귀신'에게 말을 건네는 것에서, 자신의 게으른 생활에 대해 살펴보려는 필자의 모습을 알 수 있겠군.

② '나'가 집안의 대소사를 해결하지 않고 게으름을 피우는 행위를 나열하는 것에서, 게으름의 폐단을 드러내려는 필자의 생각을 알 수 있겠군.

③ '나'가 '멋대로' 행동하는 게으름을 탓하면서도 게으름은 자신의 '허물'이라 여기는 것에서, 게으름의 양면성을 드러내려는 필자의 의도를 알 수 있겠군.

④ '나'가 게으름 덕분에 '물욕'에서 벗어날 수 있다는 '귀신'의 말에서, 게으름의 긍정적 측면을 보여 주려는 필자의 의도를 알 수 있겠군.

⑤ '나'가 게으름 덕분에 세상 사람들과 달리 걱정 없이 살 수 있다는 '귀신'의 말에서, 이익을 얻기 위해 다투는 사람들에 대한 필자의 비판적 시각을 알 수 있겠군.

(해설편 Part 2 p.166)

"이곳은 서방 세계(西方世界)라, 속객이 어찌 오시니잇가?"

성의가 공손히 답례하고 가로되,

"나는 안평국 사람이러니 천성금불 보탑존자를 뵈러 왔사오니 어디 계시니잇가?"

화상이 왈,

"보탑존자는 금강천불대사라. 인간 육신으로 이곳을 들어왔으니 정성을 가히 알지라. 그대 정성을 신령이 감동함이나 마음이 부정(不淨)하면 대사를 보지 못할지라. 물러가 칠 일 재계(齋戒) 후에 대사를 보소서."

하거늘 성의가 슬프게 눈물 흘리며 재배 왈,

"소자 무변광해를 주유하와 천신만고하여 왔삽거늘 어찌 물러가 칠 일을 머물리잇가? 바라건대 스님은 살피사 일각이 삼추 같사온 성의 마음을 불쌍히 여기지 아니하시면 차라리 이곳에서 죽어 사부의 어엿비 여기심을 바라나이다."

하니 화상이 왈,

"이곳을 한 번 보면 삼재팔난이 소멸되나니 귀객의 효성이 창천에 사무치는지라. 작일에 존자 분부하시되, '명일 유시에 안평국 왕자 내게 올 것이니 오는 즉시 아뢰라.' 하시더니, 생각건대 그대를 이르심이라."

하고,

"잠깐 머무소서."

하며 들어가더니 이윽고 나와 청하거늘 성의 따라 들어가니 칠층 전각의 일위 존자 머리에 누런 송라를 쓰고 칠건 가사를 메고 좌수에 금강경을 쥐고 우수로 백팔염주를 두르며 경문을 외우니, 좌편의 오백 나한이며 우편의 칠백 중들이 합송하니 송경 소리 반공에 사무치는지라. 성의 칠보대 아래에서 재배하는데, 존자 왈,

"내 일찍 수도하여 천하제국 중생의 선악을 보는지라. 이제 네 효도하여 위친지성(爲親至誠)이 지극하여 극락 서역이 창해 누만 리거늘 부모에게 효도함에 위친지성으로 길을 삼아 금일로 올 줄을 알았더니 과연 오도다."

하며 환약 일봉을 주며 왈,

[A]
"이 약이 일영주니 바삐 돌아가 모환을 구하라. 너는 본디 하계(下界) 사람이 아니라. 전세에 묘일성신과 혐의* 있더니, 금세에 형제 됨에 곤액(困厄)* 이 있으나 필경에 원한을 풀 날이 있으리라."

[중략 줄거리] 일영주를 구해 돌아오던 중 성의는, 왕위를 이어받는 데 위협을 느낀 형 항의에게 공격을 당해 일영주를 빼앗기고 눈이 먼다.

각설, 이때 성의 한 조각 판자를 의지하였으니 어찌 가련치 아니하리오. 두 눈이 어두웠으니 천지일월성신이며 만물을 어찌 알리오. 동서남북을 어찌 분별하며 흑백 장단을 어이 알리오. 다만 바람이 차면 밤인 줄 알고 일기가 따스한즉 낮인 줄 짐작하나 만경창파에 금수 소리도 없는지라.

[B]
삼일 삼야 만에 판자 조각이 다다른 곳이 있는지라. 놀래어 손으로 어루만지니 큰 바위라. 기어 올라가 정신을 수습하여 바위를 의지하고 앉아 탄식 왈, "사형(兄)*이 어찌 이다지 불량하여 무죄한 인명을 창파 중에 원혼이 되게 하고, 나로 하여금 이 지경이 되게 하였으니 이제는 부모가 곁에 계신들 얼굴을 알지 못하게 되었으니 어찌 통한치 아니하리오. 그러나 모친 환우가 어떠하신지, 일영주를 썼는지 알지 못하니 어찌 원통치 아니하며, 인자하신 우리 모친이 속절없이 황천에 돌아가시겠도다."
하고 슬피 통곡하니 창천이 욕열하고 일월이 무광한지라.

사고무인(四顧無人) 적막한데 십이 세 적공자가 불량한 사형에게 두 눈을 상하고서 일시에 맹인이 되어 외로운 암석 상에 홀로 앉아 자탄하니 그 아니 처량한가. 적적무인(寂寂無人) 야삼경의 추풍은 삽삽하여 원객의 수심을 자아내고, 강수동류원야성(江水東流猿夜聲)의 잔나비 슬피 울고, 유의한 두견성과 창파만경의 백구들은 비거비래(飛去飛來) 소리 질러 자탄으로 겨우 든 잠을 놀라 깨니 첩첩원한 무궁이라. 하늘을 우러러 탄식을 마지 아니하더니 문득 ㉠청아한 소리 들리거늘 귀를 기울여 들으며 헤아리되, '이는 분명한 대 소리로다. 이 같은 대해 중에 어찌 대밭이 있는고.' 하며 '이는 반드시 촉나라 땅이로다.' 하고 소리를 쫓아 내려가고저 하더니, 문득 ㉡오작(烏鵲)이 우지지며 손에 자연 짚이는 것이 있거늘 이는 곧 실과라. 먹으니 배 부른지라 정신이 상쾌하거늘, 오작에게 사례하고 인하여 바위에 내려 죽림을 찾아가니 울밀한 죽림이라. 들으니 그중에 ㉢한 대가 금풍을 따라 스스로 응하여 우는지라. 여러 대를 더듬어 우는 대를 찾아 잡고 주머니에서 칼을 내 대를 베어 단저*를 만들어서 한 곡조를 부니 ㉣소리 처량하여 산천초목이 다 우짖는 듯하더라.

차시에 성의 오작에게 밥을 부치고 단저로 벗을 삼아 심회를 덜며 일분도 그 형을 원망치 아니하고, 주야에 부모를 생각하니 그 천성대효(天性大孝)를 천지신명이 어찌 돕지 아니하리오.

각설, 이때 중국에 호마령이라 하는 재상이 있으니 벼슬이 승상에 오른지라. 황명을 받자와 남일국에 사신 갔다가 삼 삭 만에 돌아오더니 이곳에 이르러 일행을 쉬더니 청풍은 서래하고 수파는 고요한데, ⑩ 처량한 피리 소리 풍편에 들리거늘 호 승상이 헤오되, '이곳은 무인지경(無人之境)이라. 분명 선동(仙童)이 옥저를 불어 속객을 희롱하는도다.' 하고 시동(侍童)을 명하여,

"피리 소리 나는 곳을 찾아보라."

하시되 시동 승명하고 피리 소리를 따라 한곳에 이르니 한 동자 죽림 암상에 비겨 앉아 단저를 처량하게 불거늘 시동이 왈,

"그대 신동인가? 선동인가?"

하니 성의 놀라더라.

　　　　　　　　　　　　　　　　　　-작자 미상, 「적성의전」-

* 혐의 : 꺼리고 미워함.
* 곤액 : 몹시 딱하고 어려운 사정과 재앙이 겹친 불운.
* 사형 : 자기의 형을 겸손하게 이르는 말.
* 단저 : 짧은 피리.

320 윗글의 내용에 대한 이해로 가장 적절한 것은?

① 화상은 인간 육신으로 서방 세계에 온 성의를 의심하여 그의 능력을 시험하였다.
② 성의는 죽어서라도 대사의 제자가 되기를 원한다고 화상에게 전했다.
③ 보탑존자는 성의가 찾아올 것이라고 화상에게 미리 일러두었다.
④ 호 승상은 남일국에 사신으로 가는 길에 선동에게 희롱당하고 일행과 함께 자리를 떴다.
⑤ 시동은 사람이 살지 않는 곳에 혼자 나서는 것을 두려워하여 호 승상의 명령을 따르지 않았다.

321 [A]를 바탕으로 [B]를 이해한 내용으로 가장 적절한 것은?

① [A]에서 존자는 성의에게 '모환을 구하라'고 했는데, [B]를 보면 성의는 어머니가 돌아가셔서 한탄하고 있음을 알 수 있다.
② [A]에서 존자는 성의가 '본디 하계 사람이 아니라'고 했는데, [B]를 보면 성의가 황천으로 돌아가고 있음을 알 수 있다.
③ [A]에서 존자는 성의에게 '전세에 묘일성신과 혐의 있더니, 금세에 형제 됨에'라고 했는데, [B]를 보면 성의는 형과의 전세 악연을 이어 가고 있음을 알 수 있다.
④ [A]에서 존자가 성의에게 '곤액이 있'다고 했는데, [B]를 보면 성의는 이제 부모의 곁에 있게 되었지만 그 얼굴을 알지도 못하게 된 고통을 겪고 있음을 알 수 있다.
⑤ [A]에서 존자가 성의에게 '필경에 원한을 풀 날이 있으리라'고 했는데, [B]를 보면 성의는 탄식을 통해 자연물의 공감을 얻음으로써 형에 대한 통한을 풀고 있음을 알 수 있다.

322 ㉠~㉤에 드러나는 소리에 대한 이해로 적절하지 않은 것은?

① ㉠ : 표류하던 성의가 자신이 있는 위치를 가늠할 수 있게 하는 정보다.
② ㉡ : 먹을 것이 주위에 있다는 것을 성의에게 알려 주는 신호다.
③ ㉢ : 성의가 피리의 재료로 쓸 대나무를 발견하는 계기가 된다.
④ ㉣ : 성의가 자신의 피리 부는 재능이 탁월함을 천상계에 알리는 신호다.
⑤ ㉤ : 고립되어 있던 성의가 타인과 만나는 계기가 된다.

323 〈보기〉를 참고하여 윗글을 감상한 내용으로 적절하지 <u>않은</u> 것은? [3점]

---[보기]---

　불교 설화를 근원으로 하고 있는 「적성의전」은 소설로 형성되는 과정에서 유교적 덕목인 효행이 강조된다. 또한 대결 구도를 근간으로 하면서 초월적 존재 혹은 천상계가 설정되는 특징을 보여 준다. 특히 형제 갈등이라는 가족 내의 문제를 다루면서 권선징악적 성격을 드러내고 있다.

---

① 성의가 원래 하계 사람이 아니라는 존자의 말로 보아 천상계가 설정된 이 소설의 특징을 알 수 있군.

② 금강경, 백팔염주, 보탑존자 등의 불교적 소재를 취한 것으로 보아 불교 설화의 흔적이 남아 있음을 알 수 있군.

③ 천하제국 중생의 선악을 볼 수 있는 존자가 부정한 성의를 만나지 않겠다고 한 것으로 보아 권선징악적 성격을 알 수 있군.

④ 형에 의해 두 눈이 멀고 홀로 암석 위에서 자탄하고 있는 성의의 모습으로 보아 인물 간의 갈등이 가족 내의 문제임을 알 수 있군.

⑤ 성의가 어머니를 위한 지극한 효성으로 창해 누만 리 떨어진 곳까지 일영주를 얻기 위해 갔다는 것으로 보아 유교적 덕목을 드러내고 있음을 알 수 있군.

────── 해설편 Part 2 p.173 ──────

(가)

…… 활자(活字)는 반짝거리면서 하늘 아래에서
간간이
자유를 말하는데
나의 영(靈)은 죽어 있는 것이 아니냐

벗이여
그대의 말을 고개 숙이고 듣는 것이
그대는 마음에 들지 않겠지
마음에 들지 않아라

모두 다 **마음에 들지 않아라**
이 황혼도 저 돌벽 아래 잡초도
담장의 푸른 페인트빛도
저 고요함도 이 **고요함도**

그대의 정의도 우리들의 섬세도
행동이 죽음에서 나오는
이 욕된 교외에서는
어제도 오늘도 내일도 마음에 들지 않아라

그대는 반짝거리면서 하늘 아래에서
간간이
자유를 말하는데
우스워라 나의 영(靈)은 죽어 있는 것이 아니냐
　　　　　　　　　-김수영, 「사령(死靈)」-

(나)

한강물 얼고, 눈이 내린 날
㉠ 강물에 붙들린 배들을 구경하러 나갔다.
㉡ 훈련받나봐, 아니야 발등까지 딱딱하게 얼었대.
우리는 강물 위에 서서 일렬로 늘어선 배들을
㉢ 비웃느라 시시덕거렸다.

㉣ 한강물 흐르지 못해 눈이 덮은 날
강물 위로 빙그르, 빙그르.
웃음을 참지 못해 나뒹굴며, 우리는
보았다. 얼어붙은 하늘 사이로 붙박힌 말들을.
언 강물과 언 하늘이 맞붙은 사이로
저어가지 못하는 배들이 나란히
날아가지 못하는 말들이 나란히

숨죽이고 있는 것을 비웃으며, 우리는
빙그르르. ㉤올 겨울 몹시 춥고 얼음이 꽝꽝꽝 얼고.
　　　　　　　　　-김혜순, 「한강물 얼고, 눈이 내린 날」-

324 (가)에 대한 이해로 가장 적절한 것은?

① 시간적 표현을 열거하여, 시대에 대한 화자의 인식 변화를 드러낸다.
② 대상에 대한 호칭을 전환하여, 시적 대상에 대한 화자의 경외감을 표현한다.
③ 원근을 나타내는 지시어를 사용하여, 화자의 시선에 포착된 대상의 움직임을 표현한다.
④ 물음의 형식으로 종결하여, 시적 대상에 대한 화자의 깨달음이 부정되고 있음을 나타낸다.
⑤ 동일한 구절을 반복하여, 시적 상황에 대한 화자의 부정적 정서가 심화되는 과정을 드러낸다.

325 ㉠~㉤에 대한 이해로 적절하지 <u>않은</u> 것은?

① ㉠의 '붙들린 배'는 강이 얼었을 때 볼 수 있는 구경거리를 관심의 대상으로 표현한 것으로, 이를 통해 시상 전개의 계기가 형성된다.
② ㉡의 '아니야'는 배가 훈련을 받고 있다는 추측을 부정하는 표현으로, 배가 움직일 수 없는 상황이 배의 내부적 원인에서 기인하고 있음이 이를 통해 드러난다.
③ ㉢의 '시시덕거렸다'는 서로 모여 실없이 떠드는 모습을 표현한 것으로, 배가 질서정연하게 정렬된 모습에 대한 '우리'의 냉소가 이를 통해 드러난다.
④ ㉣의 '흐르지 못해'는 강이 언 상황이 강물의 흐름을 막고 있다고 여기는 것으로, 강물의 자연스러운 흐름을 방해하는 외부의 힘이 이를 통해 강조된다.
⑤ ㉤의 '꽝꽝꽝'은 강추위가 지속되는 현재의 상황을 감각적으로 표현한 것으로, 모든 것을 얼어붙게 하는 현실의 상황이 견고하다는 점이 이를 통해 강조된다.

326 〈보기〉를 참고하여 (가), (나)를 감상한 내용으로 적절하지 **않은** 것은? [3점]

[보기]

　자유로운 의사소통이 제한되는 사회에서 개인은 자신의 의사를 온전히 표현할 수 없어서 자유가 억압되고, 그 사회 또한 경직된다. 이런 맥락에서 (가)와 (나)를 해석할 수 있다.

　(가)는 활발한 의사소통의 수단이어야 할 언어가 '활자'의 상태로만 존재한다고 표현함으로써 언어가 제 기능을 제대로 하지 못하는 상황에 주목한다. 이러한 상황에서 화자는 위축된 의사소통의 장에 적극적으로 참여하지 못하여, 경직된 사회에 대응하지 못하는 자신을 성찰한다. (나)는 자유롭게 쓰여야 할 언어를 '붙박힌 말'로 표현함으로써 개인의 언어 사용이 제한된 상황을 비판한다. 이러한 상황에서 말을 대체할 수 있는 웃음이나 몸짓과 같은 또 다른 의사소통의 방법을 보여 준다.

① (가)에서 '나의 영'에 대해 '우스워라'라고 자조한 것은 의사소통의 여지가 축소된 상황에서 자신의 참여만으로는 의사소통의 장을 활성화할 수 없다는 성찰을 드러낸다고 볼 수 있군.

② (나)에서 '우리'가 '언 강물' 위에서 비웃는 모습이나 '빙그르' 뒹구는 장면은 언어 사용이 제한된 상황에서 또 다른 의사소통의 방법을 모색함을 드러낸다고 볼 수 있군.

③ (가)의 '하늘 아래'는 '고요함'이 있는 공간이라는 점에서, (나)의 '맞붙은 사이'는 '배'와 '말'이 '숨죽이고 있는' 공간이라는 점에서, 의사소통이 자유롭지 못한 경직된 사회를 엿볼 수 있군.

④ (가)에서 '자유를 말하'는 것이 '활자'로 한정된 것은 의사소통의 장이 위축된 상황을 나타내고, (나)에서 '말'이 '날아가지 못'한다는 것은 자유로워야 하는 언어 사용이 제한되어 있는 상황을 나타낸다고 볼 수 있군.

⑤ (가)에서 주변 세계를 '마음에 들지 않'아 하는 것은 의사소통이 활발하지 못한 상황에 대한 생각을 드러낸 것이고, (나)에서 강물이 얼어 '배'를 '저어가지 못'하는 상황은 의사소통을 방해하는 환경을 표현한 것이라고 볼 수 있군.

[327~330] 다음 글을 읽고 물음에 답하시오.　2022.09 [18~21]

───── (해설편 Part 2 p.179) ─────

[앞부분의 줄거리] 제주도에 간 배 비장은 애랑의 유혹에 넘어가, 사람들에게 조롱을 받는다. 창피를 당한 배 비장은 서울로 돌아가려고 한다.

이때 배 비장은 떠나는 배가 어디 있나 물어보려고 무서움을 억지로 참고,

"ⓐ여보게, 이 사람. 말씀 물어보세."

그 계집이 한참 물끄러미 보다가 대답도 아니 하고 고개를 돌리니, 배 비장 그중에도 분해서 목소리를 돋우어 다시 책망 겸 묻것다.

"ⓑ이 사람, **양반이** 물으면 **어찌하여 대답이 없노?**"

"무슨 말이람나? 양반, 양반, 무슨 양반이야. 품행이 좋아야 양반이지. 양반이면 남녀유별 예의염치도 모르고 남의 여인네 발가벗고 일하는 데 와서 말이 무슨 말이며, 싸라기밥 먹고 병풍 뒤에서 낮잠 자다 왔습나? 초면에 반말이 무슨 반말이여? 참 듣기 싫군. 어서 가소. 오래지 아니하여 우리 집 남정네가 물속에서 전복 따 가지고 나오게 되면 큰 탈이 날 것이니, 어서 바삐 가시라구! 요사이 세력이 빨랫줄 같은 배 비장도 궤속 귀신이 될 뻔한 일 못 들었습나?"

배 비장이 구식적 습관으로 **지방이라고 한 손 놓고 하대를** 하다가 그 말을 들어 보니, 부끄럽고 분한 마음이 앞서져서 혼잣말로 자탄을 하것다.

"허허 내가 금년 신수 불길하다! 우리 부모 만류할 제 오지나 말았다면 좋을 것을, 고집을 세우고 예 왔다가 경향에 유명한 웃음거리가 되고, 또 도처마다 망신을 당하니 섬이라는 데 참 사람 못 살 곳이로구!"

하며, 분한 마음에 그 계집과 다시 말싸움을 하고 싶지 않건마는, 해는 점점 서산에 걸치고 앞길은 물을 **사람이 없어** 함경도 문자로 '붙은 데 붙으라' 하는 말과 같이 '**사과나 하고 다시 물을 수밖에 없다.**' 하여, 말공대를 얼마쯤 올려 다시 수작을 하것다.

"ⓒ여보시오, 내가 참 실수를 대단히 하였소. 이곳 풍속을 모르고."

"실수라 할 것이 왜 있사오리까? 그렇다 하는 말씀이지요. 그런데 당신은 어디로 가시는 양반이십니까?"

"네, 나는 지금 급한 일이 있어 서울을 갈 터인데, 어느 배가 서울로 가는지 그것을 좀 묻고자 그리하오."

"서울 양반이시면 무슨 일로 여기를 오셨으며, 또 성함은 뉘시오니까?"

"성명은 차차 아시지오마는, 내가 이곳에 볼일이 있어서 왔다가, 부모 병환 기별을 듣고 급히 가는 길인데, 가는 배가 없어 이처럼 애절이오."

"그러하면 가이없습니다. 서울로 가는 배는 어제저녁에 다 떠나고, 인제는 다시 사오 일을 기다려야 있겠습니다."

"그러하면 **이 노릇을 어찌하여야** 좋소?"

"참 딱한 일이올시다."

하더니,

"옳지! 가는 배 하나 있습니다. 그러나 그 배에서 행인을 잘 태울는지 모르겠소. 저기 저편 언덕 밑에 포장 치고 조그마한 돛대 세운 배에 가서 물어보시오. 그 배가 제주 성내에 사는 부인 한 분이 친정이 해남인데 급한 일이 있어 비싼 값을 주고 혼자 빌려 저녁 물에 떠난다더니, 참 떠나는지 알 수 없습니다."

배 비장이 그 말 듣고 좋아라고 허겁지겁 그 배로 뛰어가서 사공을 찾는다.

"ⓓ어이, 뱃사공이 누구여?"

사공이 반말에 비위가 틀려,

"어! 사공은 왜 찾어?"

"말 좀 물어보면…."

"무슨 말?"

"그 배가 어디로 가는 배여?"

"물로 가는 배여."

원래 배 비장이 사공을 공손하게 대하기는 초라하고 '해라' 하자니 제 모양 보고 받는지 몰라, **어정쩡하게** 말을 내놓다가 사공의 대답이 한층 더 올라가는 것을 보고, 한숨을 휘이 쉬며,

"허! 내가 그저 **춘몽을 못 깨고 또 실수를** 하였구나!"

어법을 고쳐 입맛이 썩 들어붙게,

"여보시오, ⓔ노형이 이 배 임자시오?"

사공은 목낭청*의 혼이 씌었던지 그대로 좇아가며,

"그렇습니다. 내가 이 배 임자올시다."

"들으니까 노형 배가 오늘 떠나 해남으로 간다지요?"

"예, 오늘 저녁 물에 떠납니다."

"그러면 내가 서울 사는데 지금 가는 길이니 좀 타고 가옵시다."

"좋은 말씀이올시다마는 이 배가 행객 싣는 배가 아니옵고, 해남으로 가시는 부인 한 분이 혼자 빌려 가시는 터인즉, 사공의 임의로 다른 행객을 태울 수가 없습

니다.”

“그는 그러하겠소마는, 내가 부모 병환 급보를 듣고 급히 가는 길인데, 달리 가는 배는 없고 이 배가 간다 하니, 아무리 부인이 타신 터이라도 이러한 정세를 말씀하시고, 한편 이물 구석에 종용히 끼어 가게 하여 주시면 그 아니 적선이오?”

“당신 정경이 불쌍하오. 그러면 해 진 후에 다시 오시면, 부인 모르시게라도 슬며시 타고 가시게 하오리다.”

-작자 미상, 「배비장전」-

* 목낭청 : 자기 주관 없이 응대하는 사람을 이르는 말

---

327 윗글의 내용에 대한 이해로 적절하지 않은 것은?

① ‘계집’은 ‘배 비장’의 문제점을 지적함으로써 양반답지 못한 태도에 대해 비판적 인식을 표출하고 있다.

② ‘배 비장’은 자신에게 이름을 묻는 ‘계집’의 질문에 즉답을 피함으로써 자신의 정체를 숨기고 있다.

③ ‘계집’은 ‘배 비장’에게 배편이 있을 수도 있다는 말을 건넴으로써 그가 궁금해했던 정보를 제공하고 있다.

④ ‘사공’은 ‘부인’의 허락 없이 임의로 다른 행객을 태울 수 없다고 말함으로써 낯선 이에 대한 경계심을 드러내고 있다.

⑤ ‘사공’은 ‘배 비장’의 다급한 상황을 듣고 해결책을 알려 줌으로써 상대방에 대한 연민의 감정을 보여 주고 있다.

---

328 ⓐ~ⓔ 중 ‘배 비장’이 상대의 기분을 풀어 주기 위해 사용한 표현으로만 짝지어진 것은?

① ⓐ, ⓑ   ② ⓐ, ⓓ   ③ ⓑ, ⓒ
④ ⓒ, ⓔ   ⑤ ⓓ, ⓔ

---

329 [조그마한 돛대 세운 배]에 대한 이해로 가장 적절한 것은?

① 주인공이 부모의 병환 소식을 듣게 되는 공간이다.

② 주인공을 태우고 서울로 가기 위해 급히 준비되었다.

③ 주인공이 당일에 제주도를 떠나기 위해 타려는 대상이다.

④ 주인공이 경제적 보상까지 내세우며 타고자 하는 것이다.

⑤ 주인공이 행객들을 데리고 제주도를 떠나기 위해 타려 한다.

---

330 〈보기〉를 참고하여 윗글을 감상한 내용으로 적절하지 않은 것은? [3점]

[보기]

「배비장전」에서 창피를 당해 제주도를 떠나려 했던 배 비장은 제주도에 남게 되고, 결말에 가서는 현감에 올라 사람들의 칭송을 받게 된다. 이와 같은 변화가 어떻게 가능했을까? 배 비장이 제주도를 떠나고자 할 때, 제주도 사람들의 도움을 받기 위해 자신이 서울 양반이라는 우월감을 버리고 그들을 존중하는 경험을 했기 때문이다. 이는 비록 불가피한 선택이었지만, 이 과정에서 그는 자신의 태도를 돌아보게 된다. 서울 양반의 경직된 관념에 변화가 일기 시작한 것이다.

① ‘양반이’ 묻는데 ‘어찌하여 대답이’ 없냐고 계집을 책망한 배 비장의 행위에서, 그가 자신의 신분에 대해 우월감을 갖고 있음을 알 수 있군.

② ‘지방이라고 한 손 놓고 하대를’ 한 배 비장의 태도에서, 그가 서울에서 온 양반이라는 이유로 제주도 사람을 얕보고 있음을 알 수 있군.

③ ‘물을 사람이 없어’ 계집에게 ‘사과나 하고 다시 물을 수밖에 없다’고 하는 배 비장의 생각에서, 그가 계집의 도움을 받기 위해 불가피한 선택을 했음을 알 수 있군.

④ ‘이 노릇을 어찌하여야’ 좋겠냐고 묻는 배 비장의 모습에서, 그가 경직된 관념을 버리고 제주도 사람을 존중하는 방법을 고민하고 있음을 알 수 있군.

⑤ ‘어정쩡하게’ 말하려다 ‘춘몽을 못 깨고 또 실수’했다고 한 배 비장의 발언에서, 그가 우월감을 가지고 있던 자신의 태도를 돌아보고 있음을 알 수 있군.

몽달 씨 나이가 스물일곱이라니까 나보다 스무 살이나 많지만 우리는 엄연히 친구다. 믿지 않겠지만 내게는 스물일곱짜리 남자 친구가 또 하나 있다. 우리 집 옆, 형제슈퍼의 김 반장이 바로 또 하나의 내 친구인데 그는 원미동 23통 5반의 반장으로 누구보다도 씩씩하고 재미있는 사람이었다. 나는 **매일같이** 슈퍼 앞의 비치파라솔 의자에 앉아 그와 함께 낄낄거리는 재미로 하루를 보내다시피 하였는데 **요즘**은 내가 의자에 앉아 있어도 전처럼 웃기는 소리를 해 주거나 쭈쭈바 따위를 건네주는 법 없이 다소 퉁명스러워졌다. ㉠그 까닭도 나는 환히 알고 있지만 모르는 척하는 수밖에. 우리 집 셋째 딸 선옥이 언니가 지난달에 서울 이모 집으로 훌쩍 떠나 버렸기 때문인 것이다. 김 반장이 선옥이 언니랑 좋아지내는 것은 온 동네가 다 아는 일이지만 선옥이 언니 마음이 요새 좀 싱숭생숭하더니 기어이는 이모네가 하는 옷 가게를 도와준다고 서울로 가 버렸다. 선옥이 언니는 얼굴이 아주 예뻤다. 남들 말대로 개천에서 용이 났다고 해도 과언이 아닐 만큼 지지리 궁상인 우리 집에 두고 보기로는 아까운 편인데, 그 지지리 궁상이 지겨워 맨날 뚱하던 언니였다.

(중략)

집으로 가다 말고 문득 형제슈퍼 쪽을 돌아보니 음료수 박스들을 차곡차곡 쟁여 놓는 일에 땀을 뻘뻘 흘리고 있는 몽달 씨가 보였다. ㉡실컷 두들겨 맞고 열흘간이나 누워 있었던 사람이라 안색이 차마 마주보기 어려울 만큼 핼쑥했다. 그런데도 뭐가 좋은지 **히죽히죽** 웃어 가면서 열심히 박스들을 나르고 있는 게 아닌가. 그것도 김 반장네 가게에서. 아무리 눈을 크게 뜨고 보아도 몽달 씨가 분명했다. 저럴 수가. ㉢어쨌든 제정신이 아닌 작자임이 틀림없었다. 아무리 정신이 좀 헷갈린 사람이래도 그렇지, 그날 밤의 김 반장 행동을 깡그리 잊어버리지 않고서야 저럴 수가 없다는 게 내 생각이었다.

잊었을까. 그날 밤 머리의 어딘가를 세게 다쳐서 김 반장이 자기를 내쫓은 부분만큼만 감쪽같이 지워진 것은 아닐까. 전혀 엉뚱한 이야기만도 아니었다. 텔레비전에서도 보면 기억 상실증인가 뭔가로 자기 아들도 못 알아보는 연속극이 있었다. 그런 쪽의 상상이라면 나를 따라올 만한 아이가 없는 형편이었다. 내 머릿속은 기기괴괴한 온갖 상상들로 늘 모래주머니처럼 **빽빽했으니까.** 나는 청소부 아버지의 딸이 아니라 사실은 어느 부잣집의

버려진 딸이다, 라는 식의 유치한 상상은 작년도 못 되어 이미 졸업했었다. 요즘의 내 상상이란 외계인 아버지와 지구인 엄마와의 사랑, 뭐 그런 쪽의 의젓한 것이었다. ㉣아무튼 나의 기막힌 상상력으로 인해 몽달 씨는 부분적인 기억 상실증 환자로 결정되었다. 그렇다면 이제는 확인할 일만 남은 셈이었다. 오래 기다릴 필요도 없었다. 나는 김 반장네 가게 일을 거들어 주고 난 뒤 비치파라솔 밑의 **의자**에 앉아 **뭔가**를 읽고 있는 몽달 씨에게로 갔다. 보나 마나 주머니 속에 잔뜩 들어 있는 종잇조각 중의 하나일 것이었다. ㉤멀쩡한 정신도 아닌 주제에 이번엔 기억 상실증이란 병까지 얻어 놓고도 여태 시 따위나 읽고 있는 몽달 씨 꼴이 한심했다.

"ⓐ이거, 또 시예요?"

"ⓑ그래. 슬픈 시야. 아주 슬픈……."

몽달 씨가 핼쑥한 얼굴을 쳐들며 행복하게 웃었다. 슬픈 시라고 해 놓고선 웃다니. 나는 이맛살을 찡그리며 몽달 씨 옆에 앉았다.

그리고 아주 낮은 목소리로 물었다.

"ⓒ이제 다 나았어요?"

"ⓓ응. 시를 읽으면서 누워 있었더니 금방 나았지."

금방은 무슨 금방. 열흘이나 되었는데. 또 한 번 나는 몽달 씨의 형편없는 정신 상태에 실망했다.

"**그날** 밤에 난 **여기**에 앉아서 다 봤어요."

"무얼?"

"ⓔ김 반장이 아저씨를 쫓아내는 것……."

순간 몽달 씨가 정색을 하고 내 얼굴을 쳐다보았다. 예전의 그 풀려 있던 눈동자가 아니었다. 까맣고 반짝이는 눈이었다. 그러나 잠깐이었다. 다시는 내 얼굴을 보지 않을 작정인지 괜스레 팔뚝에 엉겨 붙은 상처 딱지를 떼어내려고 애쓰는 척했다. 나는 더욱 바짝 다가앉았다.

"ⓕ김 반장은 나쁜 사람이야. 그렇지요?"

몽달 씨가 팔뚝을 탁 치면서 "아니야"라고 응수했는데도 나는 계속 다그쳤다.

"ⓖ그렇지요? 맞죠?"

그래도 몽달 씨는 못 들은 척 팔뚝만 문지르고 있었다. 바보같이. 기억 상실도 아니면서……. 나는 자꾸만 약이 올라 견딜 수 없는데도 몽달 씨는 마냥 딴전만 피우고 있었다.

─양귀자, 「원미동 시인」─

331 윗글에 대한 이해로 가장 적절한 것은?

① 몽달 씨는 김 반장이 자기를 매정하게 대했으나, 김 반장네 가게 일을 해 주고 있다.

② 김 반장은 선옥을 좋아했으나, 선옥이 서울로 가자 '나'를 통해 선옥과의 관계를 회복해 나갔다.

③ '나'는 김 반장을 좋은 친구라고 생각했으나, 김 반장이 빈둥거리며 실없는 행동을 해서 당황했다.

④ 선옥은 자신의 집안 형편에 대해 부정적으로 생각하고 있지만, '나'는 집안 형편을 그렇게 생각하지 않는다.

⑤ '나'는 몽달 씨를 친구라 여겼으나, 몽달 씨가 김 반장 가게에 다시 나온 것을 보고 그렇게 생각한 것을 후회했다.

332 ⓐ~ⓖ에 대한 이해로 적절하지 않은 것은?

① ⓐ는 상대를 못마땅해하는 발언이지만, ⓒ를 고려하면 상대의 상태에 대한 관심에서 비롯된 것이라고 할 수 있다.

② ⓑ와 ⓓ의 시에 대한 인물의 태도를 고려하면, 인물이 시를 통해 위안을 얻었음을 알 수 있다.

③ ⓔ는 ⓓ를 듣고 실망하여, 상대의 새로운 반응을 기대하며 한 발언이라고 할 수 있다.

④ ⓕ는 ⓔ에 대한 상대의 반응이 예상을 벗어났지만, 상대가 보여 준 판단을 수용하기 위한 질문이라고 할 수 있다.

⑤ ⓖ는 ⓕ의 주장을 확인하는 질문으로, 상대의 태도를 탐탁지 않게 여기는 마음이 반영된 발언이라고 할 수 있다.

333 형제슈퍼를 중심으로 확인할 수 있는 인물의 행위에 대한 설명으로 가장 적절한 것은?

① '나'가 '매일같이' 김 반장과 재미있게 낄낄거렸던 행위는 '그날'보다 앞선 시간대에 이루어지며, '그날'의 일을 지켜보기만 한 '나'의 부정적 자기 인식으로 이어지고 있다.

② 김 반장이 '나'를 퉁명스럽게 대하는 행위는 '요즘'보다 앞선 시간대에 이루어지며, '나'에게 반성을 유도하고 있다.

③ 몽달 씨가 '히죽히죽' 웃는 행위는 현재 '여기'에서 '나'에게 속내를 감추는 행위보다 앞선 시간대에 이루어지며, '나'에게 진심을 드러내어 보여 주고 있다.

④ '의자'에서 '뭔가'를 읽는 몽달 씨의 행위는 '여기'에서 환기된 '그날'의 경험보다 앞선 시간대에 이루어지며, '나'가 '그날' 느꼈을 긴박감과 대비되는 이완된 상황을 보여 주고 있다.

⑤ '여기'에서 목격된 '그날' 김 반장의 행위는 '요즘'보다 이후의 시간대에 이루어지며, '나'가 김 반장을 이전과 다르게 평가하는 원인으로 기능하고 있다.

334 〈보기〉를 바탕으로 ㉠~㉤을 이해한 내용으로 적절하지 않은 것은? [3점]

[보기]

미성숙한 어린아이 서술자라도 합리적 정보를 제공하면 독자는 서술자를 신뢰하게 된다. 그러나 작가는 때로 합리성이 부족한 어린아이의 특성을 강화하여 독자가 서술자를 의심하게 한다. 이때 독자는 서술자가 제공하는 정보가 틀릴 수 있다고 생각하면서 서술자와 다른 각도에서 작품이 전하려는 의미를 탐색하게 된다. 이 경우에도 독자는 서술자가 제공하는 제한된 정보에 의존할 수밖에 없으므로, 서술적 상황과 작품이 전하려는 의미가 서로 달라져 작품을 더욱 집중해서 읽게 된다.

① ㉠: 문제적 상황의 원인을 파악하여 이에 대응하고, 인물의 태도 변화를 설명할 수 있는 정보를 제시한다는 점에서 독자가 서술자를 신뢰하도록 유도하고 있군.

② ㉡: 인물이 처한 부정적 상황을 보여 주고, 인물의 안색과 그 이유에 대해 여러 정보를 제공한다는 점에서 독자가 서술자를 신뢰하도록 유도하고 있군.

③ ㉢: 논리적 연관을 무시하고, 추측에 근거하여 인물의 의식 상태를 단정하는 모습을 통해 독자가 작품에 더욱 집중하면서, 서술자와 다른 각도로 생각하도록 유도하고 있군.

④ ㉣: 인물에 대해 적극적으로 탐색하고, 인물의 상태를 스스로 진단하여 그 정보를 제공하는 모습을 통해 독자가 서술자를 신뢰하도록 유도하고 있군.

⑤ ㉤: 시에 대한 이해가 부족하고, 합당한 이유 없이 인물의 취향을 비난하는 모습을 통해 독자가 작품에 더욱 집중하면서, 서술자와 다른 각도로 생각하도록 유도하고 있군.

— 해설편 Part 2 p.192 —

(가)

저 건너 ⓐ꽁생원은 팔자를 원망토다
제 아비 덕분으로 **돈천**이나 가졌더니
술 한 잔 밥 한 술을 친구 대접 하였던가
주제넘게 아는 체로 ㉠음양술수(陰陽術數) 현혹되어
이장도 자주 하며 이사도 힘을 쓰고
당대발복(當代發福) 예 아니면 피란처가 여기로다
올 적 갈 적 행로상에 ㉡처자식을 흩어 놓고
유무(有無) 상관 아니하고 **공것**을 바라도다
기인취물(欺人取物) 하자 하니 두 번째는 아니 속고
공납(公納) 범용 하자 하니 일가 중에 부자 없고
뜬재물을 경영하여 경향출입 싸다닐 제
재상가에 ㉢청질하다 봉변당해 물러서며
남의 고을 걸태 하다 혼금(闇禁)에 쫓겨 오기
혼인 중매 선채* 돈에 창피당해 뺨 맞으며
가대* 흥정 구문 먹기 ㉣핀잔 듣고 자빠지고
불의행실(不義行實) 찌그렁이 위조문서 비리호송(非
理好訟)
부자나 후려 볼까 ㉤감언이설 꾀어 보자
언막이에 보막이며 은광이며 금광이라
큰길가에 색주가며 노름판에 푼돈 떼기
남북촌에 뚜쟁이로 인물 초인(招引) 하여 볼까
산진매 수진매로 사냥질로 놀아나기
혼인 핑계 어린 딸이 백 냥짜리 되었구나
대종손 양반 자랑 산소나 팔아 볼까
아낙은 친정살이 자식은 머슴살이
일가에게 인심 잃고 **친구**에게 손가락질
부지거처(不知去處) 나간 후에 소문이나 들었던가
　　　　　　　　　　　　　　　 -작자 미상, 「우부가」-

* 선채(先綵): 혼례 전에 신랑 집에서 신부 집으로 보내는 비단.
* 가대(家垈): 집이나 토지 등을 통틀어 이르는 말.

(나)

경인년(庚寅年)에 큰 가뭄이 들어 정월부터 가을 7월에 이르기까지 **비가 내리지 않았다.** 봄에는 논밭을 갈지 못했고, 여름에는 **김을 맬 수가 없었다.** 들판에 있는 풀은 하나같이 누렇게 말랐고, 논밭의 곡식도 모두 시들었다.

부지런한 농부가 말하기를,

"김을 매도 죽을 것이고 김을 매지 않아도 죽을 것이다. 편안히 앉아 기다리는 것보다는 힘을 다하여 곡식을 살리는 게 나을 것이다. 만일 비가 내린다면 어찌

그동안 들인 노력이 모두 허사가 되겠는가."

라고 하였다. 그러므로 논밭은 이미 갈라졌으나 김매기를 그치지 아니하고 싹이 이미 시들었어도 **풀 뽑기를 쉬지 아니하여,** 한 해가 다 가도록 부지런히 일을 하면서 **자신이 할 일에 최선을 다하였다.**

ⓑ게으른 농부는 말하기를,

"김을 매도 죽을 것이고 김을 매지 않아도 죽을 것이다. 바쁘게 일하면서 수고로운 것보다는 아무 일도 하지 않고 **그냥 쉬는 것이 나을 것이다.** 만일 비가 오지 않으면 이것 모두 무익하게 될 것이다."

라고 하였다. 그러므로 밭에서 일하는 농부들을 보고 비웃기를 그치지 않았고, 들밥을 내가는 아녀자들을 보고 조롱하기를 그만두지 않으면서, 한 해가 다 가도록 물러나 앉아 천명을 기다리고 있었다.

나는 일찍이 가을걷이할 무렵 파산(坡山)의 들판에 가 보았다. 그 밭의 절반은 황폐하였고 절반은 곡식이 잘 가꾸어져 있었는데, 절반은 곡식이 성글게 달렸고 절반은 빽빽하게 달려 있었다. 어떤 농부는 목을 뻣뻣이 세우고 하늘을 우러러보고, 또 어떤 농부는 술에 취해 잠이 들어 있었다. 마을 노인에게 이유를 물으니,

"저 황폐하고 성긴 곡식은 목을 뻣뻣이 세우고 하늘을 우러러보는 자들이 무익하다고 여겨 김을 매지 않은 것이고, 잘 가꾸어져 빽빽한 곡식은 술에 취한 채 목이 메어 잠든 자들이 정성과 힘을 다하여 살린 것이다. 한때의 편안함을 탐내었다가 일 년 내내 굶주리게 되었고, 한때의 괴로움을 참아 일 년 내내 배불리 지낼 수 있게 되었다."

라고 하였다.

아, 열심히 일하여 얻고, 편안하게 놀다가 잃는 것은 비단 농사일만이 아닐 것이다. 오늘날 시서(詩書)를 공부하여 벼슬길에 나아가기를 도모하는 사람들도 어찌 이와 다를 것인가?

ⓒ선비들은 젊었을 때에 학문에 뜻을 두고 밤낮없이 부지런히 노력하여 육경(六經)과 온갖 사서(史書)를 탐구하지 않음이 없고 문장과 아름다운 글귀를 익히지 않음이 없다. 저마다 재주를 품고 기이한 재주를 쌓아 과거 시험장에 나아가 솜씨를 겨루어, 한 번에 뜻을 이루지 못하면 못마땅해하고, 두 번에 뜻을 얻지 못하면 마음이 흐려지고, 세 번에도 뜻을 얻지 못하면 스스로 낙심하여 말하기를,

"공명에는 분수가 있어서 학문으로 이룰 수 있는 것이 아니며, 부귀는 운명에 달려 있으니 역시 학문으로 이

룰 수 있는 것이 아니다."

라고 한다. 그동안 배운 것을 버리고 아울러 이전에 쌓아 온 바를 버려서 어떤 이는 중도에 그만두기도 하고 또 어떤 이는 문(門)에 거의 다 이르렀다가 되돌아간다. 아홉 길 높이로 산을 쌓고도 한 삼태기의 힘을 마저 쏟지 않는 것과 같으니, 어찌 게을러서 김을 매지 않는 자들과 같지 않으리오.

학문의 수고로움은 농부들이 봄, 여름, 가을의 세 계절을 고생하는 것에 비할 바가 아니나, 학문을 하여 얻는 공이 어찌 농사를 지어 얻는 이로움 정도뿐이겠는가. 농사를 지어 입과 배를 채우는 것은 그 이로움이 적으나, 학문을 하여 명성을 취하는 것은 그 이로움이 크다. 이로움이 작은 일도 오히려 부지런히 하지 않을 수 없는데, 하물며 **큰 일을 하면서 부지런**하지 않을 수 있겠는가. 마음을 수고롭게 하는 군자는 도리어 몸을 수고롭게 하는 소인이 끝까지 노력함을 알지 못한다. 그러므로 이 글을 지어 그들을 깨우치는 바이다.

-성현, 「타농설」-

335 (가)와 (나)에 대한 설명으로 가장 적절한 것은?

① (가)는 열거의 방식을, (나)는 대조의 방식을 활용하여 주제를 부각하고 있다.

② (가)는 (나)와 달리, 대구적 표현을 활용하여 인물에 대한 태도의 변화를 드러내고 있다.

③ (나)는 (가)와 달리, 반어적 표현을 활용하여 인물에 대한 기대감을 높이고 있다.

④ (가)와 (나)는 모두, 계절적 배경을 활용하여 향토적 분위기를 조성하고 있다.

⑤ (가)와 (나)는 모두, 해학적 표현을 활용하여 인물 간의 우호적 관계를 드러내고 있다.

336 ㉠~㉤을 이해한 내용으로 적절하지 않은 것은?

① ㉠은 집터나 묏자리를 통해 길운을 바라는 꽁생원이 관심을 보이는 대상이다.

② ㉡은 재물을 모은 꽁생원이 함께 풍요로운 삶을 누리고 싶은 대상이다.

③ ㉢은 재물을 경영하여 부를 증식하려는 꽁생원이 권력가의 권세를 이용하기 위한 방법이다.

④ ㉣은 집이나 땅을 중개하여 이문을 취하려는 꽁생원이 흥정 과정에서 겪은 부정적 반응이다.

⑤ ㉤은 부자의 재산으로 이익을 얻으려는 꽁생원이 부자를 꾀는 수단이다.

337 ⓐ~ⓒ에 대한 이해로 가장 적절한 것은?

① ⓐ는 도박과 음주에 빠져 있고, ⓑ는 파산의 들판에서 술에 취해 잠들어 있다.

② ⓐ는 부모의 혜택을 받지 못하여 팔자를 원망하고, ⓒ는 분수를 알아 자신의 배움에 한계가 있다고 생각한다.

③ ⓐ는 혼인을 중매하는 일에 성공하지 못하여 창피를 당하고, ⓒ는 과거 시험에서 뜻을 이루지 못하여 수치를 당한다.

④ ⓑ는 가뭄에 김을 매지 않아 다른 농부들의 조롱을 받고, ⓒ는 한때의 괴로움을 참지 못하여 공명을 이루지 못한다.

⑤ ⓑ는 김매기를 하여도 작물이 죽을 것이라고 생각하고, ⓒ는 학문에 힘을 쏟아도 부귀를 이루지 못할 수 있다고 생각한다.

338 (나)에 대한 설명으로 적절하지 <u>않은</u> 것은?

① 인물들의 말을 인용하여 특정 상황에 대한 서로 다른 태도를 드러내고 있다.

② 글쓴이의 주장과 그에 대한 반박을 제시하여 화제에 대한 상반된 입장을 나타내고 있다.

③ 물음에 답하는 인물을 통해 글쓴이가 관찰한 상황이 발생하게 된 이유를 제시하고 있다.

④ 다른 사람에게 교훈을 전달하고자 하는 글쓴이의 의도를 드러내며 글을 마무리하고 있다.

⑤ 글쓴이의 경험을 통해 얻은 깨달음을 바탕으로 논의의 대상을 다른 상황으로 확장하고 있다.

339 〈보기〉를 참고하여 (가), (나)를 감상한 내용으로 적절하지 <u>않은</u> 것은? [3점]

[보기]

당면한 현실에 대응하는 양상에 따라 삶에 대한 평가는 달라진다. 요행을 바라면서 책임감 없는 삶을 사는 경우에는 부정적으로, 현실적 한계를 극복하고자 노력하는 삶을 사는 경우에는 긍정적으로 평가된다. (가)에서는 당대 규범에서 벗어나 세속적 욕망을 추구하며 요행을 바라는 태도에 대한 경계가, (나)에서는 운명론적 태도에서 벗어나 삶의 주체로서 문제를 성실하게 해결하는 자세에 대한 권면이 나타나고 있다.

① (가)의 '공것'과 '뜬재물'은 정당한 노력을 기울이지 않고 요행을 바라는 태도를 알 수 있는 소재이군.

② (나)의 '비가 내리지 않'아 '김을 맬 수가 없'는 것을 보니, 농부들이 농경에 부적합한 환경이라는 문제 상황에 당면하게 된 것을 알 수 있군.

③ (가)의 '공납'을 유용하려는 것에서 이익을 위해 규범을 무시하는 태도를, (나)의 '그냥 쉬는 것이 나을 것'에서 불행한 결과를 예단하는 운명론적 태도를 확인할 수 있군.

④ (가)의 '돈천이나 가졌더니', '친구 대접 하였던가'에서 재물을 베푸는 데 인색한 물욕을, (나)의 '풀 뽑기를 쉬지 아니하여'에서 한계 상황을 극복하고자 하는 의지를 확인할 수 있군.

⑤ (가)의 '일가'와 '친구'에게서 소외당한 꽁생원의 말로에서 무책임한 삶에 대한 경계가, (나)의 '큰 일을 하면서 부지런하'기를 촉구하는 데에서 게으른 농부에 대한 권면이 나타나는군.

[340~344] 다음 글을 읽고 물음에 답하시오.   2023.11 [22~26]

———— (해설편 Part 2 p.200) ————

(가)

이런들 어떠하며 저런들 어떠하료
초야우생(草野愚生)이 이렇다 어떠하료
하물며 **천석고황(泉石膏肓)**을 고쳐 므슴하료
〈제1수〉

[A]

연하(烟霞)로 집을 삼고 풍월(風月)로 벗을 삼아
태평성대에 병으로 늙어 가네
이 중에 바라는 일은 **허물이나 없고자**
〈제2수〉

춘풍(春風)에 **화만산(花滿山)**하고 추야(秋夜)에 월만대(月滿臺)라
사시 가흥(佳興)이 **사람과 한가지라**
하물며 어약연비(魚躍鳶飛) 운영천광(雲影天光)이야
어느 끝이 있으리 〈제6수〉
-이황, 「도산십이곡」-

(나)

산가(山家) 풍수설에 동구 못이 좋다 할새
십 년을 경영하여 한 땅을 얻으니
형세는 좁고 굵은 암석은 많고 많다
옛 길을 새로 내고 **작은 연못** 파서
활수*를 끌어 들여 가는 것을 **머물게 하니**

[B]

맑은 거울 **티 없어 산 그림자** 잠겨 있다
천고(千古)에 황무지를 아무도 모르더니
일조(一朝)에 진면목을 **내 혼자 알았노라**
처음의 이 내 뜻은 물 머물게 할 뿐이더니
이제는 돌아보니 **가지가지 다 좋구나**
백석은 치치(齒齒)하여 은도로 새겨 있고
벽류는 콸콸 흘러 옥 술잔을 때리는 듯
첩첩한 산들은 좌우의 병풍이요
빽빽한 소나무는 전후의 울타리로다
구곡 상대는 층층이 둘러 있고
삼경(三逕) 송국죽(松菊竹)은 줄지어 벌여 있다
하물며 바위 벼랑 높은 위에 노송이 용이 되어 구부려 누웠거늘
운근(雲根)을 베어 내고 ⊙작은 정자 붙여 세워

띠 풀로 지붕 이고 자르지 않으니 이것이 어떤 집인가
남양의 제갈려인가 무이의 와룡암인가*
다시금 살펴보니 필끙 위언의 그림의 것이로다
무릉도원을 예 듣고 못 봤더니
이제야 알겠구나 이 진짜 거기로다
-김득연, 「지수정가」-

* 활수 : 흐르는 물.
* 남양의 제갈려, 무이의 와룡암 : 옛 현인이 은거한 거처.

(다)

　내 초로의 어느 가을날, 나는 겸재가 동해안을 따라 내려가면서 동해 승경을 화폭에 옮겼던 월송정, 망양정, 청간정, 성류굴을 일삼아 떠돌아다녔다. 망양정은 옛 기성면의 바닷가에서 지금의 근남면 산포리로 옮겨 세운 지가 140여 년이 넘어, 기성면의 ⓒ옛 망양정 자리는 도로 공사로 단애의 허리가 잘리워 나가, 바닷물은 단애 끝으로부터 멀찌감치 쫓겨났고 그 사이는 시멘트 칠갑이 되어 있었다. 정자 터는 사방이 깎여져 나갔고 화폭 속의 소나무 숲도 베어져 버린 채, 그 언덕은 그저 무의미한 흙더미로 변해 있었다. 마을의 고로(古老)들도 그곳에 들어서 있던 정자를 본 일은 없었고, 다만 그들의 증조나 고조로부터 전해 오는 구전에 의해 그 흙더미가 망양정 옛터였음을 옮길 뿐이었다.

　겸재의 화폭을 마음속에 앞세우고 겸재 실경산수(實景山水)의 자리를 찾을 적에 그곳에 옛 정자가 이미 오래전에 없어져 버린 그 허전한 사태는 그다지 허전하지 않았다. 왜 그런가. 현실 속의 정자에 오르면 화폭 속의 정자는 보이지 않는다. 육신의 눈을 앞세워 정자를 찾아오는 자에게는 풍경 전체 속에서 인간세의 위치와 규모를 대표하는 상징으로서의 정자는 보이지 않는다.

(중략)

　먼 산을 그릴 때 그는 그 산과 인간 사이의 거리를 그리는 것이 아니라, **그 거리를 들여다보는 시선의 깊이를 그린다.** 먼 것들은 원근상의 거리에 의해 격리되는 것이 아니라, 깊이에 의해 자리 잡는다. 겸재의 화폭 속에서 풍경은 **가깝다는 이유만으로 사실성을 부여받지 않고** 또 멀다는 이유만으로 사실성을 박탈당하지 않는다. 대체로 그의 그림

[C]

속에서는 **인간과 인간에 직접 관련된 것들** - 정자, 집, 배, 나귀, 가마, 화분, 성곽 같은 것들이 **비교적 명료한 사실성**을 띠고 있지만, 그 사실성은 원근에

의해 정립되는 사실성이 아니라, **세계를 관찰하는 인간과의 관계 속에서 정립되는 사실성**이다.

-김훈, 「겸재의 빛」-

340 (가)~(다)의 공통점으로 가장 적절한 것은?

① 대상에 주목하여 대상과 관련된 가치를 추구하는 자세를 나타내고 있다.

② 부정적인 현실을 비판하며 좌절을 극복하려는 의지를 부각하고 있다.

③ 현실을 통찰하며 관용적 삶에 대한 지향을 보여 주고 있다.

④ 계절감을 활용하여 환경의 다양한 변화를 표현하고 있다.

⑤ 가상의 상황을 제시하여 환상적 분위기를 강화하고 있다.

341 [A], [B]에 대한 설명으로 적절하지 <u>않은</u> 것은?

① [A]의 〈제1수〉 초장은 유사한 어휘의 반복을 통해 리듬감을 형성하고 있다.

② [A]의 〈제2수〉 초장은 〈제1수〉 종장의 시상을 이어받아 자연 친화적인 모습을 드러내고 있다.

③ [B]에서는 '산 그림자'가 담긴 '작은 연못'의 경관을 묘사하여 깨끗한 자연의 형상을 보여 주고 있다.

④ [A]의 '집을 삼고'와 '벗을 삼아'는 화자와 대상의 가까운 관계를, [B]의 '끌어 들여'와 '머물게 하니'는 화자가 대상을 가까이 하려는 행동을 제시하고 있다.

⑤ [A]의 '허물이나 없고자'는 미래에 대한 화자의 바람을, [B]의 '티 없어'는 대상을 관찰하기 전에 나타난 화자의 심리를 표현하고 있다.

342 〈보기〉를 바탕으로 (가), (나)를 이해한 내용으로 적절하지 <u>않은</u> 것은? [3점]

> ─────[보기]─────
>
> 「도산십이곡」에서 강호는 자연의 이치와 인간이 지향하는 이치가 일치된 이상적 공간으로, 「지수정가」에서 강호는 자연에서 생활하면서 자연의 가치를 새롭게 발견할 수 있는 공간으로 나타난다. 「도산십이곡」에서는 조화로운 자연과 합일하는 화자가 등장하며, 「지수정가」에서는 자연의 구체적인 모습을 묘사하며 자연의 가치를 확인한 화자가 등장한다.

① (가)의 '초야우생'은 인간이 지향하는 이치와 자연의 이치가 일치된 공간에 존재하는 화자가 스스로를 이르는 말이겠군.

② (나)의 '내 혼자 알았노라'는 자연에서 생활하면서 자연의 가치를 발견한 화자의 심정을 드러내는 말이겠군.

③ (가)의 '천석고황'은 이상적 공간에 다다르지 못한 것에 대한 화자의 아쉬움이, (나)의 '무릉도원'은 현실적 공간을 이상적 공간으로 바라보는 화자의 인식이 나타난 말이겠군.

④ (가)의 '사람과 한가지라'는 자연의 이치와 인간이 지향하는 이치가 다르지 않음을 확인한 화자의 인식이, (나)의 '가지가지 다 좋구나'는 자연의 가치를 확인한 화자의 심정이 나타난 말이겠군.

⑤ (가)의 '춘풍에 화만산하고 추야에 월만대라'는 계절의 양상을 통해 조화로운 자연을, (나)의 '벽류는 콸콸 흘러 옥 술잔을 때리는 듯'은 화자가 발견한 자연의 아름다운 모습을 드러낸 말이겠군.

343 ㉠과 ㉡을 이해한 내용으로 가장 적절한 것은?

① ㉠은 화자가 노력을 기울여 만든 인공물이고, ㉡은 글쓴이가 의도하지 않게 찾아낸 장소이다.

② ㉠은 현실에서 명예를 실현하려는 의지를, ㉡은 현실에서 편의를 실현한 결과를 보여 준다.

③ ㉠은 화자에게 만족하며 머무르는 삶에 대해, ㉡은 글쓴이에게 허전하지 않은 이유에 대해 생각하게 한다.

④ ㉠은 화자에게 일상적인 유용성을 상실한 공간이고, ㉡은 글쓴이에게 본래적인 유용성을 상실한 공간이다.

⑤ ㉠은 화자에게 자신의 삶을 가다듬는 역할을 수행하고, ㉡은 글쓴이에게 자신의 삶을 비판하는 계기로 작용한다.

344 〈보기〉를 바탕으로 [C]를 읽은 독자의 반응으로 적절하지 않은 것은?

─────[보기]─────

겸재는 산을 그리면서도 뺄 건 빼고 과장할 것은 과장하면서 필요한 경우에는 자리를 옮겨 가면서까지 자신이 생각하는 구도로 풍경을 재구성하였다. 한 폭의 그림 속에서 물과 바다, 하늘과 땅, 그리고 정자와 인간을 포함한 모든 대상이 화가의 시선에 의해 재구성되어 회화의 구도상 의미를 지닌 자리에 놓일 때야말로 진정한 그림의 요체가 드러나기 때문에, 겸재의 그림은 실물과 똑같이 그리는 것이 능사가 아니라는 점을 증명하고 있다.

① '먼 산을 그릴 때' 그 거리에 집착하지 않는 까닭은, 실물과 똑같이 그리는 것이 능사가 아니기 때문이겠군.

② '그 거리를 들여다보는 시선의 깊이를 그린다'는 뜻은, 화가가 자신의 시선으로 풍경을 재구성하는 작업이 중요하다는 의미이겠군.

③ '가깝다는 이유만으로 사실성을 부여받지 않'는 까닭은, 대상을 표현할 때 뺄 건 빼고 과장할 것은 과장할 수 있다는 화가의 생각 때문이겠군.

④ '인간과 인간에 직접 관련된 것들'을 '비교적 명료한 사실성을 띠'도록 그린다는 뜻은, 대상을 회화의 구도상 의미를 지닌 자리로 옮겨 풍경의 원근감을 보이는 그대로 실현해야 한다는 의미이겠군.

⑤ '세계를 관찰하는 인간과의 관계 속'에서 사실성이 '정립'되는 까닭은, 화가의 의도에 따라 풍경을 재구성하는 창작 작업을 통해 그림의 요체가 드러나기 때문이겠군.

──────── (해설편 Part 2 p.207) ────────

도시의 발전은 옛 성벽을 깨트리고, 아직도 초평(草坪)이 남아 있는 이 성 밖으로 뀌여 나오기 시작한 것이었다. 그리하여 아직도 자리 잡히지 않은 이 거리의 누렇던 길이 매연과 발걸음에 나날이 짙어서 ⓐ꺼멓게 멍들기 시작한 이 거리를 지나면 얼마 안 가서 옛 성문이 있었다. 그 성문을 통하여 이 신작로의 수직선으로 뚫린 시가가 바라보이는 것이었다. 그 성문 밖을 지나치면 신흥 상공 도시라는 이 도시의 공장 지대에 들어서게 된다. 병일이가 봉직하고 있는 공장도 그곳에 있었다. 병일이는 이 길을 2년간이나 걸었다. 아침에는 집에서 공장으로, 저녁에는 공장에서 집으로 가는 가장 가까운 길이므로 이 길을 걷는 것이었다.

병일이는 취직한 지 2년이 되도록 신원 보증인을 얻지 못하였다. 매일 저녁마다 병일이가 장부의 시재(時在)를 막아 놓으면, 주인은 금고의 현금을 헤었다. 병일이가 장부에 적어 놓은 숫자와 주인이 헤인 현금이 맞맞아떨어진 후에야 그날 하루의 일이 끝나는 것이었다. 주인이 금고 문을 잠근 후에 병일이는 모자를 집어 들고 사무실 문밖에 나선다. 한 걸음 앞서 나섰던 주인은 곧 사무실 문을 잠가 버리는 것이었다. 사무실 마루를 쓸고, 훔치고, 손님에게 차와 점심 그릇을 나르고, 수십 장의 편지를 쓰고, 장부를 정리하는 등 ⓑ소사와 급사와 서사의 일을 한 몸으로 치르고 난 뒤에 하숙으로 돌아가는 병일의 다리와 머리는 물병과 같이 무거웠다.

주인에게 작별 인사를 하고 공장 문밖을 나서면 하루의 고역에서 벗어났다는 시원한 느낌보다도 작은 별들이 반짝이는 하늘 아래 말할 수 없이 호젓해짐을 금할 수 없었다. 그는 주인 앞에서 참고 있었던 담배를 가슴속 깊이 빨아 들이켜며, ㉠2년 내로 구하여도 얻지 못하는 신원 보증인을 다시금 궁리하여 보는 것이었다. 현금에 손을 대지 못하고, 금고에 들어 있는 서류에 참견을 못 하는 것이 책임 문제로 보아서 무한히 간편한 것이지만 ㉡취직한 첫날부터 지금까지 하루도 변함없이 자기를 감시하는 주인의 꾸준한 태도에 병일이도 꾸준히 불쾌한 감을 느껴온 것이었다. 주인의 이러한 감시에 처음 얼마 동안은 신원 보증이 없어서 그같이 못 미더운 자기를 그래도 써 주는 주인의 호의를 한없이 감사하고 미안하게 여겼다. 그다음 얼마 동안은 병일이가 스스로 믿고 사는 자기의 담박한 성정을 그리도 못 미더워하는 주인의 태도에 원망과 반감을 가지게 되었다.

(중략)

근자에 병일이는 사무실에서 장부 정리를 할 때에도 혹시 후원에서 성낸 소와 같이 거닐고 있던 니체가 푸른 이끼 돋친 바위를 붙안고 이마를 부딪치는 것을 상상하고 작은 신음 소리가 나오려는 것을 깨닫고는 몸서리를 치기도 하였다. 그럴 때마다 곁에서 담배를 피우며 신문을 뒤적이고 있는 주인을 바라볼 때 ㉢신문 외에는 활자와 인연이 없이 살아갈 수 있는 그들의 생활이 부럽도록 경쾌한 것 같았다. 사실 ㉣월급에서 하숙비를 제하고 몇 푼 안 남는 돈으로 탐내어 사들인 책들이 요즈음에는 무거운 짐같이 겨웠다. 활자로 박힌 말의 퇴적이 발호하여서 풍겨 오는 문학의 자극에 자기의 신경은 확실히 피곤하여졌다고 병일은 생각하였다.

피곤한 병일이는 사무실에서 돌아올 때마다 이 지루한 ⓒ장마는 언제까지나 계속할 셈인가고 중얼거렸다. 지금부터는 마음대로 할 수 있는 '나의 시간'이라고 생각하며 돌아가는 길에 언제나 발을 멈추고 바라보는 성문을 요즈음에는 우산 속에 숨어서 그저 지나치는 때가 많았다. 혹시 생각나서 돌아볼 때에는 수없는 빗발에 씻기며 서 있는 ⓓ누각을 박쥐조차 나들지 않았다. 전날 큰 구렁이가 기왓장을 떨어쳤다는 말이 병일에게는 육친의 시체를 보는 듯한 침울한 인상을 주는 것이었다. 모기 소리와 빈대 냄새와 반들거리다가 새침히 뛰어오르는 벼룩이 기다릴 뿐인 바람 한 점 없는 하숙방에서 활자로 시꺼멓게 메워진 책과 마주 앉을 용기가 없어진 병일이는 어떤 유혹에 끌리듯이 사진관으로 찾아가게 되었다.

사진사도 병일이를 환영하였다. 그리고 거기는 술과 한담이 있었다. 아직껏 취흥을 향락해 본 경험이 없던 병일이는 자기도 적지 않게 마시고 제법 사진사와 같이 한담을 주고받을 수 있다는 것이 만족하게 생각되기도 하였다. 사진사가 수다스럽게 주워섬기는 이야기를 듣고 있는 동안에 병일이는 ㉤문득 자기를 기다릴 듯한 어젯밤 펴놓은 대로 있을 책을 생각하고 시계를 쳐다보기도 하였으나 문밖에 빗소리를 듣고는 누구에 대한 것인지도 모른 송구한 마음을 가라앉히는 것이었다. 그럴 때마다 그는 이야기에 신이 나서 잊고 있는 사진사의 잔을 집어서 거푸 마셨다.

밤 12시가 거진 되어서 하숙으로 돌아가는 병일이는 비를 맞는 것이 오히려 마음이 편하였다. '이것이 무슨 짓이냐!' 하는 반성은 갈라진 검은 구름 밖으로 보이는 별 밑에 한층 더하므로 '이 생활은 일시적이다. 장마의 탓이다.' 하는 생각을 오는 비에 핑계하기가 편하였던 것이다. 책상 앞에 돌아온 병일이는 '내 마음대로 할 수 있는 시간'이 모두 없어진 것을 새삼스럽게 느끼고 있는 자기를 발견하는 것이었다. 이른 아침 시간을 위하여 자야 할 병일이는 벌써 깊이 잠들었을 사진사의 ⓔ 코 고는 소리가 들리는 듯하여 잠이 오지 않았다.

-최명익, 「비 오는 길」-

345 윗글에 대한 설명으로 가장 적절한 것은?

① 풍자적 어조를 통해 세태를 우회적으로 비판하고 있다.
② 상황에 대한 인물의 주관적인 판단을 중심으로 이야기를 서술하고 있다.
③ 인물의 과장된 말과 행동을 통해서 비극적인 분위기에 반전을 꾀하고 있다.
④ 자연에 대한 감각적인 묘사를 중심으로 환상적인 분위기를 그려내고 있다.
⑤ 빈번하게 장면을 전환하여 인물들 사이에 조성된 긴장감을 해소하고 있다.

346 ⓐ~ⓔ에 대한 이해로 적절하지 않은 것은?

① ⓐ는 변화하고 있는 주변 환경을 말하고 있다.
② ⓑ는 '병일'이 '사무실'에서 하는 반복적인 일이다.
③ ⓒ는 피곤한 '병일'에게 지루함을 더하는 요인 중 하나이다.
④ ⓓ는 노동에서 벗어난 '병일'이 '나의 시간'을 보내는 곳이다.
⑤ ⓔ는 '병일'의 휴식을 방해하는 상상의 소리이다.

347 〈보기〉를 참고하여 ㉠~㉤을 감상한 내용으로 적절하지 않은 것은? [3점]

[보기]

소망이나 욕구가 충족되지 못해서 갈등을 겪는 개인은 심리적으로 불안한 상태에 빠진다. 특히 사회적으로 불안정한 처지에 놓여 있는 개인은 긴장과 갈등 상황에 과민하게 반응하며 현실에 적응하는 데에 어려움을 겪는다. 이 과정에서 불쾌감, 고독, 우울, 불면 같은 심리적 불안 증세가 표출된다. 이 같은 증세를 보이는 개인은 불안을 야기하는 요소를 차단하기 위해 자기만의 세계에 몰두하려고 한다. 그렇다고 자기만의 세계에 만족하는 것은 아니며 타인의 삶에 대한 관심과 실망을 오가는 이중적 감정을 드러낸다.

① ㉠은 사회적으로 불안정한 처지에 놓여 있는 '병일'의 상태를 보여 주는군.
② ㉡은 자신이 의심을 받는다고 생각하는 '병일'의 심리적 불안이 드러난 예이군.
③ ㉢에서는 자신의 세계에 만족하지 못하는 '병일'이 타인의 세속적 삶에 관심을 갖고 있음을 알 수 있군.
④ ㉣에서는 자신이 몰두하던 세계에서 '병일'이 더 이상 만족을 찾지 못하고 있음을 알 수 있군.
⑤ ㉤에서는 '병일'이 타인의 삶에 대한 관심과 실망을 오가고 있음을 알 수 있군.

348 하숙방과 사진관에 대한 이해로 가장 적절한 것은?

① 하숙방은 '병일'이 자신을 대면하는 고독한 곳이고, 사진관은 삶에 지친 '병일'이 일시적으로 도피하는 곳이다.
② 하숙방은 '병일'이 '니체'에 관한 상상을 하였던 곳이고, 사진관은 '사진사'에 대한 '병일'의 동정이 드러나는 곳이다.
③ 하숙방은 '병일'이 자신의 사회적 관계를 회복하려고 노력하는 곳이고, 사진관은 '병일'에게 위안을 주는 곳이다.
④ 하숙방은 '주인'의 감시가 계속되는 곳이고, 사진관은 '병일'이 이전에 해 보지 못한 경험을 하는 곳이다.
⑤ 하숙방은 '병일'이 '고역'을 지속하는 곳이고, 사진관은 '병일'이 자신의 과거를 긍정하는 곳이다.

── 해설편 Part 2 p.213 ──

(가)

무너지는 꽃 이파리처럼
휘날려 발 아래 깔리는
서른 나문 해야

구름같이 피려던 뜻은 **날로** 굳어
한 금 두 금 곱다랗게 감기는 연륜(年輪)

갈매기처럼 꼬리 떨며
산호 핀 바다 바다에 나려앉은 섬으로 가자

비취빛 하늘 아래 피는 꽃은 맑기도 하리라
무너질 적에는 눈빛 파도에 적시우리

초라한 경력을 육지에 막은 다음
주름 잡히는 연륜마저 끊어버리고
나도 **또한** 불꽃처럼 **열렬히** 살리라

-김기림, 「연륜」-

(나)

제 손으로 만들지 않고
한꺼번에 싸게 사서
마구 쓰다가
망가지면 내다 버리는
플라스틱 물건처럼 느껴질 때
나는 **당장** 버스에서 뛰어내리고 싶다
현대 아파트가 들어서며
홍은동 사거리에서 사라진
털보네 대장간을 찾아가고 싶다
풀무질로 이글거리는 불 속에
시우쇠처럼 나를 달구고
모루 위에서 벼리고
숫돌에 갈아
시퍼런 무쇠 낫으로 바꾸고 싶다
땀 흘리며 두들겨 **하나씩** 만들어 낸
꼬부랑 호미가 되어
소나무 자루에서 송진을 흘리면서
대장간 벽에 걸리고 싶다
지금까지 살아온 인생이
온통 부끄러워지고
직지사 해우소

아득한 나락으로 떨어져 내리는
똥덩이처럼 느껴질 때
나는 가던 길을 멈추고 문득
어딘가 걸려 있고 싶다

-김광규, 「대장간의 유혹」-

349 (가)와 (나)에 대한 설명으로 가장 적절한 것은?

① (가)는 (나)와 달리 과정을 나타내는 시어들을 나열하여 시간의 급박한 흐름을 드러내고 있다.

② (나)는 (가)와 달리 자연물에 빗대어 화자의 움직임을 드러내고 있다.

③ (나)는 (가)와 달리 색채어를 활용하여 공간적 배경이 만들어내는 분위기를 드러내고 있다.

④ (가)와 (나)는 모두 하강의 이미지가 담긴 시어를 활용하여 화자의 인식을 드러내고 있다.

⑤ (가)와 (나)는 모두 표면에 드러난 청자에게 말을 건네는 방식으로 화자의 정서를 드러내고 있다.

350 (가), (나)의 시어에 대한 이해로 적절하지 <u>않은</u> 것은?

① (가)에서 '열렬히'는 화자가 추구하는 삶에 대한 적극적인 태도를 표방한다.

② (나)에서 '한꺼번에'와 '하나씩'의 대조는 개별적인 존재의 고유성을 부각한다.

③ (나)에서 '온통'은 화자의 성찰적 시선이 자신의 삶 전반에 걸쳐 있음을 부각한다.

④ (가)에서 '날로'는 부정적 상황의 지속적인 심화를, (나)에서 '당장'은 당면한 상황에서 벗어나려는 절박감을 강조한다.

⑤ (가)에서 '또한'은 긍정적인 존재와 화자의 동질성을, (나)에서 '마구'는 부정적으로 취급되는 대상과 화자 간의 차별성을 부각한다.

351 〈보기〉를 참고하여 (가), (나)를 감상한 내용으로 적절하지 <u>않은</u> 것은? [3점]

[보기]

시인은 결핍을 느끼는 상황에서 새로운 가치를 발견하고 이를 통해 삶을 성찰하는 경우가 많다. 예컨대 「연륜」은 축적된 인생 경험에서, 「대장간의 유혹」은 현대인이 추구하는 편리함에서 결핍을 발견한 화자를 통해 일상에서 경험하는 것들이 재해석된다. 두 작품은 결핍된 상황에서 벗어나려는 의지를 구심점으로 삼아 시상을 전개한다.

① (가)에서 '서른 나문 해'를 '초라한 경력'으로 표현한 것은, 화자가 자신이 살아온 인생을 변변치 않은 경험으로 재해석한 것이겠군.

② (가)에서 '불꽃'을 긍정적인 이미지로 표현한 것은, '주름 잡히는 연륜'에 결핍되어 있는 속성을 끊을 수 있는 수단이라는 의미로 재해석한 것이겠군.

③ (나)에서 지금은 사라진 '털보네 대장간'을 '찾아가고 싶다'고 표현한 것은, 일상에서 결핍된 가치를 찾고자 하는 화자의 열망을 공간에 투영한 것이겠군.

④ (나)에서 '가던 길을 멈추고' '걸려 있고 싶다'고 표현한 것은, 화자가 추구하는 가치를 표상하는 사물의 상태가 되고 싶다고 진술함으로써 결핍에서 벗어나고자 하는 의지를 드러낸 것이겠군.

⑤ (가)에서 '육지'를 지나간 시간을 막아 둘 공간으로, (나)에서 '버스'를 벗어나고 싶은 공간으로 표현한 것은, '육지'와 '버스'를 화자가 결핍을 느끼는 공간으로 재해석한 것이겠군.

[352~355] 다음 글을 읽고 물음에 답하시오.   2025.06 [18~21]

―――― 해설편 Part 2 p.220) ――

장 소저가 남복을 벗고 담장 소복으로 여복을 개착하고 금로에 향을 사르며 시랑의 영위 먼저 차린 후 제문을 읽으니, ⓐ그 글에 하였으되,

'유세차 기축 삼월 정묘 삭 십오 일에 기주 장 한림의 딸 애황은 감히 이부 시랑 이 공 영위 앞에 아뢰나이다. 오호 애재라! 소첩의 부친이 대인과 사귐이 깊사옵더니, 그 후에 대인은 귀자를 두시고 부친은 소첩을 얻으시니 피차에 동년 동일생이라. 부친이 신기한 꿈을 꾸고는 대인과 **진진지연***을 깊이 맺었더니, 슬프다, 양가 시운이 불리하여 대인 **간신의 모해**를 입어 외딴섬에 유배 가시고, 부친은 대인의 억울함과 소첩의 앞길이 그릇됨을 원통히 여겨 걱정과 분노가 병이 되어 중도에 **세상을 버리시니**, 모친 또한 부친의 뒤를 따라 별세하시니, 외롭고 연약한 소첩은 의지할 곳이 없더라. 간적 왕희가 첩의 고독함을 업신여겨 **혼인을 강제하옵기로** 변복 도주하였다가, 남자로 행세하여 용문에 올라 남적을 멸하고 대공을 이룸은, 적자 왕희를 없이하여 원통함을 풀고 대인과 공자를 찾아 혼약을 이루기 위함이었는데, 사신의 말을 들으니 대인 부자가 형적이 없다 하니, 반드시 수중고혼이 되신지라. 어찌 참통치 않으리잇고. 이에 한 잔 술을 바치옵나니 삼가 바라건대 존령은 흠향하옵소서.'

하였더라.

(중략)

각설. 이 공자 대봉이 부친을 모시고 ㉠용궁을 떠나 여러 날 만에 ㉡황성에 올라와 머물 곳을 정한 후, 흉노의 머리 벤 것을 봉하여 성상께 올릴새 상소를 지어 전후사연을 주달하였거늘, 이때 성상이 이 시랑 부자의 생사를 알지 못하시고 장 소저의 앞길을 애련히 여기사 마음에 잊지 못하시더니, 또 장 소저의 상표가 이르렀거늘 상이 반기사 급히 열어 보시니 왈,

'신첩 장애황은 일장 표를 용탑 하에 올리나이다. 신첩이 성상의 큰 은혜를 받자와 바닷가에서 제를 올려 고혼을 위로하오나, 이승과 저승이 판이하게 달라 영혼이 자취가 없사오니, 비록 앞에 와 흠향하온들 어찌 알 리 있사오리잇가. 아득한 경상과 슬픈 마음을 진정치 못하와 제를 지내며 통곡하옵더니, 천우신조하와

삭발 승려를 만나오니 이 곧 시랑 이익의 처 양씨라. 비록 **성혼 행례**는 아니 하였사오나 어찌 시어머니와 며느리 사이가 아니리잇가. 일비일희하여 즐겁기 무궁하오니, 이는 다 성상의 넓으신 덕택으로 말미암음이라. 그러나 왕희 부자는 국가를 혼란스럽게 한 간신이옵고 신첩의 원수라. 바라건대 폐하는 왕희 부자를 엄형 국문하사 국법을 밝히시고, 그 부자를 신첩에게 내어 주시면 남선우 베던 칼로 난신을 죽여 이익의 부자에게 제하여 영혼을 위로하리이다.'

하였더라.

상이 다 보신 후 정히 처결코자 하시더니, 이때 또 하나의 표문이 올라오거늘, 상이 의괴하여 열어 보시니 ⓑ그 소에 하였으되,

'죄신 이대봉은 황공함과 두려운 마음으로 머리를 조아려 절을 올리며 한 장 표문을 황상 용탑 하에 바치옵나이다. 신의 부자가 간신 왕희의 모함을 입었사오나, 폐하의 성덕을 입사와 이 한목숨에 너그러움을 베풀어 ㉢해도에 내치신 덕택으로 유배지로 가옵더니, 도중을 향하와 배를 타고 대해 중에 행하옵더니, 뜻밖에 뱃사람들이 달려들어 아비를 결박하여 물에 던지거늘, 신의 아비 죽는 양을 보고 또한 뒤를 따라 수중에 빠지오매 거의 죽게 되었삽더니, 마침 서해 용왕의 구함을 입어 살아나 서역 천축국 ㉣백운암에 가 팔 년을 의탁하였나이다. 생각하옵건대 신의 부자가 국가의 죄인이라. 타처에 오래 있사옴이 옳지 않아 세상에 나와 수중에 빠진 아비 유골이나마 찾고 고국에 있는 어미를 찾아보고자 하와 중원으로 돌아가옵다가, 농서에서 한나라 장수 이릉의 영혼을 만나 갑옷과 투구를 얻고, 사평에서 오추마를 얻으며, 화용도에서 관 공의 영혼을 만나 칼을 얻어, 황성으로 향코자 하옵다가, 반적 흉노가 천자의 자리를 범하여 황성을 함몰하고 어가가 ㉤금릉으로 행하셨다 함을 듣고, 분심을 이기지 못하와 전죄를 무릅쓰고 천 리를 달려와 금릉에 이르러 자칭 충의장군이라 하옵고 필마단창으로 적군을 파하고 적장 묵특남과 동돌수를 베어 성상의 급하심을 구하옵고, 흉노가 도망하는 것을 따라 서릉도에 들어가 흉노를 베었나이다. 돌아오는 길에 해중에서 풍랑을 만나 나흘 밤낮을 정처 없이 가다가 천우신조하옵고, 성상의 하해지덕으로 무인절도에 다다라 바람이 그치오며, 그 섬에 올라가 죽었던 아비를 만났사오니 황명을 기다리지 아니하고 감히 함께 와 대죄하옵나니, 신의 부자의 죄 만 번 죽어도 아까울 것이 없나이다. 그러하오나 왕희는 국가의 난신적자요 신의 원

수라. 뱃사람이 재물 없이 적소로 가는 죄수를 무단히 살해하올 일은 만무하온즉, 이는 반드시 왕희의 사주를 받은 것으로, 의심할 바 없는지라 바라옵건대 성상은 엄형 국문하옵신 후 왕적을 내어 주시고 신의 죄를 다스리옵소서.'

하였더라.

-작자 미상, 「이대봉전」-

* 진진지연(秦晋之緣): 혼인의 인연.

352 ㉠~㉤에 대한 설명으로 가장 적절한 것은?

① ㉠은 이대봉이 이릉의 영혼을 만나 갑옷과 칼을 얻은 공간이다.

② ㉡은 흉노가 침범한 곳이자 이대봉이 흉노를 처단한 공간이다.

③ ㉢은 장 한림 부부가 간신의 모해로 유배 간 공간이다.

④ ㉣은 이대봉이 중원으로 향하기 전에 머물던 공간이다.

⑤ ㉤은 동돌수가 이대봉을 피해 달아난 공간이다.

353 장 소저에 대한 이해로 적절하지 않은 것은?

① 부친과 이 시랑이 '진진지연'을 맺은 데에는 신기한 꿈이 영향을 미쳤을 것이라고 알고 있다.

② 이 시랑이 '간신의 모해'를 입은 것은 시운이 좋지 않았기 때문이라고 생각했다.

③ 부친이 '세상을 버'린 까닭은 혼약이 어그러진 것과 이 시랑의 죽음에 대한 분노 때문이라고 여겼다.

④ 왕희가 '혼인을 강제하'는 것으로 판단하여 변복 도주했다.

⑤ '성혼 행례'는 하지 않았으나, 승려가 된 양씨를 시어머니로 대했다.

354 〈보기〉의 [A]에 들어갈 말로 적절하지 않은 것은?

─[보기]─

선생님: 고전 소설에서는 제문, 표문 등과 같은 다양한 글이 활용되기도 해요. 윗글의 ⓐ와 ⓑ에서 글을 바치는 사람과 받는 상대가 누구인지 고려하여, 글의 특징이나 기능에 대해 말해 보세요.

학 생: _____ [A]

선생님: 네, 맞아요.

① ⓐ는 망자에게 바치는 제문이고, ⓑ는 성상에게 바치는 표문이에요.

② ⓐ는 상대의 원통함을 위로하기 위하여, ⓑ는 상대에게 사건 경과를 알려 특별한 조치를 요청하기 위하여 작성되었어요.

③ ⓐ와 달리 ⓑ에는 글을 바치는 사람이 스스로를 낮추는 표현이 사용되었어요.

④ ⓐ에서 글을 바치는 사람이 오해했던 사건의 실상이 ⓑ에서 드러나고 있어요.

⑤ ⓐ와 ⓑ는 모두 글을 바치는 사람과 상대를 서두에서 밝히고 있어요.

355 〈보기〉를 참고하여 윗글을 감상한 내용으로 적절하지 않은 것은? [3점]

─[보기]─

「이대봉전」에서 주인공은 공적 가치와 사적 목표를 실현하기 위해 노력한다. 공적 가치는 국가 차원의 사건에 참여하는 당위로 제시되고, 사적 목표는 가문의 일원으로서 그 사건 해결에 가담하는 동력이 된다. 현실계나 비현실계의 존재들 또한 주인공의 이러한 문제 해결 과정에 조력한다. 공적 활약을 통해 공적 가치의 권위를 인정하는 이면에 사적 목표의 추구를 배치하는 이러한 구도는 영웅소설이 지향하는 '충'이라는 이념을 훼손하지 않으면서도 사적 목표의 추구를 정당화한다.

① 장애황이 혼약을 이루기 위해 대공을 세웠다고 한 데에서, 혼약이 국가 차원의 사건에 참여하는 동력이 되었음을 알 수 있군.

② 장애황이 난신 왕희를 국법으로 다스린 후 자신에게 내어 달라고 한 데에서, 공적 권위를 존중하되 사적 목표도 실현하고자 하는 마음을 알 수 있군.

③ 흉노의 침입으로 성상이 피신했다는 소식에 분노하여 이대봉이 출전한 데에서, 국가 차원의 문제 해결에 참여하는 당위성을 확인할 수 있군.

④ 표류하던 이대봉이 천우신조로 무인절도에서 이 시랑과 재회한 데에서, 비현실계의 존재가 이대봉의 공적 활약에 조력한 것을 확인할 수 있군.

⑤ 이대봉이 흉노 제압을 공으로 드러낸 후 성상에게 왕희의 처벌을 요구한 데에서, 충의 이념을 훼손하지 않으면서도 사적 목표의 정당성을 확보하려는 인물의 의중을 확인할 수 있군.

───────── (해설편 Part 2 p.227)

(가)

공후배필은 못 바라도 군자호구 원하더니
삼생의 원업(怨業)이오 월하의 연분으로
장안유협(長安遊俠) 경박자(輕薄子)를 ㉠꿈같이 만나 있어
당시의 용심(用心)하기 살얼음 디디는 듯
삼오이팔 겨우 지나 천연여질 절로 이니
이 얼골 이 태도로 백년기약하였더니
연광(年光)이 훌훌하고 조물이 다시(多猜)*하여
봄바람 가을 물이 베오리에 북 지나듯　┐
설빈화안 어디 두고 면목가증(面目可憎)* 되거고나　│[A]
내 얼골 내 보거니 어느 임이 날 괼소냐　　┘

(중략)

옥창에 심은 매화 몇 번이나 피여 진고
겨울밤 차고 찬 제 자최눈 섯거 치고　┐
여름날 길고 길 제 궂은비는 무슨 일고　│[B]
삼춘화류(三春花柳) 호시절(好時節)의 경물이 시름없다
가을 달 방에 들고 **실솔(蟋蟀)**이 상(床)에 울 제
긴 한숨 지는 눈물 속절없이 헴만 많다
아마도 모진 목숨 죽기도 어려울사
도로혀 풀쳐 혜니 이리하여 어이하리
청등을 돌라 놓고 녹기금(綠綺琴) 빗겨 안아
벽련화(碧蓮花) 한 곡조를 시름 좇아 섯거 타니
소상야우(瀟湘夜雨)의 댓소리 섯도는 듯
화표천년(華表千年)의 별학이 우니는 듯
옥수(玉手)의 타는 수단 옛 소리 있다마는
부용장(芙蓉帳) 적막하니 뉘 귀에 들리소니
간장이 구곡되어 굽이굽이 끊쳤어라
차라리 잠을 들어 ㉡꿈에나 보려 하니
바람의 지는 잎과 풀 속에 우는 짐승
무슨 일 원수로서 잠조차 깨우는다
　　　　　　　　　　　　　-허난설헌, 「규원가」-

* 다시 : 시기가 많음.
* 면목가증 : 얼굴 생김이 남에게 미움을 살 만한 데가 있음.

(나)

재 위에 우뚝 선 **소나무 바람 불 적마다 흔덕흔덕**　┐
개울에 섰는 **버들 무슨 일 좇아서 흔들흔들**　　　　│[C]
임 그려 우는 눈물은 옳거니와 **입하고 코는 어**　┘
이 무슨 일 좇아서 **후루룩 비쭉** 하나니
　　　　　　　　　　　　　-작자 미상-

356 [A]~[C]의 표현상 특징에 대한 설명으로 적절하지 <u>않은</u> 것은?

① [A]는 여성의 생활에 밀접한 소재를 활용하여 흘러가는 세월에 대한 화자의 인식을 시각적으로 표현하였다.
② [B]는 단어를 반복하는 구절을 행마다 사용하여 화자가 주목하는 각 계절의 특성을 강조하였다.
③ [C]는 두 대상을 발음이 비슷한 의태어로 표현하여 움직이는 모습의 유사성을 드러내었다.
④ [A], [B]는 계절적 배경을 알려 주는 시어를 활용하여 시간에 따라 화자의 처지가 달라졌음을 드러내었다.
⑤ [B], [C]는 대구를 활용하여 리듬감을 형성하였다.

357 ㉠, ㉡에 대한 이해로 가장 적절한 것은?

① ㉠은 흐릿한 기억 때문에 혼란스러운 화자의 심정을 나타낸다.
② ㉡은 현실에서는 화자가 문제를 해결할 수 없어서 선택한 방법이다.
③ ㉠은 임과의 만남에 대한 기대에서, ㉡은 임과의 이별에 대한 망각에서 비롯된다.
④ ㉠은 이미 일어난 일에 대해 회상하고, ㉡은 곧 일어날 일에 대해 단정하고 있다.
⑤ ㉠은 인연의 우연성에 대한, ㉡은 재회의 필연성에 대한 화자의 우려를 드러내고 있다.

358 〈보기〉를 참고하여 (가), (나)를 감상한 내용으로 적절하지 <u>않은</u> 것은? [3점]

> ──────[보기]──────
>
>   (가), (나)는 이별에 대한 서로 다른 대처를 보여 준다. (가)의 화자는 외부와 단절된 채 자신의 쓸쓸한 내면에 몰입하고, 자신의 슬픔을 주변으로 확장한다. (나)의 화자는 외부 대상의 모습에서 자신과의 동질성을 발견하며 슬픔을 확인하면서도, 슬픔을 분출하는 자신의 우스운 외양에 주목한다. (가)는 슬픔을 확장하고 펼쳐 냄으로써, (나)는 슬프지만 슬픔과 거리를 둠으로써 이별에 대처한다.

① (가)에서 '실솔이 상에 울 제'는 화자가 자신의 슬픔을 주변으로 확장한 것을 보여 주는군.

② (가)에서 '부용장 적막하니 뉘 귀에 들리소니'는 화자가 외부와의 교감을 거부하고 내면에 몰입하는 모습을 드러내는군.

③ (나)에서 화자는 '소나무'가 '바람 불 적마다 흔덕'거리는 모습에서 자신과의 동질성을 발견한 것이겠군.

④ (가)의 '삼춘화류'는, (나)의 '버들'과 달리 화자의 내면과 대비되어 외부와의 단절감을 강조하는군.

⑤ (나)의 '후루룩 비쭉'하는 '입하고 코'는, (가)의 '긴 한숨 지는 눈물'과 달리 화자가 자신의 우스운 외양에 주목하여 슬픔과 거리를 두는 것을 보여 주는군.

— 해설편 Part 2 p.233

나는 집에 도착한 그 첫 순간에 베일에 가린 듯이 ⓐ모든 사물, 모든 사람들로부터 차단된 나 자신을 느꼈다. 집에서 맞는 첫날 아침을 나는 이상한 비현실감 속에서 맞았다. "이런 전선에서 두부 장수 종소리, TV에서 흘러나오는 노랫소리, 수돗물이 넘치는 소리가 웬일일까?"라고 중얼거리며 주위를 둘러보았던 것이다. '이런 전선에서'란 느낌은 어떤 긴박한 위기에 대처한 생생한 의지였다. 그것은 아직도 내 몸에 밴 전쟁 냄새였다. 그런데 두부 장수 종소리, 유행가 소리 따위를 의식했을 때 나는 뭔가 맥이 탁 풀리는 것 같았다. 나의 안에 있는 긴박감에 비해서 밖은 너무도 무의미하고 태평스럽고 어쩌면 패덕스럽기까지 했다. 나미도, 학교 공부도, 또 나로부터 그토록 수많은 밤을 앗아 갔던 아틀리에에도 예외일 수는 없었다. 나는 그것들과의 관계를 다시 시작할 하등의 흥미도 관심도 없었다. 나날이 권태스럽고 짜증스럽기만 했다. 이따금 나는 내 안의 긴장에 대해서, 적어도 숨김없는 그 진실에 대해서 누군가에게 말하려 애써보았다. 그러나 이해하는 사람은 아무도 없었다.

그렇다. 이제 생각이 난다. 며칠 전 다방에서의 일이. 실내엔 담배 연기가 꽉 차 있었고 선정적인 허스키로 어떤 여자가 느린 곡조로 노래를 들려주고 있었다. 어쩌다가 내가 나미에게 그 얘기를 들려주려고 했는지 알 수가 없다. 나는 다음과 같이 그 얘기를 시작했다.

나는 D고지에서 전투 중인 ○○ 연대 근처까지 물을 실어다 주라는 명령을 받았어. 음료수가 떨어져서 전 연대원이 전투는 고사하고 타는 듯한 갈증과 싸우고 있다는 소식이었어. T에서 거기까진 팔십 킬로 거리였지. 나와 한병장은 밤중에 급수차를 몰아 T를 떠났어. 한 치 앞도 가릴 수 없는 어둠과 정적. 목쉰듯한 엔진 소리는 어둠과 정적의 벽에 부딪혀 바로 우리의 귓가에서 부서지고, 부챗살 모양으로 어둠이 지워진 헤드라이트의 반경 속에선 사물이 극도로 정밀해져 마치 입체 영화에서처럼 눈 속으로 뛰어들었지. 그 정밀함이란 길바닥에 뒹구는 돌에 묻은 티, 풀포기에 매달려 잠자는 벌레 따위의 미세한 것들까지도 죄다 눈에 잡히는 듯했어. 나는 온갖 사물들이 바로 내 심장에 맞닿아 있는 듯한 그런 느낌을 이전엔 한 번도 가져 보지 못했어. 이따금씩 여우나 늑대 따위들이 길을 횡단하여 쏜살같이 사라지곤 했어. 어둠 속에서 한가로이 떠돌던 나방이 떼들은 갑작스런 불빛에 방향 감각을 잃고 윈도에 머리를 부딪혀 빗방울처럼 떨어져 죽었고, 나는 운전하고 있는 한병장의 팔을 건

드리며 유리창을 가리켰지. 그는 겁에 질린 해쓱한 표정으로 나를 힐끔 곁눈질했을 뿐이야. 그렇지, 혈관 속을 움직이는 피의 선회마저 느낄 듯한 이 비상한 감각, 그리고 심연에서 샘처럼 솟아오르는 넘칠 듯한 생동감이 없는, 저 유리창에 부딪혀 죽는 나방이 따위야 아무것도 신기할 것이 없지, 라고 생각하며 나는 혼자서 빙긋 웃었어.

[A]

한병장이 다시 얼굴을 힐끔 돌리며 잡아 늘이는 듯한 목소리로 말했어. "차일병은 무섭지 않나?" "아뇨, 전연." "대단하군. 여기선 적이 언제 어디서라도 나타날 수 있지." "저는 적보다 진정으로 무서운 건 무감각이라고 깨달았습니다." "나는 제대하면 곧장 결혼할 거야." "언젭니까, 제대가?" "석 달 남았지." "저는 지금까지 마치 꿈을 꾸다가 깨어난 것 같아요. 이곳에 온 뒤론 바로 생명의 한가운데를 관통하는 느낌입니다." 그런데 중간에서 엔진이 고장났지. 몇 시간 지체하고 나니 벌써 동이 트더군. 이제부터 정말 위험이 시작된 것이라 싶더군. 왜냐하면 적의 정찰 비행에 발견되면 공중 사격을 받을 우려가 있는 데다 불볕 같은 폭염이 사정 없이 쏟아져 그도 또한 견디기 어려운 문제였지.

(중략)

아까부터 나는 창 옆에서 노인이 나타나기를 기다리고 있었다. 오늘도 그가 그토록 진지한 얼굴로 잃어버린 물건을 계속 찾을 것인지. 대체로 그렇지 못할 것이라고 나는 믿고 있다. 그러나 만에 하나라도 노인이 어제와 같은 모습으로 내 앞에 나타난다면 무료한 가운데서도 어떤 안정성을 획득하고 있던 나의 생활은 송두리째 무너질지도 모른다. 그가 창밖에서 뭔가 열심히 찾고 있는 한 나는 계속 도전을 받는 셈이기에. 때문에 사실을 좀 더 명확하게 파악할 필요가 있다. 노인이 찾고 있는 ⓑ물건의 정체가 무엇인지, 그런저런 것을 알아보노라면 노인의 그와 같은 숙연한 태도와 잃어버린 물건 사이의 상관관계도 알게 될 것이다. 아무튼 이제 나는 그와 한마디 얘기라도 나눠 보지 않으면 못 견딜 것 같은 심정이다.

드디어 자전거에 짐을 싣고 공터 안으로 들어오는 노인의 모습이 눈에 잡힌다. 그 곁엔 개가 종종걸음으로 따르고 있다. 어제와 거의 같은 장소에서 노인은 자전거를 멈추고 짐을 내린다. 비치파라솔·궤짝·연탄불 따위들이 착착 있을 곳에 놓여진다. 그런데 얼마 후에 나를 놀라게 하는 일이 벌어진다. 준비를 끝낸 노인은 이내 포장 안에서 빠져나와 개를 데리고 물웅덩이 쪽으로 가는 게 아닌가.

[B] 개는 하루 사이 아주 눈에 띄게 쇠약한 모습이고,
노인도 피곤하고 지친 모습이긴 하나 끈질긴 어떤
힘이 그의 전신에서 면면히 솟아 나오고 있는 듯하
다. 나는 완전히 안정을 잃고 방 안을 오락가락했
다. 믿어지지 않는다. 거짓말이다. 무엇이 노인에게
저토록 소중하게 여겨진단 말인가. 아니, 노인은 무
슨 실없는 망상을 하고 있는 걸까. 나는 방에서 뛰
쳐나왔다.

-서영은, 「사막을 건너는 법」-

359 [A]와 [B]의 서술상 특징에 대한 설명으로 가장 적절한
것은?

① [A]는 회상 장면을 삽입하여, [B]는 시간의 흐름에 따
라 사건을 서술하여 인물들이 처한 상황을 객관적으
로 전달하고 있다.

② [A]는 구어체를 활용하여 경험한 사실을, [B]는 현재형
시제를 활용하여 관찰하고 있는 사실을 생생하게 나
타내고 있다.

③ [A]는 공간 이동에 따라 일어나는 사건을 통해, [B]는
공간에 대한 묘사를 통해 인물들의 외적 갈등을 심화
하고 있다.

④ [A]는 인물 간의 대화를 삽입하여, [B]는 인물들의 반
복되는 행동을 제시하여 갈등 해소 과정을 보여 주고
있다.

⑤ [A]는 중심인물의 말을 제시하여, [B]는 주변 인물의
말을 제시하여 사건들의 인과 관계를 드러내고 있다.

360 윗글에 대한 이해로 가장 적절한 것은?

① '나'는 일상을 권태롭고 짜증스럽게 느끼는 상황에서
'나미'를 만나 전쟁의 경험담을 전한다.

② '나'는 D고지로 향하는 도중 음료수가 떨어져 곤란함
이 가중된 상황에 처한다.

③ '나'와 '한병장'은 어둠을 밝히는 헤드라이트로 인해 적
의 정찰 비행에 발견되어 공격을 받는다.

④ '나'는 임무 수행 중에 결혼할 계획을 밝히며 귀환 후
의 꿈 같은 생활에 대한 기대를 갖는다.

⑤ '나'는 전장에서 귀환한 후 자신의 긴장감을 이해해 주
는 사람들을 만난다는 사실에 생동감을 느낀다.

361 ⓐ, ⓑ에 대한 이해로 적절하지 <u>않은</u> 것은?

① '나'는 '노인'의 변화된 모습을 통해 ⓑ를 찾는 '노인'의
행위가 중단될 것임을 예감한다.

② '나'는 ⓑ의 정체와 '노인'이 ⓑ를 찾는 태도 사이의 상
관관계를 알고 싶어한다.

③ '나'는 '노인'이 ⓑ를 가치 있는 대상으로 여기고 있다
고 판단한다.

④ '나'는 자신과 ⓐ의 관계에 대해 타인들은 이해하지 못
한다고 생각한다.

⑤ '나'는 ⓐ로부터 소외된 상태에, '노인'은 ⓑ를 상실한
상태에 있다.

362 〈보기〉를 참고하여 윗글을 감상한 내용으로 적절하지
<u>않은</u> 것은? [3점]

─────[보기]─────

이 작품은 신체의 감각을 활용해 '나'의 체험을 다
양하게 형상화한다. 청각을 통해 현실에 대한 타인과
의 인식 차이를 나타내거나, 과거 경험을 후각화하
여 상징적으로 표현한다. 시각을 통해서는 긴장 상태
에서 극대화된 감각 체험을 보여 주는 한편 전쟁의
실상을 체험하면서 갖게 된, 현실에 대한 체념을 드
러낸다. 또한 체념 상태를 흔드는 사건을 주시하면서
생기는 번민을, 행동을 통해 제시한다. 이는 '나'가 사
막 같은 현실에 발을 내딛는 계기로 작용한다.

① '집에서 맞는 첫날 아침'의 느낌을 '나'가 '전선에서' 느
끼는 '전쟁 냄새'라고 지각하는 데에서, 과거의 경험이
상징적 감각으로 표현되고 있군.

② '두부 장수 종소리, 유행가 소리'를 듣고 '밖'은 '무의미
하고 태평스럽'다고 생각하는 데에서, '나'의 현실 인식
이 타인과 다르다는 것을 의식하고 있음이 드러나고
있군.

③ '돌', '벌레' 같은 것들을 '입체 영화'처럼 보며 '심장에
맞닿아 있는 듯' 체감하는 데에서, 전장의 긴장 속에서
'나'의 감각이 극대화되고 있음이 나타나고 있군.

④ '방향 감각'을 잃은 '나방이 떼들'이 차창에 '부딪혀' 죽
는 것을 목격하는 데에서, '나'가 전쟁의 실상을 깨달
음으로써 체념적 현실 인식을 갖게 된다는 것이 나타
나고 있군.

⑤ '믿어지지' 않는 '노인'의 행위를 지켜보고 '방 안을 오
락가락'하는 데에서, 현실 인식에 대한 '나'의 번민이
행동을 통해 제시되고 있군.

[363~365] 다음 글을 읽고 물음에 답하시오.   2018.11 [20~22]

――― (해설편 Part 2 p.240) ―――

(가)

섣달에도 보름께 달 밝은 밤
㉠앞내강 쨍쨍 얼어 조이던 밤에
내가 부른 노래 는 강 건너 갔소

㉡강 건너 하늘 끝에 사막도 닿은 곳
내 노래는 제비같이 날아서 갔소

못 잊을 계집애 집조차 없다기에
가기는 갔지만 어린 날개 지치면
㉢그만 어느 모래불에 떨어져 타서 죽겠죠.

사막은 끝없이 푸른 하늘이 덮여
㉣눈물 먹은 별들이 조상* 오는 밤

㉤밤은 옛일을 무지개보다 곱게 짜내나니
한 가락 여기 두고 또 한 가락 어디멘가
내가 부른 노래는 그 밤에 강 건너 갔소.

           -이육사, 「강 건너간 노래」-

* 조상 : 남의 죽음에 대하여 슬퍼하는 뜻을 드러내어 위문함.

(나)

한 줄의 시(詩)는커녕
단 한 권의 소설도 읽은 바 없이
그는 한평생을 행복하게 살며
많은 돈을 벌었고
높은 자리에 올라
이처럼 훌륭한 비석을 남겼다
그리고 어느 유명한 문인이
그를 기리는 묘비명 을 여기에 썼다
비록 이 세상이 잿더미가 된다 해도
불의 뜨거움 꿋꿋이 견디며
이 묘비는 살아 남아
귀중한 사료(史料)가 될 것이니
역사는 도대체 무엇을 기록하며
시인(詩人)은 어디에 무덤을 남길 것이냐

           -김광규, 「묘비명(墓碑銘)」-

(다)

　　시는 인간의 삶을 반영한다. 시에서 반영은 현실과 인생을 모방한다는 의미에서 외부 현실을 시 속에 담아내는 것으로, 역사와 현실의 상황을 시를 통해 어떻게 재현할 것인가에 초점을 둔다. 여기서 반영은 '있는 그대로의 현실'로서의 반영과 '있어야 하는 현실'로서의 반영으로 구분할 수 있다. 전자는 역사와 현실의 모습을 사실 그대로 보여 주는 일상적 진실을 반영하는 것을 말하고, 후자는 일상적 현실을 넘어 화자가 지향하는 당위적 진실을 반영하는 것을 말한다.

　　한편 '시에 대한 시 쓰기'라는 형식을 통해 시 그 자체를 반영하는 특수한 경우도 있다. 이때 반영의 대상은 외부 현실이 아니라 시 쓰기 상황이나 시를 쓰는 시인이 된다. 이 경우 시는 그 자체로 시론 혹은 시인론의 성격을 지닌다. 이러한 성격의 작품에서 시는 노래나 기타 여러 갈래의 글로 표상되기도 한다.

　　이처럼 시인들은 시 속에 형상화된 세계를 통해 인간이 지향해야 할 바람직한 삶의 방향을 모색한다. 이를 통해 시는 무엇을 말해야 하고, 시인은 어떤 존재로 살아가야 하는가에 대한 자기 성찰의 태도를 드러내는 것이다.

[A]는 (다)의 첫 두 문단([있는~말한다] 구간)을 묶는 표시이다.

363 (가)와 (나)의 공통점으로 가장 적절한 것은?

① 청자를 명시적으로 설정하여 풍자적으로 비판하고 있다.
② 유사한 시구를 반복함으로써 화자의 의지를 강조하고 있다.
③ 시적 대상에 생명력을 부여하여 의지를 지닌 존재로 나타내고 있다.
④ 다양한 이미지를 통해 자연의 모습을 감각적으로 드러내고 있다.
⑤ 반어적 어조를 활용하여 현실에 대한 비판적 태도를 드러내고 있다.

364 [A]의 관점에서 ㉠~㉤을 이해한 내용으로 적절하지 <u>않은</u> 것은?

① ㉠: 극한의 추위를 드러내는 시간적 배경을 제시하여, 화자나 인물이 처한 상황을 드러내고 있다.

② ㉡: 현실의 모습을 사막으로 표상하여, 화자나 인물이 직면하게 될 공간적 배경을 드러내고 있다.

③ ㉢: 죽음의 상황을 가정하여, 화자에게 닥친 일상적 현실이 절망적인 상황임을 노래에 투영하여 드러내고 있다.

④ ㉣: 자연물에 대한 화자의 태도 변화를 통해, 일상적 현실이 희망적으로 바뀌었음을 보여 주고 있다.

⑤ ㉤: 밤과 무지개의 이미지를 대응시켜, 화자가 추구하는 당위적 진실에 대한 소망을 담아내고 있다.

365 (다)를 참고하여, (가)의 노래와 (나)의 묘비명을 이해한 것으로 적절하지 <u>않은</u> 것은? [3점]

① '노래'가 시를 표상한다면, 이 '노래'는 (가)를 쓴 시인 자신이 추구하는 바람직한 삶의 방향을 반영하고 있다고 할 수 있겠군.

② '노래'가 시를 표상한다면, 이 '노래'는 시가 '집조차 없'는 처지에 있는 이의 삶에 다가서야 한다는, (가)를 쓴 시인의 관점을 드러내고 있겠군.

③ '묘비명'이 시를 표상한다면, 이 '묘비명'은 (나)를 쓴 시인 자신이 추구하는 삶과는 거리가 있는 사람의 인생을 반영하고 있겠군.

④ '묘비명'이 시를 표상한다면, 이 '묘비명'은 (나)를 쓴 시인이 시 쓰기를 통해 '무엇을 기록'해야 하는지에 대해 자기 성찰을 하게 되는 계기라 할 수 있겠군.

⑤ '묘비명'이 시를 표상한다면, 이 '묘비명'은 한 줄의 시조차 읽지 않아도 '행복하게 살' 수 있다는, (나)를 쓴 시인의 관점을 드러내는 소재라 할 수 있겠군.

―――――――――――――――――――――― (해설편 Part 2 p.247) ―

금강대 맨 우층의 선학(仙鶴)이 삿기 치니
춘풍 옥적성(玉笛聲)의 첫잠을 깨돗던디
호의현상*이 반공(半空)의 소소 뜨니
서호 녯 주인*을 반겨셔 넘노는 듯
소향로 대향로 눈 아래 구버보고
정양사 진헐대 고텨 올나 안즌마리
여산 진면목이 여긔야 다 뵈는구나
어와 조화옹이 헌사토 헌사할샤
날거든 뛰디 마나 섯거든 솟디 마나
부용(芙蓉)을 고잣는 듯 백옥(白玉)을 믓것는 듯   [A]
동명(東溟)*을 박차는 듯 북극(北極)을 괴왓는 듯
놉흘시고 망고대 외로올샤 혈망봉이
하늘의 추미러 므스 일을 사로려
천만겁(千萬劫) 디나도록 구필 줄 모르느냐
어와 너여이고 너 가트니 또 잇는가
개심대 고텨 올나 중향성 바라보며
만이천봉을 녁녁(歷歷)히 혀여 하니
봉마다 맷쳐 잇고 긋마다 서린 긔운
맑거든 조티 마나 조커든 맑디 마나
뎌 긔운 흐터 내야 인걸을 만들고쟈
형용도 그지업고 톄세(體勢)도 하도 할샤
천지 삼기실 제 자연이 되연마는
이제 와 보게 되니 유정(有情)도 유정할샤

(중략)

그 알픠 너러바회 화룡소 되어셰라
천년 노룡(老龍)이 구비구비 서려 이셔
주야의 흘녀 내여 창해(滄海)예 니어시니
풍운을 언제 어더 삼일우(三日雨)를 디련느냐
음애예 이온 플*을 다 살와 내여스라
마하연 묘길상 안문재 너머 디여
외나모 써근 다리 불정대 올라 하니
천심(千尋) 절벽을 반공애 셰여 두고
은하수 한 구비를 촌촌이 버혀 내여
실가티 플텨 이셔 베가티 거러시니
도경(圖經) 열두 구비 내 보매는 여러히라
이적선 이제 이셔 고텨 의논하게 되면
여산*이 여긔도곤 낫단 말 못 하려니

-정철, 「관동별곡」-

* 호의현상 : 흰 저고리에 검은 치마란 뜻으로 학을 가리킴.
* 서호 녯 주인 : 송나라 때 서호에서 학을 자식으로 여기며 살았던 은사(隱士) 임포.
* 동명 : 동해 바다.
* 음애예 이온 플 : 그늘진 벼랑에 시든 풀.
* 여산 : 당나라 시인 이백(이적선)의 시구에 나오는 중국의 명산.

366 윗글에 대한 설명으로 가장 적절한 것은?

① '금강대'에서 '진헐대'로 이동하면서 자연에 대한 화자의 이중적 태도를 보여 주고 있다.
② '진헐대'와 '불정대'에서는 이미지의 대립을 통해 화자의 내적 갈등이 고조되고 있다.
③ '개심대'에서는 선경후정의 방식으로 화자가 바라본 풍경과 그에 대한 감흥이 서술되고 있다.
④ '화룡소'에서는 화자의 시선이 원경에서 근경으로 이동하며 대상의 특징을 묘사하고 있다.
⑤ '화룡소'에서 '불정대'까지의 이동 경로를 드러내지 않아 시상이 빠르게 전개되고 있다.

367 [A]를 이해한 내용으로 적절하지 않은 것은?

① 봉우리를 '부용'을 꽂고 '백옥'을 묶은 듯한 시각적 형상으로 묘사하여 대상의 아름다움을 표현하였다.
② 봉우리를 '백옥', '동명'과 같은 무생물에 빗대어 대상에서 느낄 수 있는 자연의 영속성을 표현하였다.
③ 봉우리를 '동명'을 박차고 '북극'을 받치는 듯한 모습에 빗대어 대상의 웅장한 느낌을 표현하였다.
④ '날거든 뛰디 마나 섯거든 솟디 마나'와 같이 행위를 부각하는 대구를 통해 봉우리의 역동적인 느낌을 표현하였다.
⑤ '고잣는 듯', '박차는 듯'과 같이 상태나 동작을 보여 주는 유사한 통사 구조의 나열을 통해 봉우리의 다채로운 면모를 표현하였다.

368 〈보기〉를 바탕으로 윗글을 감상한 내용으로 적절하지 않은 것은? [3점]

> ──────[보기]──────
>
> 조선의 사대부들은 자연에 하늘의 이치[天理]가 구현된 것으로 보았으며, 그들 중 대부분은 자연의 미를 관념적으로 형상화하였다. 한편 「관동별곡」의 작가는 자연의 미를 현실에서 발견하여 사실감 있게 묘사함으로써 그들과의 차별성을 드러내었다. 또한 그는 자연을 바라보며 사회적 책무를 떠올리고 자연에 투사된 이상적 인간상을 모색하기도 하였다.

① '혈망봉'을 '천만겁'이 지나도록 굽히지 않는 존재로 본 것은, 작가가 지향하는 이상적 인간상을 자연에 투사한 것이군.

② '개심대'에서 '뎌 긔운 흐터 내야 인걸을 만들'겠다는 의지를 드러낸 것은, 작가가 자연을 바라보며 자신의 사회적 책무를 인식하고 있음을 보여 주는군.

③ '중향성'을 바라보며 천지가 '자연이 되'었다고 본 것은, 자연의 미가 하늘의 이치가 구현된 인간 사회의 영향을 받는다고 생각하는 작가의 인식을 보여 주는군.

④ '불정대'에서 본 폭포의 아름다움을 '실'이나 '베'와 같은 구체적 사물을 활용하여 표현한 것은, 자연을 사실감 있게 나타내려는 작가의 태도를 반영한 것이군.

⑤ '불정대'에서 본 풍경을 중국의 '여산'과 비교하며 우리 자연의 아름다움을 강조한 것은, 관념이 아닌 현실에서 아름다움을 발견하는 작가의 차별성을 보여 주는군.

— 해설편 Part 2 p.251 —

(가)

　전쟁을 다룬 소설 중에는 실재했던 전쟁을 제재로 한 작품들이 있다. 이런 작품들은 허구를 매개로 실재했던 전쟁을 새롭게 조명하고 있다. 가령, 「박씨전」의 후반부는 패전했던 병자호란을 있는 그대로 받아들이고 싶지 않았던 조선 사람들의 욕망에 따라, 허구적 인물 박씨가 패전의 고통을 안겼던 실존 인물 용골대를 물리치는 장면을 중심으로 허구화되었다. 외적에 휘둘린 무능한 관군 탓에 병자호란 당시 여성은 전쟁의 큰 피해자였다. 「박씨전」에서는 이 비극적 체험을 재구성하여, 전화를 피하기 위한 장소인 피화당(避禍堂)에서 여성 인물과 적군이 전투를 벌이는 장면을 설정하고 있다. 이들 간의 대립 구도 하에서 전개되는 이야기는 조선 사람들의 슬픔을 위로하고 희생자를 추모함으로써 공동체로서의 연대감을 강화하였다. 한편, 「시장과 전장」은 한국전쟁이 남긴 상흔을 직시하고 이에 좌절하지 않으려던 작가의 의지가, 이념 간의 갈등에 노출되고 생존을 위해 몸부림치는 인물을 통해 허구화되었다. 이 소설에서는 전장을 재현하여 전쟁의 폭력에 노출된 개인의 연약함이 강조되고, 무고한 희생을 목도한 인물의 내면이 드러남으로써 개인의 존엄이 탐색되었다.

　우리는 이런 작품들을 통해 전쟁의 성격을 탐색할 수 있다. 두 작품에서는 외적의 침략이나 이념 갈등과 같은 공동체 사이의 갈등이 드러나고 있다. 그런데 전쟁이 폭력적인 것은 이 과정에서 사람들이 죽기 때문만은 아니다. 전쟁의 명분은 폭력을 정당화하기에, 적의 죽음은 불가피한 것으로, 우리 편의 죽음은 불의한 적에 의한 희생으로 간주된다. 전쟁은 냉혹하게도 아군이나 적군 모두가 민간인의 죽음조차 외면하거나 자신의 명분에 따라 이를 이용하게 한다는 점에서 폭력성을 띠는 것이다. 두 작품에서 사람들이 죽는 장소가 군사들이 대치하는 전선만이 아니라는 점도 주목된다. 전쟁터란 전장과 후방, 가해자와 피해자가 구분되지 않는 혼돈의 현장이다. 이 혼돈 속에서 사람들은 고통 받으면서도 생의 의지를 추구해야 한다는 점에서 전쟁은 비극성을 띤다. 이처럼, **전쟁의 허구화**를 통해 우리는 전쟁에 대한 인식을 새롭게 할 수 있다.

(나)

　문득 나무들 사이에서 한 여인이 나와 크게 꾸짖어 왈, "무지한 **용골대**야, 네 아우가 내 손에 죽었거늘 너조차 죽기를 재촉하느냐?" 용골대가 대로하여 꾸짖어 왈, "너는 어떠한 계집이완데 장부의 마음을 돋우느냐? 내 아우가 불행하여 네 손에 죽었지만, 네 나라의 화친 언약을 받았으니 이제는 너희도 다 우리나라의 신첩(臣妾)이라. 잔말 말고 바삐 내 칼을 받아라."

　계화가 들은 체 아니하고 크게 꾸짖어 왈, "네 동생이 내 칼에 죽었으니, 네 또한 명이 내 손에 달렸으니 어찌 가소롭지 아니리오." 용골대가 더욱 분기등등하여 군중에 호령하여, "일시에 활을 당겨 쏘라." 하니, 살이 무수하되 감히 한 개도 범치 못하는지라. 용골대 아무리 분한들 어찌하리오. 마음에 탄복하고 **조선 도원수** 김자점을 불러 왈, "너희는 이제 내 나라의 신하라. 내 영을 어찌 어기리오." 자점이 황공하여 왈, "분부대로 거행 하오리다."

　용골대가 호령하여 왈, "네 군사를 몰아 박 부인과 계화를 사로잡아 들이라." 하니, 자점이 황겁하여 방포일성에 군사를 몰아 피화당을 에워싸니, 문득 팔문이 변하여 백여 길 함정이 되는지라. 용골대가 이를 보고 졸연히 진을 깨지 못할 줄 알고 한 꾀를 생각하여, 군사로 하여금 피화당 사방 십 리를 깊이 파고 화약 염초를 많이 붓고, 군사로 하여금 각각 불을 지르고, "너희 무리가 아무리 천변만화지술이 있은들 어찌하리오." 하고 군사를 호령하여 일시에 불을 놓으니, 그 불이 화약 염초를 범하매 벽력 같은 소리가 나며 **장안 삼십 리에 불길이 충천**하여 죽는 자가 무수하더라.

　박씨가 주렴을 드리우고 부채를 쥐어 불을 부치니, 불길이 오랑캐 진을 덮쳐 오랑캐 장졸이 타 죽고 밟혀 죽으며 남은 군사는 살기를 도모하여 다 도망하는지라. 용골대가 할 길 없어, "이미 화친을 받았으니 대공을 세웠거늘, 부질없이 조그만 계집을 시험하다가 공연히 장졸만 다 죽였으니, 어찌 분한(憤恨)치 않으리오." 하고 회군하여 발행할 제, **왕대비**와 세자 대군이며 **장안미색**을 데리고 가는지라.

　박씨가 시비 계화로 하여금 외쳐 왈, "무지한 오랑캐야, 너희 왕 놈이 무식하여 **은혜지국(恩惠之國)**을 침범하였거니와, 우리 왕대비는 데려가지 못하리라. 만일 그런 뜻을 두면 너희들은 본국에 돌아가지 못하리라." 하니 오랑캐 장수들이 가소롭게 여겨, "우리 이미 화친 언약을 받고 또한 인물이 나의 장중(掌中)에 매였으니 그런 말은 생심(生心)도 말라." 하며, 혹 욕을 하며 듣지 아니하거늘, 박씨가 또 계화로 하여금 다시 외쳐 왈, "너희가 일양 그리하려거든 내 재주를 구경하라." 하더니, 이윽고 공중으로 두 줄기 무지개 일어나며, 모진 비가 천지를 뒤덮게 오며, 음풍이 일어나며 백설이 날리고, 얼음이 얼어 군마의 발굽이 땅에 붙어 한 걸음도 옮기지 못하는지라. 그제야 오랑캐 장수들이 황겁하여 아무리 생각하여도 모두 함몰할지라. 마지못하여 장수들이 투구를 벗고 창을 버려, 피화당 앞에 나아가 꿇어 애걸하기를, "오늘날 이미 화친을 받았으나 왕대비는 아니 뫼셔 갈 것이니, 박 부인 덕택에 살려 주옵소서."

박씨가 주렴 안에서 꾸짖어 왈, "너희들을 모두 죽일 것이로되, 천시(天時)를 생각하고 용서하거니와, 너희 놈이 본디 간사하여 외람된 죄를 지었으나 이번에는 아는 일이 있어 살려 보내나니, 조심하여 들어가며, 우리 세자 대군을 부디 태평히 모셔 가라. 만일 그렇지 아니하면 내 오랑캐를 씨도 없이 멸하리라."

이에 오랑캐 장수들이 백배 사례하더라.

-작자 미상, 「박씨전」-

(다)

"피란 안 갔다고 야단맞지 않을까요?"

윤씨가 걱정스럽게 묻는다. 김씨 댁 아주머니의 얼굴도 잠시 흐려진다. 그러나 이내 쾌활한 목소리로,

"쌀 배급을 주는데 야단을 치려구요? 세상에 불쌍한 백성을 더 이상 어쩌겠어요?"

"그래도 댁은…… 우린 애아범이 그래 놔서…… 전에도 배급을 못 타 먹었는데."

"이 마당에서 그걸 누가 알겠어요? 어지간히 시달려 놔서 이젠 그렇게들 안 할 거예요."

둑길을 건너서 인도교 가까이 갔을 때 노량진 쪽에서 사람들이 몰려온다. 어느 구석에 끼여 있었던지 용케 죽지도 않고, 스무 명 가량의 사람들이 떼 지어 간다. 김씨 댁 아주머니는,

"여보시오! 어디서 배급을 줍니까?"

하고 물었으나 그들은 미친 듯 뛰어갈 뿐이다.

"여보, 여보시오! 어디서 배급을 줍니까?"

다시 물었으나 여전히 그들은 뛰어간다. 윤씨와 김씨 댁 아주머니도 이제 더 이상 묻지 않고 그들을 따라 뛰어간다. 그들이 간 곳은 한강 모래밭이었다. 강의 얼음은 아직 풀리지 않았다. 그곳에는 여남은 명가량의 사람들이 몰려 있었다. 사실은 배급이 아니었다. 밤사이에 중공군과 인민군이 후퇴하면서 미처 날라 가지 못했던 **식량**

이 여기저기 흩어져 있었던 것이다. 사람들은 **갈가마귀떼**처럼 몰려들어 가마니를 열었다. 그리고 악을 쓰면서 자루에다 쌀과 수수를 집어넣는다. 쌀과 수수가 강변에 흩어진다. 사람들은 **굶주린 이리떼**처럼 눈에 핏발이 서서 자루에 곡식을 넣어 짊어지고 일어섰다. 쌀자루를 짊어지고 강변을 따라 급히 도망쳐 가는 사나이들, 쌀자루에 쌀을 옮겨 넣는 아낙들, 필사적이다. 그야말로 전쟁이다. 김씨 댁 아주머니와 윤씨도 허겁지겁 달려들어 쌀을 퍼낸다. 그리고 떨리는 손으로 자루 끝을 여민 뒤 머리에 이고 일어섰다. 그 순간 하늘이 진동하고 땅이 꺼지는 듯 고함 소리, 총성과 함께 윤씨가 푹 쓰러진다. 윤씨는 외마디 소리를 지르며 쌀자루 위에 얼굴을 처박는다. 거무죽죽한 피가 모래밭에 스며든다.

(중략)

김씨 부인이,

"애기 엄마……."

하고 소리쳐 부른다. 지영은 그냥 쫓아간다.

"큰일 나요! 큰일 나, 지금 가면 안 돼요! 애기를 어쩌려고 그러는 거요."

지영은 언덕길을 미끄러지는 듯 달려간다. 둑길을 넘었다. 강변에는 아무도 없었다. 강물도 하늘도 강 건너 서울도 회색빛 속에 싸여 있었다. 지영은 윤씨를 내려다본다. 쌀자루를 꼭 껴안고 있다. **쌀자루**는 피에 젖어 거무죽죽하다. 지영은 윤씨를 안아 일으킨다. 그리고 들춰업는다. 그는 한 발 한 발 힘을 주며 걸음을 옮긴다. 윤씨를 업고 **벼랑을 기어오른다**. 아무것도 기억할 수가 없었다. 아무것도 보이지 않았다. 얼마나 오랜 시간이 흘렀는지 그는 둑길까지 나왔다. 둑길에서 저 멀리 과천으로 뻗은 길을 바라본다. 길은 외줄기…… 멀리멀리 뻗어 있다. 지영은 집으로 돌아왔다.

-박경리, 「시장과 전장」-

369 (가)의 '전쟁의 허구화'를 바탕으로 (나), (다)를 설명한 것으로 적절하지 <u>않은</u> 것은?

① (나)는 실재했던 전쟁을 다루면서도 이를 있는 그대로 받아들이지 않으려는 욕망에 따라 허구화가 이루어졌다.

② (나)는 박씨 등의 여성 인물과 용골대 등의 가해 세력 간의 대립 구도를 통해 전쟁을 조명하고 있다.

③ (다)는 실재했던 전쟁을 다루면서도 그 상흔을 직시하려는 의지에 따라 허구화가 이루어졌다.

④ (다)는 윤씨와 지영의 관계에서 나타나는 피해자와 가해자의 대립 구도를 통해 전쟁을 조명하고 있다.

⑤ (나)와 (다)는 '용골대'나 '중공군'과 같은 단어를 통해 실재했던 전쟁이 환기되도록 했다.

370 (가)를 바탕으로 (나)에 대해 〈학습 활동〉을 수행한 내용으로 적절하지 <u>않은</u> 것은? [3점]

─────[학습 활동]─────

○ 병자호란에 대한 백성들의 욕망을 담은 「박씨전」과 다음의 「임장군전」을 읽고 전쟁 체험이 소설에 반영된 양상을 살펴봅시다.

> 상께서 왈, "길이 막혀 인적이 통하지 못하니 경업이 어찌 알리오. 목전의 형세가 여차하여 아무리 생각하여도 항복할 밖에 다른 묘책이 없으니 경들은 다시 말 말라."
> 하시고, 앙천통곡하시니 산천초목이 다 슬퍼하더라. 병자년 12월 20일에 상이 항서를 닦아 보내시니, 그 망극함을 어찌 측량하리오.
> 용골대가 송파장에 결진하고 승전고를 울리며 교만이 자심하여 승전비를 세워 거드럭거리며, 왕대비와 중궁을 돌려보내고 세자 대군을 잡아 북경으로 가려 하더라.
>
> –작자 미상, 「임장군전」–

① (나)에서 용골대를 꾸짖는 계화와 박씨가 등장하는 것에는 병자호란 때에 있었으면 좋았을 인물에 대한 백성들의 소망이 반영되었겠군.

② 「임장군전」에서 항서를 보낸 것에 대해 서술자도 슬픔을 토로하는 것은 패전한 나라의 백성이라는 연대감이 반영된 것이겠군.

③ (나)와 「임장군전」에서 모두 용골대가 부정적인 모습으로 그려진 데에는 백성들이 겪었던 패전의 고통이 반영되었겠군.

④ (나)에서는 박씨의 용서를 통해, 「임장군전」에서는 용골대의 승전비 건립을 통해, 조선 백성들의 희생에 대한 추모 의식이 반영되었겠군.

⑤ 「임장군전」과 달리 (나)에서 박씨의 승전을 통해 왕대비가 볼모로 가지 않게 된 과정이 형상화된 것은 패전의 상실감을 위로받고자 하는 백성들의 욕망이 반영된 결과이겠군.

371 (가)를 바탕으로 (나)를 설명한 것으로 적절하지 <u>않은</u> 것은?

① 장안 삼십 리에 불길이 충천하고 장안 미색이 끌려가는 장면은 조선 백성들의 비극적 체험을 드러내고 있다.

② 용골대에게 조선 도원수가 복종하여 명령을 따르는 장면은 관군의 무능함을 허구를 매개로 조명하고 있다.

③ 박씨의 재주에 오랑캐 장수들이 황겁해 하는 장면에서, 패전의 고통이 허구적 인물의 활약을 통해 위로받고 있다.

④ 오랑캐군의 침략이 은혜지국에 대한 침범이라는 박씨의 비난은 용골대를 비롯한 오랑캐군이 불의한 존재임을 드러내고 있다.

⑤ 용골대가 장졸들의 죽음에 탄식하는 장면에서, 죽음의 책임을 폭력적인 방식으로 박씨에게 돌리려는 오랑캐의 모습이 드러나고 있다.

372 (가)를 바탕으로 (다)를 감상한 내용으로 적절하지 <u>않은</u> 것은?

① '식량'을 얻으려다가 인물이 죽게 되는 것은 전장과 후방이 구분되지 않는 혼돈의 현장을 보여 주는 것이로군.

② '갈가마귀떼'는 전쟁으로 인해 기본적인 존엄성마저 상실한 채 살아가는 사람들의 모습을 상기하게 하는군.

③ '굶주린 이리떼'는 사람들이 전쟁의 폭력에 노출되어 이웃의 죽음조차 외면하는 냉혹한 존재로 변해 버렸음을 드러내는군.

④ 피에 젖은 '쌀자루'는 전쟁의 폭력이 무고한 인물에게 끼친 전쟁의 상흔을 나타내는군.

⑤ '벼랑을 기어오른다'는 전쟁 속에서 생존을 위해 몸부림치는 인물의 처지를 상징적으로 보여 주는군.

373 (나), (다)에 대한 이해로 가장 적절한 것은? [3점]

① (나)에서 용골대는 화공이 실패하자 화살로 피화당을 공격하였다.

② (나)에서 박씨는 오랑캐군이 화친 언약을 받았다는 것을 몰랐기에 회군하는 오랑캐군을 공격했다.

③ (다)에서 지영은 윤씨 때문에 김씨 부인의 만류에도 불구하고 강변으로 나갔다.

④ (다)에서 윤씨가 식량을 마련하기 위해 사람들을 따라 도착한 곳은 인도교였다.

⑤ (다)에서 김씨 댁 아주머니는 피란 갔던 것을 걱정하는 윤씨를 안심시키려 하였다.

374 (다)의 서술상의 특징에 대한 설명으로 가장 적절한 것은?

① 인물의 회상을 통해 인물 간 갈등의 원인을 제시하고 있다.

② 시간적 배경을 묘사하여 인물의 성격 변화를 암시하고 있다.

③ 인물의 경험을 관념적으로 서술하며 사건의 원인을 분석하고 있다.

④ 대화를 통해 과거로 돌아가려 하는 인물들의 심리를 보여주고 있다.

⑤ 인물의 연속적인 행위를 제시하여 인물이 처한 긴박한 상황을 드러내고 있다.

[375~378] 다음 글을 읽고 물음에 답하시오. 2022예시 [1~4]

— (해설편 Part 2 p.260) —

(가)

　거미 새끼 하나 **방바닥**에 나린 것을 나는 아무 생각 없이 문 밖으로 쓸어 버린다
　차디찬 밤이다

　어니젠가* 새끼 거미 **쓸려 나간 곳**에 큰 거미가 왔다
　나는 가슴이 짜릿한다
　나는 또 큰 거미를 쓸어 문 밖으로 버리며
　찬 밖이라도 **새끼 있는 데**로 가라고 하며 서러워한다

　이렇게 해서 아린 가슴이 싹기도* 전이다
　어데서 좁쌀알만 한 알에서 가제* 깨인 듯한 발이 채 서지도 못한 무척 작은 새끼 거미가 이번엔 큰 **거미 없어진 곳**으로 와서 아물거린다
　나는 가슴이 메이는 듯하다
　내 손에 오르기라도 하라고 나는 손을 내어 미나 분명히 울고불고할 이 작은 것은 나를 무서우이 달아나 버리며 나를 서럽게 한다
　나는 이 작은 것을 고이 보드러운 종이에 받아 또 **문 밖**으로 버리며
　이것의 엄마와 누나나 형이 가까이 이것의 걱정을 하고 있다가 쉬이 만나기나 했으면 좋으련만 하고 슬퍼한다

　　　　　　　　　　　　　　-백석, 「수라(修羅)*」-

* 어니젠가 : 어느 사이엔가.
* 싹기도 : 삭기도. 긴장이나 화가 풀려 마음이 가라앉기도.
* 가제 : 갓. 방금.
* 수라 : 끊임없이 싸움이 일어나 고통이 지속되는 세계를 비유적으로 이르는 말.

(나)

　이런 돼지가 살았다지요 반들거리는 검은 털에 날렵한 주둥이를 가진, 유난히 흙의 온기를 좋아하여 흙이랑 노는 일을 제일로 즐거워했다는군요 기른다는 것이 실은 서로 길드는 것이어서 이 지방 사람들은 ㉠통시라는 거처를 마련했다지요 인간의 배변 장소와 돼지우리가 함께 있는 아주 재미난 방인 셈인데요 지붕을 덮지 않은 널찍한 호를 파고 지푸라기 조금 깔아준 방 안에서

이 짐승은 눈비 맞고 흙과 똥과 뒹굴면서 비바람 햇볕을 고스란히 살 속에 아로새기게 되었다는데요 음식물 찌꺼기며 설거지물까지 버릴 것 없이 모아둔 큰 독 속에서 ㉡한때 빛나던 것들이 제 힘으로 다시 빛날 때 발효한 이 먹이를 돼지가 먹고 돼지의 배설물은 보리밭 거름으로 이쁜 보리들을 길렀다는데요 그래도 이 짐승의 주식이 사람의 똥이었던 것은 생명은 생명에게 공양되는 법이라 행여 남아 있을 ㉢산 것들의 온기가 더럽고 하찮은 것으로 취급될까 두려운 때문이 아니었는지 몰라

　나라의 높은 분이 보기에 미개하여 시멘트 네 포대씩 무상 지급한 때가 있었다는데요 문명국의 지표인 변소를 개량하라 다그쳤다는데요 흔적이나마 통시가 아직 남아 내 몸 속의 방을 향해 손 내밀어주는 것은, ㉣똥누고 먹는 일이 한가지로 행해지는 그곳을 신이 거주하는 장소라 여긴 ㉤하늘 가까운 섬사람들이 있었기 때문입니다

　　　　　　　　　　　　　　-김선우, 「신(神)의 방」-

375 (가)와 (나)에 대한 설명으로 가장 적절한 것은?

① (가)와 (나)는 모두 공감각적 표현을 통해 계절적 배경을 나타내고 있다.

② (가)와 (나)는 모두 반어적 표현을 사용하여 화자의 비판적 태도를 나타내고 있다.

③ (가)와 (나)는 모두 화자와 소재 사이의 대립적 관계를 바탕으로 주제 의식을 제시하고 있다.

④ (가)에서는 독백적 어조를, (나)에서는 대화적 어조를 사용하여 시상을 전개하고 있다.

⑤ (가)에서는 화자의 인식의 변화를 통해, (나)에서는 화자의 행위를 통해 대상의 가치를 드러내고 있다.

376 공간을 중심으로 (가)를 이해한 내용으로 가장 적절한 것은?

① '방바닥'은 '나'가 거미 새끼를 감지함으로써 자신의 외로운 처지를 깨닫는 공간이다.

② '쓸려 나간 곳'은 큰 거미의 출현으로 인해 '나'가 심적 고통을 느끼게 되는 공간이다.

③ '새끼 있는 데'는 큰 거미가 도달하기를 바라는 지점으로서 '나'의 상실감이 해소되는 공간이다.

④ '큰 거미 없어진 곳'은 거미에게 도움을 주려는 '나'의 행위로 인해 거미들의 고통이 해소되는 공간이다.

⑤ '문 밖'은 '방바닥'에 대비됨으로써 '나'가 거미들의 만남이 실현된다고 확신하는 공간이다.

377 (나)의 ㉠~㉤에 대한 이해로 적절하지 <u>않은</u> 것은?

① ㉠의 '거처를 마련했다'라는 표현에서, 돼지를 사육하는 것이 아니라 함께 사는 존재로 생각했다는 점이 드러난다.

② ㉡의 '제 힘으로'라는 표현에서, 쓸모를 다한 것처럼 보이는 것들에도 생명력이 내재되어 있다는 점이 드러난다.

③ ㉢의 '두려운 때문'이라는 표현에서, 가장 더러운 것을 무섭게 여기는 인식이 허위임이 드러난다.

④ ㉣의 '한가지로 행해지는'이라는 표현에서, 배설하고 먹는 행위는 생명을 순환시킨다는 점에서 같은 의미를 지니고 있음이 드러난다.

⑤ ㉤의 '하늘 가까운 섬사람들'이라는 표현에서, 통시에 대한 섬사람들의 인식이 신의 섭리에 부합하고 있음이 드러난다.

378 〈보기〉를 바탕으로 (가)와 (나)를 이해한 내용으로 적절하지 <u>않은</u> 것은? [3점]

[보기]

서정시의 하위 양식인 '이야기시'와 '산문시'는 현실 세계를 재현하려는 의도에서 출현했다. 전자는 화자와 세계의 관계 차원에서, 후자는 시적 진술의 방법 차원에서 서정시의 외연을 확장한다. 사건이나 사연 등의 이야기를 시적 구조의 기반으로 삼는 이야기시는 화자와 세계의 갈등을 담은 이야기를 제시함으로써, 세계와의 합일을 지향하는 서정시 일반의 특성에서 다소 벗어난다. 행을 구별하지 않고 줄글의 형태로 시적 진술을 전개하는 산문시는 지시하거나 설명하는 언어를 구사함으로써, 서정시의 압축성이 갖는 한계를 극복한다. 하지만 이야기시와 산문시는 여전히 함축성과 음악성을 지닌다는 점에서 서사나 산문과 구별된다.

① (가)와 (나)에서는 모두 중심 소재를 청각적으로 묘사하는 구절이 반복됨으로써 서정시의 음악성이 실현되고 있군.

② (가)와 (나)에서는 모두 화자가 인식하는 현실 세계가 비유적 의미를 지닌 제목을 통해 응축됨으로써 서정시의 함축성이 실현되고 있군.

③ (가)는 화자와 거미가 처한 상황을, (나)는 특정 지역 생활 양식의 변화를 제시함으로써 현실 세계를 재현하고자 하는군.

④ (가)는 행위의 연쇄를 담은 이야기를 시적 구조로 취하므로 이야기시에 해당하고, (나)는 줄글의 형태로 시적 진술을 전개하므로 산문시에 해당하는군.

⑤ (가)는 화자와 거미가 합일되지 않는다는 점에서 서정시의 일반적인 특성을 벗어나고, (나)는 통시를 둘러싼 풍습에 대한 설명이 진술된다는 점에서 서정시의 압축성이 갖는 한계를 극복하는군.

— 해설편 Part 2 p.268 —

이때 예부 상서 진량을 황제 가장 총애하시니 진량이 의기양양하고 교만 방자한지라, 정 상서 일찍 진량이 소인인 줄 알고 황제께 간하되 황제 종시 그렇지 않다 하심에, 진량이 이 일을 알고 정 상서를 해하려 하더라. 차시 황제의 탄생일이 되었는지라, ㉠마침 정 상서 병이 있어 상소하고 참석지 못하였더니 황제 만조백관더러 묻기를,

"정 상서의 병이 어떠하더뇨?"

하시고 사관을 보내려 하시니 진량이 나아가 왈,

"정 상서는 간악한 사람이라 그 병세를 신이 자세히 아옵니다. 상서가 요사이 황제께 조회하는 것이 다르옵고 신이 상서의 집에 가오니 상서의 말이 수상하옵더니 오늘 조회에 불참하오니 반드시 무슨 생각 있는 줄 아나이다."

황제 대경하여 처벌하려 하시거늘 중관이 아뢰길,

"정 상서의 죄 명백함이 없으니 어찌 벌로 다스리오리까?"

황제 듣지 않고 절강에 귀양을 정하시니 중관이 명을 듣고 정 상서의 집에 나아가 황명을 전하니, 상서 크게 울며,

"내 일찍 국은을 갚을까 하였더니 소인의 참언을 입어 이제 귀양을 가니 어찌 애달프지 않으리오."

하고 칼을 빼어 서안을 치며 말하기를,

"소인을 없애지 못하고 도리어 해를 입으니 누구를 원망하리오."

하며 눈물을 흘리니 부인은 애원 통도하고 친척 노복이 다 서러워하더라.

사관이 재촉 왈,

"㉡황명이 급하오니 수이 행장 차리소서."

정 상서가 일변 행장을 준비하여 부인더러 이르기를,

"나는 천만 의외에 귀양 가거니와 부인은 여아를 데리고 조상 제사를 받들어 길이 무탈하소서."

하고 즉시 발행할새, 모녀 가슴이 막혀 아무 말도 못하더라. 정 상서 여러 날 만에 귀양지에 이르니 절강 만호가 관사를 깨끗이 하고 정 상서를 머물게 하더라.

차설. 정 상서 적거한 후로 슬픔을 머금고 세월을 보내더니 석 달 만에 홀연 득병하여 마침내 세상을 영결하니 절강 만호 슬퍼 놀라 황제께 ⓐ장계로 보고하고 부인께 기별하니라. 이때 부인과 정수정이 정 상서를 이별하고 눈물로 세월을 보내더니 일일 문득 시비 고하되,

"절강에서 사람이 왔나이다."

하거늘 부인이 급히 불러 물으니 답하기를,

"㉢정 상서께서 지난달 보름께 별세하셨나이다."

하는지라. 부인과 정수정 이 말을 듣고 한마디 소리를 내며 혼절하니 시비 등이 창황망조하여 약물로 급히 구함에 오랜 후에야 숨을 내쉬며 눈물이 비 오듯 하더라.

[중략 부분의 줄거리] 남장을 한 정수정은 장원 급제한 뒤 북적을 물리친다. 이후 황제에게 자신이 여성임을 밝히고 정혼자인 장연과 혼인한다. 호왕이 침공하자 정수정은 대원수, 장연은 중군장으로 출전한다.

㉣대원수 호왕에 승리하여 황성으로 향할새 강서 지경에 이르러 한복더러 묻기를,

"진량의 귀양지가 여기서 얼마나 되는가?"

"수십 리는 되나이다."

대원수 분부하되 철기를 거느려 결박하여 오라 하니 한복 등이 듣고 나는 듯이 가 바로 내실로 들어갈새 진량이 대경하여 연고를 묻거늘 한복이 칼을 들어 시종을 베고 군사를 호령하여 진량을 결박하여 본진으로 돌아와 대원수께 고하되, 대원수 이에 진량을 잡아들여 장하에 꿇리고 노기 대발하여 부친 모해하던 죄상을 문초하니 진량이 다만 살려 달라 빌거늘, 대원수 무사를 호령하여 빨리 베라 하니 이윽고 무사 진량의 머리를 드리거늘, 대원수 **제상을 차려 부친께 제사 지내**더라.

황제께 ⓑ첩서를 올려 승전을 알리고, 중군장 장연을 기주로 보내고 대군을 지휘하여 경사로 향하여 여러 날 만에 궐하에 이르니, 황제 백관을 거느려 대원수를 맞아 치하하시고 좌각로 평북후를 봉하시니 대원수 사은하고 청주로 가니라.

차설. 장연이 기주에 이르러 모친 태부인 뵈옵고 전후 사연을 고하되 태부인이 듣고 통분 왈,

"너를 길러 벼슬이 공후에 이르니 기쁨이 측량없던 차에 **전쟁터에서 부인에게 욕을 보고 돌아올 줄** 어찌 알았으리오."

장연의 다른 부인들인 원 부인과 공주가 아뢰기를,

"정수정 벼슬이 높으니 능히 제어치 못할 것이요, 저 사람 또한 대의를 알아 삼가 화목할 것이니 이제는 노하지 마소서."

태부인이 그렇게 여겨 이에 시녀를 정하여 서찰을 주어 청주로 보내니라. 이때 정수정은 전쟁에서 **장연 징계한 일로 심사 답답**하더니 시비 문득 아뢰되 기주 시녀 왔다 하거늘 불러들여 ㉤서찰을 본즉 태부인의 서찰이라. 기뻐 즉시 회답하여 보내고 익일에 행장 차려 갈새,

홍군 취삼으로 봉관 적의에 명월패 차고 수십 시녀를 거느려 성 밖에 나오니, 한복이 정수정을 **호위**하여 기주에 이르러 **태부인께 예**하고 두 부인으로 더불어 예필 좌정함에, 태부인이 지난 일에 조금도 거리낌이 없으니, 정수정 또한 태부인을 지성으로 섬기더라.

-작자 미상, 「정수정전」-

379 윗글의 인물에 대한 이해로 적절하지 <u>않은</u> 것은?

① '황제'는 자신이 총애하는 사람의 말을 듣고 정 상서를 처벌하기로 결심한다.

② '중관'은 정 상서를 처벌하기에는 그 죄가 분명하지 않음을 황제에게 주장한다.

③ '정 상서'는 자신이 소인의 참언 때문에 뜻하지 않게 귀양을 가게 되었다고 생각한다.

④ '한복'은 대원수의 명령에 따라 진량의 귀양지로 가서 그의 죄를 묻고 처벌을 내린다.

⑤ '원 부인'과 '공주'는 정수정이 도리를 지켜 원만하게 지낼 것임을 내세워 태부인을 진정시킨다.

380 윗글의 내용에 대한 이해로 적절하지 <u>않은</u> 것은?

① ㉠으로 진량에게는 정 상서를 모함할 기회가 생긴다.

② ㉡으로 정 상서는 비보가 전해질 것을 짐작하게 된다.

③ ㉢으로 부인과 정수정은 충격을 받고 정신을 잃게 된다.

④ ㉣로 정수정은 황제로부터 노고에 대한 보답을 받게 된다.

⑤ ㉤으로 정수정은 걱정을 덜며 떠날 채비를 하게 된다.

381 ⓐ, ⓑ에 대한 이해로 가장 적절한 것은?

① ⓐ는 자신의 귀양살이를 보고할 목적으로 작성되었다.

② ⓐ는 황제와의 갈등을 해결하기 위한 목적으로 작성되었다.

③ ⓑ는 호왕과 벌인 전쟁의 결과를 보고할 목적으로 작성되었다.

④ ⓑ는 황제를 직접 만나 보고하는 것을 피할 목적으로 작성되었다.

⑤ ⓐ와 ⓑ에 담긴 소식은 황제 외의 사람들에게는 알려지지 않았다.

382 <보기>를 참고하여 윗글을 감상한 내용으로 적절하지 <u>않은</u> 것은? [3점]

─[보기]─

정수정은 국가적 위기를 해결하는 영웅이자, 부친의 원수를 갚는 효녀이고, 부녀자로서의 덕목을 지녀야 하는 장씨 가문의 여성이다. 정수정은 주어진 상황과 조건에 따라 세 역할 사이에서 갈등하기도 하지만, 결과적으로는 모든 역할에 충실하며 다양한 능력과 덕목을 갖춘 인물로 형상화된다.

① '진량의 귀양지가 여기서 얼마나 되는'지 묻는 '대원수'의 발언에서, '진량'을 찾아 부친의 한을 풀어 주려는 '정수정'의 효녀로서의 면모가 드러남을 알 수 있군.

② '제상을 차려 부친께 제사 지내'는 '대원수'의 모습에서, '정수정'은 부친의 원수를 갚는 효녀로서의 소임을 수행하여 죽은 부친의 넋을 위로하고 있음을 알 수 있군.

③ '장연'이 '전쟁터에서 부인에게 욕을 보고 돌아'왔다며 통분하는 '태부인'의 모습에서, '태부인'은 '정수정'이 아내의 역할보다 대원수의 역할을 중시한 것에 대해 못마땅해함을 알 수 있군.

④ '장연 징계한 일로 심사 답답'한 '정수정'의 모습에서, '정수정'은 군대를 통솔했던 국가적 영웅으로 돌아가고 싶어 함을 알 수 있군.

⑤ '한복'의 '호위'를 받으며 기주로 가서 '태부인께 예'하는 '정수정'의 모습에서, 국가적 영웅의 면모를 유지하는 '정수정'이 며느리로서의 역할도 수행함을 알 수 있군.

—————— 해설편 Part 2 p.274) —

(가)

㉠평생에 원하느니 다만 충효뿐이로다
이 두 일 말면 금수(禽獸)나 다르리야
마음에 하고자 하여 ㉡십재 황황(十載遑遑)*하노라
〈제1수〉

비록 못 이뤄도 임천(林泉)이 좋으니라
무심 어조(魚鳥)는 절로 한가하였나니 ┐
조만간 세상일 잊고 너를 좇으려 하노라 │[A]
〈제3수〉   ┘

출(出)하면 치군택민* 처(處)하면 조월경운*
명철 군자는 이것을 즐기나니
하물며 부귀 위기라 가난하게 살리로다
〈제8수〉

날이 저물거늘 도무지 할 일 없어   ┐
소나무 문을 닫고 달 아래 누웠으니   │[B]
세상에 티끌 마음이 일호말(一毫末)도 없다 ┘
〈제13수〉

성현의 가신 길이 ㉢만고(萬古)에 한가지라 ┐
은(隱)커나 현(見)커나 도(道)가 어찌 다르리 │[C]
한가지 길이오 다르지 않으니 아무 덴들 어떠리 ┘
〈제17수〉

강가에 누워서 강물 보는 뜻은
세월이 빠르니 ㉣백세(百歲)인들 길겠느뇨
㉤십 년 전 진세(塵世) 일념이 얼음 녹듯 한다
〈제19수〉
-권호문, 「한거십팔곡」-

* 십재 황황 : 십 년을 허둥지둥함.
* 치군택민 : 임금에게 충성하고 백성에게 혜택을 베풂.
* 조월경운 : 달 아래 고기 낚고 구름 속에서 밭을 갊.

(나)

　　몇 칸의 집을 수선하려 함에, 아내가 취서사로 ┐
들어가 겨릅*을 구해 오길 권하였다. 유택은 안 된│
다고 하고, 유평은 해 보자고 하는데, 나도 스스로 │
생각해 보니, 절은 기와를 쓰기에 겨릅은 그다지 │[D]
아끼는 것이 아니고, 다만 민간의 요구와 요청에 │
응하는 것이기에, 이를 요구하더라도 의리를 심히 │
해치지 않을 듯하였다. 그래서 다시 의견을 널리 │
구해 보지 않았다.   ┘

마침 처숙부 상사공이 약을 지으려고 취서사로 가게
되었는데, 내가 가고자 함을 알고 따르게 하였다. 대개
공 또한 안 된다고 생각하지는 않았기 때문이다.

이윽고 취서사에 도착하니 근방 마을에서 모여든 자
가 거의 승려들 수와 맞먹었는데, 모두 겨릅 때문에 온
자들이었다. 좌우에서 낚아채 가며 많이 가지려 다투
고, 시끌벅적하게 뒤섞여 밟아 대어 곧 시장판을 만들
었으며, 가져감이 많고 적음은 그 힘의 강약에 따랐으
나 승려들은 참견하는 바가 없었다. 그런데 늦게 도착
하여 종도 없는 자는 승려들을 나무라며, 심지어 가혹
한 일을 하기까지 했지만 또한 얻을 수 없었다.

(중략)

나는 마음속으로 민망히 생각하였지만, 이미 그 속에
가 있었기에 의리를 이욕에 빼앗겨서 초연히 버리고
돌아오지 못하였다. 상사공의 힘으로 수십 묶음을 얻어
햇빛에 말려 보관할 수 있었으니, 다 상사공의 도움 덕
분이었다.

　　스스로 헛걸음하지 않은 것을 매우 다행스럽게 ┐
여겼는데, 집으로 돌아오자 멍하기가 마치 술에서│
막 깨어난 사람이 잔뜩 취했을 때를 되짚어 생각 │[E]
하는 듯하였다.   ┘

내 아내는 비록 원대한 식견이 있는 사람은 아니지
만, 내가 항상 곤궁함 때문에 치욕을 입을까 걱정하였
으니, 가령 이와 같을 줄 알았다면 반드시 나의 행차를
권하지 않았을 것이고, 유평도 또한 마땅히 찬동하지
않았을 것이다.

상사공은 청렴하고 정직하여 주고받음이 구차하지
않다. 거처하는 집 아래채가 세 칸의 초가집이니, 마땅
히 겨릅이 필요하였을 것이다. 그리고 막 삼계 서원 원
장이 되었는데, 취서사가 바로 삼계 서원에 귀속된 절
이었다. 그때 서원의 노비가 개인적으로 취서사에 가
서 머물고 있는 자가 서너 명 있었으니, 진실로 가지려

고 하면 힘이 없을 걱정이 없었다. 그런데 담담하게 한 마디도 간섭함이 없었으니, 그 마음속으로 반드시 나를 비난하였을 것이다. 그런데도 애써 나를 위하여 저와 같이 마음과 힘을 써 주신 것은 다만 나의 곤궁함을 불쌍히 여겨서일 뿐이리라.

맹자는 "궁해도 의(義)를 잃지 않는다." 하였고, 이극은 "궁할 때에 그 해서는 안 될 일을 살펴본다." 하였다. 나는 궁함 때문에 이미 스스로 의를 잃어서 평소에 하지 않던 행동을 했고, 또 어른에게까지 폐를 끼쳤으니 참으로 부끄러워할 일이다. 이미 뉘우칠 줄 알았으니, 이후에는 마땅히 조심해야겠기에 이를 갖추어 기록하고, 또 유택이 나를 아껴 약이 되는 유익한 말을 했음을 드러낸다.

-김낙행, 「기취서행」-

* 겨릅 : 껍질을 벗긴 삼대.

383 [A]~[E]의 표현상 특징에 대한 설명으로 가장 적절한 것은?

① [A]는 자연물을 대상화하여 그 자연물에 역동성을 부여하고 있다.

② [B]는 근경에서 원경으로 시선을 이동하여 인간과 자연의 차이점을 강조하고 있다.

③ [C]는 성현의 말을 인용함으로써 화자가 지닌 궁금증을 드러내고 있다.

④ [D]는 점층적인 표현으로 앞으로 해야 할 일의 중요성을 환기하고 있다.

⑤ [E]는 비유적 표현을 통해 자신의 행동을 돌아보는 글쓴이의 상태를 부각하고 있다.

384 ㉠~㉤을 이해한 내용으로 적절하지 않은 것은?

① ㉠은 화자의 인생을 포괄한다는 점에서 충효를 중요하게 여겨 온 화자의 생각을 강조한다.

② ㉡은 화자가 돌이켜 보는 삶의 기간을 가리킨다는 점에서 충효를 실현하려고 애쓴 세월을 나타낸다.

③ ㉢은 유구한 세월이라는 의미를 드러낸다는 점에서 성현의 도는 예나 지금이나 변함없음을 강조한다.

④ ㉣은 흘러간 시간이 길다는 의미를 드러낸다는 점에서 세월이 빨리 지나가는 것에 대한 화자의 안타까움을 강조한다.

⑤ ㉤은 과거의 한때를 가리킨다는 점에서 현재 자연에서 여유를 느끼는 상황과 대비되는 시절을 나타낸다.

385 〈보기〉를 참고하여 (가)를 이해한 내용으로 가장 적절한 것은?

[보기]

권호문의 「한거십팔곡」은 지향하는 삶을 실천하는 태도의 변화 과정을 형상화한 연시조로, 〈제1수〉부터 〈제19수〉까지의 내용이 긴밀히 연결되어 있다.

① 〈제3수〉의 '임천이 좋으니라'에는 〈제1수〉의 '마음에 하고자 하여'에 담긴 태도와는 다른 태도가 나타난다.

② 〈제3수〉의 '너를 좇으려' 했던 태도는 〈제8수〉에서 '출'하는 모습으로 실현되어 나타난다.

③ 〈제8수〉의 '이것을 즐기나니'에는 〈제1수〉의 '이 두 일'을 더 이상 추구하지 않겠다는 의도가 드러난다.

④ 〈제13수〉의 '달 아래 누운 모습에는 〈제3수〉에서 '절로 한가하였'던 삶으로 되돌아가고 싶어 하는 태도가 나타난다.

⑤ 〈제17수〉에서 '아무 덴들' 상관없다고 하는 화자의 생각은 〈제19수〉에서 '일념'으로 바뀌어 나타난다.

386 의리와 이욕을 중심으로 (나)를 이해한 내용으로 적절하지 <u>않은</u> 것은?

① 글쓴이는 겨릅을 얻은 것을 다행스럽게 여겼던 것은 자신이 '이욕'에 빠졌기 때문이라고 본다.

② 글쓴이는 아내가 자신에게 취서사에 가길 권한 것은 글쓴이가 '이욕'에 빠지게 될 줄 몰랐기 때문이라고 본다.

③ 글쓴이는 겨릅을 얻도록 상사공이 자신을 도와준 것은 글쓴이가 '의리'를 해칠 것을 걱정했기 때문이라고 본다.

④ 글쓴이는 취서사에 가는 것을 유택이 반대한 것은 글쓴이를 아껴 '의리'를 해치지 않기를 바랐기 때문이라고 본다.

⑤ 글쓴이는 겨릅을 구하러 가는 것에 유평이 동의한 것은 그 일이 '이욕'에 빠지는 것은 아니라고 생각했기 때문이라고 본다.

387 〈보기〉를 참고하여 (가), (나)를 감상한 내용으로 적절하지 <u>않은</u> 것은? [3점]

─────[보기]─────

(가)와 (나)에는 작가가 유학자로서의 신념을 바탕으로 자신이 선택한 가치를 추구하는 삶이 나타난다. (가)에는 출사와 은거 사이에서의 고민과 그 해소 과정이, (나)에는 경제적 문제로 인해 곤란을 겪은 상황에 대한 성찰이 나타난다. 한편 (나)는 세속적 가치를 떨치지 못해 과오를 저질렀던 상황이 나타난다는 점에서 (가)와 차이를 보인다.

① (가)의 '부귀 위기라 가난하게 살리로다'에서 자신이 선택한 가치를 추구하려는 작가의 태도를 엿볼 수 있군.

② (나)의 '궁해도 의를 잃지 않는다.'에서 작가가 추구하는 유학자로서의 신념을 엿볼 수 있군.

③ (가)의 '세상에 티끌 마음이 일호말도 없다'에서 세속적 가치에 구애되지 않은 모습을, (나)의 '버리고 돌아오지 못하였다'에서 세속적 가치를 떨치지 못한 모습을 엿볼 수 있군.

④ (가)의 '도무지 할 일 없어'에서 출사하지 못한 것에 대해 고민하는 모습을, (나)의 '시끌벅적하게 뒤섞여 밟아 대'는 모습에서 경제적 문제로 곤란을 겪는 상황을 확인할 수 있군.

⑤ (가)의 '도가 어찌 다르리'에서 출사와 은거 사이에서의 고민이 해소되었음을, (나)의 '의를 잃'은 것에 대해 '이후에는 마땅히 조심'하겠다는 다짐에서 성찰적 태도를 확인할 수 있군.

DAY 33

[388~391] 다음 글을 읽고 물음에 답하시오.   2025.11 [18~21]

(해설편 Part 2 p.283)

[앞부분의 줄거리] 승상 정을선이 출정한 사이 정렬부인의 모략으로 충렬부인이 옥에 갇히자 시비 금섬이 충렬부인을 피신시키고 자진한다. 옥에서 얼굴이 상한 금섬의 시신이 발견되자 왕비는 월매를 문초한다. 전장에서 정을선은 호첩이 전한 편지를 읽는다.

원수가 대경하여 호첩을 불러 **연고**를 물으시고 인하여 중군장에게 분부하시되 '나는 집에 변이 있어 먼저 가니 중군장은 차후에 인솔하여 오라.' 하고 밤낮 삼 일 만에 득달하니 이때에 왕비의 시비 월매가 종시 토설치 아니하매 **매를** 많이 맞고 여쭈오되

"어서 바삐 죽이시면 금섬의 뒤를 쫓아가겠나이다."

한데 왕비 크게 노하여 목을 베라 할 즈음에 이때 승상이 필마로 달려오다가 월매 죽이려 하는 거동을 보고 급히 소리를 지르며 말에서 내려 이를 구호하매 문왈

"충렬부인은 어디 계시냐?"

월매 인사를 모르다가 승상을 보고 방성통곡 왈

"승상은 바삐 충렬부인을 살리소서."

한데 승상이 급히 문왈

"어디 계시냐?"

한데 월매 울며 왈

"소인이 걷지 못하오니 어찌 가오리까?"

한데 급히 종을 불러 월매를 업히고 구덩이를 찾아가 보니 부인이 아기를 안고 있거늘 아기는 잠을 깊이 들었는지라. 승상이 **통곡** 왈

"부인은 눈을 떠 나를 보소서."

한데 부인이 눈을 떠 보니 승상이 왔거늘 정신 아득하여 인사를 모르다가 겨우 인사를 차려 왈

"이것이 꿈인가 생시인가 구년지수의 해 같고 칠년대한의 빗발같이 바라더니 지금 구덩이에서 만날 줄 알았으리까. 승상은 나의 누명을 씻겨 주소서."

하며 인사를 모르는지라. 그 참혹한 형상을 어디에 비하리오. **슬픔에 매우 야위어 뼈가 드러나게 되었는지라.** 승상이 아기를 안아 월매를 주고 부인을 구한 후에 자리를 마련하여 옥석을 구별할새, 왕비전에 뵈온대 왕비 못내 반기시며 **사연**을 낱낱이 이르시되 승상 왈

㉠"이 일은 소자가 이미 아는 바이오니 염려 마옵소서."

하며 왈

㉡"처음에 그놈이 충렬부인 방에 간 줄 어찌 알으셨나이까?"

왕비 왈

"사촌 오라비가 이르기로 알았노라."

하신대 승상이 복록을 찾는데 벌써 제 **죄를** 알고 후원에 올라가 이미 죽었는지라. 하릴없어 옥졸을 잡아들여 엄히 문왈

"너희는 어찌 충렬부인 아닌 줄 알았느냐? 바로 아뢰라."

하신대 옥졸이 급히 여쭈오되

"얼굴이 상하여 아모란 줄 모르오나 손길이 곱지 못하오매 소인 등 소견에 충렬부인이 천하일색이라 하더니 손이 곱지 아니하더라 하올 제 정렬부인의 시비 금연이 이를 듣고 묻기에 자세히 이르고 부디 다른 데 가서 이 말 말라 당부하옵더니, 필연 금연의 입을 통해 발설이 된가 하나이다."

한데 승상이 금연을 잡아들여 문왈

"이 말을 듣고 네게 국문하니 바른대로 고하라."

하는 소리가 벼락이 꼭두에 임한 듯하고 궁궐이 뒤집히는 듯 하더라. 이때에 정렬부인이 **승상의 호통 소리를** 듣고 똥을 한 무더기를 싸고 자빠졌는지라. 금연이 하릴없어 바로 아뢰나니라 하고 정렬부인 하던 말이며 제가 남복을 하고 충렬부인 침소로 들어간 말이며 이불 속에 누웠다가 달아난 말이며 정렬부인이 앓는 체하고 누웠사오매 충렬부인이 약으로 구병하며 곁에 있으시매 침소로 가라 강권하여 침소로 마지못하여 가시매 복록이 왕비께 참소하던 연유를 낱낱이 아뢴대 왕비 곁에 있다가 **앙천통곡**하시며 왈

"내 밝지 못하여 **악녀**의 꾀에 빠져 충렬부인을 죽이려 하였나니 무슨 면목으로 충렬부인을 보리오."

하시며 자결코자 하거늘 승상이 붙들고 울며 왈

"모친이 너무 과도히 하시면 소자가 먼저 죽으려 하나이다."

왕비 금침에 누워 일어나지 못하더라. 승상이 정렬부인을 결박하여 땅에 꿇리고 크게 노하여 왈

"너는 무엇이 부족하여 충렬부인을 해코자 하느냐. 어찌 일시를 살리리오. 내 임의로는 죽이고 싶으나 황상께 아뢰고 죽게 하리라."

하고 **상소**하니 그 글에 하였으되

"대사마 대도독 대원수 정을선은 돈수백배하고 아뢰나니 신이 서융을 쳐 사로잡고, 백성을 진무하고 돌아오려 할 때, 집에서 급한 소식을 듣고 군사를 중군장에

게 맡기옵고 필마로 올라와 본즉, 정렬부인이 이러이러한 변을 일으켰사오니 세상에 이러하온 일이 있사오닛가."

하고 금연이 흉계를 꾸민 일과 월매가 당하던 고초를 낱낱이 아뢰었다.

－작자 미상, 「정을선전」－

388 ㉠, ㉡과 관련하여 윗글을 이해한 내용으로 적절하지 <u>않은</u> 것은?

① ㉠을 보니, 호첩에게 물은 '연고'의 내용은 왕비가 말한 '사연'의 내용과 관련이 있겠군.

② ㉠을 보니, 승상이 황상에게 올린 '상소'에 들어 있는 내용은 '이미 아는 바'와 같겠군.

③ ㉡을 보니, 승상은 '사연'의 진상을 밝히는 데에 왕비가 '그놈'의 행위를 알게 된 경위가 중요하다고 생각했겠군.

④ ㉡에 대한 왕비의 대답을 보니, 왕비에게 '그놈'의 행위에 대해 제보한 사람이 있었군.

⑤ ㉡이 제시된 후에 드러난 복록의 상황을 보니, 복록은 자신이 지은 '죄'에 대하여 심리적 중압감을 느꼈겠군.

389 누명과 관련한 설명으로 가장 적절한 것은?

① 누명이 벗겨지면서, 누명을 썼던 인물은 자신의 어리석음을 탓하고 있다.

② 누명을 쓴 인물의 요청으로 남주인공은 누명을 씌운 인물의 처벌을 유보한다.

③ 누명의 내용은 누명을 쓴 인물이 남몰래 자신의 처소에서 벗어나 구덩이에 있다는 사실이다.

④ 누명을 씌우기 위한 계략에는 누명을 쓰는 인물을 특정 장소로 가게 하는 것이 포함되어 있다.

⑤ 누명이 벗겨지는 계기는 남주인공이 자신의 어머니가 극단적 선택을 하겠다는 것을 만류한 것이다.

390 〈학습 활동〉을 수행한 결과로 적절하지 <u>않은</u> 것은?

[학습 활동]

「정을선전」은 모략을 중심으로 사건이 전개되므로 인물 간 소통 양상을 파악하는 것이 중요하다. 윗글을 바탕으로 인물 간에 나타난 소통의 내용을 정리해 보자.

	인물A	인물B	소통의 내용
①	원수	중군장	A가 B에게 군사를 이끌고 가 서융을 사로잡으라고 명령함.
②	승상	월매	A가 B에게 충렬부인이 있는 곳이 어디인지 물음.
③	옥졸	금연	B가 A로부터 옥중 시신의 정체와 관련한 정보를 얻음.
④	옥졸	승상	A가 B에게, 금연이 옥중 시신에 대하여 발설했을 것이라는 의혹을 제기함.
⑤	금연	승상	B가 A로부터 정렬부인이 거짓으로 앓아 누웠다는 정보를 얻음.

391 〈보기〉를 참고하여 윗글을 이해한 내용으로 적절하지
않은 것은? [3점]

─────[보기]─────

「정을선전」은 영웅소설과 가정소설의 상투적인
면모가 혼재되어 나타난다. 이를테면, 가정 안팎의
서사는 남주인공을 매개로 연결되고, 사건이 선악
구도로 전개되며, 인물의 고난과 감정은 극대화된
다. 이 과정에서 일부다처제에서 비롯되는 가정 내
갈등이 개인의 인성 문제로 축소된다. 그러면서도
상전의 수족에 불과한 하층의 시비가 능동적인 행
위자로 등장하거나, 가정과 사회에서 상층인 인물
이 희화화된다.

① 정을선이 황상에게 올린 상소에서, 대원수와 가장으
로서의 모습이 드러나는 것으로 보아, 가정 안팎의 사
건에 남주인공이 두루 관여하고 있음을 알 수 있군.
② 승상이 충렬부인을 구출하는 장면에서, '슬픔에 매우
야위어 뼈가 드러'난 부인의 모습과 '통곡'하는 승상의
모습은 인물의 고난과 감정이 극대화된 형상임을 알
수 있군.
③ 왕비가 '앙천통곡'하는 장면에서, 충렬부인의 수난이
'악녀'의 탓이라는 인식이 드러나면서 일부다처제의 문
제가 개인의 인성 문제로 축소되고 있음을 알 수 있군.
④ 월매가 '매를' 맞는 장면에서, 월매는 자신이 모시는
주인에게 죽음을 각오하고 진실을 밝힘으로써 능동적
인 행위자를 지향하고 있음을 알 수 있군.
⑤ 정렬부인이 '승상의 호통 소리'에 반응하는 장면에서,
가정의 상층 인물이 자신의 위엄이 실추되는 행동을
보이면서 희화화되고 있음을 알 수 있군.

(해설편 Part 2 p.290)

　　한 평도 채 안 되는 구멍가게는 중풍으로 쓰러져 정상적 건강 상태가 아니었던 아버지의 유일한 수입원이자 **생존 이유**였다. 때문에 ㉠그 구멍가게에 대한 아버지의 몰두와 자존심은 각별했다.

　　한번은 내가 아버지가 가게를 잠깐 비운 사이에 겉에 허연 인공 설탕 가루를 묻힌 '미키대장군'이라는 **캐러멜**을 하나 아무 생각 없이 널름 집어먹은 적이 있었다. 하나에 이 원, 다섯 개에 십 원이었다. 잠시 뒤에 돌아온 아버지는 단박에 그 사실을 알아채고는 불같이 화를 내며 내 목덜미에 당수를 한 대 세게 내려 꽂는 것이었다. 그 캐러멜 갑 안에 미키대장군이 몇 개 들어 있는지조차 훤히 꿰차고 있는 아버지였다.

　　― 이런 민한 종간나래! 얌생이처럼 기러케 쏠라닥질을 허자면 이 가게 안에 뭐이가 하나 제대로 남아나겠니, 응?

　　그러고 나서는 좀 머쓱했는지 입이 한 발쯤 튀어나와 뾰로통해서 서 있는 내게 미키대장군 네 개를 집어 내미는 거였다. 어차피 짝이 맞아야 파니까니, 하면서 억지로 내 손아귀에 쥐어 주었다. ㉡나는 그 무허가 불량 식품인 캐러멜 네 개가 끈끈하게 녹아내릴 때까지 먹지 않고 쥔 채 서 있었다.

　　― 닐큼 털어 넣지 못하겠니, 으잉?

　　목덜미에 아버지의 가벼운 당수를 한 대 더 얹은 다음에야 한입에 털어 넣고 돌아서 나왔다. 아버지도 가게 일을 수월하게 보려면 잔심부름꾼인 나를 무시하고는 아쉬울 때가 많을 터였다. 워낙 짧은 밑천으로 가게를 꾸려 가자니 아버지는 물건 구색을 맞추느라 하루에도 많을 때는 세 번까지 시장통 도매상으로 정부미 포대를 거머쥐고 종종걸음을 쳐야 했고, 막내인 나는 번번이 아버지의 뒤로 팔을 늘어뜨린 채 졸졸 따를 수밖에 없었다.

　　그땐 그게 죽도록 싫었다. 하마 **시장통**에서 야구 글러브를 끼거나 조립용 신형 무기 장난감 상자를 든 **반 친구**를 만나거나, 심지어 과외나 주산 학원을 가는 여자아이들을 만나는 날에는 정말 그 자리에서 혀를 빼물고 죽고 싶은 생각뿐이었다.

(중략)

　　어느 날이었다. 아버지와 나는 앞서거니 뒤서거니 하면서 그 정부미 자루를 날라 왔다. 그런데 집에 도착해 한숨을 돌린 뒤 자루를 풀고 물건을 정리해 보니 스무 병이 와야 할 소주가 두 병이 모자란 채 열여덟 병만 온 것이었다.

　　㉢아버지의 얼굴은 맞보기가 민망할 정도로 금세 하얗게 질렸다. 왜냐하면 그 덜 온 두 병을 빼고 나면 나머지 것들을 몽땅 팔아 봤자 결국 본전치기일 뿐이었기 때문이다. 아버지는 내 등을 떠밀어 물건을 받아 온 수도 상회의 혹부리 영감한테 내려 보냈다. 아버지는 말주변도 말주변이었지만 중풍 후유증 때문에 약간의 **언어 장애**가 있어 일부러 나를 보냈던 것이다.

　　― 뭐 하러 왔네?

　　가게 안에 북적거리는 손님들에게 셈을 치러 주느라 몇 번이고 주판알을 고르는 데 바쁜 혹부리 영감의 눈길을 잡아 두는 데 성공한 나는 더듬더듬 자초지종을 말했다. 그러나 귓등에 연필을 꽂은 채 심술이 덕지덕지 모여 이뤄진 듯한 왼쪽 이마빡의 눈깔 사탕만 한 혹을 어루만지며 듣던 ㉣혹부리 영감은 풍기 때문에 왼쪽으로 힐끗 돌아간 두터운 입술을 떠들쳐 굵은 침방울을 내 얼굴에 마구 튀겼다. 애초 자기 눈앞에서 까 보이지 않은 것은 인정할 수 없다며 막무가내였다. 나중엔 아버지까지 함께 내려가서 하소연을 해 봤지만 돌아온 대답은 정 그렇게 우기면 거래를 끊겠다는 협박성 경고뿐이었다. 거래가 끊긴다면 아버지한테는 큰 타격이 아닐 수 없었다.

　　혹부리 영감은 아버지한테 무슨 큰 특혜를 내려 주듯이 거래를 터 준다고 허락을 놓았었다. 같은 함경도 동향이기 때문이라는 말을 덧붙이면서. 하긴 혹부리 영감한테는 매번 소주 열 병 안짝에다 새우깡 열 봉지, 껌 대여섯 개, 빵 예닐곱 개 등 일반 소매 가격 구매자보다 더 많은 물건을 떼어 가지도 않으면서 부득부득 도맷값으로 해 달라고 통사정을 해 쌓는 아버지 같은 사람 하나쯤 **거래를 끊어도** 장부상 거의 표가 나지 않을 것이었다.

　　결국 아버지는 자신의 과오를 인정하지 않을 수 없었다. ㉤당신의 자그마한 구멍가게로 돌아와 나머지 열여덟 병의 소주를 넋 나간 사람처럼 쓰다듬던 아버지는 기어코 아들인 내 앞에서 눈물을 보이고 말았다. 아! 아버지…….

　　　　　　　　　　　　　　　 ―김소진, 「자전거 도둑」―

392 윗글에 대한 이해로 가장 적절한 것은?

① 혹부리 영감의 위협적인 경고 때문에, 아버지는 혹부리 영감의 주장을 따를 수밖에 없었다.

② 아버지는 소주 두 병을 덜 받아 왔기 때문에 곤란했지만, '나'에게 당황한 내색을 하지 않았다.

③ 아버지는 '나'의 잘못을 묵인했지만, 혹부리 영감과의 잘못된 거래는 바로잡으려 노력했다.

④ 혹부리 영감은 가게 일로 바빴지만, '나'의 자초지종을 듣고 마지못해 '나'의 염려를 덜어 주었다.

⑤ 아버지는 '나'의 도움이 필요했기에, 친구들의 시선을 의식하여 우울해 하는 '나'를 기분 좋게 하려 노력했다.

393 윗글을 감상한 내용으로 적절하지 <u>않은</u> 것은?

① '한 평도 채 안 되는 구멍가게'를 각별한 애정으로 운영하던 아버지에 대한 기억은, '나'에게 아버지의 '생존 이유'를 짐작하게 했겠어.

② '캐러멜'을 먹었다고 화를 냈다가 남은 '캐러멜'을 '나'의 손에 쥐어 준 아버지에 대한 기억은, '나'에게 아버지가 속마음을 드러내는 데 서툰 사람이라고 생각하게 했겠어.

③ '팔을 늘어뜨린 채' 아버지를 따르던 '나'가 '시장통'에서 '반 친구'를 만났던 경험은, '나'에게 궁핍으로 인한 내면의 상처로 남은 기억이겠어.

④ '중풍 후유증' 때문에 '언어 장애'가 있는 아버지 대신 혹부리 영감을 상대하게 된 경험은, '나'에게 어린 나이에 이해타산적인 어른들의 세계를 느끼게 한 기억이겠어.

⑤ '거래를 끊어도' 표가 나지 않을 사람이었던 아버지와 거래를 끊지 않은 혹부리 영감에 대한 기억은, '나'에게 형편이 어려운 사람들 간의 유대감을 느끼게 했겠어.

394 〈보기〉를 참고할 때, ㉠~㉤에 대한 반응으로 적절하지 <u>않은</u> 것은? [3점]

---[보기]---

이 소설의 서술자인 성인 '나'는 주로 세 가지 서술 방식을 활용한다. 첫째는 서술자가 등장인물의 내면 심리나 사건을 설명하는 것이다. 이 경우 독자는 서술자의 해석을 통해 사건을 이해하게 된다. 둘째는 서술자가 인물의 외양이나 행위만을 묘사하는 것이다. 이 경우 독자는 그 묘사가 갖는 의미를 스스로 해석해야 한다. 셋째는 서술자가 유년 '나'로 시선을 제한하여 유년 '나'의 눈에 보이는 다른 인물의 외양이나 행위를 묘사하는 것이다. 이 경우 독자는 사건의 현장을 직접 보는 듯한 느낌을 가질 수 있으며, 둘째 방식에서처럼 그 묘사에 대해 해석해야 한다. 셋째 방식에 유년 '나'의 심리가 함께 서술되면 독자는 인물의 심리에 쉽게 공감하게 된다.

① ㉠: 서술자가 아버지의 내면을 설명하여 독자는 서술자의 해석을 통해 상황을 이해하겠군.

② ㉡: 서술자가 유년 '나'의 행위를 묘사하여 독자는 그 행위가 갖는 의미를 스스로 해석하겠군.

③ ㉢: 유년 '나'로 시선을 제한하여 아버지의 내면이 직접적으로 서술되지 않았다고 생각한 독자라면 아버지의 내면을 스스로 해석하겠군.

④ ㉣: 유년 '나'로 시선을 제한하여 혹부리 영감의 모습과 행동을 묘사했다고 생각한 독자라면 장면을 직접 보는 듯한 느낌을 받겠군.

⑤ ㉤: 유년 '나'로 시선을 제한하여 아버지의 행위와 표정을 묘사하면서 유년 '나'의 심리를 함께 제시하여 독자는 그 심리에 공감하겠군.

(가)

　향아 너의 고운 얼굴 조석으로 우물가에 비최이던 오래지 않은 옛날로 가자

　수수럭거리는 수수밭 사이 걸찍스런 웃음들 들려 나오며 호미와 바구니를 든 환한 얼굴 그림처럼 나타나던 석양……

　구슬처럼 흘러가는 냇물가 맨발을 담그고 늘어앉아 빨래들을 두드리던 전설같은 풍속으로 돌아가자

　눈동자를 보아라 향아 회올리는 무지갯빛 허울의 눈부심에 넋 빼앗기지 말고
　철따라 푸짐히 두레를 먹던 ㉠정자나무 마을로 돌아가자 미끈덩한 **기생충의 생리**와 허식에 인이 배기기 전으로 눈빛 아침처럼 빛나던 우리들의 고향 병들지 않은 젊음으로 찾아 가자꾸나

　향아 허물어질까 두렵노라 얼굴 생김새 맞지 않는 **발돋움의 흉낼랑** 그만 내자
　들국화처럼 소박한 목숨을 가꾸기 위하여 맨발을 벗고 콩바심하던 **차라리 그 미개지에로 가자** 달이 뜨는 명절밤 비단치마를 나부끼며 **떼지어 춤추던** 전설같은 풍속으로 돌아가자 냇물 굽이치는 싱싱한 마음밭으로 돌아가자.

　　　　　　　　　　　　　　　　　-신동엽, 「향아」-

(나)

　이사온 그는 이상한 사람이었다
　그의 집 담장들은 모두 빛나는 유리들로 세워졌다

　골목에서 놀고 있는 부주의한 아이들이
　잠깐의 실수 때문에
　풍성한 햇빛을 복사해내는
　그 유리 담장을 박살내곤 했다

　그러나 얘들아, 상관없다
　유리는 또 갈아 끼우면 되지
　마음껏 이 골목에서 놀렴

　유리를 깬 아이는 얼굴이 새빨개졌지만
　이상한 표정을 짓던 다른 아이들은
　아이들답게 곧 즐거워했다
　견고한 송판으로 담을 쌓으면 어떨까
　주장하는 아이는, 그 아름다운
　골목에서 즉시 추방되었다

　유리 담장은 매일같이 깨어졌다
　필요한 시일이 지난 후, 동네의 모든 아이들이
　충실한 그의 부하가 되었다

　어느 날 그가 **유리 담장**을 떼어냈을 때, ㉡그 골목은
　가장 햇빛이 안 드는 곳임이
　판명되었다, **일렬로 선 아이들은**
　묵묵히 벽돌을 날랐다

　　　　　　　　　　　　　　　　　-기형도, 「전문가」-

395 (가), (나)에 대한 설명으로 가장 적절한 것은?

① (가)는 과거를 회상하며 현실을 관망하는 태도를 드러내고 있다.
② (나)는 상징성을 띤 사건의 전개를 통해 주제를 암시하고 있다.
③ (가)와 (나)는 모두 음성 상징어를 활용하여 상상 세계의 경이로움을 나타내고 있다.
④ (가)와 (나)는 모두 동일한 시구의 반복과 변주를 통해 시적 분위기를 고조하고 있다.
⑤ (가)는 위로하는 어조로, (나)는 충고하는 어조로 시적 청자에게 말을 건네고 있다.

396 ㉠과 ㉡을 비교한 내용으로 가장 적절한 것은?

① ㉠은 '향'에게 귀환이 금지된 공간이고, ㉡은 '아이들'에게 이탈이 금지된 공간이다.

② ㉠은 '향'이 자기반성을 수행하는 공간이고, ㉡은 '아이들'이 '그'의 요청을 수행하는 공간이다.

③ ㉠은 '향'이 본성을 찾아가는 낯선 공간이고, ㉡은 '아이들'이 개성을 박탈당한 상실의 공간이다.

④ ㉠은 '향'의 노동과 놀이가 공존하던 공간이고, ㉡은 '아이들'의 놀이가 사라지고 노동만 남은 공간이다.

⑤ ㉠은 '향'과 화자의 우호적 관계가 드러나는 공간이고, ㉡은 '아이들'과 '그'의 상생 관계가 드러나는 공간이다.

397 〈보기〉를 참고하여 (가), (나)를 감상한 내용으로 적절하지 <u>않은</u> 것은? [3점]

―――――[보기]―――――

(가)와 (나)는 모두 부정적 현실을 비판한 작품이다. (가)는 물질문명의 허위와 병폐에 물들어 가는 공동체가 농경 문화의 전통에 바탕을 두고 건강한 생명력과 순수성을 회복하기를 소망하는 작가 의식을 담고 있다. (나)는 환영(幻影)을 통해 대중의 이성을 마비시키고 대중을 획일적으로 길들이는 권력의 기만적 통치술에 대한 비판 의식을 담고 있다.

① (가)에서 '차라리 그 미개지에로 가자'라는 화자의 권유는 공동체의 터전을 확장하여 순수성을 지켜 나가려는 의식을 보여 주는군.

② (나)에서 골목이 '가장 햇빛이 안 드는 곳'으로 판명되었다는 것은 '유리 담장'이 대중을 기만하는 환영의 장치였음을 보여 주는군.

③ (가)에서 '기생충의 생리'는 자족적인 농경 문화 전통에 반하는 문명의 병폐를, (나)에서 '주장하는 아이'의 추방은 획일적으로 통제된 사회의 모습을 보여 주는군.

④ (가)에서 '발돋움의 흉내'를 낸다는 것은 물질문명에 물들어 가는 상황을, (나)에서 '곧 즐거워했다'는 것은 권력의 술수에 대중이 길들여지고 있는 상황을 보여 주는군.

⑤ (가)에서 '떼지어 춤추던' 모습은 농경 문화 공동체의 건강한 생명력을, (나)에서 '일렬로', '묵묵히' 벽돌을 나르는 모습은 권력에 종속된 대중의 형상을 보여 주는군.

[398~400] 다음 글을 읽고 물음에 답하시오.   2019.06 [32~34]

─ 해설편 Part 2 p.303 ─

(가)

　서경(西京)이 아즐가 서경(西京)이 셔울히마르는
　위 두어렁셩 두어렁셩 다링디리
　닷곤디 아즐가 닷곤디 쇼셩경 고외마른
　위 두어렁셩 두어렁셩 다링디리
　여히므론 아즐가 여히므논 **질삼뵈** 브리시고
　위 두어렁셩 두어렁셩 다링디리
　괴시란디 아즐가 괴시란디 **우러곰 좃니노이다**
　위 두어렁셩 두어렁셩 다링디리

〈제1연〉

　구스리 아즐가 구스리 바회예 디신돌
　위 두어렁셩 두어렁셩 다링디리
　긴히똔 아즐가 긴힛똔 그츠리잇가 나논
　위 두어렁셩 두어렁셩 다링디리　　　[A]
　즈믄 히를 아즐가 즈믄 히를 외오곰 녀신돌
　위 두어렁셩 두어렁셩 다링디리
　신(信)잇돈 아즐가 신(信)잇돈 **그츠리잇가** 나논
　위 두어렁셩 두어렁셩 다링디리

〈제2연〉
－작자 미상, 「서경별곡」－

(나)

　이 몸이 녹아져도 옥황상제 처분이요
　이 몸이 싀여져도 옥황상제 처분이라
　녹아지고 싀여지어 혼백(魂魄)조차 흩어지고
　공산(空山) 촉루(髑髏)*같이 임자 업시 구닐다가
　곤륜산(崑崙山) 제일봉의 만장송(萬丈松)이 되어 이셔
　바람비 뿌린 소리 님의 귀에 들리기나
　윤회(輪廻) 만겁(萬劫)ᄒ여 금강산(金剛山) 학(鶴)이 되어
　일만 이천봉에 ᄆ음껏 솟아올라
　ᄀ을 둘 볼근 밤에 두어 소리 **슬피 우러**
　님의 귀에 들리기도 옥황상제 처분이로다
　혼(恨)이 뿌리 되고 눈물로 가지 삼아
　님의 집 창밧긔 외나모 매화(梅花) 되어
　설중(雪中)에 혼자 피어 침변(枕邊)*에 시드는 듯

　월중(月中) 소영(疎影)*이 님의 옷에 **빗취어든**
　어엿븐 이 얼굴을 너로다 **반기실가**
　동풍이 유정(有情)ᄒ여 암향(暗香)을 불어 올려
　고결(高潔)ᄒ 이내 생애 죽림(竹林)에나 부치고져
　빈 낙대 빗기 들고 빈 비를 혼자 띄워
　백구(白鷗) 건네 저어 **건덕궁(乾德宮)**에 가고지고

－조위, 「만분가」－

* 공산 촉루 : 텅 빈 산의 해골.
* 침변 : 베갯머리.
* 월중 소영 : 달빛에 언뜻언뜻 비치는 그림자.

398 (가)와 (나)에 대한 설명으로 가장 적절한 것은?

① (가)의 '셔울'과 (나)의 '건덕궁'은 모두 화자가 현재 머무르고 있는 공간이다.
② (가)의 '질삼뵈'와 (나)의 '빈 낙대'는 모두 화자가 현재 회피하고 싶은 대상이다.
③ (가)의 '우러곰'과 (나)의 '슬피 우러'는 모두 임의 심정을 드러내고 있다.
④ (가)의 '좃니노이다'와 (나)의 '빗취어든'은 모두 임의 곁에 있고 싶은 화자의 소망을 드러내고 있다.
⑤ (가)의 '그츠리잇가'와 (나)의 '반기실가'는 모두 미래 상황에 대한 의혹을 드러내고 있다.

399 (나)에 대한 감상으로 적절하지 <u>않은</u> 것은?

① '임자 업시 구닐'던 '이 몸'이 '학'이 되어 솟아오르게 함으로써 상승의 이미지를 구현하고 있다.
② '만장송'과 '매화'라는 소재를 활용하여 임을 향한 화자의 마음을 표상하고 있다.
③ '바람비 뿌린 소리'와 '두어 소리'의 청각적 이미지를 활용하여 임에게 알리고 싶은 화자의 심정을 나타내고 있다.
④ '매화'의 '뿌리'와 '가지'를 활용하여 '혼'의 정서를 형상화하고 있다.
⑤ 'ᄀ을 둘 볼근 밤'과 '월중'이라는 시간적 배경을 통해 임과 재회한 순간을 드러내고 있다.

400 〈보기〉를 참고할 때, (가)의 [A]와 〈보기〉의 [B]를 비교하여 이해한 내용으로 적절하지 <u>않은</u> 것은? [3점]

━━━━━━━━[보기]━━━━━━━━

「서경별곡」의 제2연에서 여음구를 제외한 부분은 당시 유행하던 민요의 모티프를 수용한 것으로, 「정석가」에도 동일한 모티프가 나타난다. 고려 시대의 문인 이제현도 당시에 유행하던 민요를 다음과 같이 한시로 옮긴 적이 있다.

비록 구슬이 바위에 떨어져도　　　縱然巖石落珠璣 ⎤
끈은 진실로 끊어질 때 없으리.　　縲縷固應無斷時 │
　　　　　　　　　　　　　　　　　　　　　　[B]
낭군과 천 년을 이별한다고 해도　與郎千載相離別 │
한 점 붉은 마음이야 어찌 바뀌리오? 一點丹心何改移 ⎦

① [A]와 [B]에서 '구슬'은 변할 수 있는 것을, '긴'이나 '끈'은 변하지 않는 것을 비유하는 소재로 활용하였군.
② [A]에서는 '신'을, [B]에서는 '붉은 마음'을 굳건한 '바위'로 형상화하였군.
③ [A]와 [B] 모두에서 변하지 않는 마음을 소중한 가치로 여기는 화자의 태도가 나타나는군.
④ [A]와 [B]를 보니 동일한 모티프가 서로 다른 형식의 작품으로 수용되었군.
⑤ [A]와 [B]를 보니 여음구의 사용 여부에 차이가 있군.

———— 해설편 Part 2 p.307 ——

(가)

흰 벽에는——
어련히 해들 적마다 나뭇가지가 그림자 되어 떠오를
뿐이었다.
그러한 정밀*이 천년이나 머물렀다 한다.

단청은 연년(年年)이 빛을 잃어 두리기둥에는 틈이 생
기고, 볕과 바람이 쓰라리게 스며들었다. 그러나 험상궂
어 가는 것이 서럽지 않았다.

기왓장마다 푸른 이끼가 앉고 세월은 소리없이 쌓였
으나 ⊙문은 상기 닫혀진 채 멀리 지나가는 바람 소리
에 귀를 기울이는 밤이 있었다.

주춧돌 놓인 자리에 가을풀은 우거졌어도 봄이면 돋
아나는 푸른 싹이 살고, 그리고 한 그루 진분홍 꽃이 피
는 나무가 자랐다.

유달리도 푸른 높은 하늘을 눈물과 함께 아득히 흘러
간 별들이 총총히 돌아오고 사납던 비바람이 걷힌 낡은
처마 끝에 찬란히 빛이 쏟아지는 새벽, 오래 닫혀진 문
은 산천을 울리며 열리었다.

——그립던 깃발이 눈뿌리에 사무치는 푸른 하늘이
었다.

-김종길, 「문」-

* 정밀 : 고요하고 편안함.

(나)

이를테면 수양의 늘어진 ⓛ가지가 담을 넘을 때 ┐
그건 수양 가지만의 일은 아니었을 것이다
얼굴 한번 못 마주친 애먼 뿌리와
잠시 살 붙였다 적막히 손을 터는 꽃과 잎이   [A]
혼연일체 믿어주지 않았다면
가지 혼자서는 한없이 떨기만 했을 것이다 ┘

한 닷새 내리고 내리던 고집 센 비가 아니었으면
밤새 정분만 쌓던 도리 없는 폭설이 아니었으면
담을 넘는다는 게
가지에게는 그리 신명 나는 일이 아니었을 것이다

무엇보다 가지의 마음을 머뭇 세우고   ┐
담 밖을 가둬두는
저 금단의 담이 아니었으면
담의 몸을 가로지르고 담의 정수리를 타 넘어   [B]
담을 열 수 있다는 걸
수양의 늘어진 가지는 꿈도 꾸지 못했을 것이다 ┘

그러니까 목련 가지라든가 감나무 가지라든가 ┐
줄장미 줄기라든가 담쟁이 줄기라든가
가지가 담을 넘을 때 가지에게 담은   [C]
무명에 획을 긋는
도박이자 도반*이었을 것이다 ┘

-정끝별, 「가지가 담을 넘을 때」-

* 도반 : 함께 도를 닦는 벗.

(다)

나는 이홍에게 이렇게 말했다.

"ⓐ너는 잊는 것이 병이라고 생각하느냐? 잊는 것은
병이 아니다. 너는 잊지 않기를 바라느냐? 잊지 않는
것이 병이 아닌 것은 아니다. ⓑ그렇다면 잊지 않는
것이 병이 되고, 잊는 것이 도리어 병이 아니라는 말은
무슨 근거로 할까? 잊어도 좋을 것을 잊지 못하는 데
서 연유한다. 잊어도 좋을 것을 잊지 못하는 사람에게
는 잊는 것이 병이라고 치자. 그렇다면 잊어서는 안 되
는 것을 잊는 사람에게는 잊는 것이 병이 아니라고 말
할 수 있다. ⓒ그 말이 옳을까?

천하의 걱정거리는 어디에서 나오겠느냐? 잊어도
좋을 것은 잊지 못하고 잊어서는 안 될 것은 잊는 데서
나온다. 눈은 아름다움을 잊지 못하고, 귀는 좋은 소리
를 잊지 못하며, 입은 맛난 음식을 잊지 못하고, 사는
곳은 크고 화려한 집을 잊지 못한다. 천한 신분인데도
큰 세력을 얻으려는 생각을 잊지 못하고, 집안이 가난
하건만 재물을 잊지 못하며, 고귀한데도 교만한 짓을
잊지 못하고, 부유한데도 인색한 짓을 잊지 못한다. 의
롭지 않은 물건을 취하려는 마음을 잊지 못하고, 실상
과 어긋난 이름을 얻으려는 마음을 잊지 못한다.

그래서 잊어서는 안 될 것을 잊는 자가 되면, 어버이
에게는 효심을 잊어버리고, 임금에게는 충성심을 잊
어버리며, 부모를 잃고서는 슬픔을 잊어버리고, 제사
를 지내면서 정성스러운 마음을 잊어버린다. 물건을
주고받을 때 의로움을 잊고, 나아가고 물러날 때 예의
를 잊으며, 낮은 지위에 있으면서 제 분수를 잊고, 이

해의 갈림길에서 지켜야 할 도리를 잊는다.

ⓓ 먼 것을 보고 나면 가까운 것을 잊고, 새것을 보고 나면 옛것을 잊는다. 입에서 말이 나올 때 가릴 줄을 잊고, 몸에서 행동이 나올 때 본받을 것을 잊는다. 내적인 것을 잊기 때문에 외적인 것을 잊을 수 없게 되고, 외적인 것을 잊을 수 없기 때문에 내적인 것을 더더욱 잊는다.

ⓔ 그렇기 때문에 하늘이 잊지 못해 벌을 내리기도 하고, 남들이 잊지 못해 질시의 눈길을 보내며, 귀신이 잊지 못해 재앙을 내린다. 그러므로 잊어도 좋을 것이 무엇인지를 알고 잊어서는 안 되는 것이 무엇인지를 아는 사람은 내적인 것과 외적인 것을 서로 바꿀 능력이 있다. 내적인 것과 외적인 것을 서로 바꾸는 사람은, 다른 사람의 잊어도 좋을 것은 잊고 자신의 잊어서는 안 될 것은 잊지 않는다.”

-유한준, 「잊음을 논함」-

401 (가)~(다)에 대한 설명으로 가장 적절한 것은?

① (가)는 명시적 청자에게 말을 건네는 방식으로 화자의 감정을 드러낸다.

② (가)는 동일한 색채어를, (나)는 유사한 문장 구조를 반복적으로 제시하며 시상을 전개한다.

③ (가)와 (나)는 모두, 사라져 가는 대상에 대한 화자의 안타까움을 드러낸다.

④ (나)는 사물을 관조함으로써, (다)는 세태를 관망함으로써 주제 의식을 부각한다.

⑤ (가), (나), (다)는 모두, 대상과 소통하며 문제 해결 과정을 연쇄적으로 제시한다.

402 〈보기〉를 참고하여 (가)를 감상한 내용으로 적절하지 않은 것은?

[보기]

(가)에서 순환하는 자연이 가진 변화의 힘은 인간 역사의 쇠락과 생성에 관여한다. 인간의 역사는 쇠락의 과정에서도 생성의 기반을 잃지 않고, 자연과 어우러지며 자연의 힘을 탐색하거나 수용한다. 이를 통해 '문'은 새로운 역사를 생성할 가능성을 실현하게 되고, 인간의 역사는 '깃발'로 상징되는 이상을 향해 다시 나아갈 수 있게 된다.

① '흰 벽'에 나뭇가지가 그림자로 나타나는 것은, 천년을 쇠락해 온 인간의 역사가 자연의 힘을 탐색하는 과정에서 자연의 모습에 영향을 미친 결과를 보여 주는군.

② '두리기둥'의 틈에 볕과 바람이 쓰라리게 스며드는 것을 서럽지 않다고 한 것은, 쇠락해 가는 인간의 역사가 자연이 가진 변화의 힘을 수용함을 드러내는군.

③ '기왓장마다' 이끼와 세월이 덮여 감에도 멀리 있는 바람 소리에 귀를 기울이는 것은, 자연의 영향을 받으면서도 자연이 가진 변화의 힘에서 생성의 가능성을 찾는 모습이겠군.

④ '주춧돌 놓인 자리'에 봄이면 푸른 싹이 돋고 나무가 자라는 것은, 생성의 기반을 잃지 않은 인간의 역사가 자연과 어우러져 생성의 힘을 수용하는 모습이겠군.

⑤ '닫혀진 문'이 별들이 돌아오고 낡은 처마 끝에 빛이 쏟아지는 새벽에 열리는 것은, 순환하는 자연 속에서 인간의 역사를 다시 생성할 가능성이 나타남을 보여 주는군.

403 (나)에 대한 이해로 가장 적절한 것은?

① [A]에서는 '얼굴 한번 못 마주친' 상황과 '손을 터는' 행위가 '한없이' 떠는 가지의 마음으로 인한 것임을 드러낸다.

② [B]에서는 '고집 센'과 '도리 없는'을 통해 가지가 '꿈도 꾸지 못'하게 만든 두 대상의 성격을 부각한다.

③ [B]에서는 '가지의 마음을 머뭇 세우'는 대상을 '신명 나는 일'에 연결하여 '정수리를 타 넘'는 행위의 의미를 드러낸다.

④ [A]에서 '가지만의'와 '혼자서는'에 나타난 가지의 상황은, [B]에서 '담 밖'을 가두어 [C]에서 '획'을 긋는 가지의 모습으로 이어진다.

⑤ [A]에서 '않았다면'과 [B]에서 '아니었으면'이 강조하는 대상들의 의미는, [C]에서 '목련'과 '감나무' 사이의 관계에서도 나타난다.

404 ⓐ~ⓔ에 대한 설명으로 적절하지 **않은** 것은?

① ⓐ: 잊는 것에 대한 '나'의 생각을 전개하기 위한 물음이다.

② ⓑ: 잊음에 대한 '나'의 생각이 어디에서 비롯된 것인지에 대한 답을 제시하기 위해 던지는 물음이다.

③ ⓒ: 잊음에 대해 '나'가 제시한 가정적 상황이 틀리지 않았음을 강조하기 위한 물음이다.

④ ⓓ: 잊지 못하는 것과 잊어버리는 것의 관계를 대비적 표현을 통해 제시하며 잊음에 대한 '나'의 생각을 드러내는 진술이다.

⑤ ⓔ: 잊음의 대상을 제대로 구분하지 못할 때 일어날 수 있는 일을 열거하여 잊음에 대한 '나'의 생각이 옳음을 강조하는 진술이다.

405 ㉠과 ㉡에 대한 이해로 가장 적절한 것은?

① ㉠은 주변 대상의 도움을 받으며 미래로 나아가고, ㉡은 주변 대상에게 도움을 주며 미래를 대비한다.

② ㉠은 자신의 자리를 지켜 내는, ㉡은 자신의 영역을 확장하는 모습을 보인다.

③ ㉠은 주변과 단절된 상황을 극복하려 하고, ㉡은 외부의 간섭을 최소화하려 한다.

④ ㉠과 ㉡은 외면의 변화를 통해 내면의 불안을 감추려 한다.

⑤ ㉠과 ㉡은 과거의 행위에 대해 반성하는 모습을 보인다.

406 〈보기〉를 참고하여 (나), (다)를 감상한 내용으로 적절하지 **않은** 것은? [3점]

─────[보기]─────

(나)와 (다)에는 주체가 대상을 바라보고 사유하여 얻은 인식이 드러난다. 이는 대상에서 발견한 새로운 의미를 보여 주는 방식이나, 대상의 속성에 주목하여 얻은 깨달음을 제시하는 방식으로 나타난다.

① (나)는 '수양'을 부분으로 나눠 살피고 부분들의 관계가 '혼연일체'라는 것을 발견해 수양이 하나의 통합된 대상이라는 인식을 드러내는군.

② (다)는 '잊어도 좋을 것'과 '잊어서는 안 될 것'에 대해 사유하여 타인과 자신의 관계 속에서 지켜야 할 자세에 대한 깨달음을 드러내는군.

③ (다)는 '내적인 것과 외적인 것을 서로 바꾸는 사람'의 특성에 주목해 잊음의 본질에 대한 깨달음이 바람직한 삶의 태도를 이끈다는 인식을 드러내는군.

④ (나)는 '담쟁이 줄기'의 속성에 주목해 담쟁이 줄기가 담을 넘을 수 있다는, (다)는 잊어서는 안 될 것을 잊는 데 주목해 '내적인 것'을 잊으면 '외적인 것'에 매몰된다는 인식을 드러내는군.

⑤ (나)는 담의 의미를 사유하여 담이 '도박이자 도반'이라는, (다)는 '예의'나 '분수'를 잊지 않아야 함에 주목해 '잊지 않는 것이 병이 아닌 것은 아니'라는 깨달음을 드러내는군.

──── (해설편 Part 2 p.320)

[앞부분의 줄거리] 동림산업은 사무직 남자 사원들에게까지 제복 착용을 확대하는 정책을 시행하기로 했다. 이를 위해 준비 위원회를 결성해 전체 사원이 새로운 제복을 착용하도록 결정했으나, 그 결과에 불만을 품은 사무직 남자 사원들이 있었다.

"이미 끝난 일이야. 지금 와서 아무리 떠들어대 봤자 제복은 벌써 우리 몸에 절반쯤이나 입혀져 있어."

민도식이 나서서 험악해진 분위기를 간신히 가라앉혔다.

"준비 위원회를 구성하고 회의를 소집한 건 처음부터 요식 행위에 지나지 않았던 거야. 경영자 독단으로 처리하지 않고 사원들의 의사를 물어서 전폭적인 지지를 얻어 가지고 결정했다는 인상을 대내외에 풍길 필요가 있었던 거야. 이제 길은 두 가지뿐. ㉠나머지 절반을 찾아서 마저 몸에 꿰든가, 아니면 기왕 우리 몸에 입혀진 절반을 아예 벗어 버리든가 각자가 알아서 결정할 일이야. 저기 좀 보라고. 저 사람 아까부터 우릴 비웃고 있어. 제복 얘기 앞으로는 그만하기로 하지."

생산부 공원 복장을 한 사내가 엇비뚜름한 자세로 이쪽을 돌아다보며 ⓐ야릇한 웃음을 입가에 물고 있었다. 그를 보더니 장상태가 화를 벌컥 내면서 큰 소리로 미스 윤을 불렀다.

"이봐, 저기 앉은 저 사람 내가 좀 보잔다고 전해!"

ⓑ눈이 휘둥그레진 미스 윤이 종종걸음으로 그에게 다가가기 전에 그쪽에서 자진해서 먼저 일어섰다. 그가 충분히 알아들을 수 있을 정도로 장의 목소리가 컸던 것이다.

"저를 부르셨습니까?"

여전히 웃음기를 입에 문 얼굴이 장을 정면으로 상대했다.

"당신 뭐야? 뭔데 어제부터 남의 얘길 엿듣고 비웃지, 비웃길?"

"비웃음으로 보셨다면 용서하십쇼. 엿듣고 싶은 생각은 없었습니다. 가만히 앉아 있어도 들릴 정도로 선생님들 말소리가 컸습니다. 말씀 내용이 동림산업에 계신 분들 같아서 저도 모르게 관심이 갔나 봅니다."

"오오라, 그러고 보니 당신도 동림 가족의 일원이 분명하군. 부서가 어디야?"

"생산부 제1 공장입니다. 거기서 잡역부로 근무하고 있습니다."

"이름은?"

"권입니다."

"이름이 권이다? 그럼 성까지 아주 짝을 채워 보게."

"성이 권입니다."

만만한 상대를 만난 장은 권 씨를 노리갯감으로 삼아 화풀이할 작정임을 분명히 하면서 동료들에게 은밀히 눈짓을 보냈다. 함께 놀이에 끼어들라는 뜻일 것이다.

┌ 그러나 도식이 보기엔 첫눈에 결코 만만한 상대가
│ 아니었다. 그는 참을성 좋게 여전히 웃고 있었다.
│ 그것은 생산부 공원들이 본사의 사무직을 대할 때
│ 일반적으로 갖는 비굴한 표정이 아니었다. 그렇다
│ 고 적대감도 아닌 그것은 일종의 자신감의 표현임
│ 이 분명했다. 두툼한 입술과 커다란 눈이 얼핏 눈에
[A] 띄는 특징이었다. 장상태하고 비교해서 둘이 서로
│ 어금어금할 정도로 작은 체구였다. 실제 나이는 장
│ 보다 두세 살쯤 위일 것 같은데 적어도 이삼십 년은
│ 더 세상을 살아 냈을 법한 관록 같은 게 엿보이는
│ 얼굴이었고, 그것이 교양이라는 것하고도 연결되
│ 어 잡역부라던 자기소개가 아무래도 믿어지지 않
└ 는 그런 사람이었다.

"짝을 채우기 싫다 이거지? 좋았어. 그런데 자네가 하는 잡역 일하고 무슨 상관이 있어서 우리 얘기에 이틀 동안이나 관심이 갔지?"

"물론 상관은 없습니다. 그렇지만 한쪽에선 작업 중에 팔이 뭉텅 잘려져 나간 사람이 있고 그 팔 값을 찾아 주려고 투쟁하는 사람들이 있는 반면에 다른 한쪽에선 몸에 걸치는 옷 때문에 자기 인생을 걸려는 분들도 계시구나 하는 생각이 들어서 그냥 지나칠 수가 없었습니다."

그 순간 장상태의 얼굴색이 하얗게 질리는 것 같았다.

(중략)

체육 대회가 열리는 제1 공장까지 가자면 다른 날보다 더 일찍 나서야 되는데도 여전히 밍기적거리고만 있는 남편 곁에서 아내는 시종 근심스런 눈초리를 거두지 않았다. 제복 때문에 총각 사원 하나가 사표를 던졌다는 소문을 아내는 믿지 않았다. 사표를 제출한 게 아니라 강제로 모가지가 잘린 거라고 굳게 믿고 있었다.

"까짓것 난 필요 없어. 거기 아니면 밥 빌어먹을 데 없는 줄 알아? 세상엔 아직도 유니폼 안 입는 회사가 수두룩하단 말야!"

ⓒ거듭되는 재촉에 이렇게 큰소리로 대거리를 했지만 결국 민도식은 뒤늦게나마 집을 나서고 말았다.

시내를 멀리 벗어나서 교외에 널찍하게 자리 잡은 제1 공장 앞에 당도했을 때는 벌써 개회식이 시작된 뒤였다. 공장 정문 철책 너머로 **검정 곤색 일색**의 운동장을 넘어다보는 순간 민도식은 갑자기 ⓓ <u>숨이 턱 막혀 옴</u>을 느꼈다. 새로 맞춘 제복으로 단장한 남녀 전 사원이 각 부서별로 군대처럼 질서 정연하게 도열해 서서 연단에 선 지휘자의 손끝을 우러러보며 사가(社歌)를 제창하기 직전의 예비 운동으로 목청을 가다듬는 헛기침들을 하고 있었다. 이윽고 공장 일대를 한바탕 들었다 놓는 우렁찬 노래가 터지기 시작했다. 노래 부르는 사원들 모두가 작당해서 ⓔ <u>지각한 사람을 야유하는</u> 듯한 기분이 들었다. 검정 곤색의 제복들이 일치단결해 가지고 사복 차림으로 꽁무니에 따라붙으려는 유일한 사람을 완강히 거부하는 듯한 기분에 사로잡혔다. 세상 전체가 온통 제복투성이인 가운데 저 혼자만 외돌토리로 떨어져 있는 셈이었다. 자기 한 사람쯤 불참한다 해도 아무렇지도 않게 체육 대회 개회식은 진행될 수 있다는 사실이 민도식을 무척 화나면서도 그지없이 외롭게 만들었다. 정문으로 들어서지도 못하고 그렇다고 뒤돌아서서 나오지도 못한 채 그는 일단 멈춘 자리에 붙박여 버린 듯 언제까지고 움직일 줄을 몰랐다.

-윤흥길, 「날개 또는 수갑」-

407 [A]의 서술상의 특징으로 가장 적절한 것은?

① 인물의 행위를 사실적으로 그려 내어 내적 갈등을 표면화하고 있다.
② 과거와 현재를 교차하여 인물이 겪는 인식의 변화를 드러내고 있다.
③ 공간적 배경을 구체적으로 묘사하여 인물이 처한 상황을 드러내고 있다.
④ 서술자가 특정 인물의 시선을 통해 인물의 특징을 관찰하여 알려 주고 있다.
⑤ 서술자가 인물의 경험을 삽화 형식으로 나열하여 사건을 입체적으로 보여 주고 있다.

408 ㉠의 의미와 관련하여 윗글을 이해한 내용으로 적절하지 <u>않은</u> 것은?

① '이미 끝난 일이야'라는 말로 보아, 남자 사원들 중에 ㉠을 마저 입을지를 결정해야 하는 상황에 직면했다고 생각하는 사람이 있음을 알 수 있다.
② '험악해진 분위기'로 보아, ㉠과 관련된 문제로 남자 사원들 사이에 소란스러운 일이 있었음을 알 수 있다.
③ '그냥 지나칠 수가 없었습니다'라는 말로 보아, 권 씨도 남자 사원들과 마찬가지로 ㉠을 마저 입을지를 선택하는 일이 무엇보다 중요한 문제라고 생각하고 있음을 알 수 있다.
④ '총각 사원 하나'에 대한 아내의 반응으로 보아, 아내는 총각 사원이 ㉠ 때문에 회사를 스스로 그만두었다는 소문을 믿지 않고 있음을 알 수 있다.
⑤ '검정 곤색 일색'으로 보아, 체육 대회에 참석한 전체 사원이 ㉠을 마저 입게 되었음을 알 수 있다.

409 ⓐ～ⓔ에 대한 이해로 적절하지 <u>않은</u> 것은?

① ⓐ는 권 씨가 사무직 사원들의 대화에 관심이 있었음을 나타내는 반응이다.
② ⓑ는 장상태가 화를 내며 큰 소리로 명령하였기 때문에 미스 윤이 드러낸 반응이다.
③ ⓒ는 아내가 집을 나서지 않고 있는 남편 때문에 걱정하여 보인 반응이다.
④ ⓓ는 전체 사원들이 같은 옷을 입고 군대처럼 도열한 모습을 본 민도식에게 나타난 반응이다.
⑤ ⓔ는 사원들이 사복을 입은 민도식에 대한 불만을 드러내는 반응이다.

410 〈보기〉를 바탕으로 윗글을 감상한 내용으로 적절하지 <u>않은</u> 것은? [3점]

> ─────[보기]─────
>
> '중도적 주인공'은 자신이 속한 집단의 논리를 비판적으로 인식하면서도 집단의 논리를 따를지 여부를 결정하지 못하는 상태에 있는 인물이다. '중도적 주인공'은 인식 측면에서는 집단의 논리에 숨겨진 문제를 읽어 내는 주체적인 관점을 보인다. 그러나 행동 측면에서는 자신의 인식에 따라 적극적으로 행동하지 못하거나, 집단에 동화되지 못한 채 집단 논리의 수용 여부를 두고 머뭇거리는 모습을 보인다.

① 동료에게 '준비 위원회'의 '회의'에 담긴 '경영자'의 숨은 의도를 파악하여 발언하는 것을 보니, 민도식은 '동림산업'이 내세우는 논리에 대해 비판적으로 인식하는 주체적인 관점을 지니고 있다고 볼 수 있군.

② 권 씨를 '노리갯감'으로 삼자는 장상태의 '눈짓'을 읽었지만 이에 선뜻 동참하지 않은 것을 보니, 민도식은 '작업 중' 사고를 둘러싼 '투쟁'과 '몸에 걸치는 옷'을 둘러싼 논쟁에 적극적으로 참여하고 있지 않다고 볼 수 있군.

③ 아내에게 '큰소리'로 자신의 생각을 말하면서도 '뒤늦게나마 집을 나서'는 것을 보니, 민도식은 '동림산업'의 문제를 인식하고 있으면서도 회사를 떠나지 못하는 상황에 놓여 있다고 볼 수 있군.

④ '사복 차림'으로 체육 대회에 가지만 자신을 '꽁무니에 따라붙으려는' 사람이라고 생각하는 것을 보니, 민도식은 집단의 논리를 거부하고 싶지만 집단에 소속되고 싶은 마음도 지니고 있다고 볼 수 있군.

⑤ '제1 공장' 정문 앞에서 '붙박여 버린 듯' 움직이지 않는 모습을 보니, 민도식은 '동림산업'의 정책에 대한 비판을 적극적인 행동으로 옮길지 여부를 결정하지 못하고 있다고 볼 수 있군.

[411~413] 다음 글을 읽고 물음에 답하시오.　　2019.11 [36~38]

──── (해설편 Part 2 p.327) ────

　자점이 심복을 보내 거짓 조서를 전하고 옥에 가두니, 경업이 옥에 갇혀 생각하되,

　'세자와 대군이 어찌 내 일을 모르고 구치 아니시는고?'

하며 주야번민하여 목이 말라 물을 찾는데, 옥졸이 자점의 부촉(咐囑)*을 들은 고로 물도 주지 아니하여 경업이 더욱 한하더니, 전옥(典獄) 관원은 강직한지라 경업의 애매함을 불쌍히 여겨 경업더러 왈,

　"장군을 역적으로 잡음이 다 자점의 흉계니, 잘 주선하여 누명을 벗으라."

　경업이 그제야 자점의 흉계로 알고 통분을 이기지 못하여 바로 몸을 날려 옥문(獄門)을 깨치고 궐내에 들어가 상을 뵙고 청죄한데, 상이 경업을 보시고 반겨 가로되,

　"경이 만리타국에 갔다가 이제 돌아오매 반가움이 끝이 없거늘 무삼 일로 청죄하느뇨?"

　경업이 돈수사죄 왈,

　"신이 무인년에 북경에 잡혀가다가 중간에 도망한 죄는 만사무석이오나, 대명(大明)과 함께 호왕을 베어 병자년 원수를 갚고 세자와 대군을 모셔오고자 하였더니, 간인에게 속아 북경에 잡혀갔다가 천행으로 살아 돌아옵더니, 의주(義州)에서 잡혀 아무 연고인 줄 알지 못하옵고 오늘을 당하와 천안(天顔)을 뵈오니 이제 죽어도 한이 없사옵니다."

　상이 들으시고 대경하사 신하더러 왈,

　"경업을 무슨 죄로 잡아온고?"

하시고 자점을 패초(牌招)*하사 실사를 물으시니, 자점이 속이지 못하여 주왈,

　"경업이 역적이옵기로 잡아 가두고 계달코자 하였나이다."

　경업이 대로하여 고성대매 왈,

　"이 몹쓸 역적아! 들으라. 벼슬이 높고 국록이 족하거늘 무엇이 부족하여 모반할 마음을 두어 나를 해코자 하느뇨?"

　자점이 듣고 무언이거늘, 상이 노하여 왈,

　"경업은 삼국의 유명한 장수요, 또한 만고충신이거늘 네 무슨 일로 죽이려 하느뇨?"

하시고,

　"자점과 함께한 자를 금부에 가두고 경업은 물러가 쉬게 하라."

하시다.

　　［A］　경업이 사은하고 퇴궐할새, 자점은 궐문 밖에 나와 심복 수십 명을 매복하였다가, 경업이 나옴을 보고 불시에 달려들어 난타하니, 경업이 아무리 용맹한들 손에 촌철이 없는지라. 여러 번 맞아 중상하매 자점이 용사들을 분부하여 경업을 옥에 가두고 금부로 가니라.

　이때 대군이 시자(侍者)더러 문왈,

　"임 장군이 입성하였으나 지금 어디 있느뇨?"

　시자가 대왈,

　"소인 등은 모르나이다."

　대군이 의심하여 바삐 입궐하여 경업의 거처를 묻되, 상이 수말을 이르시니 대군이 주왈,

　"자점이 이런 만고충신을 해하려 하오니 이는 역적이라. 엄치하소서."

하고, 명일을 기다려 친히 경업을 가 보려 하시더라.

　　［B］　차시, 경업이 자점에게 매를 많이 받아 천명이 진하게 되매 분기대발하여 신음하다 죽으니, 시년 사십팔 세요, 기축(己丑) 9월 26일이라.

　　　　　　　　　(중략)

　자점이 반심을 품은 지 오래다가 절도(絕島)에 안치되매 더욱 앙앙(怏怏)하여* 불측지심이 나타나거늘, 우의정 이시백이 자점의 일을 아뢰니, 상이 놀라 금부도사를 보내 엄형 국문하신 후 옥에 가두었더니, 이날 밤 한 꿈을 얻으시니, 경업이 나아와 주왈,

　"흉적 자점이 소신을 죽이고 반심을 품어 거의 일이 되었사오니 바삐 국문하옵소서."

하고 울며 가거늘, 상이 놀라 깨달으시니 경업이 앞에 있는 듯 한지라. 상이 슬픔을 이기지 못하시고 날이 밝으매 자점을 올려 국문하시니, 자점이 자복하여 역심을 품은 일과 경업을 모해한 일을 승복하거늘, 상이 노하여 자점의 삼족을 다 내어,

　"저자 거리에서 죽이라."

하시고,

　"그 동류를 다 문죄하라."

하시며, 경업의 자식들을 불러 하고 왈,

　"너희 아비가 자결한 줄로 알았더니, 꿈에 와 '자점의 모해로 죽었다.' 하기로 내어 주나니 원수를 갚으라."

하시다.

　　　　　　　　　　　　　　　－작자 미상, 「임장군전」－

* 부촉 : 부탁하여 맡김.

* 패초 : 임금이 승지를 시켜 신하를 부름.

* 앙앙하여 : 매우 마음에 차지 아니하거나 야속하여.

411 윗글에 대한 설명으로 적절하지 <u>않은</u> 것은?

① 인물들의 대립 구도를 통해 서사적인 흥미를 높이고 있다.

② 주인공의 죽음을 제시하여 작품의 비극성을 고조하고 있다.

③ 대화의 내용을 통해 이전에 일어난 사건의 정황을 나타내고 있다.

④ 악인의 횡포를 징벌함으로써 권선징악의 세계관을 드러내고 있다.

⑤ 적대자와의 지략 대결을 통해 주인공의 초월적 능력을 보여 주고 있다.

412 윗글에 대한 이해로 가장 적절한 것은?

① 경업은 옥에 갇히기 전부터 거짓 조서 때문에 자점의 흉계를 알고 있었다.

② 옥졸은 자점의 부탁을 받고 경업의 죄를 상에게 밀고 했다.

③ 대군은 자점을 의심하며 경업에게 옥에 갇힌 경위를 물었다.

④ 우의정 이시백은 경업이 옥에 갇힐 만한 정보를 상에게 제공했다.

⑤ 상은 꿈에 나타난 경업의 발언 이후 자점의 자복을 받아 내었다.

413 〈보기〉를 참고할 때, [A]와 [B]에 대한 이해로 적절하지 <u>않은</u> 것은? [3점]

──────[보기]──────

「임장군전」을 읽은 당시 독자층은 책의 여백과 말미에 특정 대목에 대한 자신의 생각을 적은 다양한 필사기를 남겼다. '식자층'은 "㉠ 대역 김자점의 소행이 혐오스러워 붓을 멈춘다."라는 시각을 나타내거나 "㉡ 잡혔으니 가히 아프고 괴로우며 애석하네."라며 경업에 대한 안타까움을 드러냈다. 한편 '평민층'은 "㉢ 슬프다, 임 장군이여. 남의 손에 죽으니 어찌 천운이 아니랴."라며 숙명론적인 반응을 보이거나, "㉣ 조회하고 나오는 것을 문외의 무사로 박살하니 그 아니 가엾지 아니리오."라는 안타까운 반응을 남기거나, "㉤ 사람마다 알게 하기는 동국충신의 말임에 혹 만민이라도 깨달아 본받게 함이라."라는 필사기를 남겼다. ㉠, ㉢, ㉤은 경업이 죽는 대목에, ㉡과 ㉣은 경업이 자점에게 피습되는 대목에 남아 있는 필사기이다.

① [B]를 읽은 식자층은, ㉠을 통해 자점의 행위에 대해 부정적 평가를 내리고 있군.

② [A]를 읽은 식자층은, ㉡을 통해 경업의 시련에 대한 안타까움을 나타내고 있군.

③ [B]를 읽은 평민층은, ㉢을 통해 경업의 죽음이 자점 때문임을 알고 있으면서도 그의 죽음에 대해 운명론적인 태도를 보이고 있군.

④ [A]를 읽은 평민층은, ㉣을 통해 자점을 비판하면서도 그의 행위에 대한 연민을 드러내고 있군.

⑤ [B]를 읽은 평민층은, ㉤을 통해 충신의 이야기가 널리 알려지기를 바라고 있군.

— 해설편 Part 2 p.331 —

좌우에 탁자 놓아 만권 서책 쌓아 놓고
㉠자명종과 자명악은 절로 울어 소리하며
좌우에 당전(唐氈) 깔고 담방석과 백전요며
㉡이편저편 화류교의(樺榴交椅) 서로 마주 걸터앉고

[A]
거기 사람 처음 인사 차 한 그릇 갖다 준다
화찻종에 대를 받쳐 가득 부어 권하거늘
파르스름 노르스름 향취가 만구한데
저희들과 우리들이 언어가 같지 않아
말 한마디 못 해 보고 덤덤하니 앉았으니
귀머거리 벙어린 듯 물끄러미 서로 보다
천하의 글은 같아 필담이나 하오리라
당연(唐硯)에 먹을 갈아 양호수필(羊毫鬚筆) 덤뻑 찍어
시전지(詩箋紙)를 빼어 들고 글씨 써서 말을 하니
묻는 말과 대답함을 글귀 절로 오락가락
간담을 상응하여 정곡(情曲) 상통(相通)하는구나

(중략)

[B]
황상이 상을 주사 예부상서 거행한다
삼 사신과 역관이며 마두와 노자(奴子)까지
은자며 비단 등속 차례로 받아 놓고
삼배(三拜)에 구고두(九叩頭)*로 사례하고 돌아오니
상마연* 잔치한다 예부에서 지휘하기로
삼 사신과 역관들이 예부로 나아가니
대청 위에 포진하고 상을 차려 놓은 모양
메밀떡에 밀다식에 겉밤 머루 비자(榧子) 등물(等物)
푸닥거리 상 벌이듯 좌우에 떠벌였다
다 각기 한 상씩을 앞에다 받아 놓으니
비위가 뒤집혀서 먹을 것이 전혀 없네
삼배주를 마시는 듯 연파(宴罷)하고 일어서서
뜰에 내려 북향하여 구고두 사례한 후
관소로 돌아와서 회환(回還) 날짜 택일하니

㉢사람마다 짐 동이느라 각 방은 분분하고
흥정 외상 셈하려 주주리는 지저귄다
㉣장계(狀啓)를 발정(發程)하여 선래 군관(先來軍官) 전송하고
추칠월 십일일에 회환하여 떠나오니
한 달 닷새 유하다가 시원하고 상연(爽然)하구나

천일방(天一方) 우리 서울 창망하다 갈 길이여
풍진이 분운(紛紜)한데 집 소식이 돈절하니
사오 삭(朔) 타국 객이 귀심(歸心)이 살 같구나
숭문문 내달아서 통주로 향해 가니
㉤올 적에 심은 곡식 추수가 한창이요
서풍이 삽삽하여 가을빛이 쾌히 난다

-홍순학, 「연행가」-

* 구고두 : 공경하는 뜻으로 머리를 땅에 아홉 번 조아림.
* 상마연 : 일을 마치고 떠나가는 외국 사신들을 위하여 베풀던 잔치.

414 윗글에 대한 설명으로 가장 적절한 것은?

① 자연의 경이로운 풍광에 대한 감상을 장황하게 서술하고 있다.
② 학문과 관련된 사물을 나열하여 입신양명에 대한 화자의 관심을 드러내고 있다.
③ 객지에서의 낯선 풍물 및 경험에 대한 정서를 드러내고 회환할 때의 심정을 서술하고 있다.
④ 공식적인 행사에 참여한 다양한 사람들의 외양과 감정을 개성적으로 표현하고 있다.
⑤ 구체적인 시간을 나타내는 표현을 제시하여 귀국까지의 여정이 마무리되었음을 알려 주고 있다.

415 ㉠~㉤을 이해한 내용으로 가장 적절한 것은?

① ㉠: 청각적 이미지를 사용하여 대상이 지닌 슬픔을 표현하고 있다.
② ㉡: 지시적 표현을 사용하여 상대와의 친밀감을 드러내고 있다.
③ ㉢: 음성 상징어를 사용하여 이동을 앞둔 여유로운 분위기를 드러내고 있다.
④ ㉣: 대구적 표현을 사용하여 새로운 계책을 마련한 기쁨을 드러내고 있다.
⑤ ㉤: 계절감을 드러내는 표현을 사용하여 시간의 경과를 보여주고 있다.

416 [A], [B]에 대한 감상으로 적절하지 <u>않은</u> 것은? [3점]

① [A]에서 '간담을 상응하여'는 상대방에 대한 경계심을, [B]에서 '뜰에 내려 북향하여'는 상대방에 대한 거부감을 드러내는군.

② [A]에서 '우리들'은 '거기 사람'에게 인사로 차를 대접받고, [B]에서 '삼 사신' 일행은 '예부상서'를 통해 황상의 상을 하사받고 있군.

③ [A]에서 '필담'은 의사소통의 어려움을 해결하는 수단을, [B]에서 '구고두'는 의례적 상황에서 감사를 표하는 공식적 예법을 나타내는군.

④ [A]에서 '글귀 절로 오락가락'은 난처한 상황이 해소되고 있음을, [B]에서 '비위가 뒤집혀서'는 난감한 상황에 처하게 되었음을 드러내는군.

⑤ [A]의 '귀머거리 벙어린 듯'은 대화가 이루어지지 못하는 상황을, [B]의 '메밀떡에 밀다식에 겉밤' 등은 여러 가지 음식을 차려 놓은 상황을 알려 주는군.

(가)

　높으디높은 산마루
　낡은 고목(古木)에 못 박힌 듯 기대어
　내 홀로 **긴 밤**을　　　　　　　　　　[A]
　무엇을 간구하며 울어 왔는가.

　아아 **이 아침**
　시들은 핏줄의 구비구비로
　사늘한 가슴의 한복판까지
　은은히 울려오는 종소리.

　이제 눈감아도 오히려
　꽃다운 하늘이거니
　내 영혼의 촛불로
　어둠 속에 **나래 떨던 샛별**아 숨으라.

　환히 트이는 이마 우
　떠오르는 햇살은
　시월상달의 꿈과 같고나.
　메마른 입술에 피가 돌아
　오래 잊었던 피리의
　가락을 더듬노니

　새들 즐거이 구름 끝에 노래 부르고
　사슴과 토끼는
　한 포기 **향기로운 싸릿순**을 사양하라.

　여기 높으디높은 산마루
　맑은 바람 속에 옷자락을 날리며
　내 홀로 서서　　　　　　　　　　　[B]
　무엇을 기다리며 **노래**하는가.

　　　　　　　　　　–조지훈, 「산상(山上)의 노래」–

(나)

　꽃이 피었다,
　도시가 나무에게
　반어법을 가르친 것이다
　이 도시의 이주민이 된 뒤부터
　속마음을 곧이곧대로 드러낸다는 것이
　얼마나 어리석은가를 나도 곧 깨닫게 되었지만
　살아 있자, 악착같이 **들뜬 뿌리**라도 내리자
　속마음을 감추는 대신
　비트는 법을 익히게 된 서른 몇 이후부터
　나무는 나의 스승
　그가 견딜 수 없는 건
　꽃향기 따라 나비와 벌이
　붕붕거린다는 것,
　내성이 생긴 이파리를
　벌레들이 변함없이 아삭아삭
　뜯어 먹는다는 것
　도로변 **시끄러운 가로등 곁**에서 허구한 날
　신경증과 불면증에 시달리며 피어나는 꽃
　참을 수 없다 나무는, 알고 보면
　치욕으로 푸르다

　　　　　　　　　　–손택수, 「나무의 수사학 1」–

417 (가)와 (나)에 대한 설명으로 가장 적절한 것은?

① (가)는 계절의 변화에 따라 달라지는 주변 풍경을, (나)는 공간의 이동에 따른 풍경 변화를 묘사하고 있다.

② (가)는 시각적 이미지를 통해 자연의 위대함을, (나)는 청각적 이미지를 통해 자연에 대한 두려움을 표현하고 있다.

③ (가)는 명령형 어조를 활용하여 대상의 행동을 유도하고, (나)는 단정적 진술을 활용하여 주제 의식을 드러내고 있다.

④ (가)와 (나)는 인격화된 사물을 청자로 하여 화자의 소망을 전달하고 있다.

⑤ (가)와 (나)는 도치된 표현을 활용하여 화자가 처한 부정적 현실에 대한 극복 의지를 강조하고 있다.

418 [A]와 [B]를 이해한 내용으로 적절하지 <u>않은</u> 것은?

① [A]의 '높으디높은 산마루'에서 화자를 울게 한 문제는 [B]의 '여기 높으디높은 산마루'에서의 기다림의 대상이 아니다.

② [A]의 '못 박힌 듯' 기댄 자세는 과거의 고통을, [B]의 '옷자락을 날리며' 서 있는 자세는 미래에 대한 기대를 드러내고 있다.

③ [A]의 '긴 밤'에 담긴 부정적 상황은 '이 아침' 이후 [B]의 '맑은 바람'을 동반하는 새로운 상황으로 변화하고 있다.

④ [A]의 '무엇'이 [B]의 '무엇'으로 이행하는 과정에서 '나래 떨던 샛별'과 '향기로운 싸릿순'은 화자의 지향점으로 기능하고 있다.

⑤ [A]의 '간구'는 '사늘한 가슴'의 생명력 회복을 바라는 기원을, [B]의 '노래'는 '메마른 입술'에 생명력이 회복된 이후의 소망을 표출하고 있다.

419 〈보기〉를 바탕으로 (나)를 감상한 내용으로 적절하지 <u>않은</u> 것은? [3점]

---[보기]---

「나무의 수사학 1」의 화자는 도심 속 가로수를 관찰하며 도시를 비판적으로 조망한다. 도시의 가로수는 나무의 푸름이나 아름다운 꽃조차도 도구적 가치에 의해서 평가된다. 화자는 삭막한 도시 환경에도 불구하고 고통을 참아 내며 꽃을 피우는 모습을 나무의 반어법으로 인식한다. 도시에 제대로 뿌리박지 못하면서도 도시 환경에 적응하여 꽃을 피우는 나무에서 치욕을 읽어 낸 것이다. 그것은 도시의 이주민인 화자가 나무에 대해 동질감을 느끼는 이유이기도 하다.

---

① '들뜬 뿌리'는 나무가 처한 상황에 대한 화자의 동질감을 반영하고 있군.

② '내성이 생긴 이파리'는 나무가 도시에 적응하면서 지니게 된 성질을 보여 주는군.

③ '시끄러운 가로등 곁'은 꽃을 피우며 참아 내야 할 삭막한 도시 환경을 드러내고 있군.

④ '신경증과 불면증'은 나무가 도시에 적응하기 위해 견뎌 내야 할 고통을 보여 주고 있군.

⑤ '치욕으로 푸르다'는 도구적 가치로 평가받아 그 환경에 적응하지 못하는 나무에 대한 비판적 표현이군.

[420~422] 다음 글을 읽고 물음에 답하시오. 2024.09 [32~34]

────── (해설편 Part 2 p.344) ──┐

(가)

　　청강 녹초변에 소 먹이는 아이들이
　　석양에 흥이 겨워 피리를 빗기 부니
　　물 아래 잠긴 龍이 잠 깨어 일어날 듯
　　내 기운에 나온 鶴이 제 깃을 던져 두고 반공에 솟아 뜰 듯
　　소선(蘇仙)* 적벽은 추칠월이 좋다 하되
　　팔월 십오야를 모두 어찌 칭찬하는가
　　구름이 걷히고 물결이 다 잔 적에
　　하늘에 돋은 달이 솔 위에 걸렸거든
　　잡다가 빠진 줄이 적선(謫仙)*이 헌사할샤
　　공산에 쌓인 잎을 삭풍이 거둬 불어
　　떼구름 거느리고 눈조차 몰아오니
　　천공이 호사로워 옥으로 꽃을 지어
　　만수천림을 꾸며곰 낼세이고
　　앞 여울 가리 얼어 독목교(獨木橋) 비꼈는데
　　막대 멘 늙은 중이 어느 절로 간단 말고
　　산옹의 이 부귀를 남더러 자랑 마오
　　경요굴(瓊瑤窟)* 숨은 세계 찾을 이 있을세라
　　산중에 벗이 없어 서책을 쌓아 두고
　　만고 인물을 거슬러 혜여하니　　　　　　　　　　　　[A]
　　성현도 많거니와 호걸도 하도 할샤
　　하늘 삼기실 제 곧 무심할까마는
　　어찌한 시운(時運)이 흥망이 있었는고
　　모를 일도 하거니와 애달픔도 그지없다
　　기산의 늙은 고블* 귀는 어찌 씻었던고
　　박 소리 핑계하고 지조가 가장 높다
　　인심이 낮 같아야 볼수록 새롭거늘
　　세사는 구름이라 험하기도 험하구나
　　엊그제 빚은 술이 얼마나 익었느냐
　　잡거니 밀거니 실컷 기울이니
　　마음에 맺힌 시름 조금은 풀리나다

　　　　　　　　　　　　　　　　　　　-정철, 「성산별곡」-

* 소선 : 소동파를 신선에 빗댄 말.
* 적선 : 이태백을 신선에 빗댄 말.
* 경요굴 : 눈 내린 성산의 모습을 빗댄 말.
* 고블 : 기산에 은거한 인물인 허유.

(나)

　　생매 잡아 길 잘 들여 먼 산 두메로 꿩 사냥 보내고 흰 말 구불구종* 갈기 솔질 활활 솰솰 하여 임의 집 송정 뒤 잔디 잔디 금잔디 밭에 말 말뚝 꽝꽝쌍쌍 박아 숭마 바 고삐 길게 늘려 매고
　　앞내 여울 고기 뒷내 여울 고기 오르는 고기 내리는 고기 자나 굵으나 굵으나 자나 주섬주섬 낚아 내여 시내 동으로 뻗은 움버들 가지 와지끈 뚝딱 꺾어 거꾸로 잡고 잎사귀 셋만 남기고 주루룩 훑어 아가미 너슬너슬 꿰어 시내 잔잔 흐르는 물에 납작 실죽 청바둑돌로 임도 모르고 아무도 모르게 가만히 살짝 자기자 장단 맞춰 지근지지 눌러 놓고 동자야 이 뒤에 학 타신 선관이 날 찾거든 그물 낚싯대 종이 종다래끼* 파리 밥풀통 고추장 술병까지 가지고 뒷내 여울로 오라고 일러만 주소
　　아마도 산중호걸이 나뿐인가 하노라

　　　　　　　　　　　　　　　　　-작자 미상, 사설시조-

* 구불구종 : 말 모는 하인.
* 종다래끼 : 작은 바구니.

420 (가), (나)에 대한 설명으로 가장 적절한 것은?

① (가)는 영탄적 표현을 통해 인물에 대한 그리움을 드러내고 있다.
② (나)는 음성 상징어를 통해 인물의 역동성을 드러내고 있다.
③ (가)는 (나)와 달리 공간의 이동을 통해 다양한 대상의 면모를 드러내고 있다.
④ (나)는 (가)와 달리 시간의 흐름에 따라 인물의 심리 변화를 드러내고 있다.
⑤ (가)와 (나)는 모두 대구를 사용하여 대조적 대상의 속성을 드러내고 있다.

421 [A]에 대한 이해로 적절하지 <u>않은</u> 것은?

① '삭풍'이 가을 잎을 쓸고 간 자리에 구름을 불러와 '공산'을 눈 세상으로 만들었다고 한 것에는, 인물이 거처한 공간의 아름다움에 대한 인식이 계절에 따른 자연의 변화를 통해 드러난다.

② '앞 여울'을 건너가는 노승을 발견하고 '경요굴'이 들키지 않기를 바라는 것에는, 빼어난 경치를 소중하게 여기는 태도가, 숨어 있는 세계가 알려질 것에 대한 염려를 통해 드러난다.

③ 만족스러운 외적 풍경에서 눈을 돌려 벗이 없는 '산중'에서 '만고 인물'을 생각하는 것에는, 정신적 세계에 주목하는 태도가, 적적한 상황에 놓인 인물의 행위를 통해 드러난다.

④ 하늘의 이치가 제대로 구현되지 못했음을 '시운'의 '흥망'에서 발견하고도 모를 일이 많다고 한 것에는, 인물의 담담한 태도가, 이상에 미치지 못하는 현실을 수용하는 것을 통해 드러난다.

⑤ 세상을 등진 인물의 삶을 '기산'의 '고블'에 비유한 것에는, 험한 세사와의 단절과 은거 지향에 대한 긍정적 인식이 인물의 선택에 대한 평가를 통해 드러난다.

422 〈보기〉를 바탕으로 (가)와 (나)를 감상한 내용으로 적절하지 <u>않은</u> 것은? [3점]

> ──────[보기]──────
>
> 고전 시가에서 자연은 작품에 따라 다양하게 그려진다. (가)의 자연은 속세와 구별되는 청정한 이상 세계로 그려지며, 신선의 이미지를 통해 탈속적이고 고고한 가치를 추구하는 곳이다. (나)의 자연은 풍요롭게 그려지는 현실적 풍류의 장으로, 활달하고 흥겹게 놀이를 펼치는 곳이며, 신선의 이미지를 통해 멋이 고조된다.

① (가)의 '용'은 피리 소리로 조성된 탈속적 분위기를 환상적으로 표현하는 소재이고, (나)의 '생매'는 고고한 취향을 사실적으로 보여 주는 소재이군.

② (가)의 '학'은 이상적 세계의 아름다움을 구현하는 소재이고, (나)의 '고기'는 풍요롭고 생동하는 세계를 표현하는 소재이군.

③ (가)의 '소선', '적선'은 청정한 강호의 세계에서 떠올린 인물의 이미지이고, (나)의 '선관'은 '나'가 현재의 행위를 함께 하고 싶은 인물을 멋스럽게 표현한 이미지이군.

④ (가)의 '산옹'은 계절에 따른 산의 모습을 바라보며 이상 세계의 삶을 지향하는 인물이고, (나)의 '나'는 사냥과 고기잡이를 통해 현실의 즐거움을 향유하는 인물이군.

⑤ (가)의 '술'은 강호에서 세상에 대한 시름을 달래 주는 소재이고, (나)의 '술병'은 풍류의 장에 흥취를 더해 줄 소재이군.

[앞부분 줄거리] 공동 경비 구역에서 근무하는 국군 이수혁 병장, 남성식 일병(수정의 오빠)과 인민군 오경필 중사, 정우진 전사 사이에 총격 사건이 일어난다. 중립국 감독 위원회는 소피 소령을 파견하여 보타 소장 관할 아래 사건을 조사하게 한다.

ⓐ S#79. 팔각정 (낮)

　팔각정에서 본 판문각 근처 부감* 전경 ─ 대질 심문을 받고 나온 수혁, 경필 일행이 회담장 앞에서 각각 차를 타고 현장을 떠난다. 카메라, 후진하면서 팔각정 내부로 초점 이동하면 보타의 손이 쑥 들어와 서류 봉투를 내민다.

소피 : (영어) (봉투를 받아 들고) 뭐죠?

　보타, 대답 대신 관측경을 들여다본다.

보타 : (영어) 한국이 처음이랬지?

　ⓐ보타의 관측경으로, 판문각 앞에서 쌍안경을 들고 이쪽을 관찰하는 북한 군인이 보인다.

보타 : (영어) (목소리) 그래 '아버지' 나라가 마음에 들던가?

　ⓑ판문각 쪽에서 북한 군인의 쌍안경 시점으로, 사진을 보고 있는 소피의 모습이 잡힌다.
　보타의 설명 사이사이, 한국전 당시 거제도 포로수용소의 생활과 좌우 투쟁, 종전 후 공산 포로 북송, 반공 포로 석방 및 제3국행 포로의 출발과 도착 장면들이 사진과 기록 영화 화면으로 편집된다.

보타 : (영어) (목소리) ⓒ한국전 당시 거제도에는 인민군 포로 수용소가 있었지. 그 속에서 공산주의자와 반공주의자, 두 무리 간엔 처참한 살육이 계속됐어. 종전되고 그들에게 선택권이 주어졌어. 남으로의 귀순이냐, 북으로의 귀환이냐… 그 17만 포로 중 76명은 둘 다를 거부했어. 그들 중 지금도 행방이 묘연한 사람이 있네. 바로… 자네 아버지 장연우 같은 사람이지.

　소피, 놀란 얼굴로 손에 든 다른 사진을 내려다보면 거제 포로 수용소에서 포로들, 결박당한 채 쪼그리고 앉아 있다. ⓓ그중 동그라미가 쳐진 사람 얼굴로 줌인*.

보타 : (영어) 표 장군이 매우 잽싸게 움직였더군. 국방부, 외무부, 인도, 아르헨티나, 스위스 대사관… 며칠 사이 정보란 정보는 다 모았어. 표 장군으로선 ⓑ전 인민군 장교의 딸인 자네에게 사건을 맡길 수 없었겠지.
소피 : (영어) (흥분해서) 3일이면 돼요. 곧 이 병장의 자백을 받아낼 수 있다구요.

　(중략)

ⓔ S#81. 소피의 숙소 (낮)

　침대에 가방을 올려놓고 짐을 싸는 소피. 사진 액자를 가방에 넣으려다 말고 들여다본다. 어린 시절의 소피와 스위스인 엄마 사진. 액자 뒤를 열어 가족사진을 꺼낸다. 접힌 부분을 펴자 숨겨진 아버지의 모습이 온전히 나타난다. 물끄러미 사진을 바라보는 소피.

S#82. 수사본부 (낮)

　문이 열리고 들어오는 수혁, 목발을 짚었다. 사진을 바라보고 앉아 있는 소피.

소피 : (수혁을 돌아보며) 오라고 해서 미안해요. 몸도 불편한데.

　영문을 모르고 불려 온 수혁이 가만히 지켜보는 가운데, 탁자에 놓인 서류 봉투를 집어 들고 출입구 앞으로 가는 소피, 과녁판에서 다트 화살을 뽑아 든 다음 서류 한 장을 꽂아 고정시킨다.

소피 : 내일 자정을 기해 나를 제이에스에이 근무에서 해제한다는 명령서예요.
수혁 : 들었습니다, 아버지 얘기.
소피 : 그래, 내가 인민군 장교의 딸이란 얘길 듣고 기분이 어떻던가요?
수혁 : (주저 없이) 친근감이 들었습니다.

　ⓑ소피, 당황한 듯 잠시 침묵했다가 군복 안에 받쳐 입은 터틀넥 스웨터의 목을 젖혀 보인다. 목에 나 있는 피멍 자국.

소피 : 난 아직 흔적이 남아 있는데 이 병장은 깨끗하네요. 이 병장이 오 중사보다 힘이 센가 보지요?

　당황하는 수혁, 대답 없다.

소피 : 자, 진짜 재미난 쇼는 이제부터예요. 잘 봐요.

수정의 얼굴이 프린트된 출력물을 과녁판에 꽂는 소피. 당황하는 수혁.

소피 : 수정 씨를 만나자마자 전에 본 적이 있는 얼굴이라고 생각했어요. 그런데 그 사람이 누군지 알아내는 건 그렇게 어려운 일이 아니었죠.

이번에는 수정의 초상화를 과녁판에 꽂는 소피. 놀라는 수혁.

소피 : 정우진이 그린 초상화예요. 그리고 이건 (찢어져 너덜 너덜한 얼굴 없는 사진을 과녁에 꽂으며) 정우진의 시신에서 나온 사진이에요.

과녁판에 나란히 부착된 ⓒ석 장의 이미지. 충격받은 표정의 수혁.

소피 : '사라진 탄환'이 남 일병의 알리바이를 깨는 증거였다면… (얼굴이 찢겨 나간 사진을 가리키며) '사라진 얼굴'은 네 명의 병사가 오랫동안 친하게 지냈다는 걸 뜻하는 증거죠.

수혁, 애써 외면하고 걸어간다.

수혁 : 그래서요?

ⓓ노란색과 빨간색 디스켓 두 개를 꺼내 보이는 소피.

소피 : 완전히 다른 두 개의 수사 보고서예요. 내가 뭘 제출하느냐는 이 병장한테 달렸어요. 진실을 말해 준다면 난 후임자한테 어떤 증거나 추리도 제공하지 않겠어요.
수혁 : 협박입니까?
소피 : 거래죠.
수혁 : 영창을 가든 훈장을 받든 전 관심 없습니다. 그렇다면 ⓔ진실의 대가로 소령님이 저한테 해 줄 수 있는 게 뭡니까?
소피 : 이 병장이 끝까지 보호하려고 하는 사람… 오경필의 안전이에요.

-박상연 원작, 박찬욱 외 각색, 「공동 경비 구역 JSA」-

* 부감 : 카메라가 인물의 시선보다 높은 곳에서 아래로 내려다보며 촬영하는 것.
* 줌인 : 피사체의 크기를 점점 확대 촬영하는 것.

423 윗글의 인물에 대한 설명으로 가장 적절한 것은?

① '소피'의 아버지는 전쟁이 끝나자 북으로 귀환한다.
② '소피'는 사건의 진실에 대해 조사 의지가 없다.
③ '수혁'은 '소피'의 아버지의 전력을 듣고 '소피'를 경계한다.
④ '소피'는 '사라진 얼굴'이 누구인지 짐작하지 못한다.
⑤ '소피'는 '수혁'이 '오경필'의 안전을 염려한다고 생각한다.

424 ⓐ~ⓔ에 대한 설명으로 적절하지 <u>않은</u> 것은?

① ⓐ의 공간 범위는 팔각정 내부뿐만 아니라 외부도 포함한다.
② ⓑ는 '소피'가 직무에서 해제되는 원인이 된다.
③ ⓒ는 '소피'가 네 병사의 관계를 짐작하게 된 단서이다.
④ ⓓ는 '수혁'이 진실을 밝히느냐에 따라 어느 것이 제출될지가 정해질 것이다.
⑤ ⓔ는 '수혁'이 수사본부에 있는 '소피'를 만나러 온 이유이다.

425 윗글을 영상화한다고 가정할 때, ㉠~㉡에 해당하는 감독의 연출 계획으로 적절하지 <u>않은</u> 것은? [3점]

① ㉠과 ㉡은 각각 관측경과 쌍안경으로 상대측을 바라보는 장면을 설정하여 남북한 대치 국면에 있는 S#79 공간의 특수성을 그려야겠어.
② ㉢은 인물에 초점을 맞추는 촬영과 달리 사진이나 기록 영상물을 제시하여 당시 상황을 보여 주어야겠어.
③ ㉣은 동그라미 처진 얼굴을 확대 촬영하여 '소피'의 아버지가 포로 중 한 사람이었다는 사실을 환기해야겠어.
④ ㉤은 대사 없이 인물의 행동과 소품으로 인물의 심리를 간접적으로 표현해야겠어.
⑤ ㉡은 사건의 맥락이 관객에게 인지될 수 있도록 실내 전체를 한 화면에 담아야겠어.

(가)

아득한 옛날에 나는 떠났다
㉠ 부여를 숙신을 발해를 여진을 요를 금을
흥안령을 음산을 아무우르를 숭가리를
범과 사슴과 너구리를 배반하고
송어와 메기와 개구리를 속이고 나는 떠났다

나는 그때
㉡ 자작나무와 이깔나무의 슬퍼하던 것을 기억한다
갈대와 장풍의 붙드던 말도 잊지 않았다
㉢ 오로촌이 멧돝을 잡아 나를 잔치해 보내던 것도
쏠론이 십릿길을 따라 나와 울던 것도 잊지 않았다

나는 그때
㉣ 아무 이기지 못할 슬픔도 시름도 없이
다만 게을리 먼 앞대로 떠나 나왔다
그리하여 따사한 햇귀에서 하이얀 옷을 입고 매끄러
운 밥을 먹고 단 샘을 마시고 낮잠을 잤다
밤에는 먼 개소리에 놀라나고
아침에는 지나가는 사람마다에게 절을 하면서도
나는 나의 부끄러움을 알지 못했다

그동안 돌비는 깨어지고 많은 은금보화는 땅에 묻히
고 가마귀도 긴 족보를 이루었는데
이리하여 또 한 아득한 새 옛날이 비롯하는 때
㉤ 이제는 참으로 이기지 못할 슬픔과 시름에 쫓겨
나는 나의 옛 하늘로 땅으로 ― 나의 태반으로 돌아
왔으나

이미 해는 늙고 달은 파리하고 바람은 미치고 보래구
름만 혼자 넋 없이 떠도는데

㉥ 아, 나의 조상은 형제는 일가친척은 정다운 이웃은
그리운 것은 사랑하는 것은 우러르는 것은 나의 자랑은
나의 힘은 없다 바람과 물과 세월과 같이 지나가고 없다
　　　　　　　　　　　-백석, 「북방에서-정현웅에게」-

(나)

겨울 아침 언 길을 걸어
물가에 이르렀다
나와 물고기 사이

창이 하나 생겼다
물고기네 지붕을 튼 ⓐ 살얼음의 창
투명한 창 아래
물고기네 방이 한눈에 훤했다
나의 생가 같았다
창으로 나를 보고
생가의 식구들이
나를 못 알아보고
사방 쪽방으로 흩어졌다
젖을 갓 뗀 어린것들은
찬 마루서 그냥저냥 그네끼리 놀고
어미들은
물속 쌓인 돌과 돌 그 틈새로
그걸 깊은 데라고
그걸 가장 깊은 속이라고 떼로 들어가
나를 못 알아보고
무슨 급한 궁리를 하느라
그 비좁은 구석방에 빼곡히 서서
마음아, 너도 아직 이 생가 에 살고 있는가
시린 물속 시린 물고기의 눈을 달고
　　　　　　　　-문태준, 「살얼음 아래 같은 데 2 - 생가(生家)」-

(다)

이문원 동쪽 늙은 나무가 있는데 적어도 백여 년은 된
것 같다. 그 몸통은 울퉁불퉁 옹이가 졌고 가지는 구불구
불 뻗어서 멀찍이서 보면 가파른 산등성이나 성난 파도
같았고 다가가서 보면 둥그스름한 큰 집채 같았다. ⓑ 기
둥으로 나무를 받쳐 놓았는데 그 기둥이 모두 열두 개이
다. 나무 옆에 누각이 있는데 바로 내가 이불을 들고 가
서 숙직하는 장소이다. 좌우에 책을 쌓아 놓고 교정하느
라 바쁘게 시간을 보내다가 이따금 나무 곁을 산책하였
다. 쏴쏴 불어오는 긴 바람 소리를 들으며 널찍이 드리
운 서늘한 그늘 아래를 거닐면 몸은 대궐 안 관청에 있
어도 숲속의 소나무와 바위 사이로 훌쩍 벗어나 있는 기
분이 든다.
하루는 내가 동료에게 다음과 같이 말했다.
"이 나무는 정말 특이하군! 대체로 풀과 나무가 살아
가려면 제각기 몸을 보전하는 계책이 있기 마련일세.
풀명자나 배, 귤이나 유자, 사과나 석류 같은 나무들
은 열매가 커도 가지가 그 무게를 충분히 감당할 수 있
다네. 하지만 질경이나 냉이, 강아지풀 같은 풀들은 살
아가려면 땅바닥에 붙어 있어야 하네. 그래야 말발굽

이 짓밟거나 수레가 밟고 지나가도 더 손상을 입지 않지. 지금 저 늙은 나무는 줄기의 길이가 몸통보다 갑절로 뻗어 사방에 드리워도 잘라 낼 줄 모르네. 만약 받쳐 주는 기둥이 없으면 부러지고야 말 걸세. **조물주가 이 나무에게는 사람의 손을 빌려 온전하도록 한 것인가?**"

아! 내가 **암소의 뿔을 보니 뿔이 구부러져 안쪽으로 향했는데** 심한 것은 사람이 반드시 **톱으로 잘라** 내야만 광대뼈를 뚫는 걱정을 모면하였다. 이제야 알겠구나. 늙은 나무를 가축에 견주자면 뿔을 잘라 내야 온전해질 수 있는 암소와 같다. **가축이 인간에게 의지하여 살아가듯** 이 늙은 나무도 인간에게 의지하여 살아간다.

나는 저 깊은 산중 인적 끊긴 골짜기에 이렇듯이 번성하게 자란 늙은 나무를 아직까지 보지 못했다.

-유본예, 「이문원노종기(摛文院老檜記)」-

426 (가)~(다)의 공통점으로 가장 적절한 것은?

① 비판적 태도로 현실의 부정적 측면을 부각하고 있다.
② 역사적 상황을 묘사하여 비극적 현실을 부각하고 있다.
③ 빗대어 표현하는 방식으로 '나'의 인식을 드러내고 있다.
④ 영탄적 어조로 대상에 대한 '나'의 경외감을 드러내고 있다.
⑤ 향토적 소재를 활용하여 '나'의 과거에 대한 그리움을 드러내고 있다.

427 태반과 생가에 대한 설명으로 가장 적절한 것은?

① (가)의 화자는 태반에서 상실감을 느끼고 있고, (나)의 화자는 생가에서 서글픔을 느끼고 있다.
② (가)의 화자는 태반에서 소외감을 느끼고 있고, (나)의 화자는 생가에서 느꼈던 수치심을 떠올리고 있다.
③ (가)에서 태반은 이별을 수용하는 공간이고, (나)에서 생가는 만남을 기약하는 공간이다.
④ (가)에서 태반은 화자의 희망이 드러나는 공간이고, (나)에서 생가는 화자의 절망이 드러나는 공간이다.
⑤ (가)에서 태반은 생명의 섭리를 지향하는 공간이고, (나)에서 생가는 생명의 섭리를 거부하는 공간이다.

428 ㉠~㉡을 이해한 것으로 적절하지 않은 것은?

① ㉠에서는 여러 민족, 나라, 지명을 열거하여, 화자가 떠나온 공간을 북방으로 포괄되는 동질적 공간으로 표현하고 있다.
② ㉡에서는 의인화된 자연물을 제시하여, 화자가 북방을 떠나면서 느낀 슬픔을 드러내고 있다.
③ ㉢에서는 이별하던 장면을 유사한 통사 구조로 제시하여, 화자가 북방에서의 기억을 여전히 간직하고 있음을 보여 주고 있다.
④ ㉣의 시구가 ㉤에서 반복, 변주되는 것을 통해, 상반된 상황이 시간의 추이에 따라 일치되는 과정을 드러내고 있다.
⑤ ㉥에서 '없다'와 그 앞에 열거된 시어들을 통해, 화자가 가깝게 느끼고 가치를 부여했던 것들이 부재함을 표현하고 있다.

429 〈보기〉를 참고하여 (나)를 감상한 내용으로 적절하지 않은 것은? [3점]

[보기]

　이 시에서 성년이 된 화자는 얼음 아래의 물고기를 보면서 유년 시절 자신의 생가를 회상한다. 화자는 물고기의 움직임을 지켜보면서 '물고기네'의 여기저기를 본다. 그리고 '물고기네'의 모습에 화자의 생가에 대한 기억이 겹쳐진다. 화자는 자신을 물고기에 투영하면서, 성년이 된 지금도 여전히 생가에서의 '시린' 기억을 간직하고 있는 자신을 발견한다.

① '투명한 창'을 통해 본 물고기의 생활 공간을 '물고기네 방'이라고 표현한 것을 보니, 화자는 얼음 아래 물고기의 공간과 자신의 생가를 겹쳐 보고 있군.

② '창으로 나를 보'고 '사방 쪽방으로 흩어'지는 물고기들의 움직임을, 화자는 '생가의 식구들'이 자신을 못 알아본 것으로 표현하였군.

③ '젖을 갓 뗀 어린것들'이 '그네끼리 놀고'라고 표현한 것을 보니, 화자는 물고기들이 노는 모습을 통해 유년 시절 생가에서 지내던 아이들의 모습을 떠올리고 있군.

④ 화자는 '비좁은 구석방에'서 '급한 궁리를 하'는 물고기의 모습에 유년 시절 생가에서 외따로 지내야 했던 자신의 모습을 투영하고 있군.

⑤ 화자는 '마음아, 너도 아직' 생가에서 '살고 있는가'라고 하여, 성년인 자신의 마음속에 유년의 기억이 자리 잡고 있음을 드러내고 있군.

430 ⓐ와 ⓑ에 대한 이해로 가장 적절한 것은?

① ⓐ는 화자의 불안을 심화하는, ⓑ는 글쓴이의 의지를 북돋아 주는 역할을 한다.

② ⓐ는 화자의 이상향을 형상화하는, ⓑ는 글쓴이의 태도를 전환하는 역할을 한다.

③ ⓐ는 ⓑ와 달리, 화자에게 책임감을 떠올리게 하는 계기가 된다.

④ ⓑ는 ⓐ와 달리, 글쓴이가 처한 상황을 극복하게 하는 역할을 한다.

⑤ ⓐ와 ⓑ는 모두 대상을 새롭게 주목하게 하는 계기를 마련하고 있다.

431 〈보기〉의 [A]에 들어갈 학생의 말로 적절하지 않은 것은?

[보기]

선생님 : 여러분, 「이문원노종기」는 이문원의 늙은 나무가 인간의 도움을 받아 오랫동안 무성하게 자라고 있는 점에 착안한 글입니다. 서로 다른 생명체가 각각 이익을 주거나 받는 현상을 중심으로, 「이문원노종기」를 다시 읽어 보려고 해요. 이런 관점에서 이 작품을 감상해 볼까요?

학　생 : 　　　　　　　[A]

선생님 : 네, 잘 말했습니다.

① '이문원 동쪽 늙은 나무'가 '백여 년'을 살 수 있었던 것은, 인간이 나무를 보살펴 주었기 때문입니다.

② 글쓴이가 '넓직이 드리운 서늘한 그늘'로 인해 '훌쩍 벗어나 있는 기분'이 든 것은, '이문원 동쪽 늙은 나무'에게서 인간이 이익을 얻은 경우에 해당합니다.

③ '풀과 나무'가 '몸을 보전하는 계책'이 있는 것은, '조물주'가 서로 다른 생명체가 이익을 주고받도록 해 준 경우에 해당합니다.

④ '암소'의 '뿔이 구부러져 안쪽으로 향'하는 위험을 인간이 '톱으로 잘라'서 해결해 주는 것은, '가축'이 인간에게 의지하며 살아가는 경우에 해당합니다.

⑤ 글쓴이가 '이문원 동쪽 늙은 나무'가 '저 깊은 산중 인적 끊긴 골짜기'에서 자란 나무보다 번성하게 자랐다고 한 것은, 인간의 도움이 필요하다는 것을 말하기 위함입니다.

[432~436] 다음 글을 읽고 물음에 답하시오. 2018.11 [33~37]

(해설편 Part 2 p.368)

(가)

반(半) 밤중 혼자 일어 묻노라 이내 꿈아
만 리(萬里) 요양(遼陽)*을 어느덧 다녀온고
반갑다 학가(鶴駕)* 선객(仙客)을 친히 뵌 듯하여라

〈제1수〉

박제상* 죽은 후에 님의 시름 알 이 업다
이역(異域) 춘궁(春宮)을 뉘라서 모셔 오리
지금에 치술령 귀혼(歸魂)을 못내 슬허하노라

〈제4수〉

조정을 바라보니 무신(武臣)도 하 만하라
신고(辛苦)한 화친(和親)을 누를 두고 한 것인고
슬프다 조구리(趙廐吏)* 이미 죽으니 참승(參乘)할*
이 업세라

〈제6수〉

구중(九重) 달 발근 밤의 성려(聖慮)* 일정 만흐려니
이역 풍상(風霜)에 학가인들 이즐쏘냐
이 밖에 억만창생(億萬蒼生)을 못내 분별하시도다

〈제7수〉

구렁에 났는 ㉠풀이 봄비에 절로 길어
아는 일 업스니 긔 아니 조흘쏘냐
우리는 너희만 못하야 시름겨워 하노라

〈제8수〉

조그만 이 한 몸이 하늘 밖에 떨어지니
오색 구름 깊은 곳에 어느 것이 서울인고
바람에 지나는 ㉡검불* 갓하야 갈 길 몰라 하노라

〈제9수〉

-이정환, 「비가(悲歌)」-

* 요양 : 청나라의 심양.
* 학가 : 세자가 탄 수레. 또는 세자. 여기서는 병자호란에서 패배
  하여 심양에 잡혀간 소현 세자를 가리킴.
* 박제상 : 신라의 충신. 왕의 아우가 왜에 볼모로 잡히자 그를 구
  하고 자신은 희생됨.
* 조구리 : 조씨 성을 가진 마부. 충신을 가리킴.

* 참승할 : 높은 이를 호위하여 수레에 같이 탈.
* 성려 : 임금의 염려.
* 검불 : 마른 나뭇가지나 낙엽 따위.

(나)

　이전 서울 계동 홍술햇골에서 살 때 일이었다. 휘문 중
학교의 교편을 잡고, 독서, 작시(作詩)도 하고, 고서도 사
들이고, 그 틈으로써 난을 길렀던 것이다. 한가롭고 자유
로운 맛은 몹시 바쁜 가운데에서 깨닫는 것이다. 원고를
쓰다가 밤을 새우기도 왕왕하였다. 그러하면 그러할수
록 난의 위안이 더 필요하였다. 그 푸른 잎을 보고 방렬
(芳烈)한 향을 맡을 순간엔, 문득 환희의 별유세계(別有
世界)에 들어 무아무상의 경지에 도달하기도 하였다.

　그러다가 조선어 학회 사건에 피검되어 홍원·함흥서 2
년 만에 돌아와 보니 난은 반수 이상이 죽었다. 그해 여
산으로 돌아와서 십여 분을 간신히 살렸다. 갑자기 8·
15 광복이 되자 나는 서울로 또 가 있었다. 한 겨울을 지
내고 와 보니 난은 모두 죽었고, 겨우 뿌리만 성한 것이
두어 개 있었다. 그걸 서울로 가지고 가 또 살려 잎이 돋
아나게 하였다. 건란(建蘭)과 춘란(春蘭)이다. 춘란은
중국 춘란이 진기한 것이다. 꽃이나 보려 하던 것이, 또
6·25 전쟁으로 피란하였다가 그 다음 해 여름에 가 보니,
장독대 옆 풀섶 속에 그 고해(枯骸)만 엉성하게 남아 있
었다.

　그 후 전주로 와 양사재에 있으매, 소공(素空)이 건란
한 분을 주었고, 고경선 군이 제주서 풍란 한 등걸을 가
지고 왔다. 풍란에 웅란(雄蘭)·자란(雌蘭) 두 가지가 있
는데, 자란은 이왕 안서(岸曙) 집에서 보던 것으로서 잎
이 넓적하고, 웅란은 잎이 좁고 빼어났다. 물을 자주 주
고, 겨울에는 특히 옹호하여, 자란은 네 잎이 돋고 웅란
은 다복다복하게 길었다. 벌써 네 해가 되었다.

　십여 일 전 나는 바닷게를 먹고 중독되어 곽란(霍亂)
이 났다. 5, 6일 동안 미음만 마시고 인삼 몇 뿌리 달여
먹고 나았으되, 그래도 병석에 누워 더 조리하였다. 책도
보고, 시도 생각해 보았다. 풍란은 곁에 두었다. 하얀 꽃
이 몇 송이 벌었다. 방렬·청상(淸爽)한 향이 움직이고 있
다. 나는 밤에도 자다가 깨었다. 그 향을 맡으며 이렇게
생각을 하여 등불을 켜고 노트에 적었다.

　　잎이 빳빳하고도 오히려 영롱(玲瓏)하다
　　썩은 향나무 껍질에 옥(玉) 같은 뿌리를 서려 두고
[A]
　　청량(淸凉)한 물기를 머금고 바람으로 사노니

꽃은 하얗고도 여린 자연(紫煙) 빛이다
높고 조촐한 그 품(品)이며 그 향(香)이
숲속에 숨겨 있어도 **아는 이는** 아노니

완당 선생이 한묵연(翰墨緣)이 있다듯이 나는 **난연(蘭緣)**이 있고 **난복(蘭福)**이 있다. 당외자, 계수나무도 있으나, 이 웅란에는 백중(伯仲)할 수 없다. 이 웅란은 난 가운데에도 가장 진귀하다.

'간죽하수문주인(看竹何須問主人)'*이라 하는 시구가 있다. 그도 그럴듯하다. 나는 어느 집에 가 그 난을 보면, 그 주인이 어떤 사람인가를 알겠다. 고서도 없고, 난도 없이 되잖은 서화나 붙여 놓은 방은, 비록 **화려 광활**하다 하더라도 그건 한 요릿집에 불과하다. **두실 와옥(斗室蝸屋)***이라도 고서 몇 권, 난 두어 분, 그리고 그 사이 술이나 한 병을 두었다면 삼공(三公)을 바꾸지 않을 것 아닌가! 빵은 육체나 기를 따름이지만 난은 정신을 기르지 않는가!

-이병기, 「풍란」-

* 간죽하수문주인 : '대숲을 봤으면 그만이지 그 주인이 누구인지 물을 필요가 있겠는가.'라는 뜻.
* 두실 와옥 : 몹시 작고 누추한 집.

432 (가)와 (나)에 대한 설명으로 가장 적절한 것은?

① (가)에는 해소하기 어려운 문제적 상황에 당면하여 고뇌하는 태도가 드러나 있다.

② (가)에는 시대적 고난에 맞서지 못하는 자신의 나약함을 극복하고자 하는 태도가 드러나 있다.

③ (나)에는 인간의 유한한 삶에 대해 한탄하는 태도가 드러나 있다.

④ (나)에는 희망을 찾을 수 없는 절망적 현실에 대한 냉소적인 태도가 드러나 있다.

⑤ (가)와 (나)에는 이상과 현실의 괴리에서 비롯된 삶에 대한 회의적 태도가 드러나 있다.

433 (가), (나)에 대한 감상으로 적절하지 <u>않은</u> 것은? [3점]

① (가)는 '학가 선객'을 '꿈'에서나마 본 일을 언급함으로써 그를 만나고 싶어 하는 화자의 소망을 드러내고 있군.

② (가)는 '박제상'이 살았던 시대와 대비함으로써 그와 같은 충신을 찾기 어려운 시대적 상황에 대한 화자의 안타까움을 드러내고 있군.

③ (가)는 자신의 '몸'이 하늘 밖에 떨어진 상황을 설정하여 현실의 문제를 떠나 고통을 잠시라도 잊으려는 화자의 지향을 드러내고 있군.

④ (나)는 역사적 상황에 따른 작가의 행적과 '난'의 생사를 관련지어 언급함으로써 '난'에 대한 작가의 애착을 드러내고 있군.

⑤ (나)는 '두실 와옥'에 사는 사람이라도 만족감을 느낄 수 있도록 해 주는 '난'을 통해 작가가 지향하는 정신적 가치를 드러내고 있군.

434 ㉠과 ㉡을 비교한 내용으로 가장 적절한 것은?

① ㉠과 ㉡은 모두 화자가 경외감을 가지고 바라보는 소재이다.

② ㉠과 ㉡은 모두 세월의 흐름을 나타내어 인생의 무상함을 느끼게 하는 소재이다.

③ ㉠은 화자의 울분을 심화하는 소재로, ㉡은 화자의 울분을 완화하는 소재로 활용되고 있다.

④ ㉠은 현재의 상황에 대한 인식의 계기가, ㉡은 과거의 사건에 대한 회고의 계기가 된 소재이다.

⑤ ㉠은 화자의 처지와 대비되는 소재로, ㉡은 화자의 처지와 동일시되는 소재로 제시되고 있다.

435 〈보기〉를 바탕으로 (가)를 이해한 내용으로 적절하지 않은 것은?

[보기]

　　임병양란 이후의 사대부들 사이에서는 긴 사연을 담을 수 있는 연시조 양식을 활용해 전란 후 현실의 문제를 다루려는 경향이 나타났다. 병자호란 직후 지어진 「비가」에도, 잡혀간 세자를 그리는 마음, 임금을 향한 충정, 전란 후 상황에 대한 견해 등 여러 내용이 복합되어 있다. 각 수의 시어를 연결하여 이해할 때 그 같은 내용들이 올바로 파악될 수 있다.

① 〈제1수〉의 '어느덧 다녀온고'와 〈제4수〉의 '뉘라서 모셔 오리'라는 진술에는 잡혀간 세자를 그리는 화자의 마음이 투영되어 있다.

② 〈제4수〉의 아무도 알아주지 못하는 '님의 시름'에 대해, 〈제6수〉의 '조구리'와 같은 인물이 없는 현실에 처한 화자는 애석함을 느끼고 있다.

③ 〈제6수〉에서 조정에 많은 '무신'이 남아 있음에도 '신고훈 화친'을 맺은 결과로 〈제7수〉에서 세자가 '이역 풍상'을 겪는다고 화자는 판단하고 있다.

④ 〈제7수〉에서 근심에 싸여 있는 '구중'의 임금을 떠올렸던 화자는 〈제9수〉에서는 '서울'을 찾지 못해 애태우고 있다.

⑤ 〈제7수〉의 '달 발근 밤'과 〈제8수〉의 '봄비'에는 부정적 현실이 개선되리라는 화자의 전망과 기대가 담겨 있다.

436 (나)의 맥락을 고려하여 [A]를 감상한 내용으로 적절하지 않은 것은?

① [A]의 '썩은 향나무 껍질'과 대조적인 의미를 지니는 '옥 같은 뿌리'는 '화려 광활'한 이미지를 지닌다고 볼 수 있겠군.

② [A]의 '높고 조촐한 그 품이며 그 향'은 '풍란'의 속성을 드러낸 것으로, 작가가 '풍란'을 곁에 두고자 하는 이유로 볼 수 있겠군.

③ [A]의 '아는 이'는 '풍란'의 가치를 볼 수 있는 안목을 갖춘 사람으로, '난연'과 '난복'이 있다고 생각하는 작가도 이에 해당된다고 볼 수 있겠군.

④ [A]는 평소 '난'을 통해 '위안'을 얻던 작가가 '병석'에 누워 조리할 때 '풍란'에서 영감을 얻어서 창작한 것으로 볼 수 있겠군.

⑤ [A]는 '난'과 함께한 작가의 정신세계를 함축적으로 제시하는 한편, '풍란'에 대한 예찬적 태도를 드러낸다고 볼 수 있겠군.

— 해설편 Part 2 p.377 —

한참 정이와 별의별 말이 다 오고 가고 하였을 때, '불단집*'에서 마악 설거지를 하고 있던 갑순이 할머니가 뛰어나왔다. 갑득이 어미는, 경우에 따라서는 그들 모녀를 상대하여서도, 할 말에 궁하지는 않다고 은근히 마음에 준비가 있었던 것이나, 뜻밖에도 갑순이 할머니는 자기 딸의 역성을 들려고는 하지 않고,

㉠"애최에 늬가 말 실수헌 게 잘못이지, 남을 탄해 뭘 허니? 이게 모두 모양만 숭업구……, 온, 글쎄, 그만 허구 들어가아. 늬가 잘못했어. 네 잘못이야."

하고 도리어 딸을 나무라던 것을, 갑득이 어미는 그 당장에는, 귀에 솔깃하여,

"그렇지. 자계가 먼저 말을 냈지. 나야 그저 대꾸헌 죄밖엔 없으니까. 잘했든 잘못했든 자계가 시초를 낸 게니까——"

하고, 뽐내도 보았던 것이나, 나중에 깨달으니, 그것은 얼토당토않은 생각으로, 갑순이 할머니가 그렇게 자기 딸을 꾸짖으며 한사코 집으로 데리고 들어간 것에는,

㉡"아, 그 배지 못헌 행랑것허구, 쌈이 무슨 쌈이냐?"

"똥이 무서워 피허니? 더러우니까 피허는 게지!"

하고, 그러한 사상이 들어 있었던 것이 분명하였다.

사실, 을득이 녀석이 나중에 보고하는데 들으니까, 저녁때 돌아온 집주름 영감이 그 얘기를 듣고 나자,

"걔두 그만 분별은 있을 아이가, 그래 그런 상것허구 욕지거리를 허구 그러다니……."

쩻, 쩻, 쩻 하고 혀를 차니까, 늙은 마누라는 또 마주 앉아서,

"그렇죠, 그렇구 말구요. 쌈을 허드래두 같은 양반끼리 해야지, 그런 것허구 허는 건, 꼭 하늘 보구 침 뱉기지. 그 욕이 다아 내게 돌아오지, 소용 있나요."

㉢그리고 후유우 하고 한숨조차 내쉬는데, 방 안에서들 그러는 소리가 대문 밖까지 그대로 들리더라 한다.

[중략 부분의 줄거리] 골목 안 아홉 가구가 공동변소처럼 쓰는 불단집 소유의 뒷간에 양 서방이 갇힌다.

그는 아무리 상고하여 보아도 도무지 나갈 도리가 없는 것에 은근히 울화가 올랐다.

'제 집 뒷간두 아니구 남의 집 것을 그렇게 기가 나서 꼭꼭 잠그구 그럴 건 뭐 있누? 늙은이두 제엔장헐…….'

㉣인제는 할 수가 없으니, 소리를 한번 질러 볼까?————하기도 하였으나, 이러한 경우에 있어, 사람들은, 흔히

자기가 꼭 어떠한 수상한 인물인 듯싶게 스스로 느껴지는 경향이 있다. 그래, 그는 생각 끝에,

"아, 누가 문을 잠겄어어어?"

"문 좀 여세요오. 아, 누가……."

하고, 그러한 말을 제법 외치지도 못하고 그저 중얼대며, 한참이나 문을 잡아, 흔들어 자물쇠 소리만 덜거덕거렸던 것이다.

을득이한테 저의 아비가 불단집 뒷간에 가 갇히어 있다는 말을 듣고, 어인 까닭을 모르는 채 그곳까지 뛰어온 갑득이 어미는, 대강 사정을 알자, 곧 이것은 평소에 자기에게 좋지 않은 생각을 품고 있는 갑순이 할머니가 계획적으로 한 일임에 틀림없다고 혼자 마음에 단정하고,

[A] "아아니, 그래, 애아범이 미우면 으떻게는 뭇 해서, 그 더러운 뒷간 숙에다 글쎄 가둬야만 헌단 말예요? 그래 노인이 심사를 그렇게 부려야 옳단 말예요?"

하고, 혼자 흥분을 하였다. 갑순이 할머니는, 그것은 전혀 예기하지 못하였던 억울한 말이라, 그래, 눈을 둥그렇게 뜨고, 손조차 내저어 가며,

[B] "그건, 괜한 소리유, 괜한 소리야. 이 늙은 사람이 미쳐서 남을 뒷간 속에다 가둬? 모르구 그랬지, 모르구 그랬어. 난 꼭 아무두 없는 줄만 알구서, 그래, 모르구 자물쇨 챘지. 온, 알구야 왜 미쳤다구 잠그겠수?"

발명을 하였으나,

[C] "모르긴 왜 몰라요. 다아 알구서 한 짓이지. 그래 자물쇨 챌 때, 안에서 말하는 소리두 뭇 들었단 말예요? 듣구두 모른 체했지. 듣구두 그냥 잠가 버린 거야."

하고, 갑득이 어미는 덮어놓고 시비만 걸려는 것을, 구경 나온 이웃 사람들이,

"아무러기서루니 갑순이 할머니께서 아시구야 그러셨겠소?"

"노인이 되셔서 귀두 어두시구 그래 몰르셨지!"

하고 말들이 있었고, 정작, 양 서방이 또 머뭇거리다가,

"자물쇨 채실 때, 내가 얼른 소리를 냈어두 아셨을 텐데, 미처 뭇 그래 그리 된 거야."

하고, 그러한 말을 매우 겸연쩍게 하여, 갑득이 어미는 집주름집 마누라를 좀더 공박할 것을 단념하여 버릴 수밖에 없는 동시에,

㉤"오오, 그러니까, 채, 무어, 말할 새두 없이 문이 잠겨져서, 그냥 갇힌 채, 누구 오기만 기대린 게로군?"

"그래, 얼마 동안이나 들어가 있었어?"

"뭐어 오래야 갇혔겠수? 동안이야 잠깐이겠지만……."

-박태원, 「골목 안」-

* 불단집 : 집 밖에도 전등을 단, 살림이 넉넉한 집.

437 윗글에 대한 설명으로 가장 적절한 것은?

① 집 안에서의 대화가 이웃에 노출되어 인물의 속내가 드러난다.

② 서로의 말실수에 대한 비난이 인물 간 다툼의 원인임이 드러난다.

③ 이웃의 갈등을 곁에서 지켜보고 있는 인물들의 냉담함이 드러난다.

④ 이웃을 무시하는 인물의 차별적 언행을 함께 견뎌 내려는 사람들의 결연함이 드러난다.

⑤ 곤경에 빠진 가족의 상황을 다른 가족에게 전한 것이 이웃 간 앙금을 씻는 계기가 됨이 드러난다.

438 [A]~[C]에 대한 설명으로 적절하지 <u>않은</u> 것은?

① [A]에서 인물은 상대의 행위가 옳지 않다고 판단하여, 반복적으로 추궁하며 상대가 잘못했음을 분명히 한다.

② [B]에서 인물은 상대의 주장이 사실과 다르다며, 모르고 그랬다는 말을 반복함으로써 자신의 억울함을 알린다.

③ [C]에서 인물은 추측을 바탕으로 상대의 발언이 신뢰하기 어렵다고 반박하고, 상대의 반응에 아랑곳하지 않고 거짓으로 답했다며 몰아붙인다.

④ [A]에서 인물은 상대의 행위와 동기를 함께 비난하고, [B]에서 인물은 상대의 비난을 파악하지 못해 자신의 행위에 대해서만 인정한다.

⑤ [A]에서 인물이 상대에게 화를 내자, [B]에서 인물은 당황하며 자신을 방어하지만, [C]에서 갈등 상황은 지속된다.

439 집주름 영감과 양 서방에 대한 이해로 가장 적절한 것은?

① 집주름 영감이 딸의 행동을 분별없다고 탓한 이유는 아내가 갑득이 어미 앞에서 딸을 나무란 뒤 남편에게 밝힌 생각과 같다.

② 집주름 영감은 아내와 갑득이 어미의 갈등이 드러나지 않게 하는, 양 서방은 결과적으로 이들의 갈등을 완화하는 역할을 한다.

③ 양 서방이 여러 궁리를 하면서도 뒷간을 빠져나오지 못한 이유는 아내에게 밝힌 사건의 경위와 무관하다.

④ 양 서방은 아내가 갑순이 할머니에게 한 말과 이에 대한 이웃들의 반응을 듣고도 아내에게 무덤덤한 태도를 보이고 있다.

⑤ 양 서방이 자신의 상황을 갑순이 할머니에게 알리지 못했다고 말한 것은 누가 뒷간 문을 잠갔는지에 대한 의문이 풀려서 화가 누그러졌기 때문이다.

440 〈보기〉를 참고하여 ㉠~㉤을 이해한 내용으로 적절하지 <u>않은</u> 것은? [3점]

> ─────[보기]─────
>
> 서술자는 자신의 시선만으로 서술하기도 하고 인물의 시선으로 초점화하여 서술하기도 한다. 그런데 이 작품에서는 두 서술 방식이 겹쳐 나타나는 경우가 있다. 이때 서술자는 인물과 거리를 둠으로써 그들의 말이나 생각, 감정 등에 대한 태도를 드러낸다. 이 밖에도 쉼표의 연이은 사용은 시간의 지연이나 인물의 상황 등을 드러낸다. 이러한 서술 기법은 문맥 속에서 글의 의미를 다양하게 보충한다.

① ㉠ : 말줄임표 이후 쉼표를 연이어 사용한 것은, 인물이 자신의 생각을 감추거나 다른 할 말을 떠올리면서 시간의 지연이 있음을 드러낸 것이겠군.

② ㉡ : 서술자 시선의 서술과 인물의 시선으로 초점화한 서술이 겹쳐 나타난 것은, 상황을 잘못 인지한 채 상대의 생각을 추측하는 인물에게 서술자가 거리를 두고 있음을 드러낸 것이겠군.

③ ㉢ : 말을 전하는 '~라 한다'의 주체가 인물일 수도 있고 서술자일 수도 있게 서술한 것은, 인물의 경험을 전하기만 하고 특정 인물의 편에 서지 않으려는 서술자의 태도를 드러낸 것이겠군.

④ ㉣ : 인물의 생각에 대해 쉼표를 연이어 사용하며 설명한 것은, 인물이 생각을 실행에 옮기지 못하고 망설이는 상황을 드러낸 것이겠군.

⑤ ㉤ : 감탄사 이후 쉼표를 연이어 사용한 것은, 인물이 새로운 정보를 바탕으로 사건을 파악하는 상황을 드러낸 것이겠군.

(해설편 Part 2 p.384)

(가)

　만약에 나라는 사람을 유심히 들여다본다고 하자
　그러면 나는 **내가 시와는 반역된 생활을 하고 있다는**
것을 알 것이다

　먼 산정에 서 있는 마음으로 나의 자식과 나의 아내와
그 주위에 놓인 잡스러운 물건들을 본다

　그리고
　나는 이미 정해진 물체만을 보기로 결심하고 있는데
만약에 또 어느 나의 친구가 와서 나의 꿈을 깨워 주고
나의 그릇됨을 꾸짖어 주어도 좋다

　함부로 흘리는 피가 싫어서
　이다지 낡아빠진 생활을 하는 것은 아니리라
　먼지 낀 잡초 우에
　잠자는 구름이여
　고생도 마음대로 할 수 없는 세상에서는
　철 늦은 거미같이 존재 없이 살기도 어려운 일

　방 두 칸과 마루 한 칸과 말쑥한 부엌과 애처로 ⌝
운 처를 거느리고　　　　　　　　　　　　　　　│ [A]
　외양만이라도 남과 같이 살아간다는 것이 이다 │
지도 쑥스러울 수가 있을까　　　　　　　　　⌟

　시를 배반하고 사는 마음이여
　자기의 나체를 더듬어 보고 살펴볼 수 없는 시인처럼
비참한 사람이 또 어디 있을까
　거리에 나와서 **집**을 보고 **집**에 앉아서 **거리**를 그리던
어리석음도 이제는 모두 사라졌나 보다
　날아간 제비와 같이

　날아간 제비와 같이 자국도 꿈도 없이
　어디로인지 알 수 없으나
　어디로이든 가야 할 반역의 정신

　나는 지금 산정에 있다―
　시를 반역한 죄로
　이 **메마른 산정**에서 오랫동안 꿈도 없이 바라보아야
할 구름

　그리고 그 구름의 파수병인 나.

-김수영, 「구름의 파수병」-

(나)

함이정 : 처녀 때 난 생각했었지. 영리하고 듬직한 아
　　　들 하나 있으면 얼마나 좋을까…… 기쁜 일 슬픈 일 뭐
　　　든지 의논할 수 있는 내 아들…… 그러다가 너를 느꼈
　　　고…… 네 느낌과 이야기하길 즐겼다. 사람들은 나 혼
　　　자 중얼중얼거린다고 괴상하게 보더라. 사실은 너와
　　　나, 둘이서 함께 말하고 있었는데…….

조숭인 : 처음부터 다시 이야기해 주세요, 어머니.

함이정 : 처음부터……?

조숭인 : 네. 제가 태어나기 전, **어머니의 처녀 시절**부터
　　　요. 그때 두 분 아버지의 관계는 어땠죠?

함이정 : 그땐 좋았다. 두 분 다 우리 집에서 가족처럼 살
　　　면서, 우리 아버님한테 불상 제작을 배우는 제자였지.
　　　그런데 어느 날, 스승인 아버님이 불상 제작장에 가
　　　보니까 두 제자들이 자릴 비우고 없었어. 몹시 화가
　　　난 아버님은 집 안으로 들어와 제자들의 이름을 부르
　　　셨지. "동연아! 서연아!" 아버님 목소리가 어찌나 쩌렁
　　　쩌렁 울렸는지, 천 리 밖까지 들릴 것 같더라.

(조명, 밝게 변화한다. ⓐ한가운데 펼쳐 있던 천막이 접
혀지면서 무대 천장 위로 올라간다. 함묘진의 집. 함묘진
이 성난 모습으로 등장한다. 함이정과 조숭인은 서연의
관, 촛대, 향로 등을 무대 밖으로 갖고 나간다.)

함묘진 : 동연아! 서연아! 어디 있느냐?

함이정 : (무대 밖에서) 여긴 없어요, 아버지.

함묘진 : 여기 집 안에도 없다……?

함이정 : (무대 밖에서) 내가 나가서 찾아올까요?

함묘진 : 넌 가만 있거라. (다시 외쳐 부른다.) 동연아! 서
　　　연아!

(ⓑ상복을 벗고 밝은 색 옷을 입은 함이정과 조숭인, 무
대 안으로 나온다.)

조숭인 : 할아버지 목청은 왜 저렇게 커요?

함이정 : 귀머거리도 들을 정도야. 그치?

함묘진 : 동연아! 서연아!

(동연과 서연, 등장한다. 그들은 당황한 모습으로 함묘진

앞에 선다.)

동연, 서연 : 부르셨습니까?

함묘진 : 작업장엔 너희들이 없더구나!

동연 : 죄송합니다. 잠깐 밖에 나가 있었습니다.

함묘진 : 밖에는 왜?

동연 : 말다툼 때문에…… 서로 의견이 달라서요.

함묘진 : 말다툼?

동연 : 네.

함묘진 : 서연아, 네가 다툰 이유를 말해 봐라.

서연 : 송구스럽습니다…….

함묘진 : 너흰 생각도 행동도 똑같았다. 그런 너희들이 말다툼을 하다니, 도대체 다르다면 뭐가 달랐더냐?

서연 : 동연은 부처의 모습을 만들면, 그 모습 속에 부처의 마음도 있다고 했습니다.

함묘진 : 그런데, 너는?

서연 : 그런데 저는…… 부처의 모습을 만들어도, 부처의 마음이 그 안에 없다면 무슨 소용이 있겠는가 했습니다.

동연 : 사부님, 서연을 꾸짖어 주십시오. **서연은 쓸데없는 주장으로 저를 괴롭힙니다.**

(중략)

(서연과 함이정, 일어선다. **돌부처**를 만들면서 길을 따라간다. 물 흐르는 소리가 점점 가깝게 들려온다. ⓒ 조명, 개울물의 흐름을 나타낸다.)

함이정 : 개울물이에요, 서연 오빠. 여기서 길은 끊겼어요.

서연 : (개울가로 다가가서 두 손으로 물을 떠서 마시며) 너도 마시렴. 목마를 텐데…….

함이정 : (서연 곁으로 가서 개울물을 바라본다.) 물 위에 비쳐 보여요, 우리 얼굴이…… 얼굴 뒤엔 구름이…… 구름 뒤엔 **하늘**이…… (물을 떠서 마신다.) 물이 맑고 시원해요. 　　[B]

(서연, 장난스럽게 개울물을 마치 눈덩이처럼 뭉치는 동작을 한다.)

함이정 : 오빠…… 뭘 하는 거죠?

서연 : 물부처를 만든다.

함이정 : 물부처요?

서연 : 돌로도 부처님을 만드는데, 물이라고 안 될 건 없지.

(서연, 흐르는 물 속으로 들어가 물로 만든 부처를 세워 놓는다. 부처의 느낌은 남고 형태는 사라진다.)

함이정 : 오빠, **이쪽**으로 나와요.

서연 : (개울물을 건너가며) 난 이제 **저쪽**으로 간다.

함이정 : 서연 오빠…….

서연 : 넌 나중에 건너와.

함이정 : (손을 흔든다.) 그래요, 오빠…… 먼저 가요. 나는 나중에…….

(서연과 함이정, 잠시 개울물 양쪽에서 서로를 바라본다. ⓓ 조숭인이 피아노 앞에 앉아 건반을 두드리며 작곡 중이다. 개울물 건너쪽, 눈부시도록 밝아진다. 때를 놓치지 않으려는 듯 함묘진이 다급하게 휠체어 바퀴를 굴리면서 들어온다. 그는 피아노 옆을 지나 개울물을 건너간다. / 코러스(돌부처)들, 개울물을 건너가는 서연을 배웅하듯이, 따라가듯이, 마중하듯이, 서연과 함께 어우러져 춤을 추며 간다. 개울 저쪽, 눈부시도록 빛이 밝다. ⓔ 함묘진이 다급하게 휠체어 바퀴를 굴리며 들어온다.)

조숭인 : 할아버지, 어딜 그렇게 급히 가세요?

함묘진 : 극락문이 열렸다! 극락문이 열렸어!

(함묘진, 휠체어에서 일어난다. 그는 서연의 뒤를 따라 빛 안으로 들어간다. 무대 조명, 변화한다. 동연, 등장한다. 그는 조숭인에게 다가와서 전보 용지를 내놓는다.)

-이강백, 「느낌, 극락같은」-

441 (가)를 이해한 내용으로 적절하지 않은 것은?

① 화자는 자신과 가족뿐만 아니라 '주위'의 '물건들'까지 살펴보면서 자기의 생활을 성찰하고 있다.

② 화자는 '나의 친구'가 방문한 뒤에야 비로소 자신의 삶이 '그릇됨'을 자각하고 있다.

③ 화자는 '고생도 마음대로 할 수 없는 세상'에서 '존재 없이' 살아가는 것이 어렵다고 느끼고 있다.

④ 화자는 자신을 '자기의 나체를 더듬어 보고 살펴볼 수 없는' 비참한 존재로 인식하고 있다.

⑤ 화자는 '시와는 반역된 생활'을 '죄'로 받아들이면서 자신을 '구름의 파수병'으로 규정하고 있다.

442 〈보기〉를 고려하여 (가)를 감상한 내용으로 적절하지 **않은** 것은?

─────────[보기]─────────

「구름의 파수병」에는 시와 생활 사이에서 갈등하는 화자의 진솔한 자기 성찰이 드러난다. 화자는 ㉠생활에 몰두하려는 자아와 이러한 자아를 극복하고자 하면서 ㉡시를 새롭게 지향하려는 자아를 등장시킨다. ㉠은 시선을 고정하려는 태도나 움츠러들어 있는 이미지로 나타나는데, ㉠에서 벗어나 ㉡으로 변모하고자 하는 화자는 '날아간 제비'를 떠올리다가 '반역의 정신'을 추구하는 데 이른다.

① '내가 시와는 반역된 생활을 하고 있다'에서는 화자의 진솔한 성찰의 어조가 느껴지는군.
② '나는 이미 정해진 ~ 결심하고'는 ㉠과 ㉡의 갈등을 해소한 화자의 심정을 드러낸 것이겠군.
③ 화자가 자신을 '어디로이든 가야 할' 존재로 여기는 것은 ㉠에서 ㉡으로 나아가려는 의지에서 비롯한 것이겠군.
④ 화자가 '메마른 산정'에서 지향하는 '반역의 정신'은 ㉡이 추구하는 것이겠군.
⑤ '구름의 파수병'은 두 자아의 갈등 속에서 시를 새롭게 지향하려는 화자의 의식이 반영된 이미지이겠군.

443 [A]와 [B]에 대한 설명으로 가장 적절한 것은?

① [A]는 대상을 나열함으로써 화자의 정서가 촉발된 상황을 제시하고 있다.
② [B]는 의미가 확장되는 대상들의 연쇄를 통해 인물의 혼란스러운 내면을 보여 주고 있다.
③ [A]의 대상들은 화자의 만족을, [B]의 대상들은 인물의 불만을 드러내는 기능을 하고 있다.
④ [A]에서는 화자와 대상들 간의 연속성이 드러나고, [B]에서는 인물 간의 단절감이 암시된다.
⑤ [A]와 [B]는 대상의 속성을 반어적으로 표현함으로써 화자나 인물의 심리적 상황을 드러내고 있다.

444 무대 상연을 전제로 하는 희곡의 특성을 고려할 때, ⓐ~ⓔ를 설명한 내용으로 가장 적절한 것은?

① ⓐ: 무대 장치의 이동으로 극중 공간을 좌우로 분리시킨다.
② ⓑ: 등장인물들의 의상 교체로 장면 전환을 나타낸다.
③ ⓒ: 조명 변화를 통해 등장인물들의 갈등 해소를 보여 준다.
④ ⓓ: 등장인물이 무대 밖에서 피아노로 음향 효과를 낸다.
⑤ ⓔ: 소품을 이용해서 극적 긴장감을 완화시킨다.

445 〈보기〉를 바탕으로 (가), (나)를 감상한 내용으로 적절하지 **않은** 것은? [3점]

─────────[보기]─────────

(가)의 공간이 화자의 내면이 투영된 상징적 공간이라면, (나)의 공간은 제한된 시간 내에 인생을 압축해서 보여 줘야 하는 극의 특성상 극중 인물의 현실이 상징화된 공간이라고 할 수 있다. (가)와 (나)에서, 공간들은 때로 대비되면서 여러 가지 상징적인 의미를 지닌다.

① (가)의 '집'과 '거리'는 삶의 방향을 정하지 못했던 화자에게 대비적으로 인식되었던 공간이군.
② (가)에서 생활공간과 대비되는 '먼 산정'은 화자가 자신의 현실을 응시하기 위해 상정한 공간이군.
③ (나)에서 '작업장'은 불상을 제작하는 과정에서 동연과 서연의 예술관이 부딪치는 공간이군.
④ (나)의 '돌부처'를 만들며 가는 '길'은 '하늘'과 대비되는 곳으로 서연의 예술관이 조숭인에게 전수되는 공간이군.
⑤ (나)의 개울물 '저쪽'은 개울물 '이쪽'과 대비되는 곳으로 예술의 본질을 추구하던 서연이 도달하게 되는 공간이군.

446 (나)의 등장인물에 대한 이해로 적절하지 <u>않은</u> 것은?

① "그런데 어느 날, 스승인 아버님이 ~ 두 제자들이 자릴 비우고 없었어."라는 대사에서 함이정은 극 중의 사건을 현재에서 과거로 전환시키는 기능을 한다.

② "동연아! 서연아! 어디 있느냐?"라는 대사에서 함묘진은 '어머니의 처녀 시절' 이야기 속의 인물들을 무대로 등장하게 하는 기능을 한다.

③ "할아버지 목청은 왜 저렇게 커요?"라는 대사에서 조승인은 등장인물의 행동을 평하면서 다른 인물들 간의 갈등을 유발하는 기능을 한다.

④ "서연은 쓸데없는 주장으로 저를 괴롭힙니다."라는 대사에서 알 수 있듯 동연은 '어머니의 처녀 시절' 이야기 속 갈등의 한 축으로서 기능한다.

⑤ "돌로도 부처님을 ~ 안 될 건 없지."라는 대사에서 알 수 있듯 서연은 작품의 주제 의식을 전달하는 인물 중 하나로 기능한다.

빠른 정답

Day 1

[1~6] 2022.11 [18~23]					
01	02	03	04	05	06
③	③	②	④	①	④

[7~10] 2020.09 [42~45]			
07	08	09	10
②	⑤	③	①

[11~13] 2025.11 [32~34]		
11	12	13
③	⑤	②

Day 2

[14~16] 2021.12 [31~33]		
14	15	16
④	②	⑤

[17~19] 2018.09 [43~45]		
17	18	19
①	③	③

[20~23] 2023.11 [31~34]			
20	21	22	23
①	④	②	③

Day 3

[24~27] 2017.09 [21~24]			
24	25	26	27
④	③	④	⑤

[28~30] 2019.09 [26~28]		
28	29	30
③	③	③

[31~34] 2024.06 [31~34]			
31	32	33	34
④	②	⑤	③

Day 4

[35~40] 2022.06 [22~27]					
35	36	37	38	39	40
⑤	③	④	①	③	②

[41~43] 2017.06 [43~45]		
41	42	43
②	⑤	②

[44~47] 2023.09 [28~31]			
44	45	46	47
⑤	④	③	③

Day 5

[48~52] 2019.06 [27~31]				
48	49	50	51	52
①	③	②	⑤	④

[53~57] 2022예시 [11~15]				
53	54	55	56	57
⑤	③	①	⑤	④

[58~60] 2018.06 [39~41]		
58	59	60
⑤	②	⑤

Day 6

[61~63] 2025.09 [32~34]		
61	62	63
①	③	③

[64~69] 2022.09 [22~27]					
64	65	66	67	68	69
①	②	⑤	①	②	④

[70~73] 2020.06 [23~26]			
70	71	72	73
③	⑤	①	②

Day 7

[74~79]	2025.11 [22~27]				
74	75	76	77	78	79
④	⑤	②	②	①	①

[80~83]	2021.09 [16~19]		
80	81	82	83
⑤	②	③	④

[84~86]	2020.09 [32~34]	
84	85	86
①	⑤	④

Day 8

[87~90]	2023.06 [28~31]		
87	88	89	90
③	①	③	⑤

[91~93]	2017.09 [16~18]	
91	92	93
③	④	④

[94~96]	2019.11 [33~35]	
94	95	96
①	④	③

Day 9

[97~99]	2018.11 [43~45]	
97	98	99
③	②	④

[100~103]	2024.11 [18~21]		
100	101	102	103
②	①	③	⑤

[104~108]	2021.09 [38~42]			
104	105	106	107	108
①	③	①	⑤	④

Day 10

[109~112]	2022.09 [28~31]		
109	110	111	112
②	④	⑤	③

[113~116]	2017.06 [39~42]		
113	114	115	116
①	⑤	③	⑤

[117~121]	2021.06 [41~45]			
117	118	119	120	121
①	②	④	⑤	④

Day 11

[122~124]	2023.09 [32~34]	
122	123	124
④	③	②

[125~126]	2017.09 [19~20]
125	126
④	③

[127~130]	2025.09 [18~21]		
127	128	129	130
①	③	⑤	⑤

Day 12

[131~135]	2021.12 [38~42]			
131	132	133	134	135
⑤	⑤	⑤	③	③

[136~139]	2019.06 [39~42]		
136	137	138	139
③	③	①	④

[140~143]	2022.11 [24~27]		
140	141	142	143
④	③	⑤	⑤

Day 13

[144~147] 2025.06 [31~34]			
144	**145**	**146**	**147**
⑤	④	③	③

[148~151] 2018.06 [42~45]			
148	**149**	**150**	**151**
④	③	②	⑤

[152~155] 2020.11 [33~36]			
152	**153**	**154**	**155**
③	④	③	③

Day 14

[156~158] 2019.11 [43~45]		
156	**157**	**158**
①	③	④

[159~162] 2024.06 [18~21]			
159	**160**	**161**	**162**
①	②	④	⑤

[163~166] 2022.06 [18~21]			
163	**164**	**165**	**166**
②	④	①	⑤

Day 15

[167~172] 2024.09 [22~27]					
167	**168**	**169**	**170**	**171**	**172**
②	④	④	③	②	④

[173~176] 2021.06 [34~37]			
173	**174**	**175**	**176**
②	⑤	④	⑤

[177~182] 2017.09 [40~45]					
177	**178**	**179**	**180**	**181**	**182**
⑤	⑤	①	①	④	①

Day 16

[183~186] 2022예시 [22~25]			
183	**184**	**185**	**186**
②	⑤	④	④

[187~189] 2020.06 [43~45]		
187	**188**	**189**
⑤	①	④

[190~193] 2025.06 [27~30]			
190	**191**	**192**	**193**
②	③	④	③

Day 17

[194~197] 2018.11 [23~26]			
194	**195**	**196**	**197**
②	④	①	⑤

[198~203] 2023.06 [22~27]					
198	**199**	**200**	**201**	**202**	**203**
⑤	②	②	①	①	②

[204~206] 2020.11 [43~45]		
204	**205**	**206**
④	②	④

Day 18

[207~211] 2019.09 [16~20]				
207	**208**	**209**	**210**	**211**
①	②	⑤	③	③

[212~215] 2018.09 [23~26]			
212	**213**	**214**	**215**
⑤	④	④	⑤

[216~219] 2023.06 [18~21]			
216	**217**	**218**	**219**
④	③	④	⑤

Day 19

[220~222] 2024.11 [32~34]			
220	**221**	**222**	
②	③	④	

[223~226] 2023.11 [18~21]			
223	**224**	**225**	**226**
④	③	③	⑤

[227~232] 2019.11 [21~26]					
227	**228**	**229**	**230**	**231**	**232**
⑤	①	④	②	⑤	⑤

Day 20

[233~235] 2020.09 [35~37]			
233	**234**	**235**	
②	③	④	

[236~239] 2024.06 [27~30]			
236	**237**	**238**	**239**
⑤	③	④	②

[240~244] 2018.09 [33~37]				
240	**241**	**242**	**243**	**244**
④	④	④	③	⑤

Day 21

[245~250] 2023.09 [22~27]					
245	**246**	**247**	**248**	**249**	**250**
①	④	⑤	⑤	④	③

[251~253] 2017.06 [25~27]		
252	**252**	**253**
④	③	④

[254~256] 2020.06 [16~18]		
254	**255**	**256**
⑤	③	③

Day 22

[257~260] 2022.06 [28~31]			
257	**258**	**259**	**260**
①	③	①	③

[261~263] 2019.06 [43~45]		
261	**262**	**263**
①	⑤	②

[264~268] 2020.09 [16~20]				
264	**265**	**266**	**267**	**268**
⑤	④	②	③	⑤

Day 23

[269~273] 2017.06 [34~38]				
269	**270**	**271**	**272**	**273**
③	④	④	③	⑤

[274~277] 2023.11 [27~30]			
274	**275**	**276**	**277**
①	⑤	①	②

[278~282] 2020.11 [21~25]				
278	**279**	**280**	**281**	**282**
②	⑤	①	③	①

Day 24

[283~286] 2024.09 [18~21]			
283	**284**	**285**	**286**
⑤	②	③	③

[287~290] 2022예시 [26~29]			
287	**288**	**289**	**290**
②	④	⑤	④

[291~294] 2018.06 [26~29]			
291	**292**	**293**	**294**
①	②	⑤	④

Day 25

[295~297]	2022.11 [32~34]	
295	296	297
④	⑤	③

[298~300]	2021.09 [31~33]	
298	299	300
⑤	②	③

[301~303]	2018.09 [20~22]	
301	302	303
①	④	③

Day 26

[304~307]	2025.11 [28~31]		
304	305	306	307
④	③	⑤	④

[308~310]	2021.12 [43~45]	
308	309	310
⑤	②	④

[311~314]	2022.11 [28~31]		
311	312	313	314
②	①	③	⑤

Day 27

[315~319]	2020.06 [32~36]			
315	316	317	318	319
①	④	⑤	④	③

[320~323]	2018.06 [35~38]		
320	321	322	323
③	③	④	③

[324~326]	2021.09 [43~45]	
324	325	326
⑤	②	①

Day 28

[327~330]	2022.09 [18~21]		
327	328	329	330
④	④	③	④

[331~334]	2024.09 [28~31]		
331	332	333	334
①	④	⑤	④

[335~339]	2025.06 [22~26]			
335	336	337	338	339
①	②	⑤	②	⑤

Day 29

[340~344]	2023.11 [22~26]			
340	341	342	343	344
①	⑤	③	③	④

[345~348]	2019.09 [42~45]		
345	346	347	348
②	④	⑤	①

[349~351]	2022.06 [32~34]	
349	350	351
④	⑤	②

Day 30

[352~355]	2025.06 [18~21]		
352	353	354	355
④	③	③	④

[356~358]	2022.09 [32~34]	
356	357	358
④	②	②

[359~362]	2021.12 [22~25]		
359	360	361	362
②	①	①	④

Day 31

[363~365] 2018.11 [20~22]		
363	364	365
③	④	⑤

[366~368] 2021.06 [38~40]		
366	367	368
③	②	③

[369~374] 2017.11 [21~26]					
369	370	371	372	373	374
④	④	⑤	③	③	⑤

Day 32

[375~378] 2022예시 [1~4]			
375	376	377	378
④	②	③	①

[379~382] 2023.09 [18~21]			
379	380	381	382
④	②	③	④

[383~387] 2024.06 [22~26]				
383	384	385	386	387
⑤	④	①	③	④

Day 33

[388~391] 2025.11 [18~21]			
388	389	390	391
②	④	①	④

[392~394] 2020.11 [30~32]		
392	393	394
①	⑤	⑤

[395~397] 2023.06 [32~34]		
395	396	397
②	④	①

Day 34

[398~400] 2019.06 [32~34]		
398	399	400
④	⑤	②

[401~406] 2024.11 [22~27]					
401	402	403	404	405	406
②	①	③	③	②	⑤

[407~410] 2025.09 [28~31]			
407	408	409	410
④	③	⑤	②

Day 35

[411~413] 2019.11 [36~38]		
411	412	413
⑤	⑤	④

[414~416] 2017.11 [43~45]		
414	415	416
③	⑤	①

[417~419] 2021.06 [22~24]		
417	418	419
③	④	⑤

Day 36

[420~422] 2024.09 [32~34]		
420	421	422
②	④	①

[423~425] 2019.09 [39~41]		
423	424	425
⑤	⑤	⑤

[426~431] 2025.09 [22~27]					
426	427	428	49	430	431
③	①	④	④	⑤	③

Day 37

[432~436] 2018.11 [33~37]				
432	433	434	435	436
①	③	⑤	⑤	①

[437~440] 2024.11 [28~31]			
437	438	439	440
①	④	①	②

[441~446] 2017.11 [27~32]					
441	442	443	444	445	446
②	②	①	②	④	③